Business Logistics Management

Planning Organizing and Controlling the Supply Chain

企业物流管理

——供应链的规划、组织和控制

第二版

（美）Ronald H. Ballou 著

Weatherhead School of Management
Case Western Reserve University

王晓东、胡瑞娟　等译

机 械 工 业 出 版 社

从企业管理的角度，向读者展现了企业物流管理的几乎所有相关领域。简单明了的概念介绍、务实可行的操作方法、学术性的理论探讨在该书中协调地融为一体。本书结构安排合理、内容全面系统、操作性与理论性并重等优点使其出版不久即成为风靡全美的物流管理类书籍。多年以来，美国物流管理协会一直把它列为向其成员推荐的首选物流教科书。世界各地的许多著名大学也将其作为物流专业课的指定教材。

图字：01－2005－3626

图书在版编目（CIP）数据

企业物流管理：供应链的规划、组织和控制/（美）巴罗（Ballou，R. H.）著；王晓东等译. —北京：机械工业出版社，2006. 8（2023. 7 重印）

书名原文：Business Logistics Management：Planning Organizing and Controlling the Supply Chain

ISBN 978－7－111－19490－3

Ⅰ. 企…　Ⅱ. ①巴…②王…　Ⅲ. 物流－物资管理－高等学校－教材
Ⅳ. F252

中国版本图书馆 CIP 数据核字（2006）第 072293 号

机械工业出版社（北京市百万庄大街 22 号　邮政编码 100037）
责任编辑：曲彩云　　版式设计：霍永明　　责任校对：张晓蓉
封面设计：鞠　杨　　责任印制：刘　媛
涿州市般润文化传播有限公司印刷
2023 年 7 月第 2 版第 14 次印刷
184mm×260mm · 39.5 印张 · 980 千字
标准书号：ISBN 978－7－111－19490－3
　　　　　ISBN 7－89492－941－7（光盘）
定价：99.00 元（含 1CD）

电话服务	网络服务
客服电话：010－88361066	机　工　官　网：www.cmpbook.com
010－88379833	机　工　官　博：weibo.com/cmp1952
010－68326294	金　　书　　网：www.golden－book.com
封底无防伪标均为盗版	机工教育服务网：www.cmpedu.com

原书第五版译者序

巴罗先生的《企业物流管理》是物流管理类教科书中较为经典的一部，也是译者较为偏爱的一部，正因为此2001年我们得以在机械工业出版社的帮助下将其翻译出版，希望国内的业界能从中受益。该书推出后，不仅销售令人兴奋，而且受到同行的普遍认可，一些管理人员甚至反复研读，希望从字里行间找到帮助企业完善物流管理的思路，来自兄弟院校的信息也表明它已经在研究生物流管理课程上被广泛使用，这些都鼓励、促成了第五版（最新版）中文版的推出。

与原书的第四版相比，第五版的主要进步在于：

一，结构。第五版基本上承袭了第四版的结构，但将原来的第八章存储基础知识改为存储决策，放在第十二章存储与搬运决策之前，使得整体结构更紧密，更有逻辑性。

二，内容。增加了许多关于物流管理理论与实践的最新发展，主要包括供应链和供应链管理、物流信息系统、虚拟库存、合并库存、网络规划仿真、超组织物流管理等。此外，各章节或多或少补充或更新了一些贴近实际的小资料和例子，有些章节还增加了大型的案例分析。同时，作者删除了部分过时的内容。使得新版的内容更为丰满。更突出时代气息和实践性。同样值得一提的是，与教科书配套的光盘内容也进行了更新，以帮助读者掌握更多物流规划的工具和方法。

三，文字。与第四版相比，第五版将原来模棱两可，容易引起歧义或者过时的文字删除。而且，对几乎所有章节的文字进行了修改，使文字表达更贴切，更流畅。

总之，与第四版相比，第五版结构更紧密，体系更完善，内容更丰富，文字更流畅，更有实践性。

第五版翻译由王晓东负责第一章到第八章，胡瑞娟负责第九章到第十六章。此外，杜新蕾同学对第四版、第五版文字进行对比，为翻译工作奠定良好基础，在此表示感谢。

第五版的翻译是在参考第四版译稿的基础之上进行的，尽量避免第四版翻译中曾出现过的错误、不准确之处，力求更准确贴切传达作者的意图。尽管如此，由于译者水平有限，错误和不足之处在所难免，敬请读者批评指正。

译　者

2006年8月10日

原书第四版译者序

企业物流管理是西方现代管理的重要组成部分，经过半个多世纪的发展演变，在美国等西方国家已形成了完善的体系。无论从概念定义，还是从思想内涵来看，以微观企业为研究对象的企业物流管理与国内传统的以社会物资储运为对象的“宏观物流”有着天壤之别，已成为真正意义上的“第三利润源泉”。在世界经济全球化、中国经济国际化的历史背景下，学习借鉴西方先进的管理经验，提高企业自身的竞争能力以应对挑战，已为越来越多的有识之士所认同。

罗纳德·H·巴罗教授（Ronald H. Ballou）的《企业物流管理——供应链的规划、组织和控制》一书从企业管理的角度，向读者展现了企业物流管理的几乎所有相关领域。简单明了的概念介绍、务实可行的操作方法、学术性的理论探讨在该书中协调地融为一体。本书结构安排合理、内容全面系统、操作性与理论性并重等优点使其出版不久即成为风靡全美的物流管理类书籍。多年以来，美国物流管理协会一直把它列为向其成员推荐的首选物流教科书。世界各地的许多著名大学也将其作为物流专业课的指定教材。这里介绍给大家的是该书的第四版，经过多次修订，该书的内容结构也日臻完善。

对外经济贸易大学国际经济贸易学院的运输与物流专业从开设物流管理课程以来，就使用该书的英文版作为主要教学参考书，收到了良好的教学效果。在机械工业出版社的帮助下，我们得以将此书译成中文，付梓出版，希望读者能从中得到有益的启示。

本书第四版的初译由王晓东（第一、二、三、四、六、九、十章）、李芊（第五、十一章）、王强（第七、十四章）、胡瑞娟（第十三章）、许明月（第八章）、李绍霞（第十二章）、宋玉（第十五章）、侯方淼（第十六章）完成。全书的审校、统稿由王晓东、胡瑞娟负责，李芊也承担了部分工作。此外，在本书的翻译过程中，我们还得到了对外经济贸易大学国际经贸学院林桂军、赵忠秀院长、刘树林、潘红宇、于俊年教授的支持和帮助，美国 UPS 公司长期以来对我系教学工作的支持对我们顺利完成翻译工作也有很大的帮助，在此一并表示感谢。

由于时间仓促，水平有限，翻译过程中的错误在所难免，恳请读者批评指正。

译者于对外经济贸易大学
2002 年 1 月 10 日

序　言

如果一本书不能在被反复阅读的过程中不断改进，那么它就根本不值得读。

——托马斯·卡莱尔（Thomas Carlyle）

本书旨在对企业物流这一管理领域的重要课题进行论述。据观察，在某些企业中物流成本占销售额的30%以上，物流是企业满足客户服务的重要因素之一，对企业竞争战略举足轻重。物流被冠以诸多名称，包括实物分拨、物料管理、运输管理和供应链管理。物流管理活动包括以下全部或部分内容：运输、库存保管、订单处理、采购、存储、物料搬运、包装、客户服务标准和生产计划。

本书侧重于对构成所有组织成功管理的关键要素——物流活动的规划、组织和控制进行论述，其中着重强调了或许是管理过程中最重要部分的战略规划和决策制定。该管理活动的使命是确定物流活动水平，从而以最有利或成本最低的方式，在客户期望的时间和地点提供其所需要状态和形式的产品或服务。

物流活动对企业或组织一向十分重要。企业物流是许多观念、原理和方法的综合，这些观念、原理和方法，既有来自传统的市场营销、生产、会计、采购和运输领域的，也有来自应用数学、组织行为学和经济学的规律。本书试图将这些内容统一起来形成一个符合逻辑的思想体系，从而有效地管理供应链。

与管理学其他领域一样，用于表述企业物流管理方法和概念的术语经常变换。本书力求超然独立于目前的流行版本和潮流，提出在目前和可预见的未来构成良好的企业物流实践基础的观念、原理和方法。本着这一精神，第四版围绕两个主题展开。第一，管理的基本活动，即规划、组织和控制，构成贯穿全书的主题。第二，良好的物流规划和决策的中心是运输、库存和选址战略相互影响的三角形。全书着重论述了这个三角形。

本书还指出了影响企业物流管理范围和实践的一些趋势，它们出现在本书基础概念的应用实例中。首先，着重阐述了世界范围的物流，反映了企业国际化和全球化的总趋势。其次，指出物流概念和原理在服务企业和生产企业同样适用，突出了工业化国家转向服务导向型经济的趋势。第三，重点论述了供应链活动的一体化管理以及在企业其他部门间对这些活动的管理。第四，列举了许多实际案例以体现这些内容的实用性。第五，提供计算机软件以帮助解决物流问题，反映计算机技术在管理中日益广泛的应用。

多年以来，许许多多的个人和企业对本书第四版所体现的观念作出了贡献，限于篇幅，这里不能一一列出需要感谢的名字。但我仍然要对所有对以前版本提出建议的学生和老师（即维拉诺瓦大学（Villanova University）的索海尔S. 曹德瑞（Sohail S. Chaudhry），海军研究生院的简·菲特勒尔（Jane Feitler），SUNY布洛克港（Brockport）的约翰T. 加德纳（John T. Gardner），尼亚加拉大学（Niagara University）的詹姆斯A. 克林（James A. Kling），对愿意尝试这些版本中所提出观念的企业家们，对所有其他对本书提出表扬和批评建议的人们表示衷心的感谢。特别需要感谢的是我的妻子卡罗琳（Carolyn），她在本书修订过程中始终提供编辑上的帮助，对我进行鼓励。尽管如此，书中所有的缺点和错误仍由我负责。

R. H. 巴罗（R. H. Ballou）

克里夫兰，俄亥俄州

目 录

第一部分　概　　论

第一章　企业物流/供应链管理——一个至关重要的课题

实物分拨就是“企业全部运作流程”的另一种表述方法。

彼得·德鲁克（Peter Drucker，1969）[1]

1.1　概述

自古以来，人们所需产品的生产地和消费地就经常不同，或者在人们需要消费商品的时候却得不到。食品和其他产品分布虽然很广，但只在每年的某些时期供给丰富。早期人们面临的选择是，要么就地消费，要么将产品转移到更需要的地点储存起来留待以后使用。然而，由于没有良好的运输、存储系统，产品的移动限制在人力所及的范围内，易腐产品只能储存很短的时间。运输－存储系统的局限性迫使人们居住在产品的产地附近，消费极其有限的几种产品。

即使今天，在世界的某些地区，生产和消费也只能在极为有限的地理范围内进行。在亚洲、南美洲、大洋洲和非洲的一些国家仍有一些突出的例子，在这些地区，多数人口生活在自给自足的小村落里，居民所需的多数产品出产于紧邻地区，只有极少数从其他地区运入。在这种经济中，生产率和生活水平通常很低。而高度发达、成本低廉的物流系统将会推动这些地区与国内其他地区间（甚至与其他国家之间）的商品交换。（见资料 1.1）

资料 1.1　例子

假设美国和韩国的消费者需要购买 DVD 机和计算机软件。在未来的一年里，将要购买文字处理软件和 DVD 机的消费者数量大约相同。由于两地劳动力成本、关税、运输和产品质量的差异，产品对消费者的有效价格不同，如表 1－1 所示。在韩国的一个消费者和在美国的一个消费者（两个经济体总计）总共需支付 1 450.00 美元来满足他们的需求。

表 1－1　只购买本地产品的消费者价格　　　　（单位：美元）

消费者所在地	DVD 机	文字处理软件	总计
韩国	250.00	500.00	750.00
美国	400.00	300.00	700.00
两个经济体总计			1 450.00

[1] Peter F. Drucker, “Physical Distribution: The Frontier of Modern Management,” in Donald J. Bowersox, Bernard J. LaLonde, and Edward Smykay (eds.), *Readings in Physical Distribution Management* (New York: Macmillan, 1969), p.4

现在，如果两国相互交易其有成本优势的产品，消费者和整个经济体的福利都会改善。韩国生产 DVD 机的劳动力成本低，而美国生产低成本、高质量的软件有优势。随着廉价、可靠的运输系统出现，专门生产成本最低的产品，而从其他国家购买其他产品就会有经济收益。在运输成本合理的情况下，韩国就可以在美国销售比在当地便宜的 DVD 机。相反，美国可以在韩国销售比当地产品更便宜的软件。经过改良后的经济情况可见表 1-2。两国的两个消费者节约了 250 美元（1 450-1 200 美元）。而昂贵的运输会使进口产品的到岸价格高于本地产品价格，从而阻碍两国之间的贸易以及比较经济利益的实现。

表 1-2 运输价格低廉时的贸易收益 （单位：美元）

消费者所在地	DVD 机	文字处理软件	总计
韩国	250.00	350.00①	600.00
美国	300.00②	300.00	600.00
两个经济体总计			1 200.00

①从美国进口。

②从韩国进口。

随着物流系统的改进，消费和生产开始出现地域分化。各地区专门生产那些生产率最高的产品。富余的产品以廉价的方式运到其他生产（或消费）地，同时进口当地需要但不生产的产品。这一交换过程遵循的是比较优势原则（*The Principle of Comparative Advantage*）。

同一原则应用于世界市场，则可用来解释当今出现的大规模国际贸易。高效的物流系统使得全球各企业得以利用各地土地和劳动生产率不等的优势。物流正是贸易的核心，它对我们所有人生活水平的提高作出了贡献。

对在发达的经济社会里运营的单个企业而言，对物流活动的良好管理是至关重要的。企业的市场范围常常覆盖全国甚至全球，而生产却可能集中在相对较少的几点。生产地和市场地被时空分隔，而物流活动就是他们之间联系的桥梁。本书主要关注的是对这些物流活动的有效管理。

1.2 企业物流的定义

与传统的财务、营销、生产领域相比，企业物流是一体化管理中较新的一个领域。如前文所提到的，经济个体从事物流活动由来已久，企业也一直不断地从事搬运-储存（运输-存储）活动。这一领域的新颖之处在于对相关活动协调管理的概念，而不是早期实践中的分别管理，其新颖之处还在于物流增加产品或服务价值的概念，且物流增加的价值对提高客户满意度和实现销售十分重要。尽管直到近期协调物流管理的理念才被普遍接受，但这一思想可以追溯到 1844 年以前。朱尔斯·杜普伊（Jules Dupuit）在其论著里明确地阐述了在陆运和水运之间进行选择时，会有一种成本抵消另一种成本（运输成本代替库存成本）的观点：

> 事实是，陆上运输更快捷、更可靠、货损更少，对于能经常投入大量资金的商人，陆上运输有优势。然而，0.87 法郎的节约又很可能促使商人使用运河；他要购买仓库，增加运输途中的资本占用，在手中持有足够货物以防运河运输的低速度和不规律带来的损失，如果有人告诉他，运输中节约的 0.87 法郎只会为他带来几

个生丁的好处，他会倾向于选择新的路线[1]。

第一本提出协调物流管理会带来收益的教科书直到1961年才出现[2]，这也部分解释了为什么企业物流管理的定义被广泛接受，却仍处于萌芽状态的原因。所以，很值得对与这一课题的范围和内容有关的一些定义进行探讨。

物流（*logistics*）一词在字典上的定义是：

军事科学的分支，包括物资、人员和设备的获得、维护和运输[3]。

这一定义将物流纳入军事领域。企业管理从目标和活动的范畴来看，有别于军队，因而这一定义并没有抓住企业物流管理的实质。美国物流管理协会（Council of Logistics Management，简称CLM）公布的定义或许能更好地描述这一领域，CLM是物流管理者、教育者、实践者的专业性组织，成立于1962年，是为继续教育，促进思想交流而设立的。它的定义为：

> 物流是供应链活动的一部分，是为满足顾客需要对商品、服务及相关信息从产地到消费地高效、低成本流动和储存而进行的规划、实施、控制过程。

这是个非常好的定义，表明物流管理所涉及的产品流从产地的原材料开始直到产品使用地，后最终被抛弃的整个过程。物流管理不仅关注实物流，还关注于服务流，在这个领域也有很多改进的机会。这个定义还暗示物流就是一个流程，提出物流的定义包括所有影响在客户期望的时间、地点提供商品或服务的所有活动。同时，该定义还说明物流管理是供应链流程的一个组成部分，而并非供应链管理的全部。那么，什么是供应链流程，或者用更普遍的说法，什么是供应链管理呢？

供应链管理（Supply Chain Management，SCM）是近年来出现的术语，它的核心是一体化物流管理，但还包括其他方面。供应链管理强调企业内部营销、物流、生产部门之间在物流活动中的相互作用，以及产品流通渠道中各独立企业在物流活动中的相互作用。通过渠道成员之间的相互协调和协作实现成本的节约或客户服务水平的提高，其中某些供应链活动可能并不在物流管理者的直接控制之下。尽管早期的定义，如实物分拨（Pysical Distribution）、物流管理（Material Management）、工业物流（Industrial Logistics）、渠道管理（Channel Management），甚至于商品流通（Rhocrematics）都可以用来描述物流管理，而且拓宽了物流管理的范畴。但这些用语都没有突破企业自身的边界，甚至没有突破企业内部物流部门的职能。当前，零售企业已经成功地和供应商实现信息共享，且供应商同意维护和管理零售商货架上的库存。渠道内的库存和产品缺货的现象都有所降低。制造企业按照JIT模式安排生产计划，与供应商建立协作关系，为双方的利益降低库存。供应链和供应链管理的定义反映其范畴更加宽泛：

> 供应链（Supply Chain）包含所有与产品流动和加工有关的活动，以及与之相伴随的信息流动，从原材料（提取）阶段一直到最后用户。物料和信息的流动可能沿供应链顺流而下，也可能逆流而上。
>
> 供应链管理（Supply Chain Management）是对这些活动的一体化管理，通过改进

---

[1] Jules Dupuit，“On the Measurement of the Utility of Public Works，” reprinted in *International Economic Papers*，no.3，translated from the French by T.H.Barback（London：Macmillan and Co.Ltd.，1952）：100

[2] Edward W.Smykay，Donald J.Bowersox，and Frank H.Mossman，*Physical Distribution Management*：*Logistics Problems of the Firm*（New York：Macmillan，1961）

[3] *Webster's New Encyclopedic Dictionary*（New York：Black Dog & Leventhal Publishers，1993），590

供应链上各方的关系赢得长久的竞争优势[1]。

Mentzer 等在认真研究了不同的定义之后，推荐了一个含义丰富，而且通用性很强的定义，如下：

> 供应链管理是传统企业各部门之间，特定企业不同部门之间，供应链上各企业之间的系统的、具有战略意义的协调活动，其目的是改善个别企业，以及整个供应链各环节长期的经营绩效[2]。

供应链管理的模型见图 1-1，从中可以看出本定义的范围。需要注意的是供应链管理是对跨企业部门的和跨企业的产品流动进行协调，目标是实现供应链上个别企业和供应链所有成员的竞争优势和赢利能力。

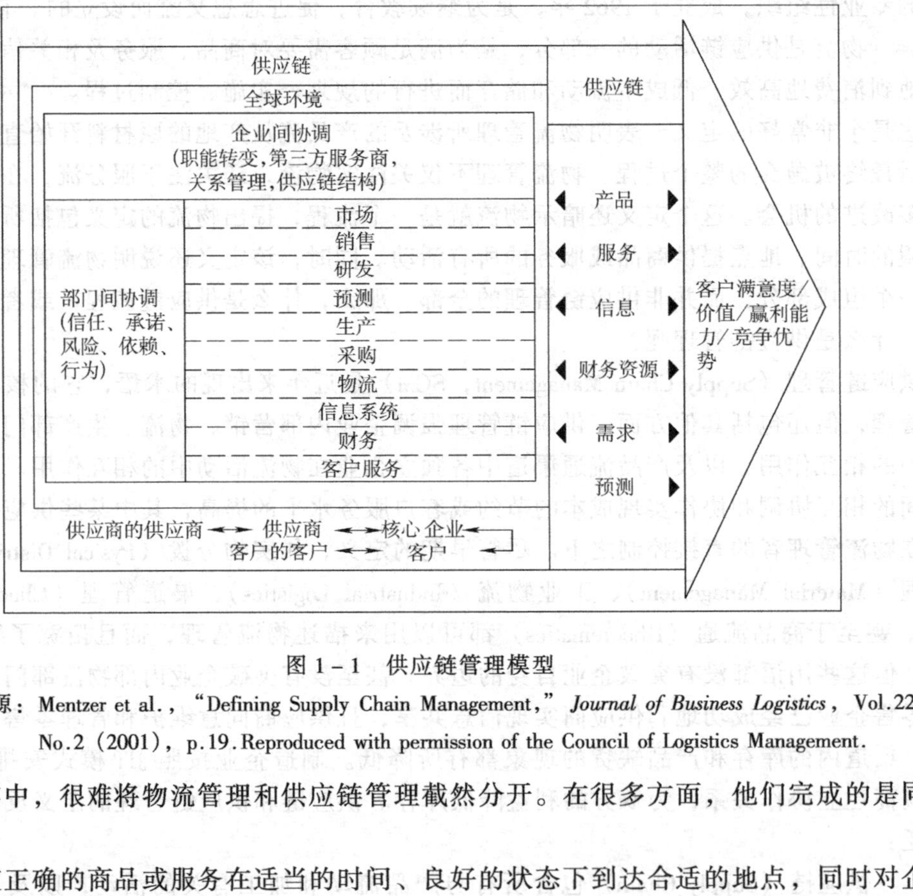

图 1-1　供应链管理模型

资料来源：Mentzer et al.，“Defining Supply Chain Management，” *Journal of Business Logistics*，Vol.22，No.2 (2001)，p.19. Reproduced with permission of the Council of Logistics Management.

在现实中，很难将物流管理和供应链管理截然分开。在很多方面，他们完成的是同样的使命：

> 使正确的商品或服务在适当的时间、良好的状态下到达合适的地点，同时对企业作出最大贡献

某些人认为供应链管理就是一体化物流管理（Integrated Business Logistics Management，IBLM）的别称，而且已经出现很多年了。而另一些人认为物流管理只是供应链管理的一个组成部分，供应链管理还包括产品流以外的一些活动。例如，供应链管理会考虑产品定价和

1 Robert B. Handfield and Ernest L. Nichols Jr.，*Introduction to Supply Chain Management* (Upper Saddle River，NJ：Prentice-Hall，1999)，p.2

2 John T. Mentzer，William DeWitt，James S. Keebler，Soonhong Min，Nancy W. Nix，Carlo D. Smith，and zach G. Zacharia，“Defining Supply Chain Management，” *Journal of Business Logistics*，Vol.22，No.2 (2001)，pp.1-55

生产质量问题。虽然供应链管理倾向于以更广的视角看供应渠道，但现实中的企业并不会处于理想状态。Fawcett 和 Magan 发现企业在推行供应链一体化的过程中仅涉及紧邻的上游和下游企业[1]，其主要关注点在于在企业内部形成无缝衔接的流程，应用新技术提高信息质量，加快渠道成员间信息交换速度。物流管理和供应链管理之间的界限是模糊的。出于本文的需要，这里将一体化物流管理和供应链管理互通使用，不管名称怎样变化，管理的核心都是以最有效和最节约的方式管理产品和服务流。这中间包括与其他渠道成员和服务供应商之间的整合和协调，切实提高供应链绩效。

1.3　供应链（The Supply Chain）

物流/供应链是一系列职能性活动（运输，库存控制等），在渠道中的重复多次展开，经过该渠道原材料被转化成产成品在消费者眼中价值有所增加。因为原材料产地、工厂和销售点一般不在同一地点，这个渠道就代表了一系列在产品到达市场之前多次反复发生的生产、物流活动。甚至，当回收的旧货返回物流渠道上游时物流活动会再次重复进行。

通常，单个的企业是无法控制从原材料产地到最终消费地的产品流通渠道全过程的，尽管单个企业控制全程是一个新动向。针对个别企业的企业物流管理范围比较窄，一般最多期望对与企业有直接联系的实物供应和实物分拨渠道进行管理控制，如图 1－2 所示。实物供

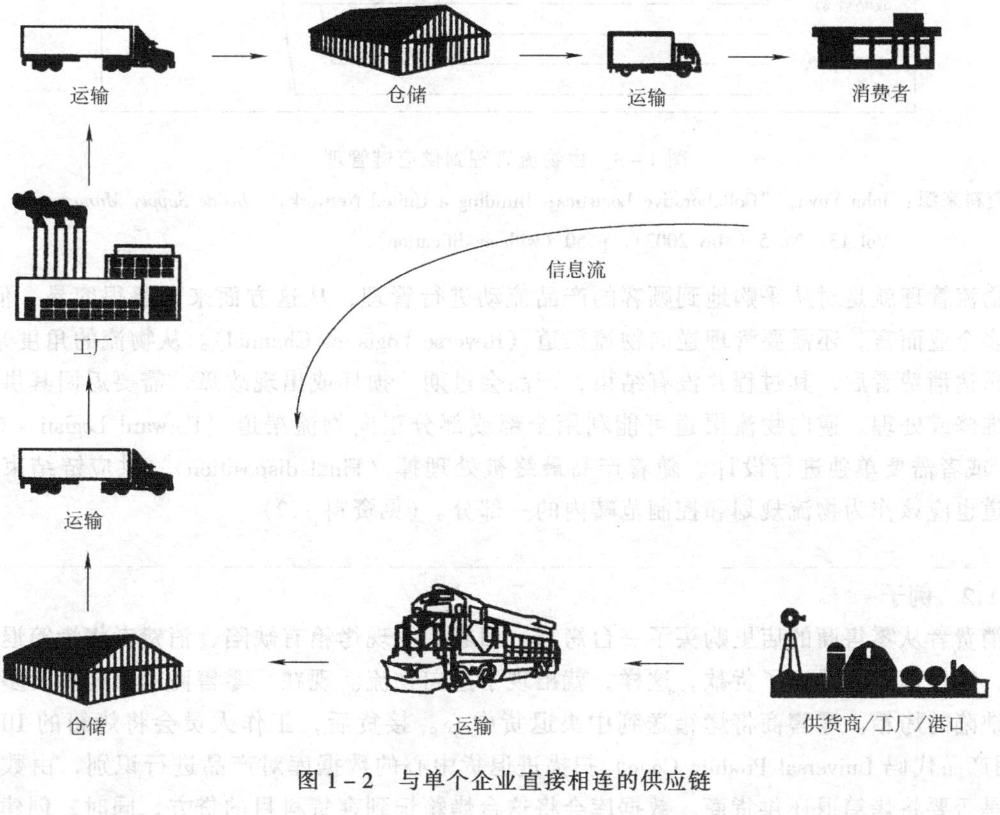

图 1－2　与单个企业直接相连的供应链

[1] Stanley E. Fawcett and Gregory M. Magan, "The Rhetoric and Reality of Supply Chain Integration." International Journal of Physical Distribution & Logistics Management, Vol.32. No.5 (2002), pp.339－361

应渠道指企业直接原料供应点与生产加工点之间的时空间隔，而实物分拨渠道指企业加工点与客户之间的时空间隔。由于两个渠道内的活动十分相似，实物供给（更多地被称为物料管理（Material Management））和实物分拨都包含了那些被并入一体化企业物流管理的活动，因而企业物流管理也常被称为供应链管理（Supply Chain Management）。其他人也用诸如价值网（Value Net）、价值链（Value Stream）和精益物流（Lean Logistics）来描述类似的内容。图 1-3 给出了由对产品流管理到对供应链管理的演化过程。

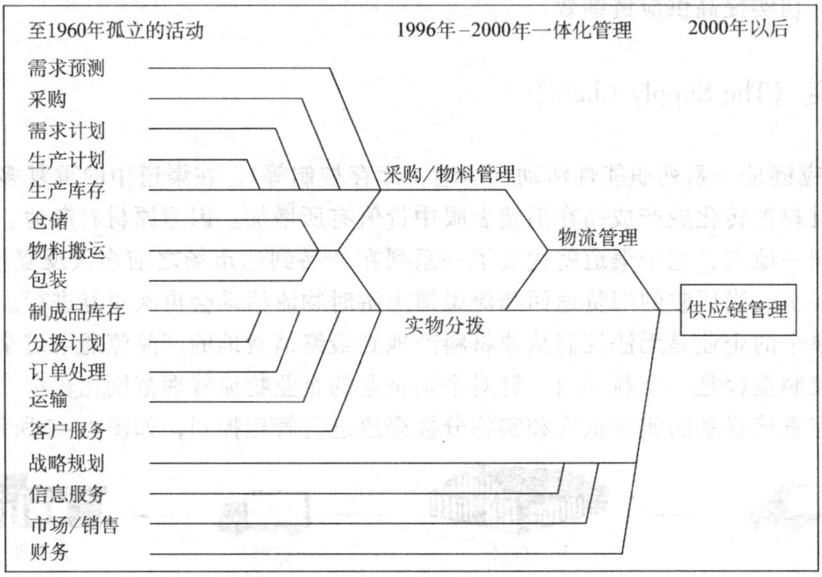

图 1-3 由物流管理到供应链管理

资料来源：John Yuva, "Collaborative Logistics: Building a United Network," *Inside Supply Management*, Vol.13, No.5 (May 2002), p.50 (with modification).

物流管理就是对从采购地到顾客的产品流动进行管理，从这方面来理解很容易，但是，对许多企业而言，还需要管理逆向物流渠道（Reverse Logistics Channel）。从物流的角度来看，产品送达消费者后，其过程并没有结束，产品会过期、损坏或出现故障，需要返回其供应地进行维修或处理。逆向物流渠道可能利用全部或部分正向物流渠道（Forward Logistics Channel），或者需要单独进行设计。随着产品最终被处理掉（Final disposition），供应链结束，逆向渠道也应该作为物流规划和控制范畴内的一部分。（见资料 1.2）

资料 1.2 例子

消费者从零售商的店里购买了一台烤箱，回家后发现烤箱有缺陷，消费者将烤箱退给零售商，零售商立即退还了货款，这样，就出现了逆向物流。现在，零售商的店内存货多了一台有缺陷的烤箱。零售商将烤箱送到中央退货中心。接货后，工作人员会将烤箱的 UPC 码（通用产品代码 Universal Product Code）扫描进退货中心的数据库对产品进行识别，由数据库决定是否要将烤箱退还供货商。数据库会将这台烤箱记到存货科目的贷方，同时，创建应收退款科目，记录应向制造商收回的烤箱成本。然后，烤箱被运回给制造商。零售商得到了该项有缺陷产品的成本补偿。制造商的退货中心收到烤箱后，制造商再将烤箱的信息扫描进数据库，并决定是否进行修复处理。修理后的烤箱被运到旧货市场再销售。这样，制造商就实现了这一有缺陷产品的资产价值[1]。

1.4　物流活动

构成企业物流管理（供应链管理）的活动因企业而异，取决于企业特殊的组织结构、管理层对物流范畴的不同理解，以及单项活动对运作作用的不同。我们可以循着图 1－2 所示的供应链，找出其中重要的活动。此外，美国物流管理协会（CLM）认为：

一个典型物流系统的组成要素包括：客户服务（Customer Service）、需求预测（Demand Forecasting）、分拨系统管理（Distribution Communication）、库存控制（Inventory Control）、物料搬运（Material Handling）、订单处理（Order Processing）、零配件和服务支持（Parts and Service Support）、工厂和仓库选址（Plant and Warehouse Site Selection）、区位分析（Location Analysis）、采购（Purchasing）、包装（Packaging）、退货处理（Return Goods Handling）、废弃物处理（Salvage and Scrap Disposal）、运输管理（Traffic and Transportation）、存储管理（Warehousing and Storage）[2]。

图 1－4 将上述要素组织起来，放在供应渠道中最恰当的地方。这些活动进一步又细分为关键性物流活动和支持性物流活动，每一种活动都涉及一些决策内容。

图 1－4　企业直接相连的供应链中可能发生的活动

[1] Jerry A. Davis, Jerome G. Lawrence, Peter Rector, and Herbert S. Shear, "Reverse Logistics Pipeline," Annual Conference Proceedings (San Diego, Calif: Council of Logistics Management, 1995): 427

[2] Careers in Logistics (Oak Brook, ILL: Council of Logistics Management): 3

关键性物流活动：

1. 客户服务

与市场营销部门在以下方面进行合作：

- 确定客户对物流客户服务的需求
- 确定客户对服务的反应
- 设定客户服务水平

2. 运输

- 运输方式和运输服务的选择
- 合并运输
- 运输路线
- 车辆调度
- 设备选择
- 理赔程序
- 运价审计

3. 库存管理

- 原材料和产成品的存储政策
- 短期销售预测
- 存储点的产品组合
- 存储点的个数、规模和选址
- JIT 管理，拉动式管理或推动式管理战略

4. 信息流动和订单处理

- 销售订单－库存之间的联系
- 订单信息的传输方法
- 订购规则

支持性物流活动：

1. 存储

- 仓容决策
- 仓库布局和站台设计
- 仓库的结构
- 存货的摆放

2. 物料搬运

- 设备选择
- 设备更新政策
- 订单－拣货步骤
- 货物的存取

3. 采购

- 供货商选择
- 采购时间安排
- 采购数量

4. 保护性包装

为以下活动而设计：

- 搬运
- 储存
- 防止灭失或损坏

5. 与生产/运作部门合作

- 明确总量
- 确定生产的顺序和时间

6. 信息维护

- 信息搜集，储存和处理
- 数据分析
- 控制过程

将关键性物流活动和支持性物流活动分开是因为某些物流活动在每一个物流渠道都会发生，而另一些则视各企业的具体情况而定。关键性物流活动包括在图1－5中的“关键”圈中。他们或者占总物流成本比重很大，或者是有效协调、完成物流工作的关键环节。

图1－5　关键性活动

客户服务水平决定了产出的水平和物流系统反应的能力。物流成本随所提供的客户服务水平提高而成比例上升，这样，服务水平的设定也会影响支持这一服务水平的物流成本。服务水平设定过高，会使物流成本过于昂贵。

运输和库存是成本消耗最大的物流活动。经验表明，他们各占物流总成本的三分之一到三分之二。运输增加产品和服务的空间价值，库存增加时间价值。

运输是非常关键的活动，没有哪个现代企业可以在经营中不涉及原材料和/或产成品的移动。当发生所谓全国性事件，如全国铁路罢工或独立的卡车经营人因为费率纠纷拒绝运输货物时，市场瘫痪，物流渠道中产品积压，逐渐腐烂或过期，许多企业会发生财务困难，运输的重要性就更凸现出来。

库存对物流管理也非常重要，一般而言，瞬时生产或保证货物送达客户的时间要么无法实现，要么不可操作。库存就成为供求之间的缓冲器，一方面保证产品对顾客的可得性，另一方面使生产和物流更加灵活，能够以更有效的方法生产、分拨产品。

订单处理是关键性活动中的最后一项。与运输和库存持有成本相比，订单处理占用成本很少。然而，从顾客收到产品或服务所耗用的总时间来看，订单处理是一个重要因素，它也是启动产品运输和服务的活动。

这里，我们把支持性活动视为有助于实现物流管理目标的因素，尽管在某些情况下它们也可能与关键性因素同样重要。此外，某些支持性活动并不一定在所有企业的物流活动中都出现。例如，像汽车整车或煤炭、铁矿石、砾石这样的产品，不需要防风雨保安全的仓库，即使有库存，也不需要存储活动。然而，如果产品在运往市场的中途临时停留，一般需要进行存储和物料搬运。

保护性包装不仅是运输和库存的支持性活动，也是存储和物料搬运的支持性活动，它会影响这些活动的运作效率。采购和生产调度通常被认为更多地与生产而不是物流有关。但是，它们也影响物流总体活动，尤其是运输和库存管理的效率。最后，信息维护为所有的物流活动提供支持，为计划和控制提供所需的信息。

1.5 物流/供应链管理的重要性

物流是创造价值的活动——为企业的顾客和供应商创造价值，为企业的股东创造价值。物流的价值表现在时间和空间两个方面。只有当顾客在他希望进行消费的时间和地点拥有产品和服务时，产品和服务才有价值。例如，如果在体育赛事发生的时间和地点，产品或服务不可得或持有的产品库存不足以满足球迷需要，则体育赛事中的特许经营权就没有价值。良好的物流管理将供应链中的每一项活动都看成增值过程。如果增加的价值很少，物流活动存在的必要性就值得怀疑了。但是，如果顾客愿意为产品和服务支付的价格超过供给价，增值就实现了。对世界各地的许多企业而言，出于多种原因，物流日益成为越来越重要的价值增值过程。

1.5.1 物流成本很高

多年来为了确定整个社会和单个企业的物流成本，人们进行了很多研究，但他们所估计的物流成本大不相同。根据国际货币基金组织的研究，物流成本平均约占全球国内生产总值的12%。罗伯特·德拉尼（Robert Delaney）对物流成本进行跟踪研究达20多年，他估计物流成本占国内生产总值的9.9%，或921万亿美元[1]。对企业而言，物流成本占销售额的比重从4%到超过30%不等[2]。近期的一项物流成本调查的结果如表1-3所示。尽管调查结果得出实物分拨费用占销售额的8%左右，但该调查没有包括实物供给成本。可能还需要再加上总数的三分之一左右，即企业平均物流成本约占销售额的11%。在过去的十年间，实物分拨成本占销售额的7%~9%。虽然威尔逊和德拉尼（Wilson and Delaney）的研究表明同期物流成本占美国GDP的比重下降了10%，但各企业的成本却有上升趋势[3]。对大多数企业而言，物流成本，仅次于所销售产品的成本（采购成本）排在第二。但降低物流成本就可以增加价值，并将收益传递给客户和企业的股东。

---

[1] Bruce Vail, "The Problem with Contract Logistics," *American Shipper* (July 1994): 56

[2] 对这些成本进行估计的早期研究，见 Bernard J. La Londe and Paul H. Zinszer, *Customer Service: Meaning and Measurement* (Chicago: National Council of Physical Distribution Management, 1976); Richard E. Snyder, "Physical Distribution Costs: A Two-Year Analysis," *Distribution Age* (January 1963): 50-51; and Wendall M. Stewart, "Physical Distribution: Key to Improved Volume and Profits," *Journal of Marketing* (January 1965): 67

[3] Wilson and Delaney，同前。

表 1-3　近年来实物分拨成本平均占销售额的比重和（美元/担）费用①

分类	占销售额的比重（%）	美元/担
运输	3.34	826.52
存储	2.02	18.06
客户服务/订单处理	0.43	4.58
管理费用	0.41	2.79
库存持有成本（18%/年）	1.72	22.25
总分拨成本②	7.65	867.71

①本数据含所有企业类型，但因为数据库以制造企业为主，所以更接近制造企业的数据。

②作者声明，由于录入每一项目的数据数量不同，总成本并不等于各单项数据之和。

资料来源：Herbert W. Davis and William H. Drumm，"Logistics Costs and Customer Service Database - 2002，" Annual Conference Proceedings（San Francisco，CA：Council of Logistics Management，2002，网址 www.clml.org）

1.5.2　人们对物流客户服务的期望在提高

互联网、JIT 运作模式和连续补货方法都导致客户期望企业能尽快处理自己的订单，快速交货，提高产品的现货供应水平。根据戴维斯（Davis）在过去十年间对数百家企业的调查，世界一流企业的平均订单周期（从下订单到收到所订购货物的时间）为 7～8 天，按品类计算的订单满足率为 90%～94%[1]。LogFac 为国内企业总结了世界一流企业物流绩效：

- 对出运的货物，出错比率在千分之一以下
- 物流成本远低于销售额的 5%
- 每年成品库存的周转次数为 20 次或以上
- 总的订单周期为 5 个工作日
- 如果产品的售价超过每磅 5 美元，则运输成本为销售收入的 1%或以下：

正如所料，一般企业的绩效要低于标杆企业的成本和客户服务水平，对比结果见表 1-3 和表 1-4。

表 1-4　所有企业的平均客户服务水平，调查年度 1992 年～2002 年

标准产品		1992	1993	1994	1995	1996	1997	1998	1999	2000	2001	2002
总的订单周期（时间，天）		8	7	7	6	9	8	7	8	8	7	8
产品现货供应比率	订单满足率	84	84	86	87	87	87	85	85	86	87	88
	产品满足率	92	92	92	92	94	94	93	90	92	93	95

资料来源：Herbert W. Davis and William H. Drumm，"Logistics Costs and Service Database—2002，" *Annual Conference Proceedings*（San Francisco，CA：Council of Logistics Management，2002）at www.clml.org.

当前的趋势是世界经济一体化。企业在寻求或者已经在实施全球战略，他们或者面向全球市场设计产品，在原材料、零部件、劳动力成本低的地方进行生产（如福特汽车公司的 ESCORT 汽车），或者简单地在本地生产，在全球销售。无论哪种情况，与那些本地生产、本地销售的厂商相比，供给和分拨路线都拉长了。这一趋势不仅是企业追求节约成本或扩大

[1] Herbert W. Davis and William H. Drumm，"Logistics costs and Service 2001，" Annual Conference Proceedings，（Kansas City，MO：Council of Logistics Management，2001）

市场的自然结果，也是一些促进贸易的政治协定推动的结果。例如，欧盟（EU）的形成；加拿大、美国和墨西哥签署北美自由贸易区（NAFTA）；南美一些国家之间新的经济贸易协议（MERCOSUR）的产生。

随着企业更多地从全球视角来看待经营，世界各国产业的全球化和国际化都极大地依赖于物流管理水平和成本。此时，由于物流成本，尤其是运输成本，在企业总成本构成中占的比重越来越大，物流在企业里起着越来越重要的作用。例如，如果企业为了增加利润，想从国外购进生产中的原材料，或者在国外设厂生产产品，原材料和劳动力成本可能降低，但由于运输和库存成本增加，物流成本会上升。如图 1-6 所示，原材料、劳动力和一般管理费用下降与物流成本和关税成本上升相抵，结果可能导致利润增加。外包也可以增加价值，但需要对供应渠道中物流成本和产品流动的时间进行更好的管理。（见资料 1.3）

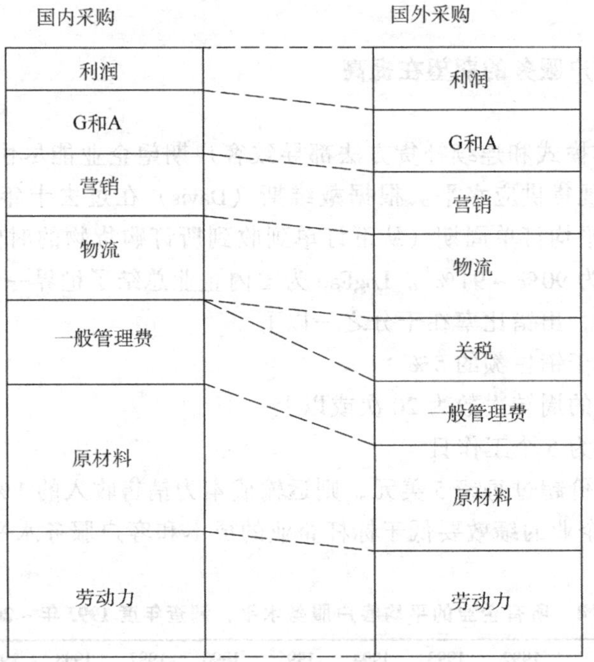

图 1-6　从低成本的海外供应点采购而不是从高成本的本地供应商采购的经济收益

资料来源："International Logistics: Battleground of the'90s"（Chicago: A.T.Kearney, 1988）

资料 1.3　例子

丰田公司在日本以外的 25 个国家有 35 个生产厂，年产汽车约 90 万辆。目前，丰田公司不仅在美国、日本、欧洲设厂生产汽车，而且在南美、南非、以及泰国、印度尼西亚、中国、马来西亚和菲律宾等亚洲国家生产汽车。1993 年，尽管公司的出口减少了 9%，但海外生产却增加了 16%。例如，在生产佳美（CAMRYS）型汽车的肯塔基州乔治城，丰田公司将适时管理（JIT）的概念运用于零部件的越洋供应中。汽车零部件在日本被装进集装箱，用船只穿越太平洋运到美国西海岸，再装上火车，转运到乔治城，补充到每天生产 1 000 辆佳美车的生产线上。送货时间精确到秒，使得库存保持在非常低的水平。由于供给线长，相关的不确定因素多，对供给渠道的管理比完全在国内生产要更加小心谨慎[1]。

1.5.3 物流对企业战略意义重大

为了使其产品有别于竞争者的产品，各企业都费尽心机。当管理者认识到物流是企业成本的重要组成部分，且不同的物流决策会导致供应链客户服务水平的差异时，管理者就会有效地利用它进入新市场，增加市场份额或增加利润。即好的供应链管理不仅可以降低成本，还可以提升销售额。沃尔玛就是以物流管理为竞争战略的核心；并成为全球最大的零售企业的。

资料 1.4 例子

沃尔玛以物流管理取胜

K－mart 和沃尔玛（Wal－Mart）在若干年前是两家非常相似的连锁零售企业，销售同样的产品，面对同样的顾客，甚至名字也非常相似。竞争开始的时候，人们非常熟悉"又大又红的 K"，K－mart 的商店点缀着大都市。只有少数人听说过沃尔玛，沃尔玛的商店也都座落在郊区。研究人员在研究了两家商店及其目标的相似点后认为两家连锁店命运的不同归因于他们不同的管理理念。

1987 年，K－mart 还远远超前，商店数量是沃尔玛的两倍，销售额为 260 亿美元，而沃尔玛当时的销售额只有 160 亿美元。K－mart 看重城市，对广告投入大，因此知名度很高。与之相反，沃尔玛开始的时候只是小城镇外孤零零的商店，吸引客户离开市中心小店前去购物。但很快，沃尔玛席卷了乡村，开始向北美的城市进军——与 K－mart 的遭遇战是不可避免的了。

K－mart 的主管们重视广告和推销，他们甚至动用好莱坞影星 Jaclyn Smith 来做服装广告。相反，沃尔玛的奠基人 Sam Walton 更迷恋运作。他投资了数百万美元建立起整个企业的计算机系统，将收银台与总部联系在一起，使他可以快速备货。他还大量投资于卡车和现代化的配送中心。一方面 K－mart 在努力改进公司形象，培养企业忠诚度；另一方面 Walton 在不断地降低成本。他认为与其他因素相比，价格是吸引消费者的最重要因素。沃尔玛那复杂得令人难以置信的配送系统、库存管理和扫描系统意味着顾客几乎不会看到卖光货物的货架或者在核对价格时遇到延误。

与此同时，K－mart 的悲哀在加剧，因为配送的问题愈加严重。缺乏培训的雇员们无法制订和执行合理的库存计划，收银员常常没有最新信息，所以无法扫描商品，录入正确的价格。因为多收了顾客的钱，导致了加州的诉讼，K－mart 为这场官司支付了 98.5 万美元。

数年来，沃尔玛专注于物流管理，使得它可以保持低价，赢得顾客。今天，沃尔玛几乎是 K－mart 的六倍[2]。

---

1 Joseph Bonney, "Toyota's Global Conveyor Belts," *American Shipper* (September 1994): 50－58

2 "Loss Leader: How Wal－Mart Outdid a Once－Touted Kmart in Discount Store Race," *Wall Street Journal*, March 24, 1995, and revenue data for 2000 from Wal－Mart and Kmart financial reports found online at http: //finance.yahoo.com

进入21世纪，K－mart继续关注广告和促销价格，而沃尔玛继续关注供应链的效率，很少做广告，结果是沃尔玛的销售成本、管理成本和日常开支为17.3%，而K－mart为22.7%。沃尔玛得以比K－mart低3.8%的价格进行销售，甚至比Target的价格还低3.2%。2002年，K－mart宣告破产，并进行了重组[1]。

1.5.4 物流/供应链管理显著增加客户价值

如果产品或服务不能在客户所希望消费的时间、地点提供给客户，它就没有价值。当企业花一定的费用将产品运到客户处，或者保持一定数量的库存时，对客户而言，就产生了以前不存在的价值。这一过程与提高产品质量或者降低产品价格一样可以创造价值。

通常，企业创造产品或服务中的四种价值，它们是：1）形态价值，2）时间价值，3）空间价值，4）占有价值。物流创造其中的两种价值。形态价值是通过将投入转化为产出，即原材料生产加工成制成品创造出来的。

物流控制产品的时间和空间价值，主要通过运输、信息流动和库存实现。一般认为，占有价值是营销、技术和财务部门创造的，他们帮助客户通过广告（信息）、技术支持、销售条件（定价和信贷可得性）等手段获取产品。（见资料1.5）因为供应链管理包括生产，那么4种价值中的三项都属于物流/供应链管理者的责任范畴之内。

资料1.5 例子

某折扣店通过互联网商品目录和杂志广告销售计算机软件，他们希望能与本地零售商竞争。由于他们可以实现规模经济，所以有价格优势。他们的运作集中在一个地点，使用的是低成本的仓库型空间，而不是高成本的零售型空间。员工主要是电话订货的接线员和履行订单、运输货物的仓库管理人员。通过集中管理，库存与销售量的比率也保持在最低水平，同时还提供众多的花色品种，保持很高的产品可得率。

另一方面，零售商也有优势，大多数产品都可以即时供货，对性急的客户而言，这就抵消了折扣店的价格优势。为了抵消本地零售商在交货中的优势，折扣店承诺客户可以通过对方付费的电话订货，并在当天履行订单，连夜利用航空快递运送货物，在第二天早晨送到客户家中或工作地点。

许多消费者觉得这与在本地零售商店购买基本上一样快，而且很多情况下还更方便。这样，企业通过物流服务为繁忙的消费者创造了价值。

1.5.5 客户不断要求快速、个性化的反应

快餐店、自动柜员机、隔夜包裹速递服务和互联网上的电子邮件使得消费者期望在越来越短的时间内获得商品和服务。

---

[1] Amy Merrick, "Expensive Ad Circulars Help Precipitate Kmart President's Departure," *Wall Street Journal*, January 18, 2002, Blff

此外，信息系统的改善和灵活的制造过程使得市场向大规模定制（Mass Customization）发展。消费者在购买时不再接受"所有产品统一规格"的观念，供应商正提供越来越多的满足消费者个性化要求的产品。（见资料 1.6）

资料 1.6　观察

戴尔公司（Dell）是一家台式电脑的生产商，可以按客户的需要组装带有特定硬件的PC，甚至可以安装其所需的软件。

比恩邮购公司（L.L.Bean）通过商品目录销售服装。除了提供通用尺寸的各式服装外，还可买到根据客户的身材修改后的服装。同样，公司借助联邦快递公司快速供货，且不另外收费。

日本自行车公司（National Bicycle Industrial Co.）是日本电子业巨人松下公司的一家子公司，该公司利用柔性（flexible）制造技术生产自行车。这项技术使得工厂能够以最小的启动成本从一种产品的生产转换到另一种产品的生产。松下自行车不像很多企业那样大规模生产标准型号的自行车，并保有零售库存，而是根据顾客的具体要求按 18 种型号生产超过1 100万种公路自行车、赛车和山地车。和 90min 大规模生产的自行车相比，松下自行车利用柔性制造技术需要 3 个小时完成生产，但松下公司可以凭借向顾客提供个性化、独一无二的自行车而取悦消费者，同时将价格提到 2 倍以上。

企业在内部运作中也应用快速反应理念来满足服务需要。快速反应理念的应用创造了营销的优势。无独有偶，萨克斯第五大道百货公司（Saks Fifth Avenue）也应用了这一理念，但不是为了通过良好的物流管理来降低成本，而是通过高的毛利率来获得高利润率。而供应链成本甚至可能上涨，当然其本意是通过增加利润抵消这些成本，并获得盈余。（见资料 1.7）

资料 1.7　应用

零售商们正以惊人的比率倒闭。这种危机感促使萨克斯第五大道百货公司将其销售计划与物流管理结合起来。如果按照在孟加拉国裁剪，在意大利缝制成衣，然后将成品运到美国的豪华商店进行销售的模式，收益将十分显著。对旺销的产品来讲，赢利与亏损之间可能只是 7 ~ 10 天的差别，所以必须依靠出色的物流服务使这些款式恰好在最需要的时候出现在卖场。那么萨克斯公司是怎样做的呢？

公司的 69 家商店仅由 2 个分拨中心供货。一个在纽约州的扬克斯，距离纽约市第五大街上萨克斯公司最大的商店很近，另一个在加利福尼亚州的安大略，是供应新潮前卫的南加州市场的绝好位置。货物在供应渠道中快速移动是赢利的重要保证。分拨中心 24h 日夜运转，分拨货物。萨克斯公司 80% 的进口货物通过空运到达分拨中心，来自欧洲的货物在扬克斯处理，来自远东的货物在安大略处理。两个中心之间的货物交换也通过空运，每个营业日，还在纽约和洛杉矶之间安排一个专用航班。分拨中心对各地商店的供货采用了空运和公路运输相结合的方法[1]。

---

[1] Bruce Vail，"Logistics，Fifth Avenue Style，" *American Shipper*（August 1994）：49 – 51

1.6 非制造业中的物流/供应链管理

在制造业的环境中，有实体形态的产品的运输和存储可能是最易于理解的物流/供应链管理。但这样的视角过于狭窄，会丧失许多商业机会。因此，我们多年积累的物流管理原则和理念也可以应用于服务业、军事，甚至环境管理等诸多领域。

1. 服务业

在工业化国家中，服务行业占的比重非常大，且呈增长之势。在美国，70%以上的就业机会由服务行业提供。仅从服务业的规模也迫使我们不得不提出这样的问题，物流概念在服务业中是否和在制造业中一样适用？果真如此，那么就有大量未被发觉的机会等待我们去利用。

许多被归为服务企业的公司实际上也生产某种产品。例如，麦当劳连锁公司（McDonald's Corporation）（快餐）；道琼斯有限责任公司（Dow Jones & Co., Inc.）（报纸发行）；西尔斯·罗巴克公司（Sears.Roebuck and Co.）（商品零售）。这些企业从事任何制造企业都从事的所有典型的物流活动。但诸如第一银行（Bank One）（零售银行），马里奥特公司（Marriott Corporation）（住宿）和爱迪生联合公司（Consolidated Edison）（电力）等服务企业，它们的物流活动，特别是具有实物形态的分拨活动并不多见。

尽管许多服务企业分拨的产品可能是无形的、非实物形态的，他们也常常要从事实物分拨活动，制造相关决策。医院要向全社区提供急救服务，需要决定急救中心的地址。联合包裹公司和联邦快递需要确定中转站的位置和取货、送货路线。俄亥俄东部天然气公司（The East Ohio Gas Company）淡季时在有需求潜力地区的地下井里储存天然气。第一银行需要选择自动柜员机的安放地点，存储一定量的现金。联邦储备银行（The Federal Reserve Bank）需要选择运输方式在各成员银行之间运送冲抵掉的支票。联合卫理公会教堂（The United Methodist Church）要决定所需教堂的数量、地点和规模来满足不同场次规模和集会地点的要求，还要配备各部门的服务人员。"守诺者大会"（Promise Keepers）的物流是服务企业运作中物流决策的一个范例。（见资料1.8）

资料1.8 例子

"守诺者大会"要依赖良好的物流管理来保证宗教活动准时开展。"守诺者大会"是一个基督教组织，在全美主持23项重要活动——参加者从50人到8万人不等。其中许多活动的运作规模很大，需要大型卡车公司来承担这些活动的物流工作。承运人利用定时送货的概念来协调捐献物品的供应，比如，将《圣经》从芝加哥运出或者将帽子从堪萨斯城运出，同时另用拖车来运输讲坛设备。设备必须先进行组装，然后分秒不差地送到活动场所。由于活动一般在体育场、赛车场或类似场所举行，同一周末这些场所还安排有其他活动（球赛、赛车等）。整个过程中，大约有30车物料的运输活动需要协调，货物要准点送到，准时离开，以免妨碍其他活动的物流工作。此外，运作中还运用了计算机技术跟踪卡车，以保证各个环节配合得天衣无缝[1]。

---

[1] Roger Morton, "Direct Response Shipping," Transportation & Distribution (April 1996): 32 - 36

曾经，在短短一周的时间内，世界上发生了三件大事，吸引了有史以来最多的电视观众：英国王妃戴安娜在巴黎车祸中丧生，印度的特雷莎修女在加尔各答死于心脏病，耶路撒冷发生爆炸事件。这么短的时间内，要报道发生在世界三个角落的重大新闻，媒体遇到了很大的物流难题。例如，CNN将记者从巴黎调往中东，另一媒体将香港记者派往加尔各答。随后，还有分配三个重大新闻播出时间的物流问题[1]。

本书所讨论的技术、概念和方法可适用于制造业，也可用于服务行业。正如西奥多·莱维特（Theodore Levitt）指出的，关键在于将无形的服务转化为有形的产品[2]。然而，要仔细分辨与无形产品分拨相关的成本依旧是个问题。也许就因为这个原因，很少有服务企业或机构设置实物分拨经理的职位，虽然他们通常有物料经理处理原料供应工作。然而，服务行业的管理确实是物流实践未来发展的新方向。

2. 军事

早在企业对协调管理供应链流程产生兴趣之前，军队就已经很好地组织起物流活动了。在物流发展阶段开始的十几年前，军队就已经组织了号称历史上最复杂、计划最完善的物流运作——二战中进军欧洲。

尽管军事后勤学中的问题不同于企业物流管理，前者的“客户服务”要求极高，但二者之间共性很多，在物流发展的年代里前者为后者提供了很多有价值的经验。例如，仅军队就保有全美制造商三分之一价值的库存。除一些大规模运作所提供的管理经验外，军队还通过诸如兰德公司（RAND Corporation）和海军研究所这些机构资助，且还将继续资助物流领域的研究。在这样的背景下，企业物流开始发展。甚至于物流（Logistics）一词也源自军事用语。

大规模军事后勤[3]最近的实例就是主要发生在美国和伊拉克之间的冲突，被认为是有史以来规模最大的军事后勤运作[4]。后勤在战争中的保障作用再次证实了世界级企业已经认识到的：良好的物流管理会成为企业竞争优势的来源。负责沙漠风暴行动后勤供应的威廉·帕格诺尼斯（Willian Pagonis）中将评论道：

> 随着人们对中东的热情开始升温，似乎正是摊开史书寻找在这一地区发生过的沙漠战役的时候……然而，找不到任何关于后勤供应的内容。后勤不是热门话题。隆美尔曾在他的一些日记里提到后勤的问题，他认为德国输掉那场战争不是因为他们没有好的战士或者好的装备——事实上，德国的坦克几乎在整个二战期间都比我们的坦克精良——但英国具有更好的后勤管理[5]。

好的后勤管理成效显著。沙漠行动中。第一轮20万军队和装备部署完毕仅用了一个半月的时间，而在越南战争中花费了9个月。此外，还明显运用了许多出色的物流管理理念。例如，客户服务。

---

1 Kyle Pope, “For the Media, Diana’s Funeral Prompts Debate,” *Wall Street Journal* (September 8, 1997): B1.

2 Theodore Levitt, The Marketing Imagination (New York: The Free Press, 1983), 108 – 110

3 译者注：英文原文亦为“logistics”，本小节按习惯译为“后勤”。本书其余地方全部译为“物流”。

4 *Business Week* (March 4, 1991): 42 – 43

5 Graham Sharman, “Good Logistics is Combat Power,” The McKinsey Quarterly, no.3 (1991): 3 – 21

我们相信，如果我们真的关心我们的部队，无论发生什么我们都能达到目标。士兵是我们的客户，这与许多成功企业坚定不移地以客户为中心没什么区别。现在，你为士兵们提供的不仅是苏打水和汉堡包以及可口的食品，你还要保证他们在前线有弹药。这样，他们走上战场时知道，他们有他们所需要的东西[1]。这意味着当坦克上需要120mm而不是105mm口径的炮时，炮就会被换掉。当不需要传统的绿色伪装，而要用棕色车时，每个月就会有7 000辆车被重新油漆。

3. 环境

人口增长及其带来的经济发展已促使我们关注环境问题。无论是回收物、包装物，也无论是要运输危险品，或是要修理产品以供再销售，物流管理者都是主要参与人。总之，仅美国一个国家每年就产生超过1.6亿吨的废物，如果用10吨的垃圾清理车装载，这些车辆排列的长度可达地球到月球距离的一半[2]。在很多情况下，在一定的环境条件下制定物流规划与制造或服务行业中的物流规划并没什么两样，然而，少数情况下，会更复杂。比如，由于政府管制导致某件产品的物流分拨渠道延长，成本更高。(见资料1.9)

资料1.9 例子

在德国，政府要求零售杂货店在销售点回收盛谷物的盒子。通常，消费者购买了产品后，打开盒子，将里面的产品倒入从家中带来的容器里，随后将空盒子扔进垃圾箱。销售者负责回收用过的盒子，重新包装，投入使用，或者丢掉[3]。

1.7 企业中的物流/供应链管理

传统上，许多企业是围绕营销和生产职能组织起来的。一般，营销意味着销售产品，生产意味着制造产品。尽管很少有企业界人士会同意他们的组织机构是如此简单，而事实上，许多企业在强调这两个职能的同时，又将诸如运输、采购、财务和技术等其他职能活动视为支持性部门。这种态度从某种角度来看是合理的，因为如果一家工厂不能生产和销售，其他职能也就没有意义了。然而，这种思维模式太过简单，众多企业去效仿是很危险的，因为它没能认识到那些必然发生在生产或采购与需求的时间和地点之间的那些活动的重要性。这些活动就是物流活动，他们既影响营销又影响生产的效率和效果。(见资料1.10)

资料1.10 例子

随着买主的注意力转向更加时尚化的国产和进口轿车，卡迪拉克轿车的销售受到排挤，通用汽车公司希望通过提高客户服务来增加销售。由于顾客对过长的交货期感到不满，卡迪拉克丧失了颇多销售机会。调查显示，10%～11%的销售额因为没有及时供应现货而未能实现。

通用汽车公司针对佛罗里达州制定了一份试生产和分拨计划。佛罗里达州由于其老年人口较多，是卡迪拉克的主要市场。按照该计划，在佛罗里达州奥兰多的区域性分拨中心将停

---

[1] 同上

[2] E.J.Muller, "The Greening of Logistics,:" *Distribution* (January 1991): 32

[3] "European Logistics Changes Sharply." *American Shipper* (May 1993): 66

放 1 500 辆卡迪拉克轿车，全天 24 小时随时供应州内的汽车经销商。在佛罗里达的某些地区，许多购买普通款式轿车的买主只要等待 2 天。此外，底特律通用汽车的卡迪拉克生产厂将加速生产特殊定制的卡迪拉克，同时减少运输时间。按订单生产的卡迪拉克将只需 3 周就能到达经销商的店里，而目前需要 8 到 12 周。通用汽车公司希望在该计划下经销商的库存能够降低 50%[1]。

不论是营销界还是生产界的学者和业者都没有忽视物流的重要性。事实上，他们都将物流视为本领域范围之内的活动。例如，以下营销管理的定义就包括实物分拨的内容：

> 营销（管理）是计划和实施各种理念，产品及服务的设计、定价、促销和分拨，与目标群体进行交换，达到个体和团体的目标[2]。

营销所注重的是将产品或服务置于便利的分销渠道以加速交换过程。另一方面，生产/运作管理的概念常常也包括物流活动。例如："运作管理负责实物产品及服务的生产和交付"[3]。生产/运作最感兴趣的可能是那些直接影响制造及其首要目标（以最低单位成本进行生产）的活动。现在，因为将产品流视为协调管理的过程，就可以统一管理营销、生产和物流活动以实现客户服务目标。

这两个基本管理部门经营目标的差异（收入最大化和成本最小化）可能导致对物流活动的侧重点和责任割裂开来，同时使得物流活动整体缺乏协调，进而导致低水平的客户服务和不必要的高物流总成本。企业物流管理是储－运活动的一个重组过程，该过程通过正式的组织结构重组或者管理者思想观念的转变来实现，而先前，其中的储－运活动可能部分由营销部门管理，部分由生产/运作部门管理。

如果把物流活动视为管理中独立的领域，物流活动与营销活动和生产/运作活动的关系就如图 1－7 所示。营销主要负责市场调查、促销、销售队伍管理和产品组合，创造产品的"占有"价值。生产/运作则关注产品或服务的生产，创造产品的形态价值，主要职责包括质量控制、生产计划和调度、工位设计、产能计划、维修保养作业要求和标准。物流关注的是那些赋予产品或服务时间和空间价值的活动（如前文所定义的）。要达到我们所追求的物流活动的协调统一，也不一定非要把企业活动分成三组而非两组，或者说三组比两组总是更好。如果考虑周全，协调广泛，营销和生产/运作也可以有效地管理物流活动，而不必创建额外的组织机构。虽然可以建立一个独立的职能部门来有效控制企业的物流活动，但物流管理仍然要将自己视为整个供应链的协调者，而不是本地物流活动的管理人，否则将会丧失降低成本，提高客户服务的大好机会。

图 1－7 还列出了营销与物流，生产/运作与物流相互交叉的一些边缘活动。边缘活动是指在一个职能部门内无法进行有效管理的活动。之所以产生边缘活动是由于人为地将企业活动分割给若干独立的职能部门负责。由于把外延更广泛的企业目标降级为单个职能部门的目标，单纯由一个职能部门来管理边缘活动可能会导致次优的结果——目前企业通行的部门型

---

[1] *Wall Street Journal*（August 16，1994）：A5

[2] 美国营销协会首肯的定义，出自 Philip Kotler，*Marketing Management*：*Planning*，*Analysis*，*Implementation*，*and Control*，8th ed.（Upper Saddle River，NJ：Prentice Hall，1994），13

[3] John O. McClain and L. Joseph Thomas，*Operations Management*：*Production of Goods and Services*，2nd ed.（Upper Saddle River，NJ：Prentice Hall，1985），14

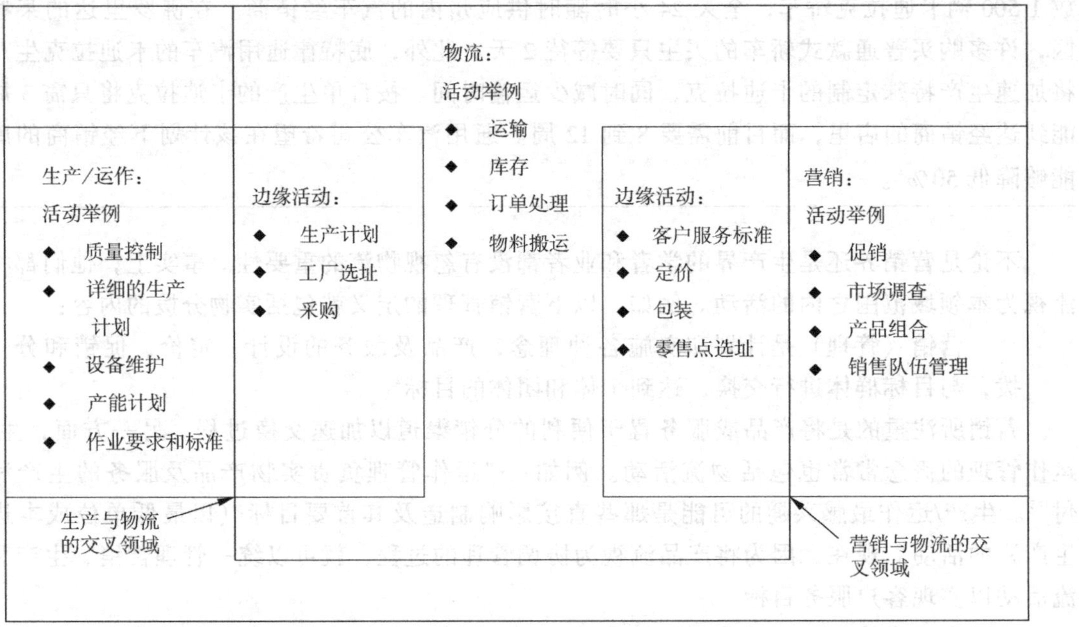

图 1－7 物流与生产、营销的交叉领域

组织结构可能带来的危机。要实现部门间协调，需要建立促进部门间合作的机制和鼓励措施。为管理跨企业的产品流而进行的企业间协调管理也是如此。

然而，我们应该注意的是建立第三个职能部门并非没有缺点，这一点十分重要。现在，有两个职能交叉领域，而以前只有营销和生产/运作之间一个交叉领域。当某一部门试图管理边缘活动时，就会发生不同部门之间的冲突，导致一些相当棘手的管理问题。如果将生产/运作和物流部门合并成新创建的供应链管理部门，某些冲突就会烟消云散。

就在管理人员开始理解跨部门物流管理的收益时，跨企业管理也受到了鼓舞。供应链管理的支持者以更广的视角看待这些问题，他们强烈建议供应渠道成员之间相互协作，因为这些企业各自独立，所以这已经超出了某企业物流管理者的控制范畴。由买卖关系联系起来的渠道成员间的协作是实现成本－服务收益的关键，而严格限于内部责任的管理人员是无法意识到的。供应链管理者认为他们对整个供应渠道（见图 1－8）承担责任，在这样的环境下进行管理是当代物流管理者所面临的新的挑战。

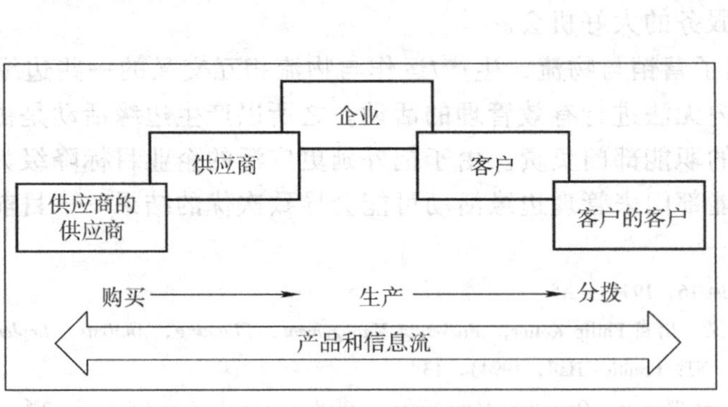

图 1－8 现代供应链的范畴

1.8　企业物流/供应链管理的目标

在外延更广泛的企业目标下，企业物流管理者在努力实现供应渠道各企业目标的同时，推动企业向整体目标迈进。具体而言，他或她所期望的是，通过优化物流活动使企业在长期内得到尽可能高的投资回报。这一目标包括两个方面：

1）物流系统设计对收入的影响；

2）设计的运作成本和资金要求。

理论上，物流管理者应该知道客户服务质量的改进将会带来多少额外收入。然而，一般管理者很难确切地知道这些收入是多少。通常，物流管理者需要把客户服务确定为某一水平，一般是用户、销售函数或其他有关方可以接受的水平。在这一水平下，物流目标就变为使成本最小化，限制条件是要满足所期望的服务水平，而不是利润或投资回报最大化。

与收入不同，物流成本一般可以精确到会计活动所能达到的水平，成本通常有两类：运营成本和资本成本。运营成本是那些周期性重复发生或直接随活动水平的变化而变化的成本。工资、公共仓库费用、管理费用和一些其他间接费用等都是运营成本。资本成本是一次性开支，不随正常物流活动水平的变化而变化。例如，自有车队的投资，企业仓库的建设成本，物料搬运设备的购买成本。

假设物流活动水平对企业收入的影响已知，我们可以将一个具有可操作性的物流财务目标阐述为物流资产的回报率（Return On Logistics Assets，ROLA）。ROLA 的定义是

$$\text{ROLA}=\frac{\text{对企业收益的贡献}-\text{物流运作成本}}{\text{物流资产}}$$

对企业收益的贡献指物流系统设计所产生的销售额，物流运作成本是为提供物流客户服务，增加销售所产生的支出。物流资产则是物流系统内的资本投资。ROLA 应该实现长期最大化。

如果资金价值很高，那么，该目标更确切的表达是，使现金流的现值最大化或使内部报酬率最大化。保证企业生存的最重要的单项目标是使企业长期累计投资的回报最大化。

1.9　物流/供应链管理的研究方法

介绍了物流定义及其意义的背景知识之后，接下来我们就要系统地研究物流管理。组织物流研究，进而组织这部书的可行方法很多。这里可以利用两条主线，二者都沿着同样的思路：物流管理的内容是什么，在技术高度复杂的世界里需要哪些技能来实施管理。

第一，可以将管理工作视为：为了实现企业目标而进行的规划、实施和控制活动。规划指确定企业的目标；实施指汇集和配置企业资源以实现企业目标；而控制则指衡量企业绩效，当企业偏离目标时，采取修正措施。这些内容是企业管理的核心，因此本书将在不同的章节讨论这些内容。

第二，人们认识到，无论基层管理者，还是高层管理者都会花大量时间从事规划活动。为了制定有效的计划，就有必要对企业目标有所认识，了解制定有效规划的有关概念和指导原则，掌握有助于在不同方案间进行对比选择的工具。具体到物流管理，规划围绕选址、库

存和运输三项基本决策的三角形展开，其中客户服务是这些决策的结果（见图 1－9）。尽管物流规划三角形是贯穿全书的主线，但书中也讨论了与之相关的一些其他论题。我们首先概括介绍物流规划的战略以及支持该战略的信息系统和技术；接下来对推动所有物流决策的客户服务进行论述；第三分别对运输、选址和库存决策进行论述，这三者是构成物流规划三角形的基石；最后是有关组织、控制的部分，使我们回到规划、实施和控制的主线上。当代某些论题，比如国际物流、服务行业的物流、质量控制协同物流和逆向物流都非常重要，对这些问题的讨论贯穿全书。此外，书中还列举了许多例子来说明良好的物流/供应链管理理念和方法是如何应用于实际业务的。

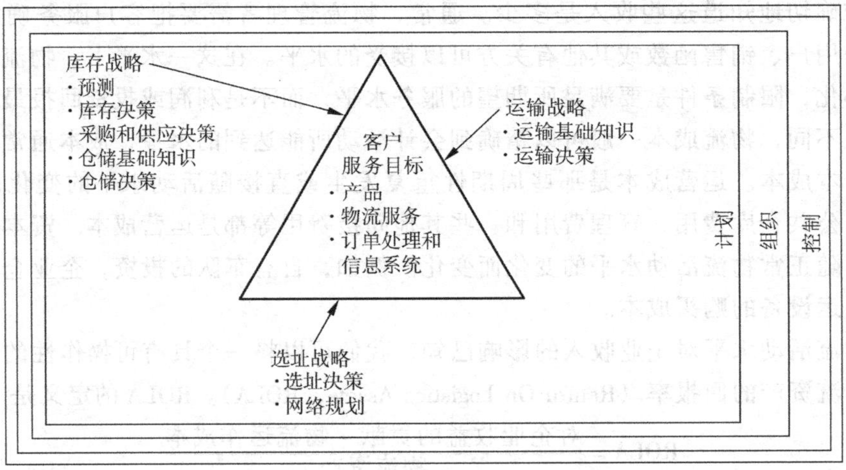

图 1－9 与物流/供应链主要活动相关的规划三角形

1.10 小结

无论是成本、对客户的价值还是对企业目标的战略意义，几乎从每个角度来看，物流/供应链管理都是至关重要的。然而，直到最近几年，企业才开始较广泛地用一体化的方法来管理供应链活动，也即，考虑产品和服务从原材料供应商到最终消费者的不间断流动。近来，这一流动还包括了产品和服务沿供应渠道逆流而上的移动，或者说，逆向物流。各种经济力量（主要是世界范围内商业管制愈加放松，自由贸易协定范围扩大，国外竞争的激化，产业全球化的加剧，对更加迅捷、可靠的物流服务的不断要求）都成为提升企业物流重要性的促动因素。服务行业、环境问题和信息技术的发展为物流管理带来了新的机遇，未来还将继续使物流管理长期处于重要地位。

本书重点论述的是如何通过各企业在整个供应链中的管理活动有效地进行产品运输、存储。供应链中的这些企业可能生产产品，也可能提供服务，都以赢利为目的。

本书围绕三个基本管理职能来组织内容，他们是规划，实施和控制。通常，其中最困难的是规划，也即找出可选行动方案，并在其中进行挑选。因此，本书将重点论述管理的这一阶段。本书所用的方法是，先尽量简单地描述物流问题，再运用那些在实践中被证明行之有效的特定方法来解决。这是一种决策制定方法。

习题

1. 什么是供应链管理？与企业物流管理的区别是什么？
2. 在你心目中，下列国家和地区的企业物流管理实践应该是怎样的，试进行说明：
   a. 美国
   b. 日本
   c. 欧盟
   d. 澳大利亚
   e. 南非
   f. 中国
   g. 巴西
3. 总结使物流成为企业重要职能部门（营销、财务、生产）的因素和力量。
4. 试述制造企业的物流管理与下述机构物流管理的异同点。
   a. 服务型企业（银行、医院等）
   b. 非赢利组织（交响乐团、美术馆等）
   c. 军队
   d. 零售企业（杂货店、快餐店等）
5. 试述高效率、低成本的物流系统在促进对外贸易中所起的作用。
6. 为什么营销部门和生产部门都会认为某些或者所有的物流活动属于他们的责任范围？
7. 企业物流管理的关键性活动是什么？列出这些活动及其对以下机构的重要性：
   a. 电视机生产商（索尼公司）
   b. 巡回演出乐团（克利夫兰管弦乐团 Cleveland Orchestra）
   c. 医院（马萨诸塞州总医院 Massachusetts General）
   d. 市政府（纽约市政府）
   e. 快餐连锁店（麦当劳餐厅）
8. 你认为，国际物流与全球化企业的物流有何区别？
9. 指出通过增加时间和空间价值收益巨大的一些产品。
10. 在企业中单独设立物流管理部门会带来一系列额外的边缘活动（Interface Activities）。什么是边缘活动？为什么产生一系列额外的边缘活动会引起大多数企业的关注？
11. 在欧盟各国之间，政治、经济壁垒不断减少。如果你是某公司的实物分拨经理，公司在你所在的国家销售最终消费品（如意大利宝洁公司），未来你将会面临怎样的分拨决策？
12. 假定某男式衬衣制造商在得克萨斯州的休斯敦设厂生产衬衣，生产成本为每件 8 美元（含原材料成本）。芝加哥是其主要市场，年需求为 10 万件。衬衣在休斯敦定价为 15 美元，从休斯敦到芝加哥的运输、存储费用为 5 美元/担。每件包装后的衬衣重 1 磅。

    公司还有另一种备选方案，公司可以在台湾生产衬衣，每件成本 4 美元（含原材料成本）。每件衬衣的原材料重约 1 磅，从休斯敦到台湾，运输费用为 2 美元/担。衬衣完工后，将直接运往芝加哥，运输、存储成本为 6 美元/担。估计每件衬衣的进口税为 0.50 美元。问：

a. 从物流 - 生产成本的角度看，是否应在台湾生产衬衣？

b. 在进行最后决策之前，除经济因素外，还需要考虑哪些其他因素？

13. 用下列表格做课堂练习。对你所选择的讨论内容进行准备，并与班里其他同学的材料进行对比。试找出使物流/供应链管理成功的共同因素，以及导致物流/供应链管理失败的因素。

好的物流/供应链战略与缺乏物流/供应链战略的例子

许多企业将物流战略作为公司战略的核心。请你找出那些因为实施物流战略而成功的企业，并谈谈为什么你认为他们做得出色（佼佼者 Hall of Famers）。相反，找出那些因为没有很好地实施重要的物流战略而遭受损失的企业（失败者 Hall of Shamers）。

1. 佼佼者（Hall of Famers）。找出使用物流/供应链战略作为企业整体战略重要组成部分的三家公司。

佼佼者（Hall of Famers）	成功因素

2. 失败者（Hall of Shamers）。找出没有很好地实施对企业整体战略十分重要的物流/供应链战略的三家企业。

失败者（Hall of Shamers）	失败因素

3. 从物流/供应链管理角度讲，佼佼者（Hall of Famers）与失败者（Hall of Shamers）的差距在哪里？

差异

第二章 物流战略和规划

虽然过去实物分拨（物流）被看作成本经济的最后领地。但现在它确是创造需求的新乐园[1]。

在《艾丽斯漫游奇境记》中，艾丽斯问咧嘴傻笑的柴郡猫，“请告诉我，从这儿出发我该走哪条路?”“那多半要看你想去哪儿了”，猫说[2]。确定企业的战略方向，以实现其财务、发展、市场份额及其他方面的目标是管理层应考虑的首要问题。这是一个具有创造性的、前瞻的过程，通常由高层管理者实施。战略规划勾勒出企业发展的总方向，随后被转化成企业具体的行动计划。

接着，企业计划被分解成不同职能部门（如营销、生产和物流部门）的子计划。在这些子计划中，需要作出许多具体的决策。在物流方面，需要作出的决策包括：仓库选址、确定库存政策、设计订单录入系统以及选择运输方式。其中很多决策取决于不同物流理念和供应链管理人员所能运用的决策手段。

本章将先从企业整体角度，后从物流职能的角度，来探讨规划过程。我们将确立构成以后章节基础的规划框架。本章及本书的很多章节都将重点论述计划和决策的制定过程，它们带来的良好物流计划能够为企业的财务目标作出贡献。

2.1 企业战略

制定企业战略首先要对企业目标作清晰描述。无论企业目标是追求利润、生存、社会效益、投资回报、市场份额或是企业发展，都应该对目标有很好的理解。其次，在“前瞻”过程中，对非常规的、闻所未闻的，甚至是与直觉相左的战略都应该有所考虑。这就需要讨论良好战略的四个组成部分：客户、供应商、竞争对手和企业自身。首先，要估量各组成部分的需要、强项、弱项、发展方向和远景[3]。然后，在前瞻过程中应集思广益，提出各种可能契合企业需要的战略。以下是几个这方面的例子：

- 通用电器公司（General Electric）的看法是在其所服务的每一个市场争第一或第二，否则就退出该市场；
- 惠普公司（Hewlett – Packard）设想为科学界提供服务；
- IBM 要不断重塑自我以保持竞争力[4]。

接下来，企业就需要将宽泛的、概括性的战略转化为更细致的计划。企业要在对成本、

---

1 Peter F. Drucker, “The Economy's Dark Continent,” *Fortune* (April 1962), pp.103, 265 – 270

2 Lewis Carroll, *Alice's Adventures in Wonderland* (New York: Knopf, 1983) ..72

3 Roger Kallock, “Develop a Strategic Outlook,” *Transportation and Distribution* (January 1989): 16 – 18.

4 Kenneth R. Ernst, “Visioning: Key to Effective Strategic Planning,” *Annual Conference Proceedings*, Volume 1 (Boston: Council of Logistics Management, 1988): 153 – 165

财务优劣势、市场地位、资产状况及分布、外部环境、竞争能力和员工技能有了清楚认识后，针对企业面临的机遇和挑战作出不同的战略方案，并从中进行选择。这样，这些战略就变成指导企业蓝图得以实现的更为具体的指导方针。(见资料 2.1)

资料 2.1　例子

随着施乐（Xerox）公司复印机专利保护期的结束，企业不再拥有差异化的产品，因此施乐公司转变战略，要力争成为复印机服务业的第一。

斯塔基斯特食品公司（StarKist Foods）采用的是供给战略，企业购买并包装其自有船队和签约渔船捕获的所有金枪鱼。该战略有助于使其成为金枪鱼行业主要的包装企业。

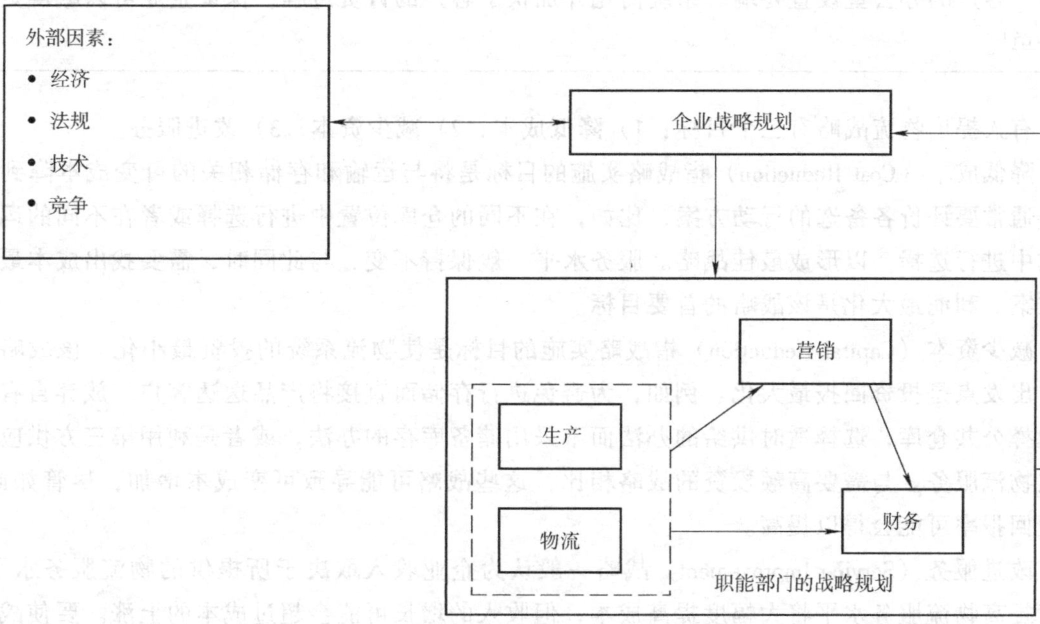

图 2-1　企业战略规划到职能部门战略规划概览

资料来源：William Copacino and Donald B. Rosenfield, "Analytic Tools for Strategic Planning," International Journal of Physical Distribution and Materials Management 15, no.3 (1985): 48

企业战略带动各职能部门战略的制定，因为后者包含在前者之中，如图 2-1 所示。只有当生产、营销、财务和物流部门制定的计划满足企业战略的需要时，企业战略才会实现。当斯塔基斯特食品公司决定采用供给战略时，营销和物流部门就要相应调整计划，控制可能出现的过剩库存，也就是在必要时削价销售金枪鱼以降低库存。由于金枪鱼在许多家庭很受欢迎，每当促销时消费者就会囤积商品，所以该计划颇有成效。以下，让我们来看一看制定物流战略的具体方法。

2.2　物流/供应链管理战略

选择好的物流/供应链管理战略和制定好的企业战略一样，需要很多创造性过程。有创

见的方法往往会带来竞争的优势。(见资料 2.2)

资料 2.2 例子

某办公设备公司为节约设备维修服务的宝贵时间迈出了大胆的一步。按照以往的做法，服务中心派技术人员到客户的维修地点。这样，受过高级培训且薪水很高的技术人员要在往返途中花费大量时间。该企业重新设计了物流系统，在全国各地设置供租借和替换的机器存货。如果机器出现故障，企业就会将替换用的机器送往客户所在地，有故障的机器则被送往服务中心进行维修。新的系统不仅节约了维修成本，而且提高了客户服务水平。

美国医院供应公司（American Hospital Supply）开发设计出一套有效的采购系统，该系统在每个客户的办公室设置终端。系统简化并加快了客户的订货过程，保证企业可以赢得更多的订单[1]。

有人提出物流战略有三个目标：1）降低成本；2）减少资本；3）改进服务。

降低成本（Cost Reduction）指战略实施的目标是将与运输和存储相关的可变成本降到最低。通常要评价各备选的行动方案，比如，在不同的仓库位置中进行选择或者在不同的运输方式中进行选择，以形成最佳战略。服务水平一般保持不变，与此同时，需要找出成本最低的方案。利润最大化是该战略的首要目标。

减少资本（Capital Reduction）指战略实施的目标是使物流系统的投资最小化。该战略的根本出发点是投资回报最大化。例如，为避免进行存储而直接将产品送达客户，放弃自有仓库选择公共仓库，选择适时供给的办法而不采用储备库存的办法，或者是利用第三方供应商提供物流服务。与需要高额投资的战略相比，这些战略可能导致可变成本增加；尽管如此，投资回报率可能会得以提高。

改进服务（Service Improvement）战略一般认为企业收入取决于所提供的物流服务水平。尽管提高物流服务水平将大幅度提高成本，但收入的增长可能会超过成本的上涨。要使战略有效果，应制定与竞争对手截然不同的服务战略。(见资料 2.3)

资料 2.3 例子

Paker Hannifin 是生产封铅和 O 型圈的企业，该企业凭借优秀的物流服务赢得了市场。某客户的采购人员曾经向公司的销售人员展示了同一产品的两张发票，一张来自 Paker Hannifin，一张来自其竞争对手。其中竞争对手的价格比 Paker Hannifin 低 8%。但是，如果 Paker Hannifin 为客户保有服务中心（某存储点，包括额外的增值服务），那么 Paker Hannifin 就可以高价赢得一百万美元的生意。Paker Hannifin 满足了客户的要求，建立了服务中心，赢得了合同。客户非常满意，Paker Hannifin 也赚了很多，因为服务中心的运营成本只有销售额的 3.5%。

---

[1] William Copacino and Donald B. Rosenfield, "Analytic Tools for Strategic Planning," *International Journal of Physical Distribution and Materials Management* 15, no.3 (1985): 47－61

前摄（Proactive）战略常常因商业目标和客户服务需要而启动。这些战略被称为迎接竞争的“进攻型”战略。随后，物流系统设计的其他部分就可以从“进攻型”战略中派生出来。（见资料 2.4）

资料 2.4　例子

当卡夫集团（Kraft）推出“牛眼（Bulls Eye）”牌辣酱时，纳贝斯克（Nabisco）的 A－1 牌肉酱正稳坐市场头一把交椅。卡夫的竞争性举动威胁到纳贝斯克的特权，纳贝斯克随即推出“A－1 冒险家（A－1 Bold）”进行反击。企业供应链超速运转，几个月内“冒险家”就摆上了货架。利用这一战略，纳比斯克成功地将“牛眼”挤出市场。如果没有快速反应的供应链，“牛眼”这样出色的产品就会有时间夺取市场份额[1]。

达美乐比萨饼公司（Domino's Pizza）并不是比萨饼市场的第一大公司，竞争者还有必胜客和独立的零售大军。但达美乐承诺如果在订餐后 30min 内不能将比萨饼送到消费者家中，就向消费者提供 3 美元的折扣，由此达美乐成为美国第二大比萨饼连锁店[2]。

弗瑞托杰伊公司、(Frito Jay) 以直达商店的送货系统获得战略优势，阿特拉斯制门公司（Atlas Door）发现工业用门行业内没有哪个企业能在短于三个月内为客户生产门。阿特拉斯公司进入了该市场，以实现在更短时间内送货为目标制定战略。现在，它在市场上占据主导地位[3]。

物流系统中的每一个环节都要进行规划，且要与整体物流规划中的其他组成部分相互平衡（见图 2－2）。规划过程的最后阶段就是管理、控制系统的设计。

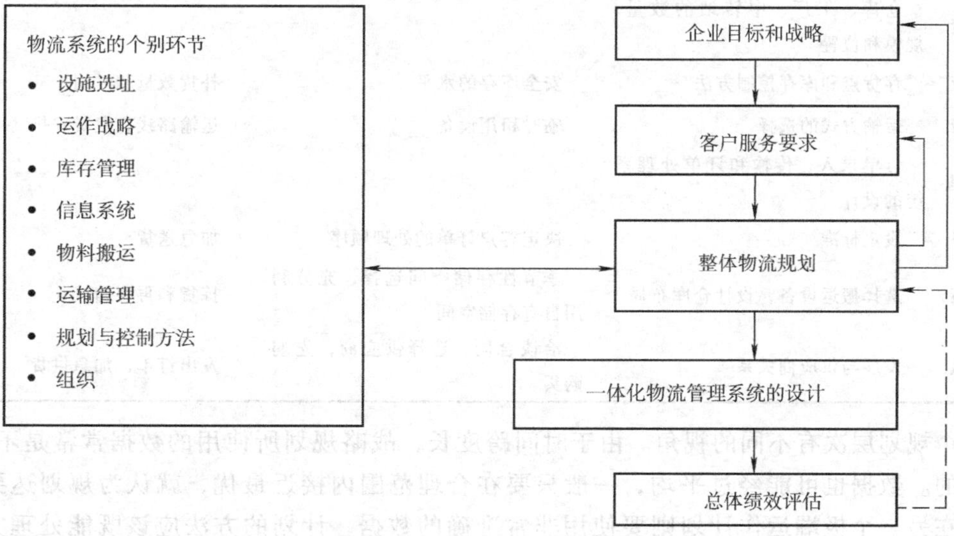

图 2－2　物流规划的过程

资料来源：William Copacino and Donald B. Rosenfield, "Analytic Tools for Strategic Planning," International Journal of Physical Distribution and Materials Management 15, no.3（1985）：48

[1] J. Robert Hall, "Supply Chain Management from a CEO's Perspective," Proceedings of the Council of Logistics Management（San Diego, Calif: Council of Logistics Management, 1995）：164

[2] "How Managers Can Succeed Through SPEED," *Fortune*（February 13, 1989）：54－59

[3] Ernst, "Visioning," 153－165

设计有效的物流客户服务战略无须特别的程序或技术，需要的仅仅是敏锐的头脑。然而，一旦物流服务战略形成，接下来的任务就是实施，包括在各备选方案中作出选择。选择的过程应符合前文提到的物流理念，并通过分析方法进行检验。随后我们将讨论这一评估过程，并将反复讨论该如何理解供应链管理者所面对的这些物流方案及如何评估这些方案。

2.3 物流/供应链规划

2.3.1 规划层次

物流规划试图回答做什么、何时做和如何做的问题，涉及三个层面：战略层面、策略层面和运作层面。它们之间的主要区别在于计划的时间跨度。战略规划（Strategic Planning）是长期的，时间跨度通常超过一年。策略规划（Tactical Planning）是中期的，一般短于一年。运作计划（Operational Planning）是短期决策，是每个小时或者每天都要频繁进行的决策。决策的重点在于如何利用战略性规划的物流渠道快速、有效地运送产品。表 2-1 举例说明了不同规划期的若干典型问题。

表 2-1 战略、策略和运作决策举例

决策类型	决策层次		
	战略层次	策略层次	运作层次
选址决策	仓库、工厂、中转站的数量、规模和位置		
库存决策	存货点和库存控制方法	安全库存的水平	补货数量和时间
运输决策	运输方式的选择	临时租用设备	运输路线，发货安排
订单处理	订单录入、传输和订单处理系统的设计		
客户服务	设定标准	决定客户订单的处理顺序	加急送货
存储决策	选择搬运设备，设计仓库布局	季节性存储空间选择，充分利用自有存储空间	拣货和再存储
采购决策	发展与供应商关系	洽谈合同，选择供应商，先期购买	发出订单，加急供货

各个规划层次有不同的视角。由于时间跨度长，战略规划所使用的数据常常是不完整、不准确的。数据也可能经过平均，一般只要在合理范围内接近最优，就认为规划达到要求了。而在另一个极端运作计划则要使用非常准确的数据，计划的方法应该既能处理大量数据，又能得出合理的计划。例如，我们的战略规划可能是整个企业的所有库存不超过一定的金额或者达到一定的库存周转次数[1]。而库存的运作计划却要求对每类产品分别管理。

由于物流战略规划可以用一般化的方法加以探讨，所以我们将主要关注战略规划。运作计划和策略规划常常需要对具体问题作深入了解，还要根据具体问题采用特定方法。因此，我们将首先从物流规划的主要问题——设计整个物流系统开始。

---

[1] 库存周转率（Inventory turnover ratio）是年销售额与当年平均库存水平之比，单位通常是美元/件

2.3.2　主要规划领域

物流规划主要解决四个方面的问题：客户服务目标、设施选址战略、库存决策战略和运输战略，如图 2－3 所示。除了设定所需的客户服务目标以外（客户服务目标取决于其他三方面的战略设计），物流规划可以用物流决策三角形表示。这些领域是互相联系的，应该作为整体进行规划，虽然如此，分别进行规划的例子也并不少见。每一领域都会对系统设计有重要影响。

1. 客户服务目标

企业提供的客户服务水平比任何其他因素对系统设计的影响都要大。服务水平较低，可以在较少的存储地点集中存货，利用较廉价的运输方式。服务水平高则恰恰相反。但当服务水平接近上限时，物流成本的上升比服务水平上升更快。因此，物流战略规划的首要任务是确定适当的客户服务水平。

图 2－3　物流决策三角形

2. 设施选址战略

存储点及供货点的地理分布构成物流规划的基本框架。其内容主要包括，确定设施的数量、地理位置、规模，并分配各设施所服务的市场范围，这样就确定了产品到市场之间的线路。好的设施选址应考虑所有的产品移动过程及相关成本，包括从工厂、供货商或港口经中途存储点然后到达客户所在地的产品移动过程及成本。通过不同的渠道来满足客户需求，如直接由工厂供货、供货商或港口供货，或经选定的存储点供货等，则会影响总的分拨成本。寻求成本最低的需求分配方案或利润最高的需求分配方案是选址战略的核心所在。

3. 库存战略

库存战略指管理库存的方式。将库存分配（推动）到存储点与通过补货自发拉动库存代表着两种战略。其他方面的决策内容还包括：产品系列中的不同品种分别选在工厂、地区性仓库或基层仓库存放，以及运用各种方法来管理长期存货的库存水平。由于企业采用的具体政策将影响设施选址决策，所以必须在物流战略规划中予以考虑。

4. 运输战略

运输战略包括运输方式、运输批量和运输时间以及路线的选择。这些决策受仓库与客户以及仓库与工厂之间距离的影响，反过来又会影响仓库选址决策。库存水平也会通过影响运输批量影响运输决策。

客户服务目标、设施选址战略、库存战略和运输战略是规划的主要内容，因为这些决策都会影响企业的赢利能力、现金流和投资回报率。其中每个决策都与其他决策互相联系，规划时必须对彼此之间存在的悖反关系予以考虑。

2.3.3 对物流/供应链规划问题的理解

解决物流规划问题的另一种方法就是将其视为抽象的节点（Nodes）与链（Links）连成的网络，如图 2－4 所示。网络中的链代表不同存储点之间货物的移动。这些存储点——零售店、仓库、工厂或者供货商——就是节点。

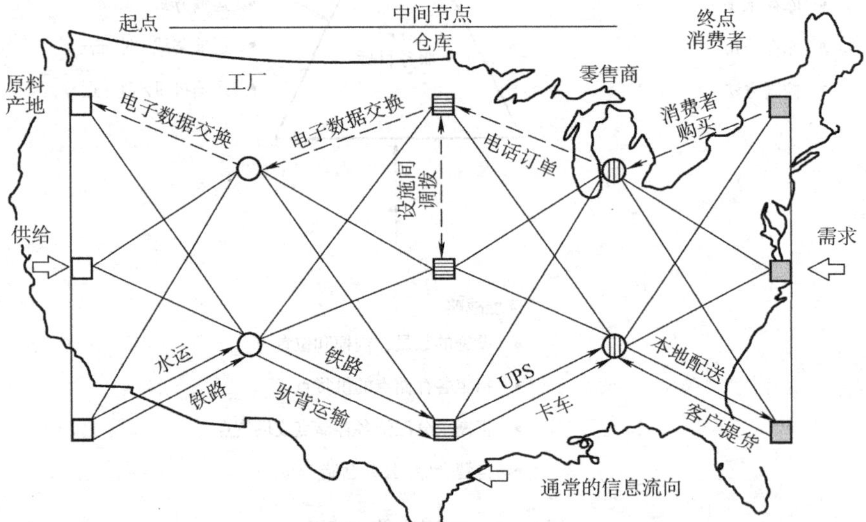

图 2－4 物流系统网络图解

任意一对节点之间可能有多条链相连，代表不同的运输形式、不同的路线、不同的产品。节点也代表那些库存流动过程中的临时经停点，如货物运达零售店或最终消费者之前短暂停留的仓库。

库存流动中的这些储－运活动只是整个物流系统的一部分。此外，还有信息流动网络，其中包含了关于销售收入、产品成本、库存水平、仓库利用率、预测、运输费率及其他方面的信息。信息网络中的链由从一地到另一地传输信息的邮件或电子方法构成。信息网络中的节点则是不同的数据采集点和处理点，如进行订单处理、准备提单[1]的职员或更新库存记录

[1] 提单是发货人和承运人之间的运输合同的组成部分，列明关于货物运输的条款。

的计算机。

从抽象概念来看，信息网络与产品流动的网络非常相似，都可以视为节点和链的集合。然而，两者最主要的区别在于产品大多是沿分销渠道顺流而“下”(流向最终消费者)，而信息流则多是（但不完全是）沿分销渠道逆流而“上”（流向原料产地）。

产品流动网络与信息网络结合在一起就形成了物流系统，这样就可以避免分别设计可能导致的整个系统设计的次优。因此，各个网络并不是相互独立的。例如，信息网络的设计将会影响系统的订单周期，进而影响产品网络各节点保有的库存水平。库存的可得率会影响客户服务水平，进而影响订单周期和信息网络的设计。同样，其他各因素之间的相互依赖也要求从一体化角度看待物流系统，而不能将其分开考虑。

2.3.4 规划的时机[1]

规划过程中的第一个问题就是什么时候应该进行网络规划或什么时候应该重新规划。如果当前还没有物流系统，如新企业或产品系列中的新品种，显然需要进行物流网络规划。然而，大多数情况下，物流系统已经存在，需要决定的是修改现有网络与继续运行旧有网络(尽管现有网络可能并非最优的设计）孰是孰非的问题。在进行实际规划之前，我们对此无法给出明确的答案。但我们可以提出网络评估和审核的一般准则，这些准则包括五个核心方面：需求、客户服务、产品特征、物流成本和定价策略。

1. 需求

不仅需求的水平极大地影响着物流网络的结构，需求的地理分布也一样。通常，企业在国内某一个区域的销售会比其他区域增长或下降得更快。虽然从整个系统的总需求水平来看，可能只要在当前设施的基础上略微进行扩建或压缩，然而，需求分布的巨大变化可能要求在需求增长较快的地区建造新的仓库或工厂，而在市场增长缓慢或萎缩的地区，则可能反而要关闭设施。每年几个百分点的异常增长，往往就足以说明需要对网络进行重新规划。

2. 客户服务

客户服务的内容很广，包括库存可得率、送货速度、订单履行的速度和准确性。随着客户服务水平的提高，与这些因素相关的成本会以更快的速率增长。因此，分拨成本受客户服务水平的影响很大，尤其是当客户服务水平已经很高时。

由于竞争的压力、政策的修改或主观确定的服务目标已不同于制定物流战略最初所依据的目标，物流服务水平发生了改变，这时企业通常需要重新制定物流战略。但是，如果服务水平本身很低，变化的幅度也很小，也不一定需要重新规划物流战略。

3. 产品特征

物流成本受某些产品特征影响很大，比如产品的重量、规格（体积)、价值和风险。在物流渠道中，类似产品特征可以因包装设计或产品储运过程中的完工状态而发生改变。例如，将货物拆散运输可以极大地影响产品的重量 - 体积比和与之相关的运输和存储费率。由于变化产品特征可以极大地改变物流组合中的某一项成本，而对其他各项成本影响很小，所以可能形成物流系统内新的成本平衡点。因此，当产品特征发生大的变化时，重新规划物流

[1] 改编自 Ronald H. Ballou, “How to Tell When Distribution Strategy Needs Revision,” Marketing News (May 1, 1982): sec.2, p.12

系统就可能是有益的。

4. 物流成本

企业实物供给、实物分拨过程中产生的成本往往决定着物流系统重新规划的频率。如果其他因素都相同，那么生产高价值产品（如机床或计算机）的企业由于物流成本只占总成本的很小比重，企业很可能并不关心物流战略是否优化。然而，对于像生产带包装的工业化产品和食品这样物流成本很高的企业，物流战略将是其关注的重点。由于物流成本很高，即使多次重构物流系统只带来稍许改进，也会引起物流成本大幅度下降。

5. 定价策略

商品采购或销售的定价政策发生变化，也会影响物流战略，主要是因为定价政策决定了买方/卖方是否承担某些物流活动的责任。供应商定价由出厂价格（不含运输成本）改为运到价格（含运输成本）一般意味着采购企业无须负责提供或安排内向物流。同样，定价策略也影响着商品所有权的转移和分拨渠道内运输责任的划分。

不论价格机制如何影响定价，成本都可以通过物流渠道进行转移，然而，还是有一些企业会根据他们直接负担的成本进行物流系统规划。如果按照企业的定价政策，由客户支付商品运费，那么，只要没有来自客户的压力要求增加网点，企业在制定战略时就不会设置较多的网点。由于运输成本在物流总成本中举足轻重，定价策略的改变一般会导致物流战略的重构。

当上述某一个或几个方面发生变化时，企业就应该考虑重新规划物流战略。下面，我们来看一看制定战略时一些有用的物流原则和概念。

2.3.5　制定战略时的指导原则

许多指导物流规划的原则和概念来源于物流活动，尤其是运输活动的独特属性。其他一些则是一般经济和市场现象的产物。所有原则都将帮助我们了解什么是物流战略，为深入细致地分析奠定基础。这里将简单介绍并举例说明其中的某些原则和概念。

1. 总成本概念（Total Cost Concept）

物流系统本身的范畴和物流系统设计的核心都是关于效益悖反（Trade - off）的分析，并由此引出总成本的概念。成本悖反就是指各项物流成本的变化模式常常表现出互相冲突的特征。解决冲突的办法是：平衡各项活动以使其达到整体最优。在图 2 - 5 的例子中，在选择运输服务的过程中，运输服务的直接成本与由于不同运输服务水平对物流渠道中库存水平的影响而带来的间接成本之间就互相冲突。最经济的方案就在总成本最低的点，即图2 - 5中虚线所指的点。

费率最低或速度最快的运输服务并不一定是最佳选择。因此，物流管理的基本问题就是成本冲突的管理问题。只要各项物流活动之间存在成本冲突，就需要进行协调管理。前文所述的网络就包含了大量与物流相关的潜在成本冲突问题。

总成本概念不仅可运用于运输服务的选择，图 2 - 6 举出了一些其他例子，其中都存在成本悖反问题。图 2 - 6a 中的例子是确定客户服务水平时存在的问题，随着客户得到更高水平的服务，由于缺货、送货慢、运输不可靠、订单履行错误造成失去客户的可能性就越小。换言之，随着客户服务水平提高，失销成本会下降。与失销成本相对应的是维持服务水平的

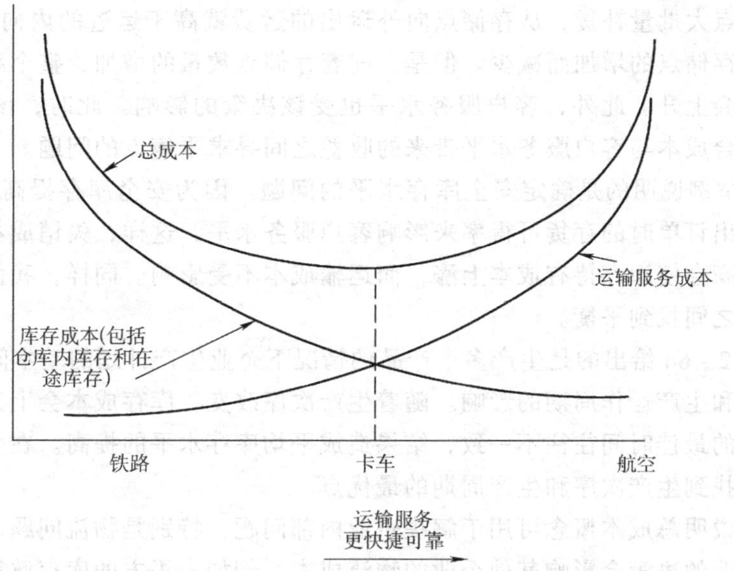

图 2-5　运输成本和作为运输服务函数的库存成本之间的冲突

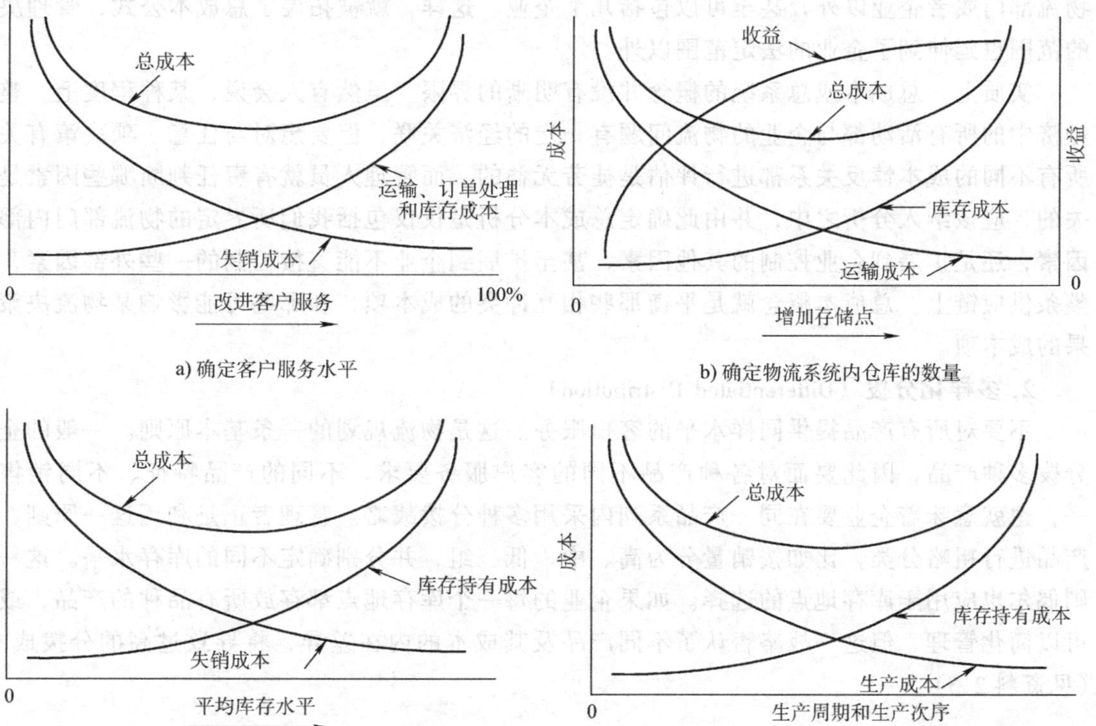

a) 确定客户服务水平

b) 确定物流系统内仓库的数量

c) 确定安全库存水平

d) 生产多个产品时，确定产品的生产次序

图 2-6　物流系统中其他效益悖反示意图

成本。客户服务的改善往往意味着运输、订单处理和库存费用更高。最佳均衡点在 100%（完美的）客户服务水平以下。

图 2-6b 所示的是确定物流系统内仓库的数量时要考虑的基本经济因素。如果客户小批

量购买，存储点大批量补货，从存储点向外运出的运费就高于运进的内向运输费率，这样，运输成本会随存储点的增加而减少。但是，随着存储点数量的增加，整个系统的库存水平上升，库存成本会上升。此外，客户服务水平也受该决策的影响。此时，该问题就变成在库存-运输的综合成本与客户服务水平带来的收益之间寻求平衡点的问题。

图2-6c举例说明的是确定安全库存水平的问题。因为安全库存提高了平均库存水平，并通过客户发出订单时的存货可得率来影响客户服务水平，这样，失销成本就会下降。平均库存水平的提高会使库存持有成本上涨，而运输成本不受影响。同样，我们要在这些相互冲突的各项成本之间找到平衡。

最后，图2-6d给出的是生产多个产品的情况下企业生产计划的基本问题。生产成本受产品生产次序和生产运作周期的影响。随着生产次序改变，库存成本会上升，因为收到订单的时间与补货的最佳时间往往不一致，结果造成平均库存水平的提高。在生产和库存总成本的最低点可以找到生产次序和生产周期的最优点。

上述例子说明总成本概念可用于解决企业内部问题，特别是物流问题。然而，有时分拨渠道内一个企业的决策会影响其他企业的物流成本。例如，买方的库存政策不仅会影响发货人的库存成本，还会影响承运人的经营成本。在这种情况下，就有必要将系统的范围扩大到物流部门或者企业以外，甚至可以包括几个企业。这样，就被拓展了总成本公式，管理决策的范围也延伸到了企业的法定范围以外。

实质上，总成本或总系统的概念并没有明晰的界限。虽然有人会说，某种程度上，整个经济中的所有活动都与企业的物流问题有一定的经济关联，但要想对与任意一项决策有关的所有不同的成本悖反关系都进行评估是徒劳无益的。而管理人员就有责任判断哪些因素是相关的，应该纳入分析之中，并由此确定总成本分析是仅仅包括我们所界定的物流部门内部的因素，还是扩展到企业控制的其他因素，甚至扩展到企业不能直接控制的一些外部因素，如整条供应链上。总成本概念就是平衡那些相互冲突的成本项，和那些可能影响某物流决策效果的成本项。

2. 多样化分拨（Differentiated Distribution）

不要对所有产品提供同样水平的客户服务。这是物流规划的一条基本原则。一般的企业分拨多种产品，因此要面对各种产品不同的客户服务要求、不同的产品特征、不同销售水平，也就意味着企业要在同一产品系列内采用多种分拨战略。管理者正是利用这一原则，对产品进行粗略分类，比如按销量分为高、中、低三组，并分别确定不同的库存水平。这一原则偶尔也应用于库存地点的选择。如果企业的每一个库存地点都存放所有品种的产品，或许可以简化管理，但这一战略否认了不同产品及其成本的内在差异，将导致过高的分拨成本。（见资料2.5）

资料2.5 应用

某大型海产品制造商在圣路易斯建了一座仓库。选择该地点是因为运输成本最低。随后的研究考虑了库存合并对运输成本的影响，结果表明仓库的最佳位置在芝加哥。更加全面地进行分析后得出的成本差异如此巨大，为此，公司卖掉已建造了一半的仓库，将库存转移到芝加哥。

改进战略首先要区分那些经仓库运送的产品和从工厂、供货商或其他供货来源直接运到客户手中的产品。由于运输费率的结构对整车运输有利，所以首先应按运输批量区分产品。订购大量产品的客户可以直接供货，其他的则由仓库供货。

对于那些由仓库供货的产品，应按存储地点进行分组。也即，销售快的产品应放在位于物流渠道最前沿的基层仓库中。销量中等的产品应存放在数量较少的地区性仓库中。销售慢的产品则放在工厂等中心存储点。结果，每个存储点都包含不同的产品组合。(见资料 2.6)

资料 2.6 应用

某小型专业化工企业生产多种金属防腐涂料。所有的产品都在同一地点生产。一项关于分拨网络的研究建议该公司采用与以往不同的分拨模式。即所有构成整车批量的产品直接从工厂运到客户所在地。所有的大订单（占企业销量的前 10%）也由工厂直接向客户供货。其他运输批量小的产品，则从工厂或两个具有战略性选址的仓库运出。这一多样化分拨战略为企业节约了 20%的分拨成本，同时保持了现有的物流客户服务水平。

多样化分拨不仅可适用于批量不同的情况，还可用于其他情况，如正常的客户订单和保留的订单可以采用不同的分拨渠道。正常的分拨渠道是由仓库供货、履行订单。出现缺货时，就启用备用的分拨系统，由第二个存储点供货，使用更快捷的运输方式克服运送距离增加带来的不利影响。同样，还有其他很多例子可以说明多个分拨渠道比单一渠道情况下的总分拨成本更低。

3. 混合战略（Mixed Strategy）

混合战略概念与多样化分拨战略相类似：混合分拨战略的成本会比纯粹的或单一战略的成本更低。虽然单一战略可以获得规模经济效益，简化管理，但如果不同品种产品的体积、重量、订单的规模、销量和客户服务要求差异巨大时，就会出现不经济。混合战略使企业针对不同产品分别确立最优战略，这样往往比在所有产品类别之间取平均后制定的单一的、全球性战略成本要低。(见资料 2.7)

资料 2.7 应用

某药品和杂货零售商因一项零售店并购计划导致销售额急剧上升，需要扩大分拨系统以满足需要。一种设计是利用六个仓库供应全美约 1 000 家分店。公司的战略是全部使用自有仓库和车辆为各分店提供高水平的服务。扩建计划需要新建 700 万美元的仓库，用来缓解超负荷运转的仓库供给能力不足的问题，该仓库主要供应匹兹堡附近的市场，利用了最先进的搬运、存储设备和流程降低成本。管理层已经同意了这一战略，且已开始寻找修建新仓库的地点。

此时，公司又进行了一项网络设计研究。结果表明虽然匹兹堡仓库的设施运营成本提高，但新建仓库节约的成本不足以补偿 700 万美元的投资。虽然这一研究很有价值，但仍没解决公司需要额外存储空间的问题。

有人向分拨副总裁建议采用混合战略（见图 2-7)。除使用自有仓库之外，部分地利用公共（租借）仓库，这样做的总成本比全部使用自有仓库的总成本要低。于是，企业将部分体积大的产品转移至附近的公共仓库，然后安装新设备，腾出足够的自有空间以满足可预见的需求。新设备成本为20万美元，利用两个仓库供货每年约带来额外的运输费用10万美元。这样，企业就成功地避免了实行单一或纯粹分拨战略而可能导致的700万美元的巨额投资。

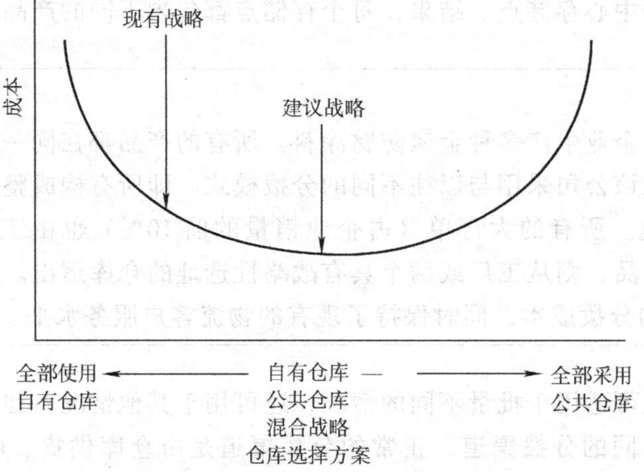

图2-7 单一存储战略和混合存储战略的总成本曲线

4. 推迟（Postponement）

推迟的原则可以概括为：分拨过程中运输的时间和最终产品的加工时间应推迟到收到客户订单之后[1]。这一思想避免了企业根据预测在需求没有实际产生的时候运输产品（时间推迟 Time Postponement）以及根据对最终产品款式的预测生产不同款式的产品（样式推迟 Form Postponement）。（见资料2.8）

辛恩（Zinn）和鲍尔索克斯（Bowersox）将推迟分成五种情形，向那些对这些原则的运用感兴趣的企业提出建议。其中有四种是形态推迟（贴标签、包装、组装和生产），另一种是时间推迟。他们的建议归纳在表2-2之中。当企业生产具有以下属性时，应用推迟战略将收到效益。

5. 生产技术和生产流程的特点

- 可以将初步生产和推迟作业分离
- 定制不太复杂
- 模块化产品设计
- 从多个地点采购

6. 产品特征

- 模块的通用程度较高
- 产品有具体形态
- 有具体参数

[1] Walter Zinn and Donald J. Bowersox, "Planning Physical Distribution with the Principle of Postponement," Journal of Business Logistics 9, no.2 (1988): 117-136

- 产品单位价值高
- 定制后产品的体积和/或重量增加

7. 市场特征

- 产品生命周期短
- 销售量波动大
- 提前期短而可靠
- 价格竞争
- 多个市场，多个客户[1]

表 2－2　可能对推迟原则感兴趣的企业类型

推迟种类	可能感兴趣的企业
贴标签①	以不同品牌销售同一产品的企业 产品单位价值高的企业 产品价值波动大的企业
包装①	以几种规格的包装销售同一产品的企业 产品单位价值高的企业 产品销量波动大的企业
组装①	销售不同样式产品的企业 所销售的产品若在组装前运输，体积将大大减少的企业 产品单位价值高的企业 产品销量波动大的企业
生产①	所销售产品的大部分原材料随处可得的企业 产品单位价值高的企业 产品销量波动大的企业
时间②	产品单位价值高的企业 有众多分拨仓库的企业 产品销量波动大的企业

①形式推迟。

②时间推迟。

资料来源：改编自 Walter Zinn and Donald J. Bowersox, "Planning Physical Distribution with the Principle of Postponement," Journal of Business Logistics 9, no.2 (1988): 133

资料 2.8　例子

杰西潘尼公司（JC Penny）定期在邮购商品目录零售中使用时间推迟战略，从相对较少的几个仓库发出所订购的产品。

戴尔电脑公司是一家生产个人电脑的企业，它接受邮寄的、网上的订单，并按照顾客从现有选项中挑选出的组合方案来配置微机，从而实现样式推迟战略。

宣威－威廉斯公司（Sherwin－Williams）是零售油漆的商店，他们用较少的几种基本颜色调制出各种颜色的油漆，提供给消费者，而不是存储已经调制好的各种颜色的油漆（样式

[1] Remko I. Van Hoek, Herry R. Commandeur, and Bart Vos, "Reconfiguring Logistics Systems through Postponement Strategies," Planning for Virtual Response, Proceedings of the Twenty－Fifth Annual Transportation and Logistics Educators Conference (Orlando, Fla.: The Transportation and Logistics Research Fund, 1996): 53－81

推迟)。

钢铁服务中心将标准形状和规格的钢铁制品切割成客户所需形状、规格的产品(样式推迟)。

推迟是惠普公司(DeskJet Plus)产品设计时的关键要素——设计与最终按多个市场区域定制、分拨和运送产品之间关系密切。

SW 是一家生产绘图软件的公司,在其美国总部开发产品。为节约运输和库存成本,该公司将写有软件的母盘运往欧洲进行复制,最终完成为欧洲市场的定制过程。

资料 2.9 应用

斯塔基斯特食品公司(StarKist Foods)是一家生产金枪鱼罐头的企业,它改变了分拨战略以利用推迟原则,降低库存水平。该公司以前在加利福尼亚的罐头厂包装金枪鱼,其包装的产品中既有公司的标签,也有工厂自己的标签。随后产品被运往基层仓库储存。由于库容很小,无法储存作为原料的金枪鱼,所以在装罐的时候必须决定两种最终产品各占的比重。两种标签下的最终产品没有质量差别。

该企业在东海岸建了一个贴标签的车间来服务东部市场。先将金枪鱼包装在没有标签的罐头里,称做"白罐头(Brights)",随后运到东海岸仓库。随着市场对最终产品的需求越来越明确,企业就在"白罐头(Brights)"上贴标签,然后送到客户手中。由于避免了某种特定标签的产品存货过多或过少的情况,以此降低了库存。

---

8. 合并(Consolidation)

战略规划中,将小运输批量合并成大批量(合并运输或拼货)的经济效果非常明显,其产生的原因是现行的运输成本 - 费率结构中存在大量规模经济。管理人员可以利用这个概念来改进战略。例如,到达仓库的客户订单可以和稍后到达的订单合并在一起。这样做可以使平均运输批量增大,进而降低平均的单位货物运输成本。但需要平衡由于运送时间延长而可能造成的客户服务水平下降与订单合并、成本节约之间的利害关系。(见资料 2.10)

通常当运量较小时,合并对制定战略是最有用的。即运输运量越小,合并后的收益就越大。

资料 2.10 应用

某公司在纽约州的罗切斯特建有一个主仓库,为美国东部的一些日用品商店提供服务。商品包括来自上千家供应商的许多小批量采购的商品。为减少内向运输成本,公司在主要供货商所在地建立了合并运输的货站,通知供货商将公司采购的货物运往集运站。当货物累计到一整车时,企业自己的卡车就会将商品由集运站运到主仓库。这样做避免了以小批量长距离将货物运到主仓库,避免了昂贵的单位运费。

---

9. 标准化(Standardization)

物流渠道提供多样化的服务也有代价。产品品种的增加会提高库存,减小运输批量。即使总需求不变,在原有产品系列中增加一个与现有某品种类似的新品种也会使综合产品的总库存水平增加 40%,甚至更多。战略制定的核心问题就是如何为市场提供多样化的产品以满足客户需求，同时，又不使物流成本显著增加。标准化和推迟战略的综合运用常常可以有效解决这一问题。

生产中的标准化可以通过可替换的零配件、模块化的产品和给同样产品贴加不同品牌的标签而实现。这样可以有效地控制供应渠道中必须处理的零部件、供给品和原材料的种类。通过推迟也可以控制分拨渠道中产品多样化的弊端。例如，汽车制造商可以通过在销售地增加种类或使各选项具有可替换性以及为同样的基本元件创立多个品牌，从而创造出无数种类的产品，同时不增加库存。服装制造商不会去存储众多客户需要的确切号码的服装，而是通过改动标准尺寸的产品来满足消费者要求。

2.4 选择适当的渠道战略

选择适当的渠道战略会对供应链的效率和效益产生极大的影响。从根本上来讲，有两种主要战略——供给入库和按单供货，这是两种为满足不同产品和需求特征的战略。

供给入库战略指建立供给渠道以使得效率最大化，即利用库存通过经济生产批量、批量采购、批量订单处理和大批量运输来获取经济利益。在这一过程中，企业保有安全库存来实现高的产品现货供应比率。需求靠存货来满足，但管理人员小心地将库存水平控制在最低水平。相反，按单供货战略是建立快速反应的供给渠道。渠道的特征为额外产能、快速的转换、短的提前期、灵活的处理机制、高价的运输服务和单订单处理的方式。企业还使用推迟战略来尽量延后供给渠道中造成产品多样化的过程。快速反应的成本和成品库存最小化相互抵消，图 2 – 8 总结了两种方式之间的不同。

供应链类型	渠道的特征
效率型供应链 供给入库	• 经济生产批量 • 成品库存 • 经济采购批量 • 大批量运输 • 批量订单处理
反应型供应链 按单供货	• 额外产能 • 快速调整 • 提前期短 • 灵活处理机制 • 高价的运输服务 • 单订单处理

图 2 – 8 供给入库和按单供货

需求的可预测性和产品的利润率是选择供给渠道的首要决定因素。如果产品的需求模式稳定，那么应该是可预测的，对供给进行计划就会相对容易。许多产品的需求模式稳定且成熟，而竞争激烈，利润率偏低。这些特点就促使物流管理者设计的供应渠道在满足客户服务的前提下尽可能降低成本。表 2 – 3 给出了典型的可预测型产品。

与此相反，需求不可预测的产品常常利润率比前者要高，见表 2 – 3 的举例。这些产品经常具有创新性，是开发出的新产品，融合了新技术，因此要求有较高的回报率。企业也很少有历史数据能帮助估计销售水平。即使有些产品进入市场已经很多年了，需求仍然呈现出很大的波动或变化无常。销量低的产品是这类产品的代表。除非产品的价值很低，否则保有足够库存来满足不确定的需求是不经济的。最好的办法是在需求产生时快速作出反应，不是利用库存供货，而是由生产过程或由供应商直接供货。对需求不稳定的产品使用供给入库的战略来维持一定的产品可得率将导致过量的成品库存，批量生产或批量采购将导致订单周期较长，批量运输将带来送货迟缓现象。而反应型供应渠道的设计就能够在满足客户要求时避免配送时间过长和/或过量的库存。

在制定适合的战略时，有必要对现有产品进行合理归类。一旦该工作完成，就可以如图2-9将产品与供应战略相匹配。如果两者之间不匹配，有两种选择。第一，可以尝试改变产品的特征。对不可预测的产品，可以寻找更好的预测方法来适用供给入库的战略。第二，可以改变供应链设计。供给入库的模式可以更新为按单供给或反应型供应链设计。另一方面，如果是可预测的产品，反应型供应链也可以改成效率型供应链。可预测的产品转化为不可预测类的产品的可能性则不大。

表2-3　产品分类

可预测的/成熟产品	难以预测的/新产品
• 薯片	• 新CD
• 草坪用化肥	• 新电脑游戏
• 圆珠笔	• 时装
• 灯泡	• 工艺品
• 汽车备胎	• 电影
• 某些工业化工品	• 咨询服务
• 番茄汤	• 现有产品的新款型

供应链类型	产品特征：可预测的/成熟产品	产品特征：难以预测的/新产品
效率型供应链/供给入库	番茄汤	如果产品归于此类
反应型供应链/按单供货	如果产品归于此类	个人电脑

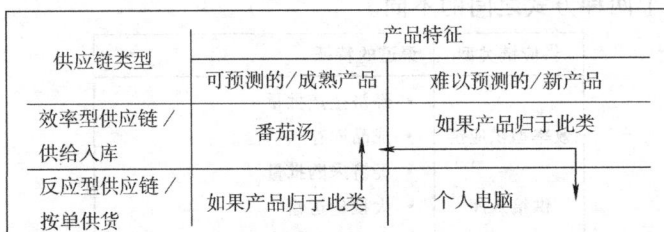

图2-9　对分类错误的产品所采取的措施

前面已经讨论了选择供应链类型的一般原则。但某些产品和供应链类型的不匹配是可以容许的，如某些产品的需求可能非常不稳定，但由于价值很低，利润率很低，因此预测不准导致的高库存，或漫长的补货提前期也能够承受。而反应型供应链需要的完善的管理却可能无法保证。与之类似，如果无法降低渠道成本或提高客户服务水平，某些可预测的产品并不需要将反应型供应链转为效率型供应链。

贝纳通是一家意大利服装生产和销售企业，以销售各种颜色的套头衫而闻名，在零售行业普遍使用供给入库战略的时候在店里引入按单供货的做法，减少了库存积压，增加了销售额。套头衫的销售是不可预测的，但因为制造企业的提前期很长，零售企业就尽力对销售情况进行预测，并以此为根据保有库存。推迟战略在贝纳通的按单供货战略在中扮演重要角色，企业先生产“灰色”的纱线和套头衫，最后再织成成衣或染成其他颜色。（见资料2.11）

资料2.11

贝纳通是意大利的运动服装生产企业，主要销售针织品。公司位于意大利的彭泽诺，每年面向全球生产、分销5 000万件服装，大多是套头衫、休闲裤和女裙。

贝纳通公司发现，要使分销系统运行快捷，最好的办法就是在销售代理、工厂和仓库之间建立电子连接，如图2-10所示。假如贝纳通在洛杉矶某分店的售货员发现十月初旺销的某款红色套头衫将缺货，就会给贝纳通80个销售代理中的一个打电话，销售代理会将订单录入到他或她的个人电脑中，传给意大利的主机。由于红色套头衫最初是由计算机辅助设计系统设计的，主机中会有这款服装的所有数码形式的尺寸，并能够传输给编织机。机器生产出套头衫后，工厂的工人将其放入包装箱，送往仓库，包装箱上的条码中含有洛杉矶分店的地址信息。贝纳通仅有一家仓库，供应世界上60个国家的5 000多个商店。仓库耗资3千万美元，但这个分拨中心只有8个工作人员，每天处理23万件服装。

一旦红色套头衫被安置在仓库的30万个货位中的一个之上，计算机马上就会让机器人运行起来，阅读条码，找出这箱货物，以及运往洛杉矶商店的其他所有货物，将这些货物拣选出来，装上卡车。包括生产时间在内，贝纳通可以在四周内将所订购的货物运到洛杉矶。如果公司仓库有红色套头衫的存货，就只需一周。这在以运作速度缓慢著称的服装行业是相当出色的成绩，其他企业甚至不考虑再订货的问题。如果贝纳通突然发现今年没有生产黑色羊毛衫，或紫色裤子，但它们销售很旺，公司就会在几周内紧急生产大量黑色羊毛衫，紫色裤子，快速运往销售地点[1]。

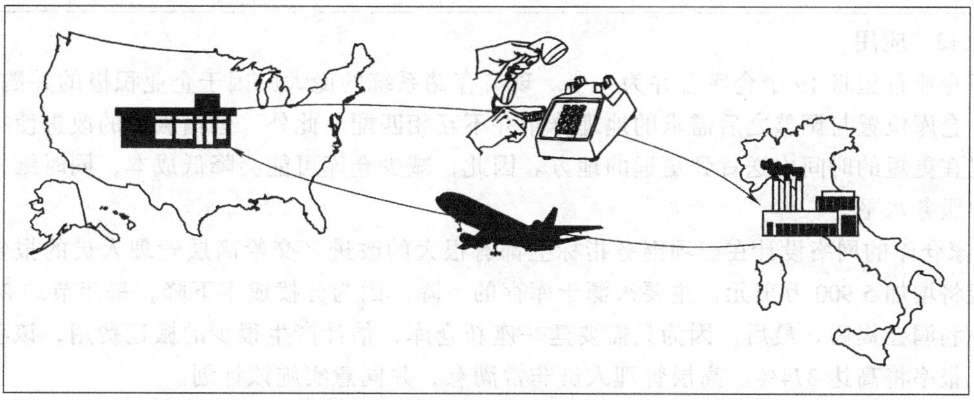

图2-10 贝纳通的配送渠道

评估战略绩效

一旦供应链战略的规划和实施过程完成，管理人员需要知道供应链战略是否运转良好。常用的监督手段包括：现金流、成本的节约和投资回报率。如果所有这三项指标都是正的，而且都非常显著，那说明一切非常顺利。高层管理人员尤其关注这三项财务指标。

现金流

现金流就是供应链战略所产生的现金流动。例如，如果战略的目标是降低供应渠道内的

[1] "How Managers Can Succeed through SPEED," *Fortune* (February 13, 1989): 54-59,

库存，那么作为资产项的库存就会减少，并转化为现金。这些现金就可以用于发工资或红利，或者投资于其他商业领域。

成本节约

成本节约指与战略实施相关的成本的变化。这些节约会转化为企业某段时间的利润。物流网络内仓库数量和位置的变化会影响运输、库存、存储和生产/采购成本。好的网络设计会大幅度降低企业年成本（或者提高客户服务水平，并带来销售额的增长）。这些成本节约都会在盈亏表中有所体现，提高企业赢利水平。

投资回报率

投资回报率是新战略带来的年成本节约和新战略所需投资额之间的比率。它表明资本使用的效率。好的战略产生的投资回报率应该大于或等于企业投资项目的预期回报率。（见资料 2.12）

资料 2.12 应用

某企业希望将 19 个仓库合并为 4 个。现有存储系统的庞大归因于企业积极的并购战略，因此，仓库位置与调整之后需求的地理分布并不互相匹配。此外，运输服务的改进使得承运人得以在更短的时间内送货到更远的地方。因此，减少仓库可能会降低成本，同时维持原有的客户服务水平。

4 家仓库的网络设计在三项财务指标上都有很大的改进。交给高层管理人员的报告提到现金流将增加 5 900 万美元，主要来源于库存的下降。因为分拨成本下降，每年节约 2000 万美元，利润会提高，最后，因为只需要建一座新仓库，估计产生很少的搬迁费用，该项目的投资回报率将高达 374%。高层管理人员非常满意，并同意实施该计划。

2.5 小结

本章试图建立物流网络规划的基本框架。规划之初，要对企业整体的发展方向以及企业的竞争战略有一个总体印象。然后，将总体印象转化为企业各职能部门更加具体的规划，物流只是其中的一个职能部门。

物流战略通常围绕以下目标制定：1）降低成本；2）减少资本；3）改进服务。根据问题的不同类型，可以有从长期到短期的不同战略。规划一般围绕四个关键方面进行：1）客户服务；2）选址；3）库存；4）运输。规划的问题可以抽象地表述为网络节点与链的问题。

本章对进行规划的时机也提出了建议，还列举了一些有助于制定有效物流规划的原则和概念。最后，就选择适当供应链设计的原则进行了讨论。

习题

1. 你计划开一家生产家具（沙发、椅子、桌子之类）的公司。简要概括企业的市场竞争战略。从你的企业战略中可以得出什么样的物流战略？
2. 假设你在公司中负责在欧盟内部分拨中国台湾啤酒。试提出满足以下个别目标的分拨网络计划，目标分别是：1）成本最低；2）资本最少；3）服务最优。对比每个设计，指出你认为能很好地平衡各目标的设计。
3. 试草拟你认为适合下列企业的物流系统网络图。
   a. 向汽车生产商供应钢板的钢铁公司。
   b. 向美国东北部地区供应取暖燃料的石油公司。
   c. 向国内市场分拨罐头食品的食品公司。
   d. 在欧洲分拨电视机的日本电器公司。
4. 讨论下列企业自有仓库的选址问题，该仓库将用作日用品的地区性分拨点。
   a. 谈谈物流管理者要经过哪些规划过程才能决定仓库的位置。
   b. 该决策中哪些环境因素最重要？
   c. 这一问题的目标是什么，是成本最低，资本最小还是服务最优？
   d. 物流管理人员该如何实施选定的方案，一旦实施，该如何控制业绩？
5. 解释物流系统战略规划的意思。自己选择几家公司，讨论哪些活动应该包括在内，为什么？你会怎么区别战略性、策略性和运作性规划？
6. 尽你所能，指出物流管理人员在物流规划中可能遇到的成本悖反现象。
7. 描述多样化分拨原则。解释下列情况是如何说明该原则的。
   a. 如果基层仓库保留的订单直接由工厂履行，利用快捷的运输方式从工厂直接运到客户手中，那么总的分拨成本将最小。
   b. 对仓库中存放的各种产品进行分组，对每组产品设定不同的库存可得率。
   c. 所有产品按照 ABC 分类法进行分组，A 类是销量大的产品，C 类是销量小的产品，B 类介于其中。A 类产品存放在基层仓库中，B 类存放在地区仓库，C 类只存在工厂仓库里。
8. 惠客杂货公司（Savemore Grocery Company）是一家拥有 150 家超市的连锁店。所有商店都由中央分拨中心供货。公司只使用自营的卡车配送货物。这样做如何违背了混合战略的原则？
9. 解释下列情形是怎样说明推迟原则的：
   a. 散装的牙膏运到临近市场的仓库，该区域销售的情况将决定最终产品包装的大小。
   b. 油漆制造商将“白牌（Brights）”或无标签的产品运到仓库。在仓库内，贴标签的设备为产品贴上最终的品牌标签。
10. 说一说汽车制造商是如何在分拨渠道的日常工作中实施标准化原则的。
11. 合并原则的经济基础是什么？为什么运输批量越小，适用这一原则效果会越好？举例说明合并会带来的巨大经济效益。
12. 某电池生产厂将未打标志的产品、标签和包装盒一道从工厂运到仓库。收到客户订购工厂标签或公司标签产品的订单后，仓库将相应的标签贴在产品上，装在合适的包装盒中运出。电池制造商正在应用的是什么概念，可以实现什么优势？

13. 霸王电机公司（Monarch Electric Company）要将小功率电动机运到基层仓库，其运输经理刚刚从某卡车公司那里收到一份费率减让的报价。该报价建议如果每批次至少运输 3 万磅的电动机，那么费率为每担 3 美元。当前的报价是，如果运输 2 万磅产品或更多，则费率为每担 5 美元。如果运量不足 2 万磅，应适用每担 9 美元的费率。

为了帮助运输经理作出决策，收集了以下补充信息：

仓库年需求	每年 5 000 个电动机
仓库补订单的数量	每年 43 份
每个电动机的重量，箱装	每个 175 磅
仓库中电动机的标准成本	每个 200 美元
订单处理成本	每单 15 美元
全年库存持有成本占平均库存价值的百分比	每年 25%
仓库搬运成本	每担 0.30 美元
仓库空间	不限

请问，该公司是否应使用新的报价？

14. 供给入库和按单供货模式在供应渠道设计上有何不同？各自的适用范围是什么？

15. 请说明为什么你认为下列产品是可预测类或不可预测类产品？

（A）可口可乐

（B）某新艺术家的音乐 CD

（C）灯泡

（D）顾客定制的自行车

讨论每种产品供应渠道的特征应该是什么样的，包括生产、运输服务、库存水平、订单处理和供应商的反应性。

16. 物流管理和供应链管理是否有区别？区别在哪里？

17. 你准备开一家邮购公司，销售供矮个子男士和娇小女士的中档服装。本地服装店是你的主要竞争对手。他们只能提供有限的几个号码的服装，而且如果仓库没货，他们就几乎不可能提供消费者需要的产品。某些消费者喜欢试穿衣服，而且愿意听从销售人员的意见，但他们常常因为现货的种类有限而沮丧。你认为你的企业有价格优势，因为一般管理费用很低（你的雇员只包括接订单和履行订单的人，而且本地区仓库的租金也很低）。你将使用什么战略来和本地的零售店有效竞争？

18. Storck 是德国一家糖果生产商，其知名品牌是 Werther's、Riesen 和 Golden Best。所有的生产都在欧洲进行；事实上，Storck 是欧洲最大的蔗糖用户。Storck 美国公司通过东海岸的港口进口糖果到美国，随后分销到沃尔玛、CVS Phamacy、McLane、Target、Tri - Cordistributors 和 Winn - Dixie 等零售商、经销商的分店。公司在美国的销售额达到 1 亿美元。当前，配送主要通过几个公共仓库和一些集货点组成。零售商之间的拼货和仓库重新选址、需求水平的变化、改变某些地区消费低迷现象以保障市场分额等目标使得企业需要重新评估美国的配送系统。

想一想常见的能带来物流资产投资回报率最大化（Return on Logistics Assets，ROLA）的物流战略，你会提出什么样的建议来满足上述种种目标？

第二部分　客 户 服 务

第三章　物流/供应链产品

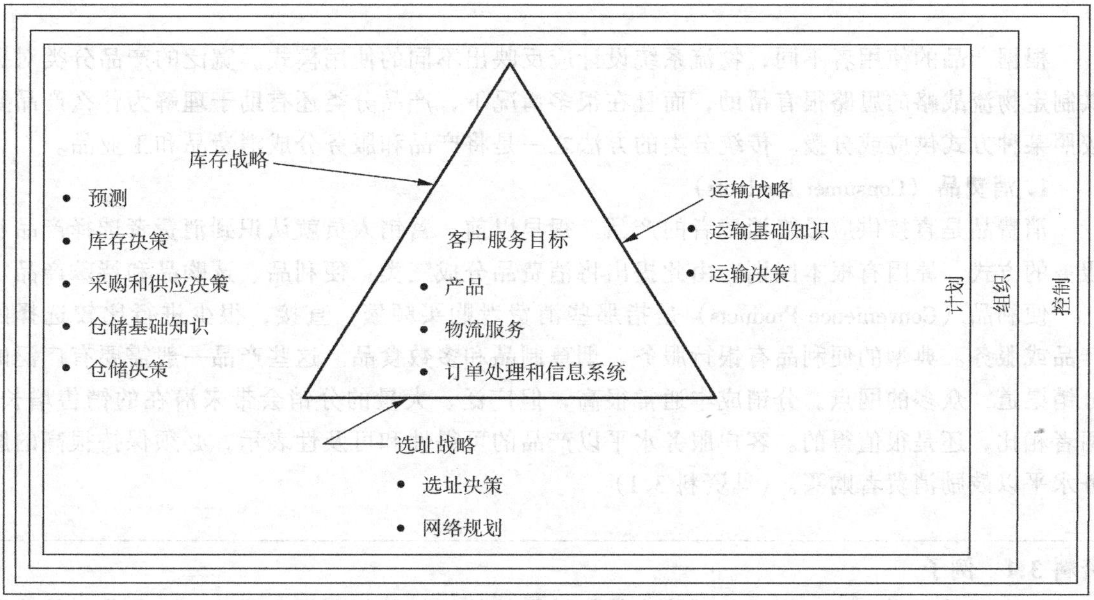

和其他民族的文化和习俗打交道时首要原则就是：无论你在异国的地位如何，都必须遵从该国的文化和习俗。

——威廉·帕格诺尼斯中将

物流/供应链产品就是物流管理人员可以控制的一系列特性。产品特性可以通过塑造、再塑造来更好地定位市场，创造比较优势，赢得客户的青睐。

因为物流渠道内流动的是产品，所以产品才是物流系统设计的核心。从经济角度讲，产品又为企业创造收益。对这些基本问题的清楚理解是形成良好物流系统设计的关键，也是物流系统设计中将产品的基本衡量尺度（以产品特征、包装和价格为代表）视做客户服务要素加以研究的重要原因。

3.1 物流/供应链产品的性质

根据朱兰（Juran）的说法，产品是任何经营活动或经营过程的产出或结果[1]。产品的实体部分和无形部分共同构成企业提供的所谓总产品。产品的实体部分由诸如重量、体积、形状和外观、性能、耐用性等特征组成；无形部分则可能是产品的售后服务、企业信誉、为提供准确及时的信息（如在途货物跟踪）而与客户进行的交流、满足客户个性化要求的灵活性，以及回收产品以更正错误等等[2]。任何企业提供的总产品都是产品的实体形态与产品服务的混合体。

3.1.1 产品分类

根据产品的使用者不同，物流系统设计应反映出不同的使用模式。宽泛的产品分类对提供制定物流战略的思路很有帮助，而且在很多情况下，产品分类还有助于理解为什么产品要按照某种方式供应或分拨。传统分类的方法之一是将产品和服务分成消费品和工业品。

1. 消费品（Consumer Products）

消费品是直接供应最终消费者的产品。很早以前，营销人员就认识到消费者选择产品和服务的方式、原因有根本区别，由此提出将消费品分成三类：便利品、选购品和特殊产品。

便利品（Convenience Products）是指那些消费者购买频繁、直接，很少进行比较选择的产品或服务。典型的便利品有银行服务、烟草制品和多数食品。这些产品一般需要有广泛的分销渠道，众多的网点。分销成本通常很高，但广泛、大量的分销会带来潜在的销售增长，两者相比，还是很值得的。客户服务水平以产品的可得性和可及性表示，必须保持很高的服务水平以鼓励消费者购买。(见资料 3.1)

资料 3.1 例子

百事可乐公司和可口可乐公司认为他们销售的软饮料是便利品。因此，这些公司的分拨渠道之一就是在任何地点，只要有少数人聚集的地方就安放自动售货机，向普通公众销售产品。

电话公司认为他们的电话服务具有同样特征。因此，在各地遍装电话，而且在全国各地方便的地方建立移动电话塔台。现在在很多地方移动电话都取代了固定电话。

选购品（Shopping Products）是指那些消费者愿意寻找并进行比较的商品：逛许多地方，比较价格、质量和性能，慎重考虑后才进行购买。这一类典型产品有时装、汽车、家具和医疗服务。由于消费者愿意四处选购，所以，与便利品和便利服务相比，存储点会大幅度减少。在一定的市场区域内，某个供应商可能仅在几个网点储存产品或提供服务。这类供应商

[1] Joseph M. Juran, Juran on Leadership for Quality (New York: The Free Press, 1989)

[2] Tommy Carlsson and Anders Ljundberg, "Measuring Service and Quality in the Order Process," Proceedings of the Council of Logistics Management (San Diego, Calif.: Council of Logistics Management, 1995): 315 - 331

的分拨成本比便利品要低，分销范围也不需要很广泛。（见资料 3.2）

资料 3.2 例子

由于设施、设备和高水平专业人员成本昂贵，高水平、专业化的医疗服务只能集中在少数的大学医院、诊所和私立医院。因为病人通常希望能得到尽可能好的服务，因此常常愿意四处搜寻，长途跋涉到这些地点，而绕过那些距离近的医疗机构。

特殊产品（Specialty Products）是那些购买者愿意花费大量精力，愿意等相当长时间去购买的产品。买主竭力找出特定类型、特定品牌的产品或服务。特殊产品可能是任何一种产品，从精美的食品到定制的汽车，也可能是管理咨询等服务。由于买主坚持购买特定品牌，所以一般使用集中式分拨管理，客户服务水平也不如便利品和选购品那么高。实物分拨成本是各类产品中最低的。正因为如此，许多企业试图为自己的产品在消费者中间树立品牌偏好。（见资料 3.3）

资料 3.3 例子

众所周知，职业音乐家会不在乎路途遥远去寻找能发挥出其最高水平的器材或材料。簧片是单簧管上发出单调的小藤片。这个风干的小藤片神奇莫测，可以成就一个职业音乐家，也可以毁掉一个职业音乐家，或者说至少音乐家们这么认为。他们会特别去寻找某特定品牌的藤片。这种藤片生长在法国南路，在全美只有一个零售商店。据店主讲，一位职业单簧管演奏家会定期驱车 600 英里来这家商店购买这一特殊商品。

2. 工业品（Industrial Products）

工业品或服务是那些提供给个人或组织机构以生产其他产品或服务的产品。工业品的分类与消费品很不一样。因为一般是由供应商寻找买主，所以根据购买模式作出的分类对此并不合适。

传统上，工业品和服务根据它介入生产过程的程度进行分类。例如，有些产品是产成品的一部分，如原材料和零部件；有的用于生产过程中，如建筑和设备；有的产品不直接进入生产过程，如供应和商业服务。虽然这种分类对制订销售战略很有用，但是否对规划实物分拨战略有帮助还有待明确。工业品的买主似乎对不同类别产品的不同服务水平不感兴趣，这说明传统的工业品分类在区分物流渠道时所起的作用并不像消费品分类那么大。

3.1.2 产品生命周期（The Product Life Cycle）

另一个营销界人士都熟悉的传统概念就是产品生命周期。产品并不是在被导入市场后立刻达到最高销量，也并不会永远保持最高销量。一般来讲，随着时间的推移，产品会遵循一种销量变化的模式，经历四个阶段，即导入期（Introduction）、增长期（Growth）、成熟期（Maturity）和衰退期（Decline）（见图 3-1）。在各个阶段，实物分拨战略是不同的。

导入期在新产品推向市场后开始。因为产品还没有被广泛接受，所以销量并不大。通常，实物分拨战略是谨慎的，库存限制在相对少的地点，产品现货供应比率有限。（见资

料 3.4)

资料 3.4 例子

当某个年轻的大学毕业生刚开发出广受欢迎的纸板游戏 Pictionary（一种填字游戏）时，生产或分拨系统还不存在。他从父母那里借了 3500 美元，作了有限的几套游戏。为在初始阶段分拨游戏产品，他雇了一些十几岁的孩子在购物中心玩游戏，并向感兴趣的过往行人进行直销。

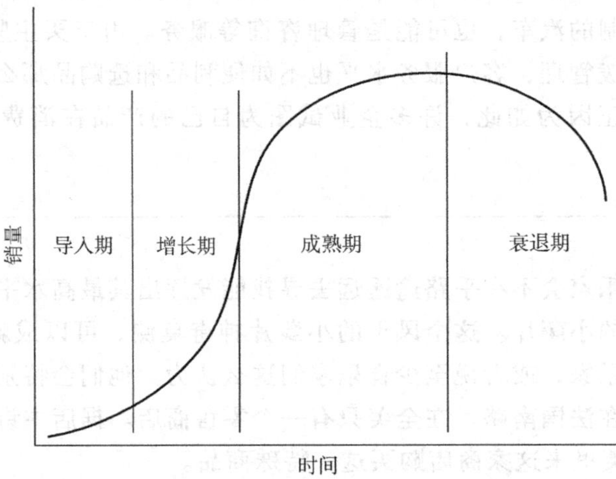

图 3-1 产品生命周期的一般曲线

如果产品得到市场认可，销售量可能会迅速增长。实物分拨的计划工作在这一阶段尤其困难，通常没有销售的历史记录来帮助确定存储点的库存水平或者决定该使用几个存储点。

在这一扩张阶段，分拨管理常常在管理人员的判断和控制下进行。但随着更多的客户对产品感兴趣，更多地区的产品现货供应比率会迅速提高。(见资料 3.5)

资料 3.5 例子

某公司一位负责分拨“日常事物”（Trivial Pursuit）游戏的主管买了一套 Pictionary 填字游戏，他让他的女儿和朋友们玩这个游戏。在高兴地看到孩子们接受了这个游戏后，他安排了生产和销售。

幸运的是，“日常事物”游戏正处在产品生命周期的衰退期，已经为之建立的分拨渠道正好可以用来分拨 Pictionary 填字游戏。处于增长期的 Pictionary 填字游戏销量迅速增加，成为当时最畅销的娱乐游戏。

产品的增长期可能相当短，随后是长一些的成熟期。销售增长缓慢或稳定在最高水平。产品销量不再剧烈变化，因此可以纳入现有类似产品的分拨模式中。此时，产品分拨渠道最广。在整个市场范围内，会用到很多存储点，产品的现货供应比率也控制在较好的水平上。(见资料 3.6)

资料 3.6 例子

经典产品可口可乐是在 19 世纪末期由一位药剂师配置而成，它处于生命周期中成熟期的时间比其他任何产品都长。可口可乐在世界范围内进行分拨，甚至进入到那些通常被认为不对外自由贸易的国家。

逐渐地，由于技术变化、竞争或消费者兴趣减退，多数产品的销量都会下降。为保持高效的分拨，就要调整产品运输和存货调度的模式。这样，存储点将减少，产品库存将下降，存放地点将更加集中。（见资料 3.7）

资料 3.7 例子

巴纳姆 - 贝里马戏团（Barnum & Bailey Circus）一度在全国各地许多城市演出。随着人们兴趣的转移和竞争性娱乐形式的兴趣，对马戏的需求比以前有所降低。现在，马戏已处于产品生命周期的衰退阶段，每年只在几个主要的人口集中地区演出，这样才能吸引足够多的人，抵消成本支出。

唱片机曾经是音响系统中重复播放音乐唱片的主要硬件，但现在已经让位给组合磁盘播放器，它的市场也在萎缩，销售对象只限于收藏家和高保真音响爱好者。

产品生命周期现象会对分拨战略造成影响。物流管理人员应该时刻了解产品所处的生命周期的不同阶段，调整分拨模式以实现该阶段分拨效率最大化。产品生命周期现象也为物流管理人员预见产品的分拨要求，并为此提前作出计划提供了可能。因为企业产品通常处于生命周期的不同阶段，所以产品生命周期就成为 80 - 20 曲线的基础。

3.2 80 - 20 曲线（the 80 - 20 Curve）

任何企业的物流问题都是个别产品问题的总和。典型企业的产品系列包括处于产品生命周期不同阶段的各种产品，销售成功的程度也不同。在任何时间点，都会导致所谓 80 - 20 曲线现象——一个对物流规划有特殊意义的概念。

80 - 20 曲线的概念源于对许多企业产品模式的观察——来自产品系列中少量产品创造大部分销售额的事实，以及所谓的帕累托法则（Pareto's Law）[1]。也就是说，企业 80% 的销售额由 20% 的产品系列创造。恰好等于 80 - 20 的比例很少见，但销售额和产品种类之间不成比例的关系通常是真实存在的。

为说明问题，假定某小型化工厂生产 14 种产品。将这些产品按销售额排序，见表 3 - 1，计算各产品占总销售额的累计百分比和占总品种数量的累计百分比。随后，绘出这些点，如图 3 - 2 所示，可以看出 80 - 20 曲线的特点。但在这个特定例子中，35% 的产品完成了 80% 的销售额。

---

[1] 80 - 20 曲线首先由帕累托（Vilfredo Pareto）在 1897 年对意大利收入和财富分配研究时观察到。他总结认为，总收入的大部分集中在少数人手中，比例大约各自为 80% 和 20%。其一般化思想在商业中广泛应用。

表 3-1 某化工企业 14 种产品的 ABC 分类

产品编号	产品按销售额排序①	月销售额/千美元	占总销售额的累计百分比（%）②	占产品种类总数的累计百分比（%）③	ABC 分类
D-204	1	5 056	36.2	7.1	A
D-212	2	3 424	60.7	14.3	A
D-185-0	3	1 052	68.3	21.4	B
D-191	4	893	74.6	28.6	B
D-192	5	843	80.7	35.7	B
D-193	6	727	85.7	42.9	B
D-179-0	7	451	89.1	50.0	B
D-195	8	412	91.9	57.1	C
D-196	9	214	93.6	64.3	C
D-186-0	10	205	95.1	71.4	C
D-198-0	11	188	96.4	78.6	C
D-199	12	172	97.6	85.7	C
D-200	13	170	98.7	92.9	C
D-205	14	159	100.0	100.0	C
		13 966			

① 根据销售额排序。

② 各产品类别的销售总额 ÷ 总销售额，例如，(5 056 + 3 424) ÷ 13 966 = 0.607。

③ 产品排名 ÷ 总的产品种类数，例如，6 ÷ 14 = 0.429。

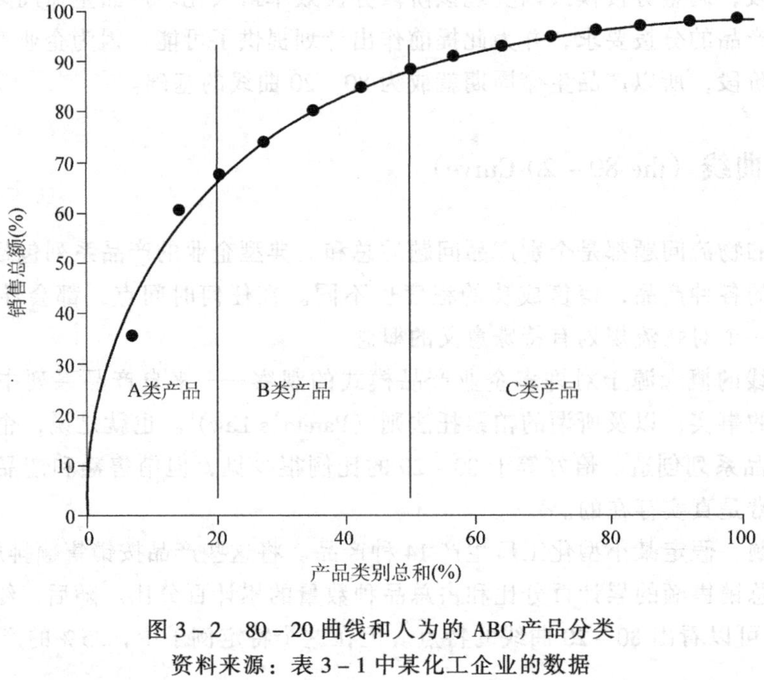

图 3-2 80-20 曲线和人为的 ABC 产品分类
资料来源：表 3-1 中某化工企业的数据

如果根据销售情况对产品分组或分类，那么 80-20 曲线的概念在制定分拨计划时会特别有用。销售额在前 20% 的产品被称为 A 类产品，其次 30% 的产品为 B 类产品，其余的是 C 类产品。针对每一类别的产品，可以采取不同的分拨策略。例如，A 类产品可能在地理分布上非常广，要通过多个仓库进行分拨，现货供应比率很高，而C类产品则只通过一个中心存储点（如工厂）进行分拨，总库存水平比A类产品要低。B类产品的分拨战略则居其中，只使用少数几个地区性仓库。

另一种常用的80－20曲线概念和ABC分类方法是将仓库或其他存储点的产品组合起来，分成有限的几个类别，然后按不同的现货供应比率管理各类产品。产品分组是人为的，关键是不应该对所有的产品同样对待。80－20曲线理论以及由此而来的根据销售情况进行的产品分组决定了各种产品物流管理水平的差异。

为了进行分析，可以对80－20曲线进行数学上的描述。虽然可用的数学公式很多，但我们建议使用如下的关系式[1]

$$Y=\frac{(1+A)X}{A+X} \tag{3-1}$$

式中　Y——累积销售比例；

X——累积产品比例；

A——待定系数。

变换式（3－1）可得到系数A为

$$A=\frac{X(1-Y)}{(Y-X)} \tag{3-2}$$

式中，Y和X的关系已知。例如，如果25%的产品完成70%的销售额，那么根据式（3－2）可得

$$A=\frac{0.25(1-0.70)}{0.70-0.25}=0.667$$

式（3－1）可用来决定累计产品种类比例和累计销售比例之间的不同关系。（见资料3.8）

资料3.8　例子

我们来看一下如何利用80－20法则估计库存水平。假设某仓库存储着14种产品中的11种，如表3－1所示。Y和X关系保持不变，即$X=0.21$，$Y=0.68$，或21%的产品完成68%的销售额。解式（3－2）得$A=0.143$。对不同类别的产品采取不同的库存政策。其中，A类产品的周转比率（即年销售额/平均库存）为7比1，B类产品的周转比率是5比1，C类产品是3比1。如果该仓库库存产品的年销售额预计为2.5万美元，那么该仓库的库存投资预计是多少？

表3－2列出了仓库中存储的产品品种。这些产品与表3－1中列出的产品基本相同，只是没有原表中的产品4、9、10。其余的产品按相对的销售水平排序，从高到低。第一种产品的累积产品比例是$1/N$，第二种产品的累积产品比例是$2/N$，第三种是$3/N$，依此类推。

[1] Paul S. Bender, "Mathematical Modeling of 20/80 Rule: Theory and Practice," Journal of Business Logistics 2, no.2 (1981): 139－157

如果使用实际销售额－产品种类数据建立关系式，可以利用最小二乘曲线拟合过程找出系数A。即解下列方程：

$$\sum_{i}^{N}\frac{Y_iX_i-Y_iX_i^2}{(A+X_i)^2}-\sum_{i}^{N}\frac{(1+A)(X_i^2-X_i^3)}{(A+X_i)^3}=0$$

其中，Y_i和X_i是总样本容量为N的数据对。随后，可以通过连续逼近的方法计算A。设计一个很小的计算机程序就可以很好地完成这些计算工作。将该方法运用于表3－1中的数据，得到A的值为0.143。

系数 A 由式（3-2）得出，或者说 $A=[0.21(1-0.68)]\div[0.68-0.21]=0.143$。将 $A=0.143$ 带入式（3-2）得到累积销售比例。第一种产品的累积销售比例就是

$$Y=\frac{(1+0.143)(0.0909)}{(0.143+0.0909)}=0.4442$$

代表第一种产品占仓库产品销售总额的比重，即（0.4442×25000美元）=11105美元。对表中的每一种产品重复上述计算过程。每种产品的预计销售额就是连续两个累积销售额的差。

产品的预计销售额除以该产品的周转次数就得到平均库存额。各产品库存的总价是4401美元，该数字也是预计的仓库库存投资额。

表3-2　利用80-20曲线估计仓库的库存投资额

产品编号		序号	累积产品比例（X）	累积销售额（Y）	预计产品销售额	周转次数	平均库存
D-204	A	1	0.0909①	11 105	11 105	7	
D-212		2	0.1818	15 994	4 889	7	
					$ 15 994		$ 2 285③
D-185-0	B	3	0.2727	18 745	2 751②	5	
D-192		4	0.3636	20 509④	1 764	5	
D-193		5	0.4545	21 736	1 227	5	
D-179-0		6	0.5454	22 639	903	5	
					$ 6 645		1 329
D-195	C	7	0.6360	23 332	693	3	
D-198-0		8	0.7272	23 879	547	3	
D-199		9	0.8181	24 323	444	3	
D-200		10	0.9090	24 691	368	3	
D-205		11	1.0000	25 000	309	3	
					2 361	3	787
					25 000		$ 4 401

① $1/N=1/11=0.909$

② $18745-15994=2751$

③ \$ 15994/7 = \$ 2285

④ $[(1+0.143)(0.3636)/(0.143+0.3636)]\times[25000]=\$\,20509$

3.3　产品特征

影响物流战略的最重要的产品特征就是产品本身的属性，如重量、体积、价值、易腐性、易燃性和可替代性。这些属性的不同组合会对仓库、库存、运输、物料搬运和订单处理提出一定的要求。我们可以分四方面对这些属性深入讨论，即重量-体积比、价值-重量比、可替代性和风险特征。

3.3.1　重量-体积比（Weight-Bulk Ratio）

产品的重量-体积比是一个具有特殊意义的衡量指标，与运输和存储成本直接相关。密

度大的产品，即重量－体积比高的产品（如轧制钢托梁、印刷品和罐头食品）可以充分利用运输设备和存储设施，运输、存储成本偏低。但对于密度小的产品（如充气的沙滩球、船艇、薯片和灯罩），在达到运输设备的载重量限制之前空间就已经被填满了。

同样，搬运成本和库容占用成本，因为以重量计算，所以占产品销售价格的比例相对较高。

不同重量－体积比对物流成本的影响如图 3－3 所示。随着产品密度的增加，存储和运输成本占销售价格的比重都会降低。虽然存储和运输成本减少也会使价格降低，但它们仅仅是构成价格的众多成本因素之中的两个。因此，总的物流成本会比价格下降得更快。（见资料 3.9）

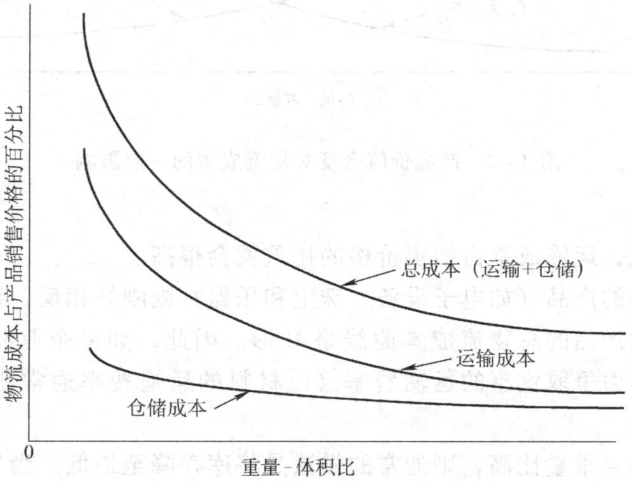

图 3－3　产品密度对物流成本的一般影响

资料 3.9　例子

杰西潘尼公司利用拆装运输（Knock Down）的方法来运输其产品目录中的家具，从而减少了包装产品的体积，降低了运输成本。但这种方法要求在消费者处安装家具。

某钢制货架制造商将货架拆散，运到分拨渠道中的装配点，在尽可能接近市场的地方将十字交叉构件焊接在框架上，使产品的体积增大。同样，通过控制重量－体积比来降低运输成本。

3.3.2　价值－重量比（Value－Weight Ratio）

所运输、存储产品的货币价值是制定物流战略的重要影响因素。存储成本尤其易受产品价值的影响。当我们将产品的价值和重量进行比较，得出一个比率时，会发现其中存在着明显的成本悖反现象，这对制订物流规划很有帮助。这一现象如图 3－4 所示。

价值－重量比低的产品（如煤炭、铁矿石、铝土和沙子）存储成本很低，但运输成本占销售价格的百分比较高。由于库存持有成本是按产品价值的一定比率计算的，而库存持有成本是存储成本中的重要因素，所以产品价值低意味着存储成本低。而运输成本则刚好相反，

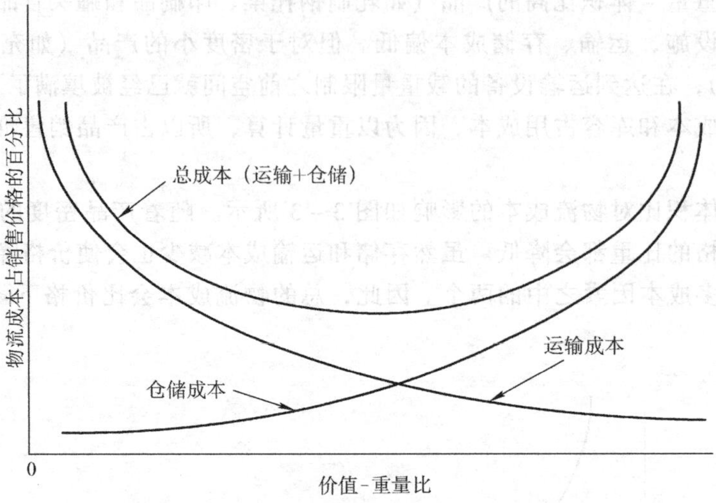

图 3-4 产品价值密度对物流成本的一般影响

是与重量挂钩的。

如果产品价值低，运输成本占销售价格的比重就会很高。

价值-重量比高的产品（如电子设备、珠宝和乐器）则刚好相反，存储成本较高而运输成本较低，这也导致产品的总物流成本曲线呈 U 形。因此，如果企业经营的产品价值-重量比低，则通常会尽力争取优惠的运输费率（原材料的运输费率通常比同样重量的产成品低）。

如果产品的价值-重量比高，则通常的做法是将库存降至最低。当然，也有些企业力图通过改变会计流程来改变产品的价值，或通过变化包装要求来改变产品重量，从而调整不利的价值-重量比。

3.3.3 可替代性（Substitutability）

如果客户觉得企业的产品与其竞争对手的产品区别不大或没有区别，该产品就被称作可替代性很强的产品。也即，如果客户首先选择的品牌暂时缺货，客户会愿意选择其他品牌的产品。

许多食品和药物的可替代性很强。如大家所知，供应商会投入大笔资金，试图说服客户像阿司匹林和洗衣皂之类的普通产品并不全都一样。

分拨经理也应该尽量将产品现货供应比率维持在一定水平上，以使客户无需考虑替代品。

大部分情况下，物流管理人员无法控制产品的可替代性，而他又不得不为可替代性不同的产品制定分拨计划。我们可以从供应商销售损失的角度来考虑可替代性问题。可替代性高通常意味着客户选择竞争性品牌的可能性较大，因而会导致供应商失销。物流管理人员通常通过运输服务的选择、存储服务的选择或两者兼用来解决销售损失的问题。我们来看图3-5。

如图 3-5a 所示，改进运输服务可以降低失销成本。在平均库存水平一定的情况下，供应商可以提高货物运送的速度和可靠性，减少由此导致的货物灭失和损坏。对客户来讲，产品越容易得到，客户购买替代品的可能性越小。当然，企业需要在快捷的运输服务所导致的较高运输成本与失销成本之间进行权衡。

图3-5b表示的也是成本悖反现象，只是运输成本不变，通过控制库存水平控制对顾客供应现货的能力。

在上述任何一种情况下，物流管理人员都在控制产品的可替代性对企业利润的影响方面起着至关重要的作用。

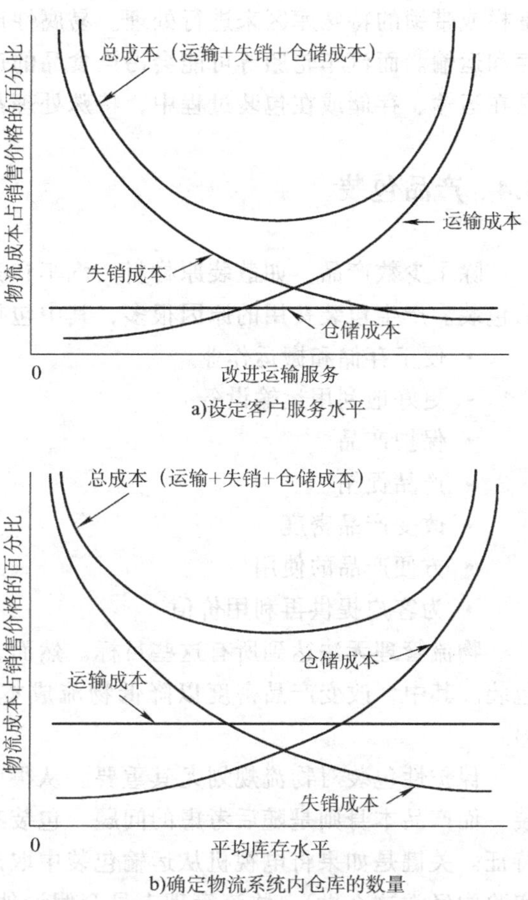

图3-5　在可替代性一定的情况下，运输服务和平均库存水平对产品物流成本的一般影响

3.3.4　风险特征（Risk Characteristics）

产品的风险特征指产品的易腐性、易燃性、贬值、爆炸的可能性和易于被盗等方面的特征。

如果产品在上述一个或多个方面表现出高风险特征，就会对分拨系统有一定的限制性要求，产品运输成本和存储成本的绝对值及其占销售价格的百分比就会很高，如图3-6所示。

诸如钢笔、手表或香烟一类的产品被盗的可能性很大，所以在搬运和运输过程中就需要特别小心。这些产品需要在室内仓库设置带

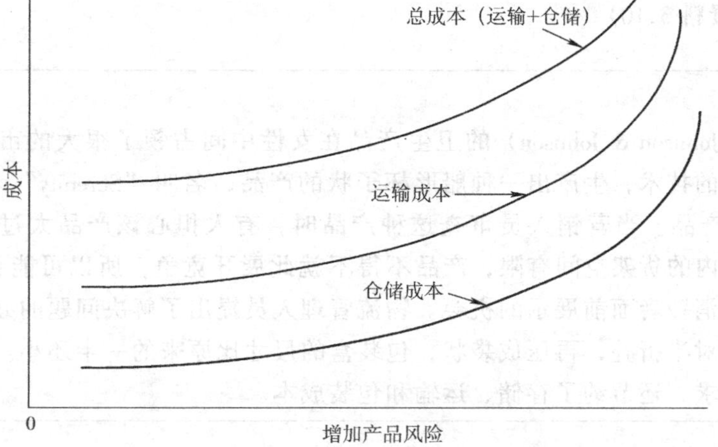

图3-6　产品风险对物流成本的一般影响

围栏或带锁的特殊库区来进行处理。易腐性产品（如新鲜水果和新鲜血液）需要进行冷藏储存和运输。而汽车轮胎等可能会污染食品的产品则不能与食品存放在仓库的同一区域。无论是在运输、存储或在包装过程中，特殊处理都会增加产品的分拨成本。

3.4 产品包装

除了少数产品，如散装原材料、汽车和家具之外，大多数产品在分拨时都需要某种形式的包装。产生包装费用的原因很多，其中包括：

- 便于存储和搬运作业
- 更好地利用运输设备
- 保护产品
- 产品促销
- 改变产品密度
- 方便产品的使用
- 为客户提供再利用价值[1]

物流管理无法达到所有这些目标。然而，此处我们主要关注的是改变产品密度和保护性包装。其中，改变产品密度以降低物流成本已经在前文讨论过（我们可以回顾一下图 3－3）。

保护性包装对物流规划尤其重要。从很多方面来看，物流规划时首先必须重视产品的包装，而产品本身则是随后考虑的问题。包装有形状、体积和重量，但产品可能不具有同样的特征。关键是如果将电视机从运输包装中取出，换成做碰撞实验的设备（在野蛮装卸的破损实验中经常这么做），物流管理人员会假设他或她不知道产品内容的改变，而将其与普通货物同样对待。包装调整了产品的一系列特征。

保护性包装增加了包装费用，降低了运输和存储的费率，减少了破损索赔。物流管理者在与销售、工程部门的紧密合作中，要同时平衡这些成本以实现包装的总目标。

在包装设计时考虑物流需要对营销部门实现其目标非常重要。控制产品密度则是产品成功的关键。（见资料 3.10）

资料 3.10 例子

强生公司（Johnson & Johnson）的卫生产品在女性中间占领了很大的市场。公司利用尿布生产中开发出的技术，生产出一种船形杯子状的产品，名叫“Serenity”。每个包装盒中装有 12 个或 24 个产品。当营销人员审查这种产品时，有人担心该产品太过轻泡，会影响销量。因为零售店内的货架空间有限，产品不得不就此展开竞争，所以可能会导致经常缺货，也限制了产品在消费者面前展示的机会。物流管理人员提出了解决问题的办法：改变产品密度。他们将产品对半折叠，再压成袋状，包装盒的尺寸比原来的一半还小。这样做不仅满足了市场营销的要求，还节约了存储、运输和包装成本。

---

[1] 改编自 Theodore N. Beckman and William R. Davidson, Marketing, 8th ed.（New York: Ronald Press, 1967），444

3.5 产品定价

在客户看来，产品价格与质量、服务都是产品的核心要素。尽管物流管理者一般不直接负责制定定价政策，但他或她对定价决策有影响力，因为产品价格常常与地域有关，鼓励性定价政策则常常和运输费率的结构挂钩。

定价是一个复杂的决策问题，涉及经济学原理、买方行为理论和竞争理论等等。这里的讨论仅限于与地理位置相关的定价方法和由物流成本引出的鼓励性定价措施。

3.5.1 地域性定价方法

对大多数供应商而言，客户并非集中在一点，而是常常分散在很广的区域。这意味着分拨总成本会因客户所处位置的差异而不同。那么定价就是这么简单吗？不是的！企业可能有成千上万的客户。分别对各种价格进行管理，工作量太大，成本过高。定价方法的选择部分取决于具体价格结构与管理成本之间的平衡。只需几种定价就可以说明多数地域性定价方法。它们是：FOB定价法，分区定价法，单一或统一定价法，运费均等定价法和基点定价法。

1. FOB定价法（FOB Pricing）

要理解地域性定价法，首先最好从FOB定价法开始。根据字典的解释，FOB代表“船边交货价格（Free on board)”。在实践中，这一方式仅指价格有效的地点。FOB工厂价表示所报的是工厂所在地价格。FOB目的地价表示客户所在地或其附近区域的价格。同时，也表示客户在指定的地点取得货物所有权。FOB定价体系中有多种表示方法。FOB工厂价和FOB目的地价是最常见的。

FOB工厂价（FOB Factory Price）是在工厂所在地（运输起点）的单一价格。客户在工厂取得商品所有权，并负责由该点开始的运输。实践中，客户也可能要求供应商安排运输，因为供应商可能有更好的运输设备，更有经验，或者能与其他客户订购的货物合并运输以争取更低的运输成本。之后，客户再支付实际运输费用。(见资料3.11)

资料3.11　例子

汽车的报价是出厂价或进口口岸价加上到目的地（运输）的费用，后一项费用取决于客户（汽车经销商）所在的位置。

FOB目的地价或运到价格（FOB Destination Price or Delivered Price）是到客户所在地的或其附近地区的价格。在该种定价方式下，运输成本已经包含在价格内。供应商要对所有的运输进行安排。使用这种定价策略所基于的理论是，由供应商处理运输问题会比由客户处理更经济，或者客户不愿意或没有专业人士来作运输安排。如果买方不能像供应商那样有足够的货量来压低运价，买方这样做可以使其总运输成本下降而不增加其他成本。(见资料3.12)

资料3.12　例子

汉堡包大王（Burger King）对顾客的报价是快餐食品的零售点价格。所有原材料运输费用都已经包括在价格中。

根据运费支付方法的不同，可能有许多种 FOB 工厂价和目的地价的组合。图 3 – 7 所示的就是其中的一些组合。

2. 分区定价法（Zone Pricing）

对那些要与成千上万个客户打交道的企业来讲，为每位客户确定不同的价格并非明智之举。产成品供应商对于进行个别价格管理不胜其烦，而且因为管理复杂带来的成本会使总价格更高。

分区定价法在一个较广的地域范围内实行单一价格，减少了管理的复杂性。根据企业所需要的地区价格的差异程度，可以划分任意多个区。例如，生产家用制罐设备的波尔公司（Ball Corporation）就在全国设了 89 个地域性定价分区。

我们可以通过克劳尼奥复古公司（Colonial Originals）[1] 的定价政策来举例说明分区定价法。该企业按产品目录生产成套的美国殖民时期风格的仿古家具。公司座落在波士顿。家具的报价是波士顿价格加上运输费用。这是一种 FOB 工厂价，由供应商安排运输。所不同的是，公司将全国按邮政编码分成 8 个区，并分别指定不同的运费级别。从表 3 – 3 可得到，重 30lb，工厂售价为 129.95 美元的酒桌在全国不同区域的有效价格。该表按产品重量列出了由联合包裹运送服务公司的“陆上到户服务”运到各分区的费率。注意联合包裹服务公司的分区没有 1 区。利用这张表，可以得出酒桌运到全国各区的有效价格。见图 3 – 8。

3. 单一或统一定价法（Single or Uniform Pricing）

最简单的定价策略就是不考虑客户所在位置，对所有客户适用同一价格。许多公平交易产品（Fair Trade Items）、快件、书等使用这种定价方法。如果客户知道各处的产品价格都一样，对他会有一定吸引力。但这种定价方法掩盖了产品分拨到不同客户的成本差异。此时的分拨成本是平均成本。

4. 运费均等法（Freight Equalization Pricing）

在实务中，对竞争的考虑也影响着定价战略。如果两家企业生产、销售的效率不相上下，那么在工厂所在地产品的成本就是一样的，竞争性定价就只是运输成本的问题。如果各企业与市场距离不等，距离市场远的企业就可能希望自己承担较多的运费来满足价格竞争的要求。这种做法被称为运费均等法，这种做法将导致企业获得的净收益不同。不同生产地的运输成本和生产成本被均等化了。

5. 基点定价法（Basing Point Pricing）

与运费均等法相类似，推动基点定价法的是竞争。基点定价法会设定许多点，并据此计算价格，但产品实际起运点只有一个。计算价格时假设产品是从基点运出。如果所选择的点是主要竞争对手所在地，那么产品在所有客户所在地的价格都必须与竞争对手的价格接近。这一新的用以计算价格的点就被称作基点（Basing Point）。企业可以使用单一基点，也可以使用多个基点。

钢铁和水泥行业是使用基点定价法的先行者。这很好理解，因为如果 1）相对于总价值，产品的运输成本很高；2）买主们对各供应商的产品没有特殊偏好；3）供应商数量相对

---

[1] 假名字。

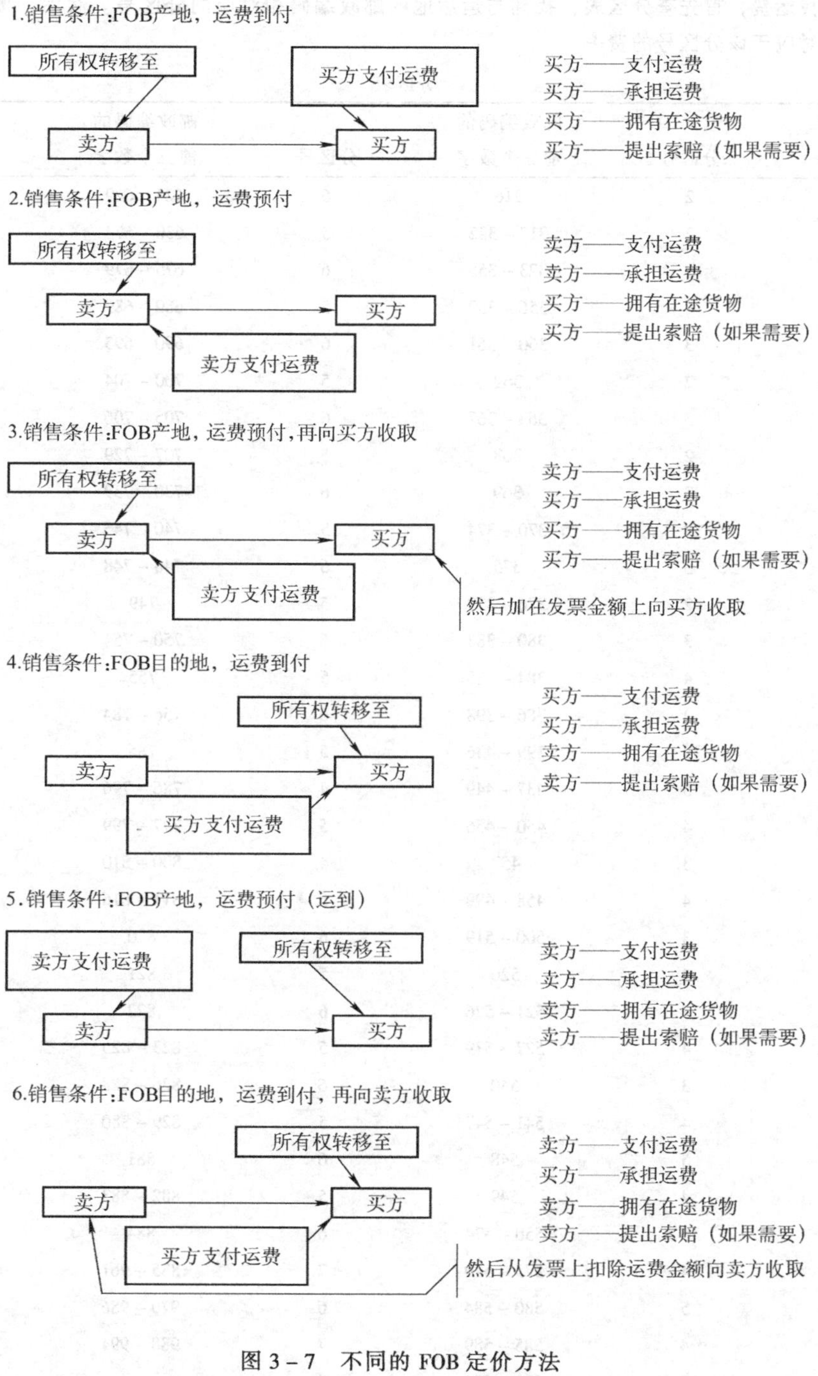

图 3－7　不同的 FOB 定价方法

资料来源：Edward J. Marien，“Making Sense of Freight Terms of Sale，” Transportation & Distribution（September 1996）：84－86

较少，任何降价措施都会招来竞争对手的报复，基点定价法还是很有吸引力的。从客户角度讲，同一行业的企业都位于同一地点。但事实并非如此，每家企业供给特定客户的实际成本是不同的。那么，企业怎么会收取同样的费用呢！

表 3-3 以波士顿为起点的联合包裹运送服务公司地面到户服务的分区运价

运费——要查找运费，首先查分区表，找到与运达地的邮政编码相对应的分区号。然后，按货物重量，在运费表上找到对应于该分区号的费率

分区表

邮政编码的前三个数字	分区号	邮政编码的前三个数字	分区号	邮政编码的前三个数字	分区号
004 - 005	2	316	6	624 - 629	5
010 - 041	2	317 - 322	5	630 - 674	6
042 - 046	3	323 - 355	6	675 - 679	7
047	4	356 - 359	5	680 - 689	6
048 - 049	3	360 - 361	6	690 - 693	7
050 - 079	2	362	5	700 - 704	6
080 - 086	3	363 - 367	6	705 - 706	7
087 - 128	2	368	5	707 - 729	6
129 - 132	3	369	6	730 - 739	7
133 - 135	2	370 - 374	5	740 - 745	6
136	3	375	6	746 - 748	7
137 - 139	2	376 - 379	5	749	6
140 - 142	3	380 - 383	6	750 - 754	7
143	4	384 - 385	5	755	6
144 - 146	3	386 - 398	6	756 - 784	7
147	4	399 - 436	5	785	8
148 - 149	3	437 - 449	4	786 - 796	7
150 - 168	4	450 - 456	5	797 - 799	8
169 - 172	3	457	4	800 - 810	7
173 - 174	4	458 - 499	5	811 - 816	8
175 - 176	3	500 - 519	6	820	7
177	4	520	5	821	8
178 - 179	3	521 - 526	6	822	7
200 - 218	4	527 - 539	5	823 - 825	8
219	3	540	6	826 - 828	7
220 - 241	4	541 - 547	5	829 - 880	8
242	5	548	6	881	7
243 - 245	4	549	5	882 - 883	8
246 - 248	5	550 - 574	6	884	7
249 - 254	4	575 - 579	7	885 - 961	8
255 - 257	5	580 - 584	6	970 - 986	8
258 - 270	4	585 - 589	7	988 - 994	8
271	5	590 - 591	8		
272 - 279	4	592 - 593	7		
280 - 284	5	594 - 599	8		
285	4	600 - 619	5		
286 - 315	5	620 - 623	6		

资料来源：分区和费率来自联合包裹运送服务公司的网页，http：//www.ups.com

运输费率							
重量不超过（磅）	2区	3区	4区	5区	6区	7区	8区
1	3.25	3.44	3.68	3.76	3.83	3.93	3.97
2	3.31	3.50	3.93	4.05	4.25	4.36	4.57
3	3.39	3.65	4.13	4.29	4.56	4.70	5.03
4	3.50	3.78	4.29	4.48	4.79	4.98	5.37
5	3.64	3.92	4.39	4.60	4.96	5.18	5.62
6	3.76	4.00	4.44	4.67	5.09	5.36	5.84
7	3.88	4.07	4.50	4.74	5.25	5.57	6.10
8	3.99	4.14	4.55	4.80	5.39	5.82	6.42
9	4.12	4.22	4.63	4.90	5.57	6.13	6.84
10	4.24	4.33	4.71	5.02	5.76	6.49	7.31
11	4.36	4.44	4.81	5.21	6.02	6.86	7.79
12	4.45	4.56	4.91	5.42	6.31	7.26	8.29
13	4.53	4.69	5.04	5.67	6.63	7.68	8.79
14	4.60	4.85	5.19	5.94	6.97	8.11	9.30
15	4.68	5.01	5.37	6.21	7.32	8.56	9.82
16	4.77	5.19	5.58	6.48	7.69	9.01	10.36
17	4.85	5.37	5.80	6.76	8.06	9.47	10.88
18	4.95	5.53	5.99	7.01	8.43	9.92	11.40
19	5.05	5.68	6.19	7.26	8.77	10.33	11.90
20	5.16	5.84	6.37	7.49	9.12	10.74	12.39
21	5.27	5.97	6.54	7.72	9.42	11.11	12.87
22	5.39	6.13	6.72	7.96	9.75	11.51	13.35
23	5.52	6.28	6.91	8.19	10.07	11.90	13.84
24	5.66	6.45	7.12	8.46	10.42	12.33	14.35
25	5.80	6.61	7.32	8.71	10.75	12.75	14.86
26	5.92	6.79	7.52	8.98	11.09	13.16	15.36
27	6.05	6.95	7.72	9.24	11.42	13.59	15.87
28	6.16	7.12	7.94	9.50	11.77	14.01	16.38
29	6.26	7.27	8.15	9.77	12.12	14.44	16.91
30	6.36	7.43	8.38	10.05	12.48	14.86	17.43
40	7.37	9.08	10.52	12.76	15.96	19.24	22.67
50	8.28	10.53	12.58	15.33	19.22	23.33	27.64
60	8.89	11.22	13.36	16.34	20.54	24.99	29.59
75	24.31	25.87	27.24	28.17	30.46	32.38	34.59
100	33.12	35.07	36.80	37.93	40.22	41.97	44.10
125	40.95	43.27	45.40	46.77	49.42	51.39	53.85
150	48.73	51.44	53.92	55.54	58.57	60.73	63.44

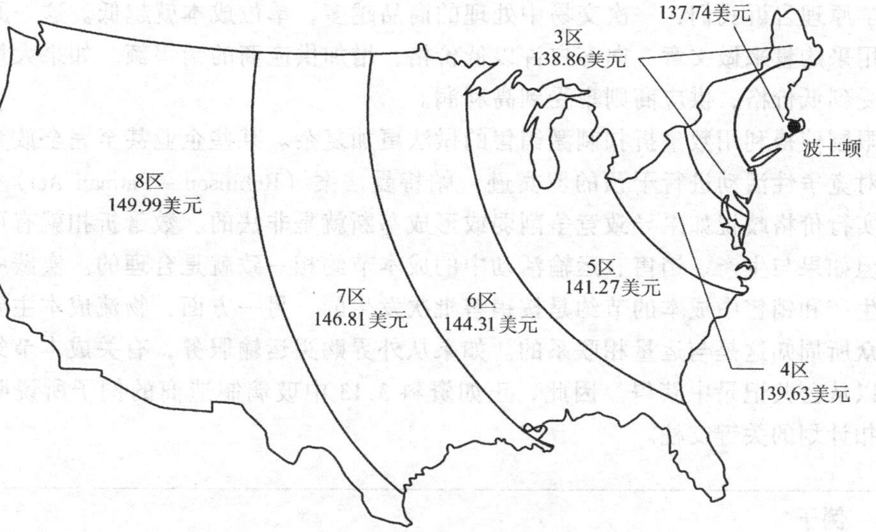

图 3－8 从波士顿起运的酒桌的分区价格

资料来源：表 3－3 和 FOB 波士顿酒桌的价格

3.5.2 某些法律问题

如果定价方法决定的价格与生产、销售和分拨产品的成本不一致，就会产生一定的法律问题。对物流管理者而言，除非给每个客户的价格已反映了实际运输成本，否则就存在一定程度的价格歧视。统一定价法、分区定价法、运费均等法和基点定价法本身都有一定的歧视性。例如，如果在同一个分区内收取同样的价格，那么距离送货点最近的客户所负担的价格就会超过其运输成本，或者说他们要支付一定的“影子（Phantom）”运费。分区内距送货点最远的客户则得到补贴。运费补贴的程度取决于分区的规模。

尽管某些地域性定价方法有歧视性，但一定的歧视对所有的客户可能都有好处，只是这些收益的分布可能并不均等。管理少量价格带来的成本节约足以抵消所处位置最不利的客户所负担的影子运费。

虽然某些运到价格政策或运费负担的方式受到联邦贸易委员会的置疑，但是，只要满足以下条件，这些做法就不构成违法：卖方应买方要求愿意以 FOB 价格为基础进行销售；在全国统一定价的情况下，卖方在所有的送货点保持统一的价格；企业自己负担运费后的价格要高于竞争对手的价格；买方及其客户是非竞争性的。

3.6 鼓励性定价措施

物流成本常常促使企业制定价格鼓励措施。两种常用的价格鼓励政策分别是数量折扣和“协议价（deal）”。

数量折扣（Quantity Discounts）

经济学原理告诉我们，一次交易中处理的商品越多，单位成本就越低。这一原理使得许多企业利用采购量来做文章，向客户许以低价格，增加供应商的销售额。如果大量采购，客户可以享受到低价格，供应商则享受到高利润。

法律限制使得利用数量折扣刺激销售的做法更加复杂。某些企业甚至完全放弃了这种做法。根据对竞争性活动进行干预的罗宾逊 - 帕特曼法案（Robinson - Patman Act），在不同采购者之间实行价格歧视如果导致竞争削弱或形成垄断就是非法的。数量折扣就有可能造成这种歧视，但如果与生产、销售、运输活动中的成本节约相一致就是合理的。实践中，很难有力地证明生产和销售中成本的节约是按销售批次发生的。另一方面，物流成本主要由运输成本构成，众所周知这是与运量相联系的。如果从外界购买运输服务，有关成本节约的文件就很容易可以从公共记录中获得。因此，正如资料 3.13 中玻璃制造商的例子所说明的，物流成本是折扣计划的关键支柱。

资料 3.13 例子

家用罐头的玻璃瓶主要通过经销商销售。这些经销商可能采购不同数量的产品。从制造商物流总成本的构成来看，总成本会随所购买产品的数量而变化（见图 3 - 9）。运输成本是决定不同价格的数量分界点和各分界点之间价格差异的主要因素。

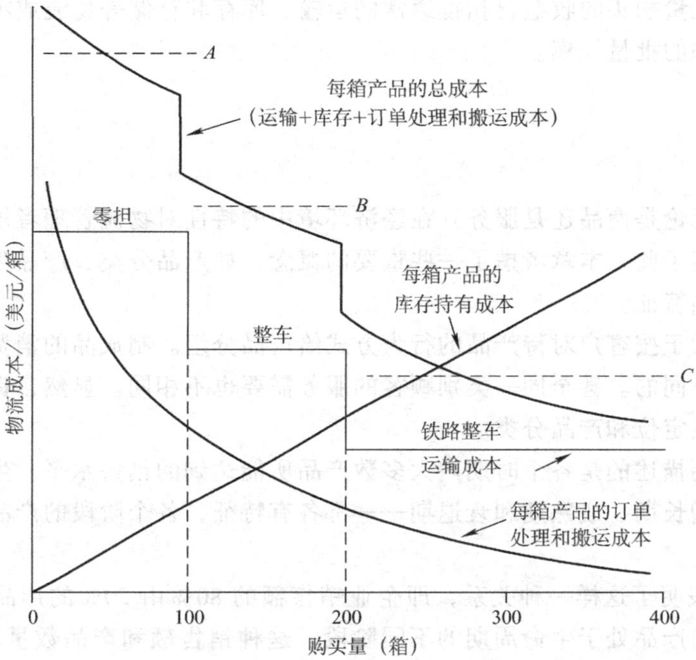

图 3-9 通过每箱产品物流成本说明价格折扣具有合理性

如果在任一时间购买的产品少于100箱，那么订购的货物须按零担运费运出。随着订货量的增加，库存持有成本增加，订单处理的单位成本降低，单位货物的总平均成本就达到图3-9中的 A。如果购买100~199箱产品就可以使用整车运费，单位货物的总平均成本就达到 B。购买200箱或更多，直到实践中的上限400箱，总平均成本就为 C。因此，如果价格与成本相一致，那么购买量为0~99箱时就不应提供价格折扣。购买100~199箱的最高折扣应是 $(A-B)/A$。如果 A 是每箱2.20美元，B 是每箱2.00美元，运输成本的节约就是 $(2.20-2.00)/2.20=0.09$ 或9%。从200~400箱，平均成本 C 是1.70美元/箱，运输成本的折扣可以达到 $(A-C)/A$，或 $(2.20-1.70)/2.20=0.23$，或23%。如果其余的生产、销售成本（包括加价）是每箱10美元，加上物流成本、购买者面对的价格就应是：

箱数	购买价格（美元/箱）	价格折扣
0~99	12.20	0%
100~199	12.00	1.6①
200以上	11.70	4.1

① $(12.20-12.00)\div 12.20=0.016$ 或1.6%。

协议价（Deal）

偶尔，某些公司会在短期降低某些产品的价格以吸引客户购买超常规的大批量。销售企业希望降低库存，保持生产规模，或利用低价刺激销售。从买方的角度看，是否接受价格折扣和买多少都需要权衡降价的收益和购买产生的其他成本（多数是物流成本）。买方应该估算按低价格超常批量购买的收益，扣抵通常的运输、库存和存储等物流成本。第十章将讨论如何决定特殊采购的批量规模。

3.7 小结

了解产品（无论是商品还是服务）在经济环境中的特性对物流管理者规划供给或分拨战略很有帮助。有鉴于此，本章考虑了一些重要的概念，如产品分类、产品生命周期、80－20曲线和一系列产品特征。

产品分类有助于按客户对待产品的行为方式给产品分组。制成品的消费者与工业客户所需的物流服务是不同的。甚至同一类别顾客的服务需要也不相同。显然，良好的分拨战略往往源于审慎的产品定位和产品分类。

产品生命周期描述的是各个时期内大多数产品所能达到的销售水平。生命周期的四个阶段——导入期、增长期、成熟期和衰退期——都各有特征，各个阶段的产品可能会要求使用不同的分拨战略。

80－20曲线表明了这样一种关系，即企业销售额的80%由20%的产品实现。该曲线之所以形成正是因为产品处于生命周期的不同阶段。这种销售额和产品数量不成比例的关系，对于确定产品在物流系统的存储位置，以及在特定存储点库存产品的构成是很有帮助的。

产品特征主要是指产品的某些物理属性和经济属性，这些属性在很大程度上影响着物流系统设计，包括重量－体积比、价值－重量比、可替代性和风险特征。

本章还论及产品的其他两个方面：1）包装可以改变产品特征，因而改变其对物流系统的要求；2）因为客户在地理上是分散的，而成本也会随地理位置变化，因此物流管理者就会关心产品定价中某些方面的问题。尽管物流管理者通常不负责定价，但物流成本比其他成本因素更容易说明鼓励性定价的合理性，从而使物流管理者进入定价管理领域。

习题

1. 你认为下列各类企业经营的是便利品、选购品还是特殊商品。
   a. 杰克·斯普拉特木管店（Jack Spratt's Woodwind Shop）在全国范围内销售乐器，是职业木管音乐家的供货商。
   b. 哈特、沙夫纳和马克斯服装公司（Hart，Schaffner and Marx）在全国范围内生产、销售高档的男式套装成衣。
   c. 爱德华面包房（Edward's Bakery）在地区范围内生产、销售烘烤的食品，主要是面包。分拨主要通过零售食品连锁店完成。

   请对各例子中的产品特征可能要求的高效分拨系统进行描述。
2. 比较洗涤剂与当代艺术家作品的产品生命周期。谈谈二者处于生命周期不同阶段时，是怎样进行实物分拨的。
3. 某药店有两种方式补充货源：直接从经销商进货或从企业的仓库进货。销售量大，补货量大的商品如果直接从供货商处进货通常会有成本优势，因为无须进行额外的存储和搬运作业。其他的产品从仓库进货则更有效率。店主知晓 80 - 20 原理，认为可以根据它将产品分成销量大的和销量小的产品组，以实现最大的供给规模经济效益。

产品代码	销售额（美元）
10732	56 000
11693	51 000
09721	10 000
14217	9 000
10614	46 000
08776	71 000
12121	63 000
11007	4 000
07071	22 000
06692	14 000
12077	27 000
10542	18 000
总计	391 000

某一药品类别共分 12 个品种。年销售额数据如上所示。

如果订货量与销售水平接近，利用 80 - 20 原理确定哪些产品应该直接从供应商处进货。用 20%做产品分界点。

4. 找出几种重量 - 体积比、价值 - 重量比、可替代性和风险特征极大和极小的产品。比如，组装的自行车、制造玻璃的沙子和零售的非处方药，试举出其他例子。说明产品特征将怎样决定或改变产品分拨的方式。
5. 说明产品包装在设计供应和/或分拨战略时的作用。
6. 假设客户要从克劳尼奥复古家具公司购买一套家具，产品目录上的价格是 99.95 美元，运输重量是 26.5 磅。

   a. 根据表 3 - 3，计算利用 UPS 的“陆上到户服务”将家具送到美国下列邮政编码地区的总成本。

   （1）11101，（2）42117，（3）74001，（4）59615

   b. 你认为这种定价方法的公平性和有效性如何？
7. 基本钢铁制品的制造商使用运费均等法的动机是什么？
8. 为什么统一定价法和分区定价法对客户整体是公平的，但对相当多的个体来讲是歧视性的，不公平的？
9. 为什么物流成本，尤其是运输成本，在制定鼓励性定价措施时非常重要？
10. 说明下列销售条件下，运输费用如何支付：

    a. FOB 目的地，运费预付

    b. FOB 产地，运费预付

    c. FOB 目的地，运费到付，再向卖方收取

    d. FOB 产地，运费预付，再向买方收取

    e. FOB 产地，运费到付

    如果按照定价政策，由客户支付运费，供应商在仓库选址决策、选择运输服务和类似决策时是否要考虑该项成本？
11. 戴维斯钢铁经销公司（Davis Steel Distributor）计划在其分拨网络中再建一座仓库。对其

他仓库产品－销售额的分析表明，25%的产品实现75%的销售额。在该企业，仓库中不同产品的库存政策是不同的，前20%的产品是A类产品，库存周转次数是8；其次的30%产品或B类产品的周转次数是6；剩余C类产品的周转次数是4。仓库中共有20种产品，预计销售额是260万美元。据你估计，该仓库的平均库存是多少？

12. 贝塔公司（Beta Products）准备新建一个仓库。从所有产品中挑出10种属于A类和B类的产品存放在新仓库中。所有的C类产品都由工厂供应。新仓库所服务地区的年销售额预计为300万箱（A、B和C类）。历史数据显示30%的产品会实现70%的销售量。前20%的产品被定为A类产品，其次30%的产品是B类产品，其余的50%是C类产品。预计新仓库库存周转次数分别为：A类产品是9，B类是5。每单位库存平均需要1.5立方英尺的空间，仓库中产品堆码可达16英尺高。

剔除通道、办公和其他空间占用，该企业需要多少有效的存储空间？

13. 对惠客连锁集团（Savemore）产品的分析表明其所存储的20%的产品占销售额的65%。集团的商店一般经营5 000种商品，其中累计占销售额前75%的商品直接从仓库补货，其余的直接从制造商或中间商进货。那么，占销售额前75%的商品有多少种呢？

14. 为在日本的本田生产、分拨和销售国产汽车配件的相关成本汇总如下：

成本类型	单位成本（美元）
物料采购成本	25
生产中的人工成本	10
间接费用	5
运输成本	随运量而变化
销售费用	8
利润	5

运输成本变化如下：如果购买（运输）量在1 000个单位或1 000个单位以下，运输成本是每单位5美元；如果购买量在1 000个单位以上，等于或小于2 000个单位，则运输成本是每单位4美元；超过2 000个单位，运输成本是每单位3美元。

假设供货商愿意将运输中的规模经济效益转移给客户，请制作一个价目表，列出客户购买量不同时，所能享受到的不同折扣比率。

第四章　物流/供应链客户服务

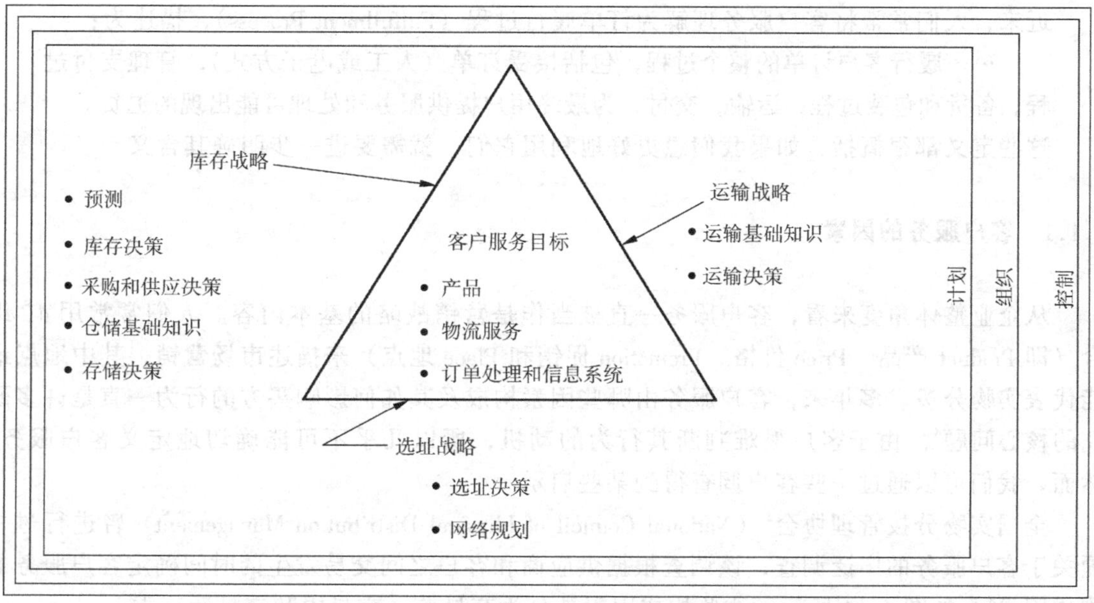

如果有人认为客户不重要，那他应该试着过90天没有客户的日子。

——无名氏

在客户眼中，任何企业的产出都可看成是价格、质量和服务的组合，而他们则据此决定购买或放弃。服务或客户服务的含义很广，可以包括从产品的可得率到售后服务等众多因素。从物流角度来看，客户服务是一切物流活动或供应链流程的产物。因而，物流系统的设计确定了企业能够提供的客户服务水平。向客户销售所产生的收入和系统设计的相关成本则决定了企业能够实现的利润。决定向客户提供的服务水平是达到企业利润目标的关键。

本章将探讨客户服务对整个企业的意义及其对物流管理的特殊意义，指出服务所包含的重要因素，提出确定销售和服务水平之间关系的方法，以及如何利用该方法找到最佳服务水平。最后，我们将讨论应急服务计划的问题。

4.1　客户服务的定义

物流客户服务必然是企业所提供的总体服务中的一部分，因此，我们首先将从企业的角度来讨论服务，然后筛选出那些物流活动特有的因素。拉里莎·凯尔（Larissa S. Kyj）和迈罗斯劳·凯尔（Myroslaw J. Kyj）认为：

客户服务在得到有效利用时，是能够对创造需求、保持客户忠诚产生重大影响的首要变量[1]。

另一位客户服务专家认为，客户服务：特指销售－满足客户的一系列活动，通常始于订单录入，止于产品送达客户。有时，还会以设备服务、保修或其他技术支持的形式继续下去。[2]

赫斯凯特（Heskett）则将多数企业的物流客户服务更简单地表述为：

使（客户）得到所订购产品的速度和可靠程度[3]。

近来，人们常常将客户服务理解为订单履行过程（Fulfullment Process），描述为：

……履行客户订单的整个过程，包括接受订单（人工或电子方式），管理支付过程，备货和包装过程，运输，交付，为最终用户提供服务和处理可能出现的退货。

这些定义都很概括，如果我们想更好地利用它们，就需要进一步明确其含义。

4.1.1 客户服务的因素

从企业整体角度来看，客户服务一直被当作是营销战略的基本内容。人们常常用4P组合（即Product产品、Price价格、Promotion促销和Place地点）来描述市场营销，其中地点最能代表实物分拨。多年来，客户服务由哪些因素构成及其如何影响买方的行为一直是许多研究的核心问题[4]。由于客户很难判断其行为的动机，所以几乎不可能确切地定义客户服务。然而，我们可以通过一些客户调查得到某些启示。

全国实物分拨管理协会[5]（National Council of Physical Distribution Management）曾进行过一项关于客户服务的广泛调查，该调查根据供应商和客户之间交易发生的时间确定客户服务的构成因素[6]，如图4－1所示，这些构成因素被分为交易前、交易中和交易后三类。

交易前因素（Pretransaction Elements）为好的客户服务营造氛围。主要包括：向客户提供关于客户服务的书面陈述，诸如订货后何时送到、退货和延期交货的处理程序、运输方法等，以使客户了解可期望得到什么样的服务；制定应急服务计划以应付工人罢工或自然灾害等影响正常服务的情况；创建实施客户服务政策的组织机构。此外，为客户提供技术培训和技术手册也能改善买方和供应商之间的关系。

交易中因素（Transaction Elements）是直接导致产品送达客户手中的因素。例如，设定库存水平；选择运输方式；建立订单处理程序等。这些因素进而又会影响送货时间、订单履行的准确性、收到货物的状态、存货可得率。

---

[1] Larissa S. Kyj and Myroslaw J. Kyj, "Customer Service: Differentiation in International Markets," *International Journal of Physical Distribution & Logistics Management* 24, no. 4 (1994): 41

[2] Warren Blanding, 11Hidden Costs of Customer Service Management (Washington, D. C.: Marketing Publications, 1974), 3

[3] James L. Heskett, "Controlling Customer Logistics Service," *International Journal of Physical Distribution & Logistics Management* 24, on. 4 (1994): 4

[4] Francis G. Tucker, "Creative Customer Service Management," *International Journal of Physical Distribution & Logistics Management* 24, no. 4 (1994): 32－40

[5] 已更名为物流管理协会（Council of Logistics Management）

[6] Bernard J. LaLonde and paul H. Zinszer, Customer Service: Meaning and Measurement (Chicago: National Council of Physical Distribution, 1976)

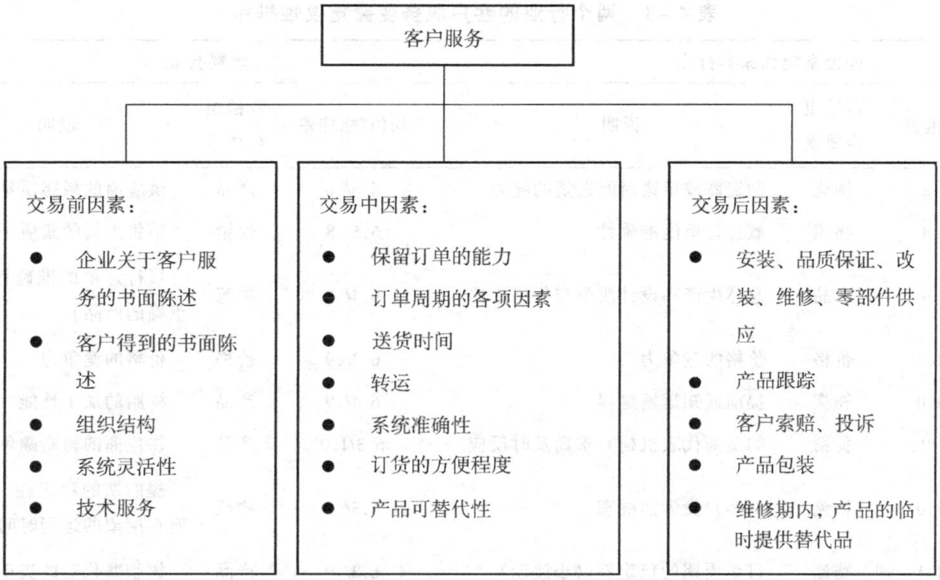

图 4-1 客户服务的构成因素

资料来源:改编自 Bernard J. LaLonde and Paul H. Zinszer,"Customer Service as a Comeries WPS 75-4 (Columbus, OH: The Ohio State University, College of Administrative Science, Februponent of the Distribution System." Working Paper Sary 1975).

交易后因素(Post-transaction Elements)代表一整套服务,这些服务可用于:产品使用时的服务支持:保护客户利益不受缺陷产品损害;提供包装(可返还的瓶子、托盘等)返还服务;处理索赔、投诉和退货。这些活动发生在产品售出之后,但是必须在交易前和交易阶段就做好计划。

由于客户是对所有活动的组合作出反应,因此,企业客户服务就是所有这些因素的总和。当然,有些因素会比另一些因素更重要。那么,哪些因素对管理者最为重要呢?调查显示出一些有趣的结果。

4.1.2 客户服务因素的相对重要性

斯特林(Sterling)和兰博特(Lambert)对办公系统、家具行业和塑料行业进行了深入调查。从这些制造商身上,他们能够判断出在代表产品、价格、促销和实物分拨的诸多变量(分别为 99 个和 112 个)中,哪些变量对买方、客户最重要,以及这些变量对采购决策的影响。根据被调查者对变量重要性从 1 到 7 进行打分而得出的平均分值,研究者对每一行业的服务因素进行排序,如表 4-1 所示。对于办公系统和家具行业,他们得出如下结论:

调查表明实物分拨(PD/客户服务)是营销组合不可分割的必要组成部分,它为企业在市场中赢得比较优势提供巨大机遇。由经销商、最终用户和建筑设计公司评出的 16 个最重要因素中,至少有一半是实物分拨/客户服务方面的变量[1]。

[1] Jay U. Sterling and Douglas M. Lambert, "Customer Service Research: Past, Present and Future," *International Journal of Physical Distribution & Materials Management* 19, no.2 (1989): 17

表 4－1 两个行业的客户服务变量重要性排序

办公系统和家具行业			塑料行业		
均值/标准差①	营销组合要素	说明	均值/标准差	营销组合要素	说明
6.5/.8	物流	制造商按承诺时间送货的能力	6.6/.6	产品	供应商的树脂质量稳定
6.3/.8	物流	履行订单的准确性	6.5/.8	促销	销售人员的素质——诚实
6.2/.9	产品	总体生产和设计质量与价格之比	6.4/.8	物流	履行订单的准确性（运送正确的产品）
6.1/1.0	价格	价格的竞争力	6.4/.9	价格	价格的竞争力
6.1/1.0	物流	提前通知运输延误	6.4/.9	产品	树脂的加工性能
6.1/.9	促销	制造商代表机构对求助及时反应	6.3/1.0	产品	供应商的树脂颜色统一
6.0/1.0	物流	对客户投诉的处理	6.3/.8	物流	提前期的稳定性（卖方总能在期望的运到时间交货）
5.9/1.1	物流	订单周期的稳定性（小波动）	6.3/.9	产品	树脂融化后的流动性
5.9/1.0	物流	制造商估计发货时间的准确性	6.3/.9	物流	加急订单的快速反应能力
5.9/.9	产品	整体美感和润饰	6.2/.9	物流	订货时提供的信息——预计发运日期
5.9/1.0	产品	延续性（产品不会过时）	6.2/1.0	物流	提前通知运输延迟
5.9/1.0	物流	制造商愿意接受破损产品的退货	6.1/1.0	价格	达到一定质量的树脂的价格
5.8/1.2	物流	加急订单承诺的提前期	6.1/1.0	产品	树脂整体的质量价格比
5.8/1.1	物流	交易订单的履行情况	6.1/1.1	物流	订货时提供的信息——预计运到日期
5.8/1.1	物流	加急订单的履行情况	6.1/1.0	物流	对投诉的反应（如订单服务、运输、产品等）
5.8/1.1	价格	实用的、连贯的定价政策	6.1/1.0	物流	承诺的提前期（从提交订单到送货——有现货库存）
			6.1/1.0	促销	销售人员素质——快速跟踪
			6.0/1.2	物流	订货时提供的信息——库存可得率

① 分值为 1 到 7

资料来源：Douglas M. Lambert and Thomas C. Harrington, "Establishing Customer Service Strategies within the Marketing Mix: More Empirical Evidence," *Journal of Business Logistics* 10, no. 2 (1989): 50

塑料行业中，所评出的 18 个最重要变量中有 9 个与物流有关。其余的 5 个与产品质量有关，2 个与价格有关，2 个与销售人员有关[1]。

[1] Thomas C. Harrington and Douglas M. Lambert, "Establishing Customer Service Strategies within the Marketing Mix: More Empirical Evidence," *Journal of Business Logistics* 10, no. 2 (1989): 44－60

斯特林和兰博特的调查无疑表明在办公系统和家具以及塑料行业，物流客户服务在客户的心目中是最重要的。尽量这样的行业小样本不大有说服力，但其他人也观察到了类似情况。在对汽车玻璃市场的类似研究中，英尼斯（Innis）和拉隆德（LaLonde）发现排在前面的10个客户服务属性中有6个是关于物流的[1]，尤其是高订单履行比率、送货频率、库存信息的可得率、订货时的预计发运时间和预计送达时间是零售客户最重视的属性。拉隆德和津泽尔（Zinszer）进一步发现产品可得率（完整准确履行订单的情况和库存水平）和订单周期（订单传输时间和配货时间、运输时间）在用户的心目中是最重要的，在他们的研究中有63%的被调查者这么认为[2]。迈尔还调查了其他一些企业，得出如下结论：

（1）只有一个被调查者提到服务成本。

（2）排在前7位的因素中，只有一个因素在分拨管理控制范围之外。

（3）最重要的服务因素是运送速度[3]。

夏康联合会（Shycon Associates）调查了美国许多行业的采购和分拨部门经理，请他们给供应商排名[4]。图4-2列出了被调查者认为最差的服务。在所提到的服务缺陷之中，作为物流客户服务变量之一的交付延误占了约一半，产品质量缺陷约占三分之一。

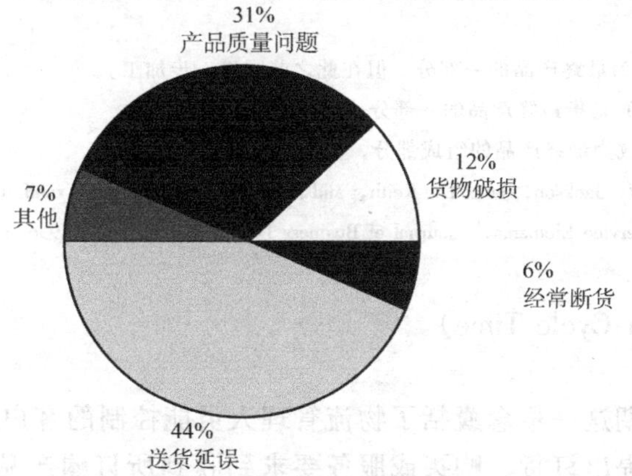

图4-2　常见的客户投诉内容

资料来源：Steven G. Baritz and Lorin Zissman, "Researching Customer Service: The Right Way," Proceedings of the National Council of Physical Distribution Management, vol. Ⅱ (New Orleans, LA: October 25, 1983): p. 611

最后，杰克逊（Jackson）、基思（Keith）和伯迪克（Burdick）的调查显示客户服务各因素的重要性因所要采购产品的类型不同而异[5]。他们就六个实物分拨服务因素的重要性调查了25家企业的254个采购人员。调查结果见表4-2。这里，值得注意的是提前期和交货时间稳定性的相对重要性。

---

[1] Daniel E. Innis and Bernard J. LaLonde, "Customer Service: The Key to Customer Satisfaction, Customer Loyalty, and Market Share," *Journal of Business Logistics* 15, no. 1 (1994): 1-27

[2] LaLonde and Zinszer, "Customer Service: Meaning and Measurement."

[3] Norman E. Marr, "Do Managers Really Know What Service Their Customers Require?", *International Journal of Physical Distribution & Logistics Management* 24, no. 4 (1994): 24-31

[4] Steven G. Baritz and Lorin Aissman, "Researching Customer Service: The Right Way," *Proceedings of the National Council of Physical Distribution Management*, vol. 11 (New Orleans: National Council of Physical Distribution Management, 1983): 608-619

[5] Donald W. Jackson, Janet E. Keith, and Richard K. Burdick, "Examining the Relative Importance of Physical Distribution Service Elements." *Journal of Business Logistics* 7, no. 2 (1996): 14-32

总之，以下各项被认为是最重要的物流服务因素：

- 准时交付
- 订单履行率
- 产品质量
- 单证准确性[1]

表 4-2 按产品种类对实物分拨服务的六个因素进行排序 （1=最重要）

	产品种类				
	主要资本品①	次要资本品②	原材料③	零部件④	补给品⑤
现货供应能力	2	1	3	3	1
提前期	3	3	2	2	3
交货时间的稳定性	1	2	1	1	2
订单处理情况的信息	4	5	5	5	5
保护性包装	6	6	6	6	6
处理运输问题时的合作情况	5	4	4	4	4

① 主要资本品（Major Capital）是指使用寿命超过一年的产品，不会成为企业最终产品的组成部分，成本超过每单位10 000美元。

② 次要资本品（Minor Capital）是指使用寿命超过一年的产品，不会成为企业最终产品的一部分，价值在1 000～10 000万美元之间。

③ 原材料（Materials）会成为最终产品的一部分，但在此之前需进一步加工。

④ 零部件（Component Parts）是指最终产品的一部分，无须做进一步加工。

⑤ 补给品（Supplies）不会成为最终产品的组成部分，但用于支持生产活动。

资料来源：改编自 Donald W. Jackson，Janet E. Keith，and Richard K. Burdick，"Examining the Relative Importance of Physical Distribution Service Elements." Journal of Business Logistics 7，no. 2（1996）：14－32

4.2 订单周期（Order Cycle Time）

订单（或服务）周期这一概念囊括了物流管理人员能控制的客户服务的首要因素。订单周期可以定义为从客户提出订货、购买或服务要求到收到所订购产品或服务所经过的时间。订单周期包括客户收到订购货物需经过的时期内发生的所有相关活动。图4－3举例说明了典型订单周期的组成部分。我们注意到一个订单周期所包含的时间因素有订单传输时间（Order Transmittal Time）、订单处理时间（Order－processing Time）、配货时间（Order Assembly Time）、存货可得率（Stock Availability）、生产时间（Production Time）和送货时间（Delivery Time）。这些因素直接或间接地受订单传输方式的设计和选择、库存政策、订单处理程序、运输方式和计划方法的影响。

订单传输时间依传递订单的方式不同可能由若干时间因素构成。对配备了销售人员电子通信系统的企业而言，订单传输时间包括销售人员和销售机构在传送之前持有订单的时间和订单在传输渠道内停留的时间。如果由客户填制订单，然后进行电子传输，则总传输时间实际上就是打电话、发传真或使用类似通信方式所需的时间。有时，客户填写订单所用的时间或销售人员拜访客户的时间间隔也可能是构成订单周期的重要组成因素。

[1] James E. Keebler and Karl B. Manrodt，"The State of Logistics Performance Measurement，" *Proceedings of the Council of Logistics Management*（New Orleans，LA：Council of Logistics Management，Sept. 24－27，2002），pp.275－281；and Robert Miller，Logistics Tip of the Week，Tips @ logfac. com（January 8，2002）

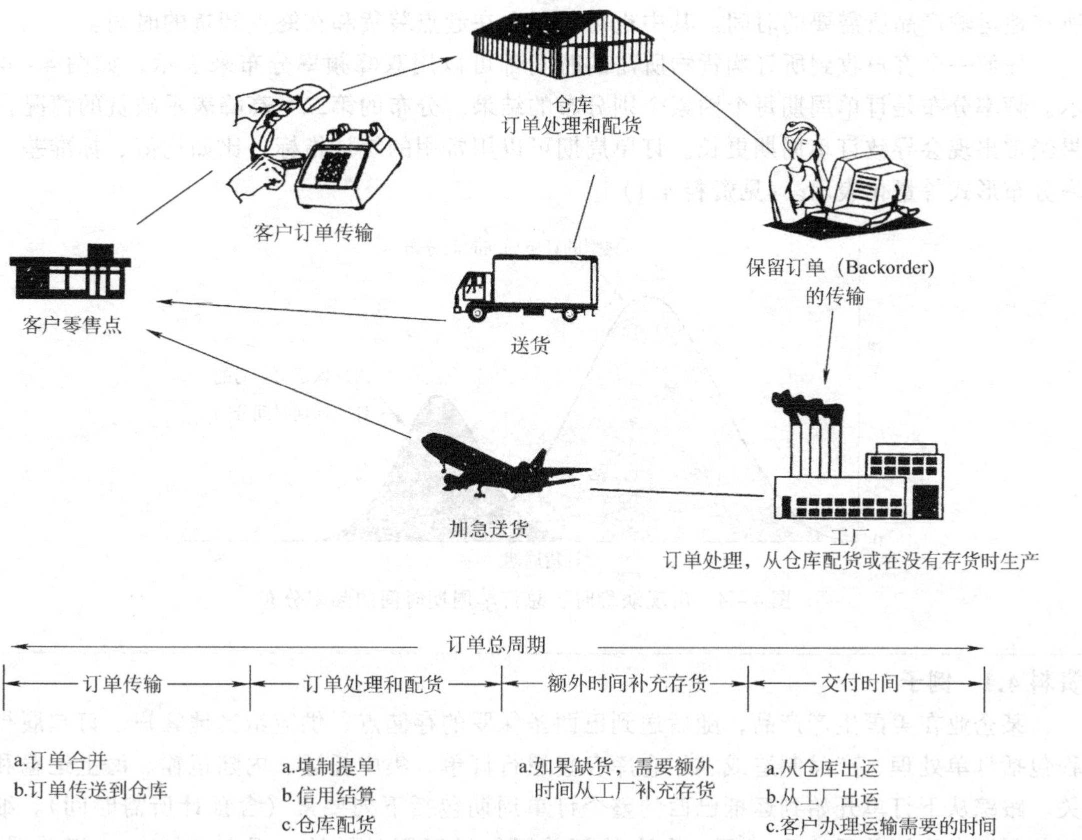

图 4-3　客户订单周期的组成部分

订单周期的另一个重要组成部分是订单处理和配货的时间。订单处理包括填制运输单证、更新库存记录、信用结算、核对订单、向客户和企业内有关方就订单处理情况互通信息、将订单信息通报销售、生产、财务部门等各项活动。

配货时间包括收到订单并通知存储和运输部门有关订单信息后，配齐货物准备发运所需的时间，包括从仓库中拣货、将货物送运到仓库的发运点、必要的包装或简单的加工过程、与运往同一方向的货物拼车等活动。

一定程度上，订单处理与配货是同时进行的，所以把这两项活动都完成所费的总时间并不是两项活动分别需要的时间之和；相反，两项活动往往交叉进行。因为首先要进行核对和文件的初级处理工作，所以订单处理比配货工作稍稍提前，而填制运输单证和库存数据更新则可以与配货同时进行。

存货可得率对订单周期影响巨大，因为它常常迫使产品流和信息流脱离现有的渠道。正常的渠道可能是通过仓库供给客户，如图 4-3 所示。如果仓库没有现货，就要使用第二条分拨渠道或备用分拨渠道。例如，缺货品种的保留订单要传给工厂，用工厂的库存来履行订单。如果工厂没有存货，就要填制生产订单，进行生产，然后由工厂直接送货到客户手中。也可以用其他的备用系统，从第二家仓库调拨保留订单的货物或者仍由原来的仓库持有保留的订单。图 4-3 中就描述了某专业化工企业的备用方案，该企业销售可替代性很强的产品。

订单周期中最后一项物流管理人员直接控制的重要因素就是送货时间，从存储地到客户所在地运输产品所需要的时间。其中也可能包含在起点装货和在终点卸货的时间。

任何一个客户收到所订购货物所需的时间都可以用双峰频率分布来表示，如图 4-4 所示。频率分布是订单周期每个因素个别分布的结果。分布的第二个高峰表示缺货的情况，如果经常出现会导致订单周期更长。订单周期可以用常用的统计指标，比如均值、标准差、频率分布形式等量化表示。(见资料 4.1)

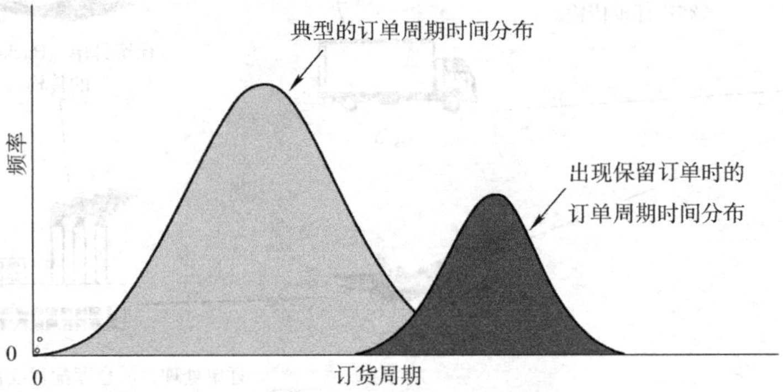

图 4-4 出现缺货时，总订单周期时间的频率分布

资料 4.1 例子

某企业在美国生产产品，随后送到巴西圣保罗的存储点，供应给当地客户。订单履行过程包括订单处理、产品制造或利用仓库存货履行订单、集中托运、内陆运输、海上运输和清关。跟踪从下订单开始到运抵巴西的整个订单周期包括下列要素（含预计所需时间）。细分订单周期表明订单录入和工厂、仓库的订单履行过程用时最长，用去了 50% 的订单周期，应该是缩短订单周期的主要目标。

配送时间	时间/天		
	最少	最多	平均
订单录入和生产/仓库作业	1	86①	36
运至集货点	1	5	2
拼货	2	14	7
提货	0	1	1
运至港口	1	2	1
等待船舶	1	4	2
海上运输	17	20	18
分解作业	3	4	4
清关	1	4	2
内陆运输至存储点	0	2	1
总计	27	142	74

① 90th percentile。

订单周期的调整

直到现在，我们都假设订单周期各因素在运作中不受条件限制。但有时客户服务政策会改变这种正常的订单周期模式。其中某些政策与订单处理的先后次序（Order - processing Priorities）、订货条件（Order Condition）和订货规模（Order Size）等限制条件有关。

1. 订单处理先后次序

个别客户的订单周期可能与企业的标准订单周期相去甚远，这与企业处理订单时的先后次序，或者企业是否规定有先后次序都有关系。如果出现订单积压，就有必要将客户区别开来。(见资料 4.2)

资料 4.2 例子

在处理来自工业客户的订单时，一家中型造纸厂注意到，一旦出现订单积压，订单处理人员面临减少积压的压力时，就会倾向于首先处理量小、简单的订单。这使得量大、高价值订单比正常时间更晚得到处理。由于该企业无意中按这种非理性的先后次序处理订单，在出现订单积压时，大客户的订单周期被延长了。

---

2. 订货条件

如果所订购货物送达客户时破损或无法使用，就会大大影响正常的订单周期。大多数企业都不想承担为消除货物破损或发货不准确的可能性而支付高额成本，客户也不愿因此承担高价格。因此，不论平均订单周期会增加多少，也要设立包装设计、退货程序、更换发错货物或破损货物以及监督订购货物质量的标准。

3. 订货限制条件

有些情况下，物流管理人员可能会发现制定一些限制条件很有好处，比如规定最小订货批量、要求客户根据预先规定的时间表订购货物、要求客户按照事先确定的规范填制订单表格。这样有助于在产品分拨中实现一些重要的成本节约。例如，最小订货量和准确的运输时间安排常常导致运输成本更低、送货速度更快。对有些客户而言，这种做法可能会使有效的订单周期拉长。另一方面，这种做法却使得企业可以对销量小的市场提供服务，如果没有这些限制条件，这些市场就不太可能得到高频率或可靠的服务。

4.3 物流/供应链客户服务的重要性

物流管理者可能更愿意将客户服务交给营销或销售部门去负责。但我们已经注意到，买主确实认为客户服务中有关的物流因素很重要，且常常将这些因素置于产品价格、产品质量及其他与营销、财务和生产有关的因素之前。这里我们主要关注的是，物流客户服务能否影响销售企业的赢利能力。这就需要对服务将怎样影响销售，以及服务怎样影响客户的忠诚程度这类问题进行探讨。

4.3.1 服务对销售的影响

长久以来，物流管理人员一直认为销售量一定程度上受所提供的物流客户服务水平的影响。事实上，物流客户服务是整个客户服务的一部分，很难确切衡量销售与物流服务之间的关系，而且买主自己也很难确切说明他们对服务的要求和对所提供服务的一贯反应。因此，物流管理人员会事先确定客户服务的标准，然后围绕服务标准设计物流系统。当然，这种方法不是很理想，但很实用。

现在更多切实的证据表明物流服务会对销售产生影响。斯特林和兰博特通过对客户服务的深入研究总结道：营销服务的确会影响市场份额，而且，营销组合中的各因素即产品、价格、促销和实物分拨对市场份额的影响力并不是一样的[1]。前文曾经提到过，斯特林和兰博特也发现客户服务各因素中，对客户最重要的因素都是有物流属性。克伦恩和夏康在对 GTE/西尔瓦尼亚公司（GTE/Sylvania）的 300 家照明产品客户深入调查后总结道：

……如果分拨提供适当的服务能满足客户需要，就可以直接增加销售收入，提高市场份额，最终增加利润，使企业得到发展[2]。（见资料 4.3）

资料 4.3 观察[3]

国际矿产品和化工品公司（International Minerals & Chemicals Corporation）建立了一套广泛的客户服务制度后，销售额上涨了 20%，赢利增加了 21%。

某制造商重新划分了各工厂的供货范围，增加了仓库设施，物流成本增加了 20 万美元，而生产成本减少了 140 万美元，年销售收入从 4 500 万美元增加到 5 000 万美元，净利润增加了 50 万美元。

某大型零售连锁企业销售额超过 10 亿美元，其五个分拨中心的存储设施合并后，估计可节约销售成本 900 万美元（包括内向运输费用），节约物流成本 400 万美元，零售收入增加 1 亿美元，净利润增加了 1 000 万美元。

巴里茨（Baritz）和齐斯曼（Zissman）的研究显示，客户（尤其是客户的采购和分拨经理）可以区分“最好的”和“一般”的供应商在服务上的差异[4]。更明确地说，客户发现服务不周时常常会对负有责任的供应商采取惩罚性措施。这些措施将会影响供应商的成本或收益。图 4-5 举例说明了通常采取的一些具体措施。针对服务和销售的关系，研究人员强调：客户服务的差异可以量化，供应商销售额差距的 5% 到 6% 由此造成[5]。与之相仿，布兰丁（Blanding）认为：

---

[1] Sterling and Lambert, "Customer Service Research: Past, Present, and Future," 14-17

[2] John M. Krenn and Harvey N. Shycon, "Modeling Sales Response to Customer Service for More Effective Distribution," *Proceedings of the National Council of Physical Distribution Management*, vol. 1. (New Orleans: National Council of Physical Distribution Management, 1983): 593

[3] 摘自 James L. Heskett, "Controlling Customer Logistics Service," *International Journal of Physical Distribution & Logistics Management* 24, no. 4 (1994): 4-10

[4] Baritz and Zissman, "Researching Customer Service: The Right Way," 610-612

[5] 同上，612

在工业品市场上，服务水平下降5%将导致现有客户的购买量下降24%[1]。

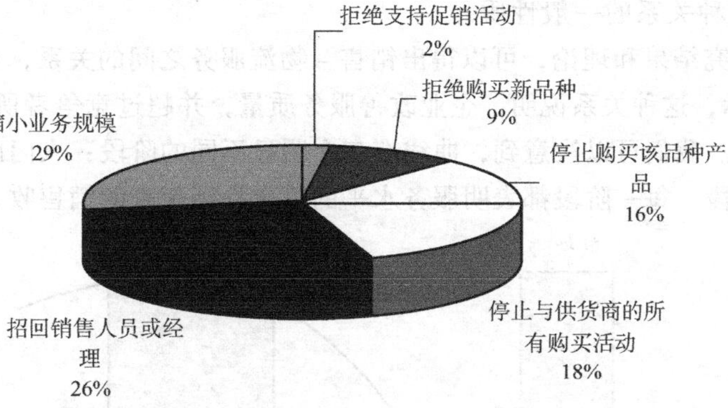

图4-5 采购部门对供货商服务不周采取的惩罚性措施

资料来源：Steven G. Baritz and Lorin Zissman, "Researching Customer Service: The Right Way," *Proceedings of the National Council of Physical Distribution Management*, vol. Ⅱ (New Orleans: National Council of Physical Distribution Management, 1983): 611

最后，Singhai 和 Hendricks 研究了 861 家上市企业，发现供应链的失败会对股票价格产生影响。当企业宣布供应链出现问题时，例如生产或运输的延迟，其股票价格会立刻降低9%，6个月间可以降20%。出现供应链故障的6个常见原因是：配件缺货、客户变更要求、新产品启动、生产问题、发展问题和质量问题。

4.3.2 服务对客户购买的影响

另一种考察客户服务重要性的方法是看与客户购买相关的成本。物流服务对留住客户至关重要，必须认真处理；如果客户对供应商保持忠诚，服务质量应保持一致。如果我们知道企业65%的业务来自现有客户[2]，我们就会理解为什么留住现有客户如此重要。正如本德(Bender) 所说：

> 开发新客户比留住现有客户的成本平均高约6倍。因此，从财务角度上看，投资于客户服务活动比投资于促销和其他发展客户的活动回报率更高[3]。

美国电报和电话公司（AT&T）的主席兼总裁肯定相信这一点，因为当谈到通信业价格战时，他说：

> 我们的重点是回报客户，在现有客户中间树立忠诚感，而不是花大笔钱收买叛逃者[4]。

4.4 定义销售-服务关系

现在，我们明确了物流客户服务的重要性。但是，如果我们更精确地知道销售随已知物

[1] Warren Blanding, "Customer Service Logistics," *Proceedings of the Council of Logistics Management*, vol. 1 (Anaheim, Calif.: Council of Logistics Management, 1986): 367

[2] 同上，366

[3] Paul S. Bender, *Design and Operation of Customer Service Systems* (New York: AMACOM, 1976), 5

[4] "The 'New' AT& T Faces Daunting Challenges," *Wall Street Journal* (September19, 1996): B1

流服务水平而变化的程度，物流决策就会得到改进。我们将用数学方式表述销售－服务的函数关系，并考察这种关系的一般性质。

根据现有的研究结果和理论，可以得出销售－物流服务之间的关系，至少是总括形式的关系。如图4－6所示，这种关系说明，企业改善服务质量，并超过竞争者所提供的服务水平时，销售额将如何变化。我们可以注意到，曲线有三个明显不同的阶段：入门阶段、边际收益递减阶段和收益下降阶段。每一阶段都表明服务水平的等量提高带来的销售收入并不相等。

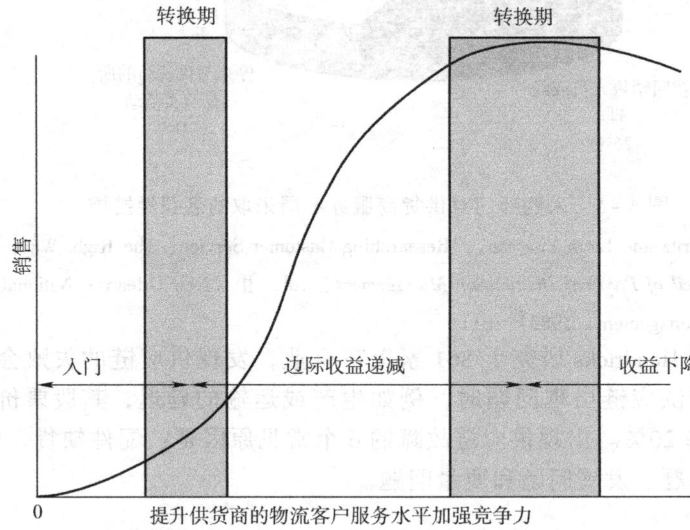

图4－6 销售与客户服务关系示意图

如果买方和卖方之间没有客户服务，或者服务水平极低，双方就不会成交或成交量很少。很明显，如果供应商不提供物流服务，买方也没有为自己提供服务，就不可能跨越他们之间的时空间隔，也就不会产生交换或销售活动。随着服务水平逐步提高，接近竞争者提供的服务水平，可能产生的销售收益很少。假如企业产品的价格和质量与竞争者相当，那么，在企业服务水平达到竞争者的水平之前，业务是开展不起来的。该点就是入门的服务水平。当企业服务水平达到入门点后，针对市场竞争进一步改善服务，就可以有力地刺激销售，通过提供差异化的服务，从竞争者那里夺取市场。随着服务水平进一步提高，销售额继续增长，但增长速度放慢。从入门点到销售额下降点之间的区间被称作边际收益递减阶段。多数企业的物流系统是在这一区间运作的。

为什么销售额会随着服务的改善而提高呢？据观察，买方对供应商提供的服务非常敏感[1]。假设产品质量和购买价格不受服务水平提高的影响，服务改进通常意味着买方库存成本的下降。这样，就促使买方转向提供最好服务的供应商。

在实证研究中，我们也可以观察到曲线的这种递减变化或边际收益递减[2]。其原因在

1 Baritz and Zissman, "Researching Customer Service: The Right Way." 610－612; and Ronald P. Willett and P. Ronald Stephenson, "Determinants of Buyer Response to Physical Distribution Service," *Journal of Marketing Research* (August 1969): 279－283

2 Ronald H. Ballou, "Planning a Sales Strategy with Distribution Service," *Logistics and Transportation Review* 9, no. 4: 323－333; Willett and Stephenson, "Determinants of Buyer response to Physical Distribution Service," Nicos Christofides and C. D. T. Watson－Gandy, "Improving Profits with Distribution Service," *International Journal of Physical Distribution & Materials Management* 3 (summer 1973): 322－330; and Krenn and Shycon, "Modeling Sales Response to Customer Service for More Effective Distribution," 581－601

于，一方面在服务水平较高的时候，买方从提高服务水平中能够获得的收益不像服务水平较低的时候那么多，另一方面采购政策要求企业从不只一处来源进货。服务对买方成本的影响也会随着服务水平的提高而减弱。因此，客户对产品的购买也会表现出同样的变化模式。同时，企业通常的采购政策是保持多个进货来源，也使得买方对供应商销售额的影响受到了限制。如果采购政策是多个买主分散采购，那么就会产生如图 4－6 所示的递减效果。

最后，服务的改进应该适度，否则也会导致销售的减少。尽管提高库存可得率、缩短订单周期和优惠的交付条件对销售不会有负面影响，但某些服务内容，如销售人员拜访客户以了解库存水平、带回订单的频率，订单处理信息或频率可能对某些买方来讲太多了，买主就会不再惠顾。但是，这些结果只在极端情况下才会出现，太多看起来很好的事情会使客户感到厌烦。

4.5　销售－服务关系的模型

某种产品的销售－服务关系可能偏离图 4－6 中的理论关系。在具体案例中，我们可以运用许多方法找出实际的关系模型。其中的四种方法是两点法（Two－Points Methods）、事前－事后实验法（Before－After Experiments）、游戏法（Game Playing）和买主调查法（Buyer Surveys）。

4.5.1　两点法

两点法的过程包括，找到销售－服务关系曲线边际收益递减部分上的两点，绘出经过这两点的一条直线。随后，用这条直线作为曲线关系可接受的近似值，如图 4－7 所示。两点法的依据是寻找多个数据点准确描述曲线的成本过高，或者不太现实，而且通常不可能非常准确地描述函数关系。

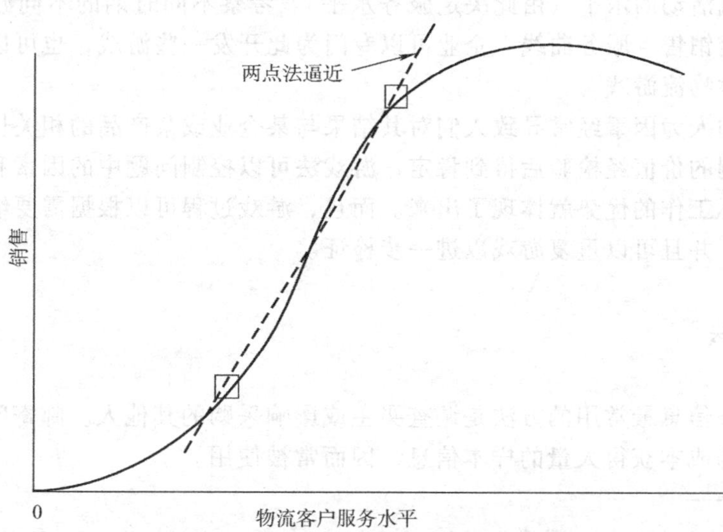

图 4－7　用两点法描述销售－服务的近似关系

两点法首先要针对特定产品设定一个高水平的物流客户服务，并观测所达到的销售量。

随后，将服务降到一个低水平，再次考察销售情况。尽管这一方法看起来很容易施行，但某些方法论方面的问题可能会限制其用途。首先，大幅度降低所销售产品的服务水平来收集销售反应信息可能不切实际；第二，服务水平变化所持续的时间、客户获知服务水平变化的程度、其他活动（促销、价格变化和产品质量的变化）影响销售的程度都可能使销售结果出现波动，因而该结果毫无意义。这些局限性说明，要获得合理的结果，就必须慎重选择两点法所适用的环境。

4.5.2 事前-事后实验法

只要知道销售对特定服务变化的反应就足以衡量其对成本的影响。在服务水平变化得很大的范围内绘制销售-服务曲线既没有必要，也不实际。因此，要判断销售的反应，只要改变服务水平，并且观测销售的变化，或者，如果以前的服务水平发生过变化，只要根据历史记录考察同样的影响就可以了。同时，服务水平的变化需要足够大，这样，销售的真实变化就不会被正常的销售波动或测量的误差所掩盖。

这种事前-事后实验法存在与两点法同样的方法论问题。但这些实验操作起来可能会容易一些，因为当前的服务水平可以作为"事前"数据点，那么只要找到所需的"事后"数据点就可以了。

4.5.3 游戏法

在衡量服务变化对销售的影响过程中，一个更为重要的问题是要对环境进行控制，使得将物流客户服务以外的其他因素所导致的影响排除在外。其中一种方法是，在实验室做模拟实验，或设定游戏环境，决策者在所限定的环境下进行决策。游戏环境试图复制需求不确定、竞争、物流战略及其他与特定条件相关的因素。游戏以产生与产品成本相匹配的销售额为目标，决定物流活动的水平（由此决定服务水平）。考察不同时期的不同游戏，就可以得到许多数据以确定销售-服务曲线。企业可以专门为此开发一些游戏，也可以利用现有的供教学使用的一般性物流游戏[1]。

游戏环境中的人为因素经常导致人们对其结果与某企业或某产品的相关性产生疑问。然而，一旦游戏预测的价值经检验后得到肯定，游戏法可以控制问题中的因素和环境而不必打乱正在进行的实际工作的优势就体现了出来。而且，游戏过程可以根据需要继续下去，直到得到所需的信息，并且可以重复游戏以进一步检证。

4.5.4 买方调查法

搜集客户服务信息最常用的方法是调查买主或影响采购的其他人。邮寄问卷和上门访谈的方法能以较低的成本获得大量的样本信息，因而常被使用。

---

[1] 常规物流游戏的例子可以在下列文献中找到：J. L. Heskett, Robert M. Ivie, and Nicholas A. Glaskowsky Jr. *Business Logistics: Instructor's Supplement* (New York: Ronald Press, 1964), 100-108; and Donald J. Bowersox, "Simchip - A Logistical Game," *Logistical Management*, 2nd ed. (New York: Macmillan, 1978), 465-478

调查中可以设计一些问题来判断客户惠顾或购买水平会如何随着所提供的服务水平而变化。多个买主对所提出的不同物流客户服务水平的多种反应就能够为绘制销售－服务曲线提供基本数据。[1]

同样，调查法也会有偏差，因而必须小心使用。主要的偏差在于，实际上，调查询问的是买主打算对物流服务水平变化作怎样的反应，而不是他们真正作出怎样的反应。此外，问题的设计也要十分慎重，这样才不会误导被调查者，或曲解他们的回答，同时还知道买主认为重要的服务内容。

4.6　成本与服务

前文提到，物流客户服务水平就是设定的物流活动水平的结果。这就意味着每一客户服务水平都有相应的成本水平。事实上，根据特定的物流活动组合，对应每一服务水平都有许多不同的物流系统成本方案。一旦了解了销售－成本之间的大致关系，就有可能将成本与服务对应起来，如图4－8所示。

随着物流活动水平的提高，企业可以达到更高的客户服务水平，成本则会加速增长。在大多数经济活动中，只要活动水平超出其效益最大化的点，人们就能观察到这种一般现象。销售－服务关系中的边际收入递减和成本－服务曲线的递增将导致利润曲线形成如图4－8的形状。

不同服务水平下收入与成本之差就决定了利润曲线。因为利润曲线上有一个利润最大化点，所以规划物流系统就是要寻找这一理想的服务水平。该点一般在服务水平最低和最高的两个极端点之间。

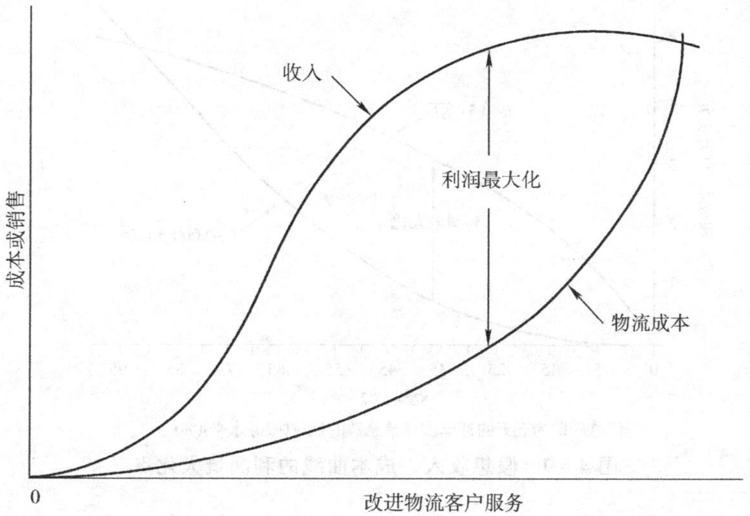

图4－8　不同物流客户服务水平下，成本－收入悖反关系示意图

[1] 使用该技术的例子见 Ballou, "Planning a Sales Strategy with Distribution Service"; Prereault and Russ, "Physical Distribution Service in Industrial Purchase Decisions," *Journal of Marketing* 10, no. 3 (1976): 3－10; Willett and Stephenson, "Determinants of Buyer Response to Physical Distribution Service"; and Krenn and Shycon, "Modeling Sales Response to Customer Service for More Effective Distribution".

4.7 确定最优服务水平

一旦已知各服务水平下的收入和物流成本，我们就可以确定使企业利润最大化的服务水平，用数学方法来找到这个最大利润点。下面我们来看一看其中的原理，以及实践中应用该理论的例子。

4.7.1 原理

假设企业目标是利润最大化，即与物流有关的收入与物流成本之差最大化。在数学上，最大利润在收入变化量与成本变化量相等的点上实现，也即边际收入等于边际成本之时。我们举例来说明，设已知销售 - 服务（收入）曲线为 $R=0.5\sqrt{SL}$，其中 SL 是服务水平，表示订单周期为五天的订单所占的比重。曲线的形状见图 4-9。相应的成本曲线已知为 $C=0.000\,55SL^2$。最大化利润（收入减成本）的表达式就是

$$P=0.5\sqrt{SL}-0.000\,55SL^2 \tag{4-1}$$

式中 P——以美元表示的利润。

用微积分，可求出方程（4-1）的利润最大化点。这样，利润最大化条件下，服务水平的表达式为[1]：

$$SL^*=\left[\frac{0.5}{4\ (0.000\,55)}\right]^{2/3} \tag{4-2}$$

因此，$SL^*=37.2$。也就是约 37% 的订单应该有五天的订单周期，如图 4-9 所示。

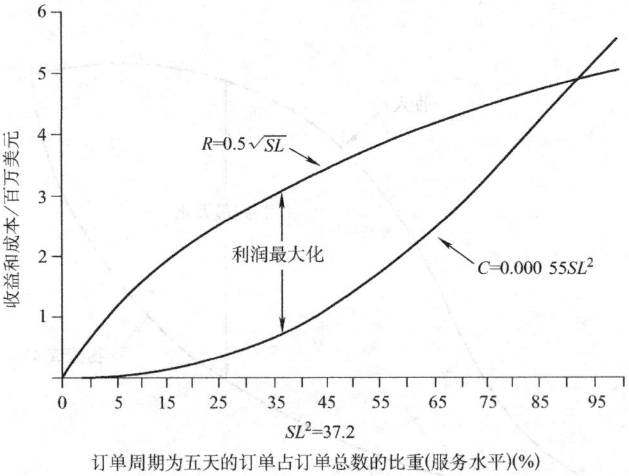

图 4-9 假想收入、成本曲线的利润最大化点

---

[1] SL^* 的表达式从以下求得：

$P=0.5\sqrt{SL}-0.000\,55SL^2$

为求使 SL 最大的 P 值，对 P 求 SL 的一阶偏导，令其结果等于零，即

$dP/dSL=(1/2)(0.5)\ SL^{-1/2}-(2)(0.000\,55)\ SL=0$

求解，得 SL^*

$$SL^*=\left[\frac{0.5}{4\ (0.000\,55)}\right]^{2/3}$$

4.7.2 实践

想一想上述原理如何用于设定食品生产商仓库的库存服务水平。我们只选择了一种产品，但该方法同样适用于仓库中所有其他产品。(见资料 4.4)

资料 4.4 例子

博登食品公司在其仓库中存有柠檬汁系列产品。博登曾经在仓库中存放相当多的这种产品，可以保证该产品在 4 年内都不会缺货。此时，该产品的服务水平超过 99%。虽然这是公司销量很高的产品，但问题在于是否有必要将库存水平订得那么高？

根据公司内部的一般经验，服务水平每变化 1%，毛收入就变化 0.1%。仓库每周向零售店补货，所以客户服务水平可以定义为补货提前期内仓库有存货的概率。

销售毛利是每箱 0.55 美元，每年经仓库销售的量是 59 904 箱。每箱标准成本是 5.38 美元，年库存持有成本估计为 25%。补货提前期是 1 周，平均每周销量为 1 152 箱，标准差为 350 箱。

仓库净利润最大化的点就是最优客户服务水平点，或者说 $NP = P - C$。P 是供应渠道中产品在仓库所在存储点的总利润，C 是仓库的安全库存成本。当利润变化量等于安全库存成本的变化量，即 $\Delta P = \Delta C$ 时，可以得到最优的服务水平。由于销售反应系数是一个常数，不随客户服务水平的调整而变化，所以利润变化量为

ΔP = 销售毛利（美元/箱）× 销售反应系数（1%服务水平变化引起的销售变化比率）× 年销量（箱/年）

$= 0.55 \times 0.001 \times 59\,904$

= 服务水平每变化 1%，年收入变化$ 32.95 (4-3)

成本的变化来自不同服务水平下需要保有的安全库存量的变化。安全库存就是为防止需求和补货提前期的变化而持有的额外库存[1]。安全库存成本的变化是：

ΔC = 年库存持有成本（%/年）× 标准产品成本（美元/箱）× Δz × 订单周期内需求波动的标准差（箱） (4-4)

其中 z 是正态分布曲线系数（称为正态偏差 Normal Deviate），与提前期内有现货供应的概率有关。(本公式的基本原理将在库存管理一章中讨论。) 年成本的变化为：

$$\Delta C = 0.25 \times 5.38 \times 350 \times \Delta z$$

$= 470.25$ 美元 × Δz 每年

对应于不同 Δz 值的，安全库存成本的变化如下表所列：

服务水平的变化 SL（%）	z 的变化 Δz①	安全库存成本的变化/（美元/年）
87 ~ 86	1.125 - 1.08 = 0.045	21.18
88 ~ 87	1.17 - 1.125 = 0.045	21.18
89 ~ 88	1.23 - 1.17 = 0.05	23.54
90 ~ 89	1.28 - 1.23 = 0.05	23.54

---

[1] 有关安全库存的更多信息，请见第九章。

（续）

服务水平的变化 SL（%）	z 的变化 Δz①	安全库存成本的变化/（美元/年）
91～90	1.34－1.28＝0.06	28.25
92～91	1.41－1.34＝0.07	32.95
93～92	1.48－1.41＝0.07	32.95
94～93	1.55－1.48＝0.07	32.95
95～94	1.65－1.55＝0.10	47.08
96～95	1.75－1.65＝0.10	47.08
97～96	1.88－1.75＝0.13	61.20
98～97	2.05－1.88＝0.17	80.03
99～98	2.33－2.05＝0.28	131.81

① 这些 z 值可以从附录表 A 中找到。

将 ΔP 和 ΔC 的值描在图中（见图 4－10）可得出最优服务水平（SL^*）介于 92% 和 93%之间，即 ΔP 和 ΔC 曲线的交点。

注意：无须得到所有情况下收益和成本的变化，只列出相关利润和库存成本的影响就可以了。

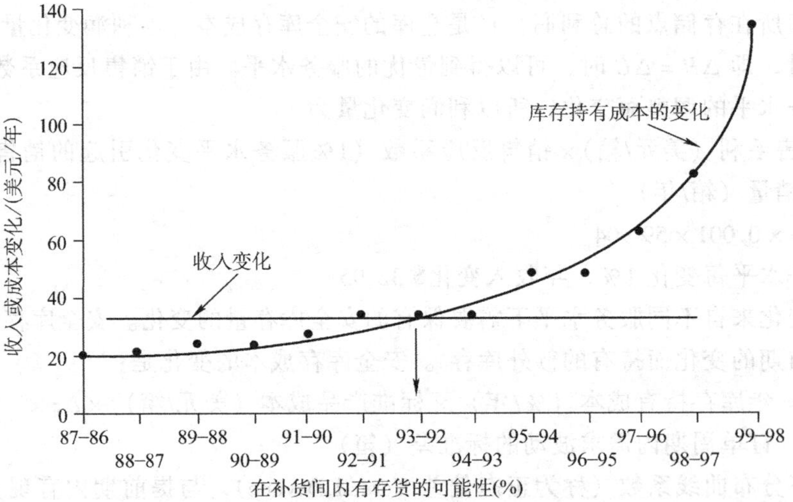

图 4－10 确定食品加工厂某产品的服务水平

博登公司以多个仓库内存储的数千种产品的库存为大样本进行了类似分析，由于现有的库存服务水平超过了最优水平，预计可以节约库存成本数百万美元。因为高库存水平带来的成本无法由增加的利润弥补。

4.8 服务函数

直到目前对客户服务的讨论仅仅指代表客户服务的函数的平均值。不过，客户服务水平的波动通常比平均客户服务水平更重要。客户可以根据已知的情况，甚至边际客户服务水平制订计划，但服务水平是不确定的。服务水平波动大，会引起库存水平高、加急运输的要求和额外的管理成本，从而提高成本。应允许服务水平在多大范围内波动是个经济问题。如果波动无法控制，就要借助信息系统弱化不确定性的影响。

损失函数

我们可以根据产品与说明书的一致性来判断产品质量。同理，我们也可以用供应链流程满足目标送货日期、现货供应比率、订单履行的准确率或其他服务参数来评价物流客户服务。产品质量与客户服务非常类似，因此过去10~15年来，多数对产品质量的说法都适用于客户服务。其中，田口玄一（Genichi Taguchi）的损失函数对客户服务水平的流程管理就非常有价值。田口认为，只要质量目标没有切实达到，产品和服务质量不一致就会产生费用、浪费、声誉损失、机会丧失。传统上人们认为，只要质量的波动始终在可接受的上下限范围之内，就是令人满意的，就不会有惩罚成本（见图4－11）。而根据田口的说法，随着服务（质量）偏离目标值，损失会递增，递增的速度可用以下公式表示

$$L = k(y - m)^2 \qquad (4-5)$$

式中　L ——以美元表示的单位损失（惩罚成本）；

y ——质量变量的值；

m ——质量变量 y 的目标值；

k ——常数，取决于质量变量在财务上的重要性。

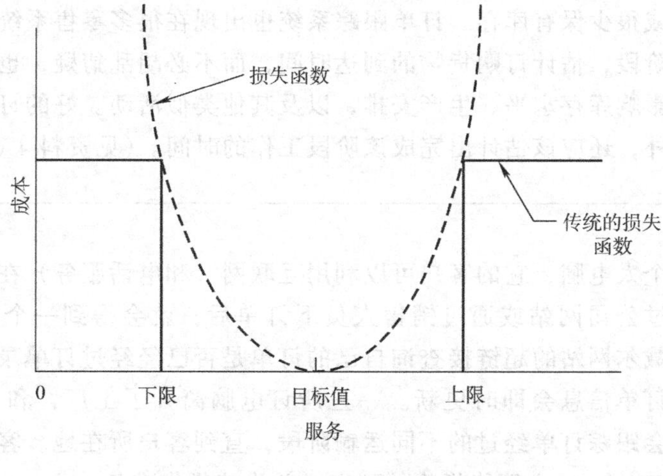

图4－11　适用于物流客户服务的田口损失函数

如果已知损失函数，在客户服务目标没有满足时，函数就会有一个值。将调整流程以满足不同服务质量要求的成本考虑进来，就可以优化流程得到服务质量的最佳波动范围。（见资料4.5）

资料4.5　例子

设某包裹递送服务公司承诺在取货后第二天早晨10:00送货。送货时间超过承诺时间2

小时，客户就难以接受。如果没有按承诺的目标送货时间送货，公司就会给予客户一定赔偿，赔偿额是10美元。这样，就可以解出损失函数式（4-5）中的 k 值

$$L = k(y - m)^2$$

$$10.00 = k(2 - 0)^2$$

$$k = \frac{10}{2^2}\text{美元/h} = 2.5\ \text{美元/h}$$

所允许的实际送货时间与目标送货时间的偏差越大，那么每次送货的流程控制成本就越低。该公司估计，如果实际值不允许与目标值有丝毫偏差，控制成本就会很高，但从目标点的控制成本 $= A - B(y - m)$ 开始，控制成本会随实际值与目标值的偏差而下降，得出的成本函数是 $PC = 20 - 5(y - m)$。

总成本为流程成本与惩罚成本之和。可得出边际损失等于边际流程成本的 $y - m$ 的点

$$y - m = \frac{B}{2k} = \frac{5}{2\ (2.5)} = 1\ \text{h}$$

因此，该公司应该使其服务流程的实际送货时间不偏离目标送货时间 $m = 0$ 1h 以上。

信息替代

某些时候，企业无法将客户服务控制在客户期望的水平下。此时可以利用信息替代来减少不确定性带来的影响。最常见的做法是向客户通报订单的进展情况。提供订单录入到交付的订单跟踪系统正在得到越来越广泛的应用。该系统在JIT管理模式上的应用至关重要，使得产品流程中没有或很少保有库存。订单跟踪系统也出现在很多零售系统中，其好处是使客户了解订单所处的阶段，估计订购货物的到达时间，而不必胡乱猜疑，也避免因无法对运输延迟做准确计划而影响库存水平、生产安排，以及其他类似活动。好的订单跟踪系统除了会提供订单跟踪信息外，还应该估计出完成该阶段工作的时间。（见资料4.6）

资料4.6 观察

戴尔公司生产个人电脑，它的客户可以利用互联网（和电话服务）在整个订单周期跟踪订单信息。客户通过公司网站或通过销售人员下订单后，就会得到一个跟踪查询号码。随后，客户可以通过戴尔网站的超链接查询自己的订单是否已经经过订单录入阶段、生产阶段或运输准备阶段。订单信息会即时更新。一旦所订电脑离开了工厂，和UPS或其他承运人链接的网页界面就会跟踪订单经过的不同运输阶段，直到客户所在地。客户可以在一个较短的时间窗口（Time Window）内等待货物的到来，并为接货作准备。

4.9 服务作为一个约束条件

当无法求出销售-服务的关系时，物流系统常常将客户服务作为一个约束条件。在这种情况下，要预先设定客户服务水平，然后设计物流系统，以最低的成本满足这一服务水平。服务水平常常根据诸如竞争对手的服务水平、销售人员的建议和习惯做法等因素进行选择。

但我们无法保证，按照用这种方法设定的服务水平所设计的物流系统能最好地平衡收入与物流成本之间的矛盾。

当服务作为约束条件时，可以进行敏感性分析以得到最佳系统设计。这里，敏感性分析主要包括，改变构成服务内容的各因素，然后找到新的成本最小化的系统设计。若多次重复做这种分析，就可以得到一系列不同服务水平下的系统成本，如表4-3所示。虽然我们不知道如何进行物流系统设计以及由此决定的服务水平如何影响销售，但我们却有可能估算物流服务水平的价值。将客户服务水平由85%提高到90%，每年的物流成本就会从700万美元增加到900万美元，那么，客户服务水平提高这5个百分点的估算价值就是增加的200万美元。因此，改进服务所带来的销售增长就应该超过所增加的物流成本。客户服务水平最终要由管理部门作出决定，但不同服务水平下的成本信息将有助于进行这一决策。

表4-3 作为不同客户服务水平的函数的物流系统设计成本

备选方案	物流系统的设计①	每年的物流成本/美元	客户服务水平②
1	邮寄订单，水运，低库存水平	5 000 000	80
2	邮寄订单，铁路运输，低库存水平	7 000 000	85
3	电话订货，卡车运输，低库存水平	9 000 000	90
4	电话订货，铁路运输，高库存水平	12 000 000	93
5	电话订货，卡车运输，高库存水平	15 000 000	95
6	电话订货，卡车运输，高库存水平	16 000 000	96

① 达到所声明的客户服务水平的成本最小化设计。

② 一日内收到货物的客户占客户总数的百分比。

4.10 衡量服务水平

考虑到客户服务的不同侧面，要想找到有效衡量物流客户服务的一揽子办法是很困难的。总的订单周期及其波动可能是衡量物流客户服务最好的单项指标，因为它融合了许多客户非常重视的要素。统计上，订单周期可以用均值和标准差来表示（如，95%的订单周期为(10±2)天），或者表述为百分之多少的订单在目标订单周期范围内完成。

客户服务也可以按不同物流活动分别考量。一些常见的衡量指标如下：

订单录入

- 最短、最长和平均订单录入时间
- %订单在目标时间内处理完毕

订单文件的准确性

- %订单文件有误

运输

- %订单准时交付
- %按客户要求的日期交付
- 遭货物灭失或损坏投诉的货物所占的百分比

库存和产品的可得率

- 缺货比率
- 完全履行的订单比率

- 订单满足率和加权平均订单满足率
- 出现保留订单的产品比率
- 单品的订单满足率

产品破损

- 退货占订单总数的比率
- 退货占销售总额的比率

生产/仓库的作业时间

- 最短、最长和平均订单处理时间

还有很多衡量指标可以使用，但企业应该针对特定的物流系统设计进行个性化处理。

这种衡量服务的方法有两个潜在缺陷。首先，该方法针对企业内部，与针对企业外部的衡量方法而言，这种方法使用的数据更容易得到，质量控制也更容易。另一方面，该方法并不鼓励多个渠道成员之间的协调，而这是良好客户服务的核心。外部导向型的客户服务考核方法还正在制订之中。

其次，这些指标可能并没有以客户的要求为核心。经常是企业仅仅考核那些他们直接控制的服务要素，定义和考核方法的局限性可能使企业误认为自己做得很好，但客户却发现并没有自己非常看重的服务内容。如果竞争对手站在客户的角度认识到客户服务的整体要求，并以此为依据进行服务管理，那么毫无知觉的企业就会在竞争中败下阵来。(见资料 4.7)

资料 4.7 观察

某液体控制设备（软管、连接器、液压缸和控制设备）制造商在拉美拥有很大的市场。企业以按客户要求时间运到（自工厂或仓库）的订单比率来衡量客户服务。因为客户选择他们最喜欢的运输代理将货物经海上运到加勒比海和南美国家，所以看起来客户应该非常满意。但是，企业将订单总周期 40% 的时间交给客户控制。客户选择从工厂开始的运输方式，因为该制造商并没有提供其他备选方案。由于客户服务的定义过于狭窄，所以企业不仅没有机会利用运输批量获得更低/更好的海运服务（与客户各自为营相比），而且如果竞争对手愿意管理整个客户订单周期，该企业还很容易在竞争中失利。

4.11 应急服务（Contingency Service）

一般而言，物流管理人员的规划和控制工作是保证物流系统在正常情况下的高效运作。同时，他们还要准备处理可能导致系统瘫痪或系统运营状况短时间内急剧变化的意外情况，如罢工、火灾、洪水或危险品出现故障。两种较常见的意外事件就是系统故障（System Breakdown）和产品召回（Product Recall）。

4.11.1 系统故障

没有哪个物流系统可以永远毫无故障地运行。有些服务障碍是注定要出现的，但我们可以不必特别重视它们，去制定特殊计划应对这些情况的发生。加快对保留订单的处理、应付季节性订货高峰或预留备用设备以防故障发生等都不需要专门制定应变计划，因为这些都是正常业务活动的组成部分。(见资料 4.8)

应急计划则有所不同，它是正常计划程序以外的。黑尔（Hale）对意外事件进行了分类，以便说明什么情况下需要做应急计划：

- 发生的概率小于常规计划流程所涉及事件发生的概率。
- 这类事件实际发生会导致严重损失，尤其是在没有得到尽快处理的情况下。
- 企业可以事先计划，以便事件发生时能够尽快处理[1]。

资料 4.8 例子

联邦快递利用"扫尾飞机（Sweep Airplanes）"来满足货量高涨、天气变化和设备故障时的运输服务需求。

企业将此视为其服务至上的业务经营理念的正常组成部分。

其实，制定应急计划并没有什么特殊的方法，它不过是对物流系统的关键要素提出如果－怎样的问题，假定未预料到的事件在物流系统的关键环节发生，提出适当的行动方针。

由于管理者一般希望保证客户服务的目标水平，因此就更有必要制订这种计划。(见资料 4.9)

资料 4.9 应用

某著名办公复印设备制造商位于美国西海岸的仓库在某个星期五下午付之一炬。该仓库存有办公复印机替换部件和一般办公用品，供应西海岸的绝大部分地区。由于业务的竞争性，大火可能带来的不幸后果是销售损失，企业的一部分分拨系统也因此瘫痪。

幸运的是，企业的分拨管理人员已经预见到这种可能性，并制定了针对此类事件的应急方案。到星期一，该公司就已空运了足量的存货到某个准备就绪的公共仓库。客户服务与以前的水平几无二至，竟使客户对失火事件毫不知晓。

Martha 和 Subbakrishna 认识到由于供应链的设计强调速度和效率，因此有某些特定弱点。在过去的 30 年间，人们推崇快速反应、"敏捷"物流和 JIT 配送模式来降低库存、减少资金投入、改进质量，这样的物流战略增加了崩溃的风险，受到冲击的影响也加大了，因为在整条供应链上不间断流动的货物要求时间的安排非常精确，在供应链的不同位置很少或没有保有库存来应对突发事件的冲击，整条供应链随时都有可能停工。建议采用下列方法来减少或避免供应链突然中断而产生的恶劣影响：

- 就所承受的风险投保
- 就备选供应源制订计划
- 安排备选运输方案
- 调整需求
- 快速响应需求的变化

---

[1] Bernard J. Hale, "The Continuing Need for Contingency Planning by Logistics Managers," Proceedings of Council of Logistics Management, vol. 1 (Atlanta: Council of Logistics Management, 1987): 93

• 就可能出现的停工事件设定库存

投保财务风险显然可以保护企业免受中断服务的影响。但是，也会有选择地不承保某些风险，如恐怖袭击以及其他需要采取措施的。这些都旨在服务中断时保持客户服务水平或保证客户满意。

维持多个供应源或就其他供应方案制订计划可以使得企业在供应渠道出现问题时仍然保持实物流的顺利进行。依赖惟一的供应源是主要的风险所在。近年来，JIT 系统倡导者却在鼓励使用单一供应源。(见资料 4.10)

资料 4.10 例子

当飓风 Mitch 刮过中美洲时，洪水摧毁了香蕉种植园，两个大农场失去了生产能力。Dole 丧失了 70%的产能，或说总产能的四分之一。因为 Dole 没有其他的供应源，企业的销售额降低了 4%。

另一方面，Chiquita Brand 就能够保障供给。它增加了其他地区，如巴拿马的生产能力，而且从该地区没有受飓风破坏的其他相关供应商那里进行采购。最后，Chiquita 在 1998 年第四季度的销售额增长了 4%。

运输尤其是供应渠道中的薄弱环节。预先选定其他的运输方式显然可以对抗罢工、自然灾害和恐怖袭击造成的服务中断现象。更换运输方式或使用其他的运输路线也可以提供所需的灵活性。当然，为保持供应链的运作会增加成本。

转移需求是解决供给中断事件的间接方法。该方法认为如果某产品缺货，可以通过激励措施鼓励客户选择其他产品。这样可以保证销售额，直到供应链的运作恢复正常。(见资料 4.11)

资料 4.11 例子

1999 年台湾遭遇地震，PC 机和笔记本电脑零部件的供给中断了 2 周。苹果电脑公司最流行款式电脑的半导体零件供给出现短缺。虽然公司经过努力运到了速度慢一些的款式，还是出现了客户投诉。因为电脑的配置不能更改，所以供应问题持续存在着。

与之相反，戴尔公司的情况要好得多。公司通过网站对某些产品提出特殊优惠价格和价格鼓励措施，将需求转移到不受短缺影响的产品。在供给中断的那个季度，实际收益增长了 41%。

当恐怖组织袭击世贸中心的时候，随之而来的交通中断突然将需求转移到其他运输方式上。严寒延长了北部各州卡车运输的速度，需求就会转移到铁路。俄罗斯采购粮食增加了对铁路运粮车的需求，正常的铁路托运人就会遭遇运粮车的短缺。尖锋需求常常很难在供应渠道正常的运作中被吸收掉，需要将灵活性纳入计划。多供应商或产地和库存、混合运输方式的供应渠道都能很好地处理需求上的突然变化。“敏捷”物流系统则不行。企业需要额外的产能和快速响应系统来处理需求水平的意外变化，当然需要额外的成本。

库存一直是企业应对系统瘫痪的首要方法。当供给和需求相互不匹配时，库存就作为安全网或缓冲。JIT 模式或“敏捷”物流将库存降到最低，增大了供应渠道部分环节延迟或临时停工造成的消极影响。在供给渠道的关键点建立或增加库存能有效地降低某些供应中断的恶果。

有时候，某些小概率事件发生，人们根本没有预计到。应急计划也没有形成，因为人们没有认真研究这些事件。在这些情况下，应急计划应该包括派遣危机处理小组到现场，随时开始紧急行动。一旦突发事件发生，在情况显现后快速、有效地采取其他物流方案是维持运营的关键。（见资料4.12）

资料4.12 例子

当恐怖分子袭击世贸中心后，安全受到影响，国内航班被临时取消，边境的地面运输也出现延误，随后Chrysler启动了物流指挥中心。像其他汽车制造企业一样，Chrysler也按JIT生产模式运营。运输系统可提供可靠的小批量、多频次的零配件运输服务，工厂依赖于运输系统的通畅，只保有很少的库存。即使很小范围的中断都会造成工厂停工待料。

危机管理小组采取以下措施应对危机：

- 当天关闭工厂
- 和通用汽车公司、福特汽车公司的同行劝说美国海关增加底特律和加拿大安大略省主要公路枢纽的检查人员来缓解公路拥堵现象
- 以电子方式发信给150个最大的供应商请他们多发8～12h零配件需求量给工厂
- 当2天后航空运输恢复时，指挥在途的卡车司机将车开到最近的机场，在那里货物会被装上飞机，飞往美国和墨西哥的工厂

结果是工厂的运营只中断了一天![1]

4.11.2 产品召回

消费者保护主义的兴起使许多企业投入前所未有的精力关注客户。由拉尔夫·纳德（Ralph Nader）发起的保护消费者权益运动使得公众对企业供应的通用产品，特别是有缺陷的产品，有了更多的了解。1972年，美国国会通过消费品安全法案（Consumer Product Safety Act）授权消费品安全委员会（Consumer Product Safety Commission）制定强制性的产品安全标准，其中规定了企业必须保证消费者的某些知情权。例如，消费品安全季员会可以要求制造商召回产品以进行维修、更换或销毁。不执行该要求可能导致民事赔偿或刑事处罚。这些仅仅是公开的法律行动。许多企业认识到对缺陷产品管理不利将导致企业声誉受损，并可能招致法律诉讼。关键是如果企业没有预见到产品召回的可能性，那么经营风险会比以前更高。

产品召回的应急计划涉及企业的方方面面。而那些负责物流活动的部门尤其会受到影响。他们负责管理产品回流可能经过的物流渠道。物流管理人员基本上是以三种方式参与产品召回活动：主持产品召回工作组的工作、跟踪产品、设计产品回流渠道。

对未来的召回活动进行计划，或者面对已经发生的召回活动，首要的任务就是建立领导召回工作的工作组。因为该小组的首要职责是使产品返回制造商处，所以很可能分拨经理会成为工作组的组长。工作组也可能负责停止生产、开始召回行动、配合相关的管制机构采取必要措施等等。

要想召回分拨系统中不易定位的产品，运作成本会很高，如果可以避免，那就不必召

---

[1] Jeffrey Ball, "How Chrysler Averted Parts Crisis in the Logjam, Following Attacks," *Wall Street Journal*, September 24, 2001

回。有两种产品跟踪方法比较受欢迎。一种是多年来企业一直运用的，根据产品的产地编码进行跟踪。由于很少有企业会随着产品移动到分拨渠道中的不同地点继续编码，所以产地编码仅仅是产品最终位置的一种近似。但它却是随时可得的。

第二种产品跟踪方法是利用保修卡的信息。该方法也有缺陷。它只适用于那些使用这类卡片的产品，而且并非所有消费者都会返回卡片。为更好地跟踪产品，可以利用零售店的电子设备要求所有的客户都要在销售地填写身份卡片。

利用计算机技术，产品跟踪管理已经得到明显改善。我们可以看看以下例子：

- 利用条形码、卫星通信、可以发射无线电且配有车载电脑的卡车、手柄式扫描器，联邦快递公司的COSMOS包裹跟踪系统可以定位处于系统任何位置的包裹。
- 通过其产品控制和识别系统，皮氏公司（Pillsbury）可以定位处于从生产到零售库存的任何阶段的产品。它可以在24h内跟踪98%的产品，在数天内该比率可达到100%。
- 福特汽车公司利用一个被称为北美汽车信息系统的自动化系统跟踪产品。该系统可以识别福特每年销售的约400万辆汽车，每辆车上15 000个配件中的每一个。

最终产品的召回决策需要考虑产品将如何通过分拨渠道运回，或回收分拨系统设计（Reverse Distribution System Design）的问题。根据产品缺陷的性质，企业计划的处理方法可能会用到全部或部分分拨渠道。召回的汽车只能退回到经销商的服务中心，而许多小型设备和电子产品则要退回到工厂或地区性服务中心进行维修或更换。（见资料4.13）

资料4.13 例子

CVS公司是美国知名的零售连锁企业，经营药品，当零售店收到退货或必须召回某种商品时，首先将所有商品都退回负责供应该商店的仓库。制造商会通知CVS对该产品的处理办法。许多制造商会为召回的商品支付一笔钱，要求CVS当场销毁产品，而不是支付运费和处理费用将产品运回工厂。

设计产品回流渠道时，需要考虑产品特征、客户特征、中介人特征、企业特征以及产品缺陷的性质、市场覆盖面、召回类型、所需的补救措施、现有的分拨系统、企业的财力等因素。尽管从表面来看，利用现有分拨渠道从分销商和客户那里召回产品似乎是最好的办法，但这种做法可能并不明智。风险之一就是可能导致渠道中流动的好产品与被召回的产品混在一起。在这种情况下，召回产品的企业需要开辟单独的渠道（例如，利用公共仓库和受雇的卡车公司）来专门处理召回事宜。有多少种产品召回的情形，就有多少种回流系统设计方案。物流管理人员必须了解多种可行的渠道设计方案，而不应仅仅局限于利用现有分拨渠道召回产品。

为什么要在物流客户服务中讨论产品召回呢？传统上，人们认为商品只是从制造商流向用户，这样的客户服务反映的是供给用户，而不是服务用户的思想。但是现在，消费者权益保护运动和环保运动引起人们对售后服务的极大关注。因此，物流管理人员设计的产品流通渠道不仅需要满足用户购买前的需要，还要满足购买后的服务需求。（见资料4.14）

资料4.14 例子

当施乐公司为客户安装新的大型复印机时，先将复印机从中央仓库运到客户所在地的临时存放地。随后，安装人员会从临时仓库中取出复印机，运到客户所在地，完成安装。如果那里现在有一台机器，就会被退回到临时存放地，最后被运到亚利桑那州的更新中心进行维修和再销售。物流管理人员在选择临时存放点时既要考虑正向的商品流动，也要考虑旧货的逆向运输。如果只考虑正向的商品流动，而非正向、逆向同时考虑，最佳的存放点可能会不同。

美国的零售企业经常面对退货，因为店里施行自由退货政策，有时也因为产品性能不好。因为退货常常丢掉了一些配件或者不能用，或者包装已经坏了，零售商可以从制造商那里拿回货款，修理商品，或者作为已开包商品降价销售。另一种情况是，沃尔玛之类的大型零售企业可以将这些商品卖给墨西哥的工厂，他们买回去不是因为价格很低，而是为了维修后或作为开包的商品放回货架打折销售。商品会被运到墨西哥的工厂进行维修，如果可能，会被作为新产品卖到拉丁美洲市场，通常比在美国市场卖的价格要高。

4.12 小结

物流客户服务是物流组合中各项活动实施的直接后果。虽然当前还没有对物流客户服务的确切定义达成共识，但研究似乎表明订单周期及其构成因素是其中最关键的部分。即使在整个客户服务中，物流也占据着重要角色。

因为客户服务对销售有正面的影响，所以进行物流规划应该从利润最大化，而不是成本最小化的观点出发。实践证明判断销售如何对服务作出反应是非常困难的，其准确性也值得怀疑。这样，管理人员一般会首先确定服务水平，然后制定最经济可行的计划。但是，如果需求对服务特别敏感，销售－服务关系可以通过以下一种或几种方法获得：两点法、事前－事后实验法、游戏法、买主调查法。一旦销售－服务的关系已知，就可以对成本与收入进行权衡，从而找到最佳服务水平，且可以使物流资产的回报率最大化。

客户服务考虑的不仅仅是要在正常运营的情况下满足客户需要。谨慎的管理者可能还需要对诸如系统故障或产品召回等少数事件作好计划。一旦产品服务低于正常的水平，在恢复正常后，企业还需要经过很长时间才能恢复声誉，事前制定的针对意外事件的应急计划就能够防止企业的声誉受损。如果提供客户所希望的服务水平与现实出现矛盾或者服务暂时出现问题，就应该实时提供信息来减少降低服务不佳带来的恶劣影响。

习题

1. 物流客户服务可以量化为平均订单周期和订单周期的波动。如果将这些内容作为物流客户服务的整体陈述会令人满意吗？作为客户服务的呢？
2. 构成订单周期的因素有哪些？订单通过正常的分拨渠道履行或者在缺货时利用备用渠道履行时，这些因素各有什么不同？
3. 对物流组合中的所有物流活动的管理将如何决定客户服务？
4. 销售－服务的关系是什么？针对特定产品种类，该怎样决定这一关系？这种关系的价值如何？

5. 信息，如订单跟踪系统，如何可以替代客户服务？

6. 洁客化工公司（Cleanco Chemical Company）向酒店、医院和学校销售清洁剂（洗碗剂、地板清洁剂、非石油类润滑剂），该市场的竞争十分激烈，销售是否成功的关键在于送货时间。根据仓库数量、地点、库存水平和订单处理程序的不同，企业可以设计平均送货时间不同的分拨系统。针对服务对销售的影响和提供服务所需的成本，实物分拨经理作出如下估计：

	一日内送货的订单比例						
	50	60	70	80	90	95	100
预计年销售额（百万美元）	4.0	8.0	10.0	11.0	11.5	11.8	12.0
分拨成本（百万美元）	5.8	6.0	6.5	7.0	8.1	9.0	14.0

a. 该公司应提供哪种水平的服务？

b. 竞争可能对服务水平决策有什么影响？

7. 五年前，诺顿阀门公司（Norton Valves，Inc.）引入一项计划，宣布其56种液体阀门要由原来通常的1～12周送货改为“24小时送货”。24小时送货计划包括快速订单处理、按预测需求存储产品、必要时采用快捷的运输方式等项目。服务水平改变前五年和后五年的销售历史数据被记录下来。因为只改善某些产品的服务，所以其他产品（102种）就被当作控制组进行比较。某测试产品的统计数据表明事前－事后的年销售量如下：

	服务改进前的销售量		服务改进后的销售量	
产品	5年的平均值	标准差	5年的平均值	标准差[③]
测试组[①]	1342	335	2295	576
控制组[②]	185	61	224	76

① 24小时交货的产品。

② 1～12周交货的产品。

③ 针对个别销售量。

这组产品的平均价值是每单位95美元。改进服务的增量成本是每单位2美元，但企业不想将成本的上涨转移到价格上，而是希望销售量的增加可以抵消成本的增长。当前销售利润率是40%。

a. 该企业是否应该继续保持优质服务计划？

b. 利用这种方法是否可以准确判断销售－服务的影响关系，请评价此种方法。

8. 某食品公司试图为其产品总类中的一种产品确定客户服务水平（仓库中的现货供应比率）。该产品的年销售量是10万箱，或每两周销售3846箱，2周销售额的标准差为400箱。库存产品的成本是10美元，利润为1美元。每两周补货一次，假设这期间需求呈正态分布标准差为400箱。库存持有成本是每年30%。管理层估计现货供应比率每变化1%，总收益会变化0.15%。

a. 根据这些信息，找到最佳现货供应比率。

b. 这一方法最薄弱的环节是什么？为什么？

9. 第8题所提到的食品公司产品种类中的某种产品具有如下特性：

销售反应率＝服务水平每变化1%，收益变化0.15%

销售毛利 = 0.75 美元/箱

仓库的年销售量 = 80 000 箱

年库存持有成本 = 25%

标准产品成本 = 10 美元

需求标准差 = 500 箱/1 周的提前期

提前期 = 1 周

找出该产品的最佳服务水平。

10. 某零售商将货架上的某商品目标缺货率定在 5%（m）。光顾商店的客户期望产品现货供要比率达到这一水平，如果缺货比例上升，客户就会寻求替代品因而出现失销。零售商根据市场调研估计，当缺货比例上升到 10%时（y），销售和利润就会降到目标水平的一半左右。缺货比例从目标水平再往下降似乎对销售影响不大，但会大幅度增加库存持有成本。所收集到的该产品的有关信息如下：

价格	10 美元
产品成本	4.25 美元
与存储相关的其他费用	0.30 美元
95%现货供应比率条件下的年销售量	880

该零售商估计，允许的现货供应比率与目标水平每相差 1 个百分点，供应该产品的单位成本就会下降 $C = 1.00 - 0.10(y - m)$，其中 C 是单位成本，y 是缺货比例，m 是目标缺货比例。

零售商应该允许现货供应比率与目标水平相差多远？

11. 评价判断销售 - 服务关系的不同方法。在什么情况下，你会认为一种方法比另一种方法更合适？如果不能合理确定销售 - 服务关系，物流管理者该怎样着手设计物流系统？

12. 讨论订单周期各因素会在多大程度上影响物流系统设计。

13. 如果由于下述原因导致物流系统瘫痪，简述物流管理人员能够采用的措施：

a. 仓库失火。

b. 卡车司机罢工。

c. 订单处理和订单履行的工作人员短缺。

d. 生产的主要原材料短缺。

e. 基于互联网的运输管理系统无法运行。

14. 说说该如何跟踪产品，如果下列产品被召回，可以用什么方法将产品运回分拨渠道：

a. 汽车配件有缺陷。

b. 27in 电视有缺陷。

c. 航天飞机的配件有缺陷。

d. 微机的软件有缺陷。

e. 零售货架上的药品被污染。

第五章　订单处理与信息系统

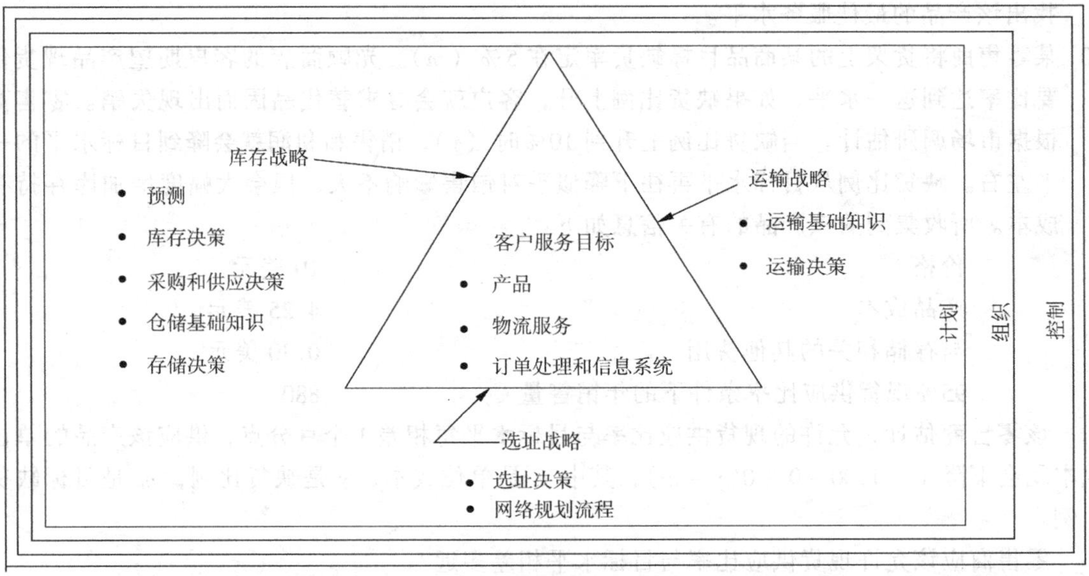

"在物流领域，顶尖高手和平庸之辈的差距往往就在于企业物流信息技术的能力。"
——戴勒·S·罗杰斯（Dale S. Rogers）、理查德·L·戴维（Richard L. Dawe）、帕德里克·古埃拉（Patrick Guerra）[1]

完成订单周期的时间是客户服务的核心所在。有人曾经估算过，在许多行业，与订单准备、订单传输、订单录入、订单履行相关的各项活动占据了整个订单周期（Order Cycle Time）的50%～70%[2]。因此，如果企业希望通过短暂而稳定的订单周期来实现高水平的客户服务，关键就是要认真管理订单处理过程中的各项活动。而在进行管理之前，首先要对订单处理的各种方法有所了解。

多年来，向整个供应链提供及时、准确信息服务的成本已经大幅度下降；与此同时，劳动力和原材料的成本却在不断攀升。鉴于此，人们一直在投入越来越多地努力以信息替代资源。例如，人们已经在利用信息替代库存以削减物流成本。本章除了要考察对订单处理过程的管理之外，还将讨论物流信息系统是怎样改进供应链管理的。

5.1　订单处理过程

订单处理过程指客户订单周期（见图4－3）（Customer Order Cycle）所涉及的诸多活动。

---

[1] Dale S. Richard L. Dawe, and Patrick Guerra, "Information Technology: Logistics Innovations for the 1990s," Annual Conference Proceedings, vol. II, (New Orleans: Council of Logistics Management, 1991): 247.

[2] Bernard J. LaLonde and Paul H. Zinszer, *Customer Service: Meaning and Measurement* (Chicago: National Council of Physical Distribution Management, 1976), 119.

具体而言，包括订单准备、订单传输、订单录入、订单履行和订单状况报告，如图 5-1 所示。完成每项活动需要的时间取决于涉及的订货方式。零售业与工业销售订单的处理过程就很可能不同。在此，我们将利用第四章提到的基本知识。

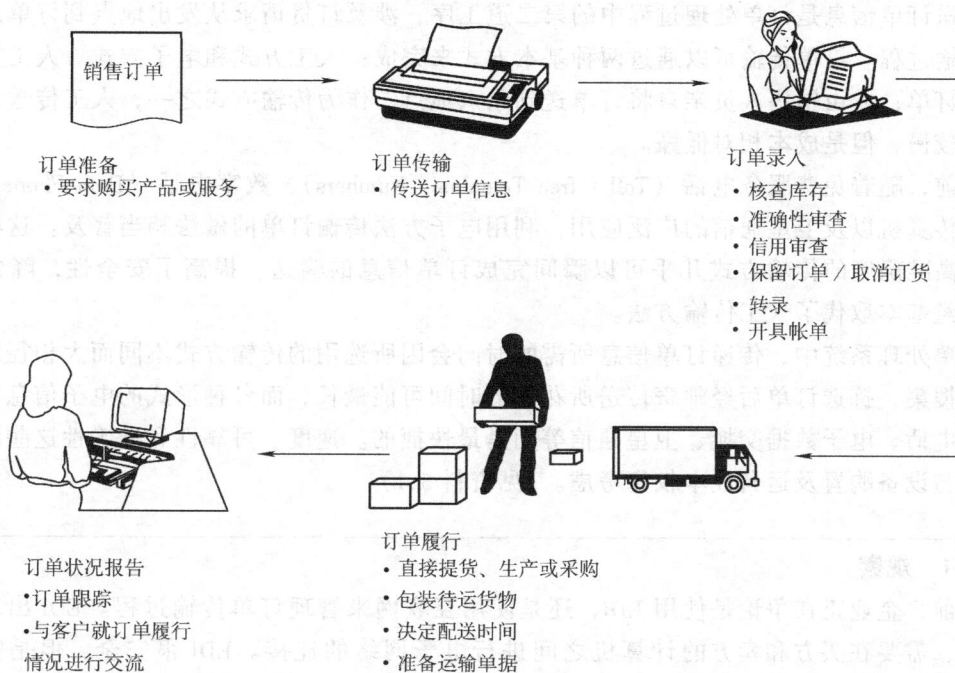

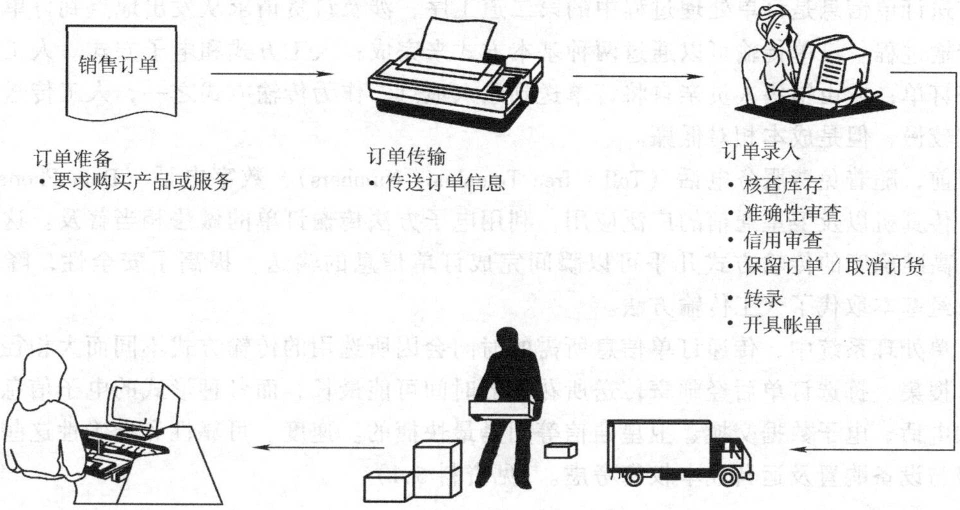

图 5-1 订单处理过程通常涉及的要素

5.1.1 订单准备（Order Preparation）

订单准备是指搜集所需产品或服务的必要信息、正式提出购买要求的各项活动。订单准备可能包括的内容有：决定合适的供应商，由客户或销售人员填制订单，决定库存的可得率，与销售人员打电话通报订单信息，或在网上菜单中进行选择等等。这一活动从电子技术中获益匪浅，举例如下。

• 我们都很熟悉超市收银台的商品条码扫描系统。该项技术以电子化方式搜集所需商品的信息（尺寸、数量、品名），并提交给计算机作进一步的处理，加快了订单准备的速度。

• 现在很多销售企业拥有网站，可以在网上提供很多产品信息，甚至可以在网上接受订单。那些较为标准化的产品（维修件、备件等）比较适合这种订货方法，而那些特殊设计的产品最终也可以用这种方式订购。

• 一些工业采购订单常常根据库存消耗情况由企业计算机直接生成。利用电子数据交换技术（EDI），买卖双方的电脑可以连接起来实现无纸贸易，从而降低订单准备成本，减少补货次数。

新技术的应用也使得人们不再有必要人工填制订单。语音感应型电脑和产品信息无线编码（被称为射频识别系统，Radio Frequency and Identification System，RFID）等新技术的应用还将进一步缩短订货周期中订单准备阶段所耗用的时间。

5.1.2 订单传输（Order Transmittal）

传送订单信息是订单处理过程中的第二道工序，涉及订货请求从发出地点到订单录入地点的传输过程。订单传输可以通过两种基本方式来完成：人工方式和电子方式。人工方式包括邮寄订单，或由销售人员亲自将订单送到录入地点。作为传输方式之一，人工传送订单的速度比较慢，但是成本相对低廉。

目前，随着免费服务电话（Toll - free Telephone Numbers）、数字电话（Data Phones）、互联网、传真机以及卫星通信的广泛应用，利用电子方法传输订单的做法相当普及。这种高可靠性、高准确度的传输方式几乎可以瞬间完成订单信息的输送，提高了安全性，降低了成本，已经基本取代了人工传输方法。

订单处理系统中，传递订单信息所需的时间会因所选用的传输方式不同而大相径庭。销售人员搜集、拣选订单后经邮寄传送所花费的时间可能最长，而各种形式的电子信息传输方法，如电话、电子数据交换、卫星通信等则是最快捷的。速度、可靠性和准确性这些绩效指标应该与设备购置及运营成本权衡考虑。（见资料 5.1）

资料 5.1 观察

目前，企业正在争论是使用 EDI，还是使用互联网来管理订单传输过程。EDI 出现的时间较久，需要在买方和卖方的计算机之间进行电子网络的连接。EDI 很安全，但是需要设备，需要以专用线连接。传输成本可能高达每 1 000 字符 0.025 美元。相反，互联网是低成本、大众化的论坛，利用标准的电话网络连接。虽然在不断改进，但安全始终是个问题，而且对发收信息的双方都是如此。互联网不像 EDI 那样有标准，信息的传输不能保障，而且所用时间也要长一些，因为某些路由协议可能造成迟延。但是，互联网的费用很低，只要有本地的电话线和互联网服务就可以了，每个月只花费 10 美元。权衡之后，很多企业保留了 EDI，甚至扩大了 EDI 的使用，同时增加了互联网的应用。随着互联网技术的改进，安全将不再是问题。EDI 和互联网将会合为一体，变得无法分辨。

5.1.3 订单录入（Order Entry）

订单录入是指在订单实际履行前所进行的各项工作，包括：1）核对订货信息（如商品名称与编号、数量、价格等）的准确性；2）检查所需商品是否可得；3）如有必要，保留订单或取消订单；4）审核客户信用；5）必要时，转录订单信息；6）开具帐单。进行这些工作是很有必要，因为订货请求所包含的信息往往与要求的格式不符，无法作进一步处理，要么表述不够准确，要么在交给订单履行部门执行之前还需做一些额外的准备工作。订单录入可以由人工完成，也可以进行全自动处理。

订单录入在技术进步中收益巨大。条形码、光学扫描仪以及计算机的大量使用极大地提高了该项活动的效率。其中，条码和扫描技术对于准确、快速、低成本地录入订单信息尤为重要。与利用计算机键盘录入数据相比，条码扫描技术有显著的优越性（见表 5 - 1）。这也

正是条码技术在零售、制造和服务行业应用日益广泛的原因。(见资料 5.2)

资料 5.2　观察

条形码技术是沃尔玛（Wal - Mart）和家居存储店（Home Depot）这样的大公司控制采购成本和库存成本的关键。而在医药行业，虽然降低成本也是首要问题。而且每年有 830 亿美元用于购买医疗用品和外科器材，却只有一半的医疗产品采用了条形码技术。据估计，如果能改进供应链运作管理，能节省 110 亿美元的费用。

医疗保健行业的巨头们（如哥伦比亚/HCA 保健公司（Columbia/HCA Healthcare）或凯瑟益寿公司（Kaiser Permanente））在条码技术方面并没有走在前列；反而是圣亚力克西斯医疗中心（St. Alexius Medical Center）独占鳌头。10 年前圣亚力克西斯医疗中心安装第一台扫描仪之前，其供应成本的 20%竟无从解释。而在最近 4 年里，该比例在有些部门中已下降为 1%，库存成本更直线下降 48%，下降总金额为 220 万美元[1]。

表 5-1　数据录入技术的比较

	数据录入方式	
特点	键盘录入	条形码扫描
速度①	6s	0.3~0.2s
替换的错误率	每录入 300 个字符有 1 个错误字符	每录入 1.5 万~36 万亿字符有 1 个错误字符
编码成本	高	低
信息读取成本	低	低
优势	人工录入	出错率低 成本低 速度快 能够远距离读取信息
劣势	成本高 出错率高 速度慢	要求操作人员受过一定的教育 产生设备成本 需要处理条码图像遗失或破损的问题

① 速度的比较是以编码信息量为 12 个字符的字段为基础进行的。

资料来源：根据 Craig Harmon, "Bar Code Technology as a Data Communications Medium", Proceedings of the Council of Logistics Management, vol. 1 (St. Louis: Council of Logistics Management, 1985): 332.

计算机在订单录入活动中的应用范围也在不断扩展。自动化的机器取代了人工方式核查库存、信用情况，转录订单信息等，从而使订单录入所需的时间只及几年前所需时间的零头。

采集订单的方法、对订单规模的限制以及订单录入的时间都会影响订单处理、订单履行系统的工作量，从而影响整个订单周期。订单的设计也必须与销售订单的收取紧密协调。例如，销售人员可以在进行客户服务的同时收集订单，随后进行订单录入。订单录入规则可能会规定：销售人员在将订单传递到订单处理地点之前，应收集到相当于一整车的订货量。或者可以修改规定，要求由客户填制一份标准格式的订单，并在规定的日期前寄出以保证公司能在特定日期之前送达所订购的货物。更进一步讲，还可以规定，低于最小订货量的订单不予接受。这样做可以确保企业不会产生高昂的运输成本，由供货企业支付运费的情况下更是如此。修改订单录入系统的目的可能在于：将销售人员从非销售工作中解放出来；大范围内合并订单以使得运输服务效率更高；改进存储点的拣货与装运模式。

[1] "Hospital Cost Cutters Push Use of Scanners to Track Inventories," Wall Street Journal IC, no. 112 (June 10, 1997): 1ff.

订单录入还可能涉及将销售订单导入订单信息系统的各种方法，包括由非电子形式传输的订单信息转为电子化订单（计算机）：以方便拣货、订单处理。

5.1.4 订单履行（Order Fulfilling）

订单履行是由与实物有关的活动组成，包括 1）通过提取存货、生产或采购来获取所订购的货物；2）对货物进行运输包装；3）安排送货；4）准备运输单证。其中有些活动可能会与订单录入同时进行，以缩短订单处理时间。

设定订单履行中的先后次序及相关程序会影响个别订单的总订货周期。但企业往往并没有就订单履行初始阶段订单录入和处理的方法作出正式规定。某家企业就因为订单处理人员在忙得不可开交时会先行处理不太复杂的订单，致使公司重要客户的订单在履行时拖延过久。订单处理的先后次序可能会影响到所有订单的处理速度，也可能影响到较重要订单的处理速度。以下是一些可供选择的优先权法则：

（1）先收到，先处理。
（2）使处理时间最短。
（3）预先确定顺序号。
（4）优先处理订货量较小、相对简单的订单。
（5）优先处理承诺交货日期最早的订单。
（6）优先处理距约定交货日期最近的订单。

选择特定原则的标准包括：是否对所有客户都公平；各订单间重要性的差异；能够实现的一般订单的处理速度。

无论是以存货，还是以生产出的产品来履行订单，该环节在订货周期中所耗用的时间与拣货、包装或生产所需时间成正比。也有时候，订单周期会因为要将订购的货物分别处理或需要将货物集中运输而延长。

如果不能立即得到所订购的货物，就会出现分割订单（Split Order）的问题。就库存产品而言，即使库存水平相当高，订单不完全履行的概率可能也会很高。例如，如果一份订单包括 5 种产品，每种产品的在库率是 0.90，则这份订单完全履行的概率是

$$FR=(0.90)(0.90)(0.90)(0.90)(0.90)=0.59 \text{ 或 } 59\%$$

因此，利用备用货源部分履行订单的可能性恐怕要高出我们最初的设想，要完全履行订单就需要额外的订单处理时间和处理过程。

如果仅仅是将订单压后直到缺货产品补货到位后再进行处理，就能够避免分批交货和大部分额外信息的处理时间。然而，这样做会给客户服务带来负面影响，甚至使客户无法忍受。因此，决策者所面临的问题就是权衡增加的订单信息处理成本、运输成本与维持期望的客户服务水平所带来的收益。

如果在接到订单后并不立即履行订单、发运货物，而是压后一段时间，以集中货物的运量，降低单位运输成本，就需要制定更为周详的订单处理计划。这样做增加了问题的复杂性，因为这些程序必须与送货计划妥善协调，才能全面提高订单处理、交货作业的效率。

5.1.5 订单状况的报告

订单处理过程的最后环节是通过不断向客户报告订单处理过程中或货物交付过程中的任

何延迟，确保优质的客户服务。具体而言，该项活动包括：1）在整个订单周转过程中跟踪订单；2）与客户交换订单处理进度、订单货物交付时间等方面的信息。这是一种监控活动，并不会影响到处理订单的时间（见资料5.3）。

资料5.3　观察

技术在报告订单状况中扮演重要角色。联邦快递公司（FedEx）和联合包裹服务公司（UPS）这样的公司在这方面走在了前列，它们都能够随时告诉客户货物在起运地与目的地之间的具体位置。推动其跟踪系统发展的关键技术因素有激光条码技术、世界范围的计算机网络以及专门设计的软件等。这些公司的信息系统相当高级，能够报告何人、何时、何地收到了货物。除电话通知外，托运人只要掌握货物装运批号，还能通过互联网随时跟踪其在国内外的货物。

戴尔计算机公司利用并且拓展了该技术的应用，他们从订单录入开始，直到客户收到货物为止跟踪每一笔订单，一般的进程包括：订单确认、信用审查、等待零配件、生产、等待承运人提货、运输途中的各阶段，客户在知道订单号码后就可以在整个订单周期在戴尔公司的网站上查询订单履行的情况，或者利用免费电话向客户服务中心进行查询。

5.2　订单处理举例

前文列举了订单处理过程中涉及的一般活动，但是仅有这些并不能说明订单处理作为一个系统是如何运转的。下面将通过不同实际环境中的例子来说明订单处理系统。

5.2.1　工业订单处理

人工订单处理系统指系统中涉及相当高比重的人的活动。其中某些订单处理活动可能是自动化的或者采用电子化处理方法，但是人工活动在整个订单处理周期中仍然占有极大比重。我们来看看向工业客户出售产品的生产商是如何设计其订单处理系统的。（见资料5.4）

资料5.4　例子

萨姆森－帕卡德公司（The Samson - Parkard Company）生产各种规格的工业用软管接头、阀门及高强度软管。公司每天平均要处理50份订单。订单总周期为15~25天，而订单处理时间占其中的4~8天。因为要根据客户的特定要求来安排生产，所以总的订单周期较长。除订单履行活动外，其他主要活动有：

（1）以两种方式将客户要求输入订单处理系统。第一种方式，销售人员从现场收集订单，然后通过邮寄或电话告知公司总部。第二种方式，客户主动邮寄订单，或者打电话把订货要求直接告知公司总部。多数订单都是个性化的，无法通过企业的网页完成，EDI系统因为多数客户没有而无法使用。

（2）接到电话订单后，客户服务部的接待人员将订单转录成另一份缩略格式的订单。这些简式订单连同那些邮寄到的订单一道累计一定天数后，被传至高级客户服务代表那里，由他来汇总信息，呈报给销售经理。

(3) 销售经理批阅这些订货信息以便了解销售情况，偶尔他也在某份订单上作出特别批示，说明某位客户的特别要求。

(4) 接下来，订单被送至订单准备人员手中，他们负责把订货信息连同特别批示一同转录在萨姆森－帕卡德公司的标准订单上。

(5) 这阶段订单被送至财务部门以便对客户进行信用核查，然后交销售部门核实价格。

(6) 然后，数据处理部门将订单信息键入计算机，随后可以传到工厂，一旦进入该程序信息处理会更为便捷，订单跟踪也更加简单。

(7) 最后，高级客户服务代表对最终形式的订单进行全面审核，并通过电子传输方式将订单信息传至适当的工厂。同时，准备向客户发出接受订货的通知，并在订单得到确认后通过电子邮箱发给客户。

5.2.2 零售订单的处理过程

在生产者与消费者之间起中介作用的公司（如零售商），在设计订单处理系统时往往追求适度的自动化。由于有库存满足最终消费者需求，所以这些公司通常不一定要求非常快的订货反应速度。库存在这里就作为一种缓冲，以抵消补货周期的某些间接影响。然而，补货周期的长短也是很重要的，它有助于维持一个稳定的补货时间表（Replenishment Schedule）。

现代信息系统取代了原来开展经营活动所必需的资产，使人们获益匪浅。利用信息高速公路或互联网，公司可以减少存储空间，降低库存水平，缩短搬运时间，更好地跟踪订单的处理进度。现在看一看无仓库，直接面向客户的配送系统是如何运作的（见资料 5.5）。

资料 5.5 例子

制成品的经销商可以利用电子数据交换（EDI）技术来建立直接源自供应商的配送系统。产品无须存放在经销商的仓库中或货架上，客户可以直接从供应商那里得到订购的产品。如图 5－2 所示，供应链中，订单信息和产品是以下述方式流动的：

(1) 通过 EDI，客户告知经销商所需产品的种类和数量，以及需要的地点。

(2) 通过 EDI，经销商告知供应商须发运的产品种类和数量。

(3) 通过 EDI，经销商告知物流服务提供商提货的地点和数量。

(4) 通过 EDI，经销商告知物流服务提供商需配送产品种类、数量、交货时间和地点。

(5) 供应商准备货物以供发运。

(6) 物流服务提供商根据经销商的具体要求提取货物，分类整理，并将不同货物区分开来。

(7) 物流服务提供商将货物送到客户所在地[1]。

5.2.3 消费者订单处理系统

为直接与最终消费者打交道而设计的订单处理系统将以高水平的客户服务为基础。以零

[1] 资料来源：http：//www．skyway．com

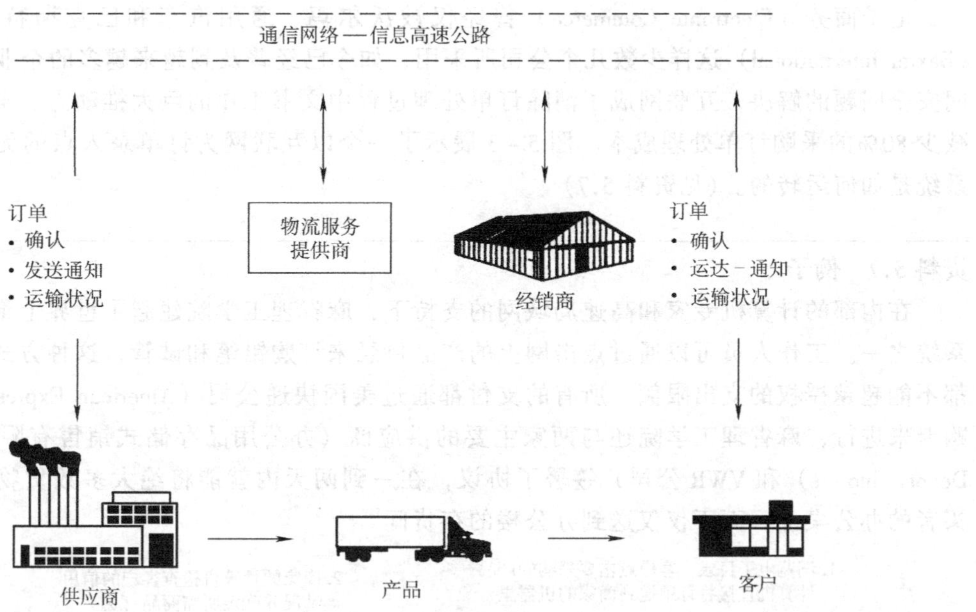

图 5－2　利用 EDI 直接向客户配送货物

售库存来满足客户的产品需求，使得订单处理几乎瞬间完成。麦当劳成功的食品特许经营业务即建立在快速订单处理的基础之上。对于那些直接面向最终消费者的公司，尤其是产品具有高度可替代性的公司，对客户订货要求的快速反应通常是其竞争优势的关键。如以下例子所显示的，即使企业的营业地点与客户有一定距离，且在当地的零售网点也可以买到同样的产品，一些公司仍然能够快速回应客户的订货要求，赢得竞争。（见资料 5.6）

资料 5.6　例子

许多位置偏僻的计算机软硬件产品折扣店已迅速成长为本地零售店的有力竞争者。传统上，客户会开车到本地的零售店，当场购买所需要的产品；如果缺货，则由零售商来向本地经销商订货。

这些计算机产品折扣店虽然位于地区一角，但由于管理成本低，且有采购中的规模经济效益，因此能够向客户提供价格较低的产品。但是，这些折扣店要想获得真正的成功，克服地理位置上的劣势是非常重要的。他们中的许多商店已经开发出一种订单处理方法来缩短订单周期，这一方法通常包括订单处理流程中的下列步骤：

（1）消费者拨打免费电话或通过公司的网页订购产品，寄信也可以，但是后者将增加订单传输时间。

（2）接到订单的工作人员将订单要求键入计算机终端。通过计算机化的库存记录可以立即查到所订产品的库存情况，推算出销售价格，计算出总费用。如果使用信用卡付款，还可以电子方式对持卡人的信用状况进行核查。

（3）订货要求以电子方式传到履行订单的仓库，通常在接到订单的同一天内进行。

（4）订购的货物通常由联合包裹服务公司或联邦快递或其他快递公司直接送到消费者家中或者其经营场所。如果消费者要求隔夜运到服务公司会提高价格。

这样，折扣店通常比当地零售店的订单周期更短而产品价格却更为优惠。

电子商务（Electronic Commerce）曾经仅被沃尔玛、通用汽车和巴克斯特尔国际公司（Baxter International）这样少数几个公司所采用，如今已经普及到越来越多的企业。随着互联网安全问题的解决，互联网成了消除订单处理过程中文书工作的巨大推动力。电子商务可以减少80%的采购订单处理成本。图5-3展示了一个以互联网为订单录入点的无纸订单处理系统是如何运转的。(见资料5.7)

资料5.7 例子

在内部的计算机专家和高速局域网的支持下，麻省理工学院建起了世界上最先进的采购系统之一。工作人员可以通过点击网上的产品目录来订购铅笔和试管，这种方式保证任何人都不能超越授权的支出限额。所有的支付都通过美国快递公司（American Express Co.）的采购卡来进行，麻省理工学院还与两家主要的供应商（办公用品存储式销售有限公司（Office Depot, Inc. s）和VWR公司）签署了协议，在一到两天内就能将绝大多数货物直接送到购买者的办公桌上，而不仅仅送到办公楼的存货间[1]。

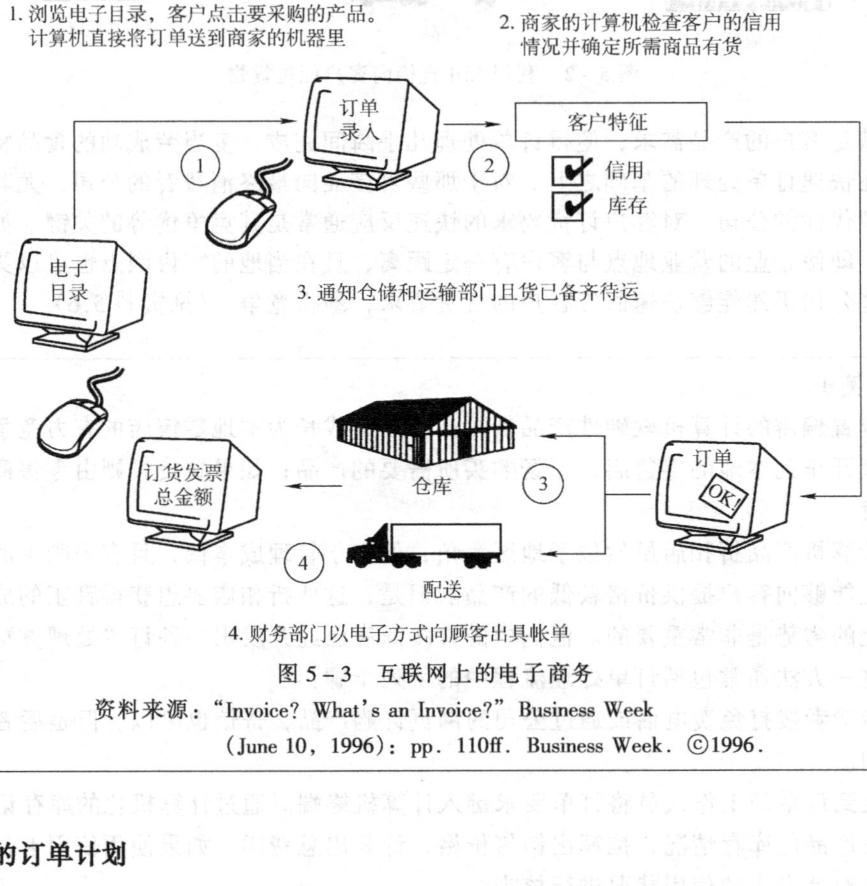

图5-3 互联网上的电子商务

资料来源："Invoice? What's an Invoice?" Business Week (June 10, 1996): pp. 110ff. Business Week. ©1996.

网上渠道的订单计划

在网上开设、运营网站的成本很低，因此人们很喜欢用网上的方式进行多方交流。企业也可以用网络来有效规划供给渠道的订单流。这和传统供应渠道预测需求的做法刚好相反，

[1] "Invoice? What's an Invoice?" *Business week* (June 10, 1996): 112.

首先要决定最合理的订单规模，随后订单被传给供应商要求补货，经过一个提前期后，库存得以补充，可以用来供给需求。供给渠道的每个成员（买方、供应商、承运人等）都是独立运营的，仅仅提供管理产品流所需的部分信息，并对眼前的需求进行响应，如履行订单、运输或预测需求。如果将互联网纳入整个计划流程，渠道成员就可以很容易相互沟通，并实时共享相关信息，迅速而有效地对需求变化、原料短缺、运输延迟和订单履行中的失误作出反应。因为所有渠道成员共享数据库，所以订单状态也透明了，促进了订单跟踪和加急服务。互联网的低成本促进了渠道成员间的交流，进一步鼓励渠道中的协作，并导致订购成本的减低和客户服务水平的提高。

以下有关日本麦当劳的例子特别介绍了一种称为 CPFR®（表示协同计划、预测和补货，*Collaborative Planning，Forecasting and replenishment*）的商业模式。在 CPFR 模式下，供应渠道成员共享信息，共同管理供应链中重要的商业流程。通过整合需求和供给流程，CPFR 提高了整个供应链的效率，增加了销售额，减少了固定资产和运营资金，降低了库存，同时满足了消费者的需求。CPFR 促使人们以整体的观点进行供应链管理。对 CPFR 伙伴关系的早期研究取得了令人瞩目的成果。有报道的有沃尔玛、Sara Lee，Branded Apparel，K – Mart，Kimberly Cark，纳比斯克、Wegmans Supermarkets，宝洁公司、惠普公司和美国的 Heineken。(见资料 5.8)

资料 5.8 例子

日本麦当劳有 3800 家店，年销售额约 33 亿美元。每天，超过 300 万人光顾麦当劳。激烈的竞争不仅来自其他汉堡包店，还来自寿司店、面条店和其他三明治店。激烈的竞争导致价格的下降和大量的促销活动。传统预测方法，如时间序列法、回归模型法和聚焦预测法(Focus Forecasting) 并不管用。日本麦当劳公司由于零售店对变化无常的需求预测不准，所以库存时而过多，时而短缺，并因加急运输和不经济的运输批量导致运输成本很高，订单频繁变动，采购批量不经济。为解决问题，日本麦当劳公司围绕互联网建立了信息中心，公司总部（营销部门）、配送中心和供应商通过公司的网站可以相互交流、协作，就预计的销售额、订单规模和供应商送货的时间进行协商。

如图 5 – 4 所示，每个渠道成员都分享信息，来保证整个系统平稳、高效地运作。零售店对消费者情况、实际销售额、当前库存水平和订购量首先进行估计，配送中心了解在途库存量、现有库存量、货架闲置的情况及其他信息。供应商提供生产时间、运输时间和产能的信息。最后，营销部门提供销售计划、促销时间、商店扩张和关闭情况以及类似信息。信息中心的作用就像决策中心，如图 5 – 5。

信息中心负责维护网络服务器，还可以帮助集中计划订单批量和时间。但是，多方之间的在线通信系统使得企业可以迅速对意料外的供求变化作出反应，或者供求本身变化无常，保障供给的库存水平很高。基于网络的订货系统使得供应商和配送中心可以快速、有效地补进存货。零售店的管理人员可以实时调整订单到某特定日期，这样日本麦当劳就可以将到零售店的运输批次减少 50%，零售店库存降低 20%。这也意味着供应商的生产成本有所下降。而这些改进主要归功于改进后的实时交流和供应渠道内平稳的产品流。

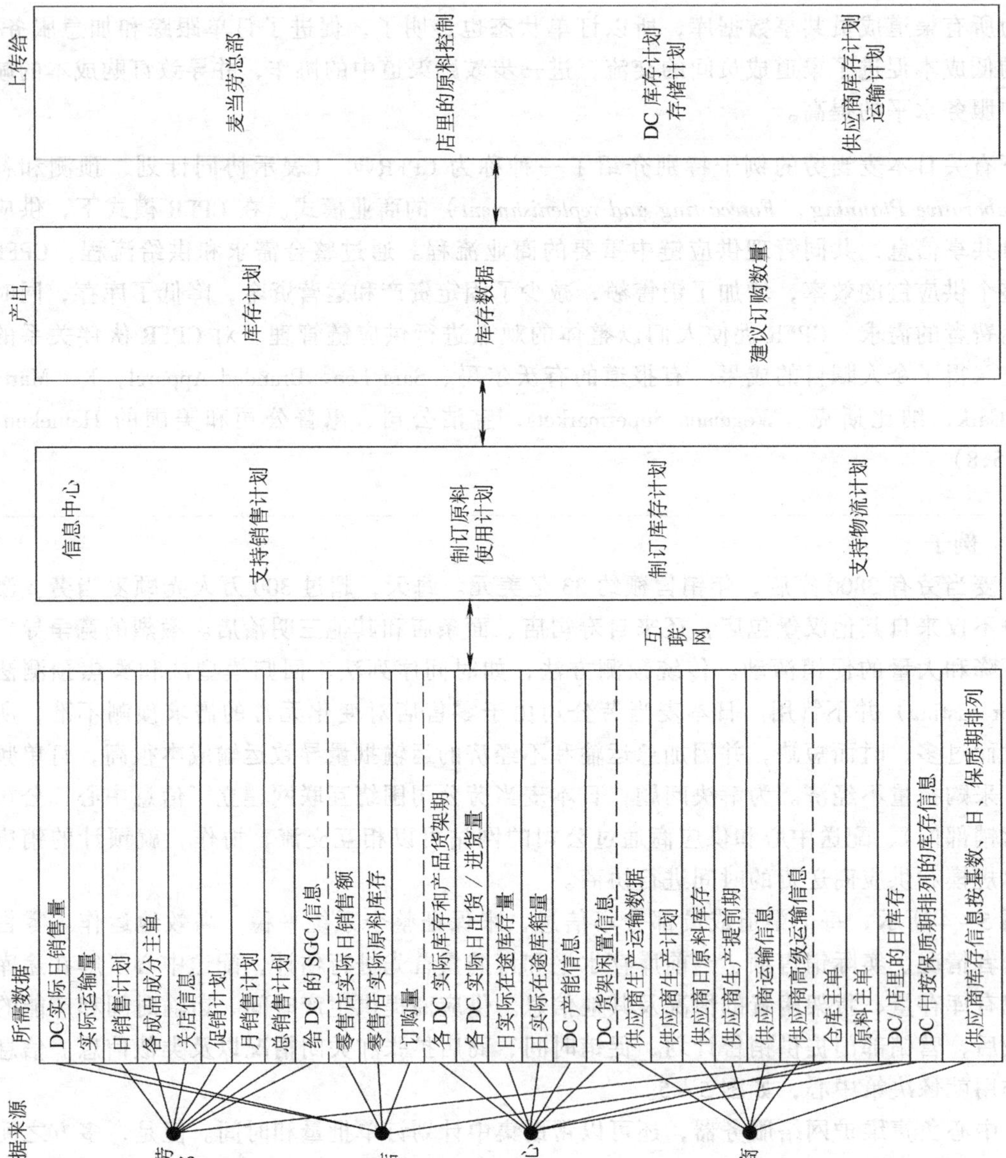

图5-4 日本麦当劳公司基于网络的订单处理过程，数据需求和订单计划跨越渠道成员的界限

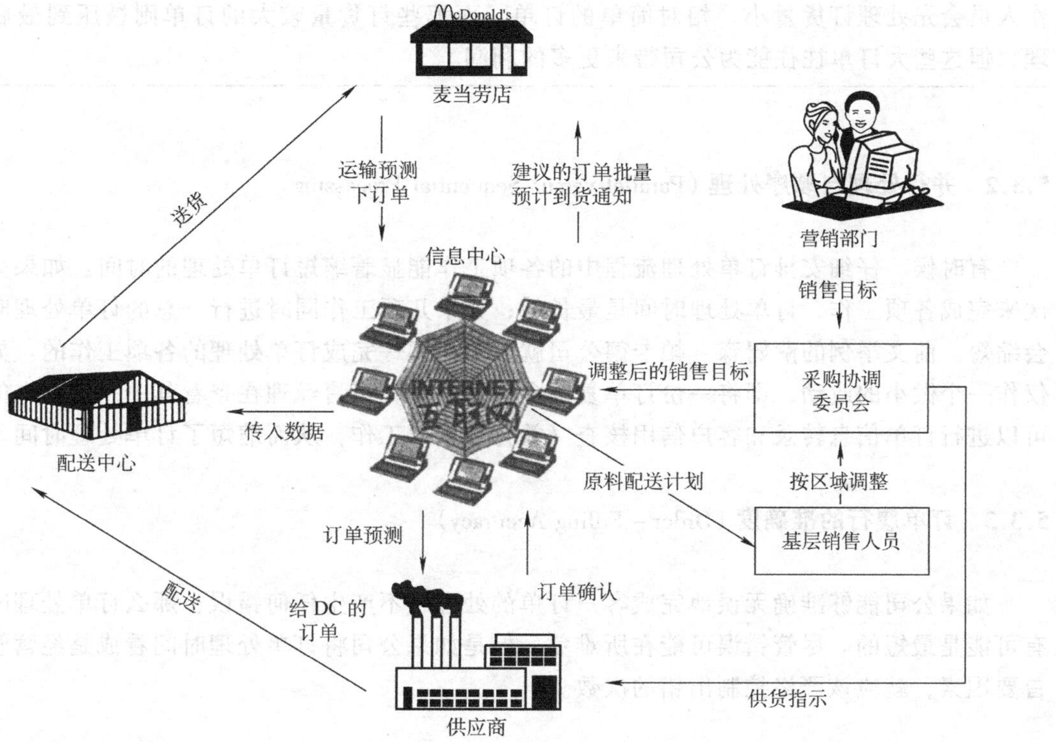

图 5-5　日本麦当劳公司基于网络的订单计划过程

5.3　影响订单处理时间的其他因素

选择订单处理的硬件和系统仅仅是设计时要考虑的部分内容。还有其他许多因素会加快或延缓订单处理的时间。这些因素源于运营过程、客户服务政策以及运输操作等多个方面。

5.3.1　订单处理的先后顺序（Priority Processing）

某些公司会排定客户订单的先后顺序，用这种方法把有限的时间、生产能力及人力资源配置到更有利可图的订单上。这一过程将改变订单处理时间。享有高优先级的订单会被优先处理，而那些优先级较低的订单则要留待稍后进行处理。另一些例子里，企业会按照订单收到的先后次序进行处理。尽管后者看起来似乎对所有的客户更加公平，但是其实并没有必要这样做。而且将所有的客户同等对待的做法还可能延长订单的平均处理时间。另一些企业虽然可能不会明确指出订单处理的先后顺序，但总会实际执行一些心照不宣的处理原则，并有可能对订单处理时间带来负面影响。（见资料 5.9）

资料 5.9　例子

某造纸厂生产供食品连锁店使用的食品袋和包装纸，该厂在处理订单时没有明确的顺序要求。然而在实际处理时，却有订单处理的先后次序。当订单处理工作繁重时，订单处理工作人员会先处理订货量小、相对简单的订单，而那些订货量较大的订单则被压到最后才处理，但这些大订单往往能为公司带来更多的利润。

5.3.2 并行处理与顺序处理（Parallel versus Sequential Processing）

有时候，仔细安排订单处理流程中的各项工作能显著缩短订单处理的时间。如果完全依次来完成各项工作，订单处理时间是最长的；如果几项工作同时进行，总的订单处理时间就会缩短。前文举例的萨姆森-帕卡德公司就是依次逐一完成订单处理的各项工作的。如果仅仅作一个微小的改动，即将一份订单复制多份，这样，销售经理在查看其中一份副本的同时可以进行订单信息转录和客户信用核查（并行处理）工作，从而缩短了订单处理时间。

5.3.3 订单履行的准确度（Order-Filling Accuracy）

如果公司能够准确无误地完成客户订单的处理，不产生任何错误，那么订单处理时间很有可能是最短的。尽管错误可能在所难免，但是如果公司将订单处理时间看成是经营管理的首要因素，就应该严格控制出错的次数。

5.3.4 订单的批处理（Order Batching）

把订单收集成组，进行批处理，可以降低处理成本。但另一方面，握有订单直至达到一定批量时再处理会增加订单的处理时间，对那些先收到的订单尤其如此。

5.3.5 分批处理

客户的订单可能过大无法以现有库存直接供货。这时企业并不是等着所有产品都生产完毕再供货，而是生产和运输总订单批量中的小部分。客户也不是等着接收完整的订单货物，而是先接收部分货物，这样可以迅速得到所订购的货物。尽管对订单的部分货物而言，订单处理时间缩短了，但由于多次运输小批量的货物，所以运输成本可能上升了。

5.3.6 合并运输（Shipment Consolidation）

与订单批处理类似，企业也可能保留客户订购的货物直至达到一定的经济运输批量，即将几个小订单的货物集中在一起，组成较大的运输批量以降低运输成本。这样，为减少运输成本，延长了订单处理时间。

5.4 物流信息系统

物流信息系统的介绍可以从系统的功能和内部运作两方面入手。

5.4.1 功能

公司内部收集、保留和处理数据的主要目的是作决策（包括从战略性到操作性的种种决策）。更庞大的计算机存储空间、更快的计算速度、通过企业内部信息系统如 SAP、Oracle、Baan、PeopleSoft 和 J. D. Edwards 更好地获取信息、利用改进的平台如 EDI 和互联网传输信息为供应链企业间方便、廉价地共享信息创造了机会，更高效率的物流运作成为可能，并得益于企业内部所提供的及时、全面的信息、同样得益于渠道成员间适当的信息共享。企业将为促进物流运作而建设的信息系统视为物流信息系统。

图 5-6 表示的是物流信息系统（Logistics Information System，LIS）。物流信息系统应该是非常广泛、非常强大的，既可供企业不同部门（营销、生产、财务和物流等）之间进行交流，也可供供应链各成员（供应商和客户）之间进行沟通。因为用户可以想方设法从所得信息中获益，所以与供应商和客户共享销售、运输、生产安排、库存可得率、订单状况，以及相关的特定信息可以降低整个供应链的不确定性。当然，总有企业不愿意公开某些独有的信息，担心会损坏企业的竞争地位。即使企业认识到企业间信息共享的益处，他们愿意与外界（企业控制力之外）共享的信息总是有限的。

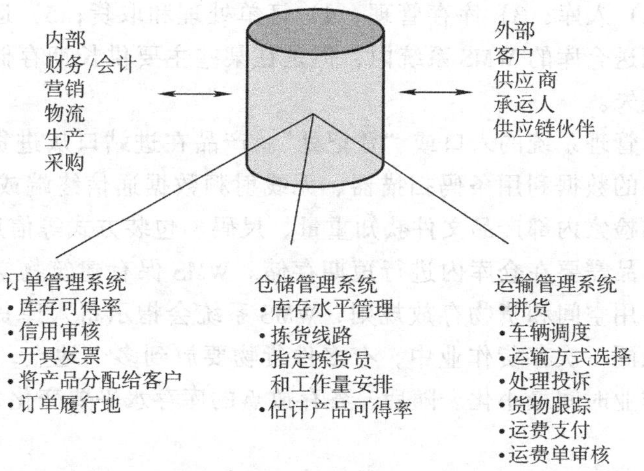

图 5-6 物流信息系统概览

物流信息系统中主要的子系统有：1）订单管理系统（OMS）；2）仓库管理系统（WMS）；3）运输管理系统（TMS）。每个子系统包括各种交易信息，也是决策支持工具，帮助计划某特定活动。这些子系统之间的信息交换、物流信息系统和其他信息系统的信息交换构成了一体化的系统。通常，信息系统以计算机软件包的形式表现出来。

订单管理系统(OMS)

订单管理系统在客户需要产品并下订单时和客户最早产生联系。它是物流信息系统的前端。订单管理系统和仓库管理系统相互交流，核查产品可得率（来自库存，或者来自生产）。

该信息又为判断供应网络中产品的位置、可得数量和预计送货时间提供依据。一旦产品可得信息得到客户的首肯，就要进行信用审核，OMS系统就和企业财务系统相联系审核客户的状况和信用。在订单被接受后，订单管理系统又会将产品分派到某订单下，指定生产地、扣减库存、在运输安排确定后准备发票。

订单管理系统与企业其他信息系统并非隔绝的。要想很好地服务客户，必须共享信息。例如，如果订单管理系统提供订单跟踪信息，运输管理系统就可以查询。因此，信息的兼容性很关键。

需要注意的是，尽管我们讨论的重点是企业收到的订单，但订单管理也可用于企业所发订单。只是客户订单管理系统保有的是来自客户的订单数据，而采购订单管理系统主要关注点在企业的供应商，给出供应商配送绩效评级、销售成本和销售条件、产能可得性和财务优势。企业会时刻监控供应商的情况，准备相关报告，协助优化供应商的筛选。

仓库管理系统（WMS）

存储管理系统可能包含订单管理系统，也可以看成是物流管理系统中的独立单元。仓库管理系统至少要和订单管理系统相连接，这样销售部门就可以知道哪些产品可供销售。WMS是一个信息子系统，协助管理流经的产品和存储在物流网络设施内的产品。系统中的主要内容包括：1）接收；2）入库；3）库存管理；4）订单处理和取货；5）运输准备。所有这些要素都出现在典型配送仓库的WMS系统内，但是在某些主要供长期存储或周转比较快的仓库，有些内容可能缺失。

接收。这是仓库管理系统的入口或“登记处”。产品在进站口从进货车上卸下，确认产品编码和数量。产品的数据利用条码扫描器、无线射频数据通信终端或人工方式键入WMS系统。通过产品编码检索内部产品文件获知重量、尺码、包装方式等信息。

入库。入库的产品需要在仓库内进行短期存储。WMS保有建筑物空间布局信息和库存存放点信息。根据可用空间和货物存放规则，WMS系统会指示将入库货物放在某特定地点供以后提取。如果在同一次存货作业中，有多件货物要放到多个地点，WMS系统将指定存放顺序和路线来使作业时间最小化。随后，各存放点的库存水平要变化，库存点的记录要调整。

库存管理。WMS系统监测仓库内各货位上的货量。如果库存水平低于控制水平，就会依据某些原则提出补货数量和时间的建议。补货请求将通过EDI系统或互联网传输给采购部门或直接送达供应商或工厂。

订单处理和取货。即仓库的取货做作业计划，也就是按订单拣取所需货物，也是WMS系统的最大价值所在。取货常常是耗费人工最多，也是仓库作业中费用最高的部分。

WMS系统按照其内部规则，会在收到订单后，将所订购产品分解为需要作不同处理和拣货作业的组。可能按产品存放点的位置分组。某些产品只需很少的数量，不足一箱，有些产品则按整箱取货或者以托盘为单位取货。还有一些要从处于不同位置的安全区取货。每个区域拣货的方法不同，一次拣取所有货物可能效率低下。WMS系统可以将订单分解，采取有效的拣货方法，安排货物在仓库不同区域之间的移动，使得货物到达出库站时可以组成完整的订单货物，而且到达顺序合理，这样就可以被装上卡车或火车进行运输。

此外，WMS系统还在不同拣货人员之间分配所需拣取的货物，平衡每个人的工作量。随后，指定特定工作人员的拣货顺序来缩短其搬运距离、减少其弯腰次数和疲劳度，缩短拣货时间。

运输准备。在仓库中，订单货物的拣取常常呈现出波浪型，也就是说在所有订单中，在某一时间会处理其中一部分。该部分的大小和其所包含的货物决定于合并运输的安排。相邻客户的订单会一起拣取，这样要求货物同时到达发货站台，卡车也会同一时间到达。还要估计货物的体积和重量，以安排装上同部卡车、集装箱或铁路车厢的货物。人们会用彩色标记画出来自仓库不同地区的商品流来便于汇集同一订单的货物，按顺序装上配送卡车，按最佳路径进行配送。对于需零售的货物，还要在商品上加添价格标签，这样就可以直接放上货架，无须再次作业。

总之，WMS在工作人员作业计划、库存水平计划、存储空间利用和拣货人员行走路线等方面帮助库进行作业管理。而且，WMS还与订单管理系统、运输管理系统共享信息来实现一体化管理。（见资料5.10）

资料5.10 例子

某大型连锁企业每周接到来自零售店的订单数百份，或者说典型的仓库每天约接受59份订单。本地仓库向零售店提供普通商品。中央仓库供给药品。在企业总部接到订单后，就立刻将订单按两种产品类别进行分解。首先满足订单药品部分的要求，然后送往本地仓库，和零售店订购的普通货物汇合在一起，一并送到同一家零售店。其次，在本地仓库，再将订单分解成到零散货物、整箱货物、安全区域和散装区域的拣货安排。因为仓库里存放着8 000到1 200种货物，都需要从散货区拣取，所以对这项劳动力密集型作业的管理十分重要。为此，散货区的拣货安排进一步落实到每个拣货员上。拣货人员只需在他或她附近区域进行作业，他们拣取货物的顺序也都按WMS系统中的最佳路径原则进行安排。

WMS系统还控制着仓库内所有区域拣货开始的时间，这样同一订单下的货物就可以在大约相同的时间到达发货区。在纸盒和包装盒上还粘有识别标签，在发货区就可以将订单下的所有货物集中到一起装上配送卡车，而每辆卡车上最多可以装送到5个不同零售店的货物。

每当来自供应商的补充库存到达后，工作人员就会将入库产品信息输入WMS系统。WMS系统随后会指定货物的存储点，并且保有产品生产日期记录来控制出库的顺序。

运输管理系统（TMS）

运输管理系统主要侧重于企业内向和外向运输管理，是物流管理系统必不可少的组成部分，如图5-6。像WMS系统一样，TMS系统也会和物流系统的其他模块共享信息，如订单内容、产品的重量和体积、数量、预计送货时间、供应商的运输安排等。运输管理系统的目标是帮助计划和控制企业的运输活动，这包括：1）运输方式的选择；2）拼货；3）安排运输路线和时间；4）处理投诉；5）货物跟踪；6）运费单审核。某特定企业的运输管理系统可能并没有包含所有这些内容。下文将就TMS系统的信息要求和决策辅助功能分别展开讨论。

运输方式选择。很多企业运输各种各样批量的货物，因此需要考虑各种各样的运输服务。服务方式从小件的空运和地面运输服务到海上集装箱运输和铁路整车运输。TMS可以将运输批量与运输服务成本和质量要求结合起来，尤其是当多种服务相互竞争时尤其如此。好的TMS系统能够储存多种运输方式、服务费用、预计运输时间、可用方式和服务频率的数据，能够为每单货物提议最好的承运人。

拼货。TMS系统的一个重要功能就是将小批量货物合并成大批量，对拼货作业提出建议。因为运输服务的基本特征就是单位运输成本随着运输批量的增加急剧下降，拼货作业（合并运输）能带来大幅度运输成本的下降，尤其当原运输批量很小的时候。TMS可以实时掌握运输批量、目的地和预计到达时间等信息。根据这些信息，利用内部决策规则，就可决定经济批量，同时兼顾配送服务目标。

安排运输路线和时间。如果企业拥有或者租用车队，就需要认真管理以使得车队可以有效运作。订单管理系统提供订单信息，仓库管理系统提供订单处理信息，运输管理系统指派运货的车辆，并且建议卡车经停站点的顺序。TMS系统还考虑每个经停点停留的时间窗口，在经停点搭载运回的货物，为回程货作计划，满足驾驶员驾车时间和休息时间的规定，多个时段车队的利用率等因素。TMS系统还保有车辆经停点、卡车类型、卡车数量和运力；经停点装卸次数；经停点的时间窗口限制和途中其他的一些限制条件的信息。在这样的背景信息下，TMS利用决策规则或其本身的算法制定当前运输计划。

受理投诉。在运输过程中某些货物受到损坏是不可避免的。在掌握所运货物、货物价值、所使用的承运人、起点和终点、责任限额后，很多投诉可以自动进行处理，或者尽量减少人的介入。

货物跟踪。一旦货物转移到运输承运人的控制之下，就主要由信息技术来掌握跟踪查询。条码、途中的无线射频传输设备、全球定位系统和车载计算机都是信息系统的主要组成部分，可以实时获知货物所处位置。随后来自TMS系统的货物跟踪信息就可以通过互联网或其他电子手段提供给收货人，甚至可以计算出预计到达时间。

快递公司如DHL、Airborne Express、联邦快递和UPS在此类信息系统的开发应用中居于领先地位，因为他们的客户有这样的需要。通常，他们会向客户保证货物送达的时间，而复杂尖端的货物跟踪系统则有助于实现其承诺。（见资料5.11）

资料5.11　应用

联邦快递公司利用条形码给每份货运单据加上不同的编号，以便运输途中更方便、快速地识别快件。在货物进入配送系统的起点、分拣货物时、运输途中、终点，工作人员都会扫描条码。配送卡车内还装有小型计算机，能够接收无线电信号。这样就可以在卡车取货、送货途中也进行跟踪，这些都可以作为TMS系统货物和卡车位置的输入信息。配送人员携带手持读码器，可以在提货或交货时读取货物上的条码。随后存有条码信息的读码器就会被连接到卡车上的车载计算机中，并被读入企业运输管理系统的数据库里。

卫星通信和全球定位系统是货物跟踪系统中运用的最新技术。在JIT系统中，货物到达时间的不确定性可能会给生产运作带来严重的后果，因此人们使用海事卫星确定卡车在配送

渠道中的具体位置，维持与卡车司机的实时通信，随时通报出现的事故或延迟来估计卡车的到达时间。(见资料 5.12)

资料 5.12　应用

某卡车公司现在使用双向的移动卫星通信和定位－报告系统来监控卡车的具体位置，提高 JIT 配送的水平。该系统的核心就是一部小型的车载计算机，该计算机可以和海事卫星取得联系。无论卡车在什么地方，卫星都可以确定卡车的地理位置。卡车司机和公司总部不用电话也可以进行信息交换。

运费单审核。在运输费率中有很多除外条件，因此决定运输费用是非常复杂的事情。由于承运人只按最低的可行费率收费，如果费率适用出现错误，托运人可以投诉，要回实际费率和最低费率之间的差额。运费单审核的责任在托运人（购买运输服务的一方），他们可以向承运人索要退款。这是一项劳动密集型工作，因为运输路线和费率的组合众多。而计算机控制的 TMS 系统可以很快搜索最低的成本，并与运费单相比较。

TMS 系统也可以加快运费支付过程。这并不是 TMS 的决策辅助功能，而是一项事物性工作。TMS 会记录下所运的货物，并且通知公司的财务信息系统，向承运人支付运费（常常采用电子支付的方法）。

本书仅仅对物流信息系统作了简单的描述，因为使用中的要求是千差万别的，例如，某些仓库的管理系统还要求对所有作业利用无线射频技术进行控制，要求进行绩效评估、计算库存周转时间、安排仓库站台的使用等等。TMS 系统也可以包含运输方式选择、计划整车货物的运输路线、对承运人的绩效进行评估等。但本章讨论的物流信息系统的基本功能让我们了解了信息技术对计划和控制物流运作的影响。

公司内部收集、保留和处理数据的主要目的是作决策（包括战略性到操作性的种种决策）。多年以来，人们都在不自觉地做着这些活动。然而，随着高速计算机的出现，数据存储能力不断扩大，围绕数据处理的各个环节变得越来越结构化、系统化了。信息系统即是这些环节的新名称。

我们特别关注的是物流信息系统。物流信息系统是企业总体信息系统的一个子系统，主要面向物流决策中的特定问题。在本章我们将对物流信息系统进行简单介绍。

5.4.2　内部运作

从内部运作的角度，我们可以用图解的方式表述物流信息系统，见图 5－7。请注意构成系统的有三个基本元素：1）输入；2）数据库及其相关操作；3）输出。图 5－8 进一步强调了该系统的数据要素。

1. 输入

信息系统的第一项相关活动就是获取那些有助于决策的数据。在仔细辨别物流信息系统规划与运作所需的数据内容后，我们可以从多方面获得这些数据，主要来源有：1）客户；2）公司记录；3）公开的数据；以及 4）管理层。客户通过他们的销售活动间接提供了许多对系统规划有用的数据。在订单录入过程中取得这些数据对规划和运作决策（如销售量、销售时间、销售地点以及订单规模的规划决策）十分有用。与之相类似，企业在送货给客户时

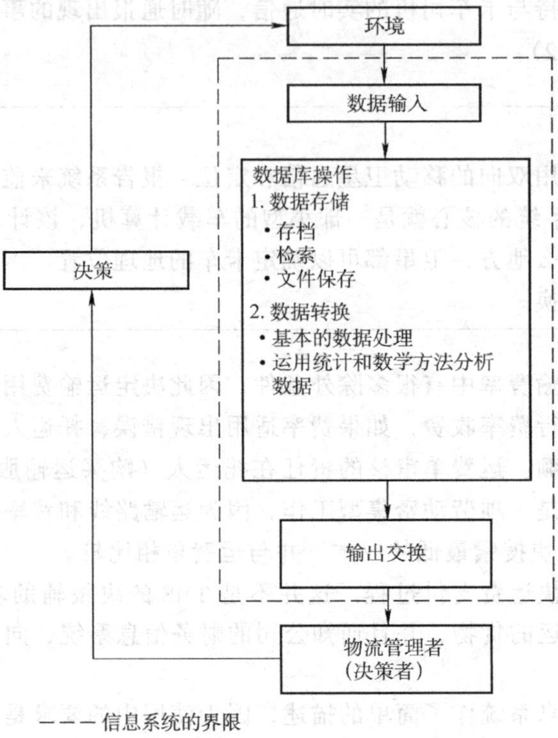

图 5-7 物流信息系统某环节的运作

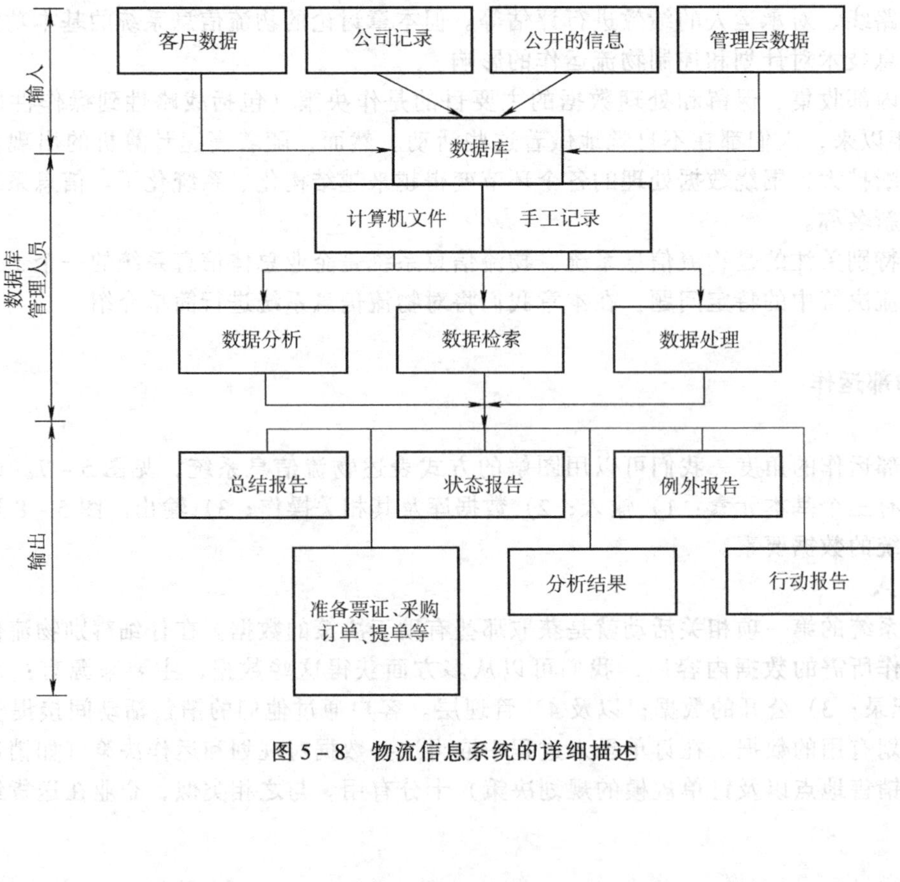

图 5-8 物流信息系统的详细描述

也可以获得有关运输规模和运输成本的数据。其他的主要数据来源还有运费单据、采购订单和发票等。

公司记录提供了大量有价值的数据，其形式包括会计报表、财务状况报告、公司内部与外部的研究报告，以及各种营运报告。这些报告中的数据通常不是以协助物流决策目的而组织起来的，信息系统只是挑选其中一些数据，留待以后阶段进行处理。来自企业外部的公开数据代表一种特有的数据源泉。其中大多数数据来自联邦政府资助的研究项目、贸易协会资助的研究项目，通过EDI和互联网共享的数据，还有一些数据提供者怀有美好的愿望，他们相信共享数据可以创造价值。专业期刊和贸易杂志也能提供一些数据。与公司内部产生的数据相比，从外部获取的数据往往范围更广，通用性更强。

公司员工也可能是非常有价值的数据源泉。对未来销售水平、竞争性行为以及采购物料可得性的预测仅仅是其中几个例子。这种数据更多地存于人们的头脑中，而不是在公司文件、计算机记录或图书馆里。管理层、内部顾问、规划人员以及专门业务人员等公司员工非常接近数据的源头，而他们本身也是很好的数据源泉。（见资料5.13）

资料5.13　观察

计算机的应用产生了一些前所未有的数据来源，并且显著地改进了公司的经营。西尔斯·罗布克公司（Sears Roebuck & Co.）是大型家电的零售巨头。西尔斯每年送货上门将近400万次。因为客户每10~15年才购买一次这类商品，所以送货模式很少重复。以前，西尔斯的员工用人工方法核对客户的地址和地理代码。仅加利福尼亚的安大略一个地区，该流程就要花费2h才能完成，而成功率仅为55%。应用核对地址的计算机软件后，现在仅用20min就可以完成该过程，且成功率在90%以上[1]。

2. 数据库管理

把数据转换为信息，以有助于决策的形式描述出来，并将信息与决策辅助手段相联系，所有这些通常被视为信息系统的核心所在。对数据库的管理涉及选择存储的数据、检索；选择所使用的分析方法；以及选择基础数据的加工方法。

在决定了数据库内容之后，数据库设计中首先要考虑的问题就是决定哪些数据以传统的“硬拷贝”形式保留，哪些数据应该保留在计算机内存里以方便快速查找，哪些数据不应以任何常规形式来保留。保存数据的成本会很高，对数据保存形式的决策应基于以下标准：1）信息对决策是否关键；2）需要以多快的速度检索信息；3）信息的提取是否频繁；4）将信息转换成所需形式需要付出多大的努力。战略规划并不经常进行，所以战略规划所需的信息常常无须频繁提取、随时可得。但操作性规划非常频繁，其所需信息的特征也就恰恰相反。从计算机存储记录中查找运输费率的运输管理人员，或者是通过企业的订单跟踪系统查询订单状况的客户服务代表就可以利用信息系统中这些基本的数据存储和在线/实时检索功能。

数据处理是信息系统最古老而又最常见的特性。当人们最早将计算机引入商界时，其目的在于减少那些为成千上万的客户计算发票并编制会计记录的繁重工作。如今，填制采购订单、提单和运费单成了相当普通的数据处理活动，借以帮助物流管理人员规划、控制物料的

[1] “Logistics and Distribution Moves toward 21st Century”, *ARC News* 18, no. 2 (summer 1996): 1-2.

流动。数据处理或交换活动代表了文件数据向更有用形式的转换，在过去十年这些交换活动是SAP，iz，Oracle和其他流行ERP软件的主要特征。

数据分析是信息系统最复杂，也是最新的应用领域。信息系统可能包含任意多个数学和统计学模型，这些模型对解决公司特殊的物流问题具有一般意义或特定意义。这些模型会将信息转换成问题的解以支持经营决策。为周转次数很高的仓库设计拣货人员的行走路线，为卡车设计配送路线，指定供货的仓库和工厂都是利用数学工具辅助决策的例子，这些工具就在信息系统里。ERP最初是交易系统，现在也增加了决策支持模块来增强功能。

3. 输出

输出部分是信息系统最后一个要素，也是用户与系统接触的界面。输出通常有几种类型，并以几种形式来传输。首先，最常见的输出类型就是一定形式的报告，如1）成本与绩效统计的总结报告；2）库存状况或订单处理进度报告；3）对比理想绩效水平和实际绩效水平的报告；4）开始某项活动的报告（采购订单或生产订单）。其次，运输提单、运费单这些填制好的单据也是一种输出形式。最后，输出还可能是数学和统计学模型的分析结果。

输入、数据库管理能力和输出是物流信息系统内部运作的关键因素。除了具有基本的数据处理能力外，信息系统的主要作用就是成为物流系统规划和运作的决策支持工具。

5.5 信息系统举例

在现实中，信息系统在若干个方面辅助供应链规划和运作。下面我们举几个例子来说明这些不同类型的信息系统。

5.5.1 零售系统

一些从事广泛零售业务的公司已开发出了复杂的信息系统，以加快结算速度（改善客户服务），并提高那些通常提供给消费者的众多商品的存储与补货效率（降低成本）。对高日常交易量和高周转次数的追求已促使零售商们使用计算机和最新的订单处理技术来实现他们的目标。（见资料5.14）

资料5.14 应用

某家经营百货的大型零售企业拥有近1 000家分店，仅物流系统就涉及到来自2万多个供应商的20万种商品。公司的战略是要使每家分店都成为利润中心。这就意味着要以各分店为基础就4万多种商品做库存决策。与此同时，进行集中采购。

为了建立支持这种分散化管理的信息系统，公司在各分店安装了具有光学扫描能力的记录器来读入商品标签上的条形码。公司利用商店里小型计算机和中心的主机可以立即获取各家分店的销售信息。该系统为公司带来了很多好处，包括结账更快速、库存控制更优，信用审核更快捷，能即时得到存货状况报告，对采购数量与采购时间的计划安排更妥当等。

图5-9利用图解说明了该系统的运行机制。第一步是接收来自仓库或供应商的产品。以咖啡壶为例。自动标签打印机打印出一张标签，注明咖啡壶的颜色、价格、库存编号以及工作人员的部门编号。顾客拿着咖啡壶去收银台结账时，工作人员会用读取棒扫描标签，或

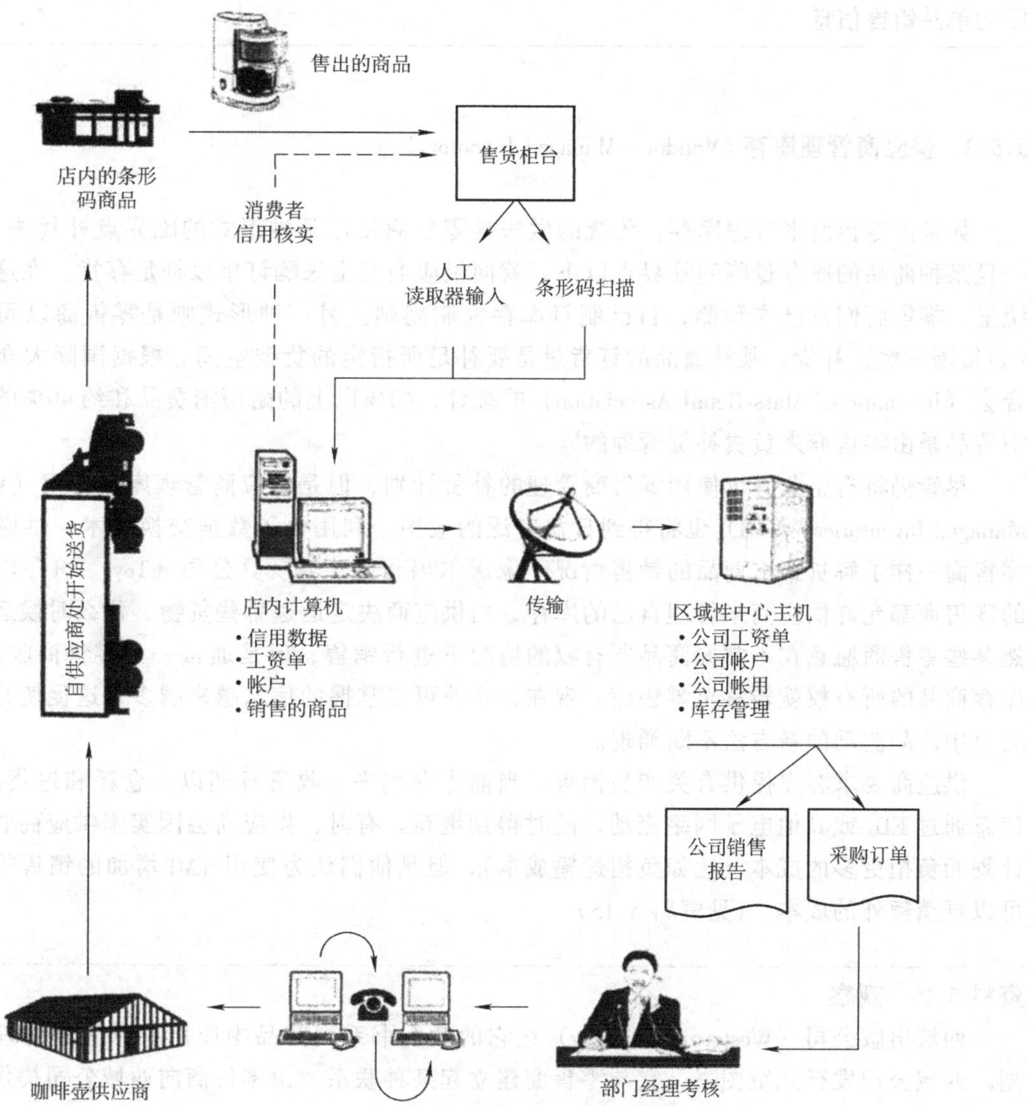

图 5-9 大型商品零售商的信息系统

者将商品信息键入记录器。

如果顾客想用信用卡付款，工作人员就会用读取棒读取一个磁性编码，在不到 1s 的时间里就能通过商店的小型计算机刷卡。咖啡壶的数据在小型计算机里一直存到当天晚上，然后自动传输到公司 22 个地区性数据中心之一，在那里由更大型的主机来处理这些信息，从顾客的信用卡账户中划款，将销售额和税收额数据输入财务部门的记录，将销售人员的佣金记录送到薪金部。

销售数据也进入咖啡壶部门的库存管理系统。如果当天咖啡壶的销售使该部门的库存量低于预先设定的临界点，计算机就会自动打印出采购订单，并在次日清晨由公司内部的信使交给部门经理。如果经理认为应该购买更多的咖啡壶，那么再订货的订单就会被送往履行订单的供应商处。

与此同时，销售数据通过地区数据中心传到公司总部的中央数据处理站，在那里汇编全国的单品销售信息。

5.5.2 供应商管理库存（Vendor – Managed Inventory）

如果由零售商来管理库存，传统的做法是零售商使用某种形式的临界点补货法。也即，一旦某种商品的库存量降到临界点以下，就向供应商发出采购订单以补足存货。在这样的系统里，零售商们自己作预测，自己制订库存控制规则。另一种形式则是零售商以固定周期（如每周一次）补货，某种商品的订货量是要补足所指定的货架空间。根据国际大众零售联合会（International Mass Retail Association）的统计，60%以上的耐用消费品和约40%的非耐用消费品是由零售商来负责补货管理的[1]。

尽管仍将有企业继续使用零售商管理的补货计划，但是供应商管理库存方案（Vendor – Managed Inventories，VMI）也将得到日益广泛的应用。利用电子数据交换技术，供应商能和零售商一样了解货架上商品的销售情况。像沃尔玛和反斗城玩具公司（Toys "Я" Us）之类的零售商都允许供应商来管理自己的库存，由供应商决定运送哪些货物，什么时候运送。虽然某些零售商愿意在不掌握商品所有权的情况下进行销售，但是通常一旦零售商收到货物，库存商品的所有权就转移至零售商。现在，企业可以掌握的信息越来越多，这促使管理供应渠道中产品流动的新方法不断涌现。

供应商要求客户提供有关产品销售、当前库存水平、收货日期以及仓耗和退货的信息。信息通过EDI或其他电子网络流动，随时得到更新。有时，供应商会因实施供应商管理库存计划而负担更多的成本（比如负担运输成本），但是他们认为使用VMI增加的销售收入完全可以抵消额外的成本。（见资料5.15）

资料5.15 观察

西域出版公司（Western Publishing）在它的黄金书系列产品中应用了供应商管理库存计划。西域公司发行儿童图书，它与零售商建立起某种联系，由零售商向西域公司提供销售点信息（Point – of – Sale Information）。销售点信息使出版公司得以掌握库存余量，然后与设定的再订货点进行比较。如果库存水平低于再订货点水平，则自动发出补货订单。产品一经发运，产品所有权就转移给零售商。分享销售点信息是使连续补货工作及时高效完成的关键。

5.5.3 电子商务

对很多公司而言，利用互联网来促进交易的电子商务是传统仓库和零售店经销模式的延伸。传统的成熟企业有库存、仓库、运输设施和物流管理人员，而新型的网上企业通常没有物流设施，直接利用受雇承运人从供应商处供货。传统企业在增加网站订单录入模式后，将网上的订单与现有的物流运作整合到一起。也有些企业将网上订单的处理与内部运作分别进

[1] Tom Andel, "Manage Inventory, Own Information," *Transportation and Distribution* (May 1996): 58.

行，甚至借助外部第三方物流服务企业的支持，他们认为两种订单的客户要求大相径庭，运作方式也应该有所区别。但是，我们将会看到与电子商务刚开始的年代不同（那时电子商务新颖而奇特），现在无论网上来的订单还是销售人员传上来的订单，物流支持活动并没有什么显著区别。（见资料5.16）

资料5.16　应用

Lowe's是一家自助家居用品零售店，刚开始在网上销售的时候使用NFI Interactive作为第三方物流服务商服务网上客户。同时，Lowe's使用All Points Systems的仓库管理系统软件来经营其在佐治亚洲亚特兰大市425 000ft^{2}的仓库，其中205 000ft^2 Lowe's自己使用。

WMS系统每15～20min从网上下载一次订单。随后，库存系统就预留下客户所订购的货物直到客户信用审核完毕。接着，系统选择配送方式（如联邦快递、UPS、零担卡车公司等），同时发信息给仓库中的工作人员找出所订购的货物。

产品在出入库时都要使用手持的读码器和车载计算机扫描条码。仓库货物的拣取则根据需求情况、客户的邮政编码、订单规模和发货的日期或时间进行安排。货物包装好后，就会被传送到Quantronix CubiScan系统称重、测量尺码。然后，利用斑马科技公司（Zebra Technologies）的打印机印制运输标志，并被送往最终目的地。

5.5.4　决策支持系统

派遣卡车为汽车加油站补给汽油是一个运作规划问题，该问题可以借助设计完善的信息系统加以解决。在信息系统中融进能够分析、组织以及提交数据的方法，就能够支持用户作出重要决策。数据分析可以采用优化的方法。在设计完善的信息系统里，用户不仅可以访问系统，从中找到决策问题的初步解决方案，而且还可以与系统互动，提出自己的意见，使最终得出的解决方案比纯粹用数学模型得出的方案操作性更强、更实用。（见资料5.17）

资料5.17　应用

一家大型石油企业每天向全国配送大量的汽油和柴油。由于顾客群、产量和产品类别不同，每天的配送问题也各不相同。公司利用数学规划模型来帮助完成配送决策，减少了运货卡车的使用数量和总的行车里程。

因为速度在这里不是关键因素，所以无需注意订货信息进入信息系统这一环节。公司一旦收到来自加油站的订货信息，就会直接传送到地区配送中心，由配送中心负责履行订单、配送货物。这些订货信息首先显示在调度人员的计算机屏幕上，他/她负责预览这些订单，将那些配送方式与一般订单有显著区别的订单挑出来（如订货量大或有特殊配送要求）；接着，调度员将其余的订单信息提交给系统内预设的模型进行处理，该模型会为每份订单和每辆卡车安排最优的路线和调度计划；最后，调度员会对计算机屏幕上显示的路径提出意见，对调度计划进行复核，必要时还要进行调整。然后，信息系统为每位司机打印调度表。

5.6 小结

前文提到客户服务可被定义为从客户准备订单到收到所订购货物之间的时间。订单处理活动占用了客户总的订货周期的大部分时间。因此，管理各项订单处理活动就成为实现优质客户服务的关键。由于客户总是希望缩短总的订单周期，所以这一点就更为重要。

订单处理活动的五个关键环节包括：1）订单准备；2）订单传输；3）订单录入；4）订单履行；5）订单状况的报告。技术进步对其中前三个环节的影响尤为显著，包括使用条形码扫描技术、计算机化的订单处理技术和电子通信技术等。在应用这些技术的企业中，订单准备、传输和录入在整个订货周期中所占用的时间可以被压缩到几乎微不足道的水平。

物流信息系统可以分解为订单管理系统（OMS）、仓库管理系统（WMS）和运输管理系统（TMS）。事务性决策和规划决策相互纠缠在一起，一般要用计算机软件来辅助进行每天的运作决策。OMS，WMS，TMS虽然各自针对不同的物流作业，但相互联系，来对整个物流过程进行更好的整体控制。一定程度上，及时的信息将继续替代企业资产，可以预见，信息系统设计的范围会越来越广，复杂程度会越来越高。物流信息系统展现了信息技术革命的收益。

习题

1. 某公司生产男女运动服，计划在香港生产，销往欧美市场。主要的销售网点由小型零售商店和百货商店组成。请设计几个订单处理的方案，并分析各个方案的相关成本和收益。
2. 与利用键盘人工录入订单信息相比，使用条形码和扫描仪录入订单有何优势？有没有什么劣势？
3. 我们再回头看看本章中萨姆森－帕卡德公司的案例，谈谈你认为该怎样对各项活动重新排序、使用新技术来压缩订单处理时间？
4. 请指出在下列情况下，以下各项内容对订单处理时间的影响：1）订单处理先后次序；2）并行处理还是顺序处理；3）订单履行的准确性；4）批处理订单；5）合并运输。
   A. 病人在诊所就诊。
   B. 从钢铁厂购买用于制造汽车车体的钢板。
   C. 午餐时间，顾客在麦当劳排队就餐。
   D. 一家超级市场向其供给仓库发出补货订单。
5. 韩国某家电视生产商的物流经理受命建立公司的物流信息系统，你将怎样回答他的下列问题？
   A. 我想从信息系统中得到什么类型的信息？我从哪里可以得到这些信息？
   B. 我要在计算机数据库中保留哪些内容以方便使用？剩下的数据该如何处理？
   C. 该信息系统能帮我解决什么类型的决策问题？
   D. 处理这些问题时，哪些数据分析模型最有用？
6. 请向下列组织建议计划、控制物流信息系统时应采集的信息类型。
   A. 医院；B. 市政府；C. 轮胎制造厂；D. 杂货零售商；E. 采矿公司

您认为这些信息系统中应包含哪些信息分析工具?

7. 某玩具制造商正与它的零售商之一——反斗城玩具公司（Toys“Я”Us）共同设计一种供应商管理的库存系统。要使这一系统得以运行，零售商必须向制造商提供什么样的信息?试述该如何使用各信息元素。

8. 试论订单处理优先权法则对订单处理总时间的影响。在什么情况下，您更愿意按先收到先处理原则，而不是最短处理时间原则处理订单?

9. 假设你为一家销售汽车维修件的公司工作，负责为公司制订电子商务的开发战略。网站已经准备好来展示和提供产品信息，接受网上订单。你将如何安排订单履行过程，即订单处理、库存管理、存储、运输和配送过程?哪些信息技术可以帮助企业完成这些经营活动?

10. OMS、WMS和TMS系统构成了企业的物流信息系统。
    a) 描述下列企业物流信息系统应该有的数据信息和决策支持工具。(ⅰ)快餐店，如Burger King或必胜客；(ⅱ)汽车制造商，如通用汽车公司、丰田汽车公司或菲亚特公司；(ⅲ)服务组织，如红十字会。
    b) 为实现一体化管理，OMS、WMS和TMS系统应该共享哪些数据来建立高效的物流信息系统?

11. 某数码相机和照相器材的制造企业通过零售商网络销售自己的产品。某些分布在全球的工厂在生产完成后将产品运到仓库，作为库存来向零售店提供。生产是根据零售店发往仓库的订单而制订的。仓库的存货根据对零售店订单的预测安排。零售店再订货的依据是本地销售市场的销售预测。供应渠道内（工厂－仓库－零售店）的运输服务依赖卡车完成。预测误差、运输延迟、生产安排的变化、意料外的促销和库存数量的不准确导致了供应渠道的不确定性。

    利用互联网和企业的网站，企业设计了一套与现有订货渠道并行的订货系统。请提议每个渠道成员应该提供的信息，订购决策应如何制订，不确定性该如何处理，与现有订货渠道相比网上订货模式有哪些优点?

第三部分　运 输 战 略

第六章　运输基础知识

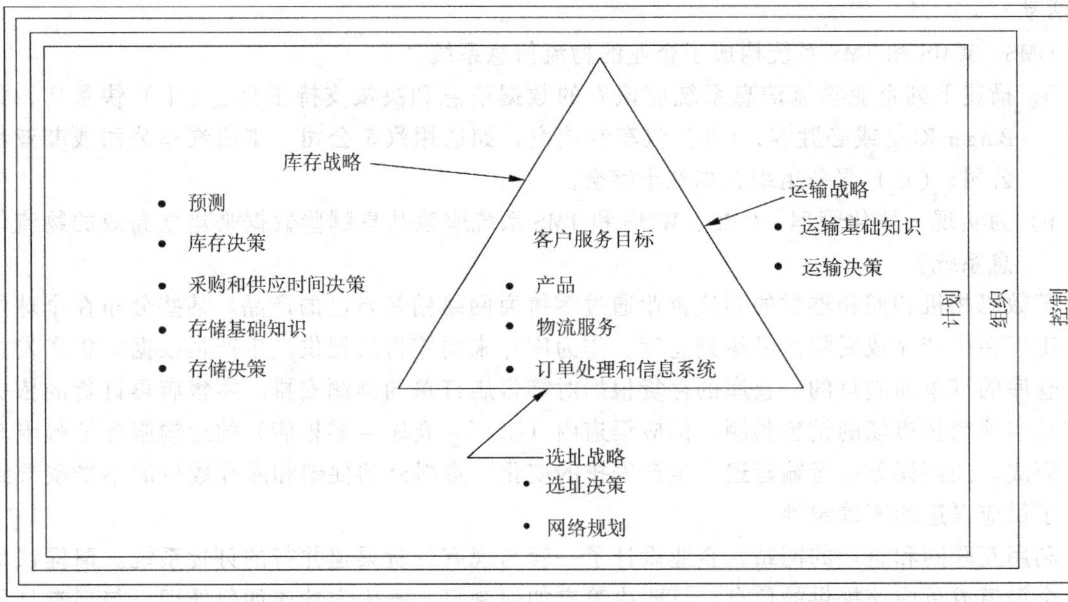

中文里的“Crisis（危机）”一词由两个汉字组成——一个表示危险，一个表示机会。

——无名氏

对大多数企业来讲，运输通常代表物流成本中最大的单项成本。据观察，货物运输费用占物流总成本的三分之一到三分之二[1]。因此，物流管理者需要对运输问题有很好的认识。尽管这里由于篇幅限制无法对运输问题做详尽的讨论，但本章会突出那些对物流管理者的管理目标而言至关重要的核心内容。

本章重点介绍构成运输系统的设施、服务，以及管理者可能选择的不同运输服务的运价（成本）、服务质量。具体而言，我们要对各种运输服务的特点进行考察，以期找到最佳水平的服务。用户从运输系统得到的也正是这些服务。

6.1　高效运输系统的重要性

只要对比发展中国家和发达国家的经济，我们就可以看到运输在创造高水平经济活动中

[1] 见表 1-1

的作用。在发展中国家，生产和消费通常在空间上非常接近，大量劳动力投入到农业生产中，居住在城市的人口只占总人口的很小一部分。随着廉价、便利运输服务的出现，整个经济结构逐步朝着发达国家的结构演变。人口向城市中心转移，导致大城市的产生，生产的地域限制、产品的种类限制有所改善，居民的物质生活水平普遍提高。更具体地说，就是高效、廉价的运输系统促使市场竞争加剧，带来生产中更多的规模经济效益，降低产品价格。

1. 加剧竞争

由于运输系统落后，市场局限在生产地点附近的周边地区。只有当生产成本比第二个生产地点的相应成本低很多时——即，生产成本之间的差异可以抵消供应第二个市场的运输成本时——才可能发生竞争。但是，随着运输系统的改进，运到远距离市场的产品的运达成本就可以与在同一市场销售的其他产品的价格相竞争。

除了鼓励直接竞争，廉价、高质量的运输也鼓励间接竞争，它使得许多产品进入市场，而这些产品的运输成本在一般运输系统中过高，令人无法承受。某些产品能够渗透到其原本无法进入的市场，从而导致销售额的实际增长。同时，外来商品对市场上所有类似商品的价格也起到平抑作用。（见资料 6.1）

资料 6.1　应用

由于生长的季节性特征和缺乏良好的生长条件，在许多市场上，新鲜水果、蔬菜和其他易腐产品只在每年一定时期出现。然而这些产品多数在全年各个时期都会在世界上的某个地方上市。快速而价格合理的运输可以使这些易腐烂产品出现在原本不可能出现的市场上。在一月的纽约，有来自南美洲的香蕉；堪萨斯城的饭店全年供应新英格兰的活龙虾；在四月，夏威夷的兰花则在美国东部随处可见。高效、廉价的运输系统使这一切成为可能。

2. 规模经济

更广阔的市场带来更低廉的生产成本。由于这些市场规模更大，生产设施的利用率得以提高，劳动力专业化程度加强。此外，廉价的运输也使得市场和产地分离。因此，人们选择产地时有了更多的自由，可以选择具有地理优势的地方进行生产。（见资料 6.2）

资料 6.2　观察

汽车配件在中国台湾、印度尼西亚、韩国、墨西哥这样的地方制造，然后在美国进行组装和销售。低廉的劳动力成本和高质量的生产吸引企业在这些距离市场遥远的地点进行生产。但如果没有廉价、可靠的运输，在美国以外生产配件就会成本太高，无法与国内的生产相竞争。

3. 降低价格

廉价的运输也有助于降低产品价格，这不仅仅是因为市场竞争加剧，还因为运输成本与生产、销售及其他分销成本一样是产品总成本的组成部分。随着运输更有效率，服务水平会提高，人们生活水平会提高，全社会都会受益。（见资料 6.3）

资料 6.3　观察

原油可以从国内产地获得，也可以进口。中东的石油储备比国内的更容易获得，石油的生产成本也更低。随着超级油轮的使用，石油能以很低的价格运到世界各地的市场，即使当地有石油资源，来自国外的原油价格也比当地生产的还低。

6.2 运输服务的种类及其特点

运输用户面对多种多样可供选择的服务，所有这些服务都围绕五种基本运输方式（水上运输、铁路运输、卡车运输、航空运输和管道运输）展开。运输服务就是在特定价格下购买到的一整套服务。运输服务的种类几乎是无限的；五种运输方式可以联合使用（如驮背运输或集装箱运输）；为方便运输服务，可使用运输代理人、托运人协会和经纪人；可利用小件货物承运人（如联邦快递和联合包裹服务公司）的服务提高小件包裹的运送效率；也可以仅仅使用单一运输方式。用户可以从这些可供选择的服务中选择一种服务或几种服务混合在一起，以求得服务质量和服务成本之间的最佳均衡。选择运输服务并非乍看上去那么困难，因为特定货物运输条件的要求常常使可选择的范围大大缩小。

为解决运输服务的选择问题，我们可以将适用于所有运输服务的基本特征归为：价格、平均运送时间、运送时间的变化率、货物灭失和损坏。多年以来，大量的研究已证实这些指标对决策者是最重要的[1]（见表4－2）。这里，事先假设服务可得，且供给的频率很高，能够使服务成为有吸引力的候选方案。

1. 价格

对托运人来讲，运输服务的价格（成本）就是运输货物的在途运费，加上提供额外服务的所有附加费或运输端点费用。如果使用受雇运输，那么运输服务的总成本就是货物在两点间运输收取的运费加上所有附加费，如，起点的取货费，终点的送货费，保险或货物准备出运的费用。如果是自有运输，那么运输服务成本就是分摊到该次运输中的相关成本，包括，燃油成本，人工成本，维修成本，设备折旧和管理成本等。

不同运输服务的成本相差很大。表6－1列出了五种运输方式吨－英里成本的近似值。我们可以注意到航空运输是最昂贵的，管道运输和水上运输则是最便宜的。卡车运输比铁路运输大约贵7倍，而铁路运输是水运或管道运输成本的4倍。这些数字都是平均数，是某一种运输方式的运费收入除以所运货物的总吨－英里数得到的比值。虽然平均成本可用于一般性对比，但在选择运输服务时，就应该根据实际运费来进行成本对比，从而反映所运输的商品、运输的距离和方向、以及特殊的运输要求。

表6－1 各种运输方式的平均吨－英里运输价格

运输方式	价格（美分/吨－英里①）
铁路运输	2.28②
卡车运输	26.19③
水上运输	0.74④
管道运输	1.46⑤
航空运输	61.20⑥

① 根据每吨－英里的平均数。

② 1级货物。

③ 零担运输。

④ 驳船。

⑤ 输油管道。

⑥ 国内。

资料来源：Rosalyn A. Wilson, *Transportation in America*, 2000, 18th ed.（Washington, DC: ENO Transportation Foundation, 2000, P. 19）

[1] 关于这些研究成果，见 James R. Stock 和 Bernard J. LaLonde, "Transportation Mode Descision Revisited," *Transportation Journal*（winter 1977）: 56; James E. Piercy and Ronald H. Ballou, "A Performance Evaluation of Freight Transport Modes," *Logistics and Transportation Review* 14, no. 2（1978）: 99－115; and Douglas M. Lambert and Thomas C. Harrington, "Establish Customer Service Strategies within the Marketing Mix: More Empirical Evidence," *Journal of Business Logistics* 10, no. 2（1989）: 50.

2. 运输时间及其变化率

不断有研究表明（见表 6-2），平均运送时间和运送时间的变化率是头等重要的运输服务指标。运送（运输）时间通常指货物从起点运输到终点所耗费的平均时间。不同运输方式中，有些能够提供起讫点之间的直接运输服务，有些则不能。例如，航空承运人在机场之间运输货物，水运承运人在港口之间运输货物。但如果要对不同运输服务进行对比－即使涉及到一种以上的运输方式，也最好是用门到门运送时间来进行衡量。虽然主要由铁路完成运输，但如果起运地和目的地没有铁路停靠站，当地的提货和送货服务常常要由卡车完成。

运送时间的变化率指各种运输方式下多次运输间出现的时间变化。起讫点相同、使用同样运输方式的每一次运输的在途时间不一定相同，因为天气、交通拥挤、中途经停次数、合并运输所费的时间不同等都会影响在途时间。运送时间的变化率是衡量运输服务不确定性的指标。

关于承运人服务水平的统计资料并不多见，因为没有哪家企业会用到整个运输系统，因而没有哪家企业能够在大范围内进行有价值的比较。但是，军队和政府部门广泛使用国内运输系统运输各种各样的商品，并保存了运送时间的良好记录。对那些保有数据的工业运输情况进行有选择地交叉审核后显示，虽然数据来源不同，但运送时间的变化率没有明显的差异。

图 6-1 和表 6-2 汇总对承运人服务水平最广泛的一次研究的部分结果，这次研究涉及了 16000 多批次的军队和工业运输。需要特别注意的是，长途铁路和航空运输的平均运送时间趋于稳定，而公路的运送时间却在不断增加。当然，一般来讲，对 600 英里以上距离，航空运输是最快捷的运输方式，汽车整车运输、汽车零担运输和铁路运输紧随其后。当运距在 600 英里以内时，航空运输和卡车运输的运送时间相当。如果是 50 英里以内的极短距离运输，运输时间则更多地受取货和送货作业时间，而不是途中运送时间的影响。

各种运输服务运送时间变化率的排序与平均运送时间的顺序大致相同。即，铁路的运送时间变化最大，航空运输最小，卡车运输界于中间。如果从变化率与平均运送时间的比值来看，则航空运输最不可靠，而卡车运输是最可靠的。

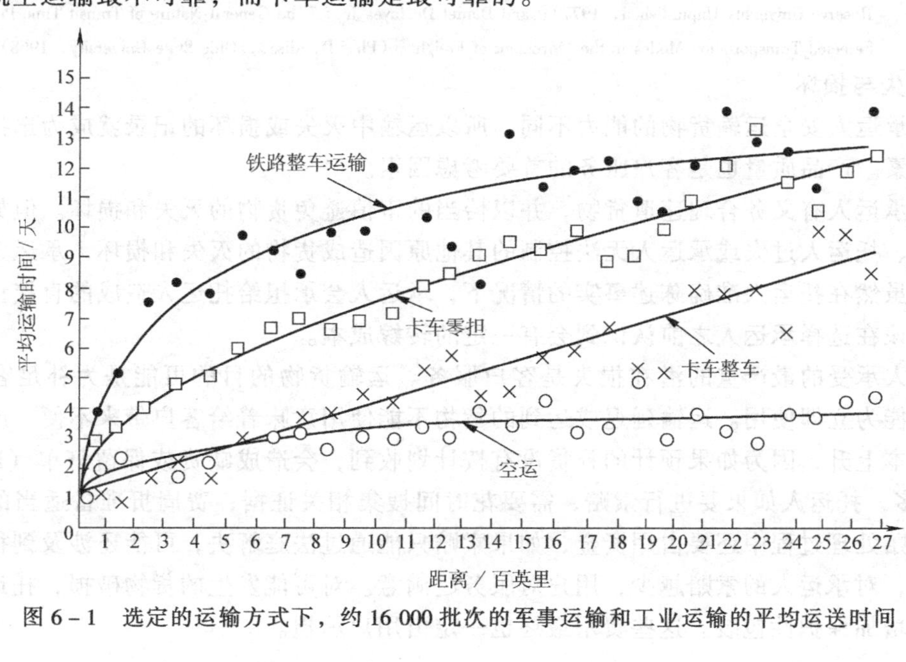

图 6-1　选定的运输方式下，约 16 000 批次的军事运输和工业运输的平均运送时间

表 6-2 给定里程内，不同运输方式之间以天表示的平均运送时间和运送时间波动范围（95%的运输）的对比

给定的里程	铁路整车运输平均运送时间	95%的运输的时间波动	汽车零担运输平均运送时间	95%的运输的时间波动	汽车整车运输平均运送时间	95%的运输的时间波动	航空货运平均运送时间	95%的运输的时间波动	航空快递运输平均运送时间	95%的运输的时间波动	驮背运输①平均运送时间	95%的运输的时间波动
0~49	1.5	0②~3.5	1.7	0~5.1	0.8	0~0.32	③	③	③	③	③	③
100~199	5.2	0~11.9	3.4	0~7.7	2.0	0~56	2.3	0~7.7	1.9	0~5.1	3.8	0~7.4
300~399	8.3	1.4~15.2	5.0	0.4~9.6	1.9	0~4.7	1.8	0~5.9	2.1	0~5.7	4.4	1.7~7.1
500~599	9.8	2.5~17.1	6.0	0~12.0	2.7	0~6.4	3.1	1.1~6.0	1.6	0~4.1	6.6	0~13.7
700~799	8.6	0.6~16.6	7.1	0~14.5	4.1	0~8.9	3.2	0.1~6.3	2.3	0~6.1	6.2	1.0~11.4
1 000~1 099	12.2	2.9~21.5	7.4	1.3~13.5	4.0	1.1~6.9	3.0	0.2~5.9	1.4	0~3.7	6.1	1.5~10.7
1 500~1 599	11.1	5.6~16.6	8.9	0.7~17.2	5.3	0.8~9.9	4.6	0.7~9.9	1.5	0~4.9	4.6③	0~10.0④
2 000~2 099	11.5	1.4~21.5	11.1	3.2~18.9	8.0	0~16.1	4.0	0~9.0	1.8	0~4.6	5.1④	2.6~7.7④
2 500~2 599	12.4	8.3~16.6	12.3	6.7~17.9	8.8	3.3~14.3	4.4	0~10.1	3.4	0~9.6	6.7④	1.1~12.2④
3 000~3 099	10.6	1.5~19.7	12.9	3.8~22.0	10.4	5.9~14.9	3.2	0.7~7.0	6.0	0~23.3	5.6④	3.9~7.3④

① 平板车上载运拖车（Trailer on flat car）。

② 零表示在不到一天内运到。

③ 数据不足。

④ 德海斯的数据。

资料来源：改编自 James Piercy, “A Performance Profile of Several Transportation Freight Services”（Ph. D. diss. Case Western Reserve University Unpublished, 1977）; and Daniel DeHayes Jr., “The General Nature of Transit Time Performance of Selected Transportation Modes in the Movement of Freight”（Ph. D. diss., Ohio State University, 1968）: 163-177

3. 灭失与损坏

因为承运人安全运输货物的能力不同，所以运输中灭失或损坏的记录就成为选择承运人的重要因素。产品质量也是客户服务的首要考虑因素。

公共承运人有义务合理速遣货物，并以恰当的审慎避免货物的灭失和损坏。但如果由于自然原因、托运人过失或承运人无法控制的其他原因造成货物的灭失和损坏，承运人可以免除责任。虽然在托运人准确陈述事实的情况下，承运人会承担给托运人造成的直接损失，但托运人应该在选择承运人之前认识到会有一定的转嫁成本。

托运人承受的最严重的潜在损失是客户服务。运输货物的目的可能是为补足客户的库存，也可能为立即使用。运输延迟或运到的货物不能使用意味着给客户带来不便，或者会导致库存成本上升，因为如果预计的补货没有按计划收到，会造成缺货或保留订单（Backorders）的增多。托运人如果要进行索赔，需要花时间搜集相关证据，费周折准备适当的索赔单据，在索赔处理过程中还要占用资金，如果索赔只能通过法庭解决，可能还涉及到很高的费用。显然，对承运人的索赔越少，用户对服务越满意。对可能发生的货物破损，托运人的普遍作法是增加保护性包装。这些费用最终也一定由用户承担。

6.3 单一运输方式的选择

五种基本运输方式的每一种都直接向用户提供服务。这与使用“运输中间人”的情况不同，比如，利用通常没有或很少有长途运输能力的货运代理人销售运输服务。单一运输方式的服务也与那些涉及两种或以上运输方式的运输服务形成鲜明对比。

1. 铁路运输

铁路基本上运输的是距离长、运输速度慢的原材料（煤、圆木和化工品）和价值低的制成品（食品、纸张和木制品），且较多地运输至少一整车的批量货物。1999年，铁路运输的平均运距是712英里[1]，列车的平均速度是每小时20英里[2]。长途运输的列车平均每天运行64英里[3]。相对较慢的速度和每天较短的运距反映了这样的事实，即货运列车的大部分时间（86%）都花在装卸作业、车站内的货物搬运、车厢的分类和列车编组，或是在车辆需求淡季被闲置在一旁。

铁路部门以两种法定形式提供运输服务，即公共运输或自营运输。公共运输的承运人向所有托运人提供运输服务，受相应政府机构的经济[4]和安全法规约束。相反，自营运输是托运人自我服务的运输形式，通常仅为运输所有人服务。由于自营运输的范围有限，所以无须使用法规予以管辖。几乎所有的铁路运输都属于公共运输。

公共承运人（Common Carrier）提供的铁路长途运输服务主要是整车运输（Carload，CL）。整车运量指事先约定的运输批量，一般接近或超过一节火车车厢的平均运力，适用特定运价。铁路也会使用针对多个车厢的大宗运输的每担（Hundredweight，英担，合100磅）运价，该运价低于零担（Less - than - Carload，LCL）运价，说明大批量运输的搬运成本更低。目前，铁路货物运输几乎全部采用整车运输，反映了大批量运输的趋势，所使用的车辆也更大，货车的平均运力达到83吨[5]，运载单一产品的列车（称做单元列车 Unit Train）有100节或更多节车厢，每节车厢货物的运费可降低25%到40%。

铁路部门还向托运人提供众多的特种服务，从散货（如煤和谷物）运输到需要特殊设备的冷冻产品和新汽车的运输。其他服务还包括保证在一定时间内运到的快递服务；各种中途装卸服务（Stop - off Privilege），允许在起讫点之间的经停点装卸部分货物；上门取货和送货服务；变更卸货地和再托运服务，允许绕行，在中途变更最终目的地。

2. 卡车运输

与铁路运输不同，卡车运输服务的对象是半成品和成品，零担运输（Less - than - Truck-load，LCL）的平均运距是717英里，整车运输（Truck Load，TL）的平均运距是286英里[6]。同

---

[1] Rosalyn A. Wilson, Transportation in America, 2000.18th ed. (Washington, DC Va.: ENO Transportation Foundation 2000), P. 51

[2] Statistical Abstract of the U. S.: 2000, 695.

[3] Statistical Abstract of the U. S.: 1989, 606.

[4] 自从通过1980年斯蒂格利斯铁路法（Staggers Rail Act of 1980）后（该法规解除了对铁路运输的经济管制），几乎不再有联邦经济法规对铁路运输进行管制（1992年少于25%）。但某些州级法规依然存在。

[5] Transportation in America 2000, P. 51

[6] Transportation in America, 4th ed. (Washington, D. C.: Transportation Policy Associates, 1986), 33.

时，卡车运输的平均运输批量比铁路运输小。超过一半的卡车运输批量少于10 000磅，或者说是零担运量。卡车运输的内在优势包括，门到门服务，不像铁路运输和航空运输那样，常常需要在起讫点之间进行装卸作业；运送频率高；服务随处可得；门到门运输的速度快，服务便捷。

尽管卡车运输和铁路运输经常会围绕同一种产品运输展开竞争，但二者之间具有某些明显区别。首先，卡车承运人除了在法律上划分为公共承运人和自营运输承运人之外，也作为合同承运人提供服务。合同承运人并不像公共承运人那样对所有托运人提供服务。合同运输中，托运人与承运人签订协议以获得更好的服务，满足他们的特殊需要，同时不会产生自营车队带来的资本费用和管理问题。

其次，卡车运输所能承运的货物种类不如铁路运输那么多，主要原因在于公路的安全限制限定了所运输货物的规格和重量。多数货物必须比常用的40或53英尺拖车短（除非有两节拖车或三节拖车），而且不可以超过8英尺宽，8英尺高，以保证道路通畅。特殊设计的设备承运的货物可以不受上述规格限制。

第三，对零担货物，卡车运输速度适当、运送可靠。在运送之前，卡车司机只需装满一个拖车就可以起运，而火车列车要装满50节或更多节车厢。总而言之，卡车运输在小件货物运输市场更有优势。

3. 航空运输

虽然航空运价比卡车运输高2倍，比铁路运输高16倍，但还是有越来越多的托运人考虑经常使用航空运输服务。任何运输方式都无法企及的起讫点间的运输速度是航空运输的魅力所在，在长途运输中尤其如此。航空货运的平均运距是1 001英里[1]。商用飞机巡航速度在每小时545英里到585英里之间，但机场到机场的平均速度略低于巡航速度，因为在每个机场都会有滑行和等待的时间，爬升到巡航高度或从巡航高度降下来也需要时间。我们不用机场到机场的平均速度与其他运输方式直接对比，因为取货/送货时间和地面处理时间都没有包括在其中。我们需要综合所有这些时间因素来构成门到门的运送时间。因为地面运输中的货物搬运和运送是门到门总运送过程中最费时间的部分，所以，如果有运行良好的卡车和铁路运输与空运相配合，总运送时间就会下降。当然，这还与个别情况有关。

在正常运作的条件下，空运服务的可靠性和可得性都被认为是不错的。虽然空运服务很容易受机械故障、天气条件和交通拥挤的影响，但运送时间的绝对变化幅度很小。如果以运送时间的变化率与平均运送时间相比，那么航空运输又是最不可靠的一种运输方式。

空运的能力在很大程度上受飞机货舱尺寸和飞机载重能力的限制。然而，由于大型飞机投入使用，这种限制越来越少。例如，波音747和洛克希德500（军用机C5A的商用型）这样的“巨无霸”飞机能运载120吨到150吨的货物。得益于新技术的采用、运输管制的解除和生产率的提高，空运的门到门吨－英里成本可望降到现有水平的一半，这使得空运成为主要地面运输方式的重要竞争者。

空运服务在避免货物灭失和损坏方面有明显优势。根据路易斯（Lewis），卡利顿（Culliton），和斯蒂尔（Steele）[2]的经典研究，空运索赔成本与运费收益的比率只约占卡车运输或铁

[1] Transportation in America, 4th ed.（Washington, D. C.: Transportation Policy Associates, 1986), 33.

[2] Howard T. Lewis, James W Culliton, and Jack W. Steele, The Role of Air Freight in Physical Distribution（Boston: Division of Research, Graduate School of Business Administration, Harvard University, 1956), 82.

路运输的60%。一般来说，只要货物在地面搬运过程中损坏的可能性不比航线运输阶段高，且机场失窃的情况不严重，那么航空运输所需要的保护性包装也较少。

空运有公共运输、合同运输和自营运输等几种法定形式。直接提供的空运服务有七种：1）定期的国内干线运输；2）全货机运输；3）地区性支线运输；4）不定期空运服务；5）空中的士服务；6）通勤航线运输；7）国际运输。当前约十几家航空公司经营着那些最繁忙的航线。这些航空公司在提供定期的旅客运输服务之外还提供货运服务。全货机运输是指仅面向货运的公共运输。服务集中在夜间，运价比国内干线运输平均低30%。服务地区性的航空公司为国内干线和人口较少的地区提供“连接”服务。服务内容既包括客运，也包括货运。不定期空运服务（包机）的承运人与干线运输承运人的运营方式类似，所不同的是他们没有固定的航班时刻表。通勤航空公司与地区性航线的承运人类似，“填补”运输管制解除后被干线运输承运人放弃的支线航线。一般来讲，他们运营的飞机比干线运输承运人的要小。空中的士是指小型飞机，如直升机和有固定机翼的小型飞机，为旅客和货物提供市中心和机场之间的短途运输服务，通常是不定期的。国际运输承运人则运输货物和旅客出入本国国境。

4. 水上运输

由于某些原因，水运服务仅限于一定范围。国内水运服务受限于内陆水运系统，要求托运人靠近水路或使用其他运输方式接应水运。同时，水运服务一般比铁路运输慢。在密西西比河，船舶的平均速度依行驶方向不同在每小时5~9英里之间。内河运输的平均运距是481英里，大湖区507英里，沿海1648英里[1]。水运服务的可得性和可靠性主要受天气影响。在冬季，美国北部就无法进行水路运输，而洪水和旱灾也会使水运中断。

水运船只的承载能力很强，驳船可拖带40 000t货物，而单只驳船的标准尺寸是26英尺×175英尺，35英尺×195英尺。随着子母船的开发，雷达卫星导航设施、测深仪、昼夜自动导航技术等的应用，水运承载能力也大大提高。

水运服务具有各种法定形式，且多数水运货物不受经济法规的约束。除了不受管制的自营运输，利用油轮运输的散装液体货物和煤、沙子、谷物等散装货物也属于豁免运输，这些散货运输构成水运总吨-英里年运量的80%。除了运输散货之外，水运承运人，特别是提供涉外服务的承运人，也承运一些高价值的货物，这些货物利用集装箱船进行集装箱[2]运输，减少了搬运时间，便于实现多种运输方式之间的转换，减少了货物的灭失和损坏。

与其他运输方式相比，水运造成的货物灭失和损坏成本较低，因为货主对低价值散装货的破损不太关心，延迟带来的损失也不严重（买方经常囤积大量库存）。海运中，关于高价值货物的索赔很多（约为海运收入的4%），因此海运中需要更多的包装以保护货物，主要是使其免受装卸过程中野蛮作业的破坏。

5. 管道运输

迄今为止，管道运输的服务范围和服务能力都十分有限。利用管道运输的最经济可行的货物是原油及其成品。当然，也有一些实验性做法，将固体产品悬浮在液体中运输，称为“浆

[1] Transportation in America 2000，P. 51

[2] 集装箱是标准化的“箱子”，通常为8英尺×8英尺×10英尺、8英尺×8英尺×20英尺或8英尺×8英尺×40英尺，集装箱运输中，集装箱作为一个单元进行搬运处理，便于作为一个单位用其他运输方式进行转运。

液”，或将固体产品放入圆桶中，在液体中顺序运输。如果这些实验被证实是经济的，那么管道运输服务范围就可以大大拓宽。早期人们曾使煤悬浮在液体中运输，因为会腐蚀管道并未推广开来。

通过管道运送产品很慢，每小时只有3~4英里。但由于每天运送24小时，每周运送7天，一定程度上抵消了速度慢的弱点，也使得管道运输与其他运输方式相比，有效速度要高得多。

管道运输的运输能力很大，货物在直径为12英寸的管道内每小时移动3英里，每小时的货运量就可以达到89 000加仑。

从运输时间来看，管道运输是所有运输方式中最可靠的，因为造成运输时间变化的障碍因素很少出现。天气不是重要因素，泵站设备也非常可靠。此外，除非在托运人希望使用管道运输时，其他托运人恰巧也正在使用管道设施，管道运力的可得性一般也不受限制。

管道运输中，产品的灭失和损坏很少，因为：1）液体和气体不像制成品那样易受损坏；2）危及管道运输的灾难屈指可数。当灾难真的发生时，即使许多管道运输承运人形式上是自营运输承运人，但由于管道运输具有公共承运人的地位，所以还要对货物的灭失和损坏承担责任。

为对运输行业的服务质量进行总结，表6-3利用本节开篇提出的四个成本和绩效特征对不同运输方式进行了排序。需要了解的是如果具体到产品类型、运送距离、承运人的管理、用户-承运人的关系和天气条件，这些排名可能会变化，而且某种形式的运输服务可能不可得。

表6-3 各种运输方式的成本和运作绩效①的相对排名

运输方式	运作特点				
	成本② 1=最高	平均运送时间③ 1=最快	运送时间的变化率：绝对值 1=最低	运送时间的变化率：百分比④ 1=最低	灭失和损坏 1=最少
铁路运输	3	3	4	3	5
卡车运输	2	2	3	2	4
水上运输	5	5	5	4	2
管道运输	4	4	2	1	1
航空运输	1	1	1	5	3

① 假设运输服务可得。

② 每吨-英里成本。

③ 门到门的速度。

④ 绝对变化除以平均运送时间的比率。

资料来源：作者针对不同情况对平均绩效作出估计。

6.4 多式联运

近年来，越来越多的运输使用两种以上的运输方式。除了显著的经济效益外，国际航运的发展是其主要动力。多式联运的主要特点是在不同运输方式间自由变化运输工具。例如，将拖车上的集装箱装上飞机，或铁路车厢被拖上船等等。这种转换运载工具的服务是使用单一运输方式的托运人得不到的。多式联运服务通常需要在彼此合作的各承运人单独提供的服务间达成妥协，也就是说，服务成本和绩效特征界于所涉及的那些运输服务之间。

多式联运服务的组合方法可有十种：1）铁路运输和卡车运输；2）铁路运输和水上运输；3）铁路运输和航空运输；4）铁路运输和管道运输；5）卡车运输和航空运输；6）卡车运输和水上运输；7）卡车运输和管道运输；8）水上运输和管道运输；9）水上运输和航空运输；10）航空运输和管道运输。这些组合并不都实用，而其中有些可行的组合也未被用户采用。只有铁路运输和卡车运输的组合，被称为驮背运输（Piggyback），得到了广泛使用。卡车运输与水上运输的组合，被称为鱼背运输（Fishyback），也得到了越来越多的采用，尤其在高价值货物的国际运输中。在较小的范围内，卡车运输-航空运输和铁路运输-水运的组合也是可行的，但其使用很有限。

1. 平板车载运拖车（Trailer On Flatcar）

平板车载运拖车（TOFC），或称驮背运输，指在铁路平板车上载运卡车拖车，通常运距比正常的卡车运输长。TOFC 综合了卡车运输的方便、灵活与铁路长距离运输经济的特点。运费通常比单纯的卡车运输要低，因此卡车运输公司可以延伸其服务范围。同样地，铁路部门也能够分享到某些一般只由卡车公司单独运输的业务。托运人也得以在合理价格下享受到长距离门到门服务的便捷。上述种种特点已使得驮背运输成为最受欢迎的多式联运方式。装载公路拖车和集装箱的铁路车辆数量呈持续、显著的上升趋势，由 1960 年的 554 000 增加到 1996 年的 9 740 000（年运量），占铁路运营车辆[1]的 55%。

根据公路和铁路运输设备的所有人、运价结构的不同，TOFC 有五种不同的服务方案，包括：

- 方案Ⅰ。铁路部门为公路运输的公共承运人运送拖车。由公路承运人签发单据，铁路部门按一定比例向公路承运人收取运费或按同一价格收取运送拖车的服务费。
- 方案Ⅱ。铁路部门用自己的平板车运送自有的拖车和集装箱，提供门到门服务。铁路承运人与当地的卡车公司达成协议由卡车公司在起点站装车，在终点站送货。托运人只与铁路部门打交道，得到的是与公路公共承运人相当的运价。
- 方案Ⅱ1/4。与方案Ⅱ相似，只是铁路部门提供取货或送货服务，或两者都提供。
- 方案Ⅱ1/2。铁路部门提供拖车和集装箱，托运人负责将其运进和运出火车站。
- 方案Ⅲ。托运人或货运代理人可以将自己的空拖车和集装箱或满载的集装箱和拖车放在铁路平板车上，按统一价格付费。费用是从匝道到匝数，即托运人负责取货和送货。
- 方案Ⅳ。托运人不只负责装满拖车或集装箱，而且负责将其装上运送拖车或集装箱的铁路设备。铁路部门则对运送的车辆不论空或满收取统一费用，这些费用是轨道和牵引设备的使用费。
- 方案Ⅴ。在 TOFC 服务中，两家或多家铁路和卡车承运人可以联合报价。每个承运人可以向其他各方索要运费，这样每一方都可以将自己的服务延伸到其他各方的范围之内。

2. 集装箱运输

在 TOFC 协议下，整个拖车都装载在铁路平板车上运输。但也可以将拖车看成两部分，即：1）包容货物的集装箱或箱子，2）拖车的底盘。在公路-铁路联运服务中，可以只拖载

[1] “International Traffic Creeps Upward”, Daily Trucking and Transportation News (July 24, 1996)

集装箱，从而省掉底盘和轮子的重量。这类服务叫 COFC，或平板车载运集装箱（Container on Flatcar）。

标准集装箱是各种地面运输服务中通用的设备，管道运输除外。因为集装箱运输避免了多式联运中成本高昂的小件货物中转再装卸作业，而且与卡车运输结合可以提供门到门的服务，使用水运中的集装箱船，还可以提供水运－公路联运服务。目前这类服务形式正在迅猛发展，尤其是国际贸易的日益增长更进一步推动了其发展。集装箱还可用于与航空运输结合的联运形式，这就是当前最具前景的航空－公路联运。集装箱对航空运输非常重要，因为昂贵的运输成本使得空运中不可能运输拖车的底盘。现有飞机尺寸以及空运主要承运的小件货物的尺寸限制了大型集装箱在航空运输中的使用，但随着大型飞机投入运营，航空运费有所降低，航空－公路联运服务将得以拓展。

联运服务受标准集装箱尺寸的影响。对卡车运输来讲过大的集装箱，或者与卡车运输设备不相匹配的集装箱会将卡车运输排除在联运方式之外。对其他运输方式也如此。现在，集装箱的尺寸是 8 英尺 ×8 英尺 ×20 英尺，8 英尺 ×8 英尺 ×40 英尺。这两种集装箱都与标准的 40 英尺拖车及其他多数运输方式相符合。（见资料 6.4）

资料 6.4 观察

集装箱运输始于 1956 年，那时马尔科姆·麦克林（Malcom McClean）首次将海运拖车装载在二战中使用的油轮上，从新泽西州的奈瓦克航行到德克萨斯州的休斯敦。之后不久，就有一条船经过特别改装，将车厢大小的箱子码放在甲板上。集装箱运输从波多黎各扩展到欧洲，再到太平洋。这个创举减少了港口装卸时间，避免了偷盗，节约了保险费用。现在美国与世界其他地区之间海上贸易的 75%使用大集装箱运输，而不像以前那样包装在箱子、桶、袋子和盒子里[1]。

6.5 运输代理和小件货物运输

1. 运输代理

一些向托运人提供运输服务的代理自身只拥有很少或没有运载工具。他们主要处理大量的小件货物，将其合并成整车运量。该项服务收取的费用与零担运输（LTL）相当，但代理们将小件货物集中就可以得到整车运费。两者的运费差可以抵消经营成本。除提供集运服务外，代理们还向托动人提供取货和送货服务。运输代理包括航空和地面运输的货运代理人、托运人协会和运输经纪人。

货运代理人是受雇的货运承运人。他们也拥有某些设备，但主要为满足取货和送货业务需要。至于长途运输，要从航空、铁路和水运承运人那里购得。运输代理的主要优势在于，即使他们的平均运量只有 300 磅，他们也可以对高达 30000 磅的货物进行报价。

托运人协会是在非赢利基础上经营的合作性组织。成员入会的目的就是降低运输成本。协会提供的服务与货运代理人相类似。整个协会作为单个托运人，以得到批量运输的运价。

[1] "McClean Makes Containers Shipshape, 1956," Wall Street Journal (November 29, 1989): B1.

每个成员则根据他们运输的货量支付总运费的一部分。

运输经纪人是联系托运人和承运人的中介机构，提供有关运价、运输路线和运力方面的及时信息。经纪人也可以代为安排运输，但不承担运输责任。经纪人对承运人尤其重要，能够帮助承运人拓宽业务。人们还设了很多网站，这些网站将试图提高运输设备利用率的承运人和寻求低价运费的托运人匹配在一起并收取服务费。

2. 小件货物运输服务

邮政包裹运输是美国邮政提供的小件货物递送服务。包裹有规格的限制，重量不超过70磅，长度不超过130英寸[1]，可运达美国各地。运费根据起运地到目的地的距离而定。邮政包裹运输会利用各种长途承运人的服务。

联合包裹服务公司和联邦快递公司提供与邮政相类似的小件货物运输服务，运价和服务水平也相近，提供取货服务，可送达全美和世界各地。小件货物运输也有优先的空运服务，提供隔夜和某些情况下当天的递送服务。联邦快递的服务是其中最受欢迎的，联合包裹服务公司和美国邮政也与其相竞争。

除专门进行小件货物运输服务的货运代理外，长途承运人也运送小件货物。通常如果货物重量低于某一最低重量（一般卡车运输为200~300磅），承运人就收取统一运价。小件货物运输的运价一般不如大件货物的运价优惠。这类服务收入份额的分布如下：联合包裹服务公司的卡车服务31.6%；卡车公司的零担运输39.6%；普通空运4.2%；特殊空运[2]24.6%；铁路和公共汽车可忽略不计[3]。

6.6 企业自营运输

另一种提供运输服务的方式是企业拥有运输设备，或与运输公司签订服务合同。用户所希望的理想状态是，运作绩效更好，服务更方便，运力更大，成本更低。与此同时，企业会丧失掉一些财务上的灵活性，因为企业必须投资运输设备以获得运力或者遵守长期协议。如果运量大，自营运输服务会比外购服务更经济些。但是有的企业对服务有特殊要求，公共承运人的服务无法满足其要求，所以即使成本高也不得不自己投资或签订运输协议。这类运输要求包括：1）高度可靠的快速运送服务；2）非通用的特殊设备；3）货物的特殊搬运处理要求；4）要求服务随叫随到。公共承运人服务于众多客户，并不总是能满足单个用户的特殊需要。

6.7 国际运输

运输业成功地建立起快速、可靠、有效的运输系统，在过去30年内为国际贸易水平的急剧提高（24倍）作出了重大贡献（仅从1980年到1996年，空运和水运收入就增长了三倍）[4]。

---

[1] 尺寸指边长（最长的一边）和围长（两倍宽度加两倍高度）之和。快件的限制更多。

[2] 联邦快递（Federal Express），联合包裹运送公司（UPS），敦豪（DHL）和空中快递（Airborne Express）。

[3] Transportation in America，19.

[4] Statistical Abstract of the U.S.：1997，656.

廉价的运输使得国内企业可以利用全世界范围内劳动力成本的优势，从世界各地采购原材料，使商品在远离国内的市场也有竞争力。因此，物流管理者必须了解国际运输的特殊要求。

1. 概述

国际运输以水运为主，贸易额的50%以上，贸易货物重量的99%，都通过水运实现。航空运输的货物占贸易额的21%，其余的由跨越国境的公路、铁路和管道运输完成。

占主导地位的运输方式主要受国家地理条件和与主要贸易伙伴之间距离的影响。像日本和澳大利亚这样的岛国必须大量使用空运和水运。但许多欧盟成员国就可以使用铁路、公路和管道运输方式。因为货物运输只能经由有限数量的港口和海关关口以进入或离开某一国，所以国际运输中的路线选择比国内运输受的限制更多。当然，这也导致路线选择比国内运输更容易、更明显，但与国内运输相比，由于两国或多国间法律要求不同，国际承运人的责任更有限，所以使得国际运输更为复杂。换句话说，国际运输比国内运输需要的单据更多，更容易受某一国法律关于出入境要求的影响而造成延迟，更容易受两国或多国间道路限制的影响。此外，承运人的有限责任（海运承运人的举证责任只是已提供了适航船舶）也导致运输中保护性包装增多，保险和制单成本提高，以抵御潜在损失。这也有助于部分解释为什么国际市场上多使用集装箱运送高价值货物。

2. 有形工厂（Physical Plant）

国际运输中的有形工厂与国内工厂体系相比较大同小异。运输设备属同样类型，只是规模稍有差异。因为其地理范围与国内运输不一样，所以实际路线不同。而自由贸易区及其在国际运输路线选择中的作用却是两者间的明显区别。

海关费用、关税、进出口税和国内税是政府对进口货物征收的特别税。这些税赋通常由出口商负担。出口商常会觉得在进口国进口货物时向进口国支付关税的方式对自己不利。出口商可能只是想利用进口国的劳动力或将其作为战略性生产和储存地，却发现由于关税影响导致太不经济。自由贸易区或自由港避免了这些不利因素，对进口国、出口国都有好处。而在国内贸易中没有与自由贸易区类似的做法。

自由贸易区是在某国家一个或多个入境点（如海港、空港）设立的免税区，国外的产品可以进入、储存或以某种形式在区内加工，再运往海外，中间不必支付任何关税。图6-2是自由贸易区运作方法的图解。在美国有225个一般用途的自由贸易区，有359个分区[1]。他们为负责国际运输的物流管理者提供很多有利条件。自由贸易区的主要优势总结如下：

（1）进口商品可以在自由贸易区内存储、进行处理以改变产品的海关分类组别，进行装配、展览、定级、清洗、销售、与其他外国或国内商品混合、再包装、销毁、分类、或进行其他服务，随后运出自由贸易区，运往其他国家，这期间不办理海关手续，不受海关控制。

（2）自由贸易区的商品只有在进入进口国关境时才须支付关税。

（3）为进入国内市场而进口的商品如果标识有误可以先在自由贸易区内更换标识，避免了进口国对商品的处罚。

（4）商品可以在自由贸易区内进行再包装，以改变其包装数量。

（5）如果商品数量由于渗漏、蒸发或破损而减少，那么进出口商不必为已经损失的数量

---

[1] 全国自由贸易区协会（National Association of Foreign - Trade Zone）的网页。www. naftz. org

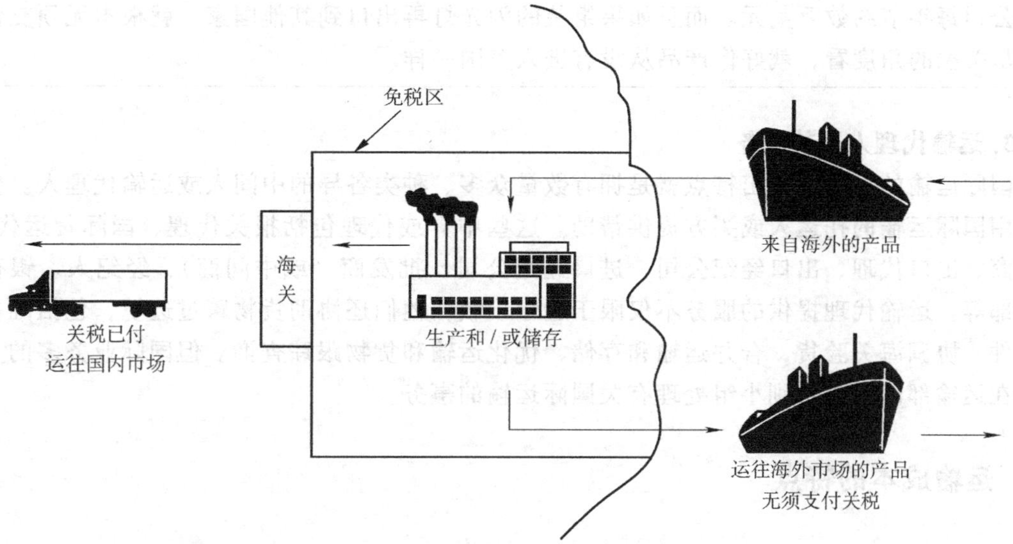

图 6-2 自由贸易区的运作

支付关税。

(6) 有时候，将未装配的商品运到自由贸易区，在区内装配，可以有一定的成本节约。

(7) 如果将需缴纳关税的外国原材料先运往自由贸易区生产，在找到国外买主或买主准备好接货时再运出，就可以避免关税和保证金占用资金，使资金有更好的用途。

(8) 进口商可以享受对外贸易中的某些特殊优惠政策，将关税冻结在一定水平上，避免以后的上涨。

(9) 在自由贸易区内生产的产品如果进入国内市场，只须对产成品中进口的原材料和零部件缴纳关税[1]。

(10) 有形的私人物品一般免征国家和地方税。

(11) 海关的安全要求可以避免货物被偷。

(12) 商品可以无限期地留在区内。

自由贸易区相当于一个前进的基地，通过它商品可以运往海外市场，或从海外市场或海外供应商那里接收商品。贸易区的这些优势很容易使商品的运输路线发生改变。保税仓库(无论自有或公共仓库)也可以起到保税区的作用。(见资料 6.5)

资料 6.5 应用

Dorcy 国际公司 (Dorcy International Inc.) 经营闪光灯和提灯，并从中国进口产品。以往公司在货物到达西海岸后就支付 12.5% 的海关关税。现在，黄色和黑色的闪光灯从中国起运后，经铁路运到俄亥俄州哥伦布市附近被废弃的 Rickenbacker 军事基地，现在这里是自由贸易区。Dorcy 公司在 Rickenbacker 贸易区建起了工厂，在这里将商品组合、包装并运送给西尔斯、沃尔玛和 K-mart 等客户，并在此时再缴纳关税——推迟了 30 天。推迟缴纳关税可以

[1] 改写自 Gordon E. Miracle and Gerald S. Albaum, International Marketing Management (Homewood, IL: Richard D. Irwin, 1970), 438-445; Pat J. Calabro, "Foreign Trade Zone—A Sleeping Giant in Distribution."

帮助公司每年节约数万美元。而且如果组装的闪光灯再出口到其他国家，就根本无须支付关税。从关税的角度看，就好像产品从没有进入美国一样。

3. 运输代理人及其服务

国际运输的另一个突出特点就是拥有数量众多、种类各异的中间人或运输代理人。他们为使用国际运输的托运人或买方提供帮助。这些中介或代理包括报关代理、国际货运代理、出口商、出口代理、出口经纪公司、进口经纪公司、批发商（或中间商）、经纪人、银行的国际部等。运输代理提供的服务不仅限于运输领域，他们还协助货物跨过边境，包括准备海关文件、协调海关验货，合并运输和存储、优化运输和货物跟踪查询。但国际业务多的企业则会在运输部门下设特别小组处理有关国际运输的事务。

6.8 运输成本的特点

决定运输价格的关键是每种运输服务的成本特征。公正、合理的运价遵循价格反映服务成本的特点。因为每种服务都有自己独特的成本特征，所以在给定条件下，某一种运输方式的潜在优势可能会是其他服务方式无法相比的。（见资料 6.6）

资料 6.6 例子

Parker - Hannifin 公司是全球知名的水暖设备制造企业，生产水管、接头、水罐、密封圈、调节器和过滤器。生产在美国、欧洲和亚洲进行，销售到几乎所有国家。国际销售以三种方式完成，如图 6 - 3。运输可能利用代理来完成（A）。产品用卡车运到仓库，在那里小批量被合并为大批量。海运或空运的货运代理人将货物运往目的地。第二种方式（B）是直接利用航空或海运承运人将大批量货物运往某指定地区。当运量比 A 方式大时，这种做法是合理的。最后一种方式（C）是使用快递公司如联邦快递或 UPS 的服务。这种方式尤其适合紧急订单。在这种情况下，主要使用航空运输。多种运输方式的使用使得 Parker 公司兼顾了运输的效率和客户服务的目标。

6.8.1 可变成本和固定成本（Variable and Fixed Costs）

运输服务涉及许多成本，如人工成本、燃油成本、维护成本、端点成本、线路成本、管理成本及其他成本。这些成本可以人为地分成随服务量或运量变化的可变成本和不随服务量或运量变化的固定成本。当然，如果考察的时期足够长，运量足够大，所有的成本都是可变的。但为了对运输服务进行定价，就有必要将在承运人“正常”运量范围内没有变化的成本视作固定资本，其他成本视作可变成本。具体而言，固定成本包括获取路权的成本和维护成本，端点设施成本、运输设备成本和承运人管理成本。可变成本通常包括线路运输成本，如燃油和人工成本、设备维护成本、装卸成本、取货和送货成本。以上并非对固定成本和可变成本的准确分类，就像不同运输方式之间的成本差异显著一样，随考察的范围不同，固定成本和可变成本的分类也有所不同。所有成本都有部分固定特征，部分可变特征，将成本划分

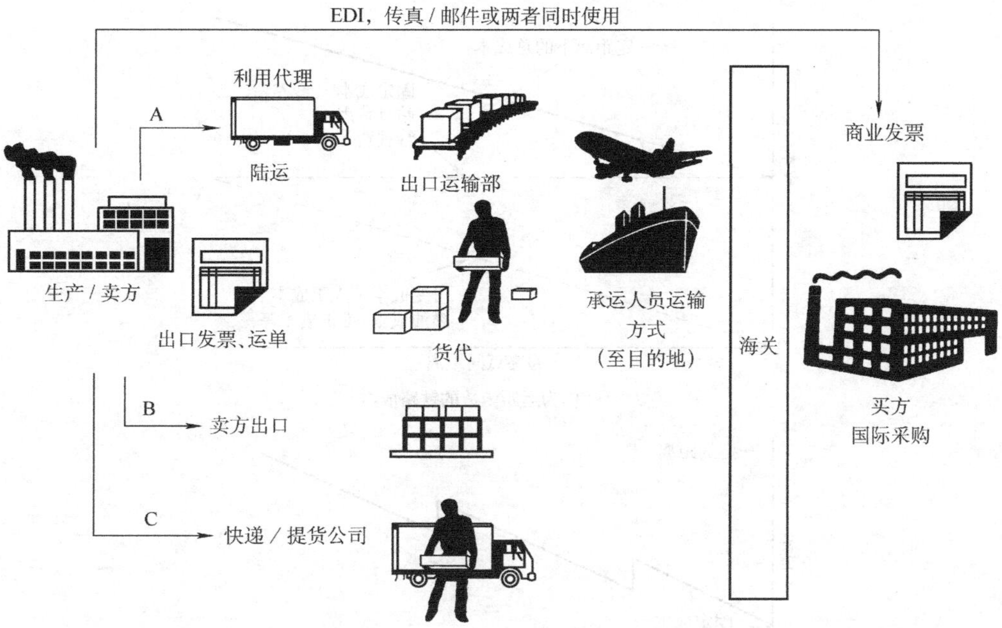

图6-3 海外客户的运输方式

到这一类或那一类只是角度不同的问题。

在途运费（Line-haul Transportation Rates）有两个重要决定因素：运距和运量。在每种情况下，固定成本和可变成本的划分略有不同。为证明这一点，我们来看一下铁路运输的成本特征。如图6-4a所示，总的服务成本随货物运送距离的不同而变化。因为燃油的用量决定于运输距离，使用人工的数量是距离（时间）的函数，所以会有这样的成本结构。这些都是可变成本。铁路运输的固定成本很高，因为铁路部门拥有自己的铁路线、站点、调车场和设备。后来的这些成本不随货物运距的变化而改变。固定成本和可变成本的总和就是总成本。与上述情况不同，图6-4b表示的是随托运人运量变化的铁路成本函数。此时，途中的人工成本是不变的，但装卸成本是可变的。如果运量不少于整个车厢或整列货车，将带来成本的显著下降，导致总成本曲线在零担（LTL）、整车（TL）和多节车厢运量之间不连续。大批量运输运价的降低通常与这些成本的下降同步。

6.8.2 共同成本或联合成本（Common or Joint Costs）

前文谈到合理的运价与提供服务的成本密切相关。通常，企业除了要区分固定成本与可变成本以外，要确定某批货物的实际运输成本还需要人为地对一些成本进行分摊，甚至有时我们并不知道总运营成本。这样做是因为很多运输成本是不可分的。许许多多不同规格，不同重量的货物在同一条铁路线上运输，每件货物该分担多少成本呢？是按照货物重量占总运量的比例分摊，还是按货物体积占总货运体积的比例分摊，还是按其他标准分摊？运输成本分摊并没有简单的公式可循，确定每批货物的运输成本仍然是一个主观判断的问题。

除管道运输外，所有承运人都要考虑的返程问题就是个明显的例子。承运人很难在去程运输（Forward Movement）和返程运输（Return Movement 或 Backhaul）之间找到绝对的平衡。

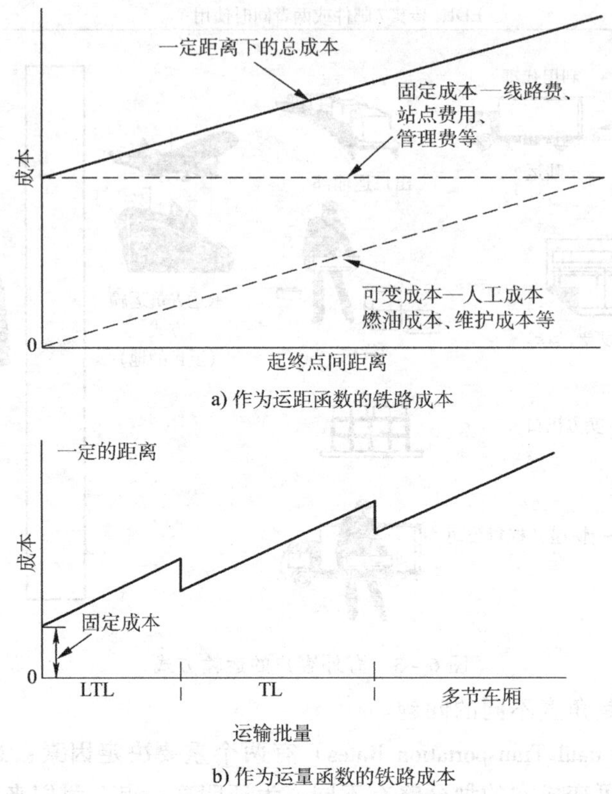

图 6-4　作为运量和运距函数的铁路成本（收入）曲线

根据定义，去程运输是交通繁忙方向的运输，返程运输是交通稀少方向的运输。返程运输的货物可以与去程运输平分运输的总成本中返程运输应承担的部分，这会使每批返程货物的运输成本比去程运输高。返程运输也可以看成去程运输的副产品，因为返程是去程运输的结果，这样，就将所有的或大部分成本分摊到去程运输中，返程成本可以看成零，或只将那些与返程运输直接相关的成本分摊到返程运输上。

但后一种方法会有一些风险。比如，去程运输的运价可能定得较高，以限制这一方向的运量。同时，返程运价定得很低，来补偿部分固定成本。结果可能是，返程运量大增，超过去程运量。随后，承运人可能会发现自己无法弥补固定成本，需要调整运价以尽量改变运量对比。副产品现在变成了主产品。此外，这样的成本结构带来的成本分摊和运价上的巨大差异，可能会引起去程运输和返程运输托运人的价格歧视问题。歧视的关键是两个方向的服务是否被置于基本相同的条件和环境下。

6.8.3　不同运输方式的成本特征

承运人特别注重的服务类型可通过其企业的一般化成本函数特点和该函数与其他承运人成本函数之间的关系显示出来。

1. 铁路运输

作为货运和客运承运人，铁路运输的特点是固定成本高，可变成本相对低。装卸成本，制单和收费成本，多种产品、多批货物货车的调度换车成本导致铁路运输的端点成本很高。每批货物的运量增加以及由此会导致的端点成本的下降，都将带来一定程度的规模经济效益，即每批货的运量越大，单位成本就越低。铁路维护和折旧、端点设施的折旧和管理费用也会提高固定成本的水平。铁路运输的在途成本（或可变成本）通常包括工资、燃油、润滑油和维护成本。根据定义，可变成本会随运距和运量成比例变化。但某些可变成本（如人工成本）确实存在一定程度的不可分性，所以单位可变成本会随运量和运距的增加略有下降。虽然人们对可变成本、固定成本的确切比例关系争议很大，但传统上，铁路运输部门常常将总成本的一半或三分之一当作可变成本。

固定成本高和可变成本相对低造成的净结果就是在铁路运输成本中存在明显的规模经济。如图 6-5 所示，将固定成本分摊到更大的运量上一般会降低单位成本。相类似，如果将固定成本分摊到更长距离的运输中，铁路的吨-英里成本就会下降。

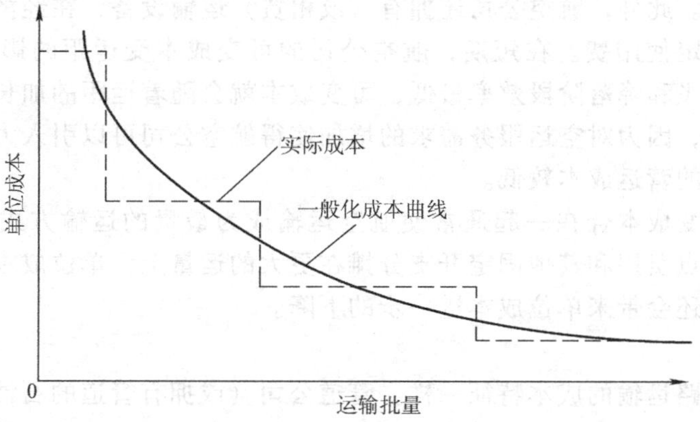

图 6-5　随运输批量变化的一般性陆运成本结构

2. 公路运输

公路运输与铁路运输的成本特征形成鲜明对比。卡车运输的固定成本是所有运输方式中最低的，因为承运人不拥有用于运营的公路，拖挂车只是很小的经济单位，车站的运营也不需昂贵的设备。而另一方面，卡车运输的可变成本很高，因为公路建设和公路维护成本都以燃油税、公路收费、重量-英里税的方式征收。卡车运输成本主要可分为端点费用和在途费用。端点费用包括取货和送货成本、货场装卸成本、制单费和收费成本，约占卡车运输总成本的 15%～25%。这些成本以美元/吨计算，在运输批量小于 2 000～3 000 磅时，这些成本会随运输批量变化很快。当运量超过 3 000 磅，随着取货、送货和装卸成本分摊到更大的运量上，端点费用会持续下降，但下降的速度比小批货物运输时费用下降的速度慢得多。成本和运量之间的函数关系与前面图 6-5 所示的一般化曲线形式是一样的。在途费用占总成本的 50%～60%。我们无法确定单位在途费用会随运距或运量的增加而降低，但是，由于端点成本和其他固定开支分摊到更多的吨-公里运量上，所以总的单位运输成本会随运量和运距的增加而降低，只是不如铁路运输那么明显。

3. 水运

水运承运人主要将资金投放在运输设备和端点设施（在某种程度上说）上。水路和港口都是公有的，由政府运营，只有少数项目向水运承运人收费，在内陆水运中尤其如此。水运承运人预算中主要的固定成本都与码头作业有关。这些费用包括船只进入海港时的港口费和货物装卸费。水运货物装卸速度特别慢，除散货和集装箱货可以有效使用机械化物料搬运设备外，昂贵的搬运成本使得其他情况下的端点费用高得令人几乎无法接受。

水运中常见的高端点成本一定程度上被很低的在途费用所抵消。水路不对使用者收费，水运的可变成本仅包括那些与运输的运营设备相关的成本。因为水运以很慢的速度、很小的牵引力进行运输，营运成本（不包括人工成本）尤其低。由于码头成本很高，在途费用很低，吨－英里成本随运距和运量的变化急速下降。正因为此，水运是最廉价的大宗货物运输方式之一，适合长距离、大批量运输。

4. 航空运输

航空运输与水运和卡车运输的成本特征有很多相同之处。航空运输的端点和空中通道一般不属航空公司所有。航空公司根据需要以燃油、存储、场地租金和起降费的形式购买机场服务。如果我们将地面装卸、取货和送货服务包括在航空货运服务中，这些成本就成为空运端点成本的一部分。此外，航空公司还拥有（或租赁）运输设备，在经济寿命内对其进行折旧就构成每年的固定使用费。在短期，航空公司的可变成本受运距的影响比受运量的影响大。由于飞机在起飞和降落阶段效率最低，可变成本就会随着运距的加长而降低。运量对可变成本有间接影响，因为对空运服务需求的增加使得航空公司可以引入大型飞机，而大型飞机按吨－英里计算的营运成本较低。

固定成本和可变成本合在一起通常使航空运输成为最贵的运输方式，短途运输尤其如此。但是，随着端点费用和其他固定开支分摊在更大的运量上，单位成本会有所降低。如果在长距离内营运，还会带来单位成本进一步的下降。

5. 管道运输

管道运输与铁路运输的成本特征一样。管道公司（或拥有管道的石油公司）拥有运输管道、泵站和气泵设备。他们可能拥有或租赁管道的使用权。这些固定成本加上其他成本使管道的固定成本与总成本的比例是所有运输方式中最高的。为提高竞争力，管道运输的运量必须非常大，以摊销这些高的固定成本。可变成本主要包括运送产品（通常为原油和成品油）的动力和与泵站经营相关的成本。对动力的需求差异很大，取决于线路的运量和管道的直径。大管道与小管道相比，周长之比不像横截面面积之比那么大。摩擦损失和气泵动力随管道周长变大而增加，而运量则随截面的增大而提高。其结果是，只要有足够大的运量，大管道的每吨－英里成本会迅速下降。在一定的管道规格条件下，如果运送的产品过多，管道运输的规模收益会递减。上述成本的一般特征如图 6－6 所示。

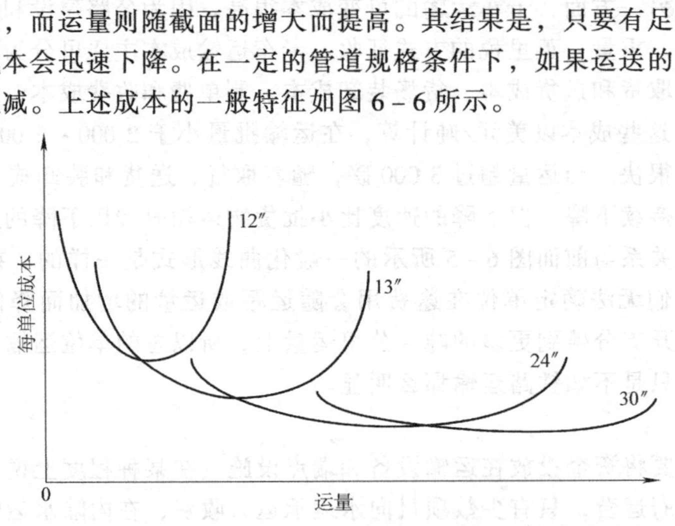

图 6－6 作为管道直径和管道运量函数的管道运输一般化成本

6.9 运价简介

运价是受雇承运人对所提供服务收取的费用。在多种定价条件下，企业使用不同的标准设定运价。其中最常见的运价结构与运量、运距和需求有关。

6.9.1 与运量相关的运价

运输行业的成本经济特征表明服务成本与运输批量有关。通常的运价结构反映了这些经济特征，大批量运输的运价总是比小批量运输的运价要低。运量通过几种方式在运价结构中得到反映。首先，直接针对运输批量报价。如果批量小，为承运人带来的收益很低，就要对所运货物收取起码运费或与运量无关的统一运价（Any Quantity Rate，AQ）。运输批量大一些，超过起码运费但又低于整车运量时，会随运量不同收取零担运费。如果运输批量等于或超过指定的整车运量，就收取整车运费。第二，运用运费分级系统可以对大量运输的货物提供一些折扣。某种货物大批量运输可以为托运人争取到特殊运价。一般认为，特殊运价偏离了适用于小批量运输的正常运价。与运量相关的运价结构比上文提到的更复杂。但由于后面章节讨论的运价大多与运量有关，所以我们将在下文中对此继续进行深入探讨。

6.9.2 与运距相关的运价

运价作为运距的函数，可能完全不随运距变化，也可能直接随运距波动，而大多数的运价结构介于前两个极端之间。

1. 单一运价（Uniform Rates）

简单可作为建立运价结构的关键因素。其中，最简单的莫过于单一运价结构，即对不同的起讫点距离只适用一种运输运价（如图 6-7a 所示）。例如美国邮政快件的邮费。邮政中使用单一运价结构是合理的，因为邮政服务总成本的绝大部分是处理费用，而处理费用与运量有关，与运距无关。而另一方面，卡车运输中在途费用占总成本的 50% 以上，如果在卡车运输中也使用单一运价，就会造成严重的运价歧视问题[1]。

2. 比例运价（Proportional Rates）

如果线路成本所占的比重很大（卡车运输和更低程度上的航空运输），就要由比例运价来协调简单的运价结构和服务成本之间的矛盾（图 6-7b）。只要知道两个运价，就可以绘出直线来得到该商品的其他运价。虽然这种简单的运价结构有许多明显的优势，但这种运价却对短途运输的托运人有利，对长途运输的托运人不利。在短途运输中，端点费用无法得到弥补。而整车运输由于装卸成本极低，所以可以采用这种运价。

3. 递减运价（Tapering Rates）

常用的运价就建立在递减原则的基础上。在美国，由于端点费用经常被包含在线路费用中，所以根据成本变化得出的运价结构就如图 6-7c 所示，随运距增加而增加，但增加的速

---

[1] 当运价没有接受质疑的服务的成本制定时，就认为发生了歧视。

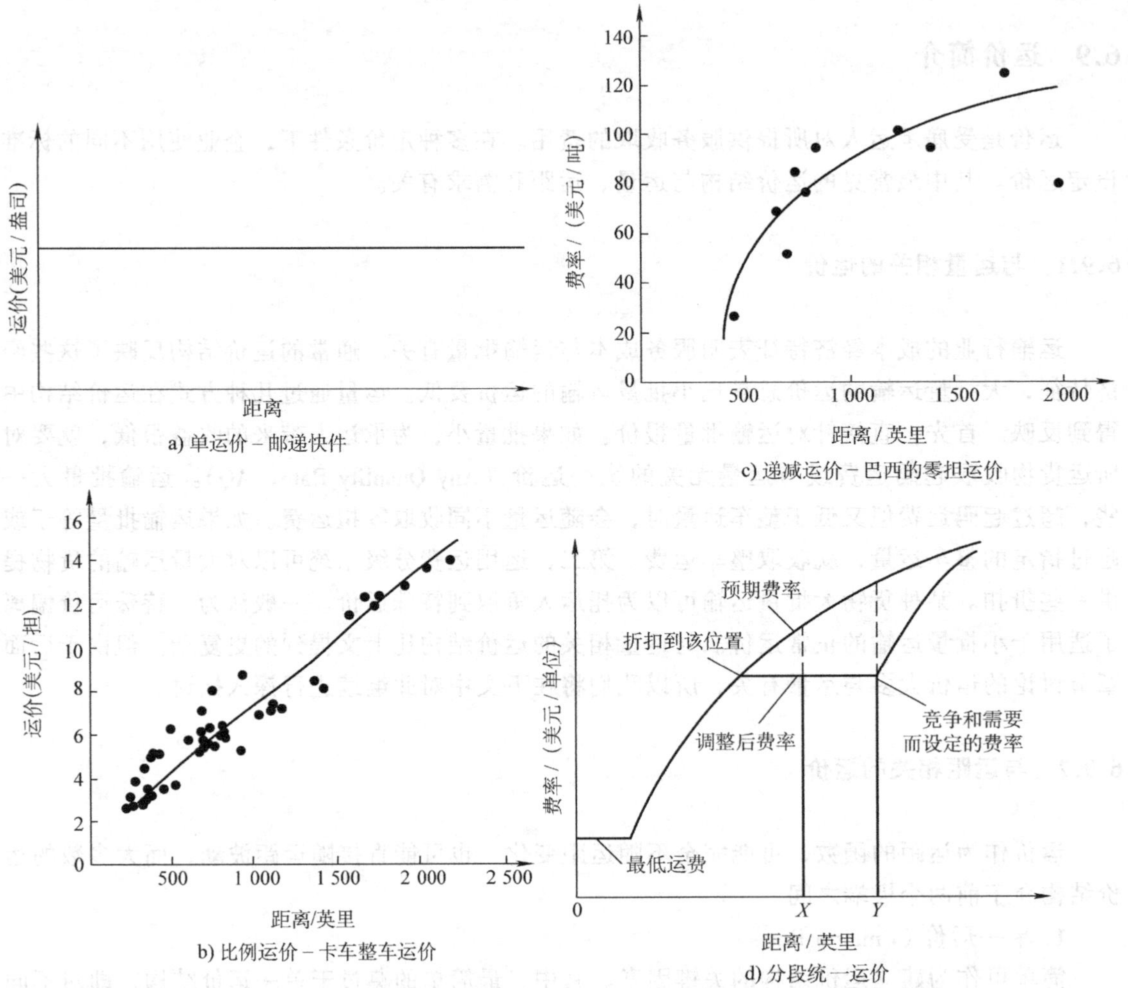

图6－7　4种与运距相关的运输运价结构

度呈递减趋势。出现该形状的主要原因是随着运距的增加，端点成本和其他固定开支会分摊在更多的里程上。运价增加量递减的程度取决于承运人的固定成本水平和线路营运中规模经济的大小。因此，只要考虑运价结构中的经济性，那么我们就有理由认为铁路运输、水运和管道运输比卡车运输和航空运输中的运价递减幅度要大。

4. 分段统一运价（Blanketing Rates）

承运人希望向竞争对手的运价看齐，希望简化运价、简化管理，因此建立了分段统一运价。分段统一运价就是适用于一个广阔范围内的起讫点之间的单一运价。运价结构如图6－7d所示，曲线的平稳段就是运价归并或统一段。分段统一运价在那些长途运输的产品和生产商或市场集中在特定区域的产品中最常见。这些产品包括谷物、煤炭、木材和运往东部市场销售的加州特产，甚至邮政包裹和联合包裹服务公司对自起点开始到呈辐射状的广阔区域所报的运输价格也是其中一种形式的分段统一运价。

分段统一运价是一种歧视性运价，但对承运人和托运人来讲，运价简洁带来的好处超过了歧视带来的不利影响。同时，分段统一运价也向运输服务的用户提供了更多的选择。

有时，竞争压力会迫使某段运输的运价低于根据一般运价结构和成本特点所预计的正常运价值。如图 6-7d 中的点 Y，如果降低点 Y 的运价就会导致位于 Y 前面的点（如点 X）似乎受到了不公正的对待。为避免这种不公正，承运人就允许点 X 的运价，以及位于 Y 前面，运价高于 Y 点运价的所有点的运价都等于 Y 点的运价。这一过程被称做分段统一过程。

5. 与需求相关的运价

需求（或服务的价值）也会决定运价水平，且该运价与提供运输服务的成本很少一致。这里需要理解的是，用户会认为运输服务具有一定的价值。因此，如果用户考虑使用承运人的服务，就会有一个运价的上限不能超过。影响托运人心目中运输服务价值的因素有两个：托运人的经济环境和其他可选择的运输服务（见资料 6.7）

资料 6.7 例子

制造商 A 和 B 生产同一种产品，在市场 M 以每磅 1 美元的价格销售，如图 6-8。

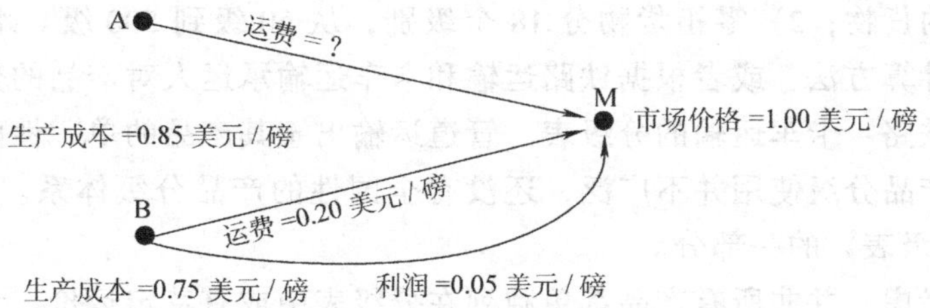

图 6-8 运输服务的价值

除运输成本外，A 厂的其他费用是每磅 85 美分，B 厂是每磅 75 美分。每销售 1 磅产品 B 可获利润 5 美分。由于 B 的价格已定，导致 A 能承担的运输成本最多为每磅 15 美分，在这一运价水平下 A 厂没有利润。对 A 而言，这是运输服务的最高价值。如果运价超过这一水平，就不会有产品运输。

第二个因素可以从 B 能够得到的两种运输服务中看出来。如果两种服务质量相同，那么对 B 服务的价值是那个低的运价。高价服务必须适应每磅 20 美分的要求才能有竞争力，才能够运送某些产品。因此，需求，或者说是竞争决定了运价水平。以服务价值为基础的竞争性运价会对成本为基础的运价结构造成扭曲，使运费报价、管理和公布的问题更加复杂。

6.10 路途运价

运输价格可划分为路途运价和特殊服务费。路途运价指在起运地和目的地端点之间发生的费用，或整车运输中的门到门运费。特殊服务费用是额外服务的价格，如端点服务、中途经停服务费、运载工具滞留费等。路途运价又可以按产品、按运输批量、按路线或按其他标准分类。

6.10.1 按产品分类

如果各种运输服务根据所有起讫点组合对每一种产品进行单独报价，运价数目就会太多，无法进行实际管理。为了大量减少所需的运价数目，人们设计出产品分类系统，将大多数的产品归为31个类别，从13级到400级。运输企业对100级货物进行报价，其他不同级别的货物运价则折成100级货物运价的一定百分比。目前，承运人并没有严格遵照这种模式，而是公布特定产品级别的运价。

曾经有一段时间，几个产品分级体系共存，各区域分别适用不同的体系。自20世纪50年代中期以来，许多铁路、公路、水运承运人纷纷采用了《统一货运分级表》（Uniform Freight Classification）作为惟一的分级标准。汽车运输公司也使用了《全国公路货运分级表》（National Motor Freight Classification）之类的分级标准。但有两点不同：1）没有包括那些一般不使用卡车运输的货物；2）零担货物分18个级别，从50级到500级。水运承运人或者使用重量－体积的计算方法，或者根据铁路运输和卡车运输承运人对产品的分级确定运价。货运代理人也使用铁路－卡车运输的分级表。管道运输出于其产品的单一性而不需要对产品分级。空运货物的产品分级使用并不广泛，还没有全国性的产品分级体系。表6－4列出的是《全国公路货运分级表》的一部分。

出于实用的考虑，并非所有产品都单独列在分级表中或有特定运价。无论是铁路运输的分级表，还是卡车运输的分级表，都将所有没有单独列明的产品归为同一栏下，在品名上标注以字母NOI[1]或"另外列明的除外"。所有NOI产品都适用单一运价。表6－4就出现了NOI级产品的几个例子。

表6－4 《统一公路分级表》——指定产品

产品号	品 名	零担	整车	最低运量
	Abrasives Group:			
	Alundum, Corundum, Emery, or other natural or synthetic abrasive material, consisting chiefly of aluminum oxide or silicon carbide:			
1070-00	Grude or lump, LTL, in bags, barrels, or boxes; TL, loose or in packages	55	35	50 000
1090-00	Flour or grain, in packages	55	35	36 000
2010-00	Refuse, including broken wheels, wheel stubs, or wheel grindings, in packages; also TL, loose	55	35	40 000
2030-00	Wheels, pulp grinding, on skids or in boxes or crates	55	40	30 000
2055-00	Cloth or paper, abrasive, including Emery	55	37.5	36 000
	Cloth or paper or sandpaper, in packages			
2070-00	Accessories or furniture, cat or dog, in boxes and having a density on pounds per cubic foot of			
2070-01	Less than 1	400	400	AQ①
2070-02	1 but less than 2	300	300	AQ①
2070-03	2 but less than 4	250	250	AQ①
2070-04	4 but less than 6	150	100	12 000
2070-05	6 but less than 8	125	85	15 000
2070-06	8 but less than 10	100	70	18 000

[1] NOI特别用于《全国公路货运分级表》。《统一货运分级表》则用NOIBN指同一内容，翻译成"单独列名的除外"。

（续）

	Abrasives Group:			
	Alundum, Corundum, Emery, or other natural or synthetic abrasive material, consisting chiefly of aluminum oxide or silicon carbide:			
2070-07	10 but less than 12	92.5	65	20 000
2070-08	12 but less than 15	85	55	26 000
2070-09	15 or greater	70	40	36 000
	Advertising Group:			
	Advertising matter, NOI, prepaid, in packages			
4660-01	Cloth or oilcloth	85	55	24 000
4660-02	Paper or paperboard, other corrugated or fluted	70	40	30 000
4740-00	Almanacs, prepaid, in packages	77.5	55	24 000
4745-00	Aprons, bags, other than traveling bags, gloves, head visors, or mats, cloth, printed with advertising, prepaid, in boxes	100	70	20 000
4800-00	Calendars, prepaid:			
4800-01	Cloth, in packages; or steel, celluloid covered, in boxes	85	55	24 000
4800-02	Paper or pulpboard, in packages	70	55	24 000
4850-00	Catalogs, prepaid; or catalog parts or sections, paper, prepaid; in packages	60	35	40 000
4860-00	Circulars, books, booklets, leaflets, pamphlets, sheets, or price lists;			
4860-01	Printed entirely on newsprint	60	35	30 000
4860-02	Not printed entirely on newsprint	77.5	55	24 000
4920-00	Displays, consisting of brick or tile facings, roofing, shingles, siding, or tile; mounted on panels, prepaid, in boxes or crates	70	55	24 000
4960-00	Displays, dummy articles, such as imitation butter squares, fruits, vegetables, or meats, prepaid, in boxes or crates	100	70	20 000
4980-00	Displays, figures or images, rubber, NOI, other than foam rubber, prepaid, in boxes or crates	100	70	20 000

①AQ 指所有运量。

资料来源：改编自南方货运公司（Southern Motor Carriers'）的货物分级软件。

在某些情况下，产品的运价与表中列明的不同，即所谓“分级表的特例”。适用时，这些例外运价优先于公布的运价，且该运价一般比等级运价要低。规定特例是为了反映一些特殊情况，特别是竞争和运营过程中的特殊情况，分级表只提供通常情况下产品的一般运价，所以无法将特殊情况反映出来。

在设定产品运价时要考虑许多因素，各种因素的基础就是货物的密度、积载能力、装卸的难易程度和运输责任的大小。这些因素包括：

- 运输包装后，每立方英尺货物的重量；
- 运输包装后，每磅货物的价值；
- 运输途中，如果货物遭灭失、损坏、耗费或被盗，承运人的赔偿责任；

- 货物对与其接触的其他货物造成损害的可能性；
- 危险品运输带来的风险；
- 牵扯责任或风险问题的货物容器或包装的种类；
- 装卸费用和装卸时小心、认真的程度；
- 类似货物的运价；
- 各种货物之间运价的公平性；
- 品名不同，但用途大致相当的货物之间的竞争情况；
- 商业条件和销售单位；
- 贸易条件；
- 服务的价值；
- 全国的货物运输量[1]。

解除运输管制法规的实施可能导致货物分级过程中使用的因素更少。

1. 等级运价（Class Rates）

与货运分级表相呼应的就是运价表。一旦知道产品的货运等级，就可以确定路途运价了。

等级运价是起运地到目的地运距及其他因素的函数。运价的基础——运距可以通过标准运距表如《家用商品运输指南》（Household Goods Movers Guide）、《兰德麦克纳利里程指南》（RandMcNally Mileage Guide）或其他托运人和承运人都接受的里程指南获得。这些指南经常使用邮政编码来指示起运地和目的地。因此，就可以将许多分散的地址集中成几个参照点以便于管理，同时也有较高的准确度。如表 6 - 5 所示，由此就可以编制出运价表，表中根据邮政编码（距离）和货物等级不同，运价不同。

托运人用以计算运费的货量并不总是与表 6 - 4 中的数量刚好相等，也就是说，如果运输的货量为 9 000 磅，那么不一定使用大于 5 000 磅重量分界点的运价。如果适用下一级重量的运价计算出的总运费低于直接计算的结果，承运人就允许托运人声明的货量为下一个更高重量分界点的货量，适用该级运价。在每一个重量分界点以内，都会有一些货运量可以享受这样的好处。分界点的重量可以通过下列公式得到

$$分界点重量 = \frac{费率_{下一级} \times 重量_{下一级}}{费率_{当前级}} \tag{6 - 1}$$

式中 分界点重量——只要超过该重量，则使用下一级更高重量分界点的运价，将降低运输成本；

$费率_{下一级}$——下一级更高的重量分界点运价；

$重量_{下一级}$——下一级更高的重量分界点的起码重量；

$费率_{当前级}$——货物实际重量对应的运价。

（见资料 6.8）

---

[1] Charles A. Taff, Management of Physical Distribution and Transportation, 6th ed. (Homewood, Ⅲ.: Richard D. Irwin, 1978). 356 - 357.

表6-5 第100级货物自纽约州纽约市运往指定邮政编码中心地区的零担运价

邮编	地点	起码运费①	<500②	≥500③	≥1 000③	≥2 000③
021	波士顿，马萨诸塞州	9 768	5 877	4 636	3 474	3 075
029	普罗维登斯，罗德艾兰州	9 351	5 401	4 276	3 203	2 866
041	波特兰，缅因州	8 460	5 854	4 597	3 441	3 206
122	奥尔巴尼，纽约州	12 838	6 665	5 288	4 038	3 459
152	匹兹堡，宾夕法尼亚州	13 263	6 957	5 246	4 015	3 446
194	费城，宾夕法尼亚州	10 825	5 132	4 069	3 071	2 561
198	威尔明顿，特拉华州	11 110	5 290	4 195	3 174	2 648
200	华盛顿，哥伦比亚特区	13 262	6 890	5 553	4 310	3 666
212	巴尔的摩，马里兰州	11 084	5 579	4 421	3 361	2 843
232	里士满，弗吉尼亚州	11 296	6 158	4 899	3 744	3 218
282	夏洛特，北卡罗来纳州	12 973	6 502	5 992	4 873	3 867
292	哥伦比亚，南卡罗来纳州	13 248	6 842	6 310	5 146	4 099
303	亚特兰大，佐治亚州	14 826	8 196	7 494	6 114	4 965
331	迈阿密，佛罗里达州	14 396	9 142	8 495	6 779	5 575
336	坦帕，佛罗里达州	14 081	8 664	8 046	6 416	5 232
379	孟菲斯，田纳西州	13 313	6 928	6 395	5 214	4 159
402	路易斯维尔，肯塔基州	12 787	7 474	6 425	4 787	4 323
432	哥伦布，俄亥俄州	12 276	6 856	5 902	4 340	3 920
441	克列夫兰，俄亥俄州	12 161	6 710	5 781	4 238	3 826
452	辛辛那堤，俄亥俄州	12 504	7 112	6 118	4 525	4 085
462	印第安那波利斯，印第安那州	12 672	7 331	6 301	4 683	4 229
482	底特律，密执安州	14 808	8 639	7 418	5 598	5 017
532	米尔沃基，威斯康星州	13 097	7 848	6 739	5 051	4 564
554	明尼阿波利斯，明尼苏达州	14 165	9 043	7 754	5 901	5 339
606	芝加哥，伊利诺依州	15 128	8 451	7 379	5 586	4 999
631	圣路易斯，蒙大拿州	13 289	8 074	6 927	5 213	4 707
701	新奥尔良，路易斯安那州	17 032	10 849	9 530	7 720	6 402
722	小石城，阿肯色州	13 993	8 851	7 587	5 760	5 203
731	俄克拉何马城，俄克拉何马州	14 976	9 886	8 463	6 486	5 864
752	达拉斯，得克萨斯州	17 353	10 775	9 226	7 114	6 414
782	圣安东尼奥，得克萨斯州	17 313	11 882	10 139	7 863	7 095
802	丹佛，科罗拉多州	16 345	11 830	9 543	7 949	6 895
850	非尼克斯，亚利桑那州	18 650	13 626	10 987	9 161	7 945
900	洛杉矶，加利福尼亚州	20 614	14 954	12 094	10 092	8 727
921	圣地亚哥，加利福尼亚州	19 560	14 345	11 555	9 632	8 349
933	圣地亚哥，加利福尼亚州	18 778	13 803	11 094	9 274	8 033
946	奥克兰大，加利福尼亚州	18 931	13 927	11 192	9 355	8 102
972	波特兰，俄勒冈州	19 725	14 473	11 657	9 720	8 424
981	西雅图，华盛顿州	18 896	14 173	11 389	9 519	8 247

（续）

邮编	地点	≥5 000③	≥10 000③	≥20 000③	≥30 000③	≥40 000③
021	波士顿，马萨诸塞州	2 444	1 742	1 009	783	687
029	普罗维登斯，罗德艾兰州	2 271	1 592	882	662	601
041	波特兰，缅因州	2 537	2 269	1 321	965	931
122	奥尔巴尼，纽约州	2 971	2 218	1 315	1 022	980
152	匹兹堡，宾夕法尼亚州	2 976	2 215	1 265	970	945
194	费城，宾夕法尼亚州	2 083	1 423	735	554	525
198	威尔明顿，特拉华州	2 167	1 501	805	619	567
200	华盛顿，哥伦比亚特区	3 069	2 235	1 293	988	936
212	巴尔的摩，马里兰州	2 373	1 689	942	716	674
232	里士满，弗吉尼亚州	2 756	2 021	1 154	875	860
282	夏洛特，北卡罗来纳州	3 082	2 521	1 217	979	876
292	哥伦比亚，南卡罗来纳州	3 271	2 709	1 385	1 110	998
303	亚特兰大，佐治亚州	3 973	3 344	1 836	1 490	1 336
331	迈阿密，佛罗里达州	4 290	4 200	2 278	1 829	1 654
336	坦帕，佛罗里达州	4 037	3 948	2 131	1 708	1 545
379	孟菲斯，田纳西州	3 320	2 758	1 429	1 141	1 030
402	路易斯维尔，肯塔基州	3 546	2 784	1 905	1 625	1 422
432	哥伦布，俄亥俄州	3 221	2 483	1 702	1 450	1 268
441	克列夫兰，俄亥俄州	3 142	2 412	1 656	1 409	1 229
452	辛辛那堤，俄亥俄州	3 354	2 608	1 784	1 526	1 330
462	印第安那波利斯，印第安那州	3 471	2 713	1 860	1 584	1 384
482	底特律，密执安州	4 143	3 308	2 411	2 069	1 805
532	米尔沃基，威斯康星州	3 738	2 963	2 028	1 727	1 511
554	明尼阿波利斯，明尼苏达州	4 334	3 520	2 414	2 059	1 807
606	芝加哥，伊利诺依州	4 093	2 856	1 957	1 664	1 458
631	圣路易斯，蒙大拿州	3 855	3 069	2 104	1 793	1 565
701	新奥尔良，路易斯安那州	5 100	3 750	2 028	1 625	1 462
722	小石城，阿肯色州	4 249	3 435	2 353	2 007	1 756
731	俄克拉何马城，俄克拉何马州	4 785	3 923	2 690	2 290	2 006
752	达拉斯，得克萨斯州	5 221	4 011	2 748	2 343	2 052
782	圣安东尼奥，得克萨斯州	5 799	4 831	3 380	2 895	2 534
802	丹佛，科罗拉多州	6 072	4 685	4 140	3 602	3 367
850	非尼克斯，亚利桑那州	6 991	5 461	4 812	4 185	3 912
900	洛杉矶，加利福尼亚州	7 672	6 065	5 365	4 660	4 341
921	圣地亚哥，加利福尼亚州	7 356	5 764	5 097	4 434	4 145
933	圣地亚哥，加利福尼亚州	7 091	5 541	4 893	4 247	3 992
946	奥克兰大，加利福尼亚州	7 153	5 595	4 938	4 290	4 030
972	波特兰，俄勒冈州	7 424	5 819	5 144	4 472	4 184
981	西雅图，华盛顿州	7 286	5 709	5 031	4 376	4 115

① 起码运费单位为美分。

② 运价单位为美分/担（Cents per Hundred Pounds，/cwt）。

③ 如果按照实际重量计算的运费金额超过利用重量分界点下一级运价计算的运费金额，那么可以适用低的运费。

④ 运费将是所有计算值中最低的，无论是用可适用的零担运价按实际重量/估计重量计算运费，还是适用整车运价。

资料来源：Yellow Freight System，Inc. 公布的运价。

资料 6.8　例子

假设有 15 000 磅广告用展板要用卡车从纽约市运到密歇根州的底特律。该产品的等级是 100（表 6－4 中的 4 745－00 类产品）。根据某卡车公司的运价表（表 6－5），如果运量在 10 000～20 000 磅，100 级货物的运价为 33.08 美元/担；如果运量超过 20 000 磅，运价为 24.11 美元/担。承运人提供 60% 的折扣。分界点重量为（24.11 美元/担 × 20 000 磅）÷ 33.08 美元/担 = 14 576 磅。因为运量超过了 14 576 磅，所以会被当作 20 000 磅出运，适用 24.11 美元/担的运价。因此，运输费用是 24.11 美元/担 × 200 担 = 4 822.00 美元。剔除折扣 0.60 × 4 822.00 美元 = 2 893.20 美元，净收费为（4 822.00－2 893.20）美元 = 1 928.90 美元。

注意等级费率表和很多商品的价目表相似，他们传播很广，一般托运人和承运人都知道，可以从不同承运人的网站下载，也可以在承运人的办公室免费领取。不同承运人的费率表非常相似，很少有竞争的余地。因此，承运人对费率打折以吸引托运人是一种常见的做法。折扣常常从 40%～70%，折扣率要托运人和承运人商定。（见资料 6.9）

资料 6.9　应用

某化工公司大部分的防腐剂、涂料都在俄亥俄州的克利夫兰生产，运到全美各地。多数运输批量不足整车，属于零担运输。任何一定批次的运量都不够大，运到的地点也不少，不应该适用协议运价。但是，卡车公司为留住这个极有价值的客户，在等级运价的基础上给予其 40% 的折扣。

2. 协议运价（Contract Rates）

尽管等级运价结构为许许多多种商品提供了确定运价的一般方法，但还是有很多承运人对托运人报出特殊运价。这些运价反应了某批次运输或某托运人的一些情况，如运输的批量、运输方向和客户的价值。这些运价可能是，但也不一定建立在系统分析的基础上。协议运价意味着要比一般的等级运价更加优惠。这些运价非常特殊，可能是一次性的，反应了某次运输的具体情况。

在运输管制解除之前，大宗商品运价（Commodity Rates）都是特殊运价，不在等级运价结构覆盖范围之内。大宗货物运价比等级运价要低，也优先适用。解除管制以来，大宗商品运价似乎渐渐消失，而由协议运价担负起同样的角色。

在一个地区运输的总运量就使用这种特殊的报价。但多数小件货物运输承运人为简化报价，使用一般的等级运价。

3. 综合运价（Freight－All－Kinds）

如果承运人不考虑构成运输批量的不同货物等级，报出单一运价，该运价就被称做“综合运价”（Freight-All-Kinds，FAK）或“所有种类货物的运价”（All－Commodity Rate，ACR）。货运代理人经常使用这类运价，因为他们多数情况下处理的是混装货物。该运价随提供运输服务的成本变化，而不是随服务的价值变化。

6.10.2 按运输批量划分

运价和实际的运输收费随实际交付的货量（即运量）而有所差异。运价是按100美元/磅（担）进行报价，根据运价表中起码运费和运输批量的关系而有所不同。任何一种最低运量都会出现在运价表中。运价表中可能有多个最低运量，例如5 000、10 000、20 000和30 000磅的最低起运点，也可能对所有运量只有单一运价，即所有运量统一（Any-Quantity，AQ）的运价。

习惯上，铁路、公路承运人和运输经纪人据以收取运费的数量限制更低，或者他们收取一个统一的起码运费，这样实际收费不可能降到起码运费以下。我们经常可以看到以等级为基础的运输报价和起码运费。因为等级运价针对零担运输、整车运输，且有一个统一的最低车载量，所以在起码运费之外还有零担运价和整车运价。

某些运价表突出重量分界点，而不是等级运价。表6－6就是卡车100级运价的样本，共用的重量分界点是40 000磅。（见资料6.10）

资料6.10　例子

假设某产品等级为60，运量为1 000磅（10担，10cwt.），将从肯塔基州的路易斯维尔运到伊利诺依州的芝加哥。根据表6－6，运费应是20.43（美元/担）×10担＝204.30美元。

表6－6　从肯塔基州路易斯维尔到伊利诺依州芝加哥指定等级货物的卡车运价

（按货物的等级数和以磅为单位的重量分界点重量列表）　（单位：美元/担）

MC（起运费）：75.40美元

等级	< 500	⩾500	⩾1 000	⩾2 000	⩾5 000	⩾10 000	⩾20 000	⩾30 000	⩾40 000
500	165.39	132.31	99.26	82.70	59.51	54.44	28.67	28.67	28.67
400	139.03	111.22	83.43	69.51	50.03	45.76	24.10	24.10	24.10
300	110.26	88.21	66.17	55.13	39.68	36.68	19.11	19.11	19.11
250	95.88	76.70	57.54	39.55	34.50	31.56	16.62	16.62	16.62
200	79.10	63.28	47.47	39.55	28.46	26.04	13.71	13.71	13.71
175	69.51	55.61	41.72	34.76	25.01	22.88	12.05	12.05	12.05
150	62.32	49.86	37.40	31.16	22.43	20.51	10.80	10.80	10.80
125	52.73	42.19	31.65	26.37	18.98	17.36	9.14	9.14	9.14
110	52.34	40.27	30.21	25.17	18.11	16.57	8.73	8.73	8.73
100	47.84	38.35	28.77	23.97	17.25	15.78	8.31	5.69	4.37
92.5	45.54	36.43	27.33	22.77	16.39	14.99	7.89	5.41	4.15
85	42.19	33.75	25.32	21.09	15.18	13.89	7.31	5.01	3.85
77.5	39.79	31.83	23.88	19.90	14.32	13.10	6.90	4.72	3.63
70	37.39	29.91	22.44	18.70	13.46	12.31	6.48	4.44	3.41
65	35.48	28.38	21.29	17.74	12.77	11.68	6.15	4.21	3.23
60	34.04	27.23	20.43	17.02	12.25	11.20	5.90	4.04	3.10
55	32.60	26.08	19.56	16.30	11.73	10.73	5.65	3.87	2.97
50	31.16	24.93	18.70	15.58	11.21	10.26	5.40	3.70	2.84

资料来源：南方货运公司（Southern Motor Carriers）的CZAR－LITE软件。

现在，许多承运人使用包含更多运价信息的计算机磁盘，免费分发给自己的客户或只收取象征性费用。借助这些工具，托运人很容易利用五位数字的邮政编码找到运输的起止点确定货物的运价。随后，承运人可以依据普通等级运价表与托运人谈判，给予托运人适当的折扣。

至于在不同情况下该如何计算实际运输费用，请见表6-7中的例子。虽然示例中使用的是公路运价，但该计算方法也广泛适用于其他运输方式。

其他优惠运价（Other Incentive Rates）

除上述种类的运价外，企业还使用其他运价来鼓励大批量运输，其中之一就是超量（In-Excess Rate）运价（见表6-7中的例Ⅰ）。超量运价比整车运价要低，仅适用于超过整车最低运量的部分。该运价鼓励托运人加大运输批量，使承运人能够更充分地利用其运输设备。

表6-7　等级运价、距离、运输重量等不同运输组合下运输费用计算的例子

示例	运输具体情况	运价，（美元/担）	运费计算	实际运费（美元）	注　释
A	商品2070-02；从肯塔基州的路易斯维尔到伊利诺依州的芝加哥；运量=300磅	MC=75.40，110.26	110.26×3 =330.78	330.78	根据表6-4，等级=300；自表6-6查得运价
B	200磅纸日历；从肯塔基州的路易斯维尔到伊利诺依州的芝加哥	MC=75.40，37.39	37.39×2=74.78 支付起码运费	75.40	根据表6-4，产品4 800-02的等级=70；自表6-6查得运价
C	猫家具；从纽约州的纽约市到俄勒冈州的波特兰；运量15 000磅；密度5磅/立方英尺	MC=197.25，58.19	58.19×150 =8 729.50 分界重量是17 680磅[1]	8 728.50	根据表6-4，产品2 070-05的等级=100；自表6-6查得运价
D	150磅用光面纸印刷的书；从肯塔基州的路易斯维尔到伊利诺依州的芝加哥	MC=75.40，39.79	39.79×1.5 =59.69 支付起码运费	75.40	根据表6-4，产品4 860-02的等级=77.5；自表6-6查得运价
E	18 000带有广告的包；从肯塔基州的路易斯维尔到伊利诺依州的芝加哥	零担：15.78 @100 整车：6.48 @70[2]	零担：15.78×180 =2 840.40 整车：6.48×200 =1 296.00	$ 1 296.00 以整车方式运出，等级和运价更低	根据表6-4，产品4 745-00零担运输等级=100，整车运输等级=70；自表6-6查得运价
F	袋装谷物；从肯塔基州的路易斯维尔到伊利诺依州的芝加哥；运量27 000磅	5.65@ 20 000磅 3.87@ 30 000磅	3.87×300 =1 161.00 重量分界点是20 549磅	1 161.00	根据表6-4，产品1 090-00的等级=55；自表6-6查得运价
G	100级货物；从肯塔基州的路易斯维尔到阿肯色州的小石城；运量40 000磅；40%运价折扣	17.56减40% =10.54	10.54×400 =4 216.00	4 216.00	自表6-5查得运价

（续）

H	40 000 磅废料；从肯塔基州的路易斯维尔到伊利诺依州的芝加哥	整车等级 = 35；运价为 4.37 的 35% = 1.52[③]	1.52 × 400 = 608.00	608.00	根据表 6 - 4，产品 2 010 - 00 的等级 = 35；自表 6 - 6 查得基本运价
I	100 级货物；从纽约州的纽约市到得克萨斯州的达拉斯；整车最低运量 = 36 000 磅；超量运价 = 15 000 美元/担[④]	整车：运价 = 20.52	整车：20.52 × 360 = 7 387.20 其余部分： 15.00 × 90 = 1 350.00 总计： 8 737.20	8 737.20	自表 6 - 6 查得运价

① 重量分界点 = （51.44 ÷ 58.19）× 20 000 = 17 680 磅。

② 70 级运价，运输重量 = 20 000 磅。

③ 运价约为 100 级运价的一定百分比。整车运价在运价表以外单独报出。

④ 超量运价适用于最低运量外的其余部分。最低运量按整车运价运输。

承运人还通过多车运价（Multi - vehicle Rates），甚至是专列运价（Trainload Rates）来进一步鼓励托运人，促使其运输的批量超过整车的最低运量。运输批量越大，承运人可享受到的规模经济效益就越多，然后，他们就可以利用上述优惠运价将某些收益转移给托运人。这些优惠运价也是运输企业与其他承运人竞争的利器。铁路部门利用单一产品列车（单元列车）运送煤炭，适用专列运价，因而有效地抵制了管道运输的竞争。

某些承运人还制定了时间 - 运量运价。如果托运人在某特定时段运送货物，且货量超过最低运量就可以享受更低的运价。煤炭运输中通常会有这种鼓励措施。

6.10.3 按路途划分

使用整车运输方式运送货物时，承运人会根据每英里收费计算总的运输费用。对于整车运输，各州之间的运价都以英里为基础进行计算。如果装运货物的卡车经过不只一个停留点时，可能要增收中途经停费（Stop - off Charge）。每英里报价就取决于路上最后一站的位置。（见资料 6.11）

资料 6.11 例子

某卡车从佐治亚州的亚特兰大起运 42 000 磅的货物，中途在得克萨斯州的达拉斯、俄克拉荷马州的俄克拉荷马城和密苏里州的圣路易斯停留。据估计，每站的中途经停费是 75 美元。从亚特兰大到达拉斯距离为 822 英里，从达拉斯到俄克拉荷马城为 209 英里，从俄克拉荷马城到圣路易斯为 500 英里。到圣路易斯的每英里成本是 1.65 美元。卡车的车程成本将是（822+209+500）英里×1.65美元/英里=2 526.15美元，加上三个经停点的成本后，总成本达到（2 526.15+225）美元=2 751.15美元。

6.10.4 其他运价

我们将一些不适用前述分类方法的运价简单地归为“其他运价”类。下面讨论的就是从众多特殊运价中选出来的某些运价。

1. 体积运价（Cube Rates）

等级运价体系平衡考虑了许多不同产品的特征。如果货物很轻，体积很大，等级运价就不能充分弥补承运人为运输货物所支出的成本，因而需要使用体积运价。体积运价根据货物所占用的空间，而不是根据货物的重量报价。

2. 进出口运价（Import－Export Rates）

为鼓励对外贸易，运输企业对往返国外的内陆运输制定了特殊运价，称做进出口运价。进出口运价比起运地和目的地都在内地的同一路线国内运输的运价更低。与同一路线的等级运价或大宗货物运价相比，进出口运价优先适用。

3. 迟延运价（Deferred Rates）

有时候，为换取更低的运价，托运人愿意接受可能比正常服务时间更长的运输时间。此时，承运人往往向托运人承诺货物不会晚于某指定日期运送。借助这种方法，承运人可以利用这些货物填满运载工具的富余空间。迟延运价在空运和水运中用得最多。

4. 报值运价（Released Value Rates）

公共承运人在保有货物的过程中，对货物的价值承担责任。如果货物灭失或损坏，托运人最多可以索赔货物的全部价值。正常情况下，运价的制定就基于这种无限责任。与此不同的是，法律也允许公共承运人基于有限责任制定运价，称做报值运价。利用报值运价，承运人的责任就限制在一定金额之内。例如，家用商品运输公司通常将灭失和损坏的索赔限制在一定的金额（以美元/磅表示）内。当货物的实际价值很难估算时，报值运价尤其有用。

5. 海运运价（Ocean Freight Rates）

国际海上运输与国内货物运输有很大差异。运价也与国内运输的等级体系不太一致。根据承运人的选择，运输报价可能基于货物的体积，也可能基于货物的重量。海运承运人还可能属于为集体制定运价而建立的航运公会。在公会内部，运价是稳定的，但公会之间可能会不同。除基本运价以外，海运承运人还会增收手续费和附加费来补偿通行费和装卸费等项开支。

6.11 特殊服务费

承运人经常会提供特殊服务，收取额外费用。当然，某些费用可能包括在运送费用中，但也可能与运送费用共同构成总运输服务费用。这样的特殊服务有很多，可以划分为特殊的在途服务（Line-haul Services）和端点服务（Terminal Services）。这里只讨论那些经常使用的服务。

6.11.1 特殊的在途服务

这些服务仅指在途中提供的服务，包括起迄点的作业。

1. 改道和再委托（Diversion and Reconsignment）

改道指在运输途中改变货物运送的目的地。再委托通常指在到达原定目的地后改变运输收货人。在实际应用中，这些术语之间区别不大。

托运人经常通过两种方法行使改道、再委托的权利。第一，对于易腐货物（如水果、蔬菜），托运人可以先向大致的市场区域（通过铁路或公路）运输整车货物，在具体目的地确定或谈妥后，再变更卸货地，运往特定市场。利用这种方法，托运人可以在整车运费下获得灵活性，满足动态的市场要求（需求和价格）。

第二，承运人的设备可被用做仓库。经过迂回的运送路线，托运人可以在正常所需之外大量增加在途时间。如果需求出现，就可以直接将货物运往市场。因为这种做法如果被滥用可能大大增加承运人的成本，所以铁路承运人尤其对此不欢迎。（见资料 6.12）

资料 6.12 应用

安可·霍金玻璃公司的工厂主要设在密西西比河东岸，这是一家生产餐具的企业。玻璃生产中的关键配料——纯碱只在怀俄明州绿河市出产。如果使用铁路运输，要花至少 7 天才能运到工厂。在一月的某一天，俄亥俄州由于大雪道路被封。某批纯碱已从怀俄明州运出，将运往设在俄亥俄州工厂的纯碱在圣路易斯被转运往休斯敦的工厂。随后一批本应运往休斯敦的货物则转运到俄亥俄州的工厂。这样，在意外事情发生时，铁路运输中改道和再委托服务使企业生产得以继续，增加的费用却很少。

---

2. 中途经停服务（Transit Privileges）

铁路承运人和少部分汽车承运人还提供一种特殊服务，即允许货物在运到最终目的地之前先被储存起来。从运价来看，承运人将这种运输视同货物直接从起运地运到目的地，其运输费用包括从起运地到目的地的直达运价，加上因中途停留而增加的少量费用。如果没有这种特权，托运人就要支付从起运地到中途经停地的直达运价，加上从中途经停地到最终目的地的直达运价，两者的运价之和一般要高于中途经停服务的价格。该项服务明显减少了加工企业选址上的不利条件，承运人则通过允许托运人使用两段运输服务提高了竞争地位。谷物运输中常常使用这种服务，先运到某地经加工（碾磨）后，再运输。

与之相关的服务就是中途装卸服务（Stop-off Privilege），指中途再装运或卸下部分货物。有时，托运人会要求承运人在起运地和目的地之间的中间点停留（该中间点不一定在起止点间的两点连线上）来完成装运。该项服务的优势在于可以将货物看成是全部从起点出发，托运人因此支付的运费就是全部运送费用加中途停留服务费，两项费用之和通常低于分别计算的两个运价的总和。（见资料 6.13）

资料 6.13 例子

我们来看图 6－9 中的运输问题。从点 *I* 起运 18 000 磅货物，在点 *J* 额外增加 36 000 磅，两批货都要运往点 *K*。托运人不是支付每两点之间各单项运费，而是在运价表允许的范围内选择支付整批货物（由两部分组成）从点 *I* 到点 *K* 的运费加中途停留费。如果从中间停留点到最终目的地的运价高于全程运价，那么就使用 *J* 到 *K* 的运价计算运费。表 6－8 对比了有和没有中途停留服务的情况下运费的不同。

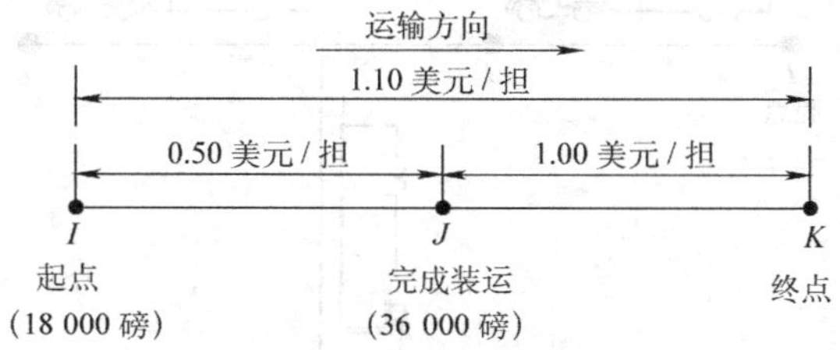

图 6-9　中途装卸服务示例

表 6-8　例题中有和没有中途装卸服务时，运费的差异

	装运	路线	运价	无中途装卸服务	运价	有中途装卸服务
	I 地 18 000 磅	*I* 到 *J*	0.50 美元/担	90.00 美元	—	
附加费	*J* 地 36 000 磅	由 *I* 和 *J* 到 *K*	1.00 美元/担①	540.00 美元	1.10 美元/担②	594.00 美元
			中途装卸服务费		中途装卸服务费	25.00 美元
			总费用	630.00 美元	总费用	619.00 美元

① 根据合并后的重量 54 000 磅。

② 整批货物从点 *I* 开始适用的运价。

部分卸货的中途装卸服务与装货的情形相类似。有时，如果托运人将运往不同目的地的几批货物合并成一整批出运能利用大批量运输的运价优势，却只需支付很少的中途装卸费。中途部分卸载有两种情况。第一种情况，全部卸下的货物都来自最初装货的运载工具（如图 6-10a)。第二种情况，在运到最终目的地之前，要在换装点换装到其他运载工具上（如图 6-10b)。承运人不会为换装收费，而是将其视同第一种情况。(见资料 6.14)

资料 6.14　例子

为说明在有和没有中途装卸服务时运费的差异，我们可以看图 6-10 的示例。其中 *J* = 8 000 磅，*K* = 12 000 磅，*L* = 10 000 磅，最低运量是 30 000 磅。表 6-9 对成本作了对比。利用中途装卸服务可以比分别对每批货物计价节约（1 006 - 945）美元 = 61 美元。

表 6-9　在两点部分卸载的情况下，有/无中途装卸服务时的总成本对比

无中途装卸服务				有中途装卸服务			
装运量（磅）	起讫点	运价（美元/担）	运费（美元）	装运量（磅）	起讫点	运价（美元/担）	运费（美元）
8 000	*I* 到 *J*	3.05	244.00	30 000	*I* 到 *J*	3.00	900.00
12 000	*I* 到 *K*	3.35	402.00			3 个停留点①	45.00
10 000	*I* 到 *L*	3.60	360.00			15 美元/停留点	
总计	30 000	总费用	1 006.00			总费用	945.00

① 在终点 *L* 也要收中途装卸费。

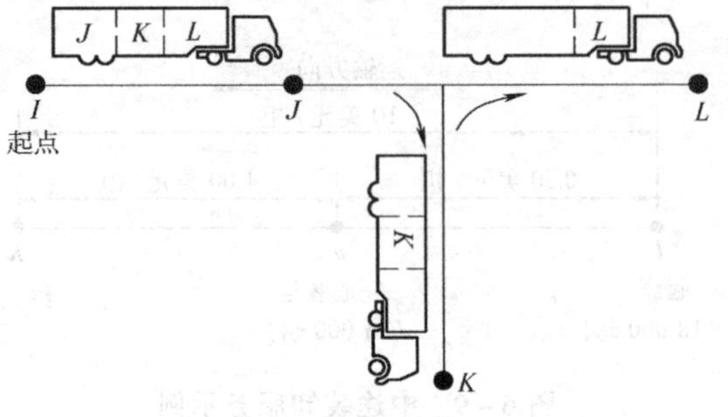

a) 从一辆车上卸载

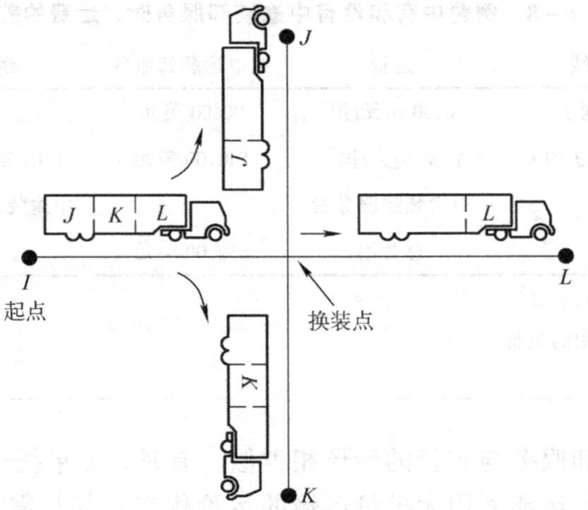

b) 运达目的地之前换装到不同车上

图 6－10 部分卸载的中途装卸服务举例

收取中途装卸服务费的依据是运到最终目的地的合并后的货物重量。每增加一个停留点还要收取额外费用，这些费用可能基于装或卸的货量，也可能不是。如果使用中途装卸服务，承运人会要求一次性收取费用。通常最多允许有 3 个卸货点，但某些驮背运输运价表允许最多达 5 个点。一般地，如果运输总量的大部分都出现在距起点最远的点时，利用中途装卸服务支付的运费肯定比单独定价的运费更有优势。

3. 运输保护（Protection）

运输途中，许多产品由于其特有的物理特性不仅需要通常的照料，还需要特殊保护。易腐商品可能需要冷藏、加冰、通风或保暖。易碎品可能需要额外的包装或衬垫[1]（铁路车厢中的十字支架，可防止货物中途移动，受损）。在上述例子中，承运人就要提供某些特殊设备，如防损车厢（Damage－Free Cars），冷藏车和暖气设备，还要提供保护服务的必要人员和物料。虽然对这些货物的特殊服务体现在货物分级上，但承运人还是常常在运费外增加附加费来反映成本的上涨。

[1] 运输衬垫指铁路车厢上的交叉支撑物，防止货物运输途中移动位置而导致货损。

4. 联运(Interlining)

并不是每个承运人都对所有地区提供服务。如果承运人的服务范围有限，就会发生某承运人取货，然后交给另外一个承运人运到终点的情况。在这个例子中，第一承运人向第二承运人支付运费，但单据由第一承运人签发给托运人。总的运输费用将包括两个承运人的利润，会比由一个承运人将货物由起运地运往目的地更高些。

6.11.2 端点服务(Terminal Services)

承运人会对在运输网络内端点周围提供的服务增收附加费。其中主要的端点服务就是取货和送货、换轨、滞期和滞留。

1. 取货和送货(Pickup and Delivery)

许多承运人将取货和送货服务作为常规服务内容，并将该服务费用包括在途运费中。但是，这种做法并不普遍。某些承运人不提供取货和送货服务（如一些水运服务中)。如果货主要求取货和送货，就必须额外付费（如空运)。如果取货和送货服务是“免费”的，运价表通常会将该服务限制在承运人货站的周边地区，即包括企业限定的城市或限制在货站周围一定里程内（如果没有城镇)。

2. 转轨(Switching)

铁路运输的“在途服务（Line Haul)”包括端点或车站之间的运输服务。货车车厢从自有的旁轨（Sidings）和轨道交汇处向货站/车站移动，或相反移动，就是转轨。转轨作业与取货和送货相似，只是涉及到的是铁路车厢。运送货物的铁路部门不一定有直接与托运人或收货人相连的轨道，这样，承运人就要和其他铁路公司签订互惠的转轨协议来服务这些地区。许多铁路公司自己消化转轨费用，托运人除运送费用外无须支付任何其他费用，条件是在途运输服务创造了一定水平的收益。如果运输费用不足以使承运人消化掉转轨费，或者没有互惠协议来服务旁轨或轨道交汇点，那么托运人或收货人（收取货物的一方）就要按每车统一价格支付转轨费。

3. 滞期费(Demurrage and Detention)

滞期费和滞留金是两个意思相当的名词，指由于托运人或收货人的原因，实际使用运输设备的时间超过允许的免费时间，承运人对他们收取的罚金。在铁路运输中，标准的免费装/卸时间是48h。如果设备滞留是由于托运人或收货人可以控制的原因造成的，铁路部门就会按天收费。星期日和节假日一般计入免费时间，但滞期一旦开始也要计算收费。卡车运输对设备滞留也有类似规定，只是免费时间更短。无论卡车运输，还是铁路运输，使设备长期滞留的货主都将支付递增的费率。计算滞期费的办法有两种。一是直接法，运输设备的每一部分在计算滞期费时都单独处理。每部分设备根据其滞期的时间长短支付滞期费。相反，平均法是由承运人和托运人签署协议按月平均计算托运人的滞期情况，并据以收费。如果使用该方法，在使用期结束后的24小时内续租车厢就可以得到贷方折扣。免费期后车厢每多停留一天，就相应记入借方费用。如果在月末，借贷相抵仍是借方费用，就按递增比率收取滞期率。如果余额为正，就不必支付任何滞期费。

6.12 自营运输的成本

企业自营或租赁运输设备的主要原因是可以享受从受雇承运人那里无法得到的客户服务水平。根据一项针对248家自营车队的调查，企业保有车队的原因是：1）服务的可靠性；2）较短的订货周期；3）应对紧急事件的能力；4）改善与客户的关系[1]。自营运输的动机并非是要获得比受雇运输更低的成本。当然，如果运输设备的利用率足够高，也可以实现低成本。（见资料6.15）

资料6.15 观察

达美乐比萨公司（Domino's Pizza，Inc.）是一家销售额达26亿美元的比萨饼配送巨头，自营车队是其成功的关键。达美乐自营车队的原因就是可以向商店提供个性化的食品配送服务，这样经营商店的人就可以专心销售比萨饼。店主每天开门营业时，食品就已放置妥当，随时可用。店主们要做的事情就是卖比萨饼。

车队每周向各家商店送货2、3次，在全国范围内每周送货总计约10 000次。从发出订单到比萨饼送到店中，达美乐承诺的总订货周期是48小时。没有哪家利润驱动的受雇承运人能达到这样的服务要求[2]。

自营运输的成本与其他资产成本的确定方法大致相仿。受雇承运人将其所有的成本加总，分摊在不同的运输服务中，以运价的形式表示出来。如果需要对不同的运输方案做比较，自营运输的所有人就必须这么做。习惯上，运输成本的计算以每英里为基础。假设有一个自营的车队，其成本通常分成3个大类：固定成本（Fixed Costs）、运营人员成本（Operator Costs）和车辆运营成本（Vehicle Operating Costs）。

固定成本是某时间段内不随车辆运行距离变化的成本，包括车辆保险、汽车占用资金的利息费用、执照费、设备摊销的费用和与车库有关的费用。

运营人员成本来自于付给司机的费用。常见的有工资；医疗和退休金计划的支出；路上的支出，如餐费、旅馆和其他生活费；社会保险、失业保险支出和对工人的补贴；杂项费用，如电话费。这些成本中的某些内容与车辆在路上的时间（而不是运行距离）有关。

车辆运营成本是那些为保证车辆在路上行驶而发生的费用。典型的有燃油费、轮胎费、维修费及类似费用。这些不同种类的成本加总后除以车队行驶的总里程，再除以车队车辆数得到每部车每英里的平均成本。因为固定成本不同，每英里成本就会随影响总里程的运输路线和行车时间而变化。每英里成本乘以起讫点间的距离就可以与公共承运人或合同承运人的运价相比较。根据经验法则（Rule of Thumb），自营车辆需要达到80%的满载里程才能比受雇运输更便宜。当前，自营运输成本平均为1.42美元/英里，而受雇运输平均只有1.33美元/英里[3]。

---

1 Lisa H. Harrington, "Private Fleets: Finding Their Niche," Transportation & Distribution (September 1996): 55-60.

2 同上。

3 同上。

6.13 运输单据

国内货物运输中三种基本的运输单据是：提单、运费单和索赔单。国际运输中也有这些单据，而且种类更多。

6.13.1 提单（Bill of Lading）

提单是货运的主要单据。它是托运人和承运人之间将指定货物合理速遣到特定目的地，不受损坏的法律协议。根据有关规定，提单有以下三个作用：

（1）它是货物的收据，受提单签发当日有效的货物等级和运价的影响。除非在提单中另外注明，它证明提单项下的财产表面状况良好。提单应由托运人和承运人的代理签字，但承运人不能因为他没有签发收据或提单而回避责任。

（2）它作为运输合同……［和］……明确协议各方，规定协议条款。

（3）它是物权凭证。但有必要说明该观点。虽然对可转让的提单，这种观点是对的，但如果是记名提单，那么拥有记名提单的人可能会对货物享有所有权，但这要视具体情况而定。销售条件等因素对记名提单是否涵盖所有权会有一定的影响[1]。

与指示提单不同，记名提单是不能转让的法律文件。记名提单下，收取货物的只能是提单中注明的特定人，提单不能买卖。指示提单下，货物交付给被指示的人。指示提单可以通过背书指示给另一人（非原来提单指定人）进行买卖。由于可以转让所有权，所以托运人能够在货物到达目的地之前通过将指示提单背书给银行得到贷款。银行再依次将提单转给收货人银行，收货人最后转给承运人。这一过程非常类似于银行汇票在银行系统之间的流转过程。

6.13.2 运费单（Freight Bill）

提单原来不包含运费信息，但有一些提单改变了格式将运费有关内容包括在内。更常见的做法是将运费显示在单独的文件中，通常称做运费单。除运输费用外，运费单（承运人运费发票）包含的许多信息与提单相同，如起运地和目的地、运量、品名和关系方。

运费可由托运人预付，也可向收货人收取。铁路服务中，除非向有信誉的托运人提供信用，否则要在送货之前支付运费。信用条件因所涉及的承运人而有所不同。例如，整车运输服务的用户可在最多96小时内支付运费。汽车承运人会在7日内将运费单交给托运人，托运人在收到运费单7天内支付运费。运输代理人最长能提供7天的信用期。国内水运承运人一般给予48小时的信用期，有时是96小时。

6.13.3 货运索赔单（Freight Claims）

一般来讲，针对承运人的索赔有两种。第一种源于承运人作为一个公共承运人的法律义

---

[1] Taff, Management of Physical Distribution and Transportation, 516 – 517.

务。第二种源于多收费。

1. 灭失、损坏和延迟索赔

公共承运人有责任"合理速遣"所运送的货物，不造成灭失和损坏。提单特别定义了承运人的责任范围。由于"不合理"的延迟或没能遵守预定时间表而造成的损失可以获得补偿，补偿范围是延迟直接造成的商品价值的损失。(见资料 6.16)

资料 6.16 观察

公共承运人对由于自然因素、托运人疏忽、公敌行为或针对货物托运人的法律行动所造成的灭失、损坏或延迟不承担责任。其他情况下，承运人对货物全部价值的灭失或损坏负责，除非在提单中特别规定了承运人的责任。

---

2. 多收费

货主可能针对承运人多收费进行索赔，这种多收费是由于某种形式的发票错误导致，如适用等级错误、使用的运价有误、使用的距离有误、简单的计算错误、重复收费、货物计重错误、对规则和运价表的理解不同等等。正常的运费审核可以在支付运费之前发现这些错误，然后再签发修改后的运费单。对州际运输，则允许在最多 3 年内进行多收费索赔。

6.14 国际运输单据

国际运输有别于国内运输的显著特征是进出口所需的单证。常用的单证及其用途如下：

出口

- 提单（Bill of Lading)。是货物收据，托运人和承运人之间的运输合同。
- 码头收据（Dock Receipt)。用于国内和国际承运人之间转交货物。
- 交付说明（Delivery Instructions)。向内陆承运人提供有关货物交付的具体说明。
- 出口声明（Export Declaration)。应美国商业部要求，作为出口统计的原始单证。
- 信用证（Letter of Credit)。银行文件，向托运人保证在货物运出后支付货款。
- 领事发票（Consular Invoice)。用来控制和辨别运往特定国家的货物。
- 商业发票（Commercial Invoice)。卖方给买方的商业票据。
- 原产地证明（Certificate of Origin)。用来使进口国确信货物准确的生产国。
- 保险证明（Insurance Certificate)。使收货人相信已经为在途货物投保。
- 传送文件（Transmittal Letter)。货物细节，已传输文件的记录，以及单证处理指示一览表。

进口

- 到货通知（Arrival Notice)。通知货物预计到达时间和某些货物细节。
- 海关通关文件（Customs Entries)。是一系列描述货物、产地和关税的文件，有助于货物快速通过海关，可能要立即支付关税，可能不需要。

- 承运人证明和放货通知（Carrier's Certificate and Release Order）。向海关证明货物的所有人或收货人的文件。
- 交货通知（Delivery Order）。是收货人签发给承运人的指令，授权承运人放货给内陆承运人。
- 运费付讫证明（Freight Release）。证明货物运费已付。
- 特殊海关发票（Special Customs Invoice）。是美国海关要求的一种官方形式的单据。如果关税基于产品价值征收，则当货物价值超过特定金额时需要该文件。

许多从事外贸工作的专门人员可以帮助加快单证的制作准备工作，帮助托运人和收货人进行国际运输。

6.15 小结

运输是物流系统设计和管理中的关键环节，可能占物流总成本的三分之一到三分之二。本章的目的就是介绍可供用户选择的运输系统，包括五种主要的运输方式（航空运输、公路运输、铁路运输、水上运输和管道运输）及多式联运。用户可以利用他人提供的服务，也可以自营运输。

运输服务可以通过其成本和服务水平得到最好的反映。通过对成本和服务水平的描述，可以将一种服务形式与另一种形式区分开来。不同运输方式之间的成本特征差异很大，形成各自不同的运价结构。运价的制定主要基于三个因素——距离、运输批量和竞争情况。另一方面，承运人服务水平的基础是端点服务和运载工具本身的速度，这些可以用平均运送时间、运送时间变化率、货损货差等指标来表示。

国际物流正在引起物流界人士越来越多的兴趣和关注。国际运输使用的设备与国内运输一样，只是运输系统中的某些因素变得更加重要。例如，集装箱化在国际运输中应用广泛。当然，国际运输的路径与国内运输不同。国际运输中，大量增加的文件、承运人责任的差异、不同的报关程序和自由贸易区的使用——所有这些都因为有两个或更多个政府对运输享有管辖权而变得更加复杂，因此，国际运输的用户会觉得不堪重负。所幸的是，有众多的中间人、代理人、货运代理人、经纪人来协助托运人完成国际运输。

习题

1. 为什么运输对一国经济如此重要？为什么对个别企业也非常重要？
2. 概括说明物流管理者应该对运输设施和运输服务有哪些了解。
3. 什么是运输服务？从速度、可靠性、可得性、灭失和损坏、服务成本几个角度对下列运输服务进行比较：
   a. 使用航空运输、驮背运输、铁路运输或卡车运输将莴苣从加利福尼亚运到纽约。
   b. 利用空运或水运将电脑显示器由韩国运到伦敦。
   c. 利用空运、铁路、驮背运输、水运或卡车运输将汽车配件从底特律运到墨西哥城。
   d. 由洛杉矶港将电视运往加利福尼亚的五个分拨中心，雇佣卡车公司或利用自营车队进行运输。

4. 指出五种运输方式各主要运送的三种产品。为什么你认为每种运输方式更适合运送特定产品？

5. 有10种可能的联运组合方法，试论为何只有两种得到认可。

6. 参照图6-1，解释以下现象：

  a. 不论运输距离多长，零担运输都比整车运输平均花费时间长。

  b. 铁路整车运输曲线比公路整车运输曲线递减更多。

  c. 超过500英里后，无论距离长短，空运的平均运输时间都一样。

  d. 铁路整车货物运输时间的波动幅度比任何其他运输服务都大。

7. 为五种基本运输方式绘制如表6-3那样的服务水平特征表，运距分别为80、100、500、1 000和3 000英里，所运输的产品如下：

  a. 电子设备，如CD机、VCR和电视

  b. 煤炭、沙子或砾石

  c. 易腐烂食品，如橘子、葡萄或芹菜

8. 为什么国际运输中集装箱化成为一种十分普遍的包装方法？为什么不在国内运输中更广泛地使用该方法？

9. 法律要求受雇承运人合理速遣、合理管理所运送的货物。根据你的判断，受雇承运人是否要对下列投诉进行赔付？

  a. 一般只需2周时间送达的某批货，用了30天才到达目的地。

  b. 由于列车出轨导致所运家具遭受重大损失。

  c. 某卡车在结冰的路面上出事故翻倒，挂车上的橘子大多受损或被路人偷走，一根护栏被毁。

  d. 运输协议签订后，货物交付前，一卡车电视机在起运地被盗。

  e. 飞机被雷电击中，空运的货物被毁。

  f. 到达目的地后，打开货车车厢，发现包装食品外部损坏。

10. 在下列情况下，按1）服务的可得性；2）平均运输时间；3）运输时间的变化率；4）服务价格；5）灭失和损坏，对五种基本运输方式排名。

  a. 10 000磅五金产品由得克萨斯州的达拉斯运往马萨诸塞州的波士顿。

  b. 一整集装箱男装从香港运到加利福尼亚的洛杉矶。

  c. 70 000磅纸制品从华盛顿的斯波凯恩运到科罗拉多州的丹佛。

  d. 40 000磅钢板由伊利诺依州的芝加哥运到俄亥俄州的辛辛那提。

  e. 5 000磅鲜花由加利福尼亚运到纽约市。

11. 小件货物运输服务和运输代理服务在运输系统中承担什么角色？二者有什么共性？各提供什么样的服务？

12. 与公共运输相比，什么时候自营运输效果更好？从产品特征、客户服务和成本角度进行讨论。

13. 讨论下列情况下，如何利用自由贸易区：

  a. 电脑显示器从日本进口到美国。

  b. 从法国进口到美国的葡萄酒。

c. 从韩国进口到台湾的电脑部件，组装成个人电脑后发往欧洲。

d. 从南美进口香蕉到美国。

14. 密苏里的某电厂可以从美国西部犹他州的煤矿或东部宾夕法尼亚州的煤矿采购煤炭。由于有竞争性能源，密苏里的工厂制定的最高采购价格是20美元/吨。西部煤矿的煤炭成本是17美元/吨，东部是13美元/吨。自东部煤矿的运输成本是3美元/吨，自西部煤矿运输的服务定价应该是多少？

15. 某种产品要由X地运到Y地和Z地。Y是X和Z之间的中间点，到Y地的运价是1.20美元/担，但由于Z地的竞争激烈，到Z地的运价是1.00美元/担。利用分段统一运价的原理，解释它是如何消除价格歧视的。

16. 利用表6-4、6-5、6-6计算下列情况下的运费：

a. 2 500磅印有广告的坐垫从纽约市运到加利福尼亚的洛杉矶。

b. 150磅广告用橡胶展板从纽约市运到普罗维登斯的罗德岛。

c. 27 000磅包装的纱布从肯塔基州的路易斯维尔运到伊利诺依州的芝加哥（注：表6-6中任何产品等级低于50的，视做50级）。

d. 30 000磅宠物猫用品，密度为10磅/立方英尺，从肯塔基州的路易斯维尔运到伊利诺依州的芝加哥。

e. 24 000磅待印制广告传单的新闻纸，从肯塔基州的路易斯维尔运到伊利诺依州的芝加哥，运价折扣40%。

17. 货运产品分级和等级运价（运价表）之间有什么不同？解释协议运价与等级运价之间的不同之处。

18. 对比铁路运输和卡车运输成本结构的不同之处，试述它们将如何影响各自的运价体系。

19. 几位等待收货的客户都位于起运地的同一方向，某公路运价表上写明有中途装卸服务。从客户运量和相对于运输起运地所处的位置来看，一般什么样的客户会使得中途装卸服务更有吸引力？

20. 指出下列国际运输所需的单证：

a. 从日本进口汽车到密苏里州的圣路易斯。

b. 从纽约的怀特·普林斯出口计算机到澳大利亚的悉尼。

21. 某运输经理在编制某卡车多次取货、送货的调度表时有两个方案。取货-送货问题见图6-10。该经理可以将指定地点之间的运量累计成一整批货物进行运输，或者在全程或全程中的任何一段路程上以25美元/站的价格使用中途装卸服务。如果运输经理希望最大限度降低运输成本，他该选择哪个方案？假定终点也要产生中途装卸服务费。

22. 请解释为什么运价通常随1）运量；2）运距；3）运输服务价值的不同而变化。

第七章 运输决策

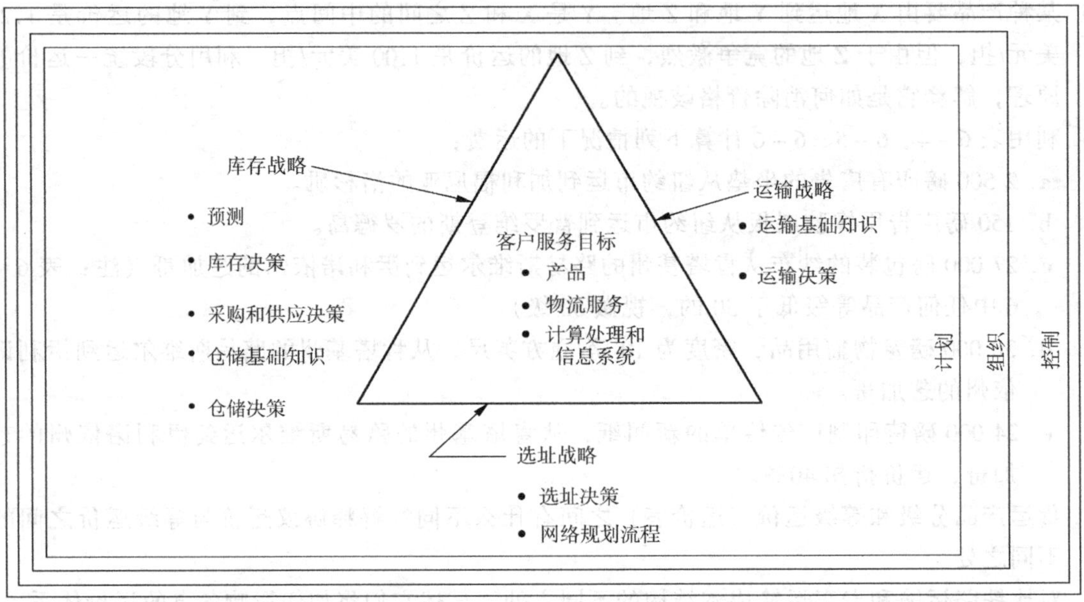

"如果你种粮食，就做1年计划；种树，就做20年计划；育人，就要做百年大计。"

——中国谚语

运输是物流决策中的关键所在。除采购产品的成本外，一般来讲，运输成本比任何其他物流成本所占的比重都高。尽管运输决策的形式多种多样，但其中首要的不外乎运输方式选择、承运人运输路线的规划、车辆调度和合并运输等项内容。本章将介绍进行这些重要决策的方法。

7.1 运输服务的选择

运输方式的选择或某运输方式内服务内容的选择取决于运输服务的众多特性。McGinnis发现6个服务变量对运输服务选择非常重要：（1）运输费用；（2）可靠性；（3）在途时间；（4）灭失、损坏、投诉处理和货物跟踪查询；（5）托运人市场特征；（6）承运人特征[1]。虽然运输费用很重要，在某些情况下是运输服务选择的决定因素，但整体上服务仍然是更重要的。正如Ever等人所写"在企业签约的时候，时间和服务的可得性对每种运输方式都是非

[1] Michael A. McGinnis, "The Relative Importance of Cost and Service in Freight Transportation Choice: Before and After Deregulation," *Transportation Journal*, Vol. 30, No. 1 (Fall 1990), pp. 12-19.

常重要的，而适宜性、赔偿和成本则次要些”[1]。考虑到如果运输服务不可得，就不会被考虑在内，所以在途时间（速度）和运输时间的波动（可靠性）是主要决定因素，其次是成本。在美国，托运人认为可靠性是第一重要的，随后是成本和其他服务特征。

7.1.1　基本的成本权衡

如果不将运输服务作为竞争手段，那么能够使该运输服务的成本与该运输服务水平导致的间接库存成本达到平衡的运输服务就是最佳服务方案。也即，运输的速度和可靠性会影响托运人和买方的库存水平（经常性库存和安全库存）以及他们之间的在途库存水平。如果选择速度慢、可靠性差的运输服务，物流渠道中就需要有更多的库存。这样，就需要考虑库存持有成本升高抵消运输服务成本降低的情况。因此现有方案中最合理的应该是既能满足顾客需求，又使总成本最低的服务。（见资料 7.1）

与库存相似，运输服务的影响可以从生产安排上表现出来。如果生产系统没有或者原料库存很少，就很容易受运输延迟和服务不确定性的影响。

资料 7.1　例子

卡利奥箱包公司（Carry－All Luggage Company）是生产系列箱包产品的公司。公司的分拨计划是将生产的成品先存放在工厂，然后由公共承运人运往公司自有的基层仓库。目前，公司使用铁路运输将东海岸工厂的成品运往西海岸的仓库。铁路运输的平均时间为 $T=21$ 天，每个存储点平均储存 100 000 件行李箱包，箱包的平均价值 $C=30$ 美元，库存成本 $I=30\%/$年。

公司希望选择使总成本最小的运输方式。据估计，运输时间从目前的 21 天每减少一天，平均库存水平可以减少 1%。每年西海岸仓库卖出 $D=700\ 000$ 件箱包。公司可以利用以下运输服务：

运输服务方式	运输费率（美元/单位）	门到门运送时间（天）	每年运输批次
铁路运输	0.10	24	10
驮背运输	0.15	14	20
卡车运输	0.20	5	20
航空运输	1.40	2	40

其中，采购成本和运输时间的变化忽略不计。

图 7－1 是当前公司分拨系统的图示。选择不同运输方式将影响货物的在途时间。在途货物可以用年需求（D）的一定比例（即 $T/365$）表示，其中 T 表示平均运送时间，因此，在途库存的持有成本就为 $ICDT/365$。

[1] Philip F. Evers, Donald V. Harper, and Paul M. Needham, “The Determinants of Shipper Perceptions of Modes,” *Transportation Journal*, Vol. 36, No. 2 (Winter 1996), pp. 13－25.

图 7－1 卡利奥箱包公司目前的分拨系统

分拨渠道两端的平均库存大约是 $Q/2$，其中 Q 是运输批量。每单位货物的库存成本为 $I\times C$，但产品价值 C 在分拨渠道的不同地点是不同的。例如在工厂，C 是产品的出厂价；而在仓库，C 是产品的出厂价加上运输费率。

用运输费率乘年需求量就得到每年的总运输成本 $R\times D$。针对每种运输方式计算四种相关成本，计算结果在表 7－1 列出。由此可以看出，虽然采用铁路运输时的运输费率最低，采用航空运输时的库存成本最低，但卡车运输的总成本最低。如果使用卡车运输，运输时间减少到 5 天，两个端点的库存水平将减少 50%。

表 7－1 卡利奥箱包公司对运输方式的评估 （单位：美元）

		可选运输方式			
成本类型	计算方法①	铁路运输	驮背运输	卡车运输	航空运输
运输成本	*RD*	(010)(700 000) = 70.000	(0.15)(700 000) = 105.000	(0.20)(700 000) = 140 000	(1.40)(700 000) = 980 000
在途库存	*ICDT*/365	(0.30)(30)(700 000) × (21)/365 = 363 465	(0.30)(30)(700 000) × (21)/365 = 241 644	(0.30)(30)(700 000) × (5)/365 = 86 301	(0.30)(30)(700 000) × (2)/365 = 34 521
工厂库存	*ICQ*/2	(0.30)(30)(100 000)② = 900.00	(0.30)(30)(50 000) × (0.93)③ = 418 500	(0.30)(30)(50 000) × (0.84)③ = 378 000	(0.30)(30)(25 000) × (0.81)③ = 182 250
基层库存	*ICQ*/2	(0.30)(30.1)(100 000) = 903 000	(0.30)(30.15)(50 000) × (0.93)③ = 420 593	(0.30)(30.2)(50 000) × (0.84)③ = 380 520	(0.30)(30.4)(25 000) × (0.81)③ = 184 680
	总计	2 235 465	1 185 737	984 821	1 381 451

① R = 运输费率；D = 年需求量；I = 库存持有成本（%年）；C = 产品在工厂的价值；C = 产品在仓库的价值；(C + R)；T = 运送时间；Q = 运输批量。

② 若考虑安全库存，则 100 000 大于发运量的 1/2。

③ 考虑了运输服务与货物发运次数的年增长。

7.1.2 考虑竞争因素

选择合适的运输方式有助于创造有竞争力的服务优势。如果供应渠道中的买方从多个供应商那里购买商品，那么物流服务就会和价格一样影响买方对供应商的选择。相反，如果供应商针对各自的销售渠道选择不同的运输方式，就可以控制其物流服务的各项要素，进而影响买方的购买。

对买方而言，更好的运输服务（运送时间更短，波动更小）意味着可以保有较少的库存和/或完成运作计划的把握更大。为鼓励供应商选择最理想的运输服务，进而降低成本，买方惟一能采取的行动就是：购买。

买方的做法就是将采购订单转给能提供更优质运输服务的供应商。业务的扩大将带来利润的增加，弥补由于选择快速运输服务带来的成本，因而鼓励供应商寻求吸引买方的运输服务形式，而不是单纯降低运输服务的价格。

如果分拨渠道中有多个供应点可供选择，运输服务的选择就会成为供应商和买方的联合决策。供应商通过选择运输方式来争取买方的订单，理智的买方则会通过更多地购买来回应供应商的选择。买方增加购买的数量取决于互相竞争的供应商提供运输服务的差异。在动态的竞争环境下，只提供单一运输服务的供应商是很难生存的，因为其他供应商会通过提供更多的服务来反击竞争对手，且运输服务的选择与买方潜在的购买兴趣之间的关系是很难估量的。

下面举一个简单的例子，其中假定竞争对手在服务方面没有反击手段，且由于供应商提供的运输服务较有吸引力，购买量的增加额是已知的。(见资料 7.2)

资料 7.2　例子

位于匹兹堡的一家设备制造商需要从两个供应商那里购买 3 000 箱塑料配件，每箱配件的价格是 100 美元。目前，从两个供应商采购的数量是一样的。两个供应商都采用铁路运输方式，平均运送时间也相同。但如果其中一个供应商能将平均交付时间缩短，那么每缩短一天，制造商会将采购订单的 5%（即 150 箱）转给这个供应商。如果不考虑运输成本，供应商每卖出一箱配件可以获得 20% 的利润。

供应商 A 正在考虑如果将铁路运输方式改为航空或卡车运输，是否可以获得更多的收益。各种运输方式下每箱配件的运输费率和平均运送时间已知如下：

运输方式	运输费率（美元/箱）	运送时间（天）
铁路运输	2.50	7
卡车运输	6.00	4
航空运输	10.35	2

供应商 A 仅根据可能得到的潜在利润进行选择。表 7－2 从供应商 A 的角度列出了不同运输方式下可获得的利润。

表 7－2　不同运输方式下供应商 A 的利润对比

运输方式	销售量（箱）	毛利（美元）	运输成本（美元）	纯利（美元）
铁路运输	1 500	30 000.00	3 750.00	26 250.00
卡车运输	1 950	39 000.00	11 700.00	27 300.00
航空运输	2 250	45 000.00	23 287.50	21 712.5

如果该设备制造商能够恪守承诺，供应商 A 应该转而采用卡车运输。当然，供应商 A

应该注意供应商 B 可能采取的任何反击手段，一旦对手采取相应措施可能会导致优势消失。

7.1.3 对选择方法的评价

通过前文关于运输服务选择问题的讨论，我们已经认识到，在考虑运输服务的直接成本的同时，有必要考虑运输方式对库存成本和运输绩效对物流渠道成员购买选择的影响。然而，除此之外，还有其他一些因素需要考虑，其中有些是决策者不能控制的。首先，如果供应商和买方对彼此的成本有一定了解将会促进双方的有效合作。但供应商和买方如果是相互独立的法律实体，二者之间若没有某种形式的信息交流，双方就很难获得完全的成本信息。在任何情况下，合作都应该朝着更密切关注对方对运输服务选择的反应或对方购买量的变化这一方向发展。

其次，如果分拨渠道中有相互竞争的供应商，买方和供应商都应该采取合理的行动来平衡运输成本和运输服务，以获得最佳收益。当然，无法保证各方都会理智行事。

第三，这里没有考虑对价格的影响。假如供应商提供的运输服务优于竞争对手，他或她很可能会提高产品的价格来补偿（至少是部分补偿）增加的成本。因此，买方在决定是否购买的同时应考虑产品价格和运输绩效。

第四，运输费率、产品种类、库存成本的变化和竞争对手可能采取的反击措施都增加了问题的动态因素，在此并没有直接涉及。

第五，这里没有考虑运输方式的选择对供应商存货的间接作用。供应商也会和买方一样由于运输方式变化改变运输批量，进而导致库存水平的变化。供应商可以调整价格来反映这一变化，反过来又影响运输服务的选择。

7.2 路线选择

由于在整个物流成本中运输成本占 1/3 ~ 2/3，因而最大化地利用运输设备和人员，提高运作效率是我们关注的首要问题。

货物运输在途时间的长短可以通过运输工具在一定时间内运送货物的次数和所有货物的总运输成本来反映。其中，最常见的决策问题就是，找到运输工具在公路网、铁路线、水运航道和航空线运行的最佳路线以尽可能地缩短运输时间或运输距离，从而在降低运输成本的同时改善客户服务。

尽管路线选择问题种类繁多，但我们可以将其归为几个基本类型：

一是起讫点不同的单一路径规划；

二是多个起讫点的路径规划；

三是起点和终点相同的路径规划。

以下将分别介绍这三类问题的解决方法。

7.2.1 起讫点不同的单一路径问题

这类运输路径规划问题可以通过特别设计的方法很好地加以解决。最简单、最直接的方法就是最短路径法（Shortest Route Method）。该方法描述如下：已知一个由链和节点组成的网络，其中节点代表由链连接的点，链代表节点之间的成本（距离、时间或距离和时间的加权平均）。最初，所有的节点都是未知解；也就是说，没有通过各个节点的明确的路线，已解的节点已知经过路线的点，开始时只有起点是已解的节点。

• 第 n 次迭代的目的。找出第 n 个距起点最近的节点。对 $n=1,2,\cdots$ 重复此过程，直到所找出的最近节点是终点。

• 第 n 次迭代的输入值。在前面的迭代过程中找出（$n-1$）个距起点最近的节点，及其距起点最短的路径和距离。这些节点和起点统称为已解的节点，其余的称为未解的节点。

• 第 n 个最近节点的候选点。每个已解的节点直接和一个或多个未解的节点相连接，就可以得出一个候选点——连接距离最短的未解点。如果有多个距离相等的最短路径连接，则有多个候选点。

• 计算出第 n 个最近的节点。将每个已解节点与其候选点之间的距离累加到该已解节点与起点之间最短路径的距离上。所得出的总距离最短的候选点就是第 n 个最近的节点，其最短路径就是得出该距离的路径（若多个候选点都得出相等的最短距离，则都是已解的节点）。

尽管以上过程看起来有些复杂，但举一个例子就可以发现它其实很简单（见资料 7.3）。也可以用网上的地图和驾车里程软件，如 Mapquest 解决这一问题。如果数据量增多，无法手工计算可以用 LOGWARE 中的 ROUTE 解决该问题。

资料 7.3 例子

问题如图 7-2 所示，我们要找到得克萨斯州的阿马里洛与沃思堡之间行车时间最短的路线。节点之间的每条路线上都标有相应的行车时间，节点代表公路的连接处。

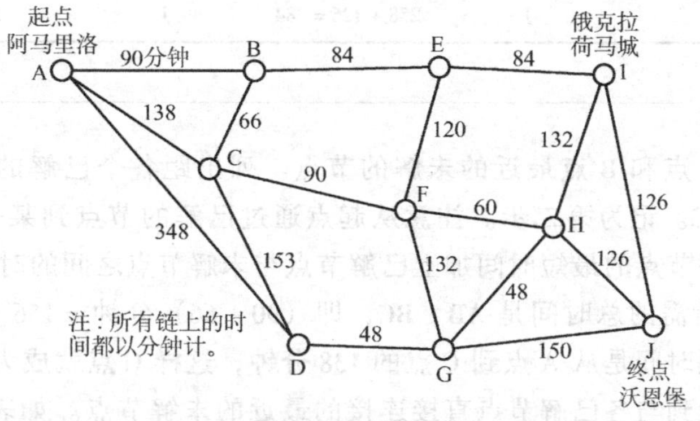

图 7-2 得克萨斯州的阿马里洛和沃思堡之间高速公路网示意图，附行车时间

我们首先列出一张如表 7-3 所示的表格。第一个已解的节点就是起点或点 A。与 A 点

直接连接的未解的节点有 B、C 和 D 点。第一步，我们可以看到 B 点是距 A 最近的节点，记为 AB。由于 B 点是惟一选择，所经它成为已解的节点。

表 7-3 最短路径法的计算步骤

步骤	直接连接到未解结点的已解结点	与其直接连接的未解结点	相关总成本	第 n 个最近解点	最小成本	最新连接
1	A	B	90	B	90	AB①
2	A	C	138	C	138	AC
	B	C	90 + 66 = 156			
3	A	D	348			
	B	E	90 + 84 = 174	E	174	BE①
	C	F	138 + 90 = 228			
4	A	D	348			
	C	F	138 + 90 = 228	F	228	CF
	E	I	174 + 84 = 258			
5	A	D	348			
	C	D	138 + 156 = 294			
	E	I	174 + 84 = 258	I	258	EI①
	F	H	228 + 60 = 288			
6	A	D	348			
	C	D	138 + 156 = 294			
	F	H	228 + 60 = 288	H	288	FH
	I	J	258 + 126 = 384			
7	A	D	348			
	C	D	138 + 156 = 294	D	294	CD
	F	G	288 + 132 = 420			
	H	G	288 + 48 = 336			
	I	J	258 + 126 = 384			
8	H	J	288 + 126 = 414			
	I	J	258 + 126 = 384	J	384	IJ①

① 成本最小路径。

随后，找出距 A 点和 B 点最近的未解的节点。列出距各个已解的节点最近的连接点，我们有 A→C 和 B→C。记为第二步。注意从起点通过已解的节点到某一节点所需的时间应该等于到达这个已解节点的最短时间加上已解节点与未解节点之间的时间。也就是说，从 A 点经 B 点到达 C 点所需的总时间是 AB + BC，即（90 + 66）分钟 = 156 分钟。比较到达未解节点的总时间，最短时间是从 A 点到 C 点的 138 分钟，这样 C 点就成为已解节点。

第三次迭代要找到与各已解节点直接连接的最近的未解节点。如表 7-4 所示，有三个候选点，从起点到这三个候选点的总时间分别是 348 分钟、174 分钟和 228 分钟。最短时间是产生在 BE 上，因此 E 点就是第三次迭代的结果。

重复上述过程直到到达终点 J，即第八步。最短路径的时间是 384 分钟，连接各段路径，得到的最佳路径为 A→B→E→I→J，这些路径在表中加①表示。

最短路径法非常适合利用计算机进行求解。把网络中链和节点的资料都存入数据库中，选好某个起点和终点后，计算机可以很快就能算出最短路径。绝对的最短距离路径并不说明穿越网络的最短时间，因为该方法没有考虑各条路线的运行质量。因此，对运行时间和距离都设定权数就可以得出比较具有实际意义的路线。（见资料 7.4）

资料 7.4　应用

PC＊Miler 和 COMPUMAP 是两种商用软件[1]，可用来在网络中寻找最佳路径。假定一辆卡车要从衣阿华州的阿什顿到德幕安斯（Des Moines）。路线规划的目标就是找到最短的可行路径（时间与距离的混合）PC＊Miler 得出的报告如图 7－3 所示，地图见图 7－4。

里程：233.0　时间：5:13　成本：256.30

可用路线，边界开放

州/县	路径	里程	时间	交叉路口	累计里程	累计时间	总里程	总时间
起点：51232 Ashton, IA, Osceola 0:00(On-duty)0.00								
IA	S IA-60	10.0	0:15	Sheldon,IA	10.0	0:15	10.0	0:15
IA	E US-18	12.0	0:18	+US 18 US 59,IA	22.0	0:33	22.0	0:33
IA	S US-59	32.0	0:48	+US 59 IA 3,IA	54.0	1:21	54.0	1:21
IA	E IA-3	6.0	0:09	+IA 3 IA 7,IA	60.0	1:30	60.0	1:30
IA	E IA-7	73.5	1:50	+US 169 IA 7,IA	133.5	3:20	133.5	3:20
IA	S US-169	6.3	0:08	+US 20 US 169S,IA	139.8	3:28	139.8	3:28
IA	E US-20	32.3	0:37	I35×142,IA	172.1	4:05	172.1	4:05
IA	S I-35	56.0	1:01	+I 35 I 80N,IA	228.1	5:06	228.1	5:06
IA	W I-235	4.3	0:06	+I235 US 69,IA	232.4	5:11	232.4	5:11
IA	Local	0.6	0:01	Des Moines,IA	233.0	5:13	233.0	5:13
到达								
终点 50301 Des Moines, IA, Polk			0:00	(On-duty) 0.00	233.0	5:13	233.0	5:13

图 7－3　PC＊Miler 得出的从衣阿华州阿什顿到德幕安斯的行车计划

这里，司机可以得到非常具体的指令，包括经过的确切道路；在各交叉路口走哪条路；各段行程的距离，每条路上预计行驶时间等。在本例中，可行线路 233 英里长，预计行驶 5 小时 33 分钟。

这些软件除找出最短路径外，还给出各州的过路费、最新的道路施工情况，报告燃油税、GPS 定位和在各州的行驶里程。这些拓展功能减少了费率争议、罚款，提高了监管效率，进而提高客户服务水平，改进配送报告情况、资产利用率和司机队伍的稳定性。

找到最短路径的一种最新方法就是蚂蚁的集体行动法，该方法俗称“昆虫智慧”，观察在自我组织、监督、工作不多的情况下，一群蚂蚁之间的信息交流帮助它们找到复杂路径问题的最佳解，利用放置、跟踪化学物质的方法观测蚂蚁是如何工作找到通往食物源的最短路

[1] 分别是 ALK 联合公司（ALK Associates Inc.）和物流系统公司（Logistics Systems Inc.）的软件产品。

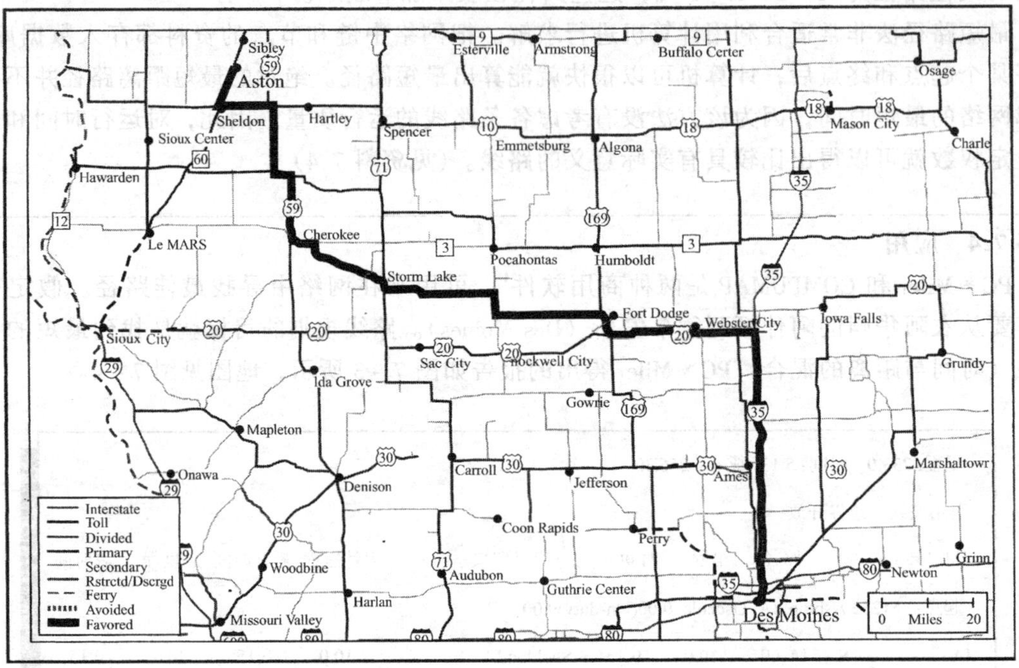

图 7－4　设计的线路图

径的。很简单，两只蚂蚁在同样的时间离开洞穴，沿不同的路线到达食物源，沿途会留下信息素（某种吸引蚂蚁的化学物质）。走最短路径的蚂蚁会先回到洞穴，这条从洞穴到食物，再返回洞穴的路线与第二只蚂蚁的路线相比有双倍的化学气味。回到洞穴的蚂蚁就会被最强烈的气味所吸引。随着更多的蚂蚁走上这条路，就会有更多的信息素留在路上，强化了最短路径。路线的选择决定于两个基本规则：留下信息素和跟踪别人的路线。从昆虫智慧中总结出来的原则已经被用于解决电信、航空货物运输和卡车运输的路径问题。

7.2.2　多起讫点问题

如果有多个货源地可以服务多个目的地，那么我们面临的问题是：指定各目的地的供货地，同时要找到供货地、目的地之间的最佳路径。该问题经常发生在多个供应商、工厂或仓库服务于多个客户的情况下。如果各供货地能够满足的需求数量有限，则问题会更复杂。解决这类问题常常可以运用一类特殊的线性规划算法，就是所谓的运输方法。（见资料 7.5）

资料 7.5　例子

某玻璃制造商与三个位于不同地点的纯碱供应商签订合同，由它们供货给三个工厂，条件是不超过合同所定的数量，但必须满足生产需求。图 7－5 是该问题的图示，其中还指明了各运输线路上每吨货物的运输费率。这些费率是每个供应商到每个工厂之间最短路径的运输费率。供求都以吨为单位进行计算。在解决这类问题时常常使用一种特殊的线性规划算法，称为运输法（Transportation method）。

利用计算机软件 TRANLP[1] 可以解决这个问题，输出结果如下：

最佳供货计划

至： 自：	1	2	3
A	400	0	0
B	200	200	300
C	0	300	0

运送单位总量 = 1 400

最低总成本 = 6 600 美元

对该结果的解释如下：

货运计划

从供应商 A 运输 400 吨到工厂 1。

从供应商 B 运输 200 吨到工厂 1。

从供应商 B 运输 200 吨到工厂 2。

从供应商 B 运输 300 吨到工厂 3。

从供应商 C 运输 300 吨到工厂 2。

该运行线路计划的成本最低，为 6 600 美元。

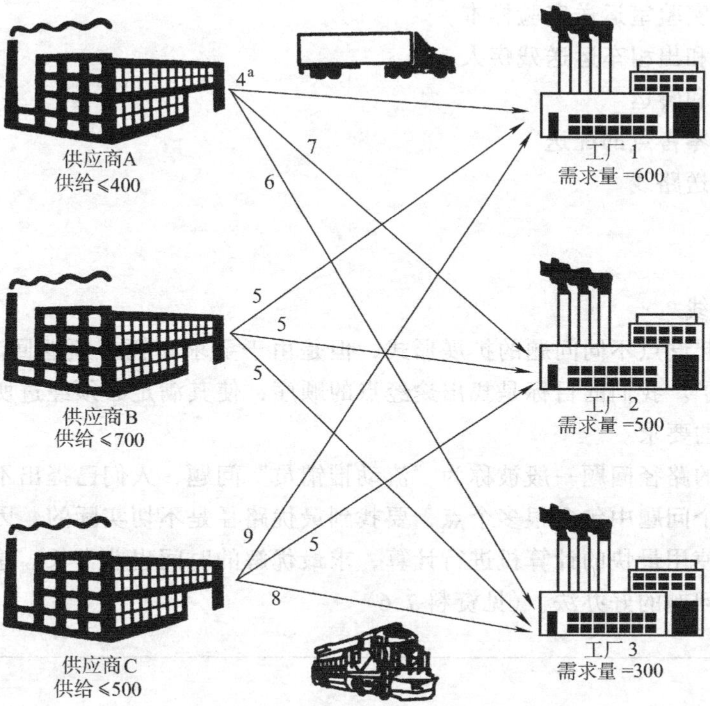

供应商 A 到工厂 1 的最佳路径的运输费率，以美元 / 吨为单位计算

图 7－5　多起讫点路径问题举例

[1] 这是 LOGWARE 软件包内的程序，但任何运输方法的软件都能解决该问题。

7.2.3 起讫点重合的问题

物流管理人员经常会遇到起讫点相同的路径规划问题。在企业自己拥有运输工具时，该问题是相当普遍的。我们熟悉的例子有：

- 配送饮料到酒吧和饭店
- 安排时间和线路将现钞送到自动提款机
- 动态采购和运输燃油问题
- 收集饭店的油脂
- 家用商品的维修、服务和配送
- 网上杂货店的配送
- 取牛奶和送牛奶
- 收集来自各家各户的捐赠品
- 临时卫生间的安放、收回和服务
- 监狱和法庭之间犯人的运送问题
- 沿铁路线动物尸体和生病动物的搜集
- 扫雪机和扫雪路线
- 从医院到实验室运送实验样本
- 用箱式车和出租车运送残疾人
- 垃圾收集和转运
- 从仓库到零售点的配送
- 邮车的配送路线
- 校车路线
- 送报路线
- 送餐车路线

这类路径问题是起讫点不同问题的扩展形式，但是由于要求车辆必须返回起点行程才结束，问题的难度提高了。我们的目标是找出途经点的顺序，使其满足必须经过所有点且总出行时间或总距离最短的要求。

起讫点重合的路径问题一般被称为“流动推销员”问题，人们已提出不少方法来解决这类问题。如果某个问题中包含很多个点，要找到最优路径是不切实际的，因为许多现实问题的规模太大，即使用最快的计算机进行计算，求最优解的时间也非常长。感知式和启发式求解法是求解这类问题的好办法。(见资料 7.6)

资料 7.6 应用

中央谷学区 (the Central Valley School District) 靠近华盛顿斯波坎 (Spokane)。他们首先应用技术管理信息系统制订每天校车行车计划，和以前的方法相比，所费时间和成本都非常少。多年来，学区都使用纸介的地图，也许用塑料的幻灯片和彩笔来设计校车路线。每个学生的家庭住址都会用手工方式标记在纸制的地图上。管理人员借助自己的判断，将邻近的学生组合在一起，标出接送点，为学区的学生安排出 250 多辆的校车路线。在使用定制的软件后，学区管理人员不必再用一周的时间制订计划，上报给州政府，而且将线路减为5－9条，又节约了12.5万美元。

1. 各点空间相连

实际生活中，可以利用人类认知能力的模式可以很好地解决“流动推销员”问题。我们知道，合理的经停路线中各条线路之间是不交叉的，并且只要有可能路径就会呈凸形，或水滴状。图7－6举例说明了合理和不合理的路径设计。根据这两条原则，分析员可以很快画出路线规划图，而计算机可能要花许多个小时才能得出。

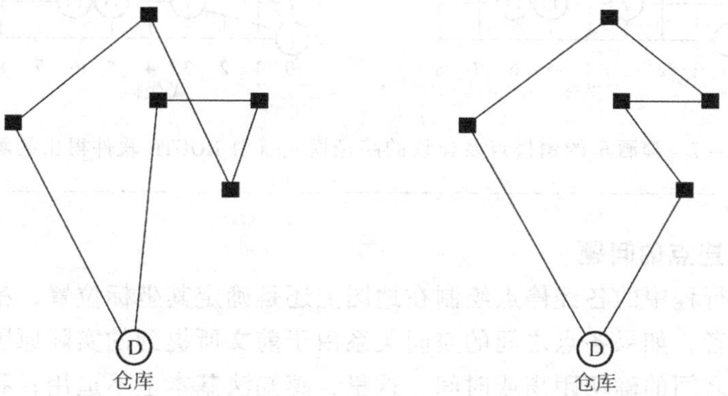

a) 不好的路线规划—线路交叉　　b) 好的路线规划—线路不交叉

图7－6　合理路线和不合理路线举例

另外，也可以使用计算机模型来寻找送货途中经停的顺序。如果各停车点之间的空间关系并不代表实际的运行时间或距离，那么利用计算机模型比采用感知法好。当途中有关卡、单行线或交通拥堵时，尤其如此，尽可能明确各点的地理位置（如使用坐标点）能够减少需要采集的数据量，从而简化问题。然而，一个简单的问题可能需要上千个距离或时间的数据。计算机的任务就是估计这些距离或时间。目前人们已开发出的计算机程序可以迅速解决空间位置的描述问题，并得到接近最优解的结果。（见资料7.7）

资料7.7　例子

安休瑟－布喜公司（Anheuser－Busch Company）利用售货员通过流动卡车销售啤酒和其他饮料，卡车由当地经销人员所有。公司售货员同当地经销人员一样都收取佣金，因而都不希望每天向各客户提供服务时花费不必要的时间，行走多余的路程。他们将图钉固定在地图上以确定某推销员现有客户的位置。图7－7a所举的是一个20个客户的例子，客户点的信息已经被转换到网格地图上，图中的坐标与距离相关。我们的问题是找出卡车从仓库出发，经过所有的客户点，再回到仓库，这个运行过程中的最短路径。

你可以试试感知法，将所得出的解与软件ROUTE[1]的计算结果（见图7－7b）相比较。整个行程的总成本为37.59距离单位。这是一个很好的解，但不一定是最优的。

---

[1] LOGWARE软件包中的一个模块。

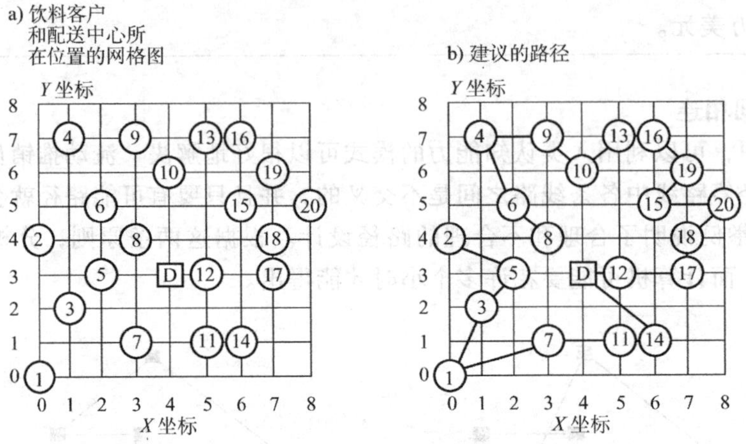

图 7-7 啤酒车的销售点及建议的路径模式（由 ROUTE 软件得出的解）

2. 空间上不相连点的问题

如果无论是将行程中的各经停点绘制在地图上还是确定其坐标位置，都难以确立各点之间的空间关系，或者，如果各点之间的空间关系由于前文所提到的实际原因而被扭曲，就应该具体说明每对点之间的确切距离或时间。这里，感知法基本上不适用，我们必须借助多年来人们提出的各种数学方法来解决这类问题。虽然我们可以得到我们想要的各点间的准确距离或运行时间，但计算程序一般给出的是近似结果。（见资料 7.8）

资料 7.8 例子

图 7-8 是一个以某仓库为基地，包括四个经停站点的小型配送问题。要得到点与点之间的运行时间，首先要选择最合适的路径，然后乘以运行速度就可以算出经过该距离所需的时间。这里假定每对站点之间往返双向的运行时间是一样的。

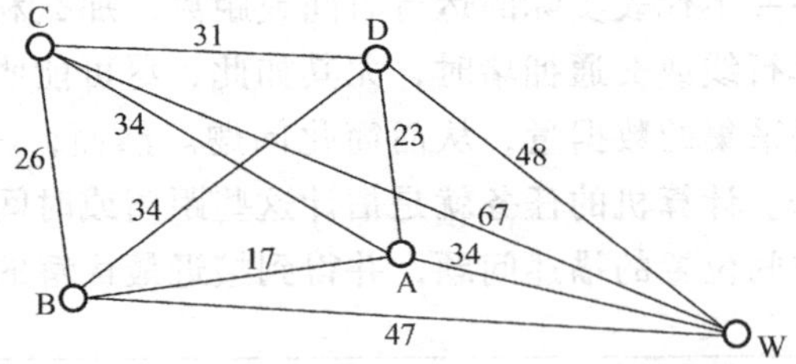

图 7-8 以分钟为单位的运行时间的配送问题举例

利用 STORM[1] "流动推销员"模块可以得到整个行程经过站点的顺序 $W \to D \to C \to B \to A \to W$，全程的总运行时间是 156 分钟。

7.3 行车路线和时刻表的制定

行车路线和时刻表的制定问题是运输路径问题的扩展形式。其中更接近实际的限制条件

[1] 由 Hamilton，A，Dale Flowers，Chandrashekar M．Kott 和 Kamlesh Mathur 收集的计算机决策支持工具。*STORM*（Upper Saddle River，N．J．；Prentice Hall，1992）．

包括：1）在每个站点既要取一定量的货，又要送一定量的货；2）使用多部车辆，每部车的载货重量和容积不同；3）司机的总驾驶时间达到一定上限时，就必须休息至少8小时（运输部门的安全限制）；4）每个站点每天只允许在特定的时间内取货和/或送货（称为时间窗口（Time Windows））；5）途中只有在送货后才能取货；6）允许驾驶员每天在特定的时间休息和用餐。

这些限制条件增加了问题的复杂性，也使我们寻找最优解的努力受挫。但是，运用制定合理路线和时刻表的原则或启发式求解法仍然可以得到该类问题比较好的解。我们要讨论的路线和时刻表问题是针对有多辆卡车从仓库出发，送货到若干个站点，然后在当天返回仓库这种情况的。

7.3.1 合理路线和时刻表的制定原则

运用八条原则，经过一番努力，决策者（如车辆调度员）可以制定出合理行车路线和时刻表。这八条原则简述如下：

（1）安排车辆负责相互距离最接近的站点的货物运输。卡车的行车路线围绕相互靠近的站点群进行计划，以使站点之间的行车时间最短。图7－9a表示的是安排车辆装运时应避免的划分方式，图7－9b表示的则是比较合理的划分方式。

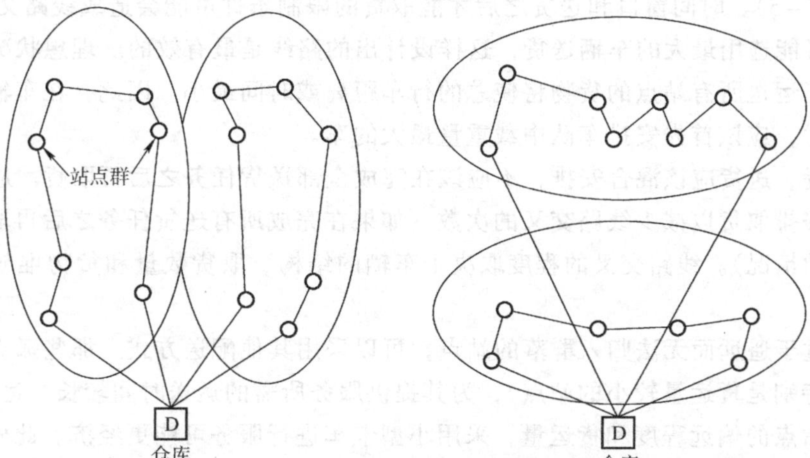

a) 不合理的划分方式　　b) 较合理的划分方式

图7－9　划分站点群以分派车辆

（2）安排车辆各日的途经站点时，应注意使站点群更加紧凑。如果一周内各日服务的站点不同，就应该对一周内每天的路线和时刻表问题分别划分站点群。各日站点群的划分应避免重叠。这样可以使为所有站点提供服务所需的车辆数降至最低，同时使一周内卡车运行的时间和距离最少。图7－10举例说明了好、坏划分方式。

（3）从距仓库最远的站点开始设计路线。要设计出有效的路线，首先要划分出距仓库最远的站点周围的站点群，然后逐步找出仓库附近的站点群。一旦确定了最远的站点，就应该

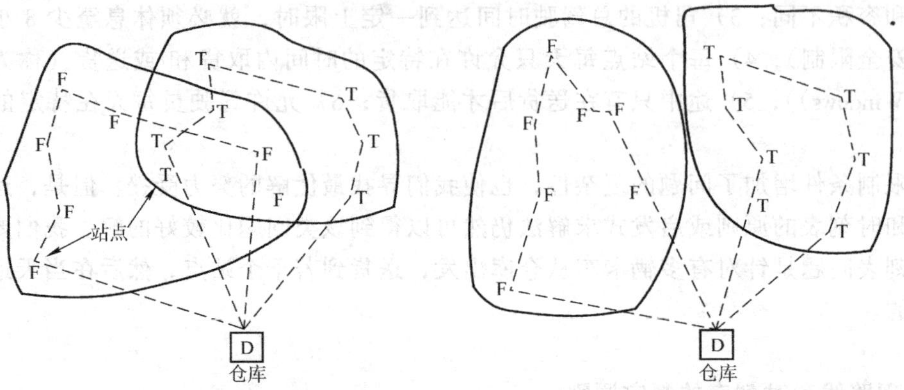

图 7 – 10　对一周内各天划分站点群

选定距该核心站点最近的一些站点形成站点群，分派载货能力能满足该站点群需要的卡车。然后，从还没有分派车辆的其他站点中找出距仓库最远的站点，分派另一车辆。如此往复，直到所有的站点都分派有车辆。

（4）卡车的行车路线应呈水滴状。安排行车路线时各条线路之间应该没有交叉，且呈水滴状（见图 7 – 5）。时间窗口和送货之后才能取货的限制条件可能会造成线路交叉。

（5）尽可能选用最大的车辆送货，这样设计出的路线是最有效的。理想状况下，用一辆足够大的卡车运送所有站点的货物将使总的行车距离或时间最小。因此，在车辆可以实现较高的利用率时，应该首先安排车队中载重量最大的车。

（6）取货、送货应该混合安排，不应该在完成全部送货任务之后再取货。应该尽可能在送货过程中安排取货以减少线路交叉的次数（如果在完成所有送货任务之后再取货，就会出现线路交叉的情况）。线路交叉的程度取决于车辆的结构、取货数量和货物堆放对车辆装卸的影响程度。

（7）对过于遥远而无法归入群落的站点，可以采用其他配送方式。那些孤立于其他站点群的站点（特别是货运量较小的站点），为其提供服务所需的运送时间较长，运送费用较高。考虑到这些站点的偏远程度和货运量，采用小型卡车进行服务可能更经济。此外，利用外租的运输服务也不啻为一个很好的选择。

（8）避免时间窗口过短。各站点的时间窗口过短会使得行车路线偏离理想模式。因为时间窗口的限制常常不是绝对的，所以如果某个站点或某些站点的时间窗口限制导致整个路线偏离期望的模式，就应该重新协议时间窗口的限制，最好放宽该限制。

这些原则操作人员很容易掌握，这样，他们可以在现实生活当中制定路线和时刻表时找到比较合理的（尽管不一定是最优的）解决办法。

这些原则只是提供了合理路线设计的准则，但操作人员还是要处理一些在这些原则中没有考虑到，而车辆运作中可能出现的限制或例外情况（加急订单、绕行等等）。采用这些方法设计的路线和时刻表比采用其他未经仔细推敲的方法制定的计划有实质性改进。（见资料 7.9）

资料 7.9　例子

凯斯寿材公司（The Case Casket Company）生产一系列殡葬产品，并向各殡仪馆送货。殡仪馆会保存少量流行样式的库存，但顾客常常从产品目录中进行选择。通常，殡仪馆的经理会订购棺木以补充存货或满足顾客的特殊要求。订货量常常很小，经常一次不超过一个。为服务市场，凯斯公司在全美建了 50 多家配送仓库。

图 7－11 列出了其中一家仓库的位置及其服务区域，同时还列出了有代表性的一周订货量和订货点的位置。仓库使用两辆特制的卡车送货，该种卡车最多可运送 18 副棺木，每周送货五天。我们要做的是制定该地区的行车路线和时刻表。

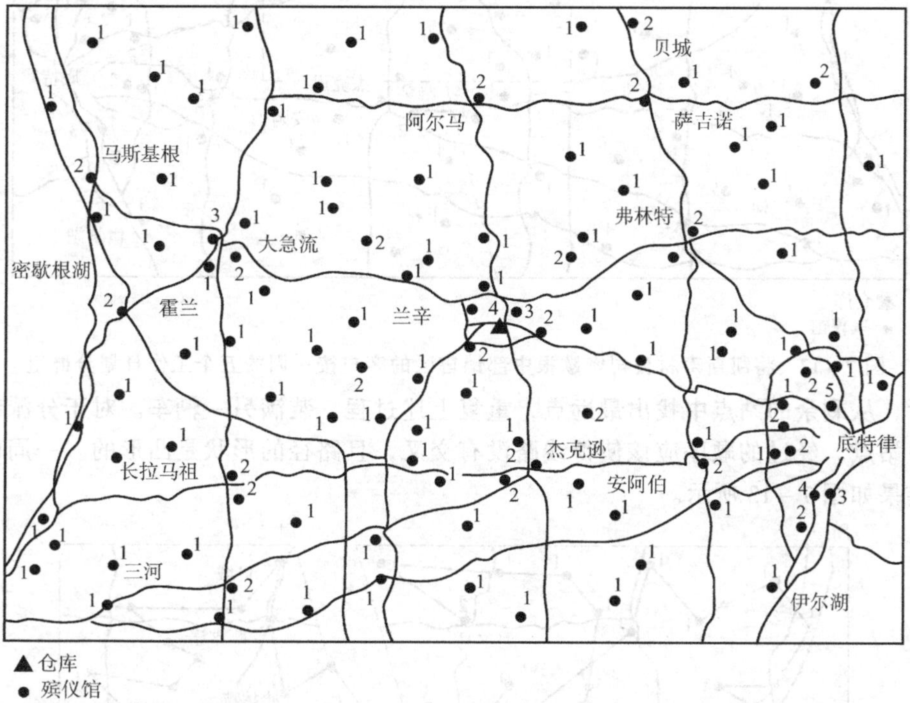

图 7－11　殡仪馆的位置及其一周的订货量——凯斯寿材公司密歇根中部地区

根据合理路线和时刻表的制定原则，首先要将该区域划分为五个每日的客户群，根据原则 3，我们知道，应该从距离最远的客户开始划分，然后逐步向仓库方向靠拢，增加客户。因此，我们将边远地区的站点分为四组，在一周的前四天送货，仓库附近的站点群成一组，在第五天送货。

我们需要对每组站点的货运量进行平衡，以免使用两部以上的卡车。因为在有些天，第三辆车的利用率会非常低。

我们首先从仓库开始向外推进，寻找总订货量能装满两卡车的站点；其次，由于底特律是个大市场，所以我们分两天送货。再向四面八方推进，我们就得到了送货量大致相等的四个站点群，如图 7－12 所示。

下一步要做的是安排车辆装运，设计行车线路。

每天的情况分别考虑，从最远的站点开始，我们要在相邻的区域内会聚足够多的货以装满第一辆卡车。

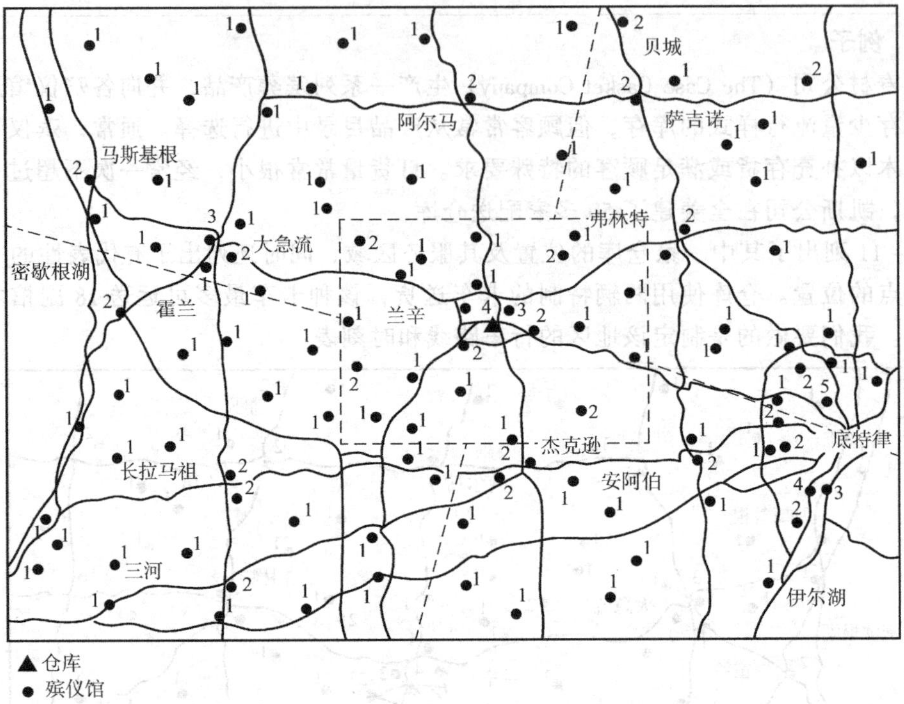

图 7-12 将凯斯寿材公司密歇根中部销售区的客户按一周的五个工作日划分群组

然后，从剩余的站点中找出最远点，重复上述过程，装满另一辆车。对于分派给同一辆卡车的各站点，经过的顺序应该使得线路没有交叉，且路径的形状是凸形的。一周内每天路线设计结果如图 7-13 所示。

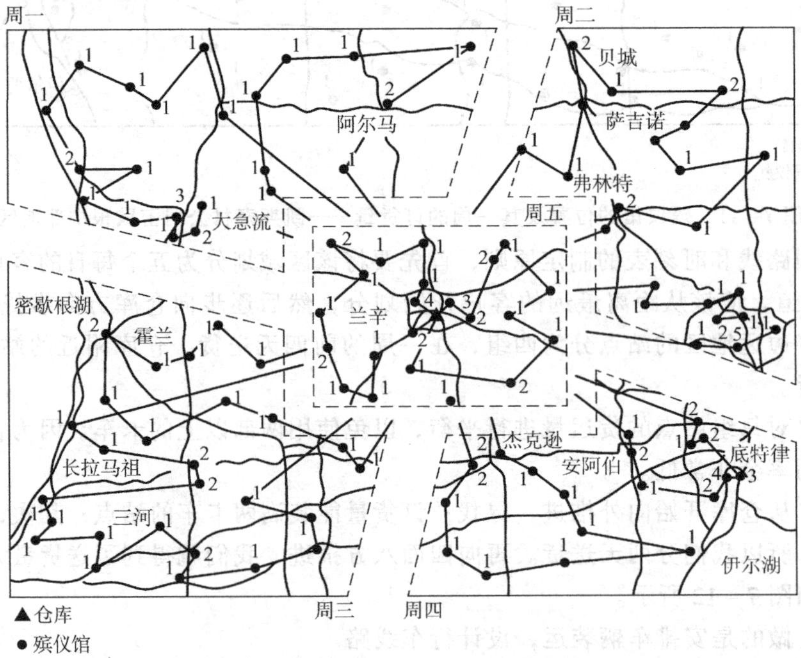

图 7-13 凯斯寿材公司每天卡车送货的路线设计

7.3.2 行车路线和时刻表的制定方法

随着限制条件的增加，寻找行车路线和时刻表最优解的工作变得越来越困难。时间窗口、载重量和容积各不相同的车辆、司机途中总驾驶时间的上限要求、不同地区对速度的不同要求、途中的障碍（湖泊、迂回的道路、山脉）、司机的休息时间等都是实际路线设计中需要考虑的因素。有许多方法可以处理这类复杂的问题，我们主要介绍其中两种方法。一种很简单（“扫描”法），另一种则较复杂、准确且处理能力较强（“节约”法）。其他解决方法有：(1) 作图算法；(2) 二段算法；(3) 不完全优化算法；(4) 改进法，请参考 Gendreau 等的著作。[1]

1. 扫描法（The Sweep Method）

路线设计中的扫描法很简单，即使问题规模很大，也可以通过手工计算得出结果。如果利用计算机程序计算，能够很快求出结果，所需的计算机内存也不大。对于各类问题，该方法的平均误差率预计约在 10%[2]。如果我们需要很快得出结果，且只要求结果是合理的（而不是最优的），那么该误差水平还是可以接受的。实际上，调度员常常要在接到有关站点和各站点货运量最新数据后一小时内设计出路线。该方法的缺陷与路线构成方式有关。求解过程分为两步：第一步是分派车辆服务的站点；第二步是决定行车路线。因为整个过程分成两步，所以对诸如在途总运行时间和时间窗口等时间问题处理得不好。

扫描法可阐述如下：

(1) 在地图或方格图中确定所有站点（含仓库）的位置。

(2) 自仓库始沿任一方向向外划一条直线。沿顺时针或逆时针方向旋转该直线直到与某站点相交。考虑：如果在某线路上增加该站点，是否会超过车辆的载货能力？如果没有，继续旋转直线，直到与下一个站点相交。再次计算累计货运量是否超过车辆的运载能力（先使用最大的车辆）。如果超过，就剔除最后的那个站点，并确定路线。随后，从不包含在上一条路线中的站点开始，继续旋转直线以寻找新路线。继续该过程直到所有的站点都被安排到路线中。

(3) 排定各路线上每个站点的顺序使行车距离最短。排序时可以使用“水滴”法或求解“流动推销员”问题的任何算法。（见资料 7.10）。

如果：(1) 每个经停点的货量只占车辆运力的很小比重；(2) 所有车同样大；(3) 路上没有时间限制，则“扫描”法可以得到很好的解。

资料 7.10 例子

史密斯卡车运输公司（P. K. Smith Trucking Company）用厢式货车从货主那里取货。货物先运回仓库，拼车后以更大的批量进行长途运输。图 7-14a 列出了典型的一天的取货量，

---

[1] Michel Gendreau, Alain Hertz and Gilbent Laporte, op. cit., pp. 1276-1290.

[2] Ronald H. Ballou and Yogesh K. Agareal, “A Performance Comparison of Several Popular Algorithms for Vehicle Routing and Scheduling,” *Journal of Business Logistics* 9, no. 1 (1988): 51-65.

单位是件。厢式货车的载货量是 10 000 件。完成所有取货任务一般需要整整一天的时间。公司想知道需要多少条运输路线（即多少部车），每条路线上应该经过哪些站点和经停的顺序。

首先，向北画一条直线，进行逆时针方向“扫描”。这些都是随机决定的。逆时针旋转该直线，直到装载的货物能装上一辆载重 10 000 件货物的卡车，同时又不超重。一旦所有的站点都分派有车辆，就可以利用“水滴”法安排经过各站点的顺序。图 7 - 14b 所列出的是最终的路线设计。

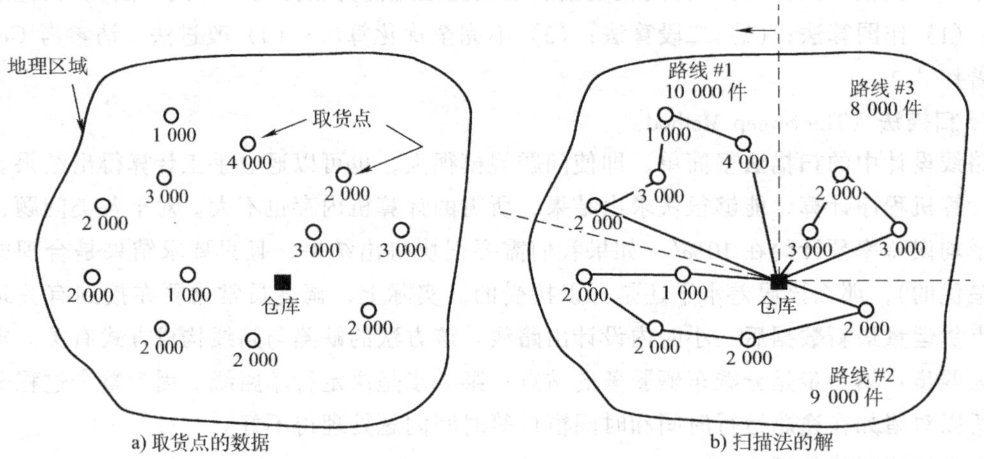

图 7 - 14 史密斯公司利用扫描法设计的路线

2. 节约法（The Savings Method）

多年来，克拉克·怀特（Clarke - Wright）的节约法[1]一直是一种颇为出色的方法，它能够灵活处理许多现实中的约束条件，对站点数量不太多的问题能较快算出结果，且结果与最优解很接近。对仅有几个约束条件的小型问题，比较研究显示，利用节约法得到的结果平均只比最优解高 2%[2]。该方法能够处理有众多约束条件的实际问题，主要因为它可以同时确定路线和经过各站点的顺序。

节约法的目标是使所有车辆行驶的总里程最短，并进而使为所有站点提供服务的卡车数量最少。该方法首先假设每一个站点都有一辆虚拟的卡车提供服务，随后返回仓库，如图 7 - 15a 所示。这时的路线里程是最长的。下一步，将两个站点合并到同一条行车路线上，减少一辆运输车，相应地缩短路线里程。在决定哪些站点要合并到一条路线时，需要计算合并前后节约的运输距离。由与其他任何不在同一条运输路线上的两点（A 和 B）合并所节约的距离就是图 7 - 15a 中路线的里程减去图 7 - 15b 中路线的里程，节约值为 $S = d_{O,A} + d_{B,O} - d_{AB}$。对每对站点都进行这样的计算，并选择节约距离最多的一对站点合并在一起，修订后的

[1] G. Clarke and J. W. Wright, “Scheduling of Vehicles from a Central Depot in a Number of Delivery Points,” *Operations Research* 11 (1963): 568 - 581.

[2] Ballou and Agarwal, “A Performance Comparison of Several Popular Algorithms for Vehicle Routing and Scheduling,” 51 - 65.

路线见图 7 – 15b。

继续合并过程。除了将单个站点合并在一起外，还可以将某站点并入已经包含多个站点的路线上。例如，假如将某站点并入位于同一路线上两点 A 和 B 之间，节约的距离为 $S = d_{OC} + d_{CO} + d_{AB} - d_{AC} - d_{CB}$。如果如图 7 – 15b 所示，站点 C 排在线路最后一站 B 之后，则节约的距离为 $S = d_{BO} - d_{BC} + d_{OC}$。相反，如果站点 C 排在站点 A 之前，则节约的距离为 $S = d_{CO} - d_{CA} + d_{AO}$。每次合并时都要计算所节约距离，节约距离最多的站点就应该纳入现有路线。假如由于某些约束条件（如路线太长，无法满足时间窗口的要求，或超过车辆的承载能力），节约距离最多的站点不能并入该路线，就要考虑节约距离次多的站点。重复该过程直到所有站点的路线设计都完成。

a) 初始路线—线路里程
$= d_{O,A} + d_{A,O} + d_{O,B} + d_{B,O}$

b）将两个站点合并到同一线路
上的线路里程 $= d_{O,A} + d_{A,B} + d_{B,C}$

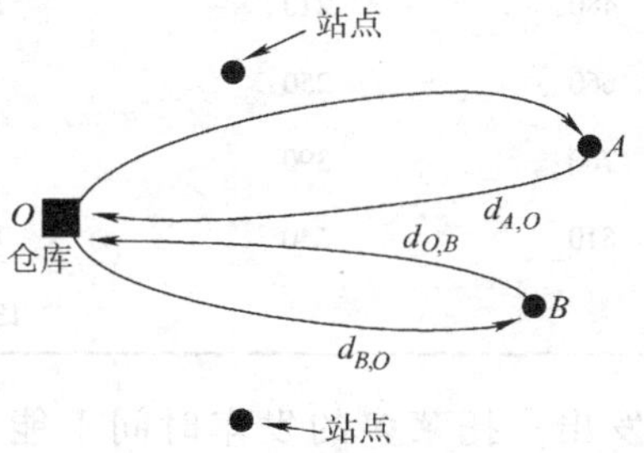

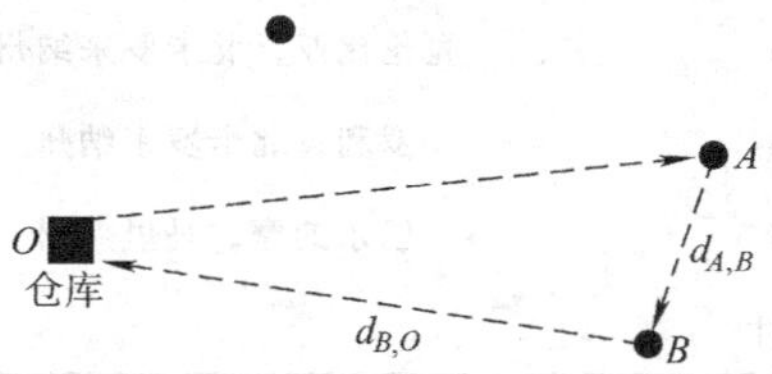

图 7 – 15 通过站点合并减少的行车距离

节约法强大的处理能力使得它能够包含实际应用中许多重要的约束条件。该方法可以在指定各路线途经站点的同时确定站点的先后顺序。因此，在将站点归入某条路线之前，应该预先考查加入新站点后路线的情况。此外，还要考虑一系列有关路线规划的问题，如行车时间是否超过允许的最长驾驶时间，是否满足司机休息时间的要求，是否有足够载运量的车装载所有的货物，各站点时间窗口的要求是否得到满足等等。不满足这些条件可能导致该站点不能并入这条路线或者说明该站点在新路线中的排列顺序不当。接着就要按照最大节约值原则选取下一个站点，重复考虑上述问题。因为扩展问题的难度较大，节约法不能保证将得到最优解，但能够获得合理解。（见资料 7.11）

资料 7.11 例子

瑞格尔金属公司（Regal Metals）生产商用楼卫生间用的钢制隔板。位于俄亥俄州托莱多（Toledo）的工厂（$X = 460$，$Y = 720$）将订单货物累积起来每周向各建筑工地送货一次。工厂拥有五辆载重 40 000 磅的卡车。该公司某一周的送货情况如下：

站点序号	建筑工地	X	Y	定货量（磅）
1	米尔沃基，威斯康州	220	800	3 000
2	芝加哥，伊利诺斯州	240	720	31 500
3	底特律，密执安州	470	790	16 500
4	布法罗，纽约州	670	860	6 000

（续）

5	克利夫兰，俄亥俄州	540	730	4 500
6	匹兹堡，宾西法尼亚州	630	680	6 750
7	辛辛那提，俄亥俄州	420	570	3 750
8	路易斯维尔，肯塔基州	370	490	6 000
9	圣路易斯，蒙大弯州	130	500	7 500
10	孟斐斯，田纳西州	180	270	9 000
11	诺克斯维尔，田纳西州	480	360	5 250
12	亚特兰大，佐治亚州	480	210	18 000
13	哥伦比亚，北卡罗来纳州	660	250	3 000
14	罗利，北卡罗来纳州	760	390	6 750
15	巴尔的摩，马里兰州	810	640	11 250
总计				138 750

车辆调度的原则包括：本周所有的订货要一次性发出；托莱多的发车时间不能早于早晨7:00；不能超过卡车的载货能力；所有的卡车都必须返回到托莱多的工厂。其他的限制条件有：送货时间为早晨7:00和下午6:00之间；驾驶员在中午12:00以后有一小时的午餐时间，晚上7:00以后有一整晚（12小时）的休息时间；在大湖区（Great Lakes）行车受特别限制。平均车速为每小时50英里，各站点的卸货时间为30分钟。据估计，公路里程要比用坐标计算的直线距离长21%。司机和卡车的成本为1.30美元/英里。如果不外出送货，就会安排司机在厂内工作。

软件ROUTER能够处理节约法中附加的约束条件，据此作出的路线计划见图7-16。

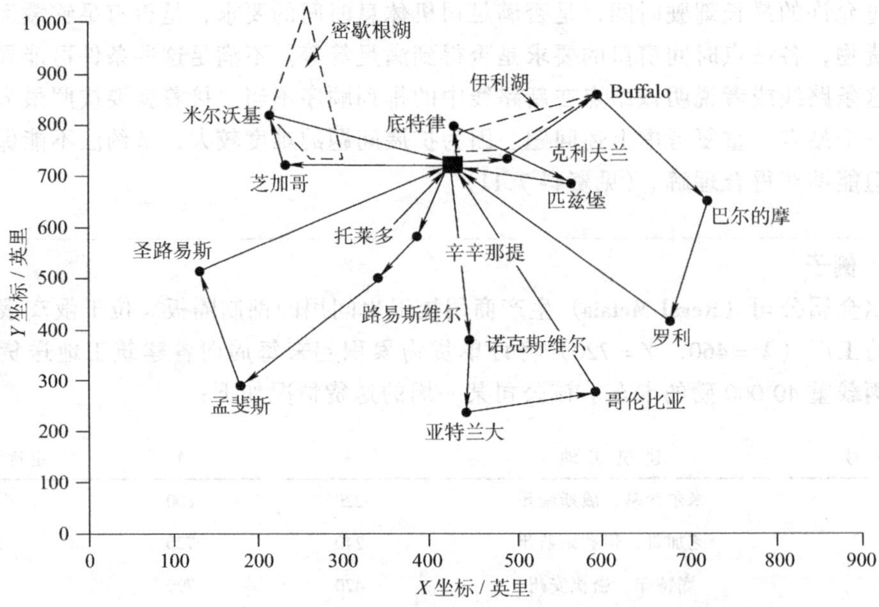

图7-16 ROUTER软件利用节约法制定的瑞格尔公司配送路线计划

表 7－4 列出的是行车路线，表 7－5 列出是行车时间。总配送成本为 5 776 英里 × 1.30 美元/英里 = 7 508.80 美元。

表 7－4 瑞格尔的配送路线

路线	站点①	时间				路程	运行时间	运载量	卡车载重量
		出发	日期	返回	日期	（英里）	（小时）	（磅）	（磅）
1	2、1	7:00AM	1	1:44PM	2	787	30.7	34 500	40 000
2	3、6	7:00AM	1	9:11AM	2	609	26.2	23 250	40 000
3	5、4、15、14	7:00AM	1	5:03PM	3	1 503	58.1	28 500	40 000
4	7、8、10、9	7:00AM	1	3:22PM	3	1 418	56.4	26 250	40 000
5	11、12、13	7:00AM	1	3:40PM	3	1 459	56.7	26 250	40 000
						5 776	228.1	138 750	

① 站点按其在配送中的顺序排列。

表 7－5 瑞格尔的配送到达时间

站点	到达时间	日期	站点	到达时间	日期
米尔沃基	3:49PM	1	圣路易斯	5:16PM	2
芝加哥	1:19PM	1	孟斐斯	9:28AM	2
底特律	8:47AM	1	诺克斯维尔	4:43PM	1
布法罗	3:17PM	1	亚特兰大	8:51AM	2
克利夫兰	8:57AM	1	哥伦比亚	2:49PM	2
匹兹堡	4:27PM	1	罗利	5:46PM	2
辛辛那提	1:045AM	1	巴尔的摩	10:05AM	2
路易斯维尔	2:32PM	1			

资料 7.12 应用

达美乐比萨（Domina's Pizza）是一家拥有 25 亿美元销售额的全国连锁店，以迅速将比萨送到客户家中而闻名。但背后的物流工作却早在他或她接到比萨之前就开始了。公司的 18 个配送点每周数次向 4 256 家零售店配送新鲜的原料和补给，全年的运输总成本高达 3 000 万美元，或达美乐全公司预算的 65%。为 160 辆卡车制订运输计划是一项艰巨的工作，需要用到巨大的挂图和无数的图钉。这项工作每年做一次，利用手工完成，无法从日常运作角度考虑问题，也不能对变化的环境作出反应。解读线和别针组成的迷宫也不可能每天进行。

面对更加激烈的竞争，公司安装了软件来设计行车路线和时间安排，成效非常显著。在康涅狄格配送中心（公司最大的配送中心之一），只用两天时间就可以绘制出主计划，每周还减少了 7 000 英里的行车距离，降幅达 21%，车队规模也由 22 部卡车减为 16 部。

就整个网络来讲，达美乐缩短 100 万英里的行驶里程，每个 DC 平均下降至少 10%。现在，每天制订运输计划，而不是像以前那样每年作一次。

7.3.3 运输路线的排序

在利用上述行车路线和时刻表的制定方法指定路线时，假设对每条线路都只分派一部车，如果路线较短，那么在剩余的时间里这部车的利用率就很低。但在实际生活中，如果完成一条路线后开始另一条路线，那么就可以分派同一部车负责第二条路线。因此，将所有运输路线首尾相连按顺序排列，使车辆的空闲时间最短，就可以决定所需车辆数。在某行车路线问题中假设卡车的载重量都相同，行经路线见表 7－6。

表 7－6 10 条行车路线的时间限制

路 线	发车时间	返回时间
1	8:00AM	10:25AM
2	9:30AM	11:45AM
3	2:00PM	4:53PM
4	11:31AM	3:21PM
5	8:12AM	9:52AM
6	3:03PM	5:13PM
7	12:24PM	2:22PM
8	1:33PM	4:43PM
9	8:00AM	10:34AM
10	10:56AM	2:25PM

将这些路线在一天内按时间进行排序，就可以使车辆的空闲时间最短，据此制定的计划见图 7－17。按照该种方式对行车路线进行排序就能够尽量减少服务所有线路所需的车辆数。虽然时间排序可以手工完成，但也可以编写计算机软件完成这项工作，并把路线选择和时间安排问题合并在一起，为卡车运营提供完整的方案。

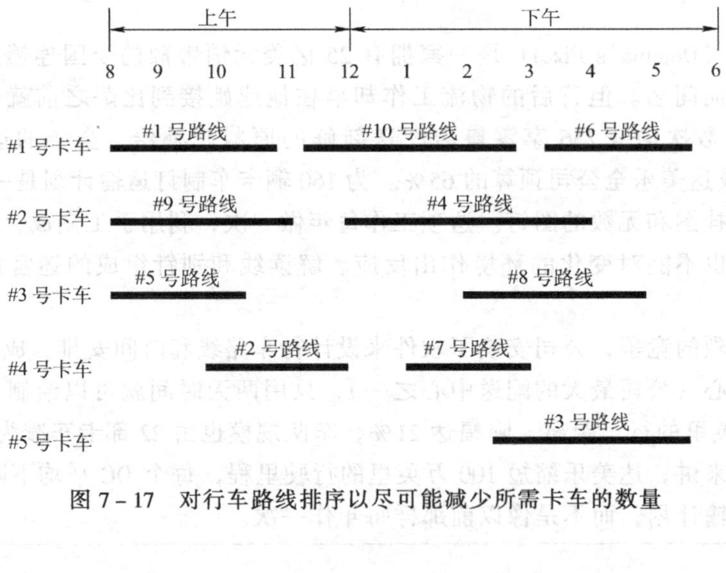

图 7－17 对行车路线排序以尽可能减少所需卡车的数量

排序问题的另一种常见形式就是对在一段特定时间内按不同频率配送的各点安排计划。例如，卡车可能每周送货或两周送货一次，送货的频率取决于客户量，送货到离仓库较近的客户会很快，卡车可以在一周内回到仓库并准备送另一次货。问题产生了：如何在某特定周指定非每周送货的客户。有些客户可以在第一周、第三周送货，其余的在第二周、第四周送货，仔细研究经停地点和每周的货运量，平衡每周的货载，可以有助于将车队规模控制在最小。

7.3.4　行车路线和时刻表制定方法的应用

行车路线和时刻表的问题种类繁多，其约束条件的数量和种类也不计其数。网络各站点间的零担货物运输问题（如联邦快递、联合包裹服务公司，或其他零担运输的公共运输人所面临的问题）就与校车或个体应答运输服务（如电话叫车服务 Dial - A - Ride）的路径问题大不相同。此外，在日常运作中，总会需要处理一些例外情况。研究人员在努力应付每个行车路线和时刻表规划问题带来的难题时，似乎针对每个问题都需要有特别的方法来解决。即使这样，这些方法也不能彻底解决这个问题。要想将这些方法应用于实践，实施时一定要小心谨慎。

在运作环境中应用定量分析的可行方法之一是三阶段法（即预览 - 求解 - 审核）。假设要在合理时间内解决问题，且要求解达到一定的质量标准，就可以建立起一个尽量切合实际问题的模型。由于那些最难以处理的内容没有包含在模型之中，因而常常可用最优法求解。解决实际问题的过程分三步，第一步，分析人员预览实际问题，考察有无例外情况（需要特别处理的送货）或明显无须求解的送货/取货（满载运输）；第二步，通常要求助于计算机，就是对简化后的问题求解并将结果呈送分析人员；第三步，分析人员对数学求解的结果进行审核，根据实际情况对结果加以修正。（见资料 7.13）

资料 7.13　应用

某大型石油公司为加油站提供配送服务，这些加油站需要某一等级或多个等级的燃油。公司利用特别设计的带隔断的油罐车负责配送，不同油罐车的设计不同，可用来装运不同数量、不同等级的燃油。当地配送中心的调度员每天都会接到本服务区内加油站的订单，但订货量和订货地点总在变化。

该公司开发了一个整数规划模型来对 20 ~ 50 个站点的行车路线进行一次性计划。设计该模型是为了处理最常见的问题，计算时需要从通用数据库中获取公路距离、行车时间、现有油罐车和司机等数据，但该模型不能处理所有错综复杂的每日路线安排问题。

调度员不能完全依赖这个模型，因为它不可能在所有情况下都设计出合理的路线。首先调度员要查看每天的订单，找出有特别送货要求和例外情况的订单，包括紧急送货、整车运输和不能与常规产品混装的特殊产品。上述情况都要由人工设计配送路线，其余的则交给计算机模型去处理。尽管计算机模型能保证求出路径问题数学上的最优解，但调度员只是把它作为实际问题的指导解，还需要进一步审核解的合理性。出于某些原因，比如遵守工会规定、途中临时绕行和晚到的订单等，还需要对行车时间表做一些调整。因此，调度员要和计算机一起，花费合理的时间和精力，找出一个能既令客户满意，又能实现成本最小化目标的合理的行车时间表。

7.4 船舶航线和船期计划

到此为止，有关行车路线和行车时间问题的讨论大多数都是关于公路运输的。以下，我们将举例说明港口间船舶营运路线和时间安排问题，以便对比。这类问题的特点是在满足不同港口约定装卸日期的条件下，尽量减少所需的船舶数量。假设始发港和目的港之间的运力充足，各港口间的航行时间已知，可以利用线性规划中的运输问题来处理此类难题。（见资料 7.14）

资料 7.14 例子

某欧洲炼油企业沿欧洲海岸线有三个炼油厂（D_1，D_2 和 D_3），所用原油来自中东的两个港口（L_1 和 L_2）。装货港和卸货港之间采用油轮运输原油。以天数计算的港口间航行时间加装卸时间由以下矩阵列出：

航行时间加装货时间

	卸货点		
	D_1	D_2	D_3
装货点 L_1	21	19	13

为简化问题，假定港口间的航行时间与航行方向无关，且装卸时间相等，根据以后两个月的需求情况，炼油厂要求货物在下列时间运到（从现在开始起计）：

自	L_2	L_1	L_1	L_2
到	D_3	D_1	D_2	D_3
到达时间	12	29	15	12

根据给出的装货时间和航行时间，要满足卸货日期的要求，必须在如下时间装货：

最晚装货时间

到	D_1	D_2	D_3
自 L_1	8	32	—
自 L_2	—	—	0 和 9

该企业希望知道为满足上述时间要求，需要多少艘油轮，每条油轮的航行路线应该是什么样的。

图 7－18 给出了运输问题的初始成本矩阵。“行”代表最终状态，“列”代表起始状态。供求值是每种状态发生的次数。本例中，所有的供求值都是 1。随后，我们应该认识到矩阵中只有某些单元格有可行解，例如第 4 行第 2 列单元格的解就不可行，因为油轮不可能在第 61 天卸货后，再在第 8 天装货。用这种方式检查所有的单元格，对于不可行的单元格就指定一个非常高的成本（如 100 个成本单位），使其无法求解。对于可行的单元格就确定一个较低的成本（如 1 个成本单位）。对空闲的单元格则指定比较高的成本（如 10 个成本单位）。以限制其使用。对空闲单元格进行初始分派就可以得到问题的初始可行解。当然，这个解代表所需船只数量的最大值。

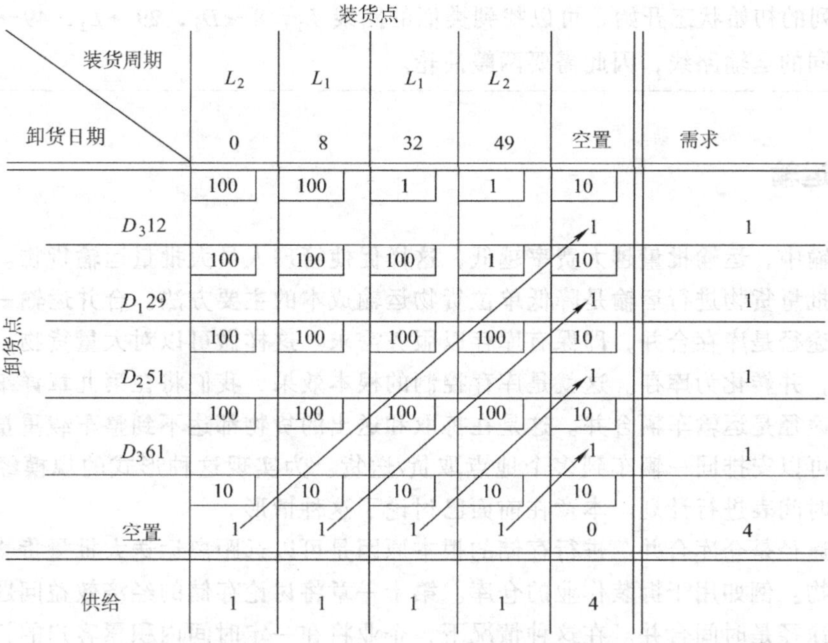

装货点
装货周期
L_2 L_1 L_1 L_2
卸货日期
0 8 32 49 空置 需求
$D_3$12: 100 100 1 1 10 | 1 | 1
$D_1$29: 100 100 100 1 10 | 1 | 1
$D_2$51: 100 100 100 100 10 | 1 | 1
$D_3$61: 100 100 100 100 10 | 1 | 1
空置: 10 10 10 10 10 | 1 1 1 1 0 | 4
供给: 1 1 1 1 4
卸货点

图 7－18　以运输方法解决船期安排问题的初始解

以适当的运输问题解法求解上述成本矩阵，所得解的矩阵如图 7－18 所示。我们来解读这个解。从第一列的初始状态开始，找到第一行最终状态解值为 1 的单元格，这就是位于第一行第三列的单元格。然后，我们找到另一个解值是 1 的单元格，即第三行第五列的单元格，这是一个空闲单元格，随后停止。再从下一列开始重复上述过程，直到找到空闲行内所有解值为 1 的空闲单元格。如图 7－19 所示，第一条路线就是 L_2，0→D_3，12→L_1，32→D_2，

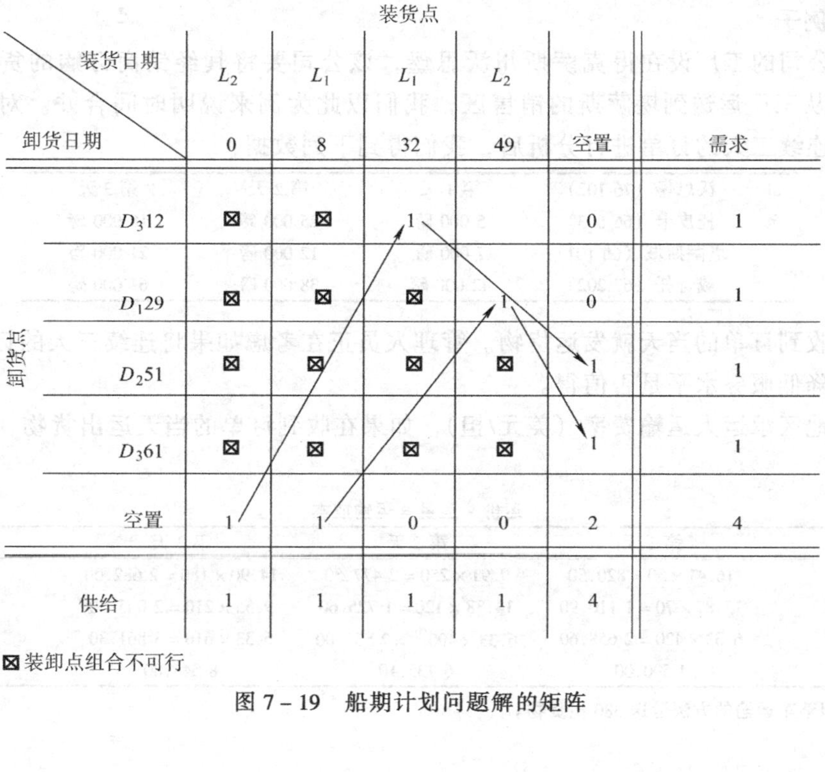

装货点
装货日期
L_2 L_1 L_1 L_2
卸货日期
0 8 32 49 空置 需求
$D_3$12: ⊠ ⊠ 1 0 1
$D_1$29: ⊠ ⊠ ⊠ 1 0 1
$D_2$51: ⊠ ⊠ ⊠ ⊠ 1 1
$D_3$61: ⊠ ⊠ ⊠ ⊠ 1 1
空置: 1 1 0 0 2 4
供给: 1 1 1 1 4
卸货点
⊠装卸点组合不可行

图 7－19　船期计划问题解的矩阵

51。从第二列的初始状态开始，可以找到类似的路线 L_1，8→D_1，29→L_2，49→D_3，61。由于有两条不同的运输路线，因此需要两艘油轮。

7.5 合并运输

货物运输中，运输批量越大费率越低，这样促使管理人员大批量运输货物。将小批量货物合并成大批量货物进行运输是降低单位货物运输成本的主要方法。合并运输一般有四个途径：第一个途径是库存合并，即保有库存以服务需求。这样做可以对大量货物，甚至整车货物进行运输，并转化为库存。这就是库存控制的根本效果，我们将在第九章详细讨论。

第二个途径是运输车辆合并。这是在拣取和送出的货物都达不到整车载重量情况下，为提高效率就可以安排同一辆车到多个地点取货/送货。为实现这种形式的规模经济就需要对行车路线和时间表进行计划。本章在前面已讨论了这种情形。

第三个途径是仓库合并。进行存储的根本原因是可以远距离运送大批量货物，近距离运送小批量货物。例如用于拆装作业的仓库。第十一章将讨论存储的经济效益问题。

第四个途径是时间合并。在这种情况下，企业将在一定时间内积累客户的订单，这样可以一次性发运较大批量的货物，而不是多次小批量送货。通过对大批量货物的运输路径进行规划，降低单位运输成本，企业可以获得运输中的规模经济效益。当然，由于没能在收到订单和履行订单之后及时发送货物会造成服务水平的下降，因此我们要在运输成本与对服务的影响之间寻求平衡。运输成本的节约是显见的，但服务水平下降的影响却是很难估计的。(见资料 7.15)

资料 7.15 例子

某食品公司的工厂设在得克萨斯州沃思堡，该公司要将其经销商订购的货物（100 级，折扣 40%）从工厂运送到堪萨斯的销售区，我们以此为例来说明时间合并。对堪萨斯州三座城市以往连续三天的订单进行分析后，我们得到下列数据：

自	沃思堡（76 102）	第 1 天	第 2 天	第 3 天
至	托皮卡（66 603）	5 000 磅	25 000 磅	18 000 磅
	堪萨斯城（66 101）	7 000 磅	12 000 磅	21 000 磅
	威奇托（67 202）	42 000 磅	38 000 磅	61 000 磅

公司一般在收到订单的当天就发运货物。管理人员正在考虑如果将连续三天的订单集中在一起，并因此降低服务水平是否值得。

已知该地区承运人运输费率（美元/担），如果在收到订单的当天运出货物，发生的成本如下：

运价 × 运量 = 运输成本 （美元）

	第 1 天	第 2 天	第 3 天	总计
托皮卡	16.41 × 50 = 820.50	9.91 × 250 = 2 477.50	14.90 × 180 = 2 682.00	5 980.00
堪萨斯城	15.87 × 70 = 1 110.90	14.38 × 120 = 1 725.60	9.55 × 210 = 2 005.50	4 842.00
威奇托	6.33 × 420 = 2 658.60	6.33 × 400① = 2 532.00	6.33 × 610 = 3 861.30	9 051.90
总计	4 590.00	6 735.10	8 548.80	19 873.90

① 以 400 担整车运输的方法运送 380 担货物。

如果将三天的订单集中在一起发运，则运输成本应为：

	运价 × 运量 = 运输成本（美元）
托皮卡	7.09 × 480① = 3 403.20
堪萨斯城	6.83 × 400 = 2 732.00
威奇托	6.33 × 1 410 = 8 925.30
总计	15 060.50

① 480 = 50 + 250 + 180。

集中订单后运输成本节约（19 873.90 − 15 060.50）美元 = 4 813.40 美元。现在，必须研究延长订单周期对收入的影响，以便与运输成本进行比较，或者，管理人员必须判断运输成本节约的 4 813.40 美元是否足够补偿服务水平下降所造成的影响。

7.6 小结

运输决策应被视为物流管理人员面临的最重要的决策问题。本章讨论了最常见的运输问题，包括运输方式的选择、承运人的路线制定、行车路线和时刻表的制定以及合并运输。所幸的是，这些决策问题都可以适当利用数学分析得到结果，本章举例说明了其中的某些方法。

问答题

1. 某企业生产医学研究器材，需要送货到全国各地的医院和医疗中心。可选用的服务形式有零担的卡车运输、航空快递、自营车队和 UPS 服务。在选择这些运输方式时应考虑哪些因素？按重要性对这些因素排序。
2. 说一说为何选择运输服务时应考虑服务质量。
3. 假设你将从纽约到洛杉矶。在你选择行车路线时，是重视行驶时间最短，还是行驶距离最短？卡车公司运送货物时是否应该考虑同样的问题？
4. 校车的路线规划与联邦快递公司本地取货、送货的路线规划有何异同点？
5. 路线规划问题与行车路线与时刻表的制定问题有何不同？
6. 用于行车路线和时刻表制定的“节约”法具有哪些特点，使其可以处理这么多约束条件和实际问题？
7. 试述将设计路线和时刻表的计算机模型应用于实际的预览 − 求解 − 审核法。该方法有何优点？
8. 你将采取什么措施帮助卡车调度员接受和使用本章介绍的行车路线和时刻表制定方法？
9. 谈谈四种合并运输方式。以时间合并为例，你认为应怎样找出为减少运输成本而累积订单对收益的影响？

习题

本章的大量习题和案例分析都可以利用计算机软件求解或部分求解，其中最重要的软件是 TRANLP（*T*），ROUTE（*RO*），ROUTER（*R*）和 ROUTESEQ（*RS*）。题号前的字母代表可以使用的相应的软件。

1. 瓦格纳公司（The Wagner Company）按照到货价格为电器分拨有限公司（Electronic Distributors Inc.）供应电动机。瓦格纳公司负责货物的运输。运输经理有三个送货方案可供选择——铁路运输、驮背运输和公路运输，他整理出的信息如下：

运输方式	运送时间（天）	运价（美元/台）	运输批量（台）
铁路	16	25.00	10 000
驮背	10	44.00	7 000
公路	4	88.00	5 000

电器分拨有限公司每年采购 50 000 台电动机，合同规定的运到价格为 500 美元/台。两家公司的库存持有成本都是 25%/年，瓦格纳公司应该选择哪种运输方式？

2. 假设某公司要将产品由工厂运往自己的仓库，可供选择的卡车服务有两种。服务 *B* 的价格比服务 *A* 低，但速度慢且不太可靠。其他信息如下：

需求（已知）	9600 担/年
订货成本	100 美元/定单
产品价格，FOB 产地价格	50 美元/担
运量	由 EOQ 决定
在途货物的持有成本	20%/年
库存持有成本	30%/年
提前期内的现货比率	90%
缺货成本	未知
销售日期	天/年

	服务	
	A	B
运送时间（天）	4 天	5 天
运送时间的变化幅度（标准差，s_{LT}）	1.5 天	1.8 天
运输费率	12.00 美元/担	11.80 美元/担

仓库使用再订货点库存管理法。从仓库的库存角度考虑，应该选择哪种服务形式？［注：参看第十章有关再订货点库存管理法的讨论。提示：提前期内需求分布的标准差是 $s' = d\ (s_{LT})$，其中假定 s_{LT} 是运送时间的变化，d 是每天的需求率］。

3. 大陆卡车运输公司（The Transcontinental Trucking Company）计划安排从布法罗到德卢斯（Duluth）的干线运输路线。因为行车时间和距离紧密相关，所以公司调度员希望能找到最短路径。

图 7－20 给出了城市间的干线公路及相应的里程网络图。根据该图，利用最短路径法找出最短行车路线。

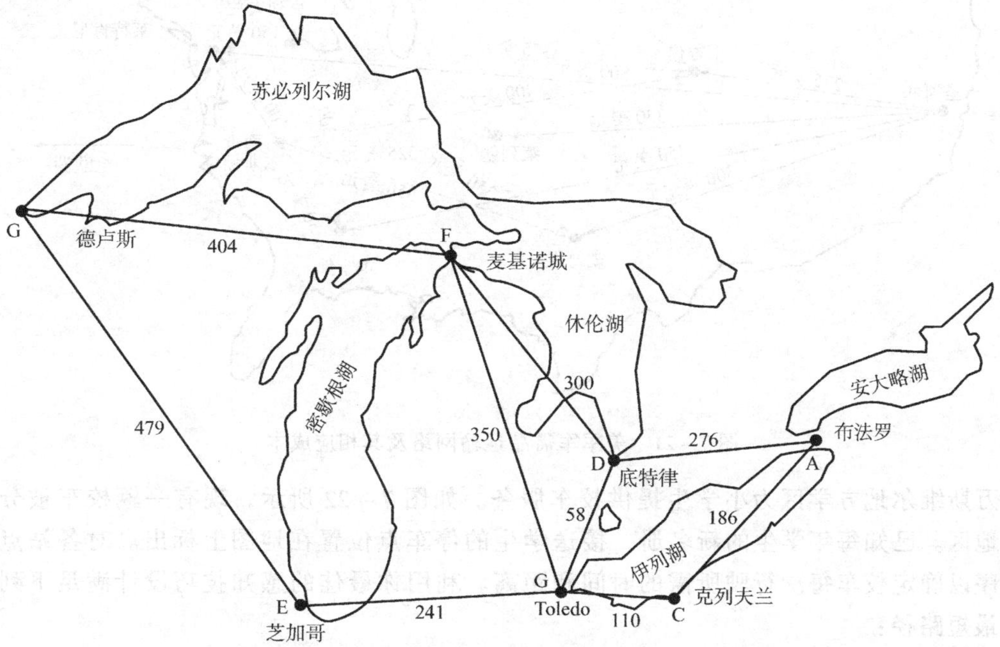

图 7－20 大陆卡车运输公司能够利用的运输路线

4. 美军军部准备将 M113 型全履带式装甲运兵车从不同分包商的工厂运往位于宾夕法尼亚州莱特肯尼（Letterkenny）的中转仓库，再运往欧洲或美国本土的几个军事基地，现在他们在做最后的准备。下表列出的是 12 月的生产计划加上工厂现有的产品，以及 12 月的需求：

12 月份的生产计划	
克列夫兰，俄亥俄州	150 辆 + 250 辆
南查尔斯顿，怀俄明州	150 辆
圣价塞，加利福尼亚州	150 辆

12 月份的需求	
美国经宾西法尼亚州至欧洲	300 辆
胡德堡，得克萨斯州	100 辆
莱列堡，堪萨斯州	100 辆
卡森堡，科罗拉多州	100 辆
本宁堡，佐治亚堡	100 辆

图 7－21 给出了供应点和需求点的位置，以及供求点之间的单位运输成本。

找到 12 月份成本最小的送货计划，既要满足需求又不能超过生产计划。

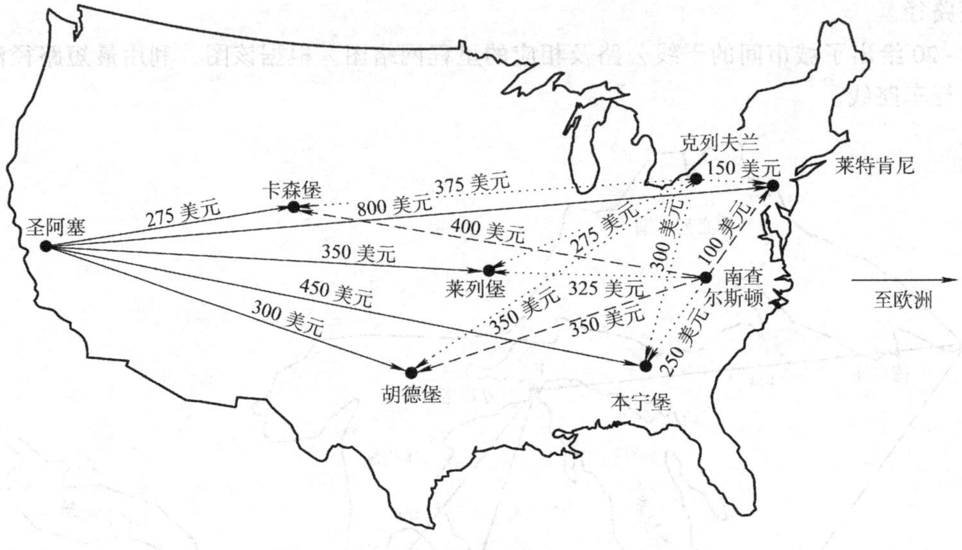

图 7－21 美军军需品运输网络及其相应成本

5. 伊万斯维尔地方学区为小学生提供校车服务。如图 7－22 所示，现有一辆校车被分派到该地区。已知每年学生的新名册，接送学生的停车点位置在地图上标出。对各站点进行排序以确定校车每次行驶所需的时间和距离。利用你最佳的感知技巧设计满足下列条件的最短路径：

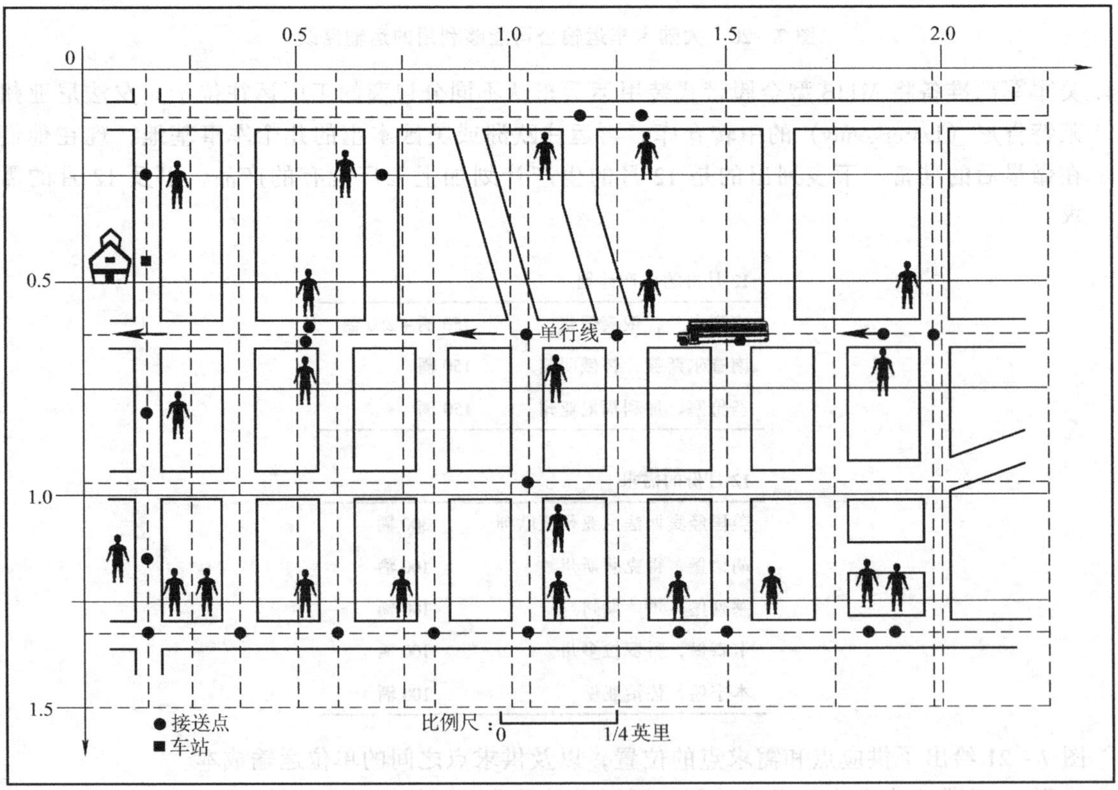

图 7－22 校车路线图

- 经过所有停车点。
- 孩子们可以在街道的任何一边上下车。
- 住在临近街区的孩子可以在拐弯处上下车。
- 不允许转 U 形弯。
- 校车有足够空间，可以接送路上所有的学生。

借助尺子计算校车行驶的总距离。

6. 丹·帕普（Dan Pupp）是个珠宝推销员，他需要走访中西部的店铺。图 7 – 23 列出了他负责的某个销售区域。他的工作方式是在走访的前一天晚上来到这个地区，住在当地的汽车旅馆里，花两天时间走访这个地区，随后在第三天早上离开。由于是自己付费，他希望总成本能够最小。第一天要走访第 1 至第 9 位客户，第二天走访其余的客户。他有两个方案可供比较。

方案 1：三晚都住在汽车旅馆 M_2 中，住宿费是每晚 49.00 美元。

方案 2：前两晚都住在汽车旅馆 M_1 中，走访客户 1 至 9，住宿费为每晚 40.00 美元。随后，搬到汽车旅馆 M_3 住一晚，走访客户 10 至 18，住宿费是每晚 45.00 美元。在走访客户 1 至 9 后，推销员回到 M_1，在此过夜。随后，搬到 M_3，过夜并于次日早晨离开。M_1 和 M_3 相距 36 英里。不管丹在这个地区的什么地方，旅行成本都是 0.30 美元/英里。

哪个方案对丹最好？

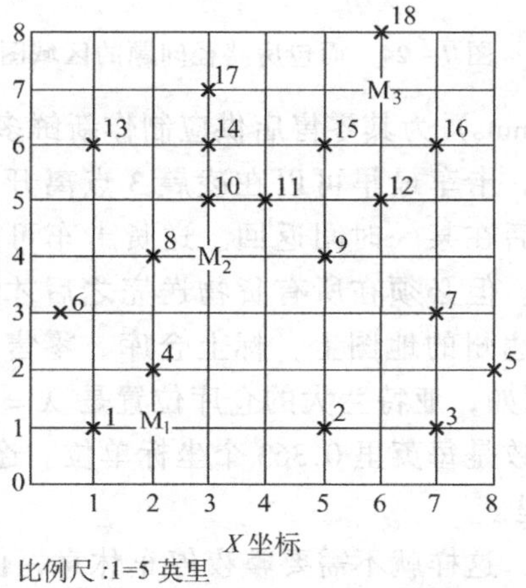

图 7 – 23 珠宝推销员问题中客户（*X*）和汽车旅馆（*M*）的位置

7. 某面包房每天给固定区域内的五家大零售商店送面包。送货员在面包房装好面包，送到零售商店，再返回面包房。图 7 – 24 给出了该地区的简图，相应的运输时间（以分钟计）如下表。

注意由于单行线和绕行，同一路线不同方向的行车时间有些不同（非对称）。

a. 送货卡车的最佳路线是什么？

b. 假如装卸时间很重要，该怎样将它们纳入分析之中？

c. 零售商店 3 位于人口密集的市区。进出该点的时间可能会增加 50%，到其他点的送货时间保持不变。a 的解会受这些变化的影响吗？

至 →		B	1	2	3	4	5
	B	0	24	50	38	55	20
	1	22	0	32	23	45	18
自	2	47	35	0	15	21	60
	3	39	27	17	0	14	25
	4	57	42	18	16	0	42
	5	21	16	57	21	41	0

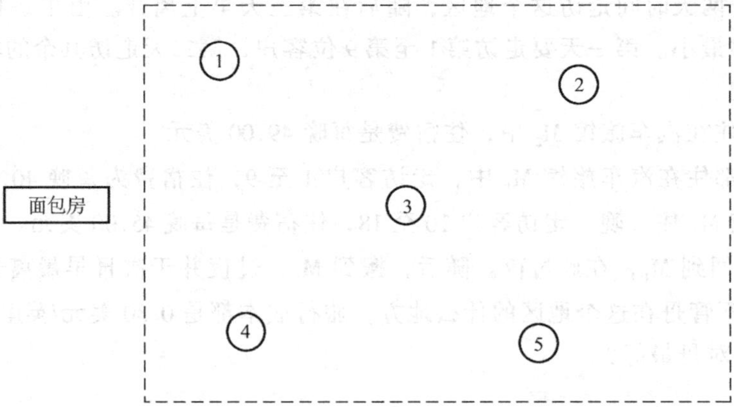

图 7-24 面包房路径问题的区域图

8. 西玛多纳圈公司（Sima Donuts）为其零售店供应制作新鲜多纳圈的原料。送货卡车从位于亚特兰大的中心仓库出发，卡车最早可以在凌晨 3 点离开亚特兰大的中心仓库，装上托盘运往佛罗里达市场，然后在某一时间返回。送货卡车可以取空集装箱或装上这一地区供应商提供的原材料返回。但必须在所有货物送完之后才能取货。将一个简单的直线网格叠在佐治亚州—佛罗尼达州的地图上，标上仓库、零售点和供应商所在地的坐标。东北角的坐标为（0，0）。例如，亚特兰大的仓库位置是 $X=2\ 084$，$Y=7\ 260$。地图上的比例尺，包括公路迂回的系数是每英里 0.363 个坐标单位。途中总行车时间约为 40 个小时，总行车距离将达 1 400 英里。

运输时使用一组司机轮班，这样就不需要整夜停车休息，但在每天中午 12 点和晚上 8 点有一个小时的用餐时间。平均车速是每小时 45 英里。

其他有关站点的数据如下：

序号	站点	站点类型	货量（个托盘）	X 坐标	Y 坐标	装/卸时间（分钟）	时间窗口	
							开始时间	结束时间
1	坦帕，佛罗里达州	送货	20	1 147	8 197	15	6	12
2	克列尔沃特，佛罗里达州	取货	14	1 206	8 203	45	6	12
3	代托纳比奇，佛罗里达州	送货	18	1 052	7 791	45	6	12
4	劳德代尔堡，佛罗里达州	送货	3	557	8 282	45	3	12
5	北迈阿密，佛罗里达州	送货	5	527	8 341	45	6	12

（续）

6	奥克兰帕克，佛罗里达州	取货	4	565	8 273	45	3	12
7	奥兰多，佛罗里达州	送货	3	1 031	7 954	45	3	12
8	圣彼得斯堡，佛罗里达州	取货	3	1 159	8 224	45	3	12
9	塔拉哈西，佛罗里达州	送货	3	1 716	7 877	15	10	12
10	西棕榈滩，佛罗里达州	送货	3	607	8 166	45	6	12
11	迈阿密，波罗黎各	送货	4	527	8 351	45	6	12

有三辆运输卡车，分别可以装 20 个托盘、25 个托盘和 30 个托盘。司机和卡车的成本是每英里 1.30 美元。

为这一系列的送货、取货设计行车路线。各卡车应该安排到哪一条路线？发车计划是什么样的？成本是多少？（提示：需要解线性规划的运输问题）

9. 皇后航运公司（Queens Lines）经营油轮船队为世界各地运送原油。公司遇到的一个难题是将原油从中东各港口分别运往位于英国、法国和比利时的四个欧洲港口运输时间计划问题。港口间的航行时间（以天计）是：

欧洲卸货港

中东港口	A	B	C	D
1	20	18	12	9
2	17	14	10	8

在随后的三个月，将根据下表安排原油的运输：

装货港出发时间	1	2	1	2	1	2
卸货港	D	C	A	B	C	A
天数	19	15	36	39	52	86

假定油轮可以在任一港口出发，并在任一港口结束航行。为满足这一时间要求，需要多少船只？如何调遣这些船只？

10. 马克西姆包装公司（The Maxim Packing Company）正在考虑为堪萨斯州市场提供服务的货运合并计划。该计划牵扯到位于海斯（Hays）、曼哈顿（Manhattan）、塞琳娜（Salina）和大班德（Great Bend）的小批量订货的顾客。计划的内容是将这些地区几周内的所有订货集中在一起发运以降低运输成本。假定现在所有的订货都是以零担运输的方式直接从得克萨斯州的沃思堡运送到堪萨斯州的目的地。堪萨斯地区每两周的平均订货数如下所示：

海斯 200 箱　塞琳娜 325 箱　曼哈顿 350 箱　大班德 125 箱

每箱货物平均重 40 磅。订单收到后，每两周发运一次货物，也可能将订单积累起来等到第二个两周过后或第三个两周过后再将货物集中运出。据估计，送货时间每多推迟两周，潜在的销售损失就为 1.05 美元/箱。表 7－7 给出了到堪萨斯州的运输费率。

请问公司是否应推行该计划？如果可以推行，在货物运出之前。可以将订单保留多长时间？

表7-7 得克萨斯州的沃思堡到堪萨斯州指定目的地之间的运输费率 （美元/担）

自 沃斯堡 至	运输费率（美元/担）			
	$AQ^{①}$	≥10 000磅	≥20 000磅	≥40 000磅
海斯	12.78	5.19	4.26	3.06
曼哈顿	12.78	5.19	4.26	2.22
大班德	10.26	4.08	3.42	2.46
大班德	12.27	4.98	4.08	2.94

① 低于10 000磅的任何货量。

11. 阳光罐装公司（The Sunshine Bottling Company）将软饮料装瓶，并从密歇根州的九个仓库送往零售点。其中一个罐装厂位于密西根州的Flint，产品由这个厂整车运往九个仓库。工厂至仓库典型的运输形式是利用托盘将饮料装上拖车，到仓库后卸下拖车，然后将空托盘运回工厂。在仓库卸下托盘、挂上拖车要花15分钟。因为经常走这些路线，所以行车时间、卸货时间和休息时间基本上是确切知道的。下表给出的是该公司一周内为满足需求所需的送货次数和行车时间：

仓库位置	距离（英里）	每周运货次数	行车时间①（小时）	卸货时间（小时）	休息，午餐时间（小时）	途中时间合计（小时）
Flint	20	43	1.00	0.25	0	1.25
Alpena	350	5	9.00	0.25	1.25	10.50
Saginaw	80	8	2.00	0.25	0	2.25
Lansing	118	21	3.25	0.25	0.25	3.75
Mt. Pleasant	185	12	4.50	0.25	0.75	5.50
W. Branch	210	5	5.00	0.25	0.75	6.00
Pontiac	90	43	2.50	0.25	0	2.75
Traverse City	376	6	9.00	0.25	1.25	10.50
Petoskey	428	5	10.00	0.25	1.50	11.75

① 往返双程。

一般，公司希望每天卡车从工厂出发的时间不早于凌晨4点，同一天回到工厂，时间不晚于夜里11点。只可以在仓库开门的时间卸货（早6:30至晚11:00）。

对运输路线排序以尽可能提高卡车的利用率，确定满足需要所需卡车的最少数量。公司过去使用10辆运输卡车。

12. 诺克慰灵寿材公司（Nock' em Dead Casket Company）为整个加利福尼亚州的殡仪馆提供寿材。图7-25在地图上标出了某仓库服务的殡仪馆。

a. 假设殡仪馆的位置（·）及相应用货量代表单独一天的送货量。如果公司有6部车，每部可载运20口寿材，利用扫描法设计行车路线。（从正北开始反时针方向扫描）。将你的设计画在图中。实际需要多少辆车，总的运输距离是多少？可以从图中量出相应距离。

b. 扫描法是解决行车路线和时刻表问题中的一个好办法，请作出你的评价。

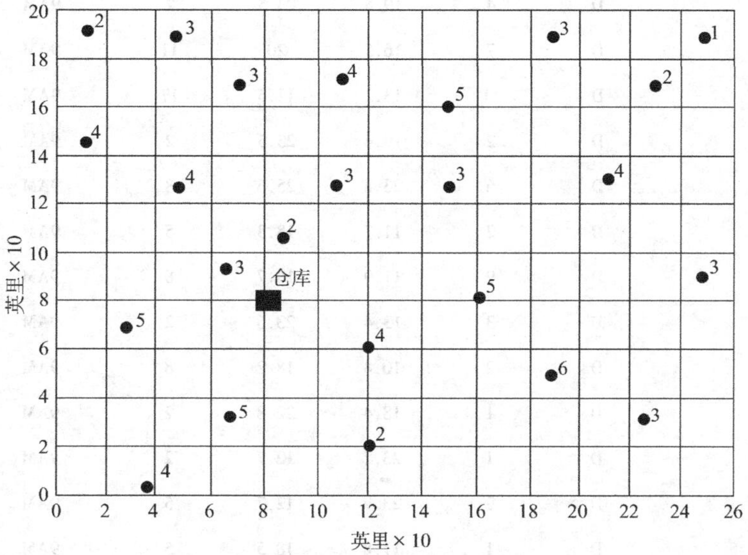

图 7-25 诺克慰灵寿材公司服务的殡仪馆的位置及相应订货量

13. 梅迪克药店（Medic Drugs）是一家零售商店。除此之外，它还根据处方为边远的卫生站、护理中心、康复中心和退休者之家提供药品送货服务。部分服务是将处方药送到顾客所在地。公司用小货车送货，车的载货量是63箱。在地图上建立坐标，比例尺为4.6地图单位/坐标单位。表7-8给出了某天送货的顾客数据，西南角为坐标原点。货车最早可于早晨8点出发（离开仓库），晚6点必须回到药房。平均车速为每小时30英里。允许司机在中午12点后有一小时的午餐时间。除少数特例外，大部分客户能在上午9点至下午5点之间收到货物。药房的位置是 $X=13.7$，$Y=21.2$。如果司机回到药房的时间很早，就可以再装上货，第二次送货。

a. 设计派车计划，要使总的运输距离最小。

b. 有哪些线路可以利用同一辆货车送货，从而可以减少服务客户所需的司机和车辆总数？如果没有，为了达到这一目的是否可以采取其他措施？

表 7-8 梅迪克药店顾客的数据

顾客所在地	站点类型	用量箱			送货时间	时间窗口 开始	结束
Covington House	D	1	23.4	12.9	2	9AM	5PM
Cuyahoga Falls	D	9	13.4	13.4	18	9AM	5PM
Elyria	D	1	6.3	16.8	5	9AM	5PM
Euclid Manor	D	4	11.8	18.6	4	9AM	5PM
Ester Marie	D	3	19.4	23.4	3	9AM	5PM
Fairmount	D	4	13.6	21.1	5	9AM	5PM

（续）

Gables	D	1	18.3	22.8	2	9AM	5PM
Geneva Medicare	D	4	19.5	23.5	2	9AM	5PM
Heather Hill	D	7	16.5	20	11	9AM	5PM
Hill Haven	D	11	13.2	12.5	17	9AM	5PM
Homestead Geneva	D	2	19.4	23.5	2	9AM	5PM
Inn Conneaut	D	6	23.8	25.6	8	9AM	5PM
Judson Park	D	2	11.7	18.3	5	9AM	5PM
Amer Lakeshore	D	9	11.9	18.7	8	9AM	5PM
Con Lea	D	3	13.4	23.6	2	9AM	5PM
Villa Care Ctr	D	2	10.8	18.2	8	9AM	5PM
Madison Village	D	1	18.4	22.8	2	9AM	5PM
Manor House	D	1	23.2	12.7	2	9AM	5PM
Meadow Brk Mnr	D	2	23.9	12.7	5	9AM	5PM
Medicare	D	1	11.8	18.5	5	9AM	5PM
N Manor Center	D	2	23.2	12.8	5	9AM	5PM
O Extended Care	D	13	5.4	19.3	8	9AM	5PM
Oak Park	D	5	13	17	10	9AM	5PM
Ohio Pythian	D	3	9	13.2	4	9AM	5PM
Park Rechab	D	6	13	20	5	9AM	5PM
Patrician	D	5	10.6	15.9	4	9AM	5PM
Perry Ridge	D	1	17.3	22.7	2	9AM	5PM
Pine Valley	D	6	11.4	14.8	10	9AM	5PM
Royalview Manor	D	7	11.1	15.9	6	9AM	5PM
Shady Acres	D	8	18.3	22.9	8	9AM	5PM
St Augustine Mr	D	5	10.5	18.5	9	9AM	5PM
Shagri – La	D	5	9.1	13.3	5	9AM	11AM
Singleton	D	1	11.7	18.7	4	9AM	5PM
Stewart Lodge	D	1	18.4	22.8	2	9AM	5PM
Town Hall	D	2	19.7	19.3	3	9AM	5PM
Algart	D	1	10.5	18.5	4	9AM	5PM
Ambassador	D	7	12.3	19.8	5	9AM	5PM
Ashtabula	D	5	21.3	24.4	9	9AM	5PM
Austin Woods	D	4	21.7	12.7	3	9AM	5PM
Bolton	D	1	18.3	22.9	3	9AM	5PM
Broadway	D	4	11.6	19.5	2	9AM	5PM

（续）

Cle Golden Age	D	1	11.6	18.4	5	9AM	5PM
Villa Santa Ann	D	3	13.2	19.4	9	9AM	5PM
Wadsworth	D	5	10.7	11.5	3	9AM	5PM
Wickliffe Cntry	D	7	13	20.6	8	9AM	5PM
Westbay Manor	D	6	8.4	18	10	10:30AM	11:30PM
Westhaven	D	2	8.5	18.1	5	9AM	5PM
Broadfield Mnr	D	6	18.2	22.9	2	9AM	5PM
Total		193					

14. 诺克慰灵寿材公司向俄亥俄州哥伦比亚地区的殡仪馆出售寿材并提供送货。殡仪馆可在一周内的任一工作日向仓库（$X=7.2$，$Y=8.4$）发订单要求送货，图7－26给出的是殡仪馆的位置及其需要送货的日期。

殡仪馆所在地的坐标及其用货量由表7－9给出。送货卡车分别可以承载18和27副寿材，要求卡车送完货后当天返回。

利用合理规划行车路线和时间的原则，设计出合理的路线。注意要有创造性。

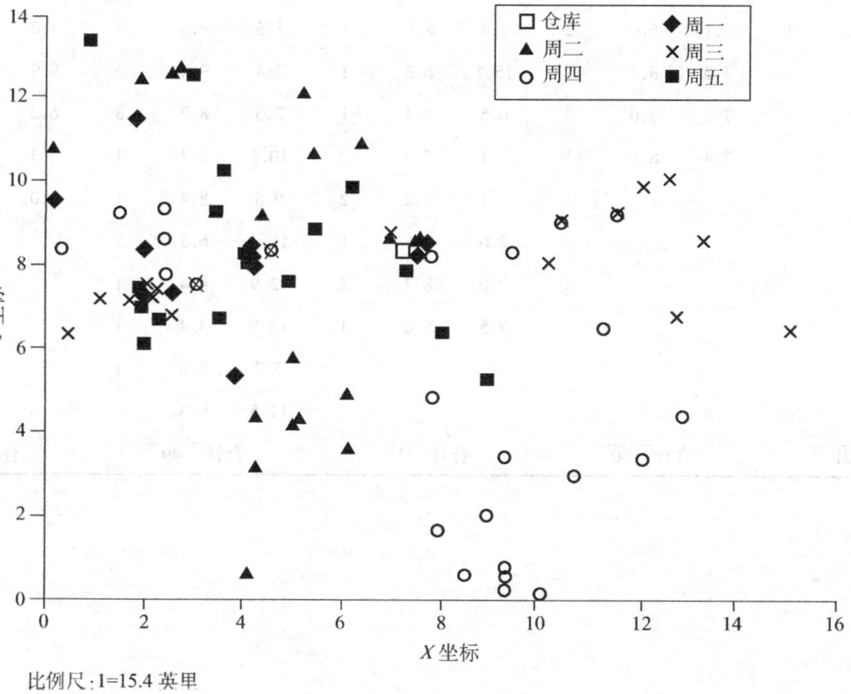

图7－26 诺克慰灵寿材公司五天需求的具体位置

表 7-9 殡仪馆的位置和一周内每天的送货量

周一			周二			周三			周四			周五		
X	*Y*	数量	*X*	*Y*	数量	*X*	*Y*	数量	*X*	*Y*	数量	*X*	*Y*	数量
4.9	7.6	2	5.4	10.7	1	12.7	6.8	1	7.8	4.9	5	4.9	7.6	1
4.3	8.1	1	6.4	10.8	1	13.3	8.6	1	7.9	1.7	3	4.1	8.3	1
4.3	8.2	1	5.2	12.2	3	12.6	10.2	3	9.0	2.0	2	4.4	8.3	1
4.3	8.3	1	2.7	12.7	1	12.0	10.5	1	9.4	0.6	5	4.2	8.1	1
4.2	8.4	1	2.6	12.6	1	11.5	9.3	1	9.4	0.7	1	2.0	7.0	1
3.1	7.5	1	1.9	12.5	1	10.5	9.1	3	8.5	0.6	1	1.9	7.3	1
2.5	7.8	1	0.9	13.4	1	10.3	8.1	2	9.4	0.2	4	1.9	7.4	3
0.1	9.6	2	0.1	10.8	2	4.5	8.4	1	10.2	0.1	1	2.3	6.7	1
1.8	11.6	1	4.4	9.2	3	2.1	7.2	1	10.7	3.0	3	5.4	8.9	1
1.9	8.4	1	5	5.8	2	2.2	7.3	4	9.4	3.4	2	2.0	6.1	1
2.5	7.4	1	4.3	4.4	2	3.1	7.5	1	4.3	8.2	2	9.0	5.3	2
2.4	6.7	1	5.1	4.3	2	2.3	7.4	1	4.5	8.4	1	3.6	6.7	1
3.9	5.3	3	5.0	4.2	1	2.1	7.1	2	4.2	8.1	4	5.4	8.9	2
7.6	8.6	1	4.3	3.2	1	2.0	7.4	3	2.5	7.8	1	3.5	9.3	3
7.6	8.3	1	4.1	3.6	1	2.6	6.8	1	0.4	8.4	1	3.7	10.3	1
7.7	8.5	2	6.1	5.0	2	5.4	8.9	1	1.5	9.3	1	3.0	12.6	2
			7.0	8.7	1	15.1	6.5	1	2.4	9.4	2	0.9	13.3	2
			7.5	8.6	2	0.5	6.4	1	2.5	8.7	3	6.2	9.9	1
			7.4	8.6	1	1.1	7.2	2	10.5	9.1	1	7.3	7.9	1
						1.7	7.2	2	9.5	8.4	1	8.0	6.4	1
						2.0	7.5	1	11.3	6.5	1			
						7.0	8.7	1	12.9	4.4	1			
						7.5	8.6	1	12.0	3.4	1			
									7.7	8.3	1			
									11.5	9.3				
	合计	21		合计	30		合计	36		合计	49		合计	28

案例分析

R 福勒批发公司（Folwer Distributing Company）

福勒批发公司是一家大型酿酒厂啤酒和葡萄酒的地区性特许经销商，罗伊·福勒是该公司的老板。罗伊面临的主要问题是如何有效地将啤酒和葡萄酒产品运送到客户所在地。罗伊拥有自己的送货卡车，但工会也会安排司机向零售商店兜售卡车上库存的啤酒和葡萄酒，司机希望增加财源来提高自己的收入。罗伊很高兴看到司机们积极进行销售，但他也希望能够尽量减少所需车辆的数量和运输距离，因为公司，而不是司机们支付卡车运营成本。

背景

罗伊·福勒是朝鲜战争的退伍军人，退伍后曾买了两辆公共汽车为家乡的居民提供交通服务。罗伊既当司机也当维修工，在这个行业努力奋斗。为控制费用，罗伊只买了一个牌照，在两辆公共汽车上交换使用（当其中一辆汽车送去修理或由于其他原因无法行驶时）。当这个城市建立起自己的交通系统时，罗伊被挤出了这个行业。

罗伊在运输行业经验促使他建立啤酒经销网，将当地仓库的啤酒卖给仓库周边地区各种各样的零售商店。后来，那家酿酒厂发展成为大型啤酒生产厂，罗伊的经销网也发展壮大起来。虽然罗伊已经成为该地区最大的经销商，但控制成本仍然是保持竞争力的关键。

配送服务

通常的路径规划就是将零售商店和其他客户点的送货任务分派给特定的司机和卡车。司机们组织起来竞标这些线路。他们将根据各自的资历赢得不同的线路，并充当这些线路上的推销员，为提高收入而进一步开发新客户。司机们收取佣金，而且众所周知他们在销售旺季每周收入可达 4 000 美元。可以设想，司机们很注意保护各自线路的构成和设计，如果罗伊试图重新设计运输路线，必然会面临与工会的冲突。

另一类客户被称为预售客户，由第二类运输路线提供服务。预售客户指那些送货之前已经发出订单的客户（不是等销售人员上门才订货）。因此，企业有机会优化第二类运输路线的设计。这些客户订购的货物被放在单独的卡车上，与那些佣金客户的订货分开，设计送货路线时也不会受那么多工会规定的限制，可以根据实际需要制订计划。由于司机不参与销售，也就不必支付销售佣金。

代表性难题

一般，公司一天里会有 21 个预售客户，客户的数据由表 1 给出，其位置由图 1 给出。每年有 250 个营业日。表 1 给出了每位客户需要的箱数，期望送货的时间（以分钟计）和客户能够收取货物的时间（如果有时间限制）。图1给出了每个客户和仓库（W）在地图上的位置（用数字给出）。图上标出了南北向和东西向的近似距离。该地区的公路网建设得很好，没有河流、湖泊或其他需要绕行的障碍。运输距离和运输时间是直接相关，平均车速为每小时25英里。

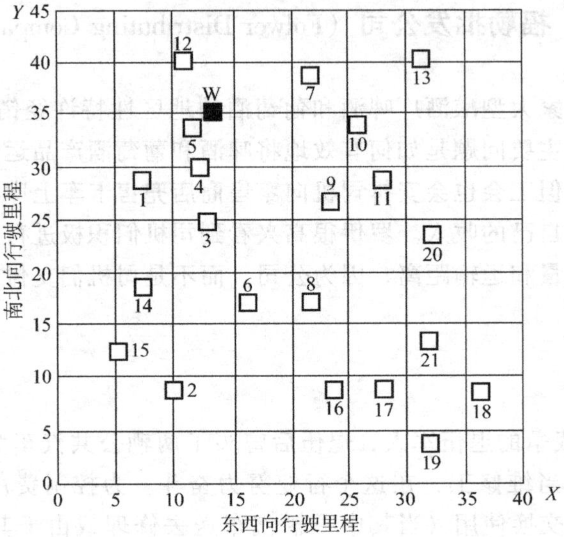

图1 客户和仓库的位置图

表1 客户数据

客户序号	坐标 X	坐标 Y	需求量	送货时间（分钟）	时间窗口
1	7.5	28.5	120	60	08:00AM – 05:00PM
2	10.0	9.0	200	90	08:00AM – 10:30AM
3	12.0	24.0	120	60	08:00AM – 05:00PM
4	13.0	30.0	150	80	08:00AM – 05:00PM
5	13.5	34.0	50	40	08:00AM – 05:00PM
6	17.5	16.5	90	50	08:00AM – 05:00PM
7	23.0	38.5	140	70	08:00AM – 08:30AM
8	23.0	16.5	60	40	08:00AM – 05:00PM
9	23.5	25.0	110	60	08:00AM – 05:00PM
10	27.0	33.5	180	90	08:00AM – 10:45AM
11	29.0	28.0	30	20	08:00AM – 11:00AM 02:00PM – 04:00PM
12	11.0	40.0	90	50	08:00AM – 08:30AM
13	32.0	40.0	80	50	08:00AM – 10:00AM
14	7.5	18.0	50	30	12:30PM – 05:30PM
15	5.0	13.5	160	90	08:00AM – 12:45PM
16	23.0	8.0	100	60	08:00AM – 05:00PM
17	27.0	8.0	140	60	08:00AM – 05:00PM
18	36.0	8.0	50	30	08:00AM – 05:00PM
19	32.0	4.0	90	50	12:00PM – 04:00PM

（续）

客户序号	坐标 X	Y	需求量	送货时间（分钟）	时间窗口
20	32.5	22.0	150	70	08:00AM - 05:00PM
21	31.5	13.0	80	40	08:00AM - 05:00PM
		总计	2240	1190	
仓库		15.0	35.0		

当前，公司有5辆送货车和足够多的司机（仓库的工人数量常常是司机人数的两倍）为预售客户提供服务。每辆卡车价值20 000美元，可装500箱货物，卡车的运行成本（包括折旧费）为每英里0.90美元。卡车的使用寿命是7年，已经用了3年。7年后这些卡车可按购入价格的10%卖出。每小时付司机13美元（含30%额外福利）。

卡车必须在早晨6:30至8:30之间离开仓库开始送货。如果司机每天在路上的时间超过8小时（不包括午餐时间），就要支付双倍的标准工资。罗伊不喜欢为超工作时间付工资。运输途中有半小时的午餐时间，午餐时间应该在中午11:30至1:30之间。有几个客户要求在特定时间（时间窗口）送货。在时间窗口开始之前或结束之后，不允许送货，但有些时候这些要求无法满足。

现在，公司制订的运输计划如下：

路线	开始时间	途经站点顺序
1	7:45AM	12，15，1，14，5
2	7:33AM	2，3，4
3	7:22AM	1，16，17，8，19
4	8:00AM	11，20，18，21，9
5	7:39AM	7，13，10

作业题

1. 确定运货卡车和运输路线的最佳数量及每条路线上各站点的顺序。将最佳设计与现有路线设计相比，是否合理？
2. 对罗伊·福勒来说，在限制性时间窗口内提供服务，而不是在早晨8:00至下午5:00之间提供服务的成本是多少？他该怎么做才能降低这种成本？
3. 假设现有大型卡车价格为35 000美元，可装货600箱，罗伊应该购买吗？预计如果使用该卡车，运行成本每英里增加0.05美元。
4. 如果罗伊可利用外部运输服务为需要50箱货物，或低于50箱货物的客户送货，成本为每个客户35.00美元。罗伊应该使用这种运输服务吗？
5. 工会正在谈判要求每天工作7个半小时（不包括午餐时间），多余时间为加班时间。这将会对路线设计和成本带来什么影响？
6. 罗伊考虑把仓库放在更中心的地点（$X=20$，$Y=25$）。仓库建筑的租用成本与现在的一样，但预售需求部分的一次性搬家成本为 15 000 美元。搬家在经济上会对预售需求有利吗？

7. 对每天的车辆调度，你将怎样利用计算机软件（如 ROUTER）？你预计会有什么样的问题，将如何处理？

R 都市健康医疗中心（Metrohealth Medical Center，MMC）

都市健康系统是位于俄亥俄州克利夫兰市的城市医院网络，包括多家提供诊断和治疗服务的医疗机构，是古雅霞加县医疗系统的集中地。都市健康医疗中心是该城市西部重要的，且是最大的医院。该医院为相当多的病人提供保健服务，包括许多老年人和贫困人口。

来自古雅霞加县各个角落的病人、医务人员和医疗用品被送往总院（769 张病床）、长期护理中心（172 张病床）、古雅霞加县妇女儿童医院（Women and Infant Care，WIC）、妇幼保健医院（Maternity and Infant，M&I）、慈善中心和边远地区的流动诊所。

医疗中心的服务宗旨是：回应公众的需求，提高该地区的医疗水平，控制医疗成本。都市医疗中心的运输/物流服务支持这一目标，其使命是：通过为病人提供安全、准时、舒适的运输服务，使公众更加容易到达各医疗服务单位。支持都市健康系统，为系统内的所有病人和医务人员提供人员、医疗用品和物料的运输服务。对病人来说，这就意味着提高客户服务水平，在最短的等待时间内，以尽可能有效的方法将病人接到医院、送回原地。

本案例考察的重点是接送病人（而不是运送医务人员和物料）的问题。病人都不能自己开车。因为病人的诊断和治疗费用通常是由第三方（例如社会医疗保险部门或保险公司）支付，所以医院能够负担这些服务，不必向病人收取接送费用。虽然通常提供这些服务是出于慈善的原因，但随着各医院之间争夺病人的竞争加剧，医院也将运输/物流服务作为一种战略性武器，愿意承担所有的费用。接送一个病人的服务费用是 16 美元/双程往返（单程 8 美元），但每个就诊的病人能给医院带来 230 美元的收入，且病人的就诊费用占收入的 90%（包括运输费用）。接送病人看来是医院的一项合理业务。

运输服务

MMC 的接送服务面向所有现有的、潜在的病人，这些病人都是需要到医院去，而自己又无法提供运输服务的人，他们希望使用 MMC 的服务。病人在预约就诊两天或数天之前电话通知接送服务部。接送服务部确定病人身份后，将其预约时间和所在地点记录在计算机中。这样，就可列出每天的预约清单，给出病人所在地和预约的时间。病人应该在预约时间的前两小时准备就绪。确定一天的预约清单后，司机会将预约清单分为东西两个接送区，然后决定满足预约时间要求的运输路线。图 1 是生成每天的预约清单的信息流示意图。

病人看完病后，就可以到候车点等候，然后上车返回住所。人们认为病人在候车点内等候 45 分钟以内是合理的，病人返回时乘坐的车和来的时候一样。同一条路线上，接送服务是同时进行的。每天，接送服务车要在接送区和都市医疗中心之间往返多次。

根据邮政编码可以将服务区域分为城东区和城西区（见图 2）。

接送服务部用自己的车接送附近的病人。中心有两辆 15 座的客车，每个地区分派一辆。如果这两辆车超载或出现故障，还有一辆 6 座的小客车可供使用。医疗中心雇用了一位经理、七位司机和一位办事人员负责医务人员、物料的运送和病人的接送。接送服务覆盖这个

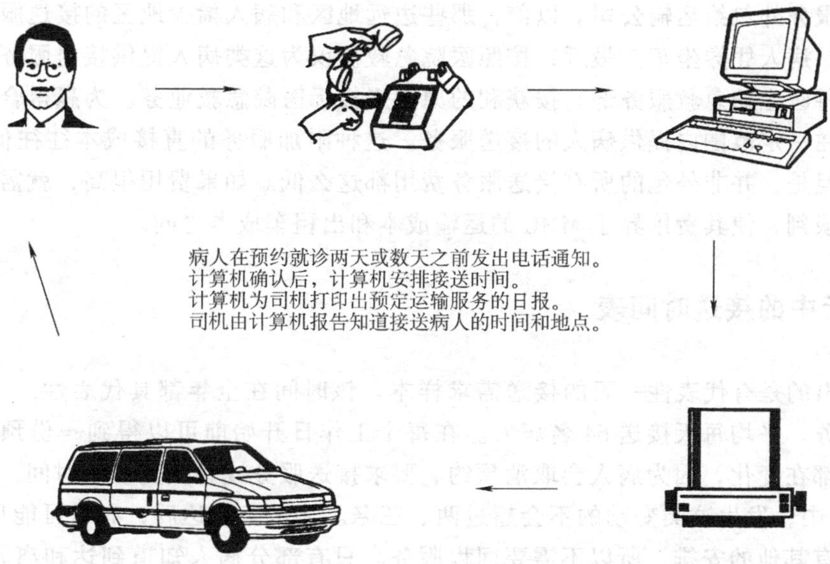

病人在预约就诊两天或数天之前发出电话通知。
计算机确认后，计算机安排接送时间。
计算机为司机打印出预定运输服务的日报。
司机由计算机报告知道接送病人的时间和地点。

图 1 接送服务的信息流

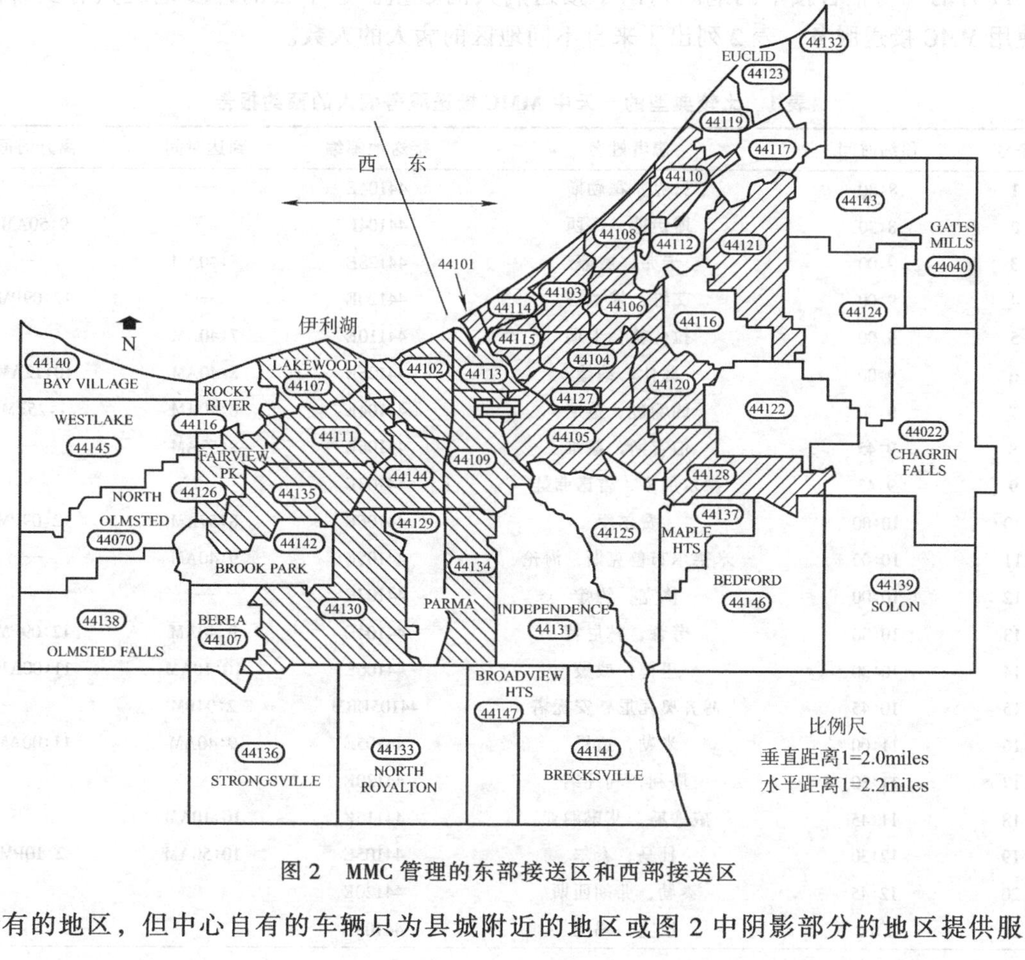

图 2 MMC 管理的东部接送区和西部接送区

县所有的地区，但中心自有的车辆只为县城附近的地区或图 2 中阴影部分的地区提供服务，其他地区的服务外包给运输公司。以前，那些边远地区和病人稀少地区的接送服务都是由出租车提供的，病人凭券坐车。最近，按照医院急救协议为这类病人提供接送服务。急救服务部门（如内科医生的急救服务部）按获利的原则来投标医院急救业务。为赢得合同，急救服务部门也会在一定范围内提供病人的接送服务。这种附加服务的直接成本往往低于 MMC 的运输成本。但是，并非外包的所有接送服务费用都这么低。如果费用很高，就需要重新就急救协议进行谈判，使其费用界于 MMC 的运输成本和出租车成本之间。

典型的一天中的接送时间表

表 1 给出的是有代表性一天的接送需求样本。该时间在全年都具代表性。一年有 52 周提供接送服务，平均每天接送 64 名病人。在每个工作日开始前可以得到一份预约清单。但该清单全天都在变化，因为病人会取消预约、要求接送服务或者变更预约时间。每个清单上约 60 名病人中，发生这类变动的不会超过两、三名。接送车到达后，有时可能见不到病人。另一些病人有其他的安排，所以不需要回程服务。只有部分病人知道到达和离开 MMC 的时间。图 3 给出了通常一周中接送服务的分布情况。

11 月的一份报告按不同地区列出了接送病人的数量。这个县的许多地区只有少量的病人使用 MMC 接送服务。表 2 列出了来自不同地区的病人的人数。

表 1 比较典型的一天中 MMC 接送服务病人的预约报告

序号	预约时间	患者姓名	接送地邮编	到达时间	离开时间
1	8:30	贝克，霍勒斯	44104E	—	—
2	8:30	博伊德，杰西	44104E	—	9:50AM
3	9:00	卡弗，威廉	44128E	8:40AM	—
4	9:00	艾维，埃德娜	44120E	—	12:09PM
5	9:00	拉什德，卡瑞	44110E	7:40AM	—
6	9:00	渥什，约翰	44126E	8:40AM	10:12AM
7	9:30	约翰逊，范尼	44104E	8:40AM	1:25PM
8	9:45	伯吉斯，戴维	44106E	8:57AM	—
9	9:45	德尔加多，吉诺弗娃	44103E	—	—
10	10:00	费尔罗	44106E	8:57AM	12:09PM
11	10:00	米德尔布鲁克斯，海伦	44105E	9:40AM	—
12	10:00	修克，约翰	44107E	—	—
13	10:30	劳森，林尼特	44104E	9:40AM	12:09PM
14	10:30	里德，威廉	44106E	10:10AM	11:00AM
15	10:45	博齐奥瓦尼，安妮塔	44105ERM	2:04PM	
16	11:00	米勒，道恩	44105E	9:40AM	11:00AM
17	11:30	塔利，利凡纳	44120E		
18	11:45	威廉斯，艾琳丽亚	44115E	10:10AM	
19	12:30	杜马，泰尔	44105E	10:50AM	2:10PM
20	12:45	泰勒，弗朗西斯	44120E		
21	1:00	巴克，玛丽	44105E		

（续）

序号	预约时间	患者姓名	接送地邮编	到达时间	离开时间
22	1:00	洛塔，安吉丽娜	44127E	12:15AM	
23	1:00	曼可，亚力由德罗	44110E		
24	1:00	韦布，金伯利	44106E		
25	1:00	威尔逊，达里尔	44105E	12:15AM	2:10PM
26	2:00	阿林顿，凯瑟琳	44120E		
27	2:00	斯汤顿，杰拉尔德	44104E		
28	2:00	沃尔，约翰	44105E		
29	2:00	威廉，艾伯塔	44103E		2:54PM
30	8:15	克鲁索，贝蒂	44109W		
31	8:30	韦斯特，詹姆士	44102W		
32	9:00	阿莫罗，安冬尼亚	44102W		2:15PM
33	9:00	布朗，弗朗西斯	44109W		
34	9:00	西耶斯基，索菲	44129W		
35	9:00	平克维希，加利那	44109W		
36	9:00	斯特劳佛，肯尼斯	44102W		
37	9:00	温特里奇，苏珊	44109W		
38	9:15	布朗，贝特西	44135W		
39	9:30	鲍尔，鲁思	44102W		
40	9:30	兰沙，桑塔	44102W		
41	9:30	梅耶尼克，伊莱恩	44113W		
42	9:45	修克，约翰	44107W		
43	10:00	赫夫纳，贝蒂	44135W		
44	10:00	杰拉尔，芭芭拉	44107W		
45	10:00	皮亚塔克，罗伯特	44134W		
46	10:00	斯韦恩兰，路易丝	44102W		
47	11:00	贝尔，芭芭拉	44135W		
48	11:00	威尔斯，伊利沙白	44107W		
49	1:00	福伯，安	44107W		
50	1:00	马林斯，切尔西	44113W		
51	1:00	帕克，马丽	44144W		
52	1:15	韦斯特菲尔德，琼	44102W		2:15PM
53	1:30	利西维斯基，斯特拉	44111W		2:15PM
54	2:00	麦克弗森，加里	44107W		
55	2:30	米奇塔克，特蕾莎	44102W		
56	3:00	古特施密德，格兰达	44102W		

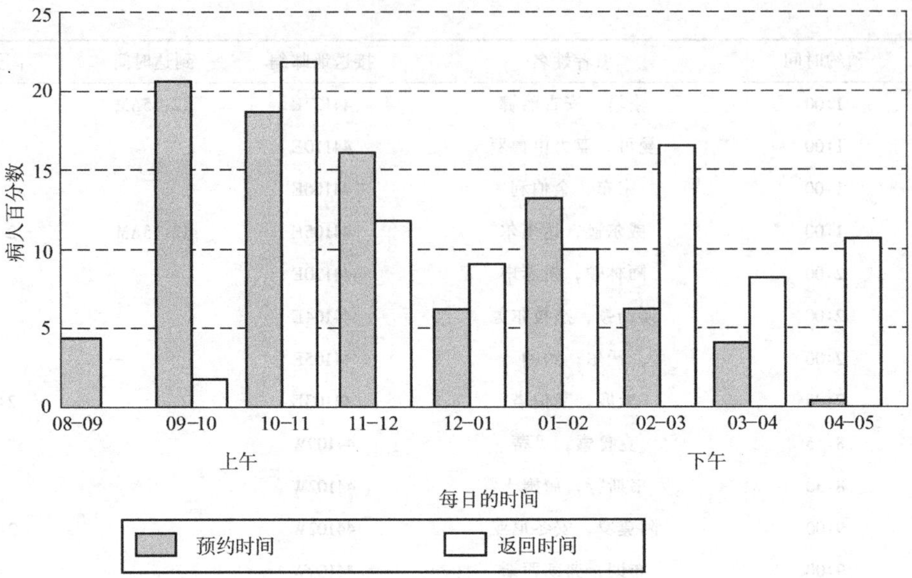

图 3 预约时间和返回时间的分布情况

表 2 不同邮政编码区使用 MMC 接送服务的病人人数

邮编	患者人数	邮编	患者人数	邮编	患者人数
44101	1	44110	56	44127	7
44102	154	44111	52	44128	29
44103	57	44112	1	44129	12
44104	73	44113	69	44130	4
44105	141	44114	7	44134	28
44106	70	44115	7	44135	115
44107	77	44120	51	44139	1
44108	42	44121	6	44142	1
44109	175	44126	19	44144	15

总计 1 270

司机和车辆的成本

目前，MMC 用于接送病人的车队包括两辆 15 座的大客车和一辆 6 座的小客车。大车的购买价是 23 000 美元，小车的价格是 19 000 美元。这些车的使用寿命约为四年，每年累计里程约为 30 000 英里。按每年行驶 30 000 英里计算的维修费用是平均每年 1 000 美元。这些车在使用期满后就不再有什么价值。MMC 的董事会希望这些车的年回报率至少在 8%，而物流管理人员认为 18% ~ 20%的回报率更实际些。

接送病人的司机是从司机中心选出的 7 位司机。每位司机的年薪是 23 500 美元（含福利）。

除周末和节假日外，其余日子都提供接送服务。这样，每月有 20 天或一年有 240 天提供服务。据估计，接送服务的单程费用是 8 美元/名病人，双程费用是 16 美元。另一种提供接送服务的方法是将服务外包给运输服务公司。已经使用的出租车服务一次运送的平均成本约为 11 美元。根据历史数据，使用出租车每个月的费用大约是 10 000 美元。最近，一家急救服务公司赢得与MMC的一份协议，单程运送病人的成本为4.33美元。由于该项服务是附在急救服务协议上的，因此每月只限适用于500次往返运送。如果所有的接送任务都分包给急救服务部门，则估计接送费用将增加，直到与出租车的费用一致。

从接送服务部门的调查中发现，在每个地点病人上车的时间平均为6分钟。城东区的行车速度是每小时25英里，城西区的行车速度是每小时30英里。大、小客车在城区行驶汽油的消耗量都是平均每加仑13英里，汽油价格平均为每加仑1美元。

客户服务

向病人提供高水平接送服务是MMC的一个目标。病人希望得到及时、礼貌周到的接送服务，这样才会乐于选择MMC的医疗服务。他们愿意在接近预约时间的时候上车，在返回住所时不愿意等待时间过长。如果病人没能在预约的时间到达，医生们也会抱怨。MMC的管理人员已经认识到因为病人的接送服务水平高，病人才会选择MMC，才能为医院创造收益。因此，应该优先考虑客户服务。

问题

1. 应该使用现有车队的哪些车辆？应该在多大范围内使用外包服务？
2. MMC应该谈判多少条分包路线，按什么价格谈？
3. MMC正在考虑全部使用6座客车提供接送服务，这样的决策好吗？

RO 奥利安食品有限公司（Orion Foods，Inc.）

安妮塔·贝利是奥利安食品有限公司新任命的运输经理。奥利安是一家从事水果和蔬菜批发的公司，其业务范围遍布全美。她的老板（运作部经理）交给她的第一个项目是“清理西部地区的配送业务”。与美国其他地区的配送活动相比，西海岸地区的产品配送成本太高。安妮塔认为毫无疑问成本是可以减少的。

当前的配送

奥利安在整个美国批发水果和蔬菜，也从美国之外的地区如南美和加拿大进口产品。在美国西部，奥利安在加利福尼亚州弗莱斯诺和俄勒冈州伯恩斯各有一个地区性配送中心，见图1。这些主要仓库向基层仓库或地方仓库供货，再转由基层仓库将货物供给邻近的零售店。公司在该地区有七座基层仓库，分别位于1）洛杉矶，加利福尼亚州；2）菲尼克斯，亚利桑那州；3）盐湖城，犹他州；4）旧金山，加利福尼亚州；5）波特兰，俄勒冈州；6）比尤特，蒙大拿州；7）西雅图，华盛顿州。目前，位于伯恩斯的地区性配送中心负责供应波特兰、西雅图和比尤特的基层仓库，位于弗莱斯诺的地区性配送中心负责供应其余的基层仓库。弗莱斯诺配送中心的库存能力是50 000担，伯恩斯配送中心的库存能力是15 000担。每个配送中心的周转次数是8。基层仓库每年平均吞吐量由表1给出。附加的仓库位置的数据见附录A。

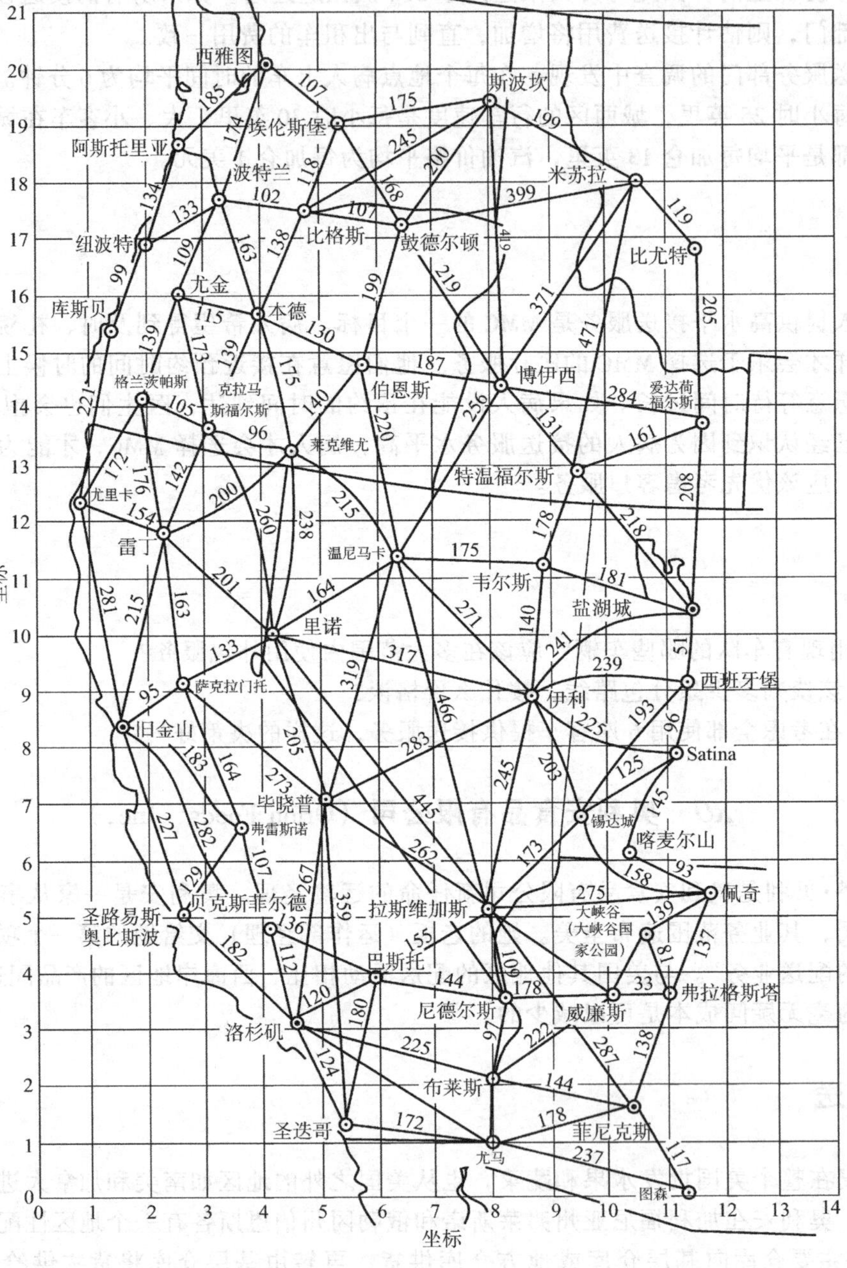

图1　奥利安公司西海岸配送地区的公路网及大致里程（英里）

奥利安公司与卡车运输公司签订协议，由卡车运输公司负责将货物从地区性配送中心运往基层仓库。合同规定整车运量平均为30 000磅（常见的运输批量），每英里运费为1.30美元。安妮塔听说他的前任将运输路线的选择权交给承运人，认为承运人更方便判断最佳路线，当然奥利安有权利指定所使用的运输路线。但是，安妮塔不知道承运人目前在使用哪些运输路线。

当前，伯恩斯配送中心已经接近库存极限。如果要扩建，每增加 10 000 担货物的存储空间需要支出 300 000 美元。

安妮塔已经得到对该地区销量增长的预测，并对预计的增长量颇感惊讶。如表 2 所示，市场部已经估计出从现在起五年内的预计销售量。安妮塔还听说高层管理人员正在考虑合并弗莱斯诺仓库和伯恩斯仓库的可能性，合并后的仓库要放在内华达州的里诺。虽然这样做会带来 2 000 000 美元的一次性成本，但合并后总的库存有望减少 40%。据估计，每年税前的库存持有成本是 35%，一般性产品组合 100 磅货物的标准成本是 60 美元。

表 1 当前基层仓库每年的货物吞吐量及运输成本

基层仓库	服务起点	吞吐量/担	运输成本/美元
洛杉矶、加利福尼亚州	弗雷斯塔、加利福尼亚州	110 000	104 485
菲尼克斯、亚利桑那州		60 000	163 280
盐湖城、犹他州		35 000	131 871
旧金山、加利福尼亚州		84 000	66 612
波特兰、俄勒冈州	伯恩斯、俄勒冈州	43 000	54 470
比尤特、蒙大拿州		5 000	15 846
西雅图、华盛顿州		56 000	115 710
总计		393 000	652 274

表 2 仓库吞吐量的五年内的预测值

基层仓库	一年吞吐量/担
洛杉矶，加利福尼亚州	132 000
菲尼克斯，亚利桑那州	84 000
盐湖城，犹他州	56 000
旧金山，加利福尼亚州	105 000
波特兰，俄勒冈州	57 000
比尤特，蒙大拿州	15 000
西雅图，华盛顿州	79 000
总计	528 000

问题

1. 安妮塔是否能够改善当前的分拨活动？
2. 扩建位于俄勒冈州伯恩斯的仓库会带来什么收益？
3. 将地区性仓库合并到内华达州的里诺有什么好处？

表 3 节点的有关数据

序号	节点号	节点名称	X 坐标	Y 坐标
1	1	西雅图，华盛顿州	4.00	20.10
2	2	埃伦斯堡，华盛顿州	5.40	19.00

（续）

3	3	斯波坎，华盛顿州	8.00	19.40
4	4	阿斯托里亚，俄勒冈州	2.60	18.70
5	5	波特兰，俄勒冈州	3.30	17.70
6	6	比格斯，俄勒冈州	4.80	17.40
7	7	彭德尔顿，俄勒冈州	6.50	17.20
8	8	米苏拉，蒙大拿州	10.50	18.00
9	9	纽波特，俄勒冈州	2.00	16.90
10	10	比尤特，蒙大拿州	11.60	16.80
11	11	尤金，俄勒冈州	2.50	16.00
12	12	本德，俄勒冈州	3.90	15.70
13	13	库斯贝，俄勒冈州	1.40	15.30
14	14	伯恩斯，俄勒冈州	5.70	14.70
15	15	博伊西，印第安纳州	8.20	14.30
16	16	爱达荷福尔斯，印第安纳	11.70	13.70
17	17	格兰茨帕斯，俄勒冈州	1.90	14.10
18	18	克拉马斯福尔斯，俄勒冈州	3.10	13.60
19	19	莱克维尤俄勒冈州	4.50	13.20
20	20	特温福尔斯，印第安纳州	9.50	12.90
21	21	尤里卡，加利福尼亚州	0.80	12.20
22	22	雷丁，加利福尼亚州	2.20	11.80
23	23	温尼马卡，内华达	6.40	11.30
24	24	韦尔斯，内华达	8.90	11.20
25	25	盐湖城，犹他州	11.50	10.40
26	26	里诺，内华达	4.20	9.90
27	27	萨克拉门托，加利福尼亚州	2.50	9.10
28	28	西班牙城堡，犹他州	11.10	9.10
29	29	伊列，内华达	8.70	8.90
30	30	旧金山，加利福尼亚州	1.60	8.30
31	31	塞琳娜，犹他州	11.40	7.90
32	32	华晓普，加利福尼亚州	5.10	7.10
33	33	锡达城，犹他州	9.60	6.70
34	34	弗雷斯诺，加利福尼亚州	3.70	6.60
35	35	喀麦尔山，犹他州	10.30	6.10
36	36	圣路易斯一奥比斯波	2.50	5.00
37	37	贝克斯菲尔德	4.10	4.80
38	38	拉斯维加斯，内华达	7.90	5.10

（续）

39	39	佩奇，亚列桑那州	11.70	5.40
40	40	大峡谷，亚列桑那州	10.70	4.70
41	41	巴斯托，加利福尼亚州	5.90	3.90
42	42	弗拉格斯塔，亚列桑那州	11.00	3.60
43	43	威廉斯，亚列桑那州	10.00	3.50
44	44	尼德尔斯，加利福尼亚州	8.20	3.50
45	45	洛杉矶，加利福尼亚州	4.50	3.10
46	46	布莱斯，加利福尼亚州	8.00	2.10
47	47	圣迭哥，加利福尼亚州	5.30	1.30
48	48	尤马，加利福尼亚州	7.80	1.00
49	49	菲克斯，亚列桑那州	10.40	1.60
50	50	图桑，亚列桑那州	11.30	0.10

R&T 批发公司

R&T 批发公司给全印度的零售商店批发日用商品。公司在全国有很多仓库，作为存储点和货站供应周边城镇的零售点。供应普拉克萨姆（Prakasam）、冈都尔（Guntur）、克利须那（Krishna）、西哥达瓦里（West Godavari）和东哥达瓦里（East Godavari）地区的仓库设在维查雅瓦达（Vijayawada）。每周除周六和周日外每天出去送货（每月 24 天），每个城镇每月送货二次或四次，也就是每两周或每周送货一次。对某个镇子来讲，每月按一定的周期送货两次，或者在第一、第三周，或者在第二、第四周。一周内送货的日子由调度员决定。与前者类似，可能指定五天内的任何一天送货。物流管理人员希望能为公司车队设计高效的送货路线，一方面将所需车辆数降到最低，另一方面整个月的车辆行驶总里程最短，并且认为这样能够使司机和车辆运营成本最低。

送货量以每次送货的平均销售额来表示，该数字为城内经停的所有零售点购货量的总和。该销售区的地图见图 1，绘制坐标系，找出各城镇的坐标。坐标系的比例尺是 1 坐标单位等于 12.2 公里。由坐标距离转换成公路距离的转换系数为 1.12。表 1 给出了各点坐标和卸货点的时间。卸货时间指将货物从卡车卸到零售点站台所用的时间。因为一个镇子中可能有多个零售点，所以卸货时间表示城内所有零售点的总卸货时间。

目前有 4 部 T407、4 部 T310 卡车用于送货，每部卡车能装运 500 000 卢比货物，T310 能运送 350 000 卢比货物。卡车每天在该地区的平均行驶速度是 40 公里每小时。T407 的经营成本是每月 13 500 卢比，运送成本为每公里 5 卢比；T310 的经营成本为每月 7 000 卢比，运送成本为每公里 3 卢比。每部卡车配备两名雇员，一位司机，一位辅助人员。雇员的工资按月发放。如果在路上，每位雇员可得到每天 60 卢比的误餐补助和其他费用。计划在早上 6 点、中午 12 点和晚上 6 点休息。早餐和午餐每餐用 30 分钟，晚餐休息 60 分钟。休息时间可以不严格按计划执行。非正式的休息时间可以安排在一天的任何时间，要被计入行驶速度和卸货时间。雇员可以在晚上休息 8 个小时，第二天早上再上路。没有加班费，公司的政策是让雇员每天回到仓库，不在外面逗留。

正常情况下卡车从早上9点到晚上6点送货。卡车回到仓库后在晚上装货，第二天早上再出发送货。卡车最早离开仓库的时间是中午12点，从周一早上直到周五。送货到远处需要早点出发来满足时间窗口和在途时间的要求等。短途送货的卡车可能在同一天回到仓库，花2小时装货后由同一批雇员负责再次出发送货。如果同一批雇员多次送货则不多发补贴。

公司可以和第三方物流公司签约，单程送货到各城镇的费用为每公里15卢比（不考虑运量或卡车在城内的停留次数）。也可以同时使用自有运输和受雇运输模式。

表2给出了所有城镇间的公路距离，假设双向行驶里程相同。

问题

设计一个月的运营线路：

1. 所需的车辆数和车的型号。
2. 卡车行驶路线和经停顺序。
3. 四周一个月，到各城送货的日期。
4. 全月卡车使用的时间安排。
5. 雇员排班表。目标是使卡车、雇员和补贴成本最小化。

表1 维查雅瓦达地区的销售情况和各点坐标

编号	城镇	坐标		每次销售额	每月次数	每次送货
		X	Y	卢比		所用时间
0	Vijayawada	19.4	15.1	Warehouse 仓库	—	—
1	Tanguturu	14.5	5.3	66 00	2	1.0
2	Podili	10.7	7.0	24 000	2	0.5
3	Ongole	14.5	6.2	305 000	4	2.5
4	Markapur	7.7	8.2	60 000	2	0.5
5	Kani Giri	9.6	5.1	24 000	2	2.5
6	Kondukur	13.2	3.5	90 000	2	1.0
7	Giddalur	3.8	5.0	25 000	2	1.0
8	Chirala	17.2	9.0	98 000	4	2.0
9	Bestavaipetta	6.3	6.3	25 000	2	0.5
10	Addanki	13.9	8.8	60 000	2	0.5
11	Chilakalurupet	15.4	11.4	92 000	2	1.0
12	Narasaraopet	14.5	12.5	100 000	4	1.0
13	Vinukonda	11.8	11.0	65 000	2	1.0
14	Tadikonda	18.1	14.3	60 000	2	1.0
15	Sattenapalle	15.2	14.0	45 000	2	1.0
16	Repalie	21.3	10.6	50 000	2	1.0
17	Guntur	18.0	13.0	450 000	4	3.0
18	Vuyyuru	21.3	13.6	39 000	4	1.0

（续）

编号	城镇	坐标 X	坐标 Y	每次销售额 卢比	每月次数	每次送货所用时间
19	Tenali	19.7	12.5	140 000	4	1.0
20	Pamarru	22.3	13.2	62 000	2	1.0
21	Nuzvid	21.3	17.5	37 000	2	0.5
22	Machilipatnam	23.8	12.0	108 000	4	1.0
23	Kaikalur	24.4	15.5	48 000	2	1.0
24	Jaggayyapeta	14.9	18.5	37 000	2	0.5
25	Hanuman Junction	19.5	15.2	50 000	2	1.0
26	Gudivada	22.7	14.3	180 000	2	1.0
27	Bapatia	18.2	9.7	82 000	2	1.0
28	Rajahmundry	29.5	19.6	470 000	4	3.5
29	Mandapeta	30.8	18.3	170 000	2	2.0
30	Narasapur	28.7	14.5	160 000	2	1.0
31	Amaiapuram	31.5	15.6	90 000	2	1.0
32	Kakinada	33.5	19.1	228 000	4	2.0
33	Kovvur	29.0	19.7	45 000	2	1.0
34	Tanuku	28.8	17.4	134 000	2	1.0
35	Nidadvole	28.5	18.7	50 000	2	1.0
36	Tadepallegudem	27.2	17.9	130 000	4	1.5
37	Eluru	23.6	17.0	198 000	4	2.0
38	Palakolu	25.9	15.7	180 000	4	1.0
39	Bhimavaram	27.3	15.3	148 000	4	1.5

表 2 城镇间的驾车里程（城镇代码见表 1） 单位：公里

	0	1	2	3	4	5	6	7	8	9	10	11	12	13	14	15	16	17	18	19	20	21	22
0	0																						
1	150	0																					
2	162	76	0																				
3	139	29	47	0																			
4	186	138	45	92	0																		
5	191	64	29	76	64	0																	
6	180	14	79	43	124	50	0																
7	254	151	97	146	61	82	91	0															
8	89	79	97	50	142	126	93	194	0														
9	216	118	60	107	24	54	104	33	157	0													
10	114	65	51	36	96	80	79	144	86	111	0												

（续）

	0	1	2	3	4	5	6	7	8	9	10	11	12	13	14	15	16	17	18	19	20	21	22
11	74	105	91	69	136	120	119	184	39	151	40	0											
12	76	126	112	90	157	141	140	205	60	172	61	21	0										
13	118	102	62	73	72	86	116	159	102	222	37	63	42	0									
14	21	155	141	119	186	170	169	234	89	201	90	50	49	91	0								
15	59	145	131	109	176	160	159	224	79	191	80	40	19	61	49	0							
16	67	137	155	108	127	184	151	254	58	215	134	85	84	126	65	84	0						
17	35	140	126	104	171	155	154	219	74	186	75	35	34	76	15	34	50	0					
18	33	202	188	166	233	217	216	281	78	248	137	97	96	138	52	96	97	62	0				
19	36	140	150	111	195	179	154	243	61	210	99	59	58	102	39	58	35	24	66	0			
20	47	217	203	181	248	232	231	296	93	263	152	112	111	153	67	111	112	77	15	81	0		
21	42	311	297	275	342	326	325	390	187	357	246	206	205	247	161	205	206	102	115	106	55	0	
22	74	241	227	205	272	256	255	320	117	287	176	136	135	177	91	135	136	101	39	105	24	74	0
23	68	240	226	204	271	255	254	319	116	286	175	135	134	176	90	134	135	100	63	104	48	72	66
24	77	205	191	169	236	220	219	284	139	251	140	100	79	121	109	60	144	94	103	109	118	94	142
25	2	172	158	136	203	187	186	251	48	218	107	67	66	108	22	66	67	32	30	36	45	70	69
26	47	208	194	172	239	223	222	287	84	254	143	103	102	144	58	102	103	68	22	72	15	45	34
27	76	92	110	63	155	139	106	209	13	170	99	52	73	115	63	93	45	48	62	48	125	150	149
28	151	297	283	261	328	312	311	376	173	343	232	192	191	233	147	191	192	157	135	161	140	112	197
29	162	342	328	306	373	357	356	421	218	388	277	237	236	278	192	236	237	202	175	206	160	142	148
30	127	303	289	267	334	318	317	382	179	349	238	198	197	239	153	197	198	163	126	167	111	135	129
31	165	328	314	292	359	343	342	407	204	374	263	223	222	264	178	222	223	188	151	192	136	160	154
32	200	388	374	352	419	403	402	467	264	434	323	283	282	324	238	282	283	248	221	252	206	188	194
33	146	307	293	271	338	322	321	386	183	353	242	202	201	243	157	201	202	167	130	171	135	107	148
34	132	302	288	266	333	317	316	381	178	348	237	197	196	238	152	196	197	162	135	166	120	102	108
35	134	324	310	288	355	339	338	403	200	370	259	219	218	260	174	218	219	184	157	188	142	124	130
36	113	250	236	214	281	265	264	329	126	296	185	145	144	186	100	144	145	110	73	114	78	50	89
37	63	235	221	199	266	250	249	314	111	281	170	130	129	171	85	129	130	95	58	99	63	35	74
38	85	258	244	222	289	273	272	337	134	304	193	153	152	194	108	152	153	118	81	122	66	90	84
39	108	276	262	240	307	291	290	355	152	322	211	171	170	212	126	170	171	136	99	140	84	108	102
40	109	290	276	254	321	305	304	369	166	336	225	185	184	226	140	184	185	150	113	154	118	90	129
41	80	282	268	246	313	297	296	361	158	328	217	177	176	218	132	176	177	142	105	146	110	82	121
42	141	188	140	159	95	159	219	156	130	119	123	91	70	76	119	82	154	104	166	128	181	206	205
43	85	143	129	114	137	158	157	220	80	187	78	71	50	65	80	31	115	65	127	89	142	167	166

	23	24	25	26	27	28	29	30	31	32	33	34	35	36	37	38	39	40	41	42	43
0																					
1																					

（续）

	23	24	25	26	27	28	29	30	31	32	33	34	35	36	37	38	39	40	41	42	43
2																					
3																					
4																					
5																					
6																					
7																					
8																					
9																					
10																					
11																					
12																					
13																					
14																					
15																					
16																					
17																					
18																					
19																					
20																					
21																					
22																					
23	0																				
24	166	0																			
25	68	73	0																		
26	32	109	36	0																	
27	148	153	80	116	0																
28	131	198	125	117	205	0															
29	112	243	170	144	250	24	0														
30	63	229	131	95	211	80	60	0													
31	88	254	156	120	236	69	50	47	0												
32	158	289	216	190	296	56	46	102	55	0											
33	112	208	135	112	215	7	29	80	76	75	0										
34	72	203	130	104	210	40	40	40	52	86	40	0									
35	94	199	126	103	206	22	44	62	72	60	15	22	0								
36	85	151	78	55	158	62	107	63	119	36	57	50	48	0							
37	70	136	63	40	143	77	122	78	134	153	72	67	63	15	0						

（续）

	23	24	25	26	27	28	29	30	31	32	33	34	35	36	37	38	39	40	41	42	43
38	18	184	86	50	166	113	94	45	70	90	90	54	76	50	69	0					
39	36	202	104	68	184	95	76	27	52	72	72	36	58	36	51	18	0				
40	125	191	118	95	198	65	115	115	127	30	50	75	53	42	55	91	73	0			
41	117	183	110	87	190	69	157	125	158	24	62	117	62	55	47	124	106	38	0		
42	204	142	136	172	152	261	306	267	292	352	271	266	262	214	199	222	240	254	246	0	
43	165	91	97	133	113	222	267	192	253	313	232	227	223	175	160	183	201	215	207	63	0

第四部分 库存战略

第八章 预测供应链需求

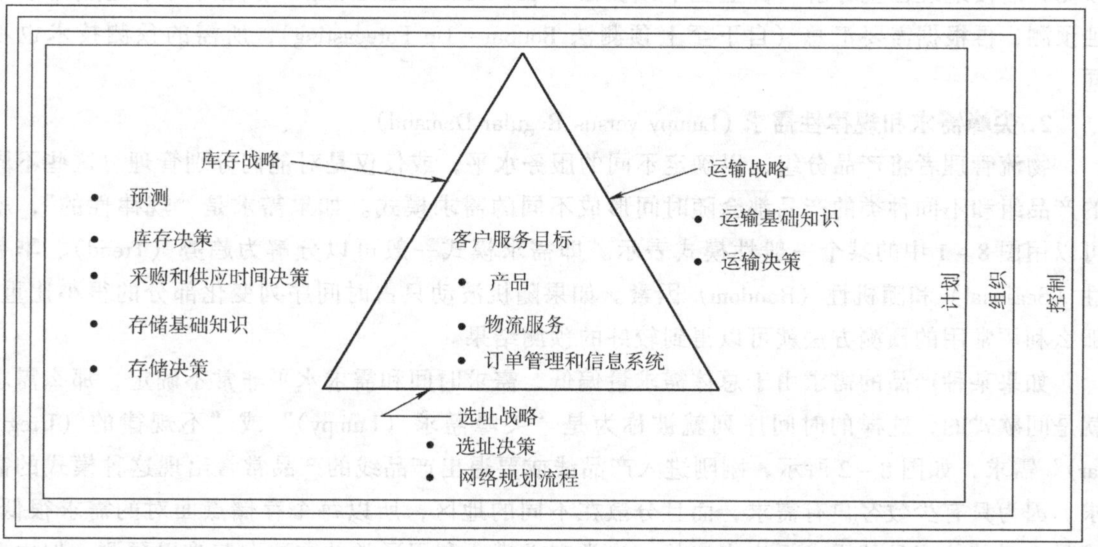

"……遍地必来七个大丰年；随后又要来七个荒年，甚至都忘了先前的丰收。……"

创世纪 41：28－30

规划、控制物流/供应链活动需要准确估计供应链所处理的产品和服务的数量。这些估计主要采用预测和推算的方式。但物流管理者独自为企业作综合预测的情况并不常见。多数情况下是将任务分配给营销、计划或特别指定的小组去做。在某些情况下，特别是诸如库存控制或车辆调度之类的短期计划，物流管理者常常觉得有必要自己亲自做预测。因此，本章主要概括介绍物流计划和控制中可能直接使用的预测技术。

这里的讨论主要针对需求预测。在规划和控制过程中普遍需要需求预测，但某些规划问题如库存控制、经济采购和成本控制也需要对提前期、价格和成本进行预测。本章中讨论的预测技术也同样适用于这些情况。

8.1 需求的特性

因为预测的需求是所有部门（包括物流、营销、生产和财务部门）进行规划和控制的基础，所以需求预测的水平对企业整体至关重要。需求的水平和需求的时间极大地影响了生产能力、资金需求和经营的总体框架。每个部门都有各自特殊的预测问题。物流部门的预测涉及需求的空间和时间特征，需求波动的幅度和随机程度。

1. 需求的空间和时间特征（Spatial versus Temporal Demand）

需求的时间或时间特性是预测中比较常见的。需求随时间的变化归因于销售的增长或下降、需求模式季节性变化和多个因素导致的一般性波动。多数短期预测方法都会处理需求的这种时间变化，常常称之为时间序列。

物流活动有空间和时间维度，即物流管理者必须知道需求量在何处发生，何时发生。规划仓库位置，平衡物流网络中的库存水平和按地理位置分配运输资源等，都需要知道需求的空间位置。所选择的预测技术也必须反映影响需求模式的地理性差异。此外，先进行总需求预测，后按地理位置分解（自上至下预测法 Top – Down Forecasting）与先对每个地点需求单独预测，再根据需要汇总（自下至上预测法 Bottom – Up Forecasting），所需的预测技术也不同。

2. 尖峰需求和规律性需求（Lumpy versus Regular Demand）

物流管理者将产品分组，以确定不同的服务水平，或仅仅是对他们分别管理。这些不同的产品组和不同种类的产品都会随时间形成不同的需求模式。如果需求是“规律性的”，就可以用图 8 – 1 中的某个一般性模式表示。即需求模式一般可以分解为趋势（Trend）、季节性（Seasonal）和随机性（Random）因素。如果随机波动只占时间序列变化部分的很小比重，那么利用常用的预测方法就可以得到较好的预测结果。

如果某种产品的需求由于总体需求量偏低，需求时间和需求水平非常不确定，那么需求就是间歇式的，这样的时间序列就被称为是“尖峰需求（Lumpy）”或“不规律的（Irregular）”需求，如图 8 – 2 所示，刚刚进入产品线或要退出产品线的产品常常出现这种模式的需求，因为只有少数客户有需求，而且分散在不同的地区，所以每个存储点面对的需求很低，或是由对其他产品的需求派生出来的。这类需求模式利用通常的方法尤其难以预测，但由于这类产品可能占企业经营产品种类的 50%，因此给物流管理者提出特殊的需求预测难题。

3. 派生需求和独立需求（Derived versus Independent Demand）

因物流管理者为之规划的企业经营方法的不同，需求的特点也差异巨大。如在一种情况下，需求来溃许多客户，这些客户多数为独立采购，采购量只构成企业分拨总量的很少一部分。此时的需求就被称做是独立的需求。而在另一种情况下，需求是特定生产计划要求派生出来的，这样的需求就称为是派生的。例如，从某供应商处购买新轮胎的数量就是汽车厂要生产的新汽车量的一定倍数。这种根本差异导致了需求预测方法的不同。

如果需求是独立的，统计预测方法的效果就很好。多数短期预测模型的基本条件都是需求独立且随机。相反，派生需求模式会有很强的倾向性，而且不是随机的。（见资料 8.1）了解这些后就不再需要预测，因为需求是确定已知的了。

资料 8.1　例子

某大型制造企业的电力设备部门为工业用户生产一系列小功率电动机，这些用户将这些电动机用在地板清洗器、磨光器之类的最终产品上。虽然电动机不是很复杂的产品，但每个电动机也要包含 50 ~ 100 个单独的部件。企业根据所收到的订单制定生产计划，产品在未来某时间交付，生产计划的制定还要基于需求预测，预测的产品是那些标准化较高的“从货架供应（Off－the－Shelf）”的电动机。根据以上要求，就需要制定未来三个月的生产计划，表明什么时间生产某特定型号的电动机，生产多少。随后，物料管理经理保证在需要的时候备齐生产所需的所有配件和原材料。

供给计划通常用两种方法确定需求。对那些在多数电动机的生产中都需使用的配件或原材料（铜线、铁板和油漆），管理人员先预测一般的消耗速度，随后决定采购量以支持库存。价值高、特殊设计的部件则要根据生产计划的需要进行采购。本案例中，这类部件有转子轴和轴承。这些产品的采购需求来自生产计划，通过“浏览”物料清单获得。例如，假设某月需要生产三种型号的电动机，每种型号分别生产200个，300个和400个。各种型号的电动机都需要同样的转子轴，但是型号1和2各需要两个球轴承，型号3只需要一个球轴承。因此，从每种型号电动机的物料清单就可以得出该型号所需的配件，随后按配件类型分别求和就能得到每种配件的总需求，即需要转子轴900个，轴承1400个。

注意该公司混合使用统计预测和派生需求的方法来制订物料供应计划。统计预测方法用在20%的原料上很有效。按需计划的方法用于10%高价值、关键性或对最终产品进行个性化处理的原料。

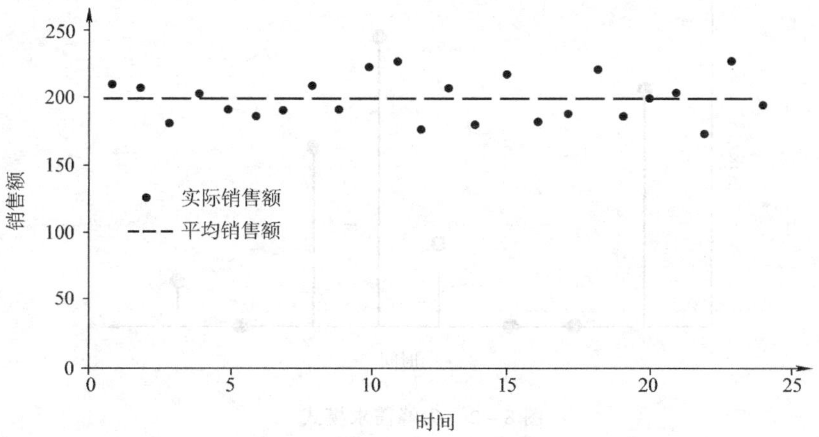

a) 随机性或水平发展的需求，无趋势或季节性因素

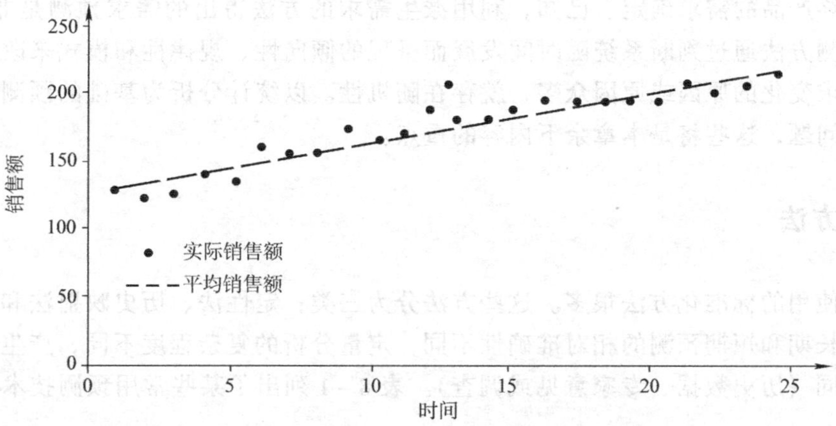

b) 随机性需求，呈上升趋势，但无季节性因素

图8－1 一些典型的“规律性”需求模式

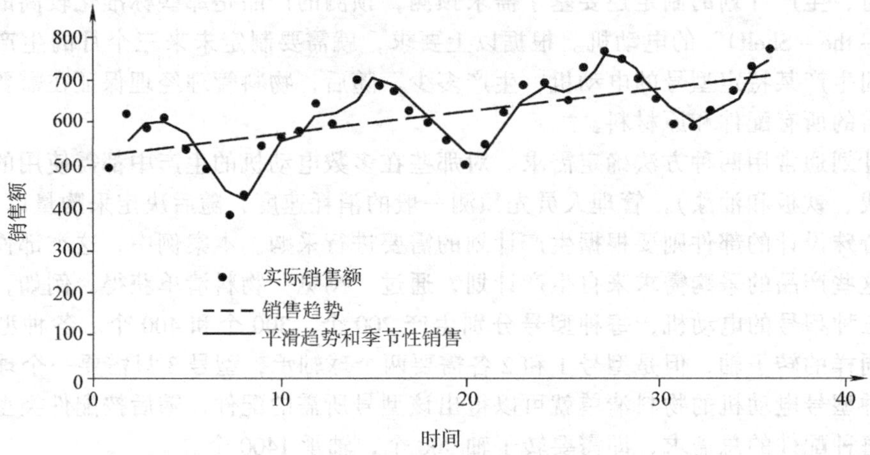

c) 随机性需求，有趋势和季节性因素

图 8－1 一些典型的“规律性”需求模式（续）

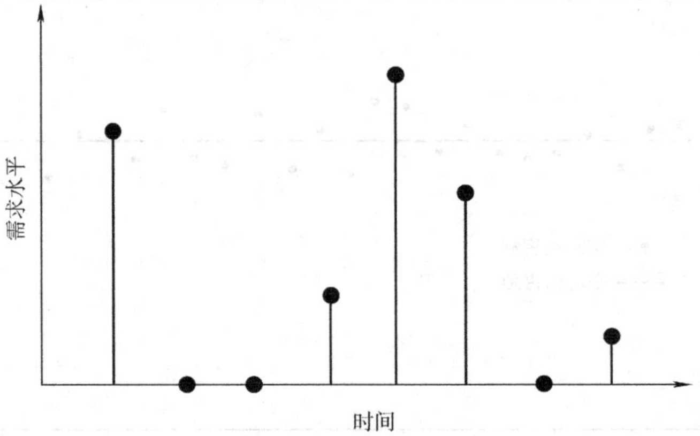

图 8－2 尖峰需求模式

只要最终产品的需求确定、已知，利用派生需求的方法得出的需求预测是非常准确的。这种需求预测方法通过判断系统随时间发展而呈现的倾向性、规律性和模式来改进预测。如果不知道需求变化的原因或原因众多，就存在随机性。以统计分析为基础的预测就可以有效地解决后一问题，这些将是本章余下内容的重点。

8.2 预测方法

预测可使用的标准化方法很多。这些方法分为三类：定性法、历史映射法和因果法。每一类方法对长期和短期预测的相对准确性不同，定量分析的复杂程度不同，产生预测方法的逻辑基础不同（历史数据、专家意见或调查）。表 8－1 列出了某些常用预测技术的总结和简要说明。

表 8-1 常用的预测技术总结[a]

方法	说明	预测期
德尔菲法[b] Delphi	以一定顺序的问卷询问一组专家，对一份问卷的回答将用来制作下一个问卷。这样，仅由某些专家掌握的任何信息都会传递给其他专家，使得所有专家都掌握所有的预测信息。该方法剔除掉了跟随多数意见的跟风效应（Bandwagon effect）	中期到长期
市场调查法[c] Market research	系统地、正式地、有意识地对真正的市场展开调查，检验假设条件	中期到长期
小组意见法 Panel Consensus	该方法的基础是假设几个专家能够比一个人预测得更好。预测时没有秘密，且鼓励沟通。有时候，预测会受社会因素的影响，不能反映真正的一致意见。征求经理意见法就属于此类	中期到长期
销售人员估计法 Sales force estimates	预测时征求销售人员的意见。因为销售人员接近客户，所以他们能很好地估计客户需求	短期到中期
臆想预测法 Visionary forecast	利用个人的见解，判断，可能的情况下利用未来不同情景下的事实作出预言。特点是主观的猜测和想象；一般情况下，所用的方法是非科学的	中期到长期
历史类比法[d] Historical analogy	这是一种对类似新产品的导入期和成长期做对比性分析的方法，据此对相似模式作出预测	中期到长期
移动平均法[e] Moving average	时间序列上移动平均的每一点都是一系列连续点的算术平均数或加权平均数。需要选择若干数据点以消除季节性影响或不规律性或前两者的共同影响	短期
指数平滑法[f] Exponential smoothing	本法类似于移动平均法，只是对更近期的点给与更大的权数。在描述上，新的预测值等于旧的预测值加上过去预测误差的一定比重。两重或三重指数平滑法是基本模型的更复杂版本。解决了时间序列的趋势和季节性变化问题	短期
博克斯-詹金斯法 Box-Jenkins[g]	复杂的，计算机迭代过程，建成自回归的、综合的移动平均模型；对季节性和趋势性因素进行调整；估计相应的权数参数；检验模型；相应地重复上述过程	短期到中期
时间序列分解法[h] Time-series decomposition	将时间序列分解成季节性、趋势性和规律性因素的方法。在判断转折点时非常有用，是中期（即3到12个月）预测的好工具	短期到中期
趋势映射法[i] Trend projection	本方法用数学方程拟合趋势曲线，然后利用方程将其映射到未来。这里有几个变形：斜率特征法、多项式法和对数法等等	短期到中期
集中预测法[j] Focus forecasting	在未来的三个月内，测试几个简单的决策方法，看哪一个更精确。利用计算机模拟来检验以历史数据为基础的不同战略	中期
谱分析法[k] Spectra analysis	试图将时间序列分解为几个基本成分，称作谱。这些成分以几何的正弦-余弦曲线来代表。重新组合这些成分，写出数学表达式，并用来预测	短期到中期

（续）

回归模型[l] Regression model	将需求与其他变量或解释变量联系在一起。变量选择的根据是其统计意义。因为一般都可以得到效果好的回归计算机软件，所以回归模型成为常用的预测技术	短期到中期
计量经济模型[m] Econometric model	是一组相互依赖的回归方程组，用来描述销售活动的一些经济内容。通常同时估计回归方程组的参数。一般来讲，这种模型开发起来很贵。但是因为这类模型方程组的内在特性，使得其能够比普通的回归方程更好地解释所包含的因果关系，因此可以更好地预测转折点	短期到中期
购买意向和预期调查法[n] Intension – to – buy and Anticipation surveys	这些对普通公众的调查（a）决定对某些产品的购买意向，或（b）得到指数来衡量对现在和未来的普遍想法，估计这些想法将如何影响购买习惯。用这一预测方法进行跟踪和预警比预测更有用。该方法的主要问题是可能错误地发出转折点到来信号	中期
投入 – 产出模型[o] Input – output model	是一种分析方法，用来研究经济中、市场上商品和服务在产业间或部门间的流动。模型反映的是为得到特定的产出需要有什么样的投入。如果是用于特定行业，要恰当使用这个模型需要付出大量努力，并且需要一般难以获取的额外细节信息	中期
经济投入 – 产出模型法[p] Economic input – outputmodel	有些时候，人们会将计量经济模型和投入 – 产出模型合在一起用于预测。投入 – 产出模型可用来为计量经济模型提供长期趋势，也可用来稳定计量经济模型	中期
先导性指标法[q] Leading indicators	利用一个或多个先行变量（Preceding Variables）做预测，这些先行变量都与需要估计的变量系统相关	短期到中期
生命周期分析[r] Life – cycle analysis	根据S曲线分析、预测新产品的增长。在不同阶段，产品可分别被创新者、早期接受者、早期多数、晚期多数和滞后者接受，这一划分是该分析的核心内容	中期到长期
适应性过滤法 Adaptive filtering	是实际产出和估计产出加权之和的导数，通过系统地变化反映数据模式的变化	短期到中期
动态模拟[s] Dynamic simulation	利用计算机模拟不同时间最终产品销售情况对分拨渠道和供给渠道不同点需求的影响。需求由库存政策、生产计划和采购政策表示出来	中期到长期
精确反应法[t] Accurate response	重新设计规划过程以尽量减少不准确预测的影响和改进预测的工作同时进行。精确反应法可以推断出哪些预测人员能够/不能够准确预测，使得供应链能够快速、灵活地进行管理。管理者可以推迟那些针对最难预测产品的决策，直到接到市场信号（如早期的销售结果）后再决策，这样可以有助于准确协调供求	短期
神经网络法[u] Neutral networks	受生物神经功能的启发而形成的数学预测模型。模型的特点是新数据到来后，模型可以进行学习。对不连续的时间序列，该方法似乎比其他时间序列模型预测得更准确	短期

注：[a]JohnC. Chambers, Satinder K. Mulick, and Donald D. Smith, "How to Choose the Right Forecasting Technique," Harvard Business Review (July/August 1971); and David M. Georgoff and Robert G. Murdick, "Manager's Guide to Forecasting." Harvard Business Review 64 (January - February 1986): 110 - 120

[b]Haper Q. North and Donald L. Pyke, "Probes of the Technological Future," Harvard Business Review 47 (May/June 1969): 68

[c]Paul E. Green, Donald S. Tull and Gerald Albaum, Research for Marketing Decisions, 5th edition. (Upper Saddle River, N. J.: Prentice Hall, 1988)

[d]Milton Spencer, Colin Clark, and Peter Hoguet, Business and Economic Forecasting (Homewood, Ⅲ.: Richard D. Irwin, 1961)

[e]Richard B. Chase and Nicholas J. Aquilano, Production and Operations Management (Homewood, Ⅲ.: Richard D. Irwin, 1989), 223 - 226

[f] R. G. Brown, Smoothing and Prediction of Discrete Time Series (Upper Saddle River, N. J.: Prentice Hall, 1963)

[g] E. P. Box and B. M. Jenkins, Time Series Analysis, Forecasting and Control (San Francisco: Holden - Day, 1970)

[h] Bruce L. Bowerman and Richard T. O' Connell, Time Series Forecasting (Boston: Duxbury Press, 1987), 见5, 6

[i] John Neter, William Wasserman, and G. A. Whitmore, Applied Statistics (Boston: LAllyn and Bacon, 1988), 820 - 846

[j]Bernard T. Smith and Oliver W. Wight, Focus Forecasting: Computer Techniques for Inventory Control (Boston: CBI Publishing, 1978)

[k] Hung Chan and Jack Hayya, "Spectral Analysis in Business Forecasting," Decision Sciences 7 (1976): 137 - 151

[l]John Neter, William Wasserman, and Michael H. Kutner, Applied Linear Regression Models (Homewood, Ⅲ.: Richard D. Irwin, 1983)

[m] J. Johnston, Econometric Methods (New York: McGraw - Hill, 1963); and R. C. Clelland, J. S. deCani, F. E. Brown, J. P. Bursk, and D. S. Murray, Basic Statistics with Business Applications (New York: John Wiley, 1966), 522 - 559

[n] Pubilcations of Survey research Center, Institute for Social Research, University of Michigan; and U. S. Bureau of the Census

[o] W. W. Leontief, Input - Output Economic (New York: Oxford University Press, 1966)

[p] Michael Evans, Discussion Paper # 138. Wharton School of Finance and Commerce, University of Pennysylvania

[q] Michael Evans, Matro - Economic Activity: Theory, Forecasting and Control (New York: Harpper & Row, 1969)

[r] Philip Kotler, Marketing Management, 6th ed. (Upper Saddle River, N. J.: Prentice Hall, 1988), 421 - 425

[s]Jay W. Forrester, "Industrial Dynamics: A Major Breakthrough for Decision Makers," Harvard Business Review 36 (July/August 1958): 37 - 66

[t]Marshall L. Fisher, Janice H. Hammond, Walter R. Obermeryer, and Anath Raman, "Making Supply Meet Demand in an Uncertain World," Harvard Business Review 72 (May - June 1994): 83 - 89

[u]Tim Hill, Marcus O' Conner, and William Remus, "Neural Network Models for Time Series Forecasts," Management Science 42, No. 7 (July 1996): 1082 - 1092

1. 定性法（Qualitative Method）

定性法是那些利用判断、直觉、调查或比较分析对未来作出定性估计的方法。影响预测的相关信息通常是非量化的、模糊的、主观的。历史数据或者没有，或者与当前的预测相关程度很低。这些方法的不科学性使得他们很难标准化，准确性有特证实。但是，当我们试图预测新产品成功与否，政府政策是否变动或新技术的影响时，定性法可能是惟一的方法。中期到长期的预测更多选用此方法。

2. 历史映射法（Historical Projection Method）

如果拥有相当数量的历史数据，时间序列的趋势和季节性变化稳定、明确，那么将这些数据映射到未来将是有效的短期预测方法。该方法的基本前提就是未来的需求模式将会重复过去，至少大部分重复过去的模式。时间序列定量分析的特点使得数学和统计模型成为主要的预测工具。如果预测时间的跨度小于六个月，通常准确性很好。这些模型之所以好用仅仅是因为短期内时间序列的内在稳定性。

表 8-1 介绍的这些预测时间序列模型可以针对变化作出反应。随着新数据的获得，这些模型可以跟踪变化，因此他们可以随趋势和季节性模式的变化而调整。但是，如果变化急剧，那么模型只有在变化发生之后才会呈现出来。正因为此，人们认为这些模型的映射滞后于时间序列的根本性变化，很难在转折点出现之前发出信号。如果预测是短期的，那么这一局限性并不严重，除非变化特别剧烈。

3. 因果法（Casual Method）

因果预测模型的基本前提就是预测变量的水平取决于其他相关变量的水平。例如，如果已知客户服务对销售有积极影响，那么根据已知的客户服务水平就可以推算出销售水平。我们可以说服务和销售是“因果”关系。只要能够准确地描述因果关系，因果模型在预测时间序列主要变化、进行中长期预测时就会非常准确。

因果模型有很多不同形式：统计形式，如回归和计量经济模型；描述形式，如投入-产出模型、生命周期模型和计算机模拟模型。每种模型都从历史数据模式中建立预测变量和被预测变量的联系，从而有效地进行预测。

这类预测模型的主要问题在于真正有因果关系的变量常常很难找到。即使找到，他们与被预测变量的关系也常常很弱。带动被预测变量随时间变化的因果变量更难找到。获取先导变量（Leading Variables）的数据常常要花费一到六个月的所有或大部分时间，之后才能判断出带动被预测变量变化的先导变量。由于有这些问题，以回归和经济技术为基础的模型可能会有很大的预测误差。

8.3　对物流管理者有用的方法

一般来讲，物流管理者不必直接考虑现有的大量预测方法。因为预测信息，尤其是销售预测，是企业各部门都需要的，预测活动常常集中在企业的营销、规划或经济分析部门。中期或长期的预测通常是由其他部门提供给物流管理者。除非有必要做特殊的长期预测，否则物流管理者的工作一般仅限于协助库存控制、运输计划、仓库装卸计划及类似活动的管理部门做短期预测。根据方法的复杂程度、潜在作用和数据的可得性特点，物流管理者只会具体考虑表 8-1 中列举的几种预测方法。这是因为无数的研究显示“简单的”时间序列模型常常和更深奥、更复杂的模型预测结果一样好，甚至更好。总的来看，预测模型复杂程度的提高并不会增加预测的精度[1]。因此，下面只就三种基本的时间序列预测方法进行讨论：指数平滑法、经典的时间序列分解法和多元回归分析法。

8.3.1　指数平滑法

短期预测中最有效的方法可能就是指数平滑法。该方法很简单，只需要得到很小的数据

---

[1] 这些结论的总结见 Robin M. Hogarth and Spros Makridakis, “Forecasting and Planning: An Evaluation.”

量就可以连续使用。指数平滑法在同类预测法中被认为是最精确的，当预测数据发生根本性变化时还可以进行自我调整。指数平滑法是移动平均法的一种，只是会给过去的观测值不一样的权重，较近期观测值的权数比较远期观测值的权数要大。

这种几何权数法可以用简单的表达式表示，表达式中只涉及最近期的预测和当期的实际需求。这样，下一期的预测需求就为：

$$\text{下一期预测值} = \alpha\ (\text{实际需求值}) + (1-\alpha)\ (\text{前期的预测值}) \qquad (8-1)$$

其中，α 是权数，通常称作指数平滑系数，它的值介于 0 和 1 之间。需要注意的是所有历史因素的影响都包含在前期的预测值内，这样，在任何时刻只需保有一个数字就代表了需求的历史情况。(见资料 8.2)

资料 8.2　例子

假设本月预测的需求水平是 1 000 单位。本月的实际需求是 950 单位。平滑系数 α = 0.3。根据式（8-1），下个月的需求预计为

$$\text{新预测值} = 0.3\ (950) + 0.7\ (1\ 000) = 985\ \text{单位}$$

当下个月重复这一过程时，该预测值就变为“前期预测值”，依次类推。

为方便起见，我们可以将这个“拉平”模型写为

$$F_{t+1} = \alpha A_t + (1-\alpha)F_t \qquad (8-2)$$

式中　t——本期的时间；

α——指数平滑系数；

A_t——第 t 期的需求值；

F_t——第 t 期的预测值；

F_{t+1}——对第 $t+1$ 期，或下期的预测值。

该式与式（8-1）相同。(见资料 8.3)

在选择指数平滑系数的合适值时，需要一定程度的主观判断。α 值越大，对近期需求情况给的权数越大，模型就能越快地对时间序列的变化作出反应。但 α 过大可能使得预测过于“神经质”，会跟踪时间序列的随机波动，而不是根本性变化。α 越小，预测未来需求时给需求历史数据的权数越大，在反应需求水平根本性变化时需要的时滞就越长。如果 α 的值很低，预测结果会非常“平稳”，不太可能受时间序列随机因素的严重干扰[1]。

α 折中值的范围一般在 0.01～0.3 之间。预计变化（如经济萧条、积极的但临时性的促销活动、某些产品将退出产品线）即将发生时，或在掌握很少的销售历史数据或根本没有数据的情况下启动预测程序时，短期内预测者使用很高的 α 值进行预测。寻找合适 α 值的一个重要原则就是使得预测模型能够跟踪时间序列的重大变化，同时平衡随机波动。此时的 α 将使预测误差最小。

---

[1] Management Science 27, no. 2 (February 1981): 115-138.

资料 8.3　例子

下列季度数据代表了某产品需求的时间序列。

	季度			
	1	2	3	4
去年	1 200	700	900	1 100
今年	1 400	1 000	F_3	

我们希望预测今年第三季度的需求。假设 $\alpha=0.2$，将去年四个季度的平均数作为以前的预测值。这样，$F_0=$（1 200 + 700 + 900 + 1 100）/4 = 975。我们从预测今年第一季度的需求开始，继续计算过程直到我们得到第三季度的预测需求。

今年第一季度的预测需求为

$$\begin{aligned}F_1 &= 0.2A_0+(1-0.2)F_0\\&=0.2(1\,100)+0.8(975)\\&=1\,000\end{aligned}$$

今年第二季度的预测需求为

$$\begin{aligned}F_2 &= 0.2A_1+(1-0.2)F_1\\&=0.2(1\,400)+0.8(1\,000)\\&=1\,080\end{aligned}$$

今年第三季度的预测需求为

$$\begin{aligned}F_3 &= 0.2A_2+(1-0.2)F_2\\&=0.2(1\,000)+0.8(1\,080)\\&=1\,064\end{aligned}$$

总结：

	季度			
	1	2	3	4
去年	1 200	700	900	1 100
今年	1 400	1 000		
预测	1 000	1 080	1 064	

1. 校正趋势

基本的指数平滑模型适用于如图 8 - 1a 所示的那种时间序列时，或者适用于趋势和季节性变化不很显著的时间序列时，可以收到很好的效果。但是，如果数据中有明显的趋势和季节性特征，这类模型的内在滞后性就会造成令人无法接受的预测误差。幸运的是，如果数据中的趋势和季节性因素明显有别于随机特征，我们可以对模型加以扩充以更好地进行预测，如图 8 - 1b 和 c。

校正由于趋势造成的基本模型的预测时滞只须对式（8 - 2）的“拉平”模型进行简单的修改。本模型的校正趋势变形就是以下一组方程，即

$$S_{t+1}=\alpha A_t+(1-\alpha)(S_t+T_t) \tag{8-3}$$

$$T_{t+1}=\beta(S_{t+1}-S_t)+(1-\beta)T_t \quad (8-4)$$

$$F_{t+1}=S_{t+1}+T_{t+1} \quad (8-5)$$

式中　F_{t+1}——第 $t+1$ 期校正趋势后的预测；

S_t——第 t 期的最初预测；

T_t——第 t 期的趋势；

β——趋势平滑系数。

(见资料 8.4)

资料 8.4　例子

在前面的例子中有如下数据：

	季度 1	季度 2	季度 3	季度 4
去年	1 200	700	900	1 100
今年	1 400	1 000	$F_3=?$	

我们仍然希望预测今年第三季度的需求，只是增加了对趋势的修正。我们以人为确定的起始值 $S_t=975$ 开始（去年需求的平均数），同时 $T_t=0$（没有趋势）。假设平滑系数 $\beta=0.3$。现在开始预测。

今年第一季度的预测需求为

$$S_1=0.2(1\,100)+0.8(975+0)=1\,000$$

$$T_1=0.3(1\,000-975)+0.7(0)=7.5$$

$$F_1=1\,000+7.5=1\,007.5$$

利用第一季度的结果，今年第二季度的预测需求为

$$S_2=0.2(1\,400)+0.8(1\,000+7.5)=1\,086$$

$$T_2=0.3(1\,086-1\,000)+0.7(7.5)=31.05$$

$$F_2=1\,086+31.05=1\,117.05$$

利用第二季度的结果，今年第三季度的预测需求为

$$S_3=0.2(1\,000)+0.8(1\,086+31.05)=1\,093.64$$

$$T_3=0.3(1\,093.64-1\,086)+0.7(31.05)=24.03$$

$$F_3=1\,093.64+24.03=1\,117.67 \text{ 或 } 1\,118$$

总结：

	季度 1	季度 2	季度 3	季度 4
去年	1 200	700	900	1 100
今年	1 400	1 000		
预测值	1 008	1 117	1 118	

2. 校正趋势和季节性因素

在校正过程中，除了考虑趋势外，还要考虑时间序列的季节性波动的影响。在应用这一模型之前，有两个条件要满足：

(1) 需求模式的季节性高峰和低谷产生的原因必须已知，这些高峰和低谷必须在每年的同一时间出现。

(2) 季节性变化要比随机波动（或“噪音”）大。

如果季节性需求不平稳，不明显，无法与随机变化区分开来，就很难开发出准确预测下一期需求走向的模型。如果情况如此，基本的指数平滑模型配以很高的平滑系数就可以降低时滞的影响，可以比更复杂的模型效果更好。因此，在选择模型时要非常慎重。

水平的、带趋势的和带季节性变化的模型是围绕指数的概念建立起来的，这里的指数就是实际需求相对于趋势的指数。随后，要分解季节性因素来进行预测。模型的方程如下

$$S_{t+1} = \alpha(A_t/I_{t-L}) + (1-\alpha)(S_t + T_t) \tag{8-6}$$

$$T_{t+1} = \beta(S_{t+1} - S_t) + (1-\beta)T_t \tag{8-7}$$

$$I_t = \gamma(A_t/S_t) + (1-\gamma)I_{t-L} \tag{8-8}$$

$$F_{t+1} = (S_{t+1} + T_{t+1})I_{t-L+1} \tag{8-9}$$

式中前文没有定义的符号

F_{t+1}——第 $t+1$ 期校正趋势和季节性因素后的预测；

γ——季节性指数基础上的平滑系数；

I_t——第 t 期的季节性指数。

解这个模型的步骤与前一个模型一样。由于计算量庞大，因此手动运算进行预测是不可行的。软件包（如 LOGWARE[1] 中的预测模块）不仅可以用于预测，而且可以帮助用户设定初始值，启动预测程序，决定最佳平滑系数。

3. 预测误差的定义

只要未来不完全重复过去，对未来需求的预测就会有一定程度的误差。因为指数平滑预测法推算的是平均需求，所以我们还需要估计实际需求变化的区间。这就需要使用统计性预测方法。

预测误差指预测和实际需求水平接近的程度。在统计上表示为标准差、方差或者是平均绝对偏差（MAD）。历史上，一直使用平均绝对偏差衡量指数平滑法的预测误差。早期指数平滑法的倡导者本来倾向于使用标准差衡量预测误差，但由于早期计算机内存不足所以接受了计算简单的 MAD。现在的计算机有足够的内存做预测工作，所以重又采用标准差作为预测误差的衡量工具。预测误差的定义为

$$\text{预测误差} = \text{实际需求} - \text{预测需求} \tag{8-10}$$

因为预测需求是算术平均值，所以一段时间内的预测误差之和应该为零。但预测误差的大小可以通过将误差进行平方得出，因而避免了正负数抵消。这样我们就得到了标准差的一般形式。该定义还要就预测时损失的一个自由度进行修正；即“拉平”模型中的 α。因而，标准差的表达式是[2]

---

1 本书随附的软件。

2 均方误差和均方根误差也是常用的公式。他们的区别在于是否使用误差平方和的平方根，以及是否就损失的自由度修正数据。损失的自由度取决于估计的模型方程中平滑系数的数量。

$$S_F = \sqrt{\frac{\sum_t (A_t - F_t)^2}{N-1}} \tag{8-11}$$

式中 S_F——预测的标准误差；

A_t——第 t 期的实际需求；

F_t——第 t 期的预测值；

N——预测期 t 的数量。

表述预测的概率时，预测误差的概率分布形式就变得十分重要。图 8-3 表示的是两种常见的预测误差分布形式。假设预测模型很好地跟踪实际需求均值的变化，则实际需求围绕预测值的变化与预测水平相比就较低，实践中可能遇到的就是正态分布或接近正态分布。平均预测误差尤其如此。此时，可适用中心极限定理[1]，误差服从正态分布。如果预测间隔较短，那么会导致如图 8-3b 所示的偏分布。

判断适用于某种情况的概率分布方法之一就是利用 χ^2 拟合优度检验[2]。此外，利用下列检验方法也可以在正态（对称）分布和简单表示偏分布的指数分布形式之间作出选择。

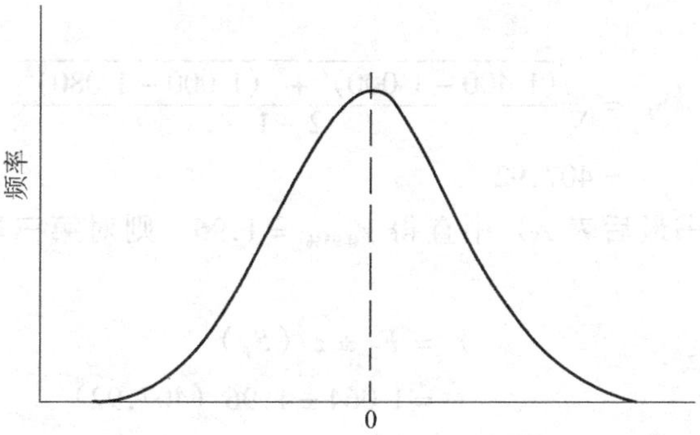

a) 正态分布误差

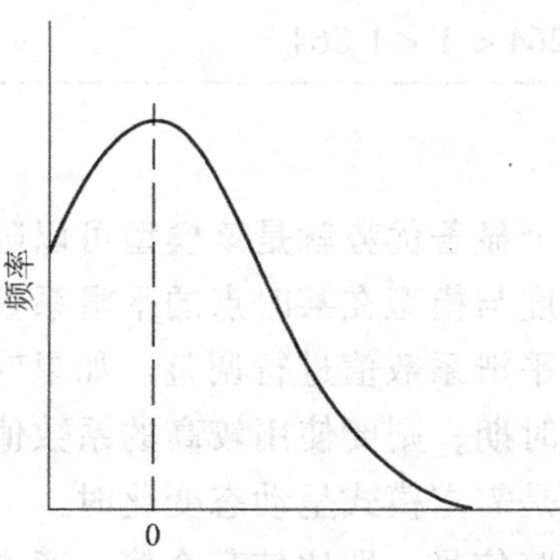

b) 偏分布的误差

图 8-3 典型的预测误差分布

[1] 定义请见任一本关于实用统计学的书，或见 John Neter，William Wasserman，and G. A. Gilmore，Applied Statistics（Boston: Allyn and Bacon，1988），262-263.

[2] Ibid。

在正态分布中，约有2%的观测值超出均值的两倍标准差范围。在指数分布中，超过均值2.75倍标准差的概率约为2%。因此，如果除2%观测值外，其余都在2倍标准差内，就使用正态分布。如果超过2.7倍标准差，则使用指数分布[1]。(见资料8.5)

资料8.5 例子

在“拉平”预测时有如下的数据和预测结果：

	季度			
	1	2	3	4
去年	1 200	700	900	1 100
今年	1 400	1 000		
预测值	1 000	1 080	1 064	

现在我们来估计两期（$N=2$）的预测误差（S_F），这两期有预测值，也有实际需求值。假设需求围绕预测值服从正态分布，我们可以对第三季度需求设95%的置信度。根据式(8－11)，我们估计

$$S_F=\sqrt{\frac{(1\,400-1\,000)^2+(1\,000-1\,080)^2}{2-1}}$$

$$=407.92$$

可在正态分布表（见本书最后表A）中查得 $z_{@95\%}=1.96$，则对第三季度实际需求水平（Y）的最佳估计是

$$Y=F_3\pm z(S_F)$$
$$=1\,064\pm1.96(407.92)$$
$$=1\,064\pm800$$

因此，在95%的置信区间内预测的实际需求（Y）是

$$264<Y<1\,864$$

4. 监控预测误差

使用指数平滑法进行短期预测的一个显著优势就是该模型可以随时间序列的变化模式进行调整。模型能在多大程度上保持精确度与模型在某时点的平滑系数有直接关系。因此，复杂的预测方法还包括监控预测误差，对平滑系数值进行调整。如果时间序列是平稳的，就可以选择相对低的系数值。在剧烈变化的时期，则要使用较高的系数值。由于不仅局限于一个固定值，所以预测误差可以缩小，尤其是需求模式呈动态变化时。

监控预测误差的一种常见方法是跟踪信号，即比较某个值，通常用当前预测误差与过去预测误差平均数的比值。该比值可能是连续的，也可能是阶段性评估的结果。通过这样的计算在比值超过预先确定的控制范围时就可以重新计算或重新确定平滑系数。

一般而言，最好的平滑系数就是使平稳的时间序列在一段时间内预测误差最小的值。在时间序列特征变化时，调整平滑系数值就为进一步降低预测误差提供了机会。允许对平滑系

[1] Robert G. Brown, Material Management Systems (New York: John Wiley, 1977), 146.

数不断修订的适应性模型在需求时间序列急剧变化时效果非常好。但在时间序列平稳时似乎不如前者好。相反，在预先设定的范围内修订的平滑系数在需求平稳期间效果很好，在时间序列突然或急速变化时也成效显著[1]。弗劳尔斯（Flowers）曾经对预先设定的平滑系数最优值提出过见解[2]。精心确定的指数平滑模型应该与图 8-4 中时间序列的后一段相象。

8.3.2 经典时间序列分解

数年来有一类预测模型一直非常有用，这就是时间序列分解法。这种方法包括谱分析、经典时间序列分析和傅立叶级数分析等。这里主要讨论经典时间序列分析法，因为它在数学上很简单，也很常见，而且更加复杂的方法也并不一定会增加精确度。经典时间序列分解预测的指导思想是，历史上的销量模式可以分解为四组成分：趋势、季节性波动、周期性变化和残差（或随机）波动。趋势代表销售的长期变化，原因包括人口变化、企业营销绩效变化、市场对企业产品和服务的接受程度根本性变化等等。季节性波动指时间序列中规律性的高峰和低谷，通常每 12 个月重复一次。造成规律性变化的因素有天气变化、购买模式随日历时间的变化和商品现货供应情况的变化。周期性变化是需求模式长期的（超过一年）起伏变化。残差（或随机）波动是总销售量中不能反映趋势、季节性、或周期性变化的那一部分构成因素。如果用其余三个部分可以很好地描述时间序列，那么残差波动就会是随机的。

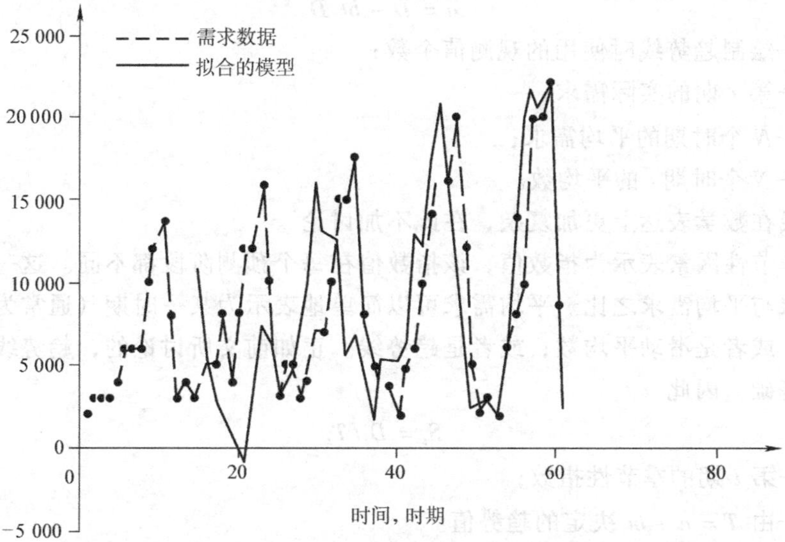

图 8-4 认真选择的指数平滑模型效果举例

经典的时间序列分析综合了以下销售变化中的每一种

$$F = T \times S \times C \times R \quad (8-12)$$

[1] 自计算机模拟实验报告，见 D. Clay Whybark, "A Comparison of Adaptive Forecasting Techniques," Logistics and Transportation Review 8, no. 3 (1972): 13-25.

[2] A. Dale, "A Simulation Study of Smoothing Constant Limits for an Adaptive Forecasting System." Journal of Operations Management 1, no. 2 (November 1980): 85-94.

式中 F——需求预测（单位或美元）；

T——趋势水平（单位或美元）；

S——季节指数；

C——周期指数；

R——残差指数。

实践中，这个模型常常简化为仅包括趋势和季节性因素。这么做的原因是，好的模型的残差指数（R）等于1.0，因此并不影响预测，而且在很多情况下很难将周期性变化从随机波动中分离出来。令周期指数（C）等于1.0并不像起初看上去那么严重，因为随着新数据的获得，模型常常要更新。而一般在更新过程中预测者会考虑[1]周期性变化趋势的影响。

本模型中趋势水平（T）的决定方法可以有多种，如用“目测”，用某种滑动平均法，或用最小二乘法拟合一条曲线。常见的最小二乘法是一种数学方法，它使实际数据和建议的趋势线之间差的平方和最小。对任何形式的趋势线，无论是线性的，还是非线性的，都可以找到其最小二乘曲线。线性趋势线的数学表达式是 $T = a + bt$，其中 t 是时间，T 是平均需求水平或趋势，a 和 b 是某时间序列的待定系数。这些系数可以表示为

$$b = \frac{\sum D_t(t) - N(\overline{D})(\overline{t})}{\sum t^2 - N\overline{t}^2} \qquad (8-13)$$

和

$$a = \overline{D} - b\overline{t}\,\overline{D} \qquad (8-14)$$

式中 N——绘制趋势线时使用的观测值个数；

D_t——第 t 期的实际需求；

$\overline{D}$——N 个时期的平均需求；

$\overline{t}$——N 个时期 t 的平均数。

非线性趋势线在数学表达上更加复杂，在此不加讨论[2]。

模型的季节性因素表示为指数值，该指数值在每个预测阶段都不同。这一指数是某给定时期实际需求与平均需求之比。平均需求可以简单地表示为某一时期（通常为一年）实际需求的平均数；或者是滑动平均数；或者是趋势线。正如前文所讨论的，趋势线可以被用做季节性指数的基础。因此

$$S_t = D_t / T_t \qquad (8-15)$$

式中 S_t——第 t 期的季节性指数；

T_t——由 $T = a + bt$ 决定的趋势值。

最后，未来第 t 期的预测为

$$F_t = (T_t)(S_{t-L}) \qquad (8-16)$$

式中 F_t——第 t 期预测需求；

L——季节性周期的期数。

这些理论可以通过以下例子得到很好的说明。（见资料 8.6）

---

[1] 该模型通常被表示为加法的形式 $F = T + S + C + R$。

[2] 关于非线性趋势线的讨论，请见 John Neter，William Wasserman，and Michael H. Kutner，Applied linear Regression Models（Homewood，III.：Richard D. Irwin，1983），第 14 章。

资料 8.6　例子

某青年女装的制造商必须依据市场订购（销售）情况做购买量决策，决定生产和物流计划。出于计划和促销目的该厂将一年分成五季——夏季、换季时节、秋季、节假日期和春季。该厂约掌握了两年半的销售数据（见表 8－2）。为保证足够的采购和生产提前期，需要对当前会计期以后两个季节的需求情况作出预测。在本例中，预测的是节假日期需求，但位于中间的秋季销售情况还不明了。

首先，要利用公式（8－13）和（8－14）找到趋势线。假设趋势线是直线，那么系数 b 为

$$b=\frac{1\,218\,217-(12)(14\,726.92)(6.5)}{650-(12)(6.5)^2}$$
$$=486.13$$

而

$$a=14\,726.92-486.13\ (6.5)$$
$$=11\,567.08$$

因此，趋势方程为

$$T_t=11\,567.08+486.13t$$

从上述趋势线得出 t 值，将每一个 t 值代入前面的方程就得到预测值；见表 8－2 的第 5 列。

根据式（8－15）可以计算季节性指数，填在表 8－2 的第 6 列。为达到预测的目的，要使用能够得到的最近一期的数据，其主要原因是每年指数的变化不大。如果情况不是这样，也可以用几年指数的平均数。

节假日期（第 14 期）的预测值为

$$Y_{14}=\{[11\,567.08+486.13\ (14)]\ \times 1.14\}\ (\text{美元})$$
$$=2\,094\,500\ (\text{美元})$$

秋季（第 13 期）销售情况也可用类似方法进行预测。

表 8－2　服装生产厂销售数据的时间序列预测

销售期	(1) 时期 (t)	(2) 销售额 (D_t)（千美元）	(3) $D_t\times t$	(4) t^2	(5) 趋势值 (T_t)	(6) ＝ (2) / (5) 季节性指数	预测值（千美元）
夏季	1	9 458	9 458	1	12 053	0.78	
换季期	2	11 542	23 084	4	12 539	0.92	
秋季	3	14 489	43 467	9	13 025	1.11	
节假日	4	15 754	63 016	16	13 512	1.17	
春季	5	17 269	86 345	25	13 998	1.23	
夏季	6	11 514	69 084	36	14 484	0.79	
换季期	7	12 623	88 361	49	14 970	0.84	
秋季	8	16 086	128 688	64	15 456	1.04	
节假日	9	18 098	162 882	81	15 942	1.14	
春季	10	21 030	210 300	100	16 428	1.28	
夏季	11	12 788	140 688	121	16 915	0.76	

（续）

换季期	12	16 072	192 864	144	17 401	0.92	
秋季	13	?			17 887①		18 602②
节假日	14 78	? 176 723	1 218 217	650	18 373		20 945

$N = 12$

$\sum D_t xt = 1\ 218\ 217$

$\sum t^2 = 650$

$\overline{D}$ =（176 723/12）（美元）= 14 726.92（美元）

$\overline{t}$ =（78/12）= 6.5

① 预测值。例如，$T_t = 11\ 567.08 + 486.13$（13）= 17 887

② $F_{13} = T_{13} \times S_{13.5}$ 或 18 602 = 17 887 × 1.04

8.3.3 多元回归分析

目前为止本章讨论的预测模型中，时间是模型考虑的惟一变量。如果其他变量也与需求有关，那么这些变量也应该被包括在预测模型中。多元回归分析就是这样一种统计技术，用来判断某些选定的变量和需求之间的关联程度。根据这一分析，可以利用多个变量建模预测未来需求。预测变量（独立变量）的信息就转化为回归方程，可用来预测需求。（见资料 8.7）

资料 8.7 例子

我们重新考虑经典时间序列分解中讨论的服装厂问题。预测未来两季需求的另一种方法是使用回归模型，当独立需求能够及时“导出”需求变量时，尤其适合使用回归模型。这样就允许在预测期以前获得独立变量的数据。这样建立起的夏季销售预测方程为

$$F = -3\ 016 + 1\ 211 X_1 + 5.75 X_2 + 109 X_3 \tag{8-17}$$

式中 F——预计的夏季平均销售额（千美元）；

X_1——年份（1991 = 1）；

X_2——某季节内购买的次数（来自提前订购）；

X_3——消费者分期付款借方金额每月的净变化（百分比）。

该模型解释了总需求波动的 99%（$R^2 = 99\%$），在 5% 的水平上统计意义显著。该方程就是需求的精确预测。例如，1996 年夏季的实际销售额为 20 750 000 美元。1996 年模型的输入值为 $X_1 = 6$，$X_2 = 2\ 732$，$X_3 = 8.63$，代入式（8 - 17）得到销售预测值 20.9 百万美元，或 20 900 000 美元。

虽然建立这样一个模型需要一定统计方法的理论知识，但适于微机和主机安装的有关回归分析的计算机软件（如 SPSS[1] 和 BMDP[2]）很容易获得。这些软件可进行必要的计算，以普通最小二乘线去拟合数据，并提供统计信息来评价拟合效果。但是，使用这些软件包时应该非常小心，因为统计软件本身并不能保证模型是有效的，即人们还需要解决某些具体细节问题和统计问题[3]。

8.4 物流管理者的特殊预测问题

在进行预测需求时常常会遇到一些特殊的问题，如启动问题、尖峰需求问题、地区性预测问题和预测误差问题。虽然所有这些问题并不仅仅出现在物流管理中，但对物流管理者来讲，这些问题是他们准确预测需求时非常关心的问题。

1. 启动

物流管理者常常面临的问题是需要预测产品和服务的需求水平，但又没有足够的、用于预测的历史数据。常见的情形就是在推出新产品或服务时需要为之提供物流支持。在这种早期预测中用到以下几种方法。第一种，将最初的预测任务交给营销人员来做，直到积累一定的销售历史数据。营销部门对促销活动的力度、早期用户的反应、所期待的用户接受程度理解得最透彻。一旦积累了一定的需求历史数据（如 6 个月），就可以有信心地使用现有预测方法了。第二种，可以利用产品线中类似产品的需求模式估计新产品的销售情况。虽然许多企业平均每五年更新一次产品系列，但只有少数产品是全新的。多数产品只是改变规格、风格或在现有产品基础上加以改进。所以，以前的需求模式可以对新产品最初的需求预测提供一些启迪和提示。第三种，如果使用指数平滑法进行预测，在最初预测阶段可以将指数平滑系数定得很高（0.5 或更高）。一旦得到了足够的需求历史数据，就可以将平滑系数降低到一般水平。

2. 尖峰需求

尖峰需求的问题在前文中已经谈到，而且在图 8－2 中表示出来。在这种情况下，需求模式中的随机波动非常大，以至于趋势和季节性特征非常模糊。如果历史数据 2 到 3 倍的标准差超过了能够拟合时间序列的最好模型所计算出的预测值，就会出现尖峰需求的情况。由于各种原因，尖峰需求会频繁出现：需求模式主要以不频繁的大额订单为主；需求由对其他产品或服务的需求决定；没有考虑到季节性需求旺季；需求模式可能由例外点、异常点或特殊情况造成。

从性质上说，由于时间序列波动的幅度大，所以很难用数学方法准确预测尖峰需求，但我们可以就如何处理这种情况提出一些建议。第一，寻找导致需求尖峰的明显原因，利用这些因素预测。将尖峰需求预测与其他有规律需求的预测分开，分别使用不同的方法。（见资料 8.8）。第二，如果没有找到需求偏移的原因，就不对这类产品或服务需求模式的变化迅

[1] SPSS 公司的一种产品，444N. Michigan Ave. Chicago，Illinois.

[2] BMDP 统计软件的产品，1964 Westerwood Blvd.，Los Angeles，California.

[3] 对这些问题的讨论，请见 Marija J. Norusis，SPSS/PC +（Chicago：SPSS，Inc.，1986），第 17 章和 Neter，Wasserman，and Kutner，Applied Linear Regression Model.

速反应。相反，利用简单、平稳的预测方法。这些方法不会对变化迅速作出反应，如基本的指数平滑法。同时取较小的平滑系数，或者采用回归模型，将模型的频率调整为至少在一年以上。第三，因为尖峰需求多数发生在低需求产品上，预测精度可能并不是最重要的事。如果用预测来决定库存水平，可以多保有一些库存以抵消预测的不精确。这样做可能比改进预测的努力更经济。

资料 8.8 例子

某化工厂生产收获季节清洗苹果的洗涤剂。由于苹果的收成不同，产品的销售量每年变化很大。企业使用指数平滑法预测该产品和产品系列中其他产品的需求。仓库根据这一预测确定的库存水平要么过低，要么太大，超出合理需要。将尖峰需求的产品和规律需求的产品合为一组无法使企业了解一年中需求水平波动的根本原因。

3. 地区性预测

虽然本章讨论的主要是与时间有关的预测，预测的地理分解或汇总也是值得关注的。也即，物流管理者必须决定是否进行总量预测，并按地区（如工厂或仓库的供货范围）分配，或者对每一地区单独进行预测。在区域水平上实现最精确预测是人们所关心的问题。同时对所有地区的需求进行预测常常比先对每个地区的需求单独进行预测然后加总更加精确。果真如此的话，将总需求分配到各个地区可能比单独进行预测精度更高，效果更好。这方面的研究还没有明确回答哪种方式更好的问题。因此，物流管理者必须对两种可能的做法都了解，在具体工作中还要对两种做法进行比较。

4. 预测误差

最后要考虑的是要充分利用现有的预测方法。到此为止本章的讨论集中在对单个模型和方法的利用上。实践中，没有哪个预测模型在所有的时间都是最好的。相反，综合几个模型的结果可能会使预测值更稳定，更准确[1]。（见资料 8.9）

在下面的例子中企业根据各预测方法的误差混合使用多种预测方法。该方法通常在长期预测中非常有效。短期预测中，同样权重的预测方法更有效一些，比不同权重的预测法更准确[2]。

利用专家法混合使用预测方法的结果非常令人鼓舞，特别是一年内的短期预测。该方法被称为“规则基础预测法”，混合使用数个时间序列方法，而且将预测专家制订的规则适用到输入数据和模型中。规则就是一些“如果－就”的说明，用于指导行动，改进预测。Collopy 和 Amstrong 提出了 99 条这样的规则，其中几条是：

• 如果是外部观测值，就将观察数据设为均值外 2 倍的标准差

[1] M. J. Lawrence, R. H. Edmundson, and M. J. O' Cornor, “The Accuracy of Combining Judgmental and Statistical Forecasts,” Management Science 32, no. 12 (December 1986): 1521－1532; Essam Mahmound, “Accracy in Forecasting: A Survey,” Journal of Forecasting (April－June 1984): 139; Spyros Makridakis and Robert L. Winkler, “Average of Forecasts: Some Empirical Results,” Management Science (September 1983): 987; and Victor Zarnowitz, “The Accuracy of Individual and Group Forecasts from Business Outlook Surveys,” Journal of Forecasting (January－March 1984): 10.

[2] Fred Collopy and J. Scott Armstrong, “Rule－Based Forecasting: Development and Validatiion of an Expert Systems Approach to Combining Time Series Extrapolations,” *Management Science*, Vol. 38, No. 10 (1992), pp. 1394－1414.

- 对于指数平滑模型，如果 α（平滑系数）的计算结果大于 0.7，就使用 0.7。如果 α 小于 0.2，就使用 0.2
- 如果早期数据不相关，就删除掉这些数据
- 如果根据使用者的知识观测值异常，就在分析前调整观测值来剔除短期影响在多个预测方法中使用上述方法及其他规则，如随机漫步法（使用最近的观测值）、指数平滑法和回归法，可以有效减少预测误差，特别当时间序列呈现出一定的趋势、波动性不强、有一定稳定性、预测者有丰富的知识时，情况尤其如此。每种方法的权重应该一样。

资料 8.9 例子

我们再来考虑服装厂的预测问题。因为有五个销售季节，所以我们无法保证某种预测方法在所有季节的预测中都是最优的。

事实上，可用到四种预测方法。其中，回归模型（R）根据两个变量预测销售量：1）账户数;和 2）消费者借方金额的变化。

同时，预测中还用到两个版本（ES_1，ES_2）的指数平滑模型。第四种模型是基于管理者判断和经验（MJ）的企业内部预测。在不同销售季节使用各种预测方法导致的平均预测误差如图 8－5 所示。

对来自每一种预测模型的信息加以合并的方法之一就是，以各模型的平均历史误差对预测结果加权。利用这种方法，没有哪个模型会被彻底排除在外，也不会完全依赖某个在以前的使用中恰好效果最好的模型。

为说明这种加权方法，我们来看图 8－5 所表示的秋季销售结果。各种模型的平均误差是 $MJ=9.0\%$，$R=0.7\%$，$ES_1=1.2\%$，$ES_2=8.4\%$。权数应该与预测误差成反比，与他们各自的比率相等。表 8－3 给出了权数的计算方法。

最后，已知每种模型的预测结果和权数，就可以计算预测的加权平均数，见表 8－4。秋季销售的最后预测值就是 20 208 000 美元，其中反映了来自多个预测渠道的信息。

表 8－3 模型权数的计算

模型种类	(1) 预测误差	(2) ＝ (1) /19.3 占总误差的比重	(3) ＝1/ (2) 误差比重的倒数	(4) ＝ (3) /49.09 模型的权数
MJ	9.0	0.466	2.15	0.04
R	0.7	0.036	27.77	0.58
ES_1	1.2	0.063	15.87	0.33
ES_2	8.4	0.435	2.30	0.05
	19.3	1.000	48.09	1.00

表 8－4 利用几种预测技术计算的秋季销量加权平均预测

预测种类	模型预测（美元）	权数[①]	加权值[②]（美元）
回归模型（R）	20 367 000	0.58	11 813 000
指数平滑模型（ES_1）	2 040 000	0.33	6 732 000
混合的指数平滑－回归模型（ES_2）	17 660 000	0.05	883 000
管理阶层的判断（MJ）	19 500 000	0.04	780 000
加权平均预测			20 208 000

① 自表 8－3。

② 模型预测值乘以权数。

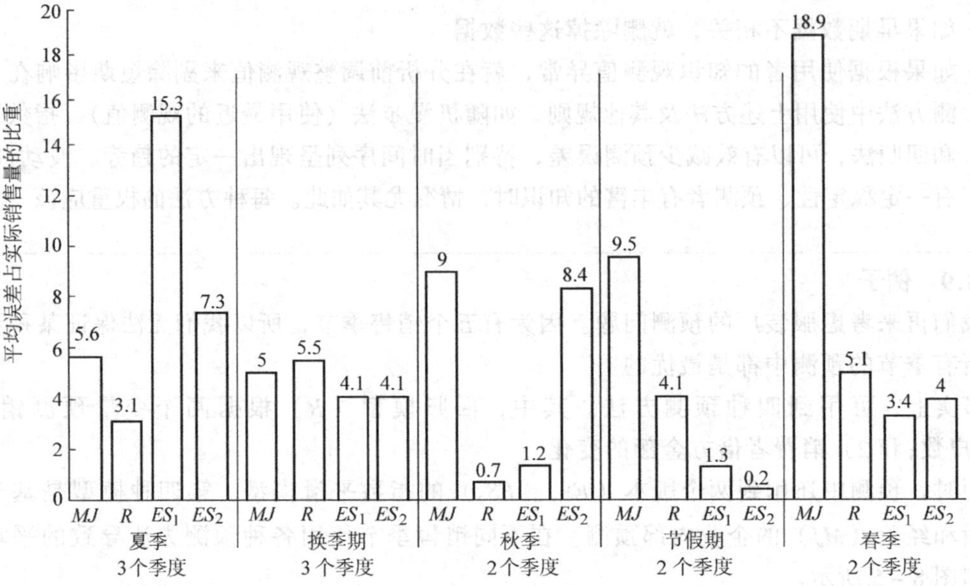

图 8-5 某服装厂使用的四种预测方法的预测误差

MJ = 企业预测（管理阶层判断）

R = 回归模型结果

ES_1 = 指数平滑模型 1

ES_2 = 指数平滑模型 2（结合指数平滑模型和回归模型）

协同预测

本章到目前为止介绍的预测方法在需求波动不大的时候预测效果最好。但是，促销、少量购买者大批量采购、季节性/周期性购买和“天灾”造成的尖峰需求、波动极大的需求和动态需求则形成特殊问题。尽管我们也介绍了一些处理尖峰需求的指导原则，但这里要建议使用协同预测方法来进行改进，尤其在作渠道内运营计划的时候。该方法的基础就是“三个臭皮匠顶个诸葛亮”，就是说多方比任何某一方能更准确进行预测。

协同预测指利用来自多方的输入信息进行预测，可以是同一企业的不同部门（营销、生产、物流、财务和采购等），也可以是供应渠道中的不同成员，如供应商、承运人和买方，其目的是减少预测误差。如果每一方都能提供预测过程中的独特视角，则预测效果最好。买方或营销人员最接近最终用户，能够最准确“感觉”最终需求。而供应商或采购人员了解供给短缺和产能限制情况，可以为需求设定上限，或者最终影响产品价格，进而影响定价和产品需求水平。运输部门和承运人可以预测送货时间对客户服务和销售的影响。

协同预测需要管理来自各方的小组，处理这一过程涉及潜在的复杂问题。对此，人们已经讨论了主要的管理步骤，其中一些列举如下：

- 某个人应该支持这一做法，为必要的沟通和众人的会议制订计划

• 应该指出预测所需信息和收集信息的过程，包括时间、数量和负责人
• 应该确定处理多来源、多种类、多格式信息的方法，还应该设定混合和协调预测中各方的权重
• 用一定的方法将最终预测转换为各方所需的信息，如销售额、运输批次、SKU 总量和各客户的需求量、服务区等
• 应该有某种方式实时修订和更新预测
• 应该有方法评估预测，以判定协同预测与传统预测相比是否有进步
• 协同预测带给各方的益处应该是明确而真实的

协同预测的本性非常不确定，而且异常复杂。换言之，很容易导致各方各自作预测。成功的协同预测所要求的信息共享、协调、让步、体谅、投入和理解是不容易达到的。但是，困难环境下更准确预测的收益和加强部门间、企业间沟通的收益使这一切努力都是值得的，也使得各方联合行动。(资料 8.10)

资料 8.10　应用

虽然支持协同预测的软件很新，而且在不断完善之中，但仍有一些著名企业宣布利用协同预测技术的实验取得了成功。美国 Heineken 公司（酿酒企业）已经不再需要它的 100 家独立的啤酒经销商向其纽约总部提交电子形式的预测，而是利用某第三方的软件进行预测。该预测覆盖了 Heineken 公司 40%的销售量，并将原来 12 周的订单周期减为 4 周或 5 周。

Ace Hardware 是一家销售额达 28 亿美元的五金零售商，也尝试使用协同预测的方法安排来自 Manco（胶带、胶水和黏合剂的供应商）的补货。Manco 利用基于网络的软件和互联网进入 Ace 公司的数据库，Ace 用网页向 Manco 呈报商品预测，但是 Manco 在将预测纳入生产计划之前有机会更改预测。Manco 和 Ace 会实时看到同样的网页，也可以交换信息就预测数据达成共识，每月检查一次预测准确性，过去预测准确性在实际需求的 20%上下，现在只有不到 10%。

8.5　灵活性和快速反应——预测问题的另一种解决方法

某些产品和服务的销量非常难以预测，以至于使用上述预测方法很可能会导致巨大的预测误差，使得预测失去实际意义。尖峰需求就是其中的一种情况。因此，我们需要找到解决问题的其他方法。要实现目标，首先要认识到坐等收到客户订单比任何预测都要好，是对需求的准确反应。如果供应链流程非常灵活，可以对需求作出快速反应，就没有必要进行预测。无论如何，统计预测假设时间序列的观测值是随机且独立的，每一个观测值只是总体的一个微小部分。当平衡供求的过程出现时滞时，就需要利用预测来确定生产、采购和库存水平，从而实现随时需要随时供给。如果改变供应链的特点使其对每个用户的个别要求灵活、有效地作出反应，而且几乎在用户要求的同时作出反应，那么预测就失去了意义。当需求很难预测时，就可以这样另辟蹊径。但如果像大多数情况那样需求是“规律的”，则按预测的需求水平组织供给仍然是首选的做法。(见资料 8.11)

资料 8.11 资料

松下自行车公司（National Bicycle）发现由于每年一变的明快、诱人的颜色，他们所销售运动自行车——十速赛车和山地车——已经成为时尚产品。每年由于公司无法预测哪种颜色会流行，导致他们会过多生产某种颜色的自行车，而对另一种颜色的自行车生产不足，并因此造成巨大损失。为解决预测问题，该公司创立了用户－订购系统，利用该系统企业根据消费者理想中的自行车构架对消费者分类，邀请消费者从众多颜色中选择最喜欢的颜色。随后在岸和田著名的灵活工厂生产消费者理想中的自行车，两个星期后送到消费者手中[1]。

8.6 小结

物流专家经常发现有必要自己预测需求、交货期、价格、战略规划和操作计划控制中所用的成本。企业所需的长期预测很多来自物流部门以外，或者不全由物流管理者负责，战略规划中的预测尤其如此。因此，本章的重点放在物流管理者很可能用到的中短期预测法。本章讨论了一些被证明是中短期预测中很有价值的预测方法——指数平滑法、经典的时间序列分解和多元回归分析法。

本章还简单讨论了一些预测中的特殊问题，包括在只有很少或几乎没有以往时间序列信息的情况下开始预测的问题，处理尖峰时间序列模式的问题，在某地理区域范围内预测需求的问题，综合利用预测模型来减少预测误差的问题等等。

物流管理者也应该知道如果需求非常难以预料、预测结果不令人满意，还可能需要其他解决问题的方法。通过设计灵活和快速反应的供应链，可以随时供给需求，这样就根本不再需要预测了。

习题

本章中的一些习题可以在计算机软件的帮助下求解，或部分求解。本章最重要的计算机软件包是 LOGWARE 中的 FORECAST（F）。用到软件的习题都标有“F”，光盘中还为世界石油公司的案例分析提供了数据。一般情况下，用手工方式计算习题。

1. 为什么物流管理者对需求预测感兴趣，在多大程度上感兴趣？你认为下列企业物流管理者的兴趣点有什么不同？
   a. 某食品厂
   b. 某飞机制造厂
   c. 某大型连锁零售店
   d. 某医院
2. 请举例说明以下概念：
   a. 需求的空间特征和时间特征

---

[1] Marshall L. Fisher, Janice H. Hammond, Walter R. Obermeyer, and Ananth Raman, “Making Supply Meet Demand in an Uncertain World,” Harvard Business Review 72 (May－June 1994): 83－89.

b. 规律性需求和尖峰需求

c. 派生需求和独立需求

3. 对比预测中的定性法、历史映射法和因果法？每一种预测法的长处是什么？物流管理者该如何使用他们？将表 8－1 中的模型分成这三种基本类型。

4. 王牌卡车运输公司必须决定每周所需的卡车和司机的数量。通常的做法是司机在星期一出发去取货/送货，在星期五回到出发点。对卡车的需求可由该周要运送的货物总量来决定；但为了制定计划，必须提前一周得到有关数字。下表给出的是过去 10 周中的货运量：

周	货运量	周	货运量
10 周前	2 056 000	5 周前	2 268 000
9 周前	2 349 000	4	2 653 000
8 周前	1 895 000	3	2 039 000
7 周前	1 514 000	2	2 399 000
6 周前	1 194 000	1 周（本周）	2 508 000

a. 用最简单的指数平滑模型（拉平模型）预测下一周的货运量。[注意：你需要估计使预测误差最小的指数平滑系数，利用最早的四周数据开始预测；即，找到 F_0，以 0.1 的递增幅度寻找合适的 α 值。]

b. 利用最近六周的数据估计预测误差（S_F）。

c. 找出实际货运量的波动范围。（提示：此时，你必须计算统计上的置信区间。假设置信水平为 95%，需求服从正态分布。）

5. 假设第 4 题的数据如下：

周	货运量	周	货运量
10 周前	1 567 000	5 周前	2 056 000
9	1 709 000	4	2 088 000
8	1 651 000	3	1 970 000
7	1 778 000	2	1 925 000
6	1 897 000	1 周（本周）	2 003 000

a. 利用指数平滑模型的校正趋势法预测下周货运量，其中 $\alpha=\beta=0.2$。

b. 利用最近六周的数据估计预测误差（S_F）。

c. 假设需求服从正态分布，建立预测置信水平为 95% 的置信区间。

6. 由于室内空调产品销售中显著的季节性特征，高压电机公司（The High－Volt Electric Company）在预测季度销售量时面临很大的困难。下表是过去三年各季度销售数据：

去年		二年前		三年前	
季度	销售量	季度	销售量	季度	销售量
1	34 000	1	30 000	1	27 000
2	82 000	2	73 000	2	70 000
3	51 000	3	48 000	3	41 000
4	16 000	4	15 000	4	13 000

a. 利用简单的回归分析找到最佳的线性趋势线。

b. 利用季节指数计算中的趋势值找到每一季度的季节指数。

c. 利用经典的时间序列分解法预测以后四个季度的销售量。

7. 都市医院集团（The Metropolitan Hospitals）的物料经理必须为本区内三个医院的库存做计划。他计划将存货分配到三个地点。进行库存预测需要先对使用量作出预测。该经理不知道是对三家医院分别预测精确些，还是先根据汇总数据做整体预测，再分配到每个医院更好些。（对每家医院的预测越精确，库存水平就越低。）

为了检验这两种想法，这位经理对去年每个月的使用量情况进行了整理，数据如下表所示。

如果这位经理想用简单的指数平滑模型（如，拉平模型），$\alpha = 0.2$，他该怎么做？为什么？[提示：以每个序列头四个值的平均数作为最初的预测（F_0）。再利用方差的法则 $S_T^2 = S_{E_1}^2 + S_{E_2}^2 + S_{E_3}^2$，比较总的预测误差。]

	一区	二区	三区	总计
一月	236	421	319	976
二月	216	407	295	918
三月	197	394	305	896
四月	247	389	287	923
五月	256	403	300	959
六月	221	410	295	926
七月	204	427	290	921
八月	200	386	285	871
九月	185	375	280	840
十月	199	389	293	881
十一月	214	401	305	920
十二月	257	446	337	1 040
总计	2 632	4 848	3 591	11 071

8. 位于得克萨斯州的某个工厂生产水泥管和公路、牧场和商业建筑中使用的预制水泥产品。该企业希望对销售做预测以提高生产和物流运作的计划管理。经过分析，人们认为某些变量会影响销售——时间、人口数、开工的房屋数量、建筑利用率、民用住宅的数量、预计的公路预算、农场数量、允许兴建的商业建筑、州内竞争企业的数量等。多元回归分析表明有三个变量对销售预测非常重要：人口、建筑利用率和去年批准的建设项目。

a. 你是否认为这些变量与销售量之间有因果关系？

b. 除了最初列举的变量外，还有没有要考虑的其他重要变量？

9. 某医院的采购代理搜集了过去五年某常用手术用品的平均单价，如下表所示。

	去年	2 年前	3 年前	4 年前	5 年前
一月	210	215	211	187	201
二月	223	225	210	196	205

（续）

三月	204	230	214	195	235
四月	244	214	208	246	243
五月	274	276	276	266	250
六月	246	261	269	228	234
七月	237	250	265	257	256
八月	267	248	253	233	231
九月	212	229	244	227	229
十月	211	221	202	188	185
十一月	188	209	221	195	187
十二月	188	214	210	191	189
总计	2 704	2 792	2 783	2 609	2 645

该代理认为对价格的准确预测有助于优化购买时间。她利用最初四年的数据做基础数据，用最近期（去年）的数据来验证预测的准确性，请完成以下步骤：

a. 用数据描出曲线图。观察所得的曲线图，你认为数据中的哪些方面对预测有用？

b. 根据两年（第2、3年）的完整数据建立经典的时间序列分解分析预测模型，计算最后一年的预测误差（S_F）。提示：利用

$$S_F = \sqrt{\frac{\sum(A_t - F_t)^2}{N-2}}$$

c. 建立一个水平变化的，有趋势、季节性特征的指数平滑模型（$\alpha = 0.14$，$\beta = 0.01$，$\gamma = 0.7$），计算最后一年的 S_F。

d. 建加权平均模型将上述两个模型结合在一起。

10. 哈得逊纸业公司（Hudson Paper Company）是一家小型家族式企业。该企业从大的造纸公司购进成卷的纸坯，随后根据客户订单将其裁剪、印制成不同的纸制品，如纸袋、包装纸。销售的季节性（特别是季节性高峰的确切时间）变化很大使得预测非常困难。管理人员希望建一个指数平滑预测模型协助预测销售量。该模型是使预测误差最小的模型。

a. 根据过去五年来搜集的总产品销售数据，你建议使用哪种类型的预测模型，平滑系数是多少？

b. 你预测2004年一月的销售量是多少？

c. 建立问题b预测的置信水平为95%的置信区间。

月份	销售量，单位：卷				
	2003	2002	2000	1999	1998
一月	7 000	8 000	7 000	10 000	10 000
二月	8 000	9 000	10 000	9 000	7 000
三月	8 000	8 000	10 000	9 000	8 000

（续）

四月	8 000	10 000	8 000	7 000	7 000
五月	9 000	10 000	9 000	10 000	11 000
六月	11 000	13 000	12 000	11 000	11 000
七月	11 000	9 000	12 000	15 000	13 000
八月	11 000	13 000	15 000	19 000	15 000
九月	15 000	17 000	20 000	21 000	25 000
十月	17 000	17 000	20 000	21 000	25 000
十一月	19 000	21 000	23 000	25 000	27 000
十二月	13 000	15 000	13 000	17 000	13 000
总计	137 000	150 000	159 000	174 000	172 000

11. 某钢铁经销商从大钢厂购进卷钢，并剪裁成钢板。精确预测所用的卷钢数量将对控制原材料库存十分有益。原材料采购成本中有 80% 是销售价格。虽然决定采购量时有众多考虑因素，但该厂只使用 3 个月的滑动平均数预测下一个月的使用量。下表给出了两种产品的卷钢实际使用量，单位是磅。

   a. 与 3 个月的滑动平均法相比，指数平滑模型是否提高了预测精度？如果是，你建议使用哪种形式的模型，平滑系数是多少？

   b. 预计今年十月的用量是多少？

   c. 如果十月份 A569 的用量是 369 828 磅，A366 的用量是 677 649 磅，你如何解释实际用量和预测值之间的差异？

	卷钢 A569 CQ P&O			卷钢 A366 CQ CR		
	前年	去年	今年	前年	去年	今年
一月	206 807	304 580	341 786	794 004	735 663	633 160
二月	131 075	293 434	521 878	703 091	590 202	542 897
三月	124 357	273 725	179 878	757 610	601 401	692 376
四月	149 454	210 626	226 130	499 022	529 784	703 151
五月	169 799	150 587	177 400	445 703	672 040	917 967
六月	216 834	289 621	182 109	483 058	450 735	532 171
七月	288 965	168 590	123 957	446 770	567 928	654 445
八月	219 018	171 470	54 074	806 204	549 355	546 480
九月	65 885	209 351	136 795	646 300	481 355	472 664
十月	179 739	203 466		470 551	419 846	
十一月	251 969	145 866		682 611	612 346	
十二月	205 806	203 742		606 968	447 021	

案例分析

世界石油公司（World Oil）

世界石油公司是一家全球性加工和经销汽车、飞机、卡车和船舶用燃油的企业。经销点的形式是服务站和散装供油设施。如何供应1 000多个经销点是企业经营中的主要难题。由于燃油收入构成其主要收入，而且其对客户服务水平（产品可得率）的要求高，所以企业主要考虑的是保证汽车加油站有足够的燃油库存。良好分销运作的关键因素之一是能够预测这些加油站对产品的使用量。特别是油罐车需要准确预测燃油的使用量来安排到加油站的送货以避免缺货。

加油站的运营

加油站经营三种或四种等级的燃油，包括87、89和92号辛烷和柴油。这些燃油储存在地下储存罐中。由于各加油站用量不同，储存罐的容量有限，补货的频率从每天2~3次到每星期仅几次。每个油罐只能装一种燃油。加油站工作人员定时将带刻度的小棍深入储存罐中测量剩余的燃油量，另一些现代化的加油站在罐中有电子测量仪。补货时使用的油罐车一般有四个储油单元格。

预测问题

每个加油站不同级别的燃油都代表一个具体的预测情况。这里要讨论的是某一家销量很少的加油站，销售87号辛烷。该加油站每星期只需补货几次，所以预测每天的用量就足够了。因为用量随每周各天有所不同，所以一周内某一天的预测会与其他任何一天的预测有所不同。表1列举了该加油站过去2年内每星期一87号辛烷的历史用量。图1是按用量描出的时间序列图。

问题

1. 请为该加油站制定预测流程。说说你为什么选择这个预测方法？
2. 预测时如何处理促销期间、节假日或其他时间燃油用量偏离正常模式的情况？
3. 预测下星期一的用量，说明预测精确度。

表1 某低销量汽车加油站87号辛烷每周一用量的历史数据

周	前年用量（加仑）	去年用量（加仑）	今年用量（加仑）	周	前年用量（加仑）	去年用量（加仑）
1	530	660		27	770	870
2	570	640		28	790	840
3	560	810[2]		29	760	860
4	530	790[2]		30	740	910
5	510	820[2]		31	720	870
6	560	650		32	670	860
7	610	710		33	690	840

（续）

8	560	700	34	470①	540①
9	580	670	35	670	780
10	610	690	36	690	750
11	650	730	37	620	780
12	700	730	38	650	760
13	670	760	39	610	710
14	700	790	40	620	730
15	760	810	41	640	750
16	730	870	42	590	750
17	760	890	43	610	710
18	820	870	44	600	750
19	780	890	45	630	720
20	900	880	46	600	770
21	840	930	47	630	740
22	770	980	48	640	750
23	820	900	49	610	760
24	800	860	50	590	780
25	760	890	51	610	800
26	760	880	52	630	850
总计				34 690	41 030

① 节假日。

② 促销期。

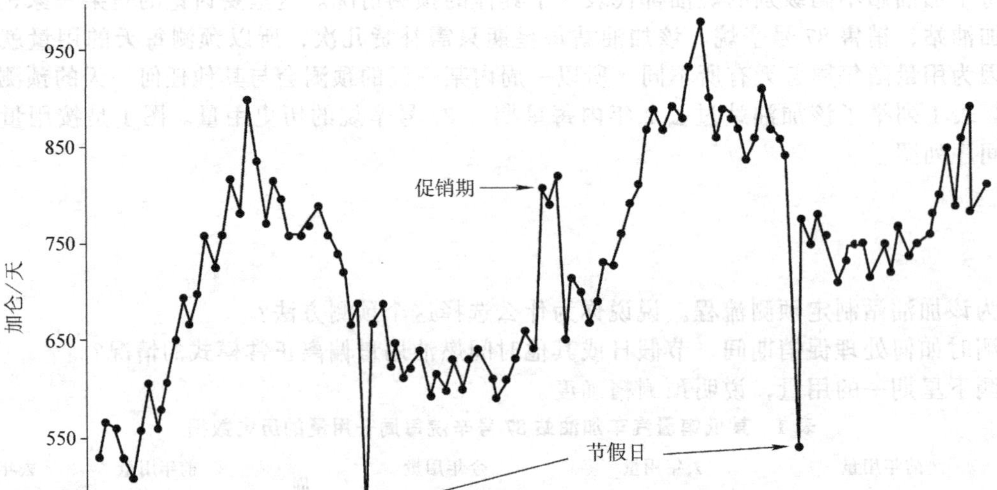

图 1 某低销量加油站过去两年中每周一的燃油用量

第九章 库存决策

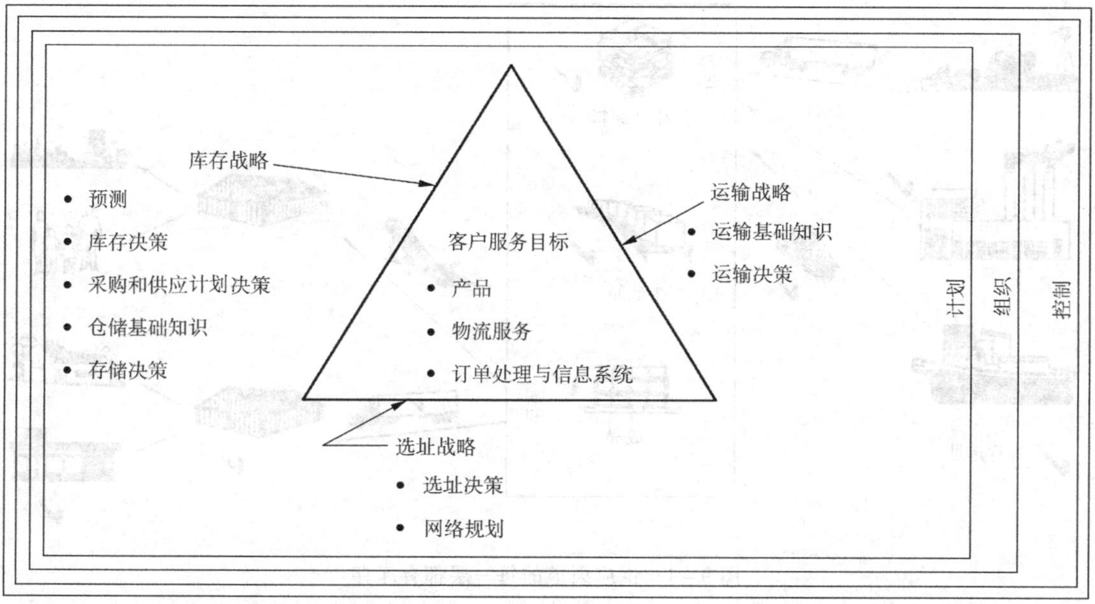

每个管理上的失误最后都会变成库存。

——迈克尔·C·伯杰拉克
露华浓公司前任总裁

如图 9 – 1 所示，库存就是在企业生产和物流渠道中各点堆积的原材料、供给品、零部件、半成品和成品。

库存频繁出现在仓库、堆场、商店库房、运输设备和零售商店的货架上。持有这些库存每年耗费的成本约合其价值的 20% ~ 40%。因此，对库存水平进行精细控制很有经济意义。

人们已采取了多种措施来降低库存，包括在整个供应渠道中推行适时管理（Just – In – Time）、时间压缩管理（Time Compression）和快速反应管理（Quick Response），尽管如此，每年生产商、零售商和批发商（他们的销售额占 GNP 的 99%）在库存上的投资仍然占美国国内生产总值的约 12%[1]。

本章将讨论物流渠道内的库存管理问题。

关于库存管理可研究的东西非常多，故本章内容较多。这里我们将相关问题分成三部分。

---

[1] U.S. Bureau of the Census, Statistical Abstract of the United States: 1996, 116th ed. (Washington. D.C., 1996), 443, 743, 765, 773.

首先，最常见的库存管理是针对单个存储点的单品库存进行的。对这类库存控制的研究相当广泛，针对不同问题的各种方法也很多。第二，库存控制可以视为对总体库存进行的管理。高层管理者对从这个角度进行的库存管理尤其感兴趣，因为他们需要控制总体库存投资而不是单项库存数量。最后，本章将考察多地点和多层级的库存管理问题。

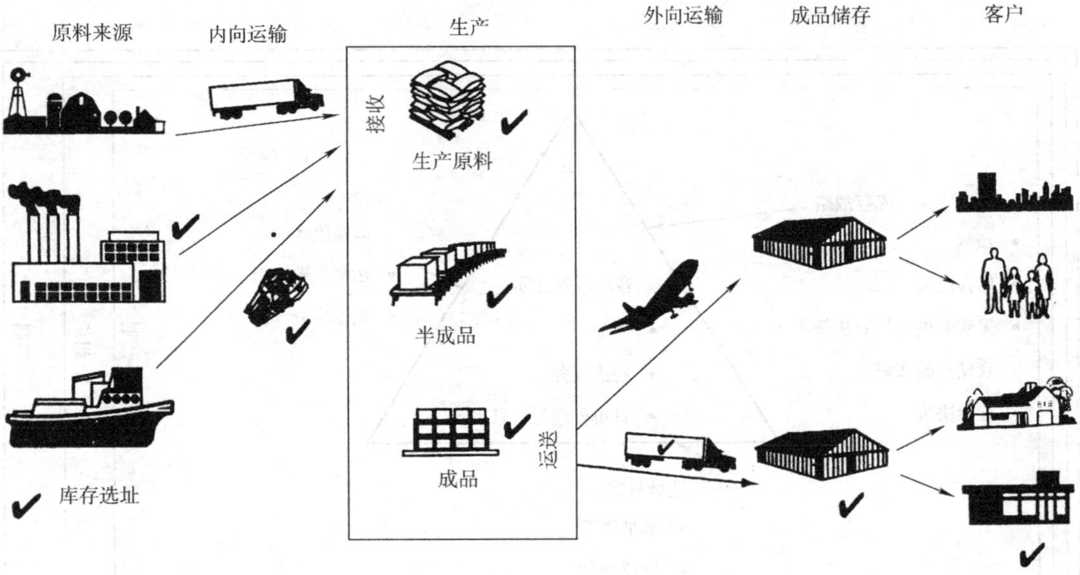

图 9－1 供应渠道的每一层都有库存

9.1 对库存的评述

有很多原因可以解释为什么供应渠道中要有库存，但近年来，也有许多人对持有库存提出批评，认为库存是不必要的，是浪费。我们就来看看为什么企业在运作的各个层面都需要库存，为什么又希望将库存保持在最低水平。

9.1.1 保有库存的原因

库存的持有与客户服务或由此间接带来的成本节约有关。我们简单考察以下几个保有库存的原因。

1. 改善客户服务

我们无法设计出能对客户的产品或服务需求作出即时反应的运作系统，因为这样的运作系统是不经济的。库存使得产品或服务保持一定的可得率，当库存位置接近客户时，就可以满足较高的客户服务要求。库存的存在不仅保证了销售活动的顺利进行，而且提高了实际销售量。(见资料 9.1)

资料 9.1 应用

汽车修理厂面临的问题是如何保有数以千计的零配件，以修理各种各样不同年份不同型号的汽车。一辆汽车会有 15000 个配件。为加快库存周转，修理厂只保有为数不多的常用配件（如火花塞、风扇皮带和电池）的库存。二级库存由汽车制造商保存在地区仓库中，在某些情况下，可以通过空运在当天送到修理厂。这样，修理厂在保持高水平零配件可得率的同时，使库存降到了最低水平。

2. 降低成本

虽然持有库存会产生一些成本，但也可以间接降低其他方面的运营成本，两者相抵可能还有成本的节约。首先，保有库存可以使生产的批量更大、批次更少、运作水平更高，因而产生一定的经济效益。由于库存在供求之间起着缓冲器的作用，可以消除需求波动对产出的影响。

其次，保有库存有助于实现采购和运输中的成本节约。采购部门的购买量可以超过企业的即时需求量以争取价格 - 数量折扣。保有额外库存带来的成本可以被价格降低带来的收益所抵消。与之类似，企业常常可以通过增加运输批量、减少单位装卸成本来降低运输成本。但增加运输批量会导致运输渠道两端的库存水平都增加。运输成本的节约也可以抵消库存持有成本的上升。

第三，先期购买（Forwarding Buying）可以在当前交易的低价位购买额外数量的产品，从而不需要在未来以较高的预期价购买。这样，购买的数量比即期需求量要多，比按接近即期需求的数量购买导致的库存也多。但是，如果预期未来价格会上涨，那么先期购买而持有库存也是有道理的。

第四，整个运作渠道中生产和运输时间的波动会造成不确定性，同样会影响运作成本和客户服务水平。为抵消波动的影响，企业常常在运作渠道中的多个点保有库存以缓冲不确定因素的影响，使生产运作更加平稳。

最后，物流系统中也会出现计划外或意外的突发事件。几种常见的情形包括，工人罢工、自然灾害、需求激增、供货延误，保有库存可以起到一定的保护作用。在物流渠道的关键点保有一些库存还可以使系统在一定时间内继续运作，直到突发事件过去。（见资料 9.2）

资料 9.2 应用

造纸厂需要使用昂贵的长网造纸机和其他生产能力高的设备。由于设备启动的固定成本很高，就要求设备连续运转。工业纸制品（牛皮包装纸、多层牛皮纸袋、散装纸）的需求都是稳定、已知的。虽然针对大订单可以直接安排生产计划，但由于机器每小时运营成本高达 3500 美元，每次运行需要半个小时的转换时间，所以，如果针对小订单也直接安排生产，成本就非常高了。此时，先进行生产，然后放进仓库，用库存的标准产品来满足小订单需求的供应，就可以减少设备调整时间，总体节约在抵消库存持有成本以后还有盈余。

9.1.2 反对保有库存的原因

有人认为有了库存做保障，管理层的工作就更容易了。对过度库存的批评却比对供给短缺的批评更可理解。库存持有成本的主要组成部分是机会成本，因此在正常的财务报告中根本反映不出来。如果库存水平过高，超过支持运作的合理要求，那么反对过度库存就顺理成章了。

对持有库存的批评主要围绕几个方面。第一，库存被认为是一种浪费。库存耗费了那些可以有更好用途的资本，比如可以用于提高生产率或竞争力。同时，库存虽然储存价值，但不能对企业产品的直接价值做贡献。

第二，库存可能掩盖质量问题。当质量问题浮现出来，人们倾向于清理保有的库存，以保护所投入的资本。纠正质量问题的努力可能会延缓下来。

第三，保有库存鼓励人们以孤立的观点来看待物流渠道整体的管理问题。有了库存，人们常常可能将物流渠道的一个阶段与另一个阶段分离开来。将物流渠道作为一个整体来考虑的一体化决策带来的机遇可能会减少。而如果没有库存，企业不可避免地要同时对渠道中不同层次的库存进行计划和协调管理。

9.2 库存的种类

库存可以分为五种不同的类型。第一，库存可能存在于流通管道中。这是指供应渠道各层级之间运输过程中的库存。如果运输速度慢且/或者运输距离长，或者运输要经过许多各层级，那么，流通管道中的库存量可能会大大超过存储点保有的库存量。类似地，制造过程中的半成本库存也可视为流通管道库存。

第二，企业持有某些库存的目的可能是投机，而这些库存也是需要控制的总库存的一部分。对某些原材料，如铜、金和银的采购，有时是为价格投机，有时是为满足运作的需要。如果一定期间为价格投机而采购的货量超过预期的运作需求量，那么企业的财务经理会比物流经理更关注由此造成的过量库存。但如果出于对季节性销售高峰的预期或由于先期购买活动而累计的库存，就可能属于物流经理的责任范围。

第三，库存可能具有定期性的和周期性的特征，这些库存都是为满足连续补货期间的平均需求而储存的必要存货。周期性库存在很大程度上取决于生产批量的规模、经济运输批量、存储空间的限制、补货提前期、价格－数量折扣计划和库存持有成本等因素。

第四，企业也可能为防范需求和补货提前期的变动而建立库存。这种额外库存，或安全库存，是在为满足平均需求和平均提前期所需的定期性库存之外的一些补充。安全库存由用于处理波动随机性的统计方法来确定。安全库存的保有量则取决于波动的幅度和企业现货供应的水平。精确的预测是降低安全库存水平的关键。事实上，如果可以100%精确地预测提前期和需求，就不需要安全库存。

最后，有些库存在存储期间会损坏，被报废、丢失或被盗，这些库存被称为仓耗。如果存储的是高价值、易腐烂或易于被盗的产品，就需要采取特别的防范措施尽量减少这些库存的数量。

9.3 库存管理问题的分类

管理库存涉及多种多样的管理问题。它不可能只用一种方法来解决，所以我们需要将问题分成几大类。在此，我们暂不讨论适时管理（JIT）问题，该方法将是第十章采购和供应计划决策讨论的主要内容之一。在以下的库存管理方法模型中，我们假定需求水平及其变化幅度、提前期及其变化幅度和成本已知，在此基础上，我们将利用库存管理的方法作出最优的库存管理决策。与此相反，适时管理思想是通过减少需求和补货周期的波动性、减小批量、与少数供应商更紧密地合作来消灭库存，保证产品质量，准确履行订单。

9.3.1 需求的特点

需求随时间变化的特点在很大程度上决定了我们控制库存的方法。图9-2介绍了几种常见的需求模式，恐怕最常见的就是永远不断持续下去的需求，即所谓持久性需求。尽管多数产品在生命周期的不同阶段需求都会有涨有落，但很多产品的销售期都非常长，从计划角度足以被看成是无限期的。即便每年有20%被替代的品牌产品，3~5年的生命周期也已经很长，足以使得人们将这些产品的需求视为持久性需求（Perpetual Demand）。

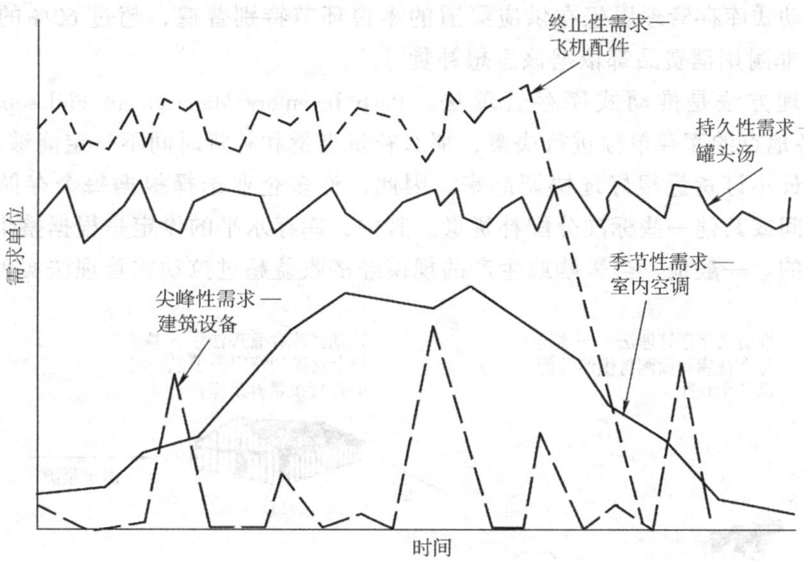

图9-2 普通产品需求模式举例

另一方面，某些产品的需求模式有很强的季节性或呈现出一次性或尖峰式（Spike）特征。为满足该种需求模式而持有的库存往往需要大幅度削价销售，否则就不能全部售出。如果需求预测不准确，一次订购的库存再行订货或退还的机会就很小或根本不存在。时装、圣诞树和竞选活动用品的需求就是这种需求模式。

与之类似，需求可能呈现尖峰（Lumpy）或不规则（Erratic）特征。需求可能是持久的，但可能某段时间需求量很小或根本没有，而另一段时间需求量却很大。需求的时间不像季节性需求那样每年都会在同一时间发生，可以预测。库存的产品通常是起伏性需求产品和持久性需求产品的混合。起伏性需求围绕平均需求水平的波动很大，据此可以将二者合理地进行区分。如果需求分布的标准差或预测误差大于平均需求或预测值，那么该产品的需求一定是尖峰式的。对这种产品进行库存管理最好依靠直觉，或利用本章讨论的数学方法的变形或通过联合预测。

一些产品的需求会在未来某个可预见的时间终止，通常超过一年。此时，库存管理的要求是保持恰好满足需求的库存，但也允许在一定的时期内进行再订货。计划要修订的教科书、军用飞机的备件、注有有效期的药品都是典型的寿命有限的产品。但这些产品与持久性产品常常混淆不清，因此也没有研究出与持久性产品不同的库存管理方法。最后，对某种产品的需求可能派生于对其他产品的需求。对包装材料的需求就源于对主要产品的需求。对这类非独立性需求最好的控制方法是第十章将要讨论的 MRP 和 DRP。

9.3.2 管理思想

库存管理主要围绕两种基本思想。第一，拉动式库存管理法（Pull Inventory Management Philosophy）。该管理思想认为每一个存储点（如一个仓库）都独立于渠道中其他所有的仓库。如图 9－3 所示，预测需求、决定补货量时都只考虑本地点的因素，而不直接考虑各个仓库不同的补货量和补货时间对采购工厂成本节约的影响，但该方法却可以对每个存储点的库存精确控制。拉动式库存管理思想在供应渠道的零售环节特别普遍，超过 60%的耐用消费品和将近 40%的非耐用消费品都依据该思想补货[1]。

另一种管理方法是推动式库存管理法（Push Inventory Management Philosophy）（见图 9－3）。如果各地点的库存单独进行决策，那么补货批量和补货时间不一定能够与生产批量、经济采购量或最小订货量很好地协调起来。因此，许多企业选择根据每个存储点的预测需求、可用的空间或其他一些标准分配补货量。其中，库存水平的设定是根据整个仓库系统的情况统一决定的。一般地，当采购或生产的规模经济收益超过拉动式管理法实现的最低总库

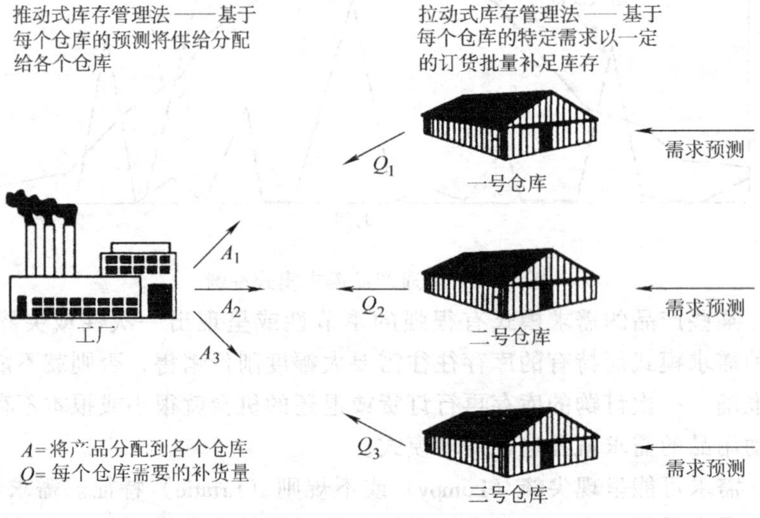

图 9－3 拉动式与推动式库存管理思想

A—将产品分配到各个仓库 Q—每个仓库需要的补货量

---

1 Tom Andel, "Manage Inventory, Own Information," Transpotration & Distribution (May 1996): 54ff.

存水平带来的收益时，就可以采用推动式库存管理法。此外，为了更好地进行整体控制可以集中管理库存，利用生产和采购规模经济来决定库存水平以降低成本，在总体需求的基础上进行预测，然后分摊到每个存储点来提高准确性。

联合补货可以综合拉动和推动两种思想。这时，渠道成员代表供货点和存储点共同确定补货数量和时间安排。对整个供应渠道而言，这种形式的补货会比供货点或存储点单方决策更经济。

9.3.3 产品汇总程序（Degree of Product Aggregation）

多数库存管理是针对每一种产品的库存进行控制。在对每一种产品进行精确控制的基础上，可以实现对所有产品库存总量的精确控制。这就是库存管理中的自下而上法。

另一种方法是管理一类产品而不是单独一种产品（或自上而下法）——是高层管理者常用的一种方法。尽管日常库存运作需要对每一种产品进行控制，但制定库存战略计划时，只需将产品汇总为几个大类就足以完成计划。在管理所有产品总的库存投资时，没有必要对众多存储点的数千种产品逐一进行分析，这种方法就很令人满意。总的来看，总体库存管理控制比单项管理控制的精确度要低一些。

9.3.4 多层级库存（Multi-Echelon Inventories）

供应链管理鼓励管理者将供应渠道中更多的部分包括到计划过程中来，供应渠道中多个层级的库存也成为核心问题。对多个供应层级的库存水平进行统一计划，可以比单独计划带来的总体库存量要低。多层级库存规划是一个极难解决的问题，但在某些方法上面进行的改善可为管理者所用。

9.3.5 虚拟库存（Virtual Inventories）

传统上，分配到各个客户的库存为该客户提供服务。如果产品出现缺货，就会失去销售或者形成一个保留订单。信息系统的发展改变了这种情况。它使企业能够获知物流网络中各个库存点的产品库存水平，从而生成各种产品的虚拟库存。这样，缺货产品可以由其他存储点的库存来进行交叉履行。交叉履行订单成为满足需求的一种备选方式，这导致整体库存水平下降，同时产品订单的履行率提高了。

9.4 库存目标

库存管理需要在产品的现货供应比率（或客户服务水平）与支持该现货供应能力的成本之间进行权衡。由于满足客户服务目标的方法不止一种，所以我们希望将每一客户服务水平的库存相关成本降到最低（见图 9-4）。在介绍库存控制方法之前，我们首先要定义产品的现货供应能力，找出与管理库存相关的成本。

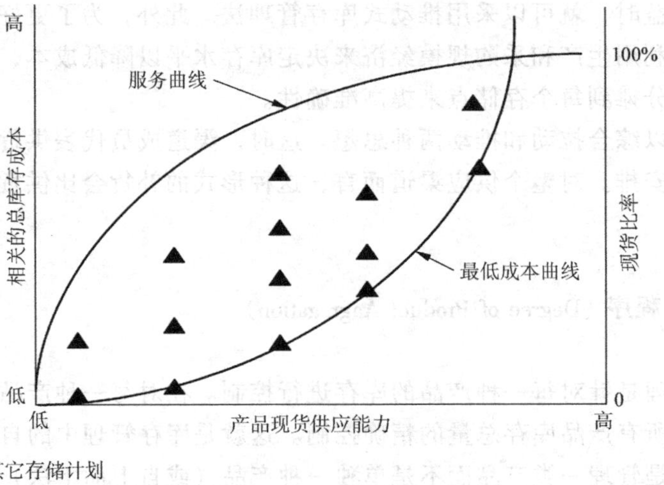

图 9-4 库存计划设计曲线

9.4.1 产品的现货供应比率（Product Availability）

库存管理的首要目标就是保证一定期间内期望数量的产品有现货供应。通常的判断标准是现有存货满足需求的能力。这个可能性或订单履行比率就是所谓的服务水平，对于单一产品而言，服务水平可以定义为

$$服务水平 = 1 - \frac{每年产品缺货件数的期望值}{年需求总量} \tag{9-1}$$

服务水平以 0 到 1 之间的数值表示。由于目标服务水平经常是一定的，所以我们的任务就是控制产品缺货件数的期望值。

我们可以看到单一产品的服务水平计算简便。然而客户往往会同时需要一种以上的产品，因此，人们可能更关心订单完全履行的概率，而不仅仅是单一产品的服务水平。例如，假设某订单订购五种产品，每种产品的服务水平是 0.95，即只有 5% 的缺货可能性。那么，没有任何一种产品缺货，全部订货得以履行的概率是

$$0.95 \times 0.95 \times 0.95 \times 0.95 \times 0.95 = 0.77$$

订单完全履行的概率一定程度上会低于单一产品的现货供应比率。

来自众多客户的大量订单中，任何一张订单都可能订购多个品种的商品组合。因而客户服务水平更好的表示方法为加权平均履行比率（Weighted Average Fill Rate，WAFR）。假设所订购的产品种类已知，WAFR 就等于订单上每种产品组合出现的频率乘以订单完全履行的概率。如果 WAFR 目标值已定，那么就需要调整每种产品的服务水平以达到期望的 WAFR。（见资料 9.3）

资料 9.3 例子

某专业化工公司接到订单，订购其生产的某种涂料。涂料的产品总类包括三个独立品种，客户会按不同的品种组合进行订购。根据一段时间的订单采样统计来看，出现在订单上的七种不同产品组合及其概率如表 9-1 所示。同时，根据企业的历史记录，每种产品有现货库存的概率是 $SL_1 = 0.95$；$SL_2 = 0.90$ 而 $SL_3 = 0.80$。正如表 9-1 的计算所示，WAFR 是 0.801，即每五个订单中就有一个会发生企业无法供应客户订购的所有产品的情况。

表 9-1 加权平均订单履行比率（Weighted Average Fill Rate）的计算

订单上的产品组合	(1) 在订单上出现的频率	(2) 完全履行订单的概率	(3) = (1) × (2) 边际值
A	0.1	(0.95) = 0.950	0.095
B	0.1	(0.90) = 0.900	0.090
C	0.2	(0.80) = 0.800	0.160
A，B	0.2	(0.95)(0.90) = 0.855	0.171
A，C	0.1	(0.95)(0.80) = 0.760	0.076
B，C	0.1	(0.90)(0.80) = 0.720	0.072
A，B，C	0.2	(0.95)(0.90)(0.80) = 0.684	0.137
	1.0		WAFR = 0.801

在第四章中，我们讨论过客户服务的其他衡量指标。其中有些指标超出了库存的范围，不宜在此讨论。然而，其他一些库存绩效的衡量指标，包括保留订单的百分率、订单完全履行百分率、订单完全履行百分率与某一百分比的比率、后备货源交叉履行订单的百分率。在此不再深入讨论。

9.4.2 相关成本

有三大类成本对库存决策起到重要作用，即采购成本、库存持有成本和缺货成本。这些成本之间互相冲突或存在悖反关系。要确定订购量补足某种产品的库存，就需对如图 9-5 所示相关成本进行权衡。

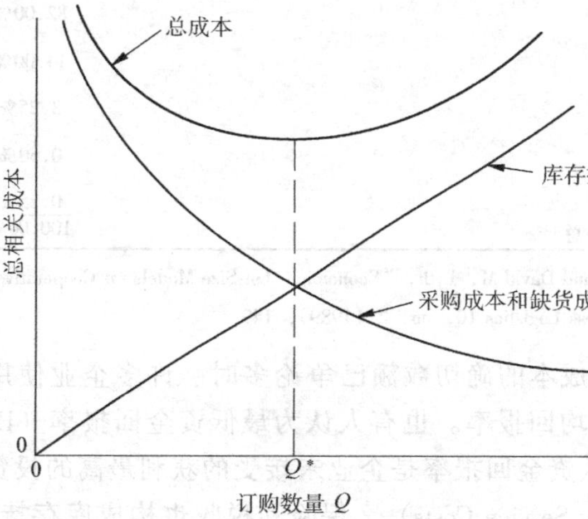

图 9-5 订购量与相关库存成本之间的悖反关系

1. 采购成本（Procurement Costs）

补货时采购商品的相关成本往往是决定再订货数量的重要经济因素。发出补货订单后，就会产生一系列与订单处理、准备、传输、操作、购买相关的成本。确切地说，采购成本可能包括不同订货批量下产品的价格或制造成本；生产的启动成本；订单经过财务、采购部门的处理成本；订单（常常通过邮寄或电子方式）传输到供应地的成本；货物运输成本（若采购价格不含运输费用)；在收货地点的所有物料搬运或商品加工成本。如果企业由内部供货，比如企业的工厂为自己的成品库补货，采购成本就要反映生产启动成本，随之发生变化。如果采用的是运到价格，那么就不涉及运输成本。

上述有些采购成本相对每个订单而言是固定的，不随订单订货规模而变化。其他的一些，如运输成本、生产成本和物料搬运成本则不同程度地随订货规模变化。分析时，需要对各种情况稍加区别对待。

2. 库存持有成本（Carrying Costs）

库存持有成本是因一段时期内存储或持有商品而导致的，大致与所持有的平均库存量成正比。该成本可以分成四种：空间成本、资金成本、库存服务成本和库存风险成本。

空间成本（Space Costs） 空间成本是因占用存储建筑内立体空间所支付的费用。如果是租借的空间，存储费用一般按一定时间内存储产品的重量来计算，例如美元/担/月。如果是自有仓库或合同仓库，则空间成本取决于分担的运营成本，这些运营成本都是与存储空间相关的（如供暖和照明）；同时还取决于与存储量相联系的固定成本，如建筑和存储设施成本。在计算在途库存的持有成本时，不必考虑空间成本。

资金成本（Capital Costs） 资金成本指库存占用资金的成本。该项成本可占到总库存成本的 80%（见表 9-2），同时也是各项库存持有成本中最捉摸不定的、最具主观性的一项。其原因有两个：第一，库存是短期资产和长期资产的混合，有些存货仅为满足季节性需求服务，而另一些则为迎合长期需求而持有。第二，从优惠利率到资金的机会成本，资金成本差异巨大。

表 9-2 库存持有成本各成本因素的相对比重

利息和机会成本	82.00%
仓耗	14.00%
存储和搬运	3.25%
财产税	0.50%
保险	0.25%
总计	100.00%

资料来源：摘自 Robert Landeros and David M. Lyth, "Economic - Lot-Size Models for Cooperative Inter - Organizational Relationship" Journal of Business Logistics 10, no. 2 (1989): 149

人们对用于库存的资金成本的确切数额已争论多时。许多企业使用资金成本的平均值，另一些则使用企业投资的平均回报率。也有人认为最低资金回报率（Hurdle Rate）最能准确反映真实的资金成本[1]。最低资金回报率是企业未接受的获利最高的投资项目的回报率。

库存服务成本（Inventory Service Costs） 保险和税收也构成库存持有成本的一部分，因其水平基本上取决于持有的库存量。保险作为一种防护性措施，帮助企业预防火灾、风暴或偷盗所带来的损失。库存税按评估当天的库存水平计征，尽管税收评估当时的库存水平只能粗略反映一年的平均库存水平。一般而言，税收只占总持有成本的很小比重。税率很容易从会计报表或公共记录中获得。

---

1 Douglas M. Lambert and Bernard J. LaLonde, "Inventory Carrying Costs," Management Accounting (August 1976): 31-35.

库存风险成本（Inventory Risk Costs） 与产品变质、短少（偷窃）、破损或报废相关的费用构成库存持有成本的最后一项。在保有库存的过程中，一部分存货会被污染、损坏、腐烂、被盗或由于其他原因不适于或不能用于销售。与之相关的成本可用产品价值的直接损失来估算，也可用重新生产产品或从备用仓库供货的成本来估算。

3. 缺货成本（Out - of - Stock Costs）

当客户下达订单，但所订货物无法由平常所指定的仓库供货时，就产生了缺货成本。缺货成本有两种：失销成本（Lost Sales Costs）和保留订单成本（Back Order Costs）。每种都事先假定客户会作出某种反应，但由于客户的反应无法捉摸，所以准确衡量缺货成本非常困难。

当出现缺货时，如果客户选择收回他或她的购买要求，就产生了失销成本。该成本就是本应获得的这次销售的利润，也可能包括缺货对未来销售造成的消极影响。那些客户容易以其他竞争性品牌来进行替代的商品（如面包、汽油或软饮料等）最容易产生失销成本。

如果客户愿意等待订单履行，那么就不会发生失销的情况，只会出现订单履行的延期，即产生保留订单成本。如果保留订单不是通过正常的分拨渠道来履行，那么可能由于订单处理、额外的运输和搬运成本而产生额外的办公费用和销售成本。这些成本是实际发生的，因而衡量起来并不困难。同时也会有无形的失去未来销售机会的成本，这是很难衡量的。那些在客户心目中有差异的产品（汽车和大型仪器）更容易出现保留订单的情况，而客户不会去选择替代品。

9.5 推动式库存管理（Push Inventory Control）

以下我们开始研究运用推动式思想来控制库存的方法。前文谈到本方法适用于生产或采购数量超过库存短期需求量的情况。如果由于缺少存储空间或其他原因，产品无法储存在生产地点，那么就需要将其分拨到存储地点，以期获得一定的成本节约。为此，我们需要讨论以下问题：在每一个存储点需要保持多少库存？一批生产或采购应分配到各个存储点的库存是多少？超过需求的供给量在各存储点之间怎样分摊？

将产品推向各存储点的方法包括以下几个步骤：

1. 通过预测或其他手段确定从现在到下一次生产或采购期间的需求量。
2. 找出每个存储点现有的库存量。
3. 设定每个存储点库存的现货供应水平。
4. 计算总需求，即，预测值加上为防备预测中的不确定性而额外准备的库存量。
5. 确定净需求，即，总需求与所持库存量之差。
6. 在平均需求速率（即预测需求）的基础上，将超过总净需求的部分分配到各存储点。
7. 用净需求加上分配的超量部分得到需分配到每个存储点的货物总量。（见资料 9.4）

资料 9.4 例子

由于存储空间的限制，捕捞金枪鱼的船只一回到渔港，金枪鱼食品加工厂就必须对捕获的所有金枪鱼进行加工。而且，出于竞争的原因，公司不希望将多余的金枪鱼（尽管价值较高）卖给其他加工厂，因此，加工厂会加工船队带回的所有金枪鱼，然后按月分拨到三个基层仓库（Field Warehouse）中。工厂只能存储满足一个月需求的产品。现有的生产批量是 125 000 磅。

工厂对各仓库下个月的需求进行了预测，检查了现有的存货水平，确定了各仓库的预期现货供应能力，所有这些信息都列在表 9－3 中。

表 9－3　金枪鱼加工厂的基本库存规划数据

仓库	所持库存（磅）	预测需求（磅）	预测误差①（标准差）（磅）	库存现货供应水平②
1	5 000	10 000	2 000	90%
2	15 000	50 000	1 500	95%
3	30 000	70 000	20 000	90%
		130 000		

① 假设服从正态分布。

② 库存现货供应水平定义为预测期内以现货进行供应的概率。

现在，我们需要计算每个仓库的总需求量。仓库 1 的总需求量等于预测量加上为保证 90%现货供应能力而需的额外供给量。

可通过下式计算

$$总需求 = 预测 +(z \times 预测误差)$$

其中，z 是正态分布曲线从预测值（分布的均值）到曲线以下 90%面积对应的点所代表的标准差的倍数（见图 9－6)。从附录 A 的正态分布曲线得到 $z = 1.28$。因此仓库 1 的总需求量就为 12 560 = 10 000 +(1.28 × 2 000)。其他仓库总需求量的计算方法相似。结果记录在表 9－4 中。

净需求量为总需求量与仓库所持库存之间的差额。将各仓库的净需求加总得到 110 635，过剩产量就为 125 000 － 110 635 = 14 365，需要分配到各仓库中去。

14 365 磅的产量余额依各仓库的平均需求速率按比例分摊。用仓库 1 的平均需求速率 10 000磅除以所有仓库的平均总需求 130 000 磅，可得出仓库 1 需要分摊的产量余额是 (10 000 ÷ 130 000)（14 365） = 1 105。

同样可以计算出其他仓库的分摊量。一个仓库的总分拨量就是净需求量与过剩产量分摊部分之和。

结果见表 9－4。

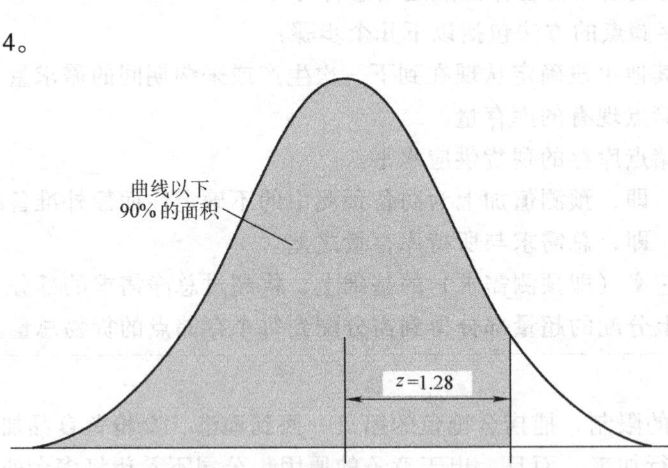

图 9－6　仓库 1 的预测需求分布曲线以下的区域

表 9-4 金枪鱼产品在三个仓库间的分配

仓库	(1) 总需求（磅）	(2) 所持库存（磅）	(3) = (1) - (2) 净需求（磅）	(4) 过剩产量的分摊部分（磅）	(5) = (3) + (4) 分配总量（磅）
1	12 560	5 000	7 560	1 105	8 665
2	52 475	15 000	37 475	5 525	43 000
3	95 600	30 000	65 600	7 735	73 335
	160 635		110 635	14 365	125 000

9.6 基本的拉动式库存管理（Basic Pull Inventory Control）

如前所述，拉动式库存管理会使库存点的库存水平较低，因为拉动式管理法是根据各库存点的需求和成本情况作出反应。尽管人们已设计出许多针对各种情况的方法，在此我们将主要讨论基本思路。具体而言，将对以下不同情况进行比较：(1) 需求是一次性的、高度季节性的、或持续性的情况；(2) 订货程序在某一库存水平上启动或由库存盘点程序启动；(3) 需求和补货提前期存在不同程度不确定性的情况。

9.6.1 一次性订货量

许多实际存在的库存问题涉及到时鲜产品或者一次性需求产品。诸如新鲜水果、蔬菜、鲜花、报纸和某些药品的上架期（Shelf Life）短暂而确定，过期就无法销售了。其他的还包括，为即将来临的销售期准备的玩具和时装、为棒球比赛准备的法兰克福小面包、为政治活动准备的海报等，这些需求都是一次性的，通常无法准确预测。为满足此类需求只能订购一次产品。因此，我们期望知道这种一次性订单到底应该有多大。

为找到最佳订货量（Q^*）我们可以求助于边际经济分析方法，即，当售出下一单位产品的边际收益等于下一单位产品售不出去的边际损失时就得到 Q^*点。销售一单位产品所获得的单位边际收益为

$$\text{利润} = \text{单位价格} - \text{单位成本} \tag{9-2}$$

一单位产品销售不出去所产生的单位损失为

$$\text{损失} = \text{单位成本} - \text{单位残值} \tag{9-3}$$

把一定量产品被售出的概率考虑进来，预期收益和预期损失在以下点得到平衡，即

$$CP_n\ (\text{损失}) = (1 - CP_n)\ (\text{利润}) \tag{9-4}$$

其中，CP_n 代表至多售出 n 单位产品的累积概率[1]。解上述方程，我们可以得到

$$CP_n = \frac{\text{利润}}{\text{利润} + \text{损失}} \tag{9-5}$$

也就是说，我们应该继续增加订购量，直到销售额外单位产品的累计概率恰好等于上述比值，即利润 ÷（利润 + 损失）。(见资料 9.5)

资料 9.5 例子

某杂货店估计下周将销售 100 磅其精心准备的土豆沙拉。需求服从正态分布，标准差

[1] 此处原文为“至少”cat（east），但理理解不通，译者认为应改为“至多”。

为20磅。商店可以每磅5.99美元的价格销售沙拉，原料成本为每磅2.50美元。由于未使用防腐剂，所有未售出的沙拉都将无偿地捐给慈善机构。

要找到使商店利润最大化的产量，我们首先要计算 CP_n，即

$$CP_n = \frac{\text{利润}}{\text{利润}+\text{损失}} = \frac{(5.99-2.50)}{(5.99-2.50)+2.50} = 0.583$$

从正态分布曲线，可得到最优产量 Q^* 就是曲线以下58.3%的面积所对应的点（见图9-7）。该点的 $z=0.21$。因此要准备的沙拉就为

$$Q^* = 100\text{磅} + 0.21\,(20\text{磅}) = 104.2\text{磅}$$

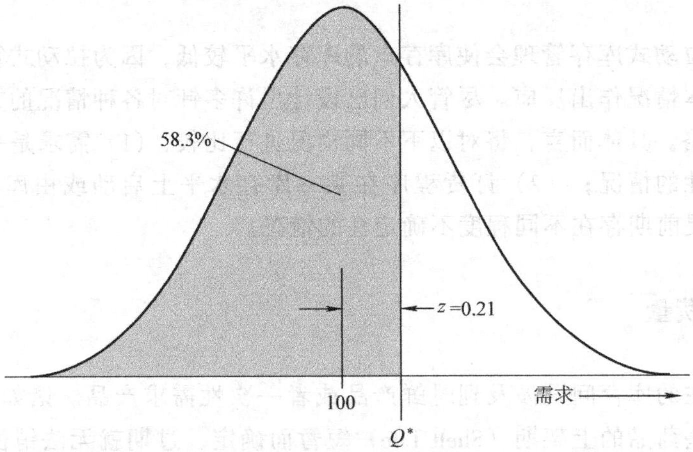

图 9-7 土豆沙拉需求的正态分布

如果需求是离散的，订货量就可能是整数。在这种情况下，为保证至少满足 CP_n 我们会将 Q 的尾数抹去，向上取更高一单位的购买量。（见资料9.6）

资料9.6 例子

某设备维修厂希望订购足够的配件以保证交易会期间机床的连续运转。如果设备需要维修，维修工给每个配件定的价格是95美元。每个配件的成本是70美元。如果所有配件都没用上，他们会将配件退给供货商，每个配件可得退款50美元。据估计配件需求的分布如下：

配件数量	需求概率	累计概率
0	0.10	0.10
1	0.15	0.25
2	0.20	0.45
3	0.30	$0.75 = Q^*$
4	0.20	0.95
5	0.05	1.00
	1.00	

我们应该订购的数量是

$$CP_n = \frac{\text{利润}}{\text{利润}+\text{损失}} = \frac{(95-70)}{(95-70)+(70-50)} = 0.555$$

CP_n 的值位于2单位和3单位的需求量所对应的累计概率之间。向上进一单位，我们得到 $Q^*=3$。

9.6.2 重复订货量（Repetitive Order Quantities）

与完全周期性产生或可能只产生一次的需求不同，需求还可能是永久性的。库存补货不断重复，且所有补货可能瞬间完成，也可能需要一段时间才供应到位。我们将举例说明这两种情况。

1. 即刻补货（Instantaneous Resupply）

如果需求是连续的，且需求速率基本稳定，控制库存水平时就要确定：1）定期补货的数量；2）补货的频率。这是一个成本平衡的问题。最简单的情况是平衡采购成本与库存持有成本，如前图 9-5 所示。早在 1913 年，福特·哈里斯（F.W.Harris）在韦斯廷豪斯工作时，就认识到了这个问题。他所建立的确定最佳订货量的模型就是众所周知的基本经济订货批量（Economic Order Quantity，EOQ）公式[1]，目前实践中应用的许多拉动式库存政策都以该公式为基础。

基本 EOQ 模型是由总成本等式得来的，总成本等式中包括采购成本和库存持有成本，其表达式如下

总成本 = 采购成本 + 库存持有成本

$$TC = \frac{D}{Q}S + \frac{ICQ}{2} \tag{9-6}$$

式中 TC ——每年总的相关成本（美元）；

Q ——补充存货的订单批量（件数）；

D ——对库存产品的年需求量（件数）；

S ——采购成本（美元/订单）；

C ——库存产品的价值（美元/件）；

I ——库存持有成本占产品价值的比例（%/年）。

D/Q 表示每年向供货点发出补货订单的次数，$Q/2$ 是平均库存持有。

随着 Q 的变化，等式中的某一项成本会上升，而另一项成本会下降。从数学上看，当两项成本达到均衡时可以求得最佳订货批量（Q^*），实现总成本最低。这样，就可得出 EOQ 公式

$$Q^* = \sqrt{\frac{2DS}{IC}} \tag{9-7}$$

因此，两次订货之间的最佳时间间隔就是

$$T^* = \frac{Q^*}{D} \tag{9-8}$$

每年订货次数为

$$N^* = \frac{D}{Q^*} \tag{9-9}$$

（见资料 9.7）

---

[1] F.W.Harris, "How Many Parts to Make at Once," Factory, The Magazine of Management 10, no.2 (February 1913): 135-136, 152

资料 9.7 例子

某工业机床厂用仓库库存来供应需更换的零件。其中某种零件的年需求预计为 750 个，生产该零件的机器启动成本是 50 美元，库存持有成本是每年 25%，每个在库零件的价值为 35 美元。生产的经济订货批量为

$$Q^* = \sqrt{\frac{2DS}{IC}} = \sqrt{\frac{2(750)(50)}{(0.25)(35)}} = 92.58 \text{ 或 } 93 \text{ 个}$$

预计向生产部门发出该订货批量的时间间隔为 $T^* = Q^*/D = 92.58/750 = 0.12$ 年，或 0.12（年）× 52（每年的周数）= 6.4 周。当然，我们可以希望将其取整为 6 周或 7 周，同时总成本会略有增加。

2. 有提前期的补货（A Lead Time for Resupply）

利用上述公式作为基本库存控制的一种方法来进行库存控制，我们可以看到库存耗用和补货情况呈锯齿形分布，如图 9－8 所示。现在，我们引入再订货点（Reorder Point）的概念，即补货订单发出前允许库存降到的最低量。由于发出订单和得到货物之间通常有一定的时间间隔，所以我们必须预测提前期内的需求量。再订货点（Reorder Point，*ROP*）为

$$ROP = d \times LT \tag{9-10}$$

式中 *ROP* ——再订货点（件数）；

d ——需求速率（件数/时间单位）；

LT ——平均提前期（时间单位）。

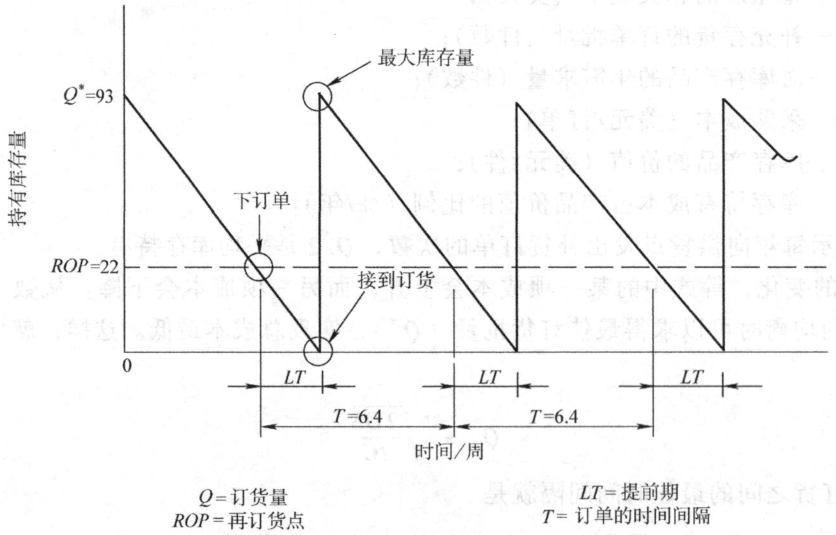

图 9－8 基本拉动式库存管理模型的补货部分

需求速率（*d*）和平均提前期（*LT*）所使用的时间单位必须一致。（见资料 9.8）

资料 9.8 例子

接上例机床零件的补货问题。假设需要 1.5 周的时间准备生产、制造零件。需求速率为 $d = 750$（个/年）/52（周/年）= 14.42 个/周。因此，$ROP = 14.42 \times 1.5 = 21.6$，或 22 个。现在，我们可以得出我们的库存策略为：当库存水平降到 22 个时，发出补货订单，订购 93 个。

3. 对不准确数据的敏感度

尽管我们不一定总能知道需求和成本的确切水平，经济订货批量的计算对估计错误的数据并不敏感。例如，如果需求比预期的高 10%，Q^*就应该达到原来的 $\sqrt{1.10}$，即增加 4.88%。如果库存持有成本比预期减少 20%，Q^*就应该达到原来的 $\sqrt{1/(1-0.20)}$，即增加 11.8%。将这些变化的百分数带入 *EOQ* 公式中，其他成本和/或需求因素保持不变。我们可以注意一下 Q^*值的稳定性。如果在这两个例子中使用了错误的订货批量，总成本的误差分别只有 0.11%和 0.62%。

4. 非即刻补货（Noninstantaneous Resupply）

在福特·哈里斯最初的 EOQ 模型中有一个内在的假设条件，即任何订货批量 Q^*都可以即刻补进。在有些制造和再供应环节中，生产要持续一段时间，而且可能和需求同步进行。这样，持有库存的基本锯齿形模式就会被改变，如图 9－9 所示。现在，订购量变成生产量，或称为生产订货量（Production Order Quantity，POQ），记为 Q_p^*。为进行求解，基本订货批量公式就变为

$$Q_p^* = \sqrt{\frac{2DS}{IC}}\sqrt{\frac{p}{p-d}} \qquad (9-11)$$

式中，p 是生产速率。只有当生产速率 p 大于需求速率 d 时，计算 Q_p 才有意义。(见资料 9.9)

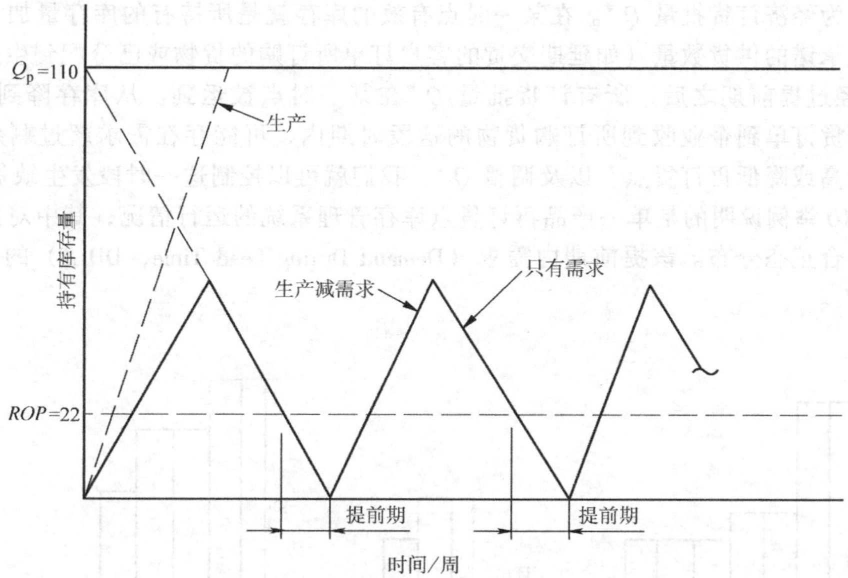

图 9－9 非即刻补货条件下零件替换的问题

资料 9.9 例子

我们仍然回到前文的零件替换问题，假设这些零件的生产速率是每周 50 个，则生产批量应为：

$$Q^* = \sqrt{\frac{2(70)(50)}{(0.25)(35)}}\sqrt{\frac{50}{50-14.42}} = 92.58 \times 1.185 = 109.74 \text{ 个或 } 110 \text{ 个}$$

ROP 值保持不变。

9.7 高级拉动式库存管理（Advanced Pull Inventory Control）

高级拉动式库存管理的意思是，我们开始意识到需求和提前期并不是确定已知的。因此，我们必须考虑到在某些情况下可能没有足够的库存满足客户需要。除了要保有经常性库存（Regular Stock）满足平均需求和平均提前期以外，还需要增加额外的库存。这部分库存称为安全库存（Safety Stock），或缓冲库存（Buffer Stock），它通过控制缺货发生的概率来保证向客户提供一定水平的现货供应能力。

有两种库存管理方法构成针对持久性需求的大多数拉动式库存管理法的基础。它们是1）再订货点法；2）定期盘点法。实践中的库存管理系统可能以二者之一为基础，或是二者相结合。

9.7.1 需求不确定条件下的再订货点模型

1. 计算 Q^*和 ROP

再订货点库存管理法假设需求会永久地、持续地耗用库存，使之减少。当库存消耗到一定程度，即库存量等于或低于一定数量（称做再订货点）时，就要向供货点订货来补充库存，订购量为经济订货批量 Q^*。在某一时点有效的库存就是所持有的库存量加上已订购的数量减去已承诺的供货数量（如延期交货的客户订单所订购的货物或已分配到生产过程中的原材料）。经过提前期之后，所有订货批量 Q^*在某一时点被运到。从库存降到再订货点，企业发出补货订单到企业收到所订购货物的这段时期内，可能存在需求超过剩余库存的风险。通过升高或降低再订货点，以及调整 Q^*，我们就可以控制这一时段发生缺货的概率。

图 9－10 举例说明的是单一产品再订货点库存管理系统的运行情况，其中对提前期的需求只知道符合正态分布。该提前期内需求（Demand During Lead Time，DDLT）的均值为 X'，标准差为 s'_d。

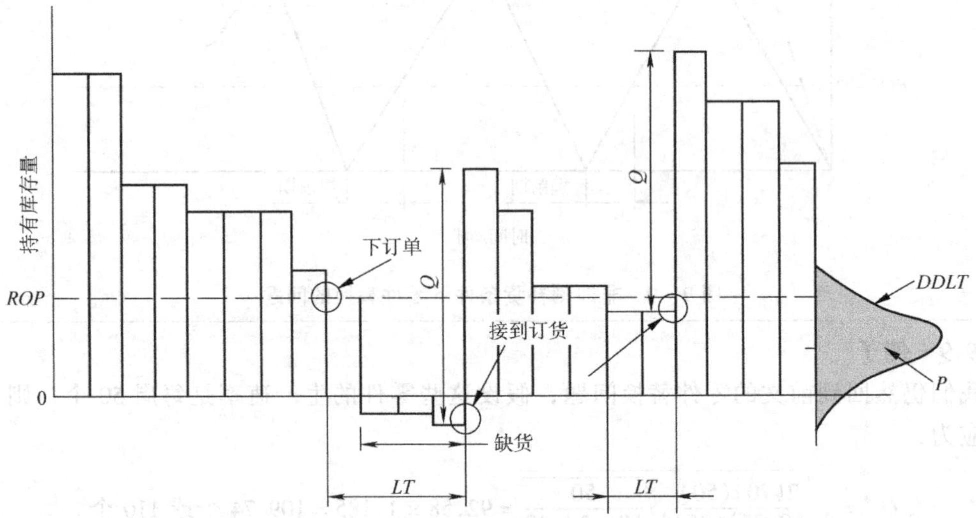

图 9－10 产品需求不确定条件下的再订货点库存控制

通常，我们不能直接知道 X'和 s'_d 的值，但通过汇总提前期内各单期需求的分布情况就很容易估计出这两个值。例如，假设某产品每周的需求呈正态分布，均值 $d=100$ 件，标准差 s_d 为 10 件。提前期是 3 周。我们希望将每周需求分布集中成一个 3 周的提前期内的需求(DDLT) 分布（见图 9－11)。DDLT 分布的均值就是需求速率 d 乘以提前期 LT，或，$X'=d\times LT=100\times 3=300$。DDLT 分布的方差可以通过每周需求分布方差的加总获得（见图 9－11)。即 $s'^2_d=LT\ (s^2_d)$。标准差就是 s'^2_d 的平方根，即

$$s'_d = s_d\sqrt{LT} = 10\sqrt{3} = 17.3$$

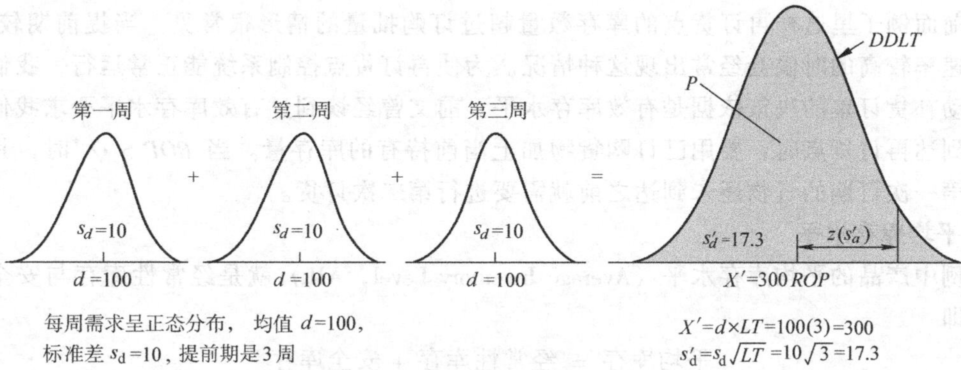

图 9－11 将单期需求分布集中成提前期内需求（DDLT）的概率分布

对 Q^*和 ROP 求解在数学上是相当复杂的，但如果首先根据基本的 EOQ 公式（9－7)[1] 求出 Q^*，就可以得到令人满意的近似值。然后有

$$ROP = d\times LT + z(s'_d) \tag{9-12}$$

z 是距离 DDLT 均值的标准差的倍数，它告诉我们在提前期内（P）的期望现货供应概率。z 值可以通过正态分布表（附录 A）曲线 P 以下区域查到。(见资料 9.10)

资料 9.10 例子

拜尔斯产品公司经销一种名为尖端连接杆的产品，这是一种用于卡车设备的 U 型螺栓。有关该产品的已有数据如下：

每月的需求预测，d	11 107 个
预测的标准差，s_d	3 099 个
补货提前期，LT	1.5 个月
产品价值，C	0.11 美元/个
处理供应商订单的成本，S	10 美元/订单
库存持有成本，I	20%/年
提前期内的现货供应比率，P	75%

再订货批量为

$$Q^* = \sqrt{\frac{2DS}{IC}} = \sqrt{\frac{2(11,107)(10)}{(0.20/12)(0.11)}} = 11\ 008\ 个$$

[1] Sven Axsäter, "Using the Deterministic EOQ Formula in Stochastic Inventory Control," Management Science 42, no. 6 (June 1996): 830.

再订货点为

$$ROP = d \times LT + z(s'_d)$$

式中 $s'_d \sqrt{LT} = 3\ 099\ \sqrt{1.5} = 3\ 795$ 个。查附录 A 可知，当 z 为 0.67 时，正态分布曲线以下部分的面积为 0.75。因此

$$ROP = (1\ 1607 \times 1.5 + 0.67 \times 3\ 795)\text{个} = 19\ 203\text{个}$$

因此，当有效的库存水平降到 19 203 单位时，就应订购 11 008 个。

像前面例子里这样再订货点的库存数量超过订购批量的情形很常见。当提前期较长且/或需求速率较高的时候会经常出现这种情况。为使再订货点控制系统能正常运行，我们只需保证启动补货订单的决策依据是有效库存水平。前文曾经谈到过有效库存水平要求我们在判断是否到达再订货点时，要用已订购货物加上当前持有的库存量。当 $ROP > Q^*$时，其结果就是在第一次订购的货物还未到达之前就需要进行第二次订货。

2. 平均库存水平

上例中产品的平均库存水平（Average Inventory Level，AIL）就是经常性库存与安全库存之和。即

$$\text{平均库存} = \text{经常性库存} + \text{安全库存}$$

$$AIL = Q/2 + z(s'_d) \qquad (9-13)$$

（见资料 9.11）

资料 9.11 例子

对上例中的尖端连接杆问题，平均库存应该为

$$AIL = (11\ 008/2 + 0.67 \times 3\ 795)\text{个} = 8047\text{个}$$

---

3. 总相关成本

总相关成本在比较不同的库存政策或判断偏离最优政策的程度时非常有用。我们在方程（9－6）的基础上增加两个不确定因素：安全库存和缺货成本。这样，总成本可以表示为

总成本 = 订货成本 + 经常性库存的库存持有成本 + 安全库存的库存持有成本 + 缺货成本

$$TC = \frac{D}{Q}s + IC\frac{Q}{2} + ICzs_d + \frac{D}{Q}ks_dE_{(z)} \qquad (9-14)$$

式中，k 是单位缺货成本（Stock－out Cost Per Unit）。这里有必要对缺货成本一词做些解释。第一，综合指标 $s_dE_{(z)}$ 代表订货周期内缺货件数的期望值，$E_{(z)}$ 称为单位正态损失积分（Unit Normal Loss Integral），$E_{(z)}$ 的值是正态偏差 z（见附录 B）的函数。第二，D/Q 是每个时间段（通常为一年）订货周期的数量。由此，订货周期数乘以每个订货周期内缺货数的期望值就等于整个时期总缺货件数的期望值，再乘以缺货成本就得到该阶段的总成本。（见资料 9.12）

资料 9.12 例子

我们继续来看尖端连接杆的例子，假设缺货成本估计为每个 0.11 美元，该产品的年总成本就是

$$TC=\left\{\frac{11107(12)(10)}{11008}+0.20(0.11)\left(\frac{11008}{2}\right)+0.20\,(0.11)\,(0.67)\,(3795)+\frac{11107(12)}{11008}(0.11)\,(3795)\,(0.150)\right\}\text{美元/每年}$$

$$=(121.08+121.09+55.94+68.92)\text{美元/每年}=367.03\text{美元/每年}$$

注：$E_{(z)}=E_{(0.67)}$的值0.150来自附录B，其中z=0.67。

4. 服务水平

前述式（9－1）定义了通过特定库存政策实现的客户服务水平（或产品订单履行率）。用我们现在使用的符号可以将等式重新表达为

$$SL=1-\frac{(D/Q)(s'_d\times E_{(z)})}{D}=1-\frac{s'_d(E_{(z)})}{Q} \tag{9-15}$$

（见资料9.13和9.14）

资料9.13 例子

尖端连接杆问题中实现的客户服务水平是

$$SL=1-\frac{3\,795(0.150)}{11\,008}=0.948$$

即94.8%的时间里，生产尖端连接杆的公司可以满足需求。值得注意的是，此时缺货的概率比提前期内缺货的概率$P=0.75$略高一些。

资料9.14 应用

某生产快接软管接头的工厂采用一种简单的方法来实施再订货点库存管理。该厂在工厂内保有成品库存，客户订单也由工厂来履行。存货被分成两部分。数量等于再订货点的一部分存货被放在有盖的托盘内，存在仓库的储存区。其余的存货放在第二个托盘内。所有订单在履行时都首先使用第二个托盘中的存货。第二个托盘中的存货被全部消耗后，再将第一个托盘从储存区拿出来，放到第二个托盘的位置上。与此同时，向生产部门发出补货订单。这样只用很少或几乎不需要额外的工作量就可以使相当复杂的库存管理系统有效运转。

9.7.2 缺货成本已知情况下的再订货点法

如果缺货成本已知，就没有必要规定客户服务水平了，可以将服务和成本的最佳平衡点计算出来。下面简单介绍一下反复迭代法：

（1）利用基本的EOQ公式得出订货量的近似值。即

$$Q=\sqrt{\frac{2DS}{IC}}$$

（2）通过下式计算提前期内现货供应的概率

$$P = 1 - \frac{Q/C}{Dk} \tag{9-16}$$

或，如果缺货时，销售出现损失 $$P = 1 - \frac{Q/C}{Dk + Q/C} \tag{9-17}$$

解出 s'_d。查出正态分布表（附录 A）中与 P 相对应的 z 值。从单位正态损失积分表（附录 B）查出 $E_{(z)}$。

（3）利用修正的 EOQ 公式计算 Q 的修正值

$$Q = \sqrt{\frac{2D[S + ks'_d E_{(z)}]}{IC}} \tag{9-18}$$

（4）重复第 2、3 步直到 P 和 Q 值不再变化。继续下一步骤。

（5）计算 ROP 和其他所需的统计值。

(见资料 9.15)

资料 9.15 例子

我们再次重复尖端连接杆的例子，已知缺货成本为每个 0.01 美元。

估计 Q

$$Q = \sqrt{\frac{2DS}{IC}} = \sqrt{\frac{2(11\ 107)(12)(10)}{0.20(0.11)}} = 11\ 108 \text{ 个}$$

估计 P

$$P = 1 - \frac{Q/C}{Dk} = 1 - \frac{11\ 108(0.20)(0.11)}{11\ 107(12)(0.11)} = 0.82$$

从附录 A 查得 $z_{@0.82} = 0.91$，从附录 B 查得 $E_{(0.91)} = 0.096\ 8$。

调整 Q

前面已经计算出 DDLT 的标准差 $s' = 3\ 795$ 个，这样

$$Q = \sqrt{\frac{2D[S + ks'_d E_{(z)}]}{IC}} = \sqrt{\frac{2(11\ 107)(12)[10 + 0.01(3\ 795)(0.096\ 8)]}{0.20(0.11)}} = 12\ 872 \text{ 个}$$

调整 P

$$P = 1 - \frac{12\ 872(0.20)(0.11)}{11\ 107(12)(0.11)} = 0.79$$

这样，$Z_{@0.79} = 0.81$，$E_{(0.81)} = 0.118\ 1$

调整 Q

$$Q = \sqrt{\frac{2(11\ 107)(12)[10 + 0.01(3\ 795)(0.118\ 1)]}{0.20(0.11)}} = 13\ 246 \text{ 个}$$

继续调整过程直到 P 和 Q 的变化非常小，进一步计算无实际意义。最终结果是 $P = 0.78$；$Q^* = 13\ 395$ 个；$ROP = 19\ 583$ 个，总相关成本 $TC = 15\ 019$ 美元，实际服务水平 $SL = 96\%$。

9.7.3 需求和提前期不确定条件下的再订货点法

考虑提前期的不确定性可以使再订货点模型进一步接近实际。我们要做的就是在需求和

提前期不确定的情况下找到DDLT分布的标准差 s'_d。这可以通过将需求波动和提前期波动累加获得，由此得到 s'_d 的修正公式，即

$$s'_d = \sqrt{LTs_d^2 + d^2 s_{LT}^2} \qquad (9-19)$$

其中，s_{LT}是提前期的标准差[1]。(见资料9.16)

资料9.16 例子

在尖端连接杆问题中，s_{LT}为0.5个月，那么，s'_d 值为

$$s'_d = \sqrt{1.5(3\,099)^2 + 11\,107^2(0.5)^2} = 6\,727\text{个}$$

用这种方式将需求与提前期的波动合并在一起，s'_d 和由此确定的安全库存量就会大量增加。布朗（Brown）特别指出，需求和提前期的分布可能并不互相独立[2]。相反，补货订单发出时，就很可能已经知道了该订单的提前期。因此，使用式（9-19）可能导致 s'_d 过大，安全库存过多。如果提前期确实变化不定，布朗建议使用下列更精确的方法计算提前期内需求的标准差:

> 预测每个提前期的需求。当你启动补货程序时提前期就开始了……记录年初到当日的需求。之后，在收到货物时，根据定义，也是提前期结束之时，再考察年初到当时的需求。根据定义，年初到当时的需求与年初到发出补货订单时的需求相减之差，就是提前期内需求的准确值。该变量的值可以进行预测（通常用很简单的预测模型），其方差就是提前期内需求的变动，也正是我们要求的值[3]。

另一种方式准确性稍差，即用最长的提前期作为平均提前期，将 S_{LT}设为零（0）。标准差用 $s'_d = s_d\sqrt{LT}$计算得出。(见资料9.17)

资料9.17 例子

假设库存由经销商保有，某产品的预测需求为 $d = 100$/天，$s_d = 10$/天。使用再订货点法管理库存。从供应地到用户所在地的供应渠道包括多个点，产品流动过程可能要花费一定的时间。这些时间的分配就构成补货提前期，如图9-12所示。在集散地或在卡车上只有很少的库存。我们还已知

$I = 10\%$/年
$S = 10$美元/订单
$C = 5$美元/件
$P = 0.99$

确定经销商所持有的平均库存。

解决方案

运用再订货点法。但是，要确定提前期内需求分布的统计参数，需要将整个渠道的提前期考虑在内。

---

[1] 如果需求已知（$s_d = 0$）而提前期不确定，那么 $s'_d = ds_{LT}$。

[2] Robert G. Brown, Material Management Systems (New York: John Wiley, 1977), 150-151.

[3] 同上。

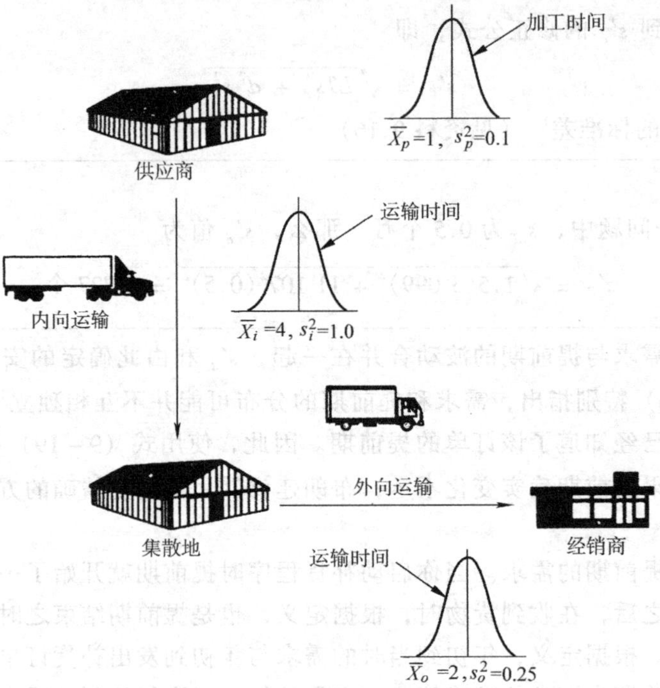

图 9－12 供应渠道中的多个时间因素

如前文所述

$$s'_d = \sqrt{LTs_d^2 + d^2 s_{LT}^2}$$

从式（9－18）可得

$$\begin{aligned} s_{LT}^2 &= s_p^2 + s_i^2 + s_o^2 \\ &= (0.1 + 1.0 + 0.25)\text{天} \\ &= 1.35\text{天} \end{aligned}$$

和

$$\begin{aligned} LT &= X_p + X_i + X_o \\ &= (1 + 4 + 20)\text{天} \\ &= 7\text{天} \end{aligned}$$

这样

$$\begin{aligned} s'_d &= \sqrt{7 \times 10^2 + 100^2 \times 1.35}\text{件} \\ &= \sqrt{14\,200}\text{件} \\ &= 119.16\text{件} \end{aligned}$$

且

$$AIL = \frac{Q^*}{2} + zs'_d$$

其中

$$Q^* = \sqrt{\frac{2(100)(10)}{0.1(5)}}\text{件}$$
$$= 63\text{件}$$

最后，平均库存水平为

$$AIL = \left[\frac{63}{2} + 2.33(119.16)\right]\text{件}$$
$$= 309\text{件}$$

9.7.4 需求不确定条件下的定期盘点模型

除了再订货点法以外，另一种库存管理方法是定期盘点法。虽然再订货点法可以对每种产品的库存进行精确控制，因而实现最低相关总成本，但该方法有一些经济上的弱点。例如，每种产品可能在不同的时间进行订货，因而失去了联合生产、联合运输或联合采购带来的成本节约。在管理上，再订货点法要求时刻监控库存水平。而另一种方法——定期盘点法则可以在同一时间对多种产品的库存水平进行核查，从而可以联合订货。使用定期盘点法会导致库存水平略有上升，但持有成本的上升可能远低于管理成本的降低、价格和/或采购成本的下降。

企业更愿意使用定期盘点法的原因可以概括如下：

(1) 可以运用库存系统手册，且按照确定的时间表来盘点库存非常方便。企业可以循环盘点，每天或每周盘点一部分存货，可以 ABC 分类为基础（A 类产品的再订货频率比 B 类产品高）。这样也可以使人员工作量更平均。

(2) 可从同一供货来源联合订购多种产品。

(3) 订购的产品对供货厂的生产批量影响很大，更容易预测订货。

(4) 在同时订购几种产品时，可能节约大量的运输费用[1]。

1. 单一产品的库存控制

需求不确定的情况下，定期盘点模型与再订货点模型非常相似。但定期盘点法一个重要的区别就是要防备订购间歇期和提前期内需求的波动，而再订货点法中只有提前期内需求的波动对安全库存的计算非常重要。由此造成定期盘点模型比再订货点模型更复杂，更难精确计算，但近似解完全可以成为合理的答案。

在库存管理中使用近似解是合理的，因为总成本曲线底部平坦，政策变量略微偏离最佳值只会导致总成本很小的变化。

定期盘点法的运作如图 9 - 13 所示。即，按预先确定的周期（T）核查某种产品的库存。盘点后的订货量就是最大值（M）与盘点时所持有的库存量之差。因此，就可以通过设定 T^*和 M^*控制库存。

对最佳盘点周期的近似计算首先从基本库存管理模型开始。即

[1] Lynn E. Gill, George Isoma, and joel L. Sutherland, "Inventory and Physical Distribution Management," in The Distribution Handbook, ed. James F. Roberson and Rovert G. House (New York: The Free Press, 1985), 673.

$$Q^* = \sqrt{\frac{2DS}{IC}}$$

盘点周期是

$$T^* = \frac{订购量}{年需求} = \frac{Q^*}{D}$$

盘点周期应确定为与企业实际经营最相匹配的值。当然，这并不一定能保证政策的最优。

其次，求订货间隔加上提前期［DD（$T^* + LT$）］的需求分布，如图 9－14 所示。在某一点，保护期内缺货的概率（$1 - P$）等于正态分布曲线下方区域的面积，该点即最高库存水平点（M^*）。该点可由下式计算得出

$$M^* = d(T^* + LT) + z(s'_d) \tag{9-20}$$

其中，d（$T^* + LT$）是 DD（$T^* + LT$）分布的均值，d 是平均日需求量，s'_d 是 DD（$T^* + LT$）分布的标准差。这样，标准差可从下式计算而得

$$s'_d = s_d\sqrt{T^* + LT} \tag{9-21}$$

其中提前期是确切已知的。

平均库存水平是

$$AIL = \frac{dT^*}{2} + z(s'_d) \tag{9-22}$$

总相关成本的计算公式与再订货点法的公式一样，即式（9－14）。（见资料 9.18）

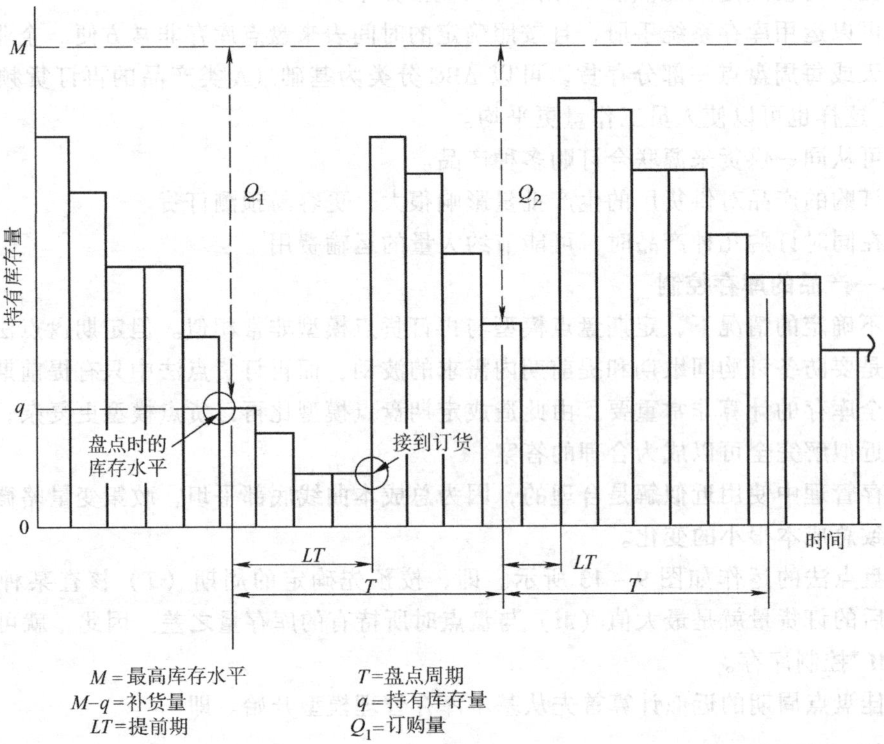

图 9－13 需求不确定条件下，单一产品的定期盘点库存管理

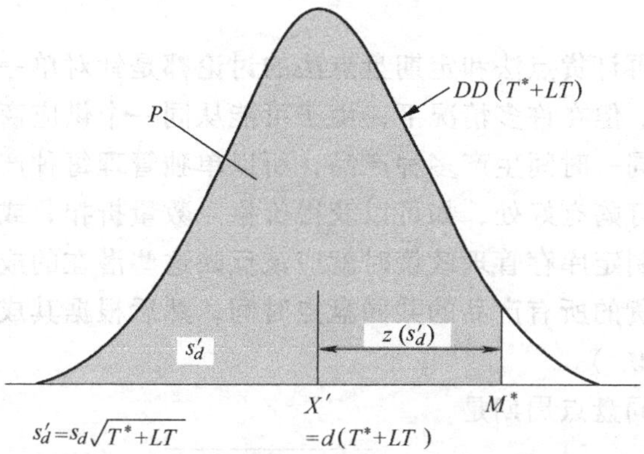

图 9-14　定期盘点库存管理法中订货间隔期加提前期内的需求分布

资料 9.18　例子

我们仍用尖端连接杆问题的数据（见资料 9.10 中的例子），但现在要制定的是定期盘点库存管理政策。

求 T^*和 M^*　最佳订货批量与再订货点管理方式下的相同，或者说，都是 11 008 件。订货周期是

$$T^* = \frac{Q^*}{D} = \frac{11\ 008}{11\ 107} = 0.991 \text{ 或 } 1 \text{ 个月}$$

那么，盘点周期加提前期内需求的标准差是

$$s'_d = s_d\sqrt{T^* + LT} = 3\ 099\sqrt{0\ 991 + 1.5} = 4\ 891 \text{ 件}$$

$P = 0.75$ 时的最高库存水平就是

$$\begin{aligned} M^* &= d(T^* + LT) + z(s'_d) \\ &= [11\ 107(0.991 + 1.5) + 0.67(4\ 891)] \text{ 件} \\ &= 30\ 945 \text{ 件} \end{aligned}$$

库存管理政策就是每月盘点一次，补货订购量就是 30 945 件与所持库存之差。

平均库存水平　实施本库存政策预计平均库存水平是

$$AIL = \frac{dT^*}{2} + z(s'_d) = [\frac{11\ 107(0.991)}{2} + 0.67(4\ 891)](\text{件}) = 8\ 780 \text{ 件}$$

总成本　根据式（9-14），总的相关成本是

$$TC = [121.08 + 121.09 + 0.20(0.1)(0.67)(4\ 891) + \frac{11\ 107(12)}{11\ 008}(0.01)(4891)(0.150)] \text{美元}$$

$$= (121.08 + 121.09 + 72.09 + 88.83) \text{美元} = 403.09 \text{ 美元}$$

值得注意的是，与再订货点法相比，定期盘点法的总成本稍高（367.03 美元与 403.09 美元）。

服务水平　根据式（9-15），所实现的服务水平是

$$SL = 1 - \frac{4\ 891\ (0.150)}{11\ 008} = 0.993$$

注：需要提醒各位研究者注意的是，在运用该方法确定定期订货系统的服务水平（订单履行水平）时，只有在履行率高于 90% 且需求变化不大时，才可以得到精确的估计。[1]

[1] M.Eric Johnson, Hau L. Lee, Tom Davis, and Robert Hall, "Expressions for Item Fill Rates in Periodic Inventory Systems," Naval Research Logistics, Vol. 42 (1995), pp. 57-80.

2. 联合订货

到此为止，我们对再订货点法和定期盘点法的讨论都是针对单一产品，即假设对各种产品的库存单独进行管理。但在许多情况下，由于可能从同一个供应商那里购买多个品种的货物，或者在同一地点、同一时间生产多种产品，所以单独管理每种产品并非最佳办法。只要将产品组合在一起同时订购有好处，如可以获得价格－数量折扣，或达到供应商、承运人或生产的最低数量要求，制定库存管理政策时就应该反映这些潜在的成本节约。联合订货的库存管理包括确定联合订货的所有产品的共同盘点时间，然后根据其成本和服务水平求出每种产品的最高库存水平（M^*）。

联合订货产品的共同盘点周期是

$$T^* = \sqrt{\frac{2(O + \sum_i S_i)}{I\sum_i C_i D_i}} \tag{9-23}$$

其中，O 是订单采购的联合成本，下标 i 代表某种特定产品。每种产品的最高库存水平是

$$M^*_i = d_i(T^* + LT) + z_i(s'_d)_i \tag{9-24}$$

总相关成本是

总成本＝订购成本＋经营性库存持有成本＋安全库存持有成本＋缺货成本

$$TC = \frac{O + \sum_i S_i}{T} + \frac{TI\sum_i C_i D_i}{2} + I\sum_i C_i z_i(s'_d)_i + \frac{1}{T}\sum_i k_i(s'_d)_i[E_{(z)}]_i \tag{9-25}$$

这里仅用两种产品联合订货作为例子。使用更多的产品品种不过是增加不必要的计算量。（见资料 9.19）

资料 9.19 例子

某企业对来自同一供应商的两种产品进行联合订货。现有数据如下：

	产品	
	A	B
需求预测（件/日）	25	50
预测误差（件/日）	7	11
提前期（日）	14	14
库存持有成本（%/年）	30	30
采购成本（美元/订单/产品）	10	10
含联合成本（美元/订单）	30	
订货周期加提前期内供应现货的概率	70	75
产品价值（美元/件）	150	75
缺货成本（美元/件）	10	15
每年的销售天数	365	365

盘点时间 根据式（9－23），两种产品的联合盘点时间是

$$T^* = \sqrt{\frac{2[30 + (10 + 10)]}{[0.30/365][150(25) + 75(50)]}} = 4.03\text{，或 4 天}$$

须注意的是，我们应该使需求和持有成本的时间单位与该周期的时间单位相符。

最高库存水平 根据式（9－24）首先可得出产品 A 的最大订货量

$$(s'_d)_A = (s_d)_A\sqrt{T^* + LT} = 7\sqrt{4+14} = 29.70 \text{件}$$

然后，查得 $z_{p=0.70}=0.52$（见附录 A），M'_A 是

$$M'_A = [25(4+14) + 0.52(29.70)] \text{件} = 465 \text{件}$$

产品 B 的最高库存水平也可以用类似方法求得。首先

$$(s'_d)_B = 11\sqrt{4+14} = 46.67 \text{件}$$

随后，查出 $z_{p=0.75}=0.67$，M'_B 是

$$M'_B = 50(4+14) + 0.67(46.67) = 931 \text{件}$$

平均库存水平　根据式（9-22），产品 A 的平均库存水平是

$$AIL_A = 25\,\frac{4}{2} + 0.52(29.70) = 65 \text{件}$$

对产品 B，则是

$$AIL_B = 50\,\frac{4}{2} + 0.67(46.67) = 131 \text{件}$$

总相关成本　利用式（9-25），产品 A 和 B 每年的总成本为

$$TC = \Bigg\{\frac{30+2(10)}{4/365} + \frac{[4/365][0.30][150(25)+75(50)][365]}{2} + 0.30[150(0.52)(29.70) + 75(0.67)(46.67)] + \frac{1}{4/365}[10(29.70)(0.191\,7) + 15(46.67)(0.1503)]\Bigg\}\text{美元/每年}$$

$$= (4\,563 + 4\,500 + 1\,399 + 14\,796)\text{美元/每年}$$

$$= 25\,258 \text{美元/每年}$$

服务水平　根据式（9-15），产品 A 实际达到的服务水平是

$$SL_A = 1 - \frac{29.70(0.191\,7)}{Q^*}$$

对式（9-8）做简单的代数运算，得到 $Q^* = T^*d = 4.03\ (25) = 101$。因此，

$$SL_A = 1 - \frac{29.70(0.191\,7)}{101} = 0.944$$

对产品 B

$$SL_B = 1 - \frac{46.67(0.150\,3)}{4.03(50)} = 0.966\,5$$

9.7.5　实用拉动式库存管理方法

到此为止，本章所讨论的模型都可作为实践中应用的库存控制方法的理论基础。下面给出的是一些实际的例子。

1. 最低-最高库存管理法（A Min-Max System）

库存管理中的最低-最高管理法恐怕是所有库存管理方法中运用最为广泛的。过去，该方法在实施中经常是用手工控制，使用分类卡（卡尔德克斯系统，Kardex System）来进行记录，但也有许多实现了计算机化的库存管理。图 9-15 就举例说明了这类簿记和库存管理方法。最低-最高库存管理法是再订货点法的另一种形式，但与后者相比有两点不同。从图

9-16我们看到当库存水平达到再订货点时，要订购的货物数量就是目标库存量 M（最高点）与所持库存量 q 之差。注意不要将该方法与定期盘点法混淆。最高库存水平 M 就是再订货点模型中的再订货点（*ROP*）加经济订货批量（Q^*）。因为手持库存量低于再订货点的数量要加到 Q^* 上，所以两种方法的补货量不一定相同。之所以需要额外件数的产品，是由于两次库存记录更新之间，往往会出现对许多件产品的需求，从而产品库存往往降低不止一单位。如前所述，再订货点管理法中的 Q^* 和 *ROP* 都是近似值。尽管最低-最高库存管理可以进行精确的计算[1]，但平均来看，近似方法得出的总成本仅比最优水平高出3.5%[2]。图9-15所示的卡尔德克斯卡片中，记录的是某办公用品经销商销售特定等级的优质证券纸的交易。我们注意看一下卡片右下脚的最小值和最大值。当所持库存降到125 000单位以下时，需要订购250 000~125 000单位的证券纸。值得注意的是，记录上的再订货量不是预想的125 000单位。为什么呢？因为该公司计划向同一造纸厂联合订购其他品种的货物。此时通常会有最低订货量的要求，这样，当一种产品达到再订货点时，就有可能达到或没达到再订货点的其他产品进行联合“补货”。通过这种方法，企业可以在联合订货的环境下强制使用单一产品的再订货点法。

日期	客户订购	售出	库存	日期	客户订购	售出	库存	日期	客户订购	售出	库存
10/26	Bal Fwd		80 500	2/2	Copies	50 000	35 000	3/30	Sup Meats	25 000	20 000
10/26	100M		180 500	2/5	Bel-Gar	5 000	30 000	3/30	Copies	50	19 950
10/30	Progression	20 000	160 500	2/6	Bel-Gar	15 000	15 000	3/30	Ptrs Dvl	5 000	14 950
10/30	Ogleby	25 000	135 500	2/6	Superior	25 000	0*	3/30	Belmont	10 000	4 950
11/2	Mid Ross	15 000	120 500	2/6	Unt Sply	15 000	0*	4/2	Berea Prtg	4 950	0
11/9	Unt Sply	50 000	70 500	2/6	Berea Prtg	15 000	0*	4/2	Berea Prtg	15 050	0*
11/29	Berea Lit	25 000	45 500	2/8	Sagamore	5 000	0*	4/9	REM	500	0*
12/1	Dol Fed	10 000	35 500	2/14	100M		100 000	4/12	Mid Ross	5 000	0*
12/13	Card Fed	20 000	15 500	2/15	50M		150 000	5/7	Ohio Ost	5 000	0*
12/14	Belmont	15 000	500	2/16	Bel-Gar	5 000	145 000	5/8	lnkspots	5 000	0*
12/15	Shkr Sav	5 000	500*	2/21	Bel-Gar	15 000	130 000	5/8	Prts Dvl	2 500	0*
1/8	BFK	500	0	2/26	Inkspot	5 000	125 000	5/11	100M		100 000
1/8	100M		100 000	2/27	Lcl 25UAW	50 000	75 000	5/14	BVR	5 000	95 000
1/8	Card Fed	30 000	70 000	2/28	Ptrs Dvl	2 500	72 500	5/15	Guswold	10 000	85 000
1/9	Pt of View	10 000	60 000	2/28	Shkr Sav	25 000	47 500	5/16	ESB	15 000	70 000
1/17	Am Safety	5 000	55 000	3/1	Copies	35 000	12 500	5/16	Superior	50 000	20 000
1/23	Foster	15 000	40 000	3/2	Untd Tor	10 000	2 500	5/16	J Stephen	5 000	15 000
1/24	Gib Prtg	5 000	35 000	3/8	Sagamore	2 500	0	5/16	Am Aster	15 000	0*
1/26	Bel-Gar	5 000	30 000	3/8	Sagamore	12 500	0*	5/16	Am Aster	10 000	0*
1/26	Copies	20 000	10 000	3/12	150M		150 000	5/22	Sagamore	15 000	0*
1/29	Slvr Lake	5 000	5 000	3/12	Untd Tor	40 000	110 000	Coding 21200			
1/29	100M		105 000	3/12	Preston	50 000	60 000	M.Base Cost	Date	Min	125M
2/2	Sagamore	20 000	85 000	3/20	Midland	15 000	45 000	2.64	4/2	Max	250M

尺寸	米/吨	货号	粒度	颜色	包装	等级	货架位置	连续滑板宽度	备注
8½×14	12.72	20	L	白色	卷筒包装	高级证券纸	F14	5m	

图9-15 某办公用品经销商利用卡尔德克斯记录卡对标准纸制品实施最低-最高库存管理法

*无库存或库存不足以满足需求。

[1] Rein Peterson and Edward Silvers, Decision Systems for Inventory Management and Production Planning (New York: John Wiley, 1979), 540-543

[2] B. Archibald, “Continuous Review (s. S.) Policies for Discrete Compound Poisson Demand Process” (Ph. D. diss, University of Waterloo, 1976)

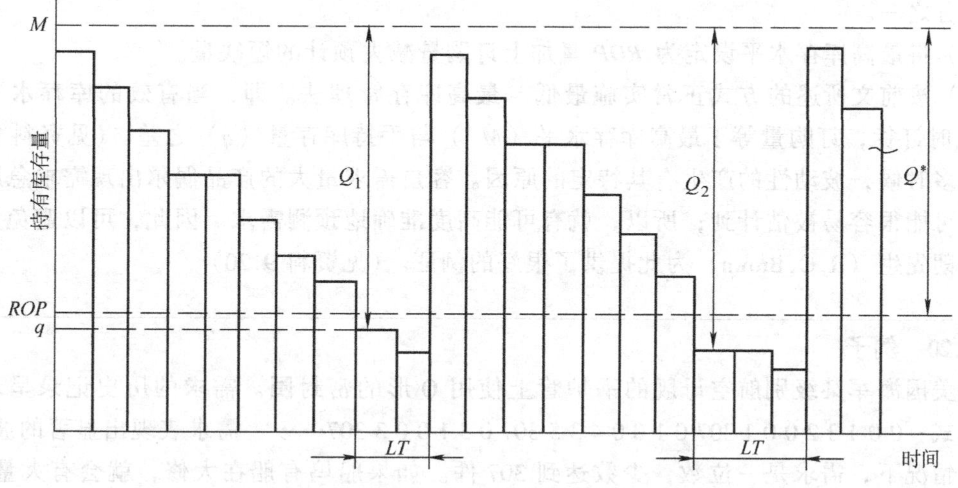

图 9-16　最低-最高库存管理法——再订货点法的一种变形

尽管未必优于适时管理或快速反应，最低-最高库存管理法非常合适需求上下波动或变化无常的情况，尖峰式需求常常与周转慢的产品联系在一起，当然不限于此。实际上，需求呈尖峰式变化的产品在许多企业可能占产品类别总数的50%以上。利用我们所学的方法，可以对最低-最高库存管理法做如下调整以适应不规律需求。

（1）如果数据充分，将至少30个时期的需求平均数作为预测需求。计算各时期需求的标准差。如果标准差大于需求速率，说明需求是上下波动的，进入下一步骤。

（2）利用前文所述的任一种恰当的方法计算订购量。

（3）因为订货时的库存量可能远远低于再订货点，就需要调整 *ROP* 以达到平衡。也即，除了在通常构成 *ROP* 的安全库存之上增加提前期的需求以外，还应在 *ROP* 之上增加预计短缺量（Expected Deficit），就是补货前平均库存水平可能下降的幅度。参照图 9-17。

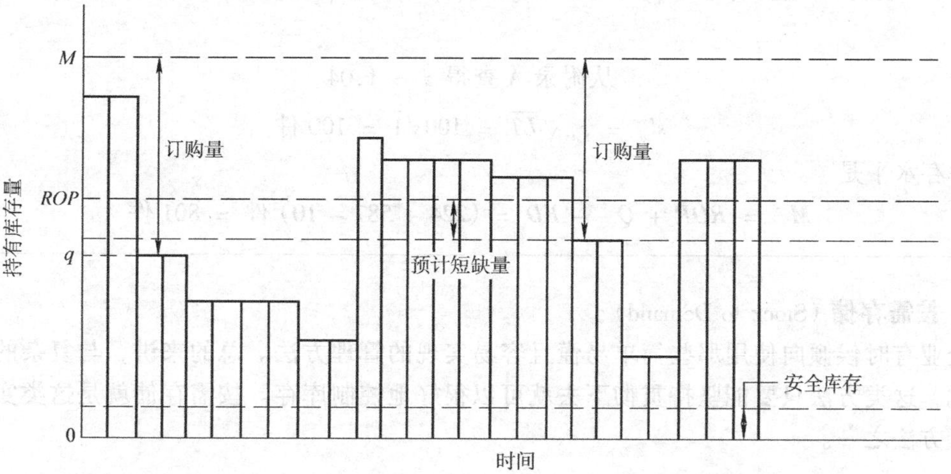

图 9-17　不规则需求条件下的最低-最高库存管理法

(4) 预计短缺量（该时期平均销售量）约等于库存记录更新期间的期初和期末所持库存量的二分之一。

(5) 将最高库存水平设定为 *ROP* 量加上订购量减去预计的短缺量。

(6) 按前文所述的方式正常实施最低-最高库存管理法。即，当有效的库存水平降到 *ROP* 点时订货，订购量等于最高库存水平（M^*）与手持库存量（q）之差。（见资料 9.21）

很多时候，波动性的产生有其特定的原因。客户需求量大的产品偶尔出现需求急剧上升的情况可能很容易被估计到；所以，就有可能高度准确地预测需求。因此，可以避免大量库存。布朗先生（R.G.Brown）为此提供了很好的例证。（见资料 9.20）

资料 9.20 例子

在美国海军某级别航空母舰的锅炉管上使用 O 形的密封圈。需求的历史记录呈现出这样的形式：0 0 1 3 2 0 0 1 307 0 1 0 0 4 3 5 307 0 3 1 0 0 3 307……。需求表现出显著的波动性。但多数情况下，需求是一位数，少数达到 307 件。如果船坞有船在大修，就会有大量需求，而船舶大修要提前两年做计划[1]。

资料 9.21 例子

某产品库存的每周需求速率为 $d = 100$ 件，标准差 $s_d = 100$ 件。产品成本为 1.45 美元，采购成本为每订单 12 美元，每年库存持有成本是 25%，订货提前期为 1 周。提前期内有现货的概率不小于 85%。有关库存持有数量的记录每天更新，每天平均销售 10 件，预计短缺量 *ED* 近似等于 10 件。

由于 $s_d \geqslant d$，因此产品需求表现出明显的波动特征。可求得订购量为

$$Q^* = \sqrt{\frac{2DS}{IC}} = \sqrt{\frac{2(100)(52)(12)}{0.25(1.45)}} = 587 \text{ 件}$$

ROP 是

$$ROP = dLT + z(s'_d) + ED = [100(1) + 1.04(100) + 10] \text{ 件} = 214 \text{ 件}$$

其中

$$\text{从附录 A 查得 } z = 1.04$$

$$s'_d = s_d\sqrt{LT} = 100\sqrt{1} = 100 \text{ 件}$$

最高库存水平是

$$M^* = ROP + Q^* - ED = (224 + 587 - 10) \text{ 件} = 801 \text{ 件}$$

---

2. 按需存储（Stock to Demand）

企业有时候倾向使用那些简单易懂且容易实现的管理方法。总的来讲，与复杂的统计方法相比，这类方法只要能坚持贯彻下去就可以很好地控制库存。按需存储就是这类实用的库存管理方法之一。

---

[1] Brown, Materials Management Systems, 250

按需存储法可描述如下，对某种产品的需求速率进行预测。预测值乘以一个代表盘点周期、补货提前期，以及包含需求预测和提前期不确定性的时间增量的因子，就得到目标值。预测时还要记录所持库存量，而订购量就等于目标值减去所持库存量。按需存储库存控制法实际上是一种定期盘点的方法。（见资料 9.22）

资料 9.22 例子

某大型保险公司的材料管理员每个月要对职员需要的办公用纸进行预测。某月，复印纸的使用量预计为 2000 令。库存记录显示现有存货 750 令，没有在途货物，也没有保留订单的货物。向纸张经销商订货后一周才能收到货物。而材料管理员希望手中有相当于一周需求量的额外存货作为安全库存。

预测的需求要乘以一个因子 6/4，该因子的计算如下：

预测/盘点周期	4 周
提前期	1 周
安全库存	1 周
总计	6 周

因为预测值代表 4 周的需求，所以以总的时期要除以预测时期。

订购量是［2000（6/4）－750］令＝2250 令。

3. 多产品、多地点的库存管理（Multiple－Item，Multiple－Location Control）

实践中的库存管理的确是一个大问题，常常涉及在众多存储点储存的数百种产品，这些产品又来自多个工厂。工厂和存储点之间的运输涉及各种各样的运输方式。尽管可以将库存管理问题看成是多个单一产品、单一存储点的问题，但也可以用一种总体的方法集中考虑几个重要的经济问题，如以整车方式运输，或以经济批量生产。我们来看看某化工公司是如何处理其库存管理问题的。（见资料 9.23）

资料 9.23 应用

某制造商生产饭店、医院、洗车厂、制造企业、学校使用的清洁化工品，其 200 多类产品 750 多个品种销售到全国各地。产品储存在约 40 个仓库内，但并非每个仓库都储存所有产品。公司生产的肥皂类产品年销量达 2.2 亿美元，其中 70%通过存储系统分拨。该工厂开发了自动化的库存管理系统，以期按图 9－18 所示的方法来控制库存水平。我们来看看该系统是如何运作的。

每个月企业都会以指数平滑法对仓库中的每一种产品做预测。为了平衡计算机系统的工作量，应将预测工作均匀分布到整个月中去。各仓库每天都要核查其计算机库存记录中各种产品的库存持有量。

推动库存管理系统设计的主要经济动力是，将货物累积起来以达到整车运量。在综合考虑仓库中所有产品的条件下，订单累积时间（Time to Accumulate a Stock Order，*TASO*）可以用整车运量除以库内所储产品的需求速率得出来。这也是平均盘点时间，利用它可以计算出每种产品的最大库存量。

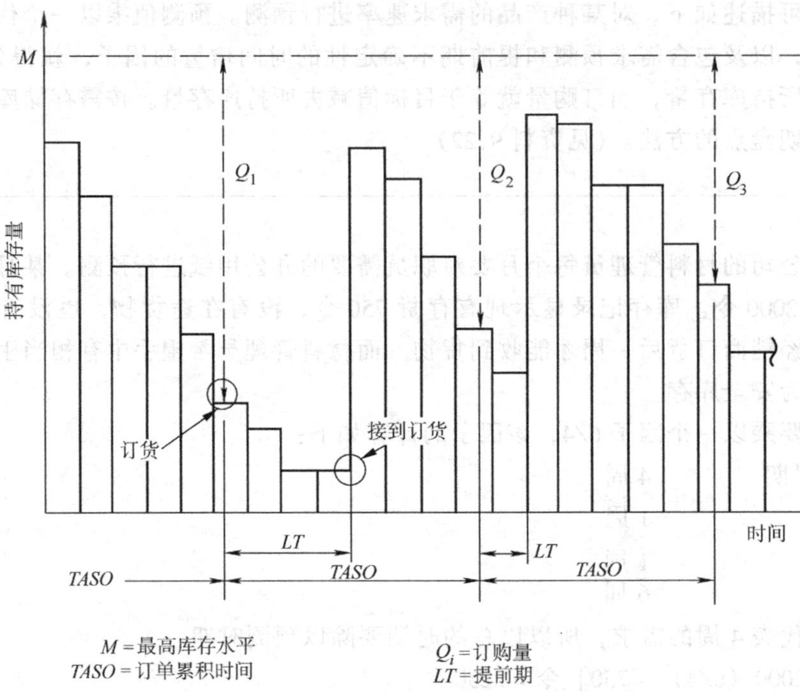

图 9－18 某化工公司的多产品、多存储点库存管理系统对某一产品库存的管理

企业对仓库中的产品每月进行一次预测，每月核查一次库存水平，随后汇总每种产品最高库存量和所持库存量之间的差额。如果累计差额超过或等于整车运量，就向供货工厂订货。尽管这种方法对每种产品的管理并不精确，但获得了主要的成本节约。

一些辅助措施也有助于该管理方法的顺利实施。第一，为了避免某种产品在订单中的订购量过小，产品的需要量应超过其最高库存量的 10%。第二，如果单独一种产品的需要量不足以装满一卡车，为避免该产品缺货，库存管理员要做低库存报告，指明在该产品的现有需求速率继续保持不变的情况下，下一次货物运到之前该产品会出现缺货。这样，可能的情况下，管理员就可以采取措施在正常订购程序之外进行订货。第三，库内新品种累积的销售记录少于 6 个月时，不用指数平滑法对其进行预测，而由销售人员提供临时性预测。本系统可以提供的报告有库存状况报告、缺货报告、预测和运输报告等。

4. 多层级库存管理（Multiple－Echelon Control）

如本章图 9－1 所示，库存遍布供应渠道的各个环节。这些库存很少是相互独立的。也就是说，供应零售店的仓库库存是零售店库存的后援。依此类推，工厂库存是仓库库存的后援。如果在基层仓库持有大量库存，那么为了维持同样的总产品现货供应能力，渠道的下一层（如零售店）所需要的库存就会少一些。这样，管理整个渠道的库存而非各自独立的存储点库存就变得十分重要。

我们用一个基本库存管理系统可以近似地描述一个运营良好的多级库存管理。该系统的基本逻辑是，供应渠道中的每一级都按自己的库存水平加上来自所有下游的库存来进行库存计划。也即，每一级库存水平的计划都不是仅仅考虑自己下一级的需求信息，而是考虑最终客户的需求信息。上游在库存计划时考虑最终消费者的需求，就能减少这一级需求的变化性。整个供应渠道的需求特征是：从最终客户越往上游，每一级需求的尖峰特征越强。在库存规划时，只考虑下一级订单会比考虑最终客户需求的安全库存水平更高。

如图 9－19 所示，一个简化的二级供应渠道可以是一个仓库-零售商渠道。零售商用自己的库存为最终客户提供服务，仓库为零售商补货。在基本库存管理系统中，零售商用任何合适的方法控制库存水平，比如，再订货点法。零售商从零售领域的最终客户得到需求信息。零售商的库存水平是持有的库存加上向仓库订货的数量。

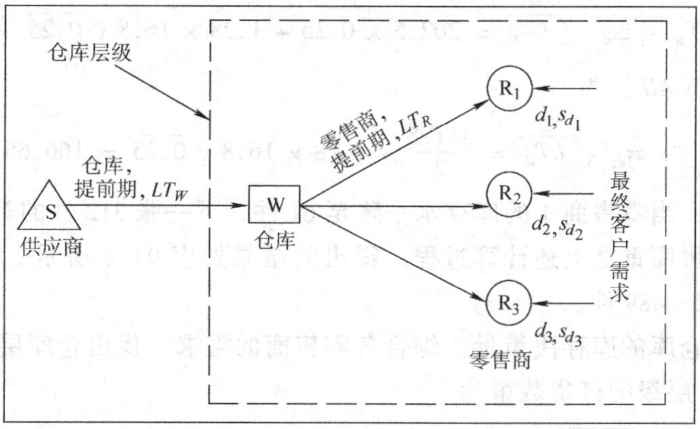

图 9－19　常见的多层级供应渠道

对零售商的上一级（仓库）而言，计划时使用的需求是最终客户对所有零售商的产品需求的汇总。仓库这一级的库存水平不是仓库自己，而是零售商库存、仓库中的库存、进出仓库的在途（订单上）库存的总和。再订货点和再订货数量取决于这一级的库存水平而不是仓库自己的库存水平。假设没有在途库存，用仓库这一级的库存水平减去零售商的平均库存水平可以得到仓库的平均库存水平。

在供应链中可以用基本库存系统方法对更多的层级进行库存计划。需要注意的是，在进行每一级库存计划时，所依据的是最终产品需求而不是根据下一级的订单。（见资料 9.24）

资料 9.24　例子

设分拨系统的一部分如图 9－19 所示。零售商根据最终客户的需求预测零售领域的需求。零售商对各种产品的月需求预测如表 9－5 所示。

表 9－5　典型零售商的月需求和仓库层级的总需求

	一月	二月	三月	四月	五月	六月	七月	八月	九月	十月	十一月	十二月	平均	标准差
零售商 1	218	188	225	217	176	187	221	212	210	203	188	185	202.5	16.8
零售商 2	101	87	123	101	95	97	93	131	76	101	87	114	100.5	15.6
零售商 3	268	296	321	312	301	294	285	305	289	303	324	332	302.5	18.0
总计	587	571	669	630	572	578	599	648	575	607	599	631	605.5	32.4

产品在零售这一级的单位价值为 $C_R = 10$ 美元，在仓库的单位价值为 $C_W = 5$ 美元。持有成本为每年 $I = 20\%$。零售商的补货订单的单位处理成本是 $S_R = 40$ 美元/订单，仓库的是 $S_W = 75$ 美元/订单。零售商的补货提前期是一周（$LT_R = 0.25$ 月），仓库的补货提前期是两

周（$LT_W=0.5$ 月）。零售商和仓库都保证提前期内 90% 的现货供应比率。零售商和仓库的订货点和订货数量用再订货点法求出。问仓库需要多少库存？

首先，计算各零售商的库存决策量。对零售商 1，订货量（Q）为

$$Q_1=\sqrt{\frac{2D_{R_1}S_R}{IC_R}}=\sqrt{\frac{2(202.5\times 2)(40)}{0.20(10)}}=311.8 \text{ 或 } 312 \text{ 件}$$

再订货点（ROP）为

$$ROP_1=d_1\times LT_R+zs_{d_1}\sqrt{LT_R}=202.5\times 0.25+1.28\times 16.8\sqrt{0.25}=61.38 \text{ 或 } 61 \text{ 件}$$

平均库存水平（AIL）为

$$AIL_1=\frac{Q_1}{2}+zs_{d_1}\sqrt{LT_R}=\frac{311.8}{2}+1.28\times 16.8\sqrt{0.25}=166.65 \text{ 或 } 167 \text{ 件}$$

库存控制法则：当零售商 1 的库存水平降至 61 件，下一张 312 件的补货订单。

对另外两个零售商重复上述计算过程。得出的结果如表 9 - 6 所示。零售商这一级的库存为 167 + 120 + 202 = 489 件。

接下来，计算仓库的库存决策量。综合各零售商的需求，找出仓库层级的需求特征，如表 9 - 6 所示。仓库层级的订货数量为

$$Q_W=\sqrt{\frac{2D_WS_W}{IC_W}}=\sqrt{\frac{2(605.5\times 12)(75)}{0.20(5)}}=1\,043.98 \text{ 或 } 1\,044 \text{ 件}$$

ROP 为

$$ROP_W=d_W\times LT_W+zs_W\sqrt{LT_W}=605.5\times 0.5+1.28\times 32.4\sqrt{0.5}=332.03 \text{ 或 } 332 \text{ 件}$$

该层级的 AIL 为

$$AIL_W=\frac{Q_W}{2}+zs_W\sqrt{LT_W}=\frac{1\,043.98}{2}+1.28\times 32.4\sqrt{0.5}=551.32 \text{ 或 } 551 \text{ 件}$$

然而，仓库的预期库存水平是仓库层级的库存水平减去零售层级的库存水平，或 551 - 489 = 62 件。假设渠道中没有库存。

仓库库存管理决策是对仓库层级的库存水平进行监控，仓库层级的库存是各零售商库存、仓库库存、仓库订单上的库存和零售店订单上的库存减去已经出售给最终客户但尚未从库存中扣除的部分的总和。当该层级的库存水平降至 332 件时，下一张 1 044 件的订单给供应商。

表 9 - 6 零售商库存统计

	零售商 1	零售商 2	零售商 3
再订货量，Q	312	220	381
再订货点，ROP	61	35	87
平均库存，AIL	167	120	202

如果仍用我们前面使用的数学分析方法，多层级问题就会变得过于复杂，尤其是当涉及两个以上层级时。因此，多层次库存规划往往借助计算机模拟进行。这类模拟可以用通用的模拟语言来构筑，如 SLAM，DYNAMO 或 SIMSCRIPT，也可以用订制的软件包来进行，如长

期环境规划模拟（Long Range Environmental Planning Simulation，LREPS）[1]或渠道管理者（PIPELINE MANAGER）[2]。本书所附 LOGWARE 软件中的 SCSIM 模块演示了这一功能。这些模拟工具的运行会产生不同时期内的需求，与运作渠道中实际发生的情况相类似。模拟软件还会同时模仿为满足需求而发生的产品流动，考察渠道内产品的移动，报告与产品移动、库存水平、缺货、生产率、运输相关的统计数据。还可以使用不同的库存管理方法和服务水平重新进行模拟，以检查其他的库存政策，比较其他库存政策的成本。

9.8 渠道中库存（Pipeline Inventories）

渠道中库存就是置于运输设备之上，在存储点之间移动的在途库存。对渠道中库存的管理就是对在途时间的控制，主要通过选择运输服务进行。在途库存可能数量惊人，良好的管理可以带来显著的成本节约。（见资料 9.25）

资料 9.25 例子

某汽车配件制造公司在美国进行装配作业。该公司从座落于环太平洋地区的工厂采购零部件，主要在美国进行分拨。图 9-20 是该公司的供应渠道图。渠道中流动产品的平均单价为 50 美元，每天销售为 1 000 件。库存持有成本是每年 30%。现有的在途库存情况汇总如下：

地点	天数	渠道中库存（件）
从供应商到工厂	21	21 000
工厂的生产过程中	14	—
从工厂到仓库	7	7 000
仓库存储	42	—
从仓库到客户	3	3 000
总计	87	31 000

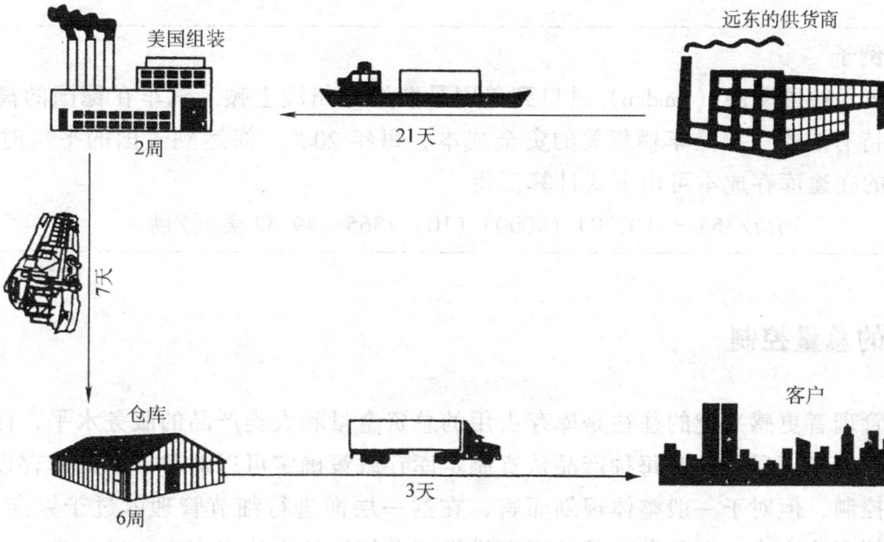

图 9-20 典型供应渠道的在途时间举例

[1] Donald J. Bowersox, Omar K. Helferich, Edward J. Marien, Peter Gilmour, Michael L. Lawrence, Fred W. Morgan Jr., and Richard T. Rogers, Dynamic Simulation of Physical Distribution Systems (East Lansing, Mich.: Division of research, Graduate School of Business Administration, Michigan State University, 1972).

[2] 由 Arthur Anderson & Company 开发。

在途库存的总价值为 50 美元/件 × 31 000 件 = 1 550 000 美元，库存持有成本是 0.30 × 1 550 000 美元/年 = 465 000 美元/年。

如果使用空运，远东供应商到工厂的运送时间就可降为 4 天，且大部分时间是地面操作时间。这样可以节约在途时间 21 - 4 = 17 天，意味着减少 50 美元/件 × 17 000 件 = 850 000 美元价值的存货，减少年持有成本 0.30 × 850 000 美元 = 255 000 美元。这些潜在的成本节约要与因使用空运增加的运费成本进行比较。

减少平均在途时间常常与降低在途时间的波动有同样的效果。由于在途时间是订货提前期的重要组成部分，所以减少在途时间的不确定性就有利于间接减少安全库存量。

与供应渠道中每个连接相关的年在途库存持有成本可由下式计算而得

$$在途库存持有成本 = \frac{ICDt}{365} \tag{9-26}$$

其中，

I = 产品的年在途持有成本，%/年

C = 产品在供应渠道中各点的价值，美元/件

D = 年需求，件

t = 在途时间，天

365 = 一年中的日历日

值得注意的是，I 可能与库存点的持有成本不同，因为它不包括有关存储活动的运作成本。另一方面，它可能包括渠道中产品运输的成本，尤其是在使用自有运输的情况更是如此。成本 C 是持有产品而不是运输产品的成本。（见资料 9.26）

资料 9.26 例子

一批汽车经德国爱滕（Emden）进口到美国马萨诸塞州波士顿。汽车在德国的离岸价为 9000 美元。持有成本主要是车辆相关的资金成本，每年 20%。海运到美国的平均时间是 10 天。每辆车的在途库存成本可由下式计算而得：

$$ICt/365 = (0.20)(9000)(10)/365 = 49.32 \text{ 美元/辆}$$

9.9 库存的总量控制

让高层管理者更感兴趣的往往是库存占用的总资金量和大类产品的服务水平，而不是单一产品的库存管理。尽管针对每种产品认真制定库存政策确定可以对单一产品库存以及总库存进行精确控制，但对于一般整体规划而言，在这一层面进行细节管理就过于繁杂。因此，在各种库存管理法之中，对几种产品的库存进行综合控制的方法仍占有一席之地。

其中，控制总体库存的几种方法包括，周转次数法、ABC 产品分类法和风险合并法（risk pooling）。

1. 周转次数（Tunover Ratio）

通过周转次数来管理的办法可能是库存总量管理中最常见的方法。周转次数就是产品的

年销售额与同期库存平均投资额的比率，其中物流渠道各个层级的销售和库存投资按产品存放地计算价值。即

$$周转次数 = \frac{某库存成本下的年销售额}{平均库存投资} \quad (9-27)$$

毫无疑问，数据随时可得（通常的来源是企业的财务报告）及方法本身的简单性使该方法应用十分广泛[1]。不同类别的产品总库存会有不同的周转率。制造商、批发商和零售商的库存周转次数分别是9:1，9:1和8:1，仅供大家参考。通过确定要达到的库存周转次数，可以对一定销售水平下的总库存投资进行控制。使库存投资随销售水平变化是非常诱人的，然而，周转次数法却使得库存随销售呈直接变化。而我们往往希望规模经济效益会使库存增长速度放慢，因此，这就成了该方法的缺陷，也是简单付出的代价！

2. ABC产品分类法（ABC Product Classiffication）

总量库存管理中一种常见的做法是将产品划分为有限的几类，然后对每类产品使用不同的库存管理政策。这样做是有道理的，因为就销售、利润、市场份额或竞争力而言，并非所有产品对企业都同等重要。与所有产品使用同一政策的做法相比，对不同类别的产品选择使用不同的库存政策能在更低的库存水平下实现服务目标。

众所周知，产品销售会呈现出生命周期现象，从产品导入期很低的销售量开始，到某点迅速增长，逐渐平稳，最终下降。企业的各种产品通常处于生命周期的不同阶段，因此对销售和利润的贡献不同。也就是说，某些产品可能占销售量的比例很大。产品在库存中所占比重与在销售中所占比重之间不成比例的现象就是通常所谓的80－20原则，尽管实际上只有少数情况下，产品总类中恰好有20%的品种完成80%的销售额。80－20原则是ABC分类法的根基所在。A类通常是热销的产品，B类居中，C类销售最慢。至于某产品究竟分入哪一组，乃至分几组，并没有确切的决定方法。但是，起初，可以将产品按销售额排序，并分成若干组。然后，鉴于其重要性，某些产品可能被重新分到其他组。随后可以确定各组的服务水平。本书第三章对ABC产品分类法的发展已进行了深入全面的论述。（见资料9.28）

3. 风险合并法（risk pooling）

总体库存规划往往会涉及对存储点库存水平如何随存储点数量和吞吐量变化的问题。在物流网络规划中，为适应客户服务和成本目标对存储点数量进行增减是司空见惯的。随着库存点数量的变化，甚至只是销售量在现有各点之间的重新分布，系统中的库存水平就会因为风险合并或集中效应而发生变化。风险合并指的是，如果把库存合并到较少的几个库存点，库存水平会下降。而增加库存点个数则会产生相反的效果。系统库存水平是受库存决策政策影响的周转库存与受需求和提前期不确定性影响的安全库存共同构成的。（见资料9.27）

资料9.27 举例

设有一种产品存储在两个仓库中。仓库1的服务区月平均需求为 $d_1=41$ 件，标准差为 $s_{d1}=11$ 件/月。仓库2的服务区月平均需求为 $d_2=67$ 件，标准差为 $s_{d2}=9$ 件/月。库存补货量由经济订货批量公式计算而得。两个仓库的补货提前期都是0.5个月，产品价值为75美元/件。补货成本为 $S=50$ 美元，库存持有成本为2%/月。提前期内现货供应比率为95%。问

---

[1] 美国统计摘要，2001，第623，644和657页。

若把库存集中到一个仓库可以带来多少利益？

首先，我们估计两个仓库中的周转库存和安全库存的水平。

周转库存：计算平均周转库存量。

$$RS = \frac{Q}{2} = \frac{\sqrt{\frac{2dS}{IC}}}{2}$$

$$RS_1 = \frac{\sqrt{\frac{2(41)(50)}{0.02(75)}}}{2} = 26 \text{ 件}$$

$$RS_2 = \frac{\sqrt{\frac{2(67)(50)}{0.02(75)}}}{2} = 33 \text{ 件}$$

两个仓库的系统的周转库存量为 $RS_s = RS_1 + RS_2 = 26 + 33 = 59$ 件。

再计算如果只有一个中心仓库的系统的周转库存量。中心仓库的平均需求量为 $d_C = d_1 + d_2 = 41 + 67 = 108$ 件。这时，

$$RS_C = \frac{\sqrt{\frac{2(108)(50)}{0.02(75)}}}{2} = 42 \text{ 件}$$

安全库存：两个仓库的安全库存计算如下：

$$SS = zs_d\sqrt{LT}$$

$$SS_A = 1.96(11)\sqrt{0.5} = 15.25 \text{ 件}$$

$$SS_B = 1.96(9)\sqrt{0.5} = 12.47 \text{ 件}$$

两个仓库系统的安全库存为 $= SS_A + SS_B = 15.25 + 12.47 = 27.72$ 或 28 件。

接下来，求一个中心仓库的安全库存，可以先估计标准差：

$$S_C = \sqrt{S_1^2 + S_2^2} = \sqrt{11^2 + 9^2} = 14.21$$

这时，安全库存为

$$SS_D = 1.96(14.21)\sqrt{0.5} = 19.69 \text{ 或 } 20 \text{ 件}$$

总库存水平是周转库存与安全库存的总和。在两个仓库的系统中，$AIL_2 = 59 + 28 = 87$ 件。在中心仓库系统中，$AIL_C = 42 + 20 = 62$ 件。可以注意到，周转库存和安全库存都因库存合并而下降了。

4. 平方根法则（Square Root Rule）

众所周知，平方根法则是确定合并对库存水平影响的方法。然而，它只能衡量周转库存的减少，而不是像前面例子那样，同时讨论周转库存和安全库存的合并效应。假设库存控制决策基于 EOQ 公式，且所有的存储点保有的库存水平相同，则平方根法则可表述如下：

$$AIL_T = AIL_i\sqrt{n} \tag{9-28}$$

其中，AIL_T = 若合并到一处仓库，库存产品的最佳数量，以美元或磅或箱或其他单位表示。

AIL_i = n 处存储点中每一处仓库的库存量，单位与 AIL_T 相同。

n = 合并前存储点的数量。

应该注意的是，物流系统中的库存会随着存储点个数不同而变化。（见资料 9.28～9.30）

资料 9.28　例子

索伦森研究公司（Sorensen Research Company）生产若干系列医院用高科技产品。主要产品有动脉导管（INTRASET）、导管装置（REGULFLO）；引流系统（VACUFLO，COLLECTAL）。这些产品的年销售数据如下[1]：

	件数	金额（美元）	产品
INTRASET	1 000 000	2 500 000	导管
SUBCLAVIAN Ⅱ	250 000	137 000	导管
SUBCLAVIAN	150 000	975 000	导管
JUGULAR Ⅱ	300 000	300 000	导管
CATHASPEC	100 000	150 000	导管
IV－SET	700 000	1 000 000	导管
CENTRI－CATH	500 000	3 500 000	导管
IV－12	15 000	74 700	导管
CSP	1 000 000	750 000	导管
Pressure Cuff	600 000	972 000	导管装置
Pressure Tubing	25 000	825 000	导管装置
EZE－FLO	4 200	65 100	导管装置
REGUFLO	1 000 000	5 000 000	导管装置
TRUSET	2 850 000	7 115 000	导管装置
INTRAVAL	10 000	8 300	导管装置
VACUFLO	355 000	350 000	引流器
COLLECTAL Canisters	40 000	54 800	引流器
COLLECTAL Liners	393 000	727 000	引流器
	9 292 200	24 503 900	

出于库存管理的需要，假设我们希望将这些产品分成三组。A 组产品大约占销售额的头 10%，接下来的 40%是 B 组产品，C 组产品占最后 50%的销售额。我们根据美元销售额对上一张表进行分类整理，计算累计产品比例和累计销售比例，可得到下表：

	产品销量排名	累计产品比例（%）	金额（美元）	累计销售（%）	产品分组
TRUSET	1	5.56	7 115 000	29.04	
REGUFLO	2	11.11	5 000 000	49.44	A
CENTRI－CATH	3	16.67	3 500 000	63.72	
INTRASET	4	22.22	2 500 000	73.93	
IV－SET	5	27.78	1 000 000	78.01	
SUBCLAVIAN	6	33.33	975 000	81.99	B
Pressure Cuff	7	38.89	972 000	85.95	
Pressure Tubing	8	44.44	825 000	89.32	
CSP	9	50.00	750 000	92.38	
COLLECTAL Liners	10	55.56	727 000	95.35	
VACUFLO	11	61.11	350 000	96.78	
JUGULAR Ⅱ	12	66.67	300 000	98.00	
SUBCLAVIAN Ⅱ	13	72.22	150 000	98.61	
IV－12	14	77.78	137 000	99.17	C
EZE－FLO	15	83.33	74 700	99.48	
COLLECTAL Canisters	16	88.89	65 100	99.74	
INTRAVAL	17	94.44	54 800	99.97	
	18	100.00	8 300	100.00	
			24 503 900		

[1] Disguised data as reported in Sorensen Research Company, Harvard Business School Case 9－677－257, prepared under the direction of Steven C. Wheelwright.

由上至下扫描累计产品比例一栏，在该比例达到10%上下的地方，这里向上代表的是A类产品。由于产品种类少，我们不能恰好找到10%的比例，于是选择接近的11.1%。接下来寻找B类产品的分界点，即累计产品比例约等于50%的点。这样，我们可以看到，A类产品，或10%的产品约占销售额的49%。B类产品，或50% - 11% = 39%的产品约占销售额的92% - 49% = 43%。C类产品，代表约50%的产品，只占销售额的100% - 92% = 8%。企业可以根据这些产品各自对企业和客户的重要性确定不同的服务水平。

资料9.29 例子

索伦森研究公司（Sorensen Research Company）经营着16个地区性公共仓库。每个仓库平均持有165 000美元的库存。若所有库存都集中到工厂一个地方存储，应持有多少库存？

利用式（9-28），我们可以计算出

$$AIL_i = 165\ 000\sqrt{16}\text{ 美元} = 660\ 000\text{ 美元}$$

值得注意的是，原先的系统内，存储点库存投资的总额为16×165 000美元 = 2 630 000美元。

资料9.30 例子

假设索伦森公司希望将库存集中在两个仓库中，各仓库的库存量相等。那么预计每个仓库的库存是多少？

我们已知单一仓库的库存投资为660 000美元。这样，我们就只要从这一数值估计来两个仓库情况下的库存数量。用代数方法对方程（9-28）进行变换，多仓库系统的库存量为

$$AIL_i = \frac{AIL_T}{\sqrt{n}}$$

因此，两个仓库中，每个的库存量将达

$$AIL_i = \frac{660\ 000}{\sqrt{2}}\text{ 美元} = 466\ 690\text{ 美元}$$

系统总库存是2×466 690美元 = 993 381美元。所以，由16个仓库减少为2个仓库可节约库存投资（2 630 000 - 933 381）美元 = 1 696 619美元。

5. 库存吞吐量曲线（Inventory Throughput Curve）

库存合并的平方根法则适用于一般化的情况，然而，假设所有仓库的库存水平相等，库存合并恰好按照仓库数量的平方根法则进行，需求和提前期确知，订货数量按照EOQ公式来确定，这些条件可能带来相当大的局限性。我们可以对该方法略加修正，以减少其局限性。首先，根据企业的库存状况报告绘制平均库存（AIL_i）与仓库年吞吐量（D_i）关系的散点图，如图9-21所示。图上每一点代表一个仓库。从一组曲线$AIL = aD^b$中，找出与数据拟合最好的曲线。图9-21的数据来自某专业化工公司，$a = 2.986$，$b = 0.635$。曲线斜率递减显示企业的库存控制可能是基于EOQ模型，当然并非必然如此。在实际中，由于存在一定

的安全库存，不太可能会呈现出平方根函数的曲线[1]。预计需求水平下的仓库库存水平可以由曲线的数学公式或直接从库存处理量曲线图得出。（见资料 9.31）

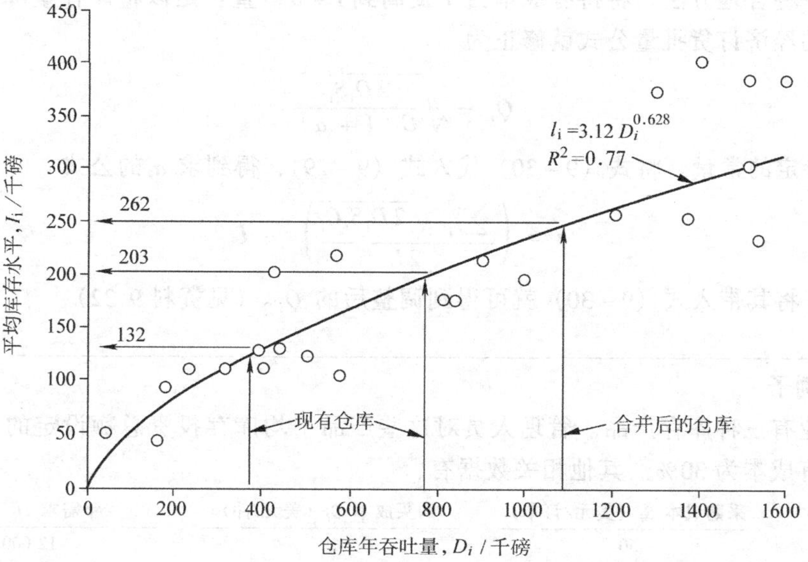

图 9 – 21　某工业清洁用品公司的库存 – 吞吐量曲线

资料 9.31　例子

图 9 – 21 中的某工业清洁用品公司有 25 个用于分拨产品的公共仓库及工厂仓库。假设 2 个仓库的吞吐量分别是 390 000 磅和 770 000 磅，要合并为一个年吞吐量为（390 000 + 770 000）磅 = 1 160 000 磅的仓库。该仓库应保有多少库存？从图 9 – 21 中曲线可以看出，两个现有仓库的库存为（132 000 + 203 000）磅 = 335 000 磅。将吞吐量加总，从曲线图中可读出的库存量是 262 000 磅。

6. 总投资限额（Total Investment Limit）

对许多企业而言，库存都是一笔很大的资金投入。正因为如此，管理者们经常会对所持有的库存设定上限。如果总的平均库存投资超过这一水平，就需要调整库存管理政策以实现管理目标。假设需求和提前期确定，企业运用再订货点法控制库存。那么，要规定某存储点所有库存产品占用资金的上限，我们可以将其表达为

$$\sum_{i}^{n} C_i \frac{Q_i}{2} \leqslant L \tag{9 – 29}$$

式中　L——库存产品 i 的投资限额（美元）；

C_i——库存产品 i 的价值；

Q_i——库存产品 i 的订购量。

[1] Ronald H. Ballou, "Estimating and Auditing Aggregate Inventory Levels at Multiple Stocking Points," *Journal of Operations Management*, Vol. 1, No. 3 (February 1981): 143 – 153; 及 Ronald H. Ballou, "Evaluating Inventory Management Performance Using a Turnover Curve," *International Journal of Physical Distribution and Logistics Management*, Vol. 30, No. 1 (2000): pp. 72 – 85.

对式（9-7）的变形进行求解可得到订购量。当所有产品的平均库存价值超过投资限额（L），就需要降低订购量以减少平均库存，满足投资限额的要求。人为地提高库存产品的持有成本也是一种合理方法，将持有成本由 I 提高到 $I+\alpha$，直至足以将库存量降到合适水平。这样，基本的经济订货批量公式就修正为

$$Q_i = \sqrt{\frac{2D_iS_i}{C_i(I+\alpha)}} \qquad (9-30)$$

式中，α 是待定的常量。将式（9-30）代入式（9-29），得到求 α 的公式

$$\alpha = \left(\frac{\sum_i^n \sqrt{2D_iS_iC_i}}{2L}\right)^2 - I \qquad (9-31)$$

一旦求出 α，将其带入式（9-30）就可得到调整后的 Q_i。（见资料 9.32）

资料 9.32 例子

假设企业有三种库存产品。管理人员对这些产品平均库存投资总额设定的上限为10 000美元。年持有成本为30%。其他相关数据有：

产品 I	采购成本 S_i（美元/订单）	购买成本 C_i（美元/件）	年需求 D_i（件）
1	50	20	12 000
2	50	10	25 000
3	50	15	8 000

我们首先计算每个 Q。即

$$Q_1 = \sqrt{\frac{2DS}{IC}} = \sqrt{\frac{2(12\,000)(50)}{0.30(20)}} = 447.2 \text{ 件}$$

同样

$$Q_2 = \sqrt{\frac{2(25\,000)(50)}{0.30(10)}} = 912.87 \text{ 件}$$

$$Q_3 = \sqrt{\frac{2(8\,000)(50)}{0.30(15)}} = 421.64 \text{ 件}$$

用上述计算得出的值求解式（9-29）的左边，并将总库存投资与事先的计算值相核对

$$\begin{aligned}\text{总投资} &= C_1(Q_1/2) + C_2(Q_2/2) + C_3(Q_3/2)\\ &= [20(447.21/2) + (912.87/2) + 15(421.64/2)]\text{美元}\\ &= 12\,199 \text{ 美元}\end{aligned}$$

因为超过了 10 000 美元的投资限额，解方程（9-30）求 α。即

$$\alpha = \left(\frac{\sqrt{2(12\,000)(50)(20)} + \sqrt{2(25\,000)(50)(10)} + \sqrt{2(8\,000)(50)(15)}}{2(10\,000)}\right)^2 - 0.30$$

$$= 0.146$$

然后，我们将 $\alpha = 0.146$ 代入方程（9-29），对每一种产品修正的订购量求解。即

$$Q_1 = \sqrt{\frac{2D_iS_i}{C_i(I+\alpha)}} = \sqrt{\frac{2(12\,000)(50)}{20(0.30+0.146)}} = 366.78 \text{ 件}$$

用同样方法可计算出其他产品的订购量，$Q_2 = 748.69$ 件，$Q_3 = 345.81$ 件。这样，平均投资为 10 004 美元。非常接近投资限额了。

9.10　供给驱动型库存管理（Supply – Driven Inventory Control）

某些情况下，前文讨论的方法并不适合，因为这些方法假设供给与需求大体相当。有时，虽然管理人员竭尽全力进行预测，但供给并不能很好地与需求相匹配。也就是说，供给非常珍贵，以致于制造商要获取所有可能的供给。这样，会造成分拨渠道超量供给和供给不足。当需求超过供给时，企业也无能为力。而当制造商将多余的供给推向分拨渠道，那么企业只有一个选择来控制可能出现的额外库存——提高需求，使库存降到可被接受的水平。增加需求常用的办法就是价格折扣。(见资料 9.33)

资料 9.33　应用

斯塔基斯特食品公司（StarKist Foods）针对金枪鱼产品实行的库存总量控制方法非常独特。因为企业承诺要尽其所能购买、加工所有的金枪鱼，所以分拨系统可能会充斥着过剩的金枪鱼成品。要控制过量库存，企业就要刺激销售。而因为该产品深受市场欢迎，所以客户们总是乐于购买数量更多的金枪鱼，从而减少企业库存。

美国红十字会：血液服务中心提前一年为血液采集进行计划。献血者受到高度赞扬，而且即使采集量超过预期或超过当时的血液需求量，红十字会也不会拒绝献血行为。如果某种血型的血液库存很高，可能会过期，红十字会或者将其制成其他血液制品，或者调低对医院的销售价格。由于医院从除红十字会以外的多个渠道采购血液，所以价格折扣的方法很有成效。

9.11　虚拟库存（Virtual Inventories）[1]

随着企业信息系统的发展，在实践中越来越多地采取从一个以上的库存点供应需求的做法。客户可能会由一个主要库存点供应，但主要库存点往往不总是有足够的库存来满足所有的需求，而要保证不缺货的库存成本非常高，因此，这种库存政策就有其合理之处。这种情况下，正如图 9 – 22 所示，在由两个库存点组成的库存系统，需求可以由另一个储存有同样产品的库存点来交叉供应。这种库存点的组合被称为虚拟库存。与只通过主要库存点来满足需求且存在缺货和保留订单的情况相比，由虚拟库存系统中的多个库存点交叉满足需求可以使需求履行率提高，整个系统的库存水平降低，或同时达到这两个目标。

物流管理者面临的问题是确定哪些产品由交叉库存来供应，哪些由主要库存点来供应。问题的解决方案需要在周转库存成本与安全库存成本之间进行权衡。如前文所述，周转库存是用来满足平均提前期内平均需求的库存，而安全库存则是为满足需求和提前期不确定性的额外库存。在交叉供应运作中，影响两种库存的经济力可能是相反的。也即，从整个系统来看，周转库存会随交叉供应而增加，而安全库存则会降低。以下我们将讨论其中机制。

---

[1] Ronald H. Ballou and Apostolos Burenetas, "Planning Multiple Location Inventories", Journal of Business Logistics, Forthcoming.

1. 周转库存

在一个多库存点的系统中，如果在各个库存点之间平均分配需求，则整个系统持有的库存总量会达到最大。另一方面，如果需求的分布不平均，则交叉供应会使整个系统中的有效需求比只由主要库存点供应更加平衡。有效需求指一个库存点实际满足的需求，包括交叉供应来自其他库存点的需求，而不仅仅指分配给某个库存点的主要需求。

现举例说明。假设有两个库存点，如图9-22所示，每周的需求分别是50和150件，需求的库存满足率为90%。90%的需求履行率意味着，在每个库存点，只有90%的需求能够被主要库存点的库存满足，另外10%的需求需要由其他库存点的库存来满足。因此，库存点1的有效需求为50×0.9+0.1×150=60件/周。在库存点2，有效需求为150×0.9+0.1×50=140件/周。应注意的是，与初始的需求分布50/150相比，有效需求的分布更接近100/100了。如果周转库存由式（9-7）的EOQ公式确定，则各库存点的库存为 $AIL=K\sqrt{D}$，其中 K 为根据个别产品的成本得出的常数。因此，整个系统不进行交叉供应运作时的库存（AIL_S）为 $AIL_S=\sqrt{50}+\sqrt{150}=19.3$ 件，这里为举例方便，假设 K 为1。而进行交叉供应时，$AIL_S=\sqrt{60}+\sqrt{140}=19.6$ 件。周转库存增加了。

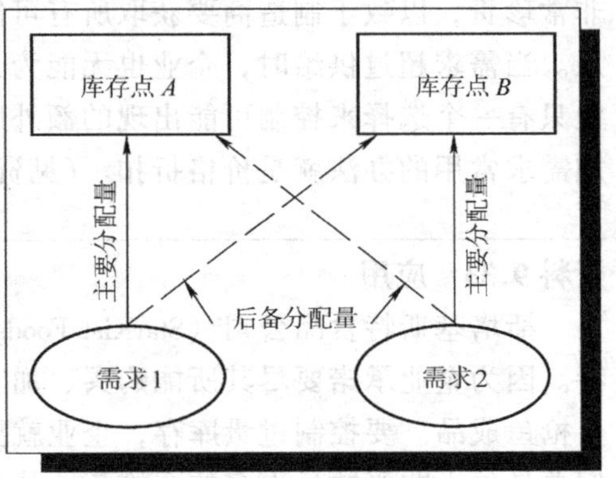

图9-22 库存交叉供应举例

2. 安全库存

在多库存点系统中，安全库存水平受订单履行率和各库存点的需求分布影响。与周转库存恰好相反，当各库存点之间的需求平衡分布时，系统的安全库存水平最低。

现举例说明。假设前述周转库存的标准差（s）分别为5和15件/周，提前期（LT）为一周，订单履行率为90%。如前所述，在再订货点系统中，安全库存（ss）可由公式 $ss=zs\sqrt{LT}$ 估计而得，其中，90%水平下正态分布的 $z=1.28$。（注：假设决定订单履行率和提前期内的概率或提前期加订单盘点周期内概率的管理方法基本一致。）在进行交叉供应的情况下，多库存点系统中的第 N 个库存点的标准差是 $s_N=\sqrt{[FR(1-FR)^{N-1}]^2s^2}$。两个库存点的有效标准差如表9-7所示。

表9-7 两个库存点的有效需求的标准差，件/周

	库存点 A	库存点 B
标准差	4.5[a]	0.5[b]
标准差	1.5[c]	13.5
合并标准差	4.7[d]	13.5

a. $\sqrt{[FR\ (1-FR)^{N-1}]^2s^2}=\sqrt{[0.9\ (1-0.9)^{1-1}]^2 5^2}=4.5$

b. $\sqrt{[FR\ (1-FR)^{N-1}]^2s^2}=\sqrt{[0.9\ (1-0.9)^{2-1}]^2 5^2}=0.45$，四舍五入后为0.5

c. 四舍五入后为1.5

d. $\sqrt{4.5^2+1.5^2}=4.7$

不进行交叉供应时，在库存点 A 的安全库存是 $ss=zs\sqrt{LT}=1.28\ (5)\ \sqrt{1}=6.4$ 件，点 B

为 19.2 件，整个系统为 6.4 + 1.28 = 25.6 件。进行交叉供应时，点 A 的安全库存为 1.28 (4.7) $\sqrt{1}$ = 6.0 件，点 B 为 17.3 件，整个系统为 23.3 件。交叉供应使安全库存降低了 25.6 – 23.3 = 2.3 件。

因此，决定是否进行交叉供应运作是对这两种相反变化的库存成本作用进行权衡的结果。此外，从更远的库存点到客户之间的运输成本也应考虑在内。从运输成本来看，不应该进行交叉供应。然而，如果考虑主要库存点不能满足需求时的缺货成本，则应该进行交叉供应。计算每种产品相应的各项成本，就可以把库存中应该只由主要库存点供应的部分与应该由虚拟库存供应的部分区分开来。(见资料 9.34)

资料 9.34 例子

设一家企业有两种可选方案来保持较高的产品现货供应水平满足其客户。第一，由附近的仓库固定供应客户。如果出现缺货，或者失去销售，或者发生保留订单。第二，如果发生缺货，可由后备仓库来满足需求，但公司要支付因此而发生的额外运输成本。问对于每种产品，应该选择哪种方案？

现选择库存中的一种典型产品进行考察。分拨系统与图 9 – 22 所示的系统类似。产品的库存成本为 200 美元/件，持有成本为 25%/年，库存水平可以满足六周的需求，补货提前期为八周，目标订单履行率为 95%。从距客户所在地区较远的后备仓库进行交叉供应的运输费率为 10 美元/件。产品的周需求特征如下表所示：

地点	平均需求	标准差
1	300	138
2	100	80
系统总计	400	160

库存决策政策不确知。

可用图 9 – 23 中的交叉供应决策曲线来进行决策。首先，需要进行一些基本估计。由于没有前文所述的库存 – 处理量曲线，我们假设公司的库存管理系统运营良好，其中 $\alpha = 0.7$。我们知道，平均库存水平可以用 $AIL = KD^{\alpha}$ 来表示。通过该公式可以计算出 K。也即，$K = D^{1-\alpha}/TO$。AIL 可以用 D/TO 来估计，TO 为库存周转次数或每年 52 周/需求处于库存状况的时间 6 周 = 8.67。因此，$K = (400 \times 52)^{1-0.7}/8.67 = 2.28$。同时，我们假设提前期内的现货供应比率与订单履行率基本一致，这样，与订单履行率相应的 z 可以从正态分布表（附录 A）中查得，或 $z_{@0.95} = 1.96$。

现在就可以计算出图 9 – 23 中的参数 X、Y。

$$X = \frac{tD^{1-\alpha}}{ICK} = \frac{10(400 \times 52)^{1-0.7}}{0.25(200)(2.28)} = 1.73$$

$$Y = \frac{zs\sqrt{LT}}{KD^{\alpha}} = \frac{1.96(160)\sqrt{8}}{2.28(400 \times 52)^{0.7}} = 0.4$$

需求率 r 为 100/400 = 0.25。

在图 9 – 23 中，我们可以看到 X 与 r 的交点在决策曲线 $Y = 0.4$（用图中 $Y = 0.5$ 的曲线近似）以下。由于这个值在决策曲线 Y 以下，因此不使用交叉供应。

图 例

D = 系统年需求

s = 系统需求标准差

C = 单件成本

I = 年持有成本率（%）

K，α = 库存控制参数

t = 运输费率

FR = 产品履行率

r = 最小需求与系统需求之比率

LT = 用需求时间标准差个数表示的提前期

z = 在 FR% 下的正态偏差

$X = \frac{tD^{1-\alpha}}{ICK}$ $Y = \frac{zs\sqrt{LT}}{KD^{\alpha}}$

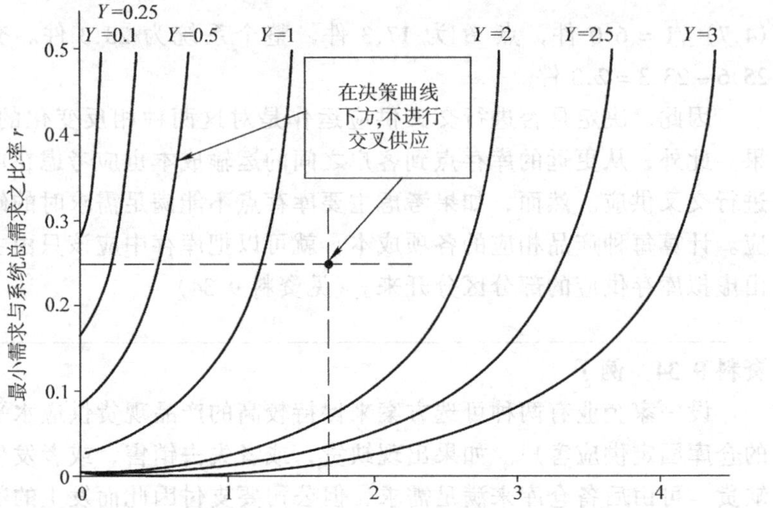

对给定的 X 值和 r 值，找出它们的交点。如果 X，r 的交点在用 Y 表示的决策曲线上方，则交叉供应有利可图。如果在 Y 曲线下方，则无利可图。

图 9-23 $FR = 0.95$，$\alpha = 0.7$ 时的交叉供应决策曲线

图 9-23 中列出的其他曲线也可以与其他的 FR 值和 α 值相对应。这些曲线可以解决不同产品的虚拟库存规划问题。

9.12 小结

长期以来，供应渠道中的资金占用主要在存货上。良好的库存管理可以使存货保持在最低水平，同时，与保持最低库存水平和理想现货供应能力的直接和间接成本达到均衡。有关优化库存管理的研究不断深化，本章总结了经实践证明有用的重要库存控制方法，指出了拉动式管理、推动式管理、供给驱动式管理和总量管理等库存计划和管理方法的区别，举例说明了不同条件下适用的具体的数学模型，如需求、交货期确定和不确定情况下；永久性和周期性需求模型；单一层次和多层次库存管理；单一存货点和多个存货点；在库存货和在途存货管理等。他们对于管理高价值资产，建立良好的库存政策都很有用处。

字汇表

Q^*——最佳订购量（件）

Q——一次订购量（件）

EOQ——经济订购量，通常为 Q^*

CPn——至少销售 n 件的累计概率

D——年均需求（件/年）

S——产品采购成本（美元/订单）

I——年库存持有成本，每年产品价值的一定百分比

C——库存产品价值（美元/件）

T^*——最佳订货周期（以时间单位表示）

T——某次订货周期（以时间单位表示）

N^*——每年最佳订货次数

ROP——再订货点（件）

D——平均日需求速率（件/日）

LT——平均提前期（以时间单位表示）

Q_p^*——最佳生产批量（件）

P——生产速率（与 d 的度量单位一样）

s_d——需求的标准差（件）

s'_d——$DDLT$ 或 $DD[T+LT]$ 需求分布的标准差（件）

X——$DDLT$ 或 $DD[T+LT]$ 需求分布的均值

s_{LT}——提前期的标准差（以时间单位表示）

P——订货周期（再订货点系统）内或订货周期加提前期内（定期盘点法）的现货比率（以分数或百分数表示）

Z——标准正态分布的正态偏差

SL——客户服务水平（以分数或百分数表示）

AIL——平均库存水平（件）

$E_{(z)}$——单位正态损失积分

TC——总相关成本（美元/年）

M^*——定期盘点系统或最低－最高库存管理的最佳库存上限

O——联合订购的共同订单处理成本（美元/订单）

k——缺货成本（美元/件）

i——代表产品类别的下标

Y——累计销售比率

X——累计产品比率

A——常数

n——多存储点系统中存储点的个数

L——库存投资限额（美元）

K，α——库存－吞吐量曲线的常数

A——常用

ED——预期短缺量

问答题

1. 为什么保有库存要耗费这么多的成本？
2. 供应渠道中持有库存的原因是什么？为什么要避免保有库存？
3. 对比推动式库存管理思想和拉动式库存管理思想。两种管理方法各在什么情况下最适用？

同样，推动式管理法、拉动式管理法与总量控制法之间有何不同？各种方式何时最适用？

4. 找出与库存控制相关的成本。你认为企业内什么地方会产生这些成本？
5. 解释什么是安全库存，为什么需要安全库存？
6. 说明订货周期内的缺货概率与服务水平或订单履行率之间的区别。
7. 你如何决定企业产品系列中的哪一种产品应被划为A类、B类、C类产品？
8. 一位管理人员说："每个管理上的错误都转化为库存"，谈谈你对这句话的理解。
9. 库存规划中的平方根法则是什么，适用于哪类问题？
10. 为什么经济订货批量对输入数据的不准确不很敏感？
11. 位于供应渠道中的在途存货位于哪里？我们如何才能最好地控制这些库存？
12. 你认为应如何设定库存现货率的服务水平，如何决定缺货成本？
13. 如果某产品库存需求呈现的模式是0 1 2 5 150 0 1 0 3 4 150 1 0 0 5 1 150，你对如何控制库存水平有何建议？
14. 试述供给驱动式库存管理系统。与拉动式管理系统相比，该系统内的库存水平是如何控制的？
15. 比较按需库存管理法与EOQ为基础的定期盘点管理法。为什么按需库存法更为简单？简单的代价是什么？
16. 解释库存点的数量变化时的库存合并效应。
17. 什么是库存-吞吐量曲线？它是如何确定的？如何运用？
18. 什么是"虚拟库存"？与这类库存相关的规划问题是什么？

思考题

以下许多问题和本章的案例分析题可以用计算机软件来进行求解或部分求解。LOGWARE软件包中，对本章最重要的是库存管理模块（INPOL (1)）和多元回归模块（MULREG (MR)）。带有"I"字符号的问题可以用这些软件进行求解。该软件包中还为一些需要很多数据的问题提供了数据库。

1. 某消费者到杂货店买六种产品。该店所存储货物的现货供应比率如下：

产品	现货供应比率
牙膏	95%
漱口水	93%
电池	87%
剃须膏	85%
阿司匹林	94%
除臭剂	90%

假设该消费者每种货物只购买一件，那么其订单得以完全履行的概率是多少？

2. 中心医院供应公司（The Central Hospital Supply）的库存政策是在92%的时间里可以直接履行医院订单。如果订单中某种产品缺货，整个订单就会被作为保留订单而延期履行，以避免产生额外的运输成本。订单通常包括10种产品。对去年订单的抽样分析表明以下六种产品组合在订单中频繁出现：

订单种类	产品组合	订单频率
1	A、C、E、G、I	0.20
2	B、D、E	0.15
3	E、F、I、J	0.05
4	A、B、C、D、E、H、J	0.15
5	D、F、G、H、I、J	0.30
6	A、C、D、E、F	0.15
		1.00

库存水平设定为，A、B、C、D、E、F产品的服务水平同为0.95，其余产品的服务水平定为0.90。

a. 该企业是否达到了其库存服务目标？

b. 如果没有，为达到92%的订单履行率，两组产品的服务水平应定在多少？

3. 某进口商从远东进口电机，利用4个仓库将产品分拨到欧洲共同市场各地。运送的产品每月收到一次，本月运量是120 000台。由于提前期长，电视的需求和供给很难协调。因此，要根据月需求预测和各仓库的服务水平将产品分配到各仓库。库存记录和下月的预测如下：

仓库	库存持有量（套）	需求预测（套）①	预测误差（套）②	服务水平③
1	700	10 000	1 000	90%
2	0	15 000	1 200	85%
3	2 500	35 000	2 000	88%
4	1 800	25 000	3 000	92%

① 根据现有销售速度预计直至补货完成所需要的数量。

② 标准差。预测误差服从正态分布。

③ 当月的现货供应能力。

如果运到仓库需要一周，货物运到后办理进口手续需要一周，那么应如何将电视分配到各仓库？

4. 某计算机邮购的供应仓库存有内存条，面向全国消费者销售。日本制造商利用空运为其补货。具体情况如下：

平均年需求	3 200单位
补货提前期	1.5周
持有成本	15%/年
购买价格，运到价	55美元/单位
采购订货成本	35美元/订单

a. 试为该产品设计一个再订货点库存管理办法。

b. 如果采用你的设计方案，那么年订货成本和年持有成本是多少？

c. 假设提前期延长到3周，从而使得 $ROP > Q^*$，管理方法需要作出哪些调整？

5. 海伦秘书学校（Helen’s Secretarial School）是一所对年轻人进行文字处理和其他文秘技术

培训的学校。课程的学费是 8 500 美元，但海伦每年将退还学费的 10%，直到毕业生找到工作。社会对学校毕业生的年需求是 300 人。(注：产品价值与生产启动成本一样。)

a. 海伦每个班要收多少未来的秘书?

b. 海伦每年要开多少次课?

6. 某零售商店从分销商处购入计算机软件进行销售。为了配合即将进行的促销活动，零售商需要确定一次性购买的最佳订货量。其中一种产品是文字处理软件，特售价是 350 美元。零售商估计销售不同数量产品的概率如下：

数量	概率
50	0.10
55	0.20
60	0.20
65	0.30
70	0.15
75	0.05
	1.00

从分销商处购买软件的单价为 250 美元，若产品未能售出，退回到分销商处需支付的重新储存费用是购买价格的 20%。

零售商的采购批量应为多少?

7. 麦特罗银行 (MetroBank) 在分支行安装了一台自动柜员机。根据银行的调查，柜员机可以通过提供服务间接获益。据估计，银行将获得相当于机器现金流转金额 1% 的收益，主要表现在出现支票帐户、贷款、储蓄帐户以及类似帐户的新客户。从自动柜员机提款的平均金额为 75 美元，银行计算每年的资金成本为 10%。

对于为期两天的周末，怎样在机器中存放现金是最困难的计划问题。根据其他自动柜员机的历史记录，银行估计机器的平均提款次数为 120，标准差是 20，需求呈正态分布。银行应在机器中存放多少现金以应付周末需求?(提示：按单个订单问题来考虑)

8. 卡伯特电器商店 (Cabot Appliance) 是一家零售连锁店，打算确定应向其供应商订购室内空调的数量。室内空调的销售具有很强的季节性，销售量与夏天的天气情况关系密切。卡伯特每年订货一次，销售旺季开始后再行订货是不现实的。虽然无法知道确切的实际销售水平。但卡伯特可以分析以往的销售季节、长期天气预报和经济的一般形势，该店估计不同销售水平的概率如下：

销售量 (台)	概率
500	0.2
750	0.2
1 000	0.3
1 250	0.2
1 500	0.1
	1.0

每台空调运到卡伯特的价格是 320 美元，卡伯特向客户出售的价格是 400 美元。旺季结束后，未能售出的空调要以 300 美元的折扣价清仓售出。最小采购批量是 500 台，以 250 台

为单位递增。

a. 假设该企业不把库存保存到明年，那么一次性订购量是多少？

b. 如果卡伯特可以获得年利率为20%的货款，支持其库存，你会如何调整a中的订购量？过剩库存可以保留到下一个销售旺季。

9. 假设某制造商的汽车配件库存具体情况如下：

预测需求	= 1 250 箱/周
预测误差，标准差	= 475 箱/周
提前期	= 2.5 周
持有成本	= 30%/年
购买价格，运到价	= 56 美元/箱
补货订单成本	= 40 美元/订单
缺货成本	= 10 美元/箱
提前期内的现货比率，P	= 80%

a. 在 P 已知的情况下，设计该配件的再订货点管理系统。如果 $ROP > Q^*$，你的库存管理政策将会是怎样的？

b. 假设现在的现货比率变为订货周期加提前期内的现货率。设计该配件的定期盘点管理系统。

c. 计算并比较两种方法的相关成本。

d. 用两种方法实际达到的服务水平分别是多少？

e. 求出提前期内最优化再订货点系统设计的现货供应比率。与a中的结果相比，总成本如何变化？

10. 在问题9中加入条件：提前期呈正态分布，标准差为0.5周。其他条件保持不变。

11. 某小马力发动机制造商自己生产组合配线装置，其发动机产品用于工业清扫器和地板打磨器。这些组合配线装置用于最后装配，每天用量100个，每年250个工作日。启动组合配线装置的生产需要耗费250美元。生产过程中，每天生产300个。组合配线装置的标准成本是75美元，企业的库存持有成本是每年25%。

a. 生产批量应为多少？

b. 每一生产周期应持续多长时间？

c. 该配件每年要生产几次？

12. 某日本电器制造商在冰箱的最后装配作业中使用阀门。阀门由某本地供应商供应。制造商提出订货要求后1小时内，供应商可以提供任意数量的配件。每工作日为8小时。按生产进度的要求，每天对该配件的需求稳定在2 000个，每年250个工作日。企业为送达生产线的每个阀门支付35美元，库存持有成本是每年30%。由于与供应商签有协议，采购成本仅为1美元/订单。

a. 为该产品设计再订货点库存管理系统。

b. 谈谈如何利用两个料箱的办法实施该库存管理法。

13. 位于俄亥俄州绿河地区的某大型化工公司开采玻璃制造行业使用的纯碱。纯碱按每年的协议销售到众多的制造商。这些玻璃公司在协议中写明他们对纯碱的需求。采矿公司将需求折合成火车的整车运量。通常一周内的需求呈正态分布，需求量围绕40车皮上下浮动10个车皮。估计标准差为（最大量 - 最小量）/6 = （50 - 30）/6 = 3.33 车皮。纯碱价格为 30 美元/吨，平均每车皮的运量是 90 000 磅。企业的年持有成本为 25%，采矿的生产启动成本是 500 美元/订单。开采矿产品和/或安排运输车辆需要 1 周的时间。企业期望的提前期内的现货供应能力是 90%。

a. 采矿公司必须调集铁路公司的火车车皮履行订单。一次应调集多少车皮（注：1 吨是 2 000 磅）

b. 库存纯碱剩余多少时必须联系火车车皮？

14. 某大型医院使用其储存的某种静脉注射液。该产品的有关数据如下：

预测每日用量①	= 50 单位
预测误差，标准差②	= 15 单位
平均提前期	= 7 天
提前期标准差②	= 2 天
年持有成本	= 30%
每订单采购成本	= 50 美元
缺货成本	= 15 美元/单位
产品价值	= 45 美元/单位
现货供应比率③	= 85%

① 每年 365 天。

② 服从正态分布。

③ 根据所使用的库存控制方法不同，分别指提前期内的现货供应比率，或订货周期加提前期内的现货供应比率。

a. 为该产品设计再订货点库存管理系统。

b. 为该产品设计定期盘点库存管理系统。

c. 你认为设定的现货供应能力是否使成本最低？参考再订货点系统的设计对此作出评价。

15. 某企业欲使用定期盘点法库存管理法来控制同一时间向同一供应商采购的两种产品，这两种产品的有关数据如下：

	产品	
	A	B
周需求预测（件）	2 000	500
预测误差①（标准差）（件）	100	70
提前期（周）	1.5	1.9
购买价格，美元/件	2.25 美元	1.90 美元
提前期加订货周期内的现货供应比率	90%	80%
缺货成本	不详	
持有成本（%/年）	30%	30%
共同的采购订单成本（美元/件）	100 美元	

① 正态分布。

a. 为这些产品设计库存管理系统。说说该系统是如何运行的。

b. 每种产品的平均库存水平是多少？

c. 这些产品的客户服务水平预计有多高？

d. 假设盘点周期定为 4 周。上述各问的答案将如何变化？

16. 某公司通过西海岸的西雅图港从台湾进口配件。配件的目的地是东海岸的装配厂。使用铁路进行横贯美国的运输需要 21 天。在港口每个配件价值 250 美元，每年生产线上要使用 40 000 个配件。库存持有成本每年为 25%。到东海岸的铁路运费为每担（100 磅）6 美元，包装后的配件每个重 125 磅。

另一种办法是使用卡车运输，横贯美国需要 7 天时间。卡车运费为每担 11 美元。试问在途库存量降低带来的成本节约能否抵消采用卡车运输导致的成本增加？

17. 在俄亥俄州的某一地点，某液压设备（龙头、汽缸、控制器）制造商把订单上产自美国不同地点的产品合并起来。合并后的订单产品运往巴西，可用海运或空运。平均订货量为 292 磅。海运（4.94 美元/磅）比空运（9.04 美元/磅）便宜，但时间更长。若使用海运，需要把货物从合并地点运到巴尔的摩港，在港口需要等待货物装船，在萨瓦纳和迈阿密停船装货，再航行到巴西圣保罗。总运输时间大约是 20 天。如果用空运，装卸和运输只需要两天时间。

    在途货物在运到目的地之前归制造商所有，因而需要考虑在途库存成本。在途产品的成本为 185 美元/磅，每年的运量为 20 000 磅。公司的资金成本为每年 17%。

    仅从库存 - 运输的角度看，应该采取哪种运输方式？

18. 某卡车和公共汽车配件分销商拥有某种栓系带产品（B2162H）的库存。该产品的需求波动很大，每月需求为 169 个，而标准差是 327 个。产品的提前期是 4 个月，提前期标准差是 0.8 个月。每个产品在工厂的成本是 0.96 美元，从供应商到分销商的运输费用为 0.048 美元。持有成本是每年 20%，订单处理成本是 10 美元/订单。提前期内期望的现货供应比率是 85%。库存记录每天更新，平均每天的销售量是 8 个。

    为这种需求上下波动的产品制定最低 - 最高（再订货点系统）库存管理政策。

19. 阿克米（Acme）计算机公司将某种零配件储存在得克萨斯州奥斯汀的一个仓库里，供应全国市场。为提高客户服务水平，企业将仓库数量增加到 10 个，而且各仓库规模相同。现有仓库的总库存资金是 5 000 000 美元。

    a. 利用平方根法则估计当分拨系统内有 10 座仓库时，库存资金是多少。

    b. 假设有 9 座仓库，每座的库存资金为 1 000 000 美元。如果企业将这些库存合并到 3 个相同规模的仓库，每个仓库内的库存将是多少？

20. 加利弗尼亚果业联合会（The California Fruit Growers' Association）是西海岸果农为分销产品而组成的协会。该联合会在全国经营 24 个仓库。最近几年，平均库存和仓库吞吐量数据如表 9 - 8 所示。

    a. 该联合会能实现的总周转率是多少？比较 3 个吞吐量最小的仓库和 3 个吞吐量最大的仓库的周转率。说明差异的原因。

    b. 用手绘直线拟合数据或者用简单的线性回归模型描出库存 - 吞吐量曲线。

    c. 仓库 1、12 和 23 要合并为一个仓库。用第 2 问中得到的曲线估计一个仓库的库存量？

    d. 仓库 5 要扩展成两个仓库。30% 的吞吐量要分配给一个仓库，其余的由另一个仓库处理。

    用第 2 问中得到的曲线估计各仓库的库存？

表 9-8 加利福尼亚果业联合会的库存和吞吐量统计（单位：美元）

仓库	仓库年吞吐量	平均库存水平	仓库	仓库年吞吐量	平均库存水平
1	21 136 032	2 217 790	13	6 812 207	1 241 921
2	16 174 988	2 196 364	14	28 368 270	3 473 799
3	78 599 012	9 510 027	15	28 356 369	4 166 288
4	17 102 486	2 085 246	16	48 697 015	5 449 058
5	88 226 672	11 443 489	17	47 412 142	5 412 573
6	40 884 400	5 293 539	18	25 832 337	3 599 421
7	43 105 917	6 542 079	19	75 266 622	7 523 846
8	47 136 632	5 722 640	20	6 403 349	1 009 402
9	24 745 328	2 641 138	21	2 586 217	504 355
10	57 789 509	6 403 076	22	44 503 623	2 580 183
11	16 483 970	1 991 016	23	22 617 380	3 001 390
12	26 368 290	2 719 330	24	4 230 491	796 669
			总计	818 799 258	97 524 639

21. 三种产品的库存有如下特征：

	A	B	C
年平均需求	51 000	25 000	9 000
提前期（周）	0.5	0.5	0.5
年库存持有成本	25%	25%	25%
每件的购买价格，运到价（美元）	1.75	3.25	2.50
每订单采购成本（美元）	10	10	10

这些产品的平均资金占用不得超过 3 000 美元。产品自不同的供应商购入，且不一起订购。计算订购量，但库存额不得超过投资上限。

22. 某企业有三种产品来自同一家供货商，用同一辆卡车送货。卡车的载货量是 30 000 磅。企业使用定期盘点法控制库存，准备一份采购订单要花费 60 美元。每种产品的年持有成本是其价值的 25%，其他有关产品的信息如下：

产品	产品价值 C_i（美元/箱）	产品重量 W_i（磅/箱）	周需求预测 d_i（箱）
1	50	70	100
2	30	60	300
3	25	100	200

出于经济成本考虑，联合订购量不应超过卡车的载货量。那么每种产品的订购量应是多少？

提示：式(9－29)变形为 $\sum_i D_i T^* w_i \leqslant$ 卡车载货量；式（9－30）重写成

$$\alpha = \frac{2O}{\left(\frac{\text{卡车载货量}}{\sum_i D_i w_i}\right)^2 \sum_i C_i D_i} - I$$

式中如前所述 $Q^* = D_x T^*$。产品重量是 w_i，年需求量是 D_i。

23. 某零售库存有 5 种产品构成整批产品库存。库存控制使用再订货点法。提前期定为 15 天，采购订单成本是 35 美元/订单/产品，每天的库存持有成本是 0.082 19%。其他信息如下：

	A	B	C	D	E
每日需求预测 d（箱）	15	30	50	20	60
预测误差 s_d（箱）	2	4	5	3	7
产品价值 C_i（美元/箱）	36	45	24	13	16

提前期内的目标现货供应比率是95%。预测误差服从正态分布。

这些产品的总平均库存是多少（箱)？

24. 某零售店用再订货点法控制库存；但是货架面积是有限的。（零售商将一定量的货架面积分配给店内的每种产品。）商店向中央分拨中心发出补货订单。店内的某典型产品的有关信息如下：

需求预测（盒/周）	123
预测误差 s_d（盒/周）①	19
提前期（周）	1
年持有成本（%/年）	17
产品价值（美元/盒）	1.29
订单成本（美元/订单）②	1.25
产品最大的货架空间（盒）	250
现货供应比率	93%

① 服从正态分布。

② 多种产品分摊的订单成本。

试问，订购量多大时，产品不会超过货架面积的限制？

25. 卢卡斯水泥公司（Recos Cementos）是一家墨西哥企业，向建材市场生产和分拨散装和袋装水泥和混凝土。企业在全国设有9家仓库，保有库存，供应客户（签约方）。各仓库的平均库存水平和各仓库的年运输量如图9-24所示。

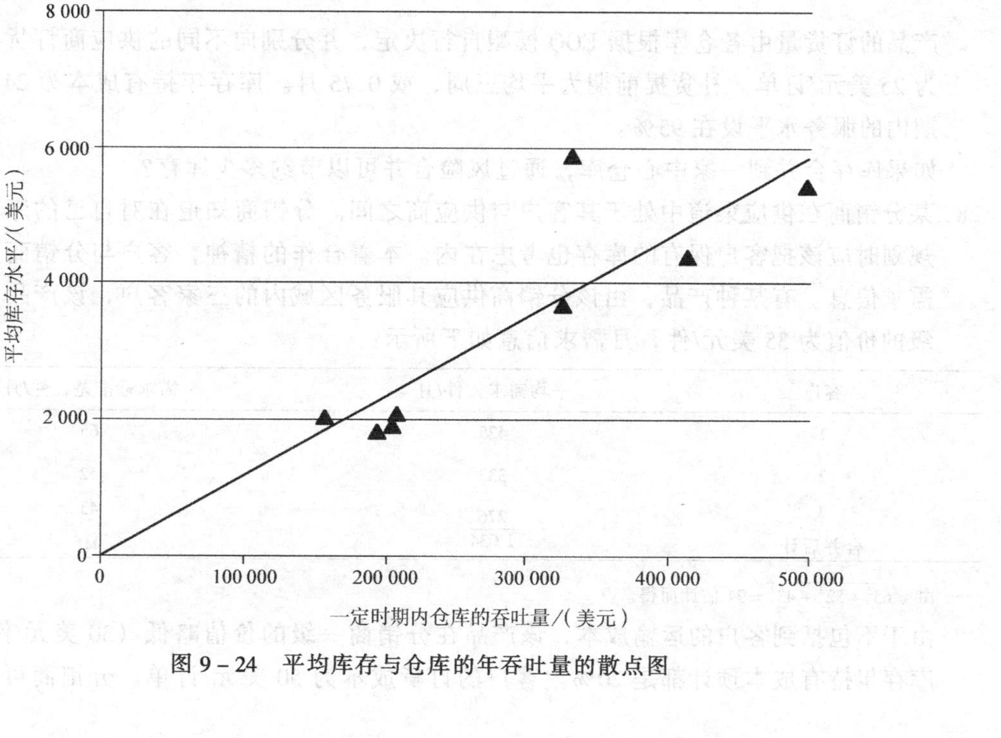

图9-24 平均库存与仓库的年吞吐量的散点图

26. 一家照相设备的分销商有两家仓库，为两座城市的零售商提供服务。通常，零售商由最近的仓库来供应，以节约运输成本。两处库存点存储着同样的样品。分销商的订单履行率保持在95%的水平，偶尔会出现缺货，导致零售商的订单无法履行或出现保留订单。而一种产品在两处仓库都缺货的可能性非常小，因此，分销商希望尝试当一处缺货时使用另一仓库的库存来履行订单，也即，交叉履行订单。这样，系统的库存可能下降，但库存成本的减少必须能够抵销从后备库存点到客户的额外运输成本。

分销商选择了一种价值400美元的照相机来对这个方案进行测试。从后备仓库运输带来的额外运输和装卸成本为12美元/架相机。库存持有成本为每年20%。该相机的补货提前期为两个月。

第一个城市的月需求预测为，平均42架相机，标准差为7架相机。第二个城市，平均需求为75架相机，标准差为13架相机。两个城市综合起来，预计需求为117架相机，标准差为$\sqrt{7^2+13^2}=15$架相机。

分销商采用再订货点法管理高价值库存，补货量由EOQ模型确定。在目前良好的库存运作水平下，库存周转可达到6次（$\alpha=0.7$）。问该产品是应该进行交叉供货还是由所分配的仓库单独供货？

27. 假设某公司希望将旗下的两家仓库合并成一家仓库。在两家仓库里都储存的三种畅销产品被选出来进行评估。根据两家仓库服务区域的月需求预测，已知以下数据：

产品	仓库1		仓库2		产品单位价值$/件
	月需求，件	月需求标准差，件	月需求，件	月需求标准差，件	
A	3 000	500	5 000	700	15
B	8 000	250	9 500	335	30
C	12 500	3 500	15 000	2 500	25

产品的订货量由各仓库根据EOQ模型自行决定，并分别向不同的供应商订货，订货成本为25美元/订单。补货提前期为平均三周，或0.75月。库存年持有成本为24%。订货周期内的服务水平设在95%。

如果库存合并到一家中心仓库，通过风险合并可以节约多少库存？

28. 某分销商在供应渠道中处于其客户与供应商之间。分销商知道在对自己的库存水平进行规划时应该把客户保有的库存也考虑在内。本着合作的精神，客户与分销商分享其最终需求信息。有某种产品，由该分销商供应其服务区域内的三家客户，该产品在客户这一级的价值为35美元/件，月需求信息如下所示：

客户	平均需求，件/月	需求标准差，件/月
1	425	65
2	333	52
3	276	43
合并后计	1 034	94[a]

由$\sqrt{65^2+52^2+43^2}=94$估计而得。

由于不包括到客户的运输成本，该产品在分销商一级的价值略低（30美元/件）。两级的库存年持有成本预计都是20%。客户的订货成本为50美元/订单。分销商可以在两周内供应其客户，但生产商履行分销商订单的周期是 4 周。客户在订货周期内的现货供应水平设为 95%，而分销商设为 90%。两级都使用再订货点发管理库存。分销商向供应商订货时每订单为 2 000 件以取得采购折扣。

如果从分销商到客户没有在途库存，分销商应该保有该产品库存多少件？

案例分析

全能五金产品供应公司（Complete Hardware Supply，Inc.）[1]

全能五金产品供应（CHS）公司的总部座落在俄亥俄州的克利夫兰，蒂姆·奥黑尔先生是该公司分销部经理。CHS 最近被一家控股公司，统一公司（Consolidated，Inc.）收购。统一公司的管理人员坚持认为要制定严格的管理制度来限制 CHS 的库存投资。

CHS 向俄亥俄州东北部地区的地方五金店分销各种五金制品。公司从全国各地的供应商那里采购种类繁多的五金制品。五金店的订单由 CHS 在克利夫兰的仓库履行。以前，蒂姆使用再订货点库存管理法确定向供应商订购的数量，并控制库存水平。

为解决新的库存资金限额问题，蒂姆从 500 种产品中选择了 30 种具有代表性的产品进行分析。他收集的关于需求、产品价值和提前期的数据如下：

产品序号	周需求预测	周需求预测误差①，标准差	单价②（美元）	提前期③（天）
1	18	6	37.93	10.5
2	9	2	85.06	10.5
3	113	30	1.32	10.5
4	20	5	2.41	9.5
5	7	2	5.19	10.5
6	490	101	0.51	9.5
7	44	11	2.36	10.0
8	68	23	1.30	10.0
9	48	15	7.38	10.0
10	7	1	9.69	10.0
11	6	2	1.38	10.0
12	4	1	3.25	10.0
13	90	22	7.79	9.5
14	5	1	5.48	16.9
15	3	1	19.04	16.9
16	7	2	2.03	16.9
17	6	2	68.97	13.0
18	3	1	21.65	16.9
19	14	4	56.28	11.4
20	5	1	19.85	10.0

① 预测误差近似服从正态分布。

② 含到克利夫兰的运输费用，平均为 5%。

③ 提前期是工作日平均天数。设每周五天工作制。

企业准备、传输一份采购订单成本是 15 美元。企业的年库存持有成本是 25%，或每周 0.004 8。现在，蒂姆将提前期内的现货供应比率设定为 98%，来控制客户服务水平，该比率是在征求销售人员意见后设定的。

这 30 种产品来自全国各地的供应商，起运地如下：

[1] 节选自凯斯西部保留地大学（Case Western Reserve University）阿·黛尔·弗劳尔斯（A.Dale Flowers）教授的案例。

产品号	供应商起运地	到 CHS 的距离[①]（英里）
1、2、3、5、22、23、	纽约州纽约市	471
4、6、13	俄亥俄州克利夫兰	25
7、8、9、10、11、12、20、30	伊利诺依州芝加哥	348
19、24、29	佐治亚州亚特兰大	728
14、15、16、18、25、26、27、28	加利福尼亚州洛杉矶	2 382
17、21	得克萨斯州达拉斯	1 189

① 大致的公路距离。

补货的提前期由三个部分组成：1）准备和传输订单的时间；2）供应商履行订单的时间；3）将货物运送到克利夫兰的时间。目前，订单是手工准备的，经邮寄到达供应商处。准备订单需要 2 天时间，邮寄需要 2 天时间。货物用卡车送到 CHS。每运送 300 英里大约需要 1 天。供应商履行订单需要 5 个工作日。

将统一公司的资金限额分摊到所有产品上，这 30 种产品的总资金不能超过 18000 美元。但蒂姆认为，要保持收入不变，每年的缺货比率不能高于目前水平。

身处困境，蒂姆面临的问题是采取以下哪些措施来降低库存水平：

- 更快地传输订单
- 要求供应商使用更快的运输方式
- 降低预测误差
- 牺牲一定的客户服务水平

蒂姆可以购买一套价值约 1 500 美元的电子设备（计算机及软件、传真机等，寿命 5 年），使订单传输时间缩短为几秒钟。不过，他估计，采购订单的成本（EDI，互联网，电话等）将从 15 美元涨到 17 美元。如果与联合包裹服务公司（United Parcel Service）签定特殊协议，可以保证到美国各地的递送服务在 2 天时间之内完成。这将对运距在 600 英里以上的货物产生影响，产品价格会增加 5%。

最后，蒂姆还可购买价值 50 000 美元的新型预测软件。他希望软件被应用后，预测误差能降低 30%。

问题：

蒂姆应该采取哪种措施，他应如何与统一公司的管理人员讨论 CHS 公司的情况？

产品序号	周需求预测	周需求预测误差[a]，标准差	单价[b]	提前期[c]，天
1	18	6	$ 37.93	10.6
2	9	2	85.06	10.6
3	113	30	1.32	10.6
4	20	5	2.41	9.5
5	7	2	5.19	10.6
6	490	101	0.51	9.5
7	44	11	2.36	10.2
8	68	23	1.30	10.2
9	48	15	7.38	10.2
10	7	1	9.69	10.2

（续）

产品序号	周需求预测	周需求预测误差[a]，标准差	单价[b]	提前期[c]，天
11	6	2	1.38	10.2
12	4	1	3.25	10.2
13	90	22	7.79	9.5
14	5	1	5.48	16.9
15	3	1	19.04	16.9
16	7	2	2.03	16.9
17	6	2	68.97	13.0
18	3	1	21.65	16.9
19	14	4	56.28	11.4
20	5	1	19.85	10.2
21	104	35	35.51	13.0
22	30	9	2.19	10.6
23	8	2	14.24	10.6
24	15	6	12.16	11.4
25	6	2	4.04	16.9
26	4	1	66.13	16.9
27	7	2	68.10	16.9
28	5	1	11.18	16.9
29	20	5	26.41	11.4
30	14	4	40.86	10.2

a. 预测误差近似正态分布。

b. 包括平均5%的到克利弗兰的运输费率。

c. 提前期是用工作日的平均天数来表示。假设每周工作5天。

MR 美国照明产品公司（American Lighting Products，ALP）[1]

“我喜欢这样的挑战——在不降低客户服务水平的前提下减少20%的成品库存。但却不知道我们该怎么做！”苏·史密斯（Sue Smith）对她的库存分析师布莱恩·怀特（Bryan White）说。苏刚刚结束了与财务副总裁的会议，会上副总裁发出了上述指示，现在她需要拿出一个方案。

背景

苏和布莱恩在美国照明产品公司（ALP）工作，该公司生产荧光灯管。ALP有两个工厂，都位于俄亥俄州。克利夫兰地区的工厂生产销量较大的2英尺、3英尺和4英尺灯管，其中仅4英尺灯就占生产总量的90%。哥伦布地区的工厂生产销量较低的6英寸到8英尺荧光灯管。

[1] 本案例由谢丽尔·格兰顿（Cheryl Glanton）在凯斯西部保留地大学（Case Western Reserve University）韦瑟黑德管理学院（Weatherhead School of Manaagement）罗纳德·H·巴罗（Ronald H. Ballou）教授指导下准备。仅供课堂讨论之用，不可用作有效管理或无效管理的例证。数据经过处理。

ALP的两个工厂向市场提供700多种产品，主要销售渠道有三条：工商企业（Commercial and Industrial，C&I）、消费者（Consumer）和原始设备制造商（Original Equipment Manufacturers，OEM）。长期以来，C&I就是公司业务的重点，但家居中心和折扣店的出现使消费者这条渠道的规模越来越大，在整体营销战略中的地位越来越重要。OEM的市场规模很小，但它是打开替换市场的重要一步，因为灯管坏的时候，消费者倾向于购买与原装灯管一模一样的产品。

ALP是美国电器产品公司（American Electric Products，AEP）的一部分，AEP是一家大企业，生产众多其他消费品和工业用品。AEP的各个分支相互独立经营，以各不相同的方式配合AEP的总体战略。ALP是个成熟的企业，源源不断地为AEP提供稳定的收益。虽然收入是衡量各分支公司成功与否的首要标准，但管理层还采取其他重要的鼓励措施来提高企业的赢利能力。最近的一次就是在全公司范围内推进降低库存的活动。管理层认为减少库存，加强资金流动是提高公司整体赢利能力的关键。

对苏·史密斯和她在ALP的同事们来讲，这是一个新的挑战。过去，管理人员关心的是保证有足够的库存来满足高峰期需求，以及工厂长达3周的夏季停产期内的需求。直到现在，人们都没有对库存成本认真监控，因此降低总库存水平是一个全新的概念。

分拨系统

ALP的产成品存放在分布于全美各地的8个主分拨中心（Master Distribution Center，MDC），每个分拨中心为其所在的整个地区的提供销售服务。MDC和工厂位置见图1。各工厂以整车方式向MDC运送货物，每车平均装运35 000支灯管。大批量运输使得工厂能以经济批量进行生产。各工厂按周计划生产，尽量减少按月计划生产所出现的预测误差，降低误差的影响。

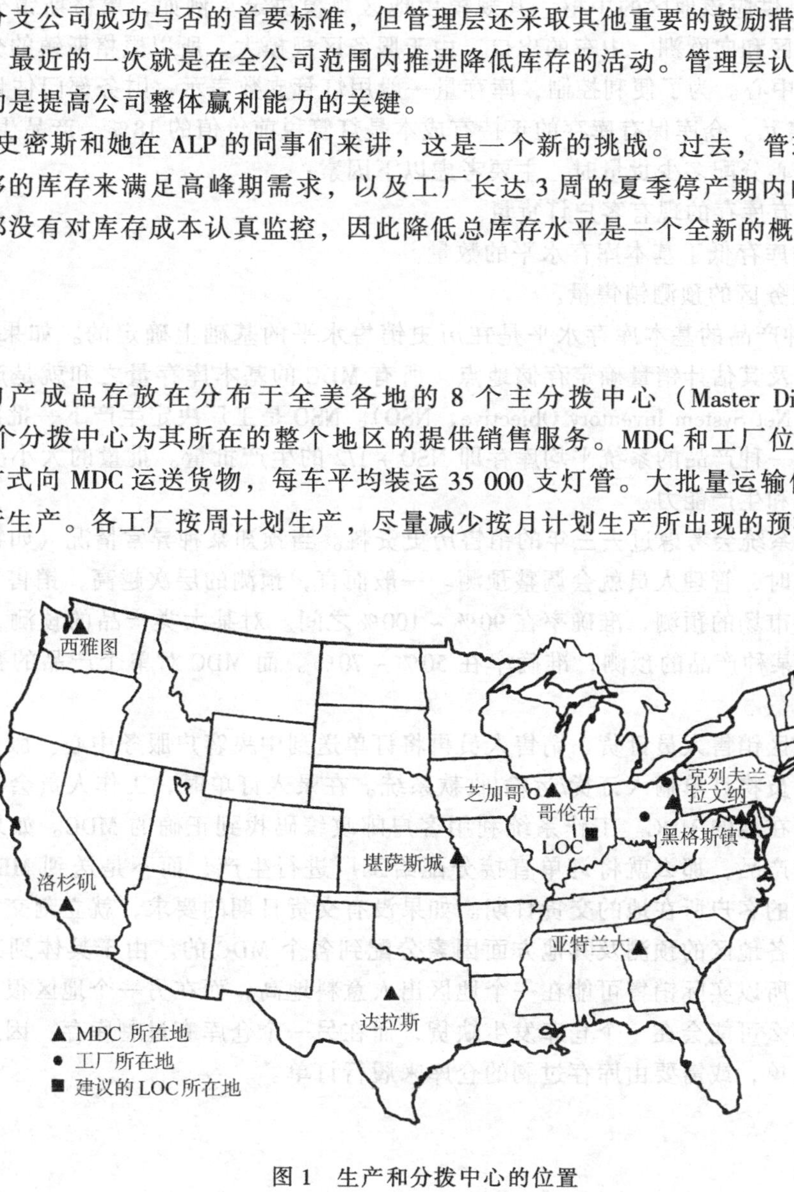

图1　生产和分拨中心的位置

表1 每年运输产品的数量和MDC的平均库存（支灯管）

主分拨中心	运量	库存
亚特兰大	26 070 000	3 784 333
芝加哥	23 321 000	2 188 417
达拉斯	13 244 000	2 159 250
黑格斯镇	38 193 000	5 824 583
堪萨斯城	15 950 000	1 592 333
洛杉矶	21 470 000	3 666 500
拉文纳	25 853 000	2 918 250
西雅图	4 922 000	959 833
合计	169 023 000	23 093 500

每个MDC是供应该地区的中枢，其规模由地区规模决定。例如，黑格斯镇分拨中心供应美国东北部地区和向欧洲、中东的出口。由于服务区规模大，所以黑格斯镇的分拨中心是ALP最大的分拨中心。为了便利控制，库存量一般用灯管支数表示。财务部门估计灯管的平均价值是0.88美元。仓库保有库存的年持有成本是灯管税前价值的18%。产品生产出来后，确定向各分拨中心分配多少货量时，主要考虑以下因素：

（1）超出现有库存的现有客户订货量。

（2）MDC的库存低于基本库存水平的数量。

（3）MDC服务区的预测销售量。

各MDC每种产品的基本库存水平是在历史销售水平的基础上确定的。如果是新产品，就根据目标客户及其估计销量确定存储地点。所有MDC的基本库存量之和就是产品的系统净库存目标值（Net System Inventory Objective，NSO）。NSO是工厂决定生产下一批次产品的再订货点。因此，一种产品的系统平均库存即NSO + 1/2的生产批量。批量的大小决定于工厂的生产启动成本和生产能力。

ALP的预测系统会考虑过去三年的销售历史资料。当预知某种异常情况（如特别的促销活动）即将来临时，管理人员就会调整预测。一般而言，预测的层次越高，销售预测的准确性越高。对整个市场的预测，准确率在90%～100%之间。对某大类产品的预测，准确率在70%～90%。对某种产品的预测，准确率在50%～70%。而MDC对单个产品的预测准确率低于50%。

客户通过地区销售人员订货，销售人员再将订单送到中央客户服务中心。服务中心的专门负责记帐的人员将订单输入订货/运输/收款系统。在录入订单时，工作人员会将订单分配给供给该客户所在地的MDC。工作系统利用客户邮政编码找到正确的MDC。如果订单订购的是一整车某种产品，那么就将订单直接分配给工厂进行生产，而不是送到MDC。记帐人员还要输入预计的客户所在地的交货日期。如果没有交货日期的要求，就立刻交货。

库存是根据各地区的预测及其他方面因素分配到各个MDC的。由于具体到某种产品的预测误差很大，所以实际销售可能在一个地区出人意料地高，而在另一个地区很低。如果这种情况发生，那么可能会在一个仓库发生缺货，而在另一个仓库有过剩库存，因此导致前者出现延期交货订单，或需要由库存过剩的仓库来履行订单。

客户服务

ALP用第一时间交货的比率来衡量其运营业绩，并将其简称为客户服务。第一时间交货被定义为，按客户要求的时间交付的产品占整个产品系列的比重。如果不是由指定货源交付，而是由其他分拨中心交付，也不能被算做第一时间交付。任何保留的订单都不做为第一时间交付。图2所示的是过去两年里ALP的客户服务水平。

前年		去年	
1月	83.6%	1月	78.6%
2月	83.4%	2月	77.8%
3月	87.0%	3月	77.9%
4月	87.1%	4月	79.6%
5月	90.3%	5月	81.0%
6月	91.2%	6月	83.0%
7月	90.5%	7月	84.3%
8月	86.4%	8月	80.4%
9月	81.0%	9月	83.5%
10月	85.2%	10月	84.4%
11月	85.1%	11月	85.3%
12月	84.3%	12月	87.2%

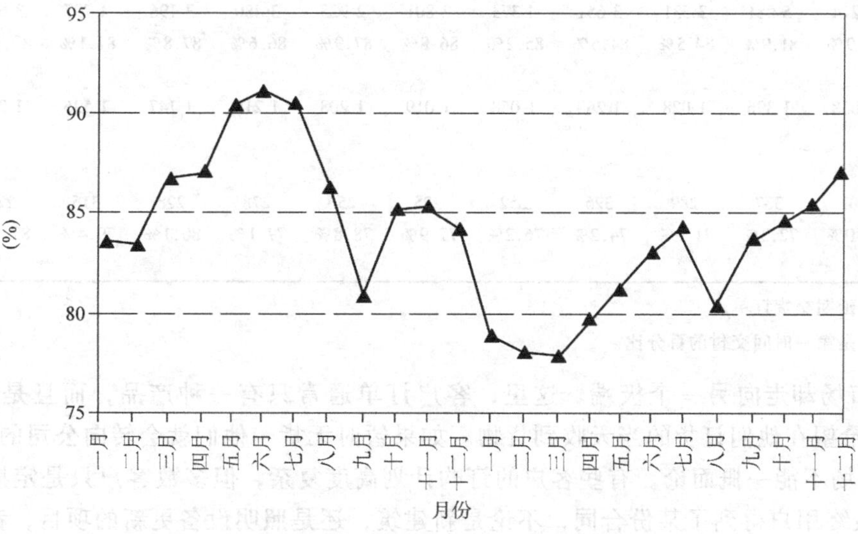

图2 在过去的两年中各月第一时间交付的百分比

照明产品行业的竞争非常激烈，客户对供应商的要求越来越多。其中之一就是第一时间交付比率要很高。消费者渠道期望这一比率能达到98%或更高，而工商企业和原始设备制造商则希望能有95%的货物在第一时间交付。在过去几年中，ALP努力达到了这些要求。随着客户自己的订货政策、库存政策越来越复杂，他们对供应商要求的就更多了。ALP正在提高服务质量。现在的目标是使所有渠道的服务水平达到或超过95%。其中，对最大的消费者渠道的服务要达到98%～100%的第一时间交付比率，但这需要额外的库存和投入来实现目标。表2列出的是去年各渠道订购的产品及其服务水平。

库存政策

每个分拨渠道都有独特的需求和库存要求。例如，消费者渠道产品种类虽然有限，但消费者的要求是本行业中最高的。许多消费者抱着要么发货，要么取消订货的态度。如果订购的货物没有在所要求的时间窗口内运到，订单就会被取消，从而导致丧失销售。从销售网点的信息来看，还有许多消费者每周订货。这样，周五发出的订单就要在下周一到周三运到。为满足这些需求，ALP允诺要在仓库中存放4.5周的各种消费品库存。

表2 各渠道订单信息

渠道		1月	2月	3月	4月	5月	6月	7月	8月	9月	10月	11月	12月
工商企业	订购量	46 307	55 013	44 683	54 528	48 492	42 230	46 709	50 983	46 792	65 775	57 932	47 152
	B/O①	10 795	13 084	11 083	11 974	10 173	7 759	7 979	11 382	8 719	10 850	5 971	6 910
	服务②	76.7%	76.2%	75.2%	78.0%	79.0%	81.6%	82.9%	77.7%	81.4%	83.5%	83.5%	85.3%
消费者	订购量	24 709	28 023	21 511	23 487	29 644	21 204	24 089	25 958	26 182	37 272	33 650	25 482
	B/O①	4 214	5 081	3 331	3 651	4 373	2 801	2 925	3 480	3 196	4 797	3 652	2 074
	服务②	82.9%	81.9%	84.5%	84.5%	85.2%	86.8%	87.9%	86.6%	87.8%	87.1%	89.1%	91.9%
原设备制造商	订购量	1 038	1 396	1 028	1 260	1 058	1 019	1 208	1 215	1 147	1 526	1 279	1 122
	B/O①	301	387	289	325	252	225	256	278	228	315	224	193
	服务②	71.0%	72.3%	71.9%	74.2%	76.2%	77.9%	78.8%	77.1%	80.1%	79.4%	82.5%	82.8%

① B/O指延期交货订单。

② 服务%是第一时间交付的百分比。

OEM市场却走向另一个极端。这里，客户订单通常只有一种产品，而且是整车装运。但OEM们希望在他们订货的当天收到货物。如果暂时无货，他们就会转向公司的竞争对手。

C&I市场不能一概而论。有些客户的订购计划高度复杂，但多数客户只是定期补货以填满货架。最终用户得到了某份合同，不论是新建筑，还是照明设备更新的项目，都可能带来额外订单。如果分销商不持有库存，或库存很少，就会向ALP订购。和OEM类似，承包商也希望即刻送货。

过去，ALP的库存管理政策主要是保有库存以保证一定的生产批量，同时满足季节性很强的需求。传统上，ALP的需求高峰季节是第四和第一季度。库存规划策略同时要考虑的因素还有工厂在夏季的停工。每年夏季，ALP的两个工厂都要有2到3周的时间来进行设备维修保养和放假。在停工前，要备好存货以保证产品的连续供应。图3所示的就是过去两年各月的系统库存水平。

将总库存降低20%是一项很大的挑战。如果随意降低库存，就可能达不到客户所要求的服务水平。库存水平和服务水平之间就算不是完全相关，也有一定程度的关联。因此，问题依旧在于，ALP该如何降低库存，同时提高服务水平？

备选方案

苏和布莱恩都同意：要迎接这一新的挑战，最好首先对分拨系统进行评估，再寻求实现这两个目标的方法。苏和布莱恩想到的第一个方案是针对的全国性消费者（National Consumer Accounts）建立一座大型订购中心（Large Order Center，LOC）。LOC将是一座新的MDC，只为消费者服务。LOC背后的思路是将消费产品集中在一个仓库，从这一中心地点进行分拨。这种做法有利的一面是消费者的订货模式通常十分有规律，每一户订购的库存持有单位数（Stock Keeping Uint，SKU）在年初的时候就确定了。在现有的分拨系统，每个MDC中消费产品的库存量都很高。苏和布莱恩很有信心地认为，LOC能使ALP在消费者市场的客户服务水平达到98%以上，同时降低总库存。但分拨系统因此可以减少多少库存量还是个未知数。根据ALP主要消费者客户的仓库位置，他们将选择印第安那州的贝茨维尔作为未来的订购中心所在地。

前年库存		去年库存	
1月	22 886	1月	18 830
2月	24 395	2月	18 352
3月	26 869	3月	20 235
4月	27 889	4月	22 196
5月	29 490	5月	25 589
6月	30 514	6月	27 059
7月	33 142	7月	27 631
8月	21 853	8月	24 141
9月	21 522	9月	25 070
10月	22 660	10月	23 838
11月	18 766	11月	21 482
12月	20 741	12月	22 699

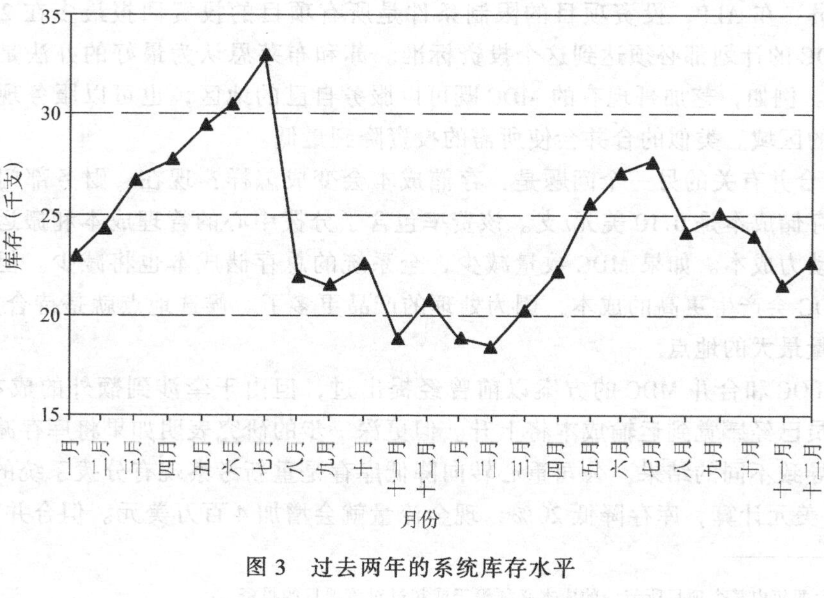

图3 过去两年的系统库存水平

启用LOC的风险在于它对各个系列产品的影响不等。对于C&I和OEM客户，就要使用另一种战略。进行MDC选址的初衷是在全国主要地区的枢纽都有一个分拨中心。该系统成功地将产品运到客户手中，但现有所持库存量不足以维持95%的服务水平。如果保持现有的分拨系统，就需要增加库存以达到95%的目标。而高层管理人员主要关心的是降低库存，因此这个方案行不通。另一个方法是合并库存，减少MDC的数量，使得每个保留下来的MDC库存量比现在要高，而总的系统库存量比现在要低。

合并MDC除了改变库存水平外，还会影响运输成本和提前期。为使MDC的合并更经济，除了考虑降低的库存价值外，还要考虑上升的运输成本。苏和布莱恩调查了现在的运输成本和提前期，结果见表3。内向运输是从工厂到MDC的运输，外向运输是MDC到客户的运输。由于外向运输涉及从众多现在的和潜在的MDC所在地到数百个客户的成千上万种费率，表中无法将其一一列出。

表3 MDC的运输成本和提前期

主分拨中心	运输费率（美元/车）	内向运输提前期（天）	外向运输提前期（天）
亚特兰大	600	2	2
芝加哥	350	1	2
达拉斯	1200	3	2
黑格斯镇	475	1	2
堪萨斯城	700	2	3
洛杉矶	1800	5	2
拉文纳	250	1	2
西雅图	1800	6	2
大型订购中心LOC	600	1	2

内向运输的提前期围绕平均提前期波动1到4天不等，平均偏差是2.5天。至于外向运输，主要地区都在2天以内，偏差为1天。

苏和布莱恩知道LOC可能降低总库存，但他们也知道在全国建新MDC的想法很难说服高层管理人员。在ALP，投资项目的限制条件是所有项目的投资回报最多在2年内收回[1]。任何合并MDC的计划都必须达到这个投资标准。苏和布莱恩认为最好的办法是在现有的地点合并MDC。例如，芝加哥现有的MDC既可以服务自己的地区，也可以服务现在堪萨斯城的中心服务的区域。类似的合并会使所需的投资降到最低。

与MDC合并有关的另一个问题是：存储成本会变成怎样？现在，财务部门统一摊销的库存灯管的存储成本是0.10美元/支。该费率包含了分拨中心的管理成本和搬运处理产品所需的直接劳动力成本。如果MDC数量减少，全系统的总存储成本也将减少。但是，被选为集中地的MDC会产生更高的成本，因为处理的产品更多了。候选地点就是待合并的MDC组中当前吞吐量最大的地点。

类似建LOC和合并MDC的方案以前曾经提出过，但由于牵涉到额外的成本而被放弃。高层管理人员已经感觉到运输成本将上升。但更深一步的研究表明如果将库存减少量考虑在内，可能会导致不同的结果。公司重心转向降低库存是重新考察现有分拨系统的良机。按每支灯管0.88美元计算，库存降低20%，现金流量就会增加4百万美元。但合并MDC所带来

[1] 2年回收期表示两年内某个项目所节约的成本必须等于或超过对该项目的投资。

的任何大型建设项目都很难按2年收回投资的标准去论证。如果改革带来成本节约，且能够至少维持现有的服务水平，那么管理者可以接受在现有MDC中合并库存的方案。苏和布莱恩明白他们必须找到解决的方法，既能满足客户的需要，又能达到企业经营目标。

问题

1. 评述企业现有的库存管理办法。
2. 是否应该争取建LOC的方案？
3. 减少存储点是否能使系统库存降低20%？要作出好的减少库存的决策，现有信息是否足够？
4. 降低库存的计划将如何影响客户服务？

美国红十字会（American Red Cross，ARC）：血液供应[1]

艾米·克罗克斯顿（Amy Croxton）博士是美国红十字会地区性血液中心的医务主任，该中心位于克利夫兰，服务俄亥俄北部地区。艾米现在的心情不好。三月份发生血液制品严重过期[2]的事件之后，艾米面临的是四月份严重的血液供应不足。三月份血液制品的大量过期，四月份血量严重不足使红十字会（ARC）付出了巨大代价。艾米心中默想着美国红十字会的旨宗："以尽可能低的成本供应最高质量的血液制品"。她想知道：如果在血库管理中进行一些改革是否可以降低ARC的经营成本，同时提高向医院供应血液的能力。

概述

美国红十字会是一家非赢利采血组织，负责美国45%的血液供应。其余部分由美国血库联合会（American Association of Blood Banks）的独立会员（35%）、社区血库委员会（Council of Community Blood Banks）的会员（15%）和商业血库（5%）提供。每年超过200万的美国住院病人依赖全美6 000家医院血库及时提供合适血型的血液制品。如果在病人需要的时候没能提供合适的血液制品，那么可能导致医疗中的并发症或者手术的推迟，病人的住院时间和住院费用都会因此增加。血液是易变质的产品。血液采集单位是每名献血者1品脱，采集地点包括教堂、工厂、学校和地区性血液中心等。采集的血液在通过一系列检测后，经过加工，再分拨到各地区各医院的血库。（见图1）

世界上有8种主要的血型，在美国人群中出现的频率从0+到39%到AB-的0.5%不等。（见表1）。地区性血库试图保有部分或全部8种血型的库存以满足每天不同的需要，同时不出现过多的过期产品。影响库存产品数量的因素如下：

- 需求 不同医院血库需要的任一种血型的血液单位数（1单位=1品脱）。
- 短缺 当需求超过库存的血液单位数时，就会发生短缺。

[1] 该案例是在马尼什·巴特拉（Manish Batra）和本杰明·佛罗希（Benjamin Flossie）的协助下完成的。

[2] 当血液制品由于时间的关系不再适合原来的用途，就会被宣布过期。

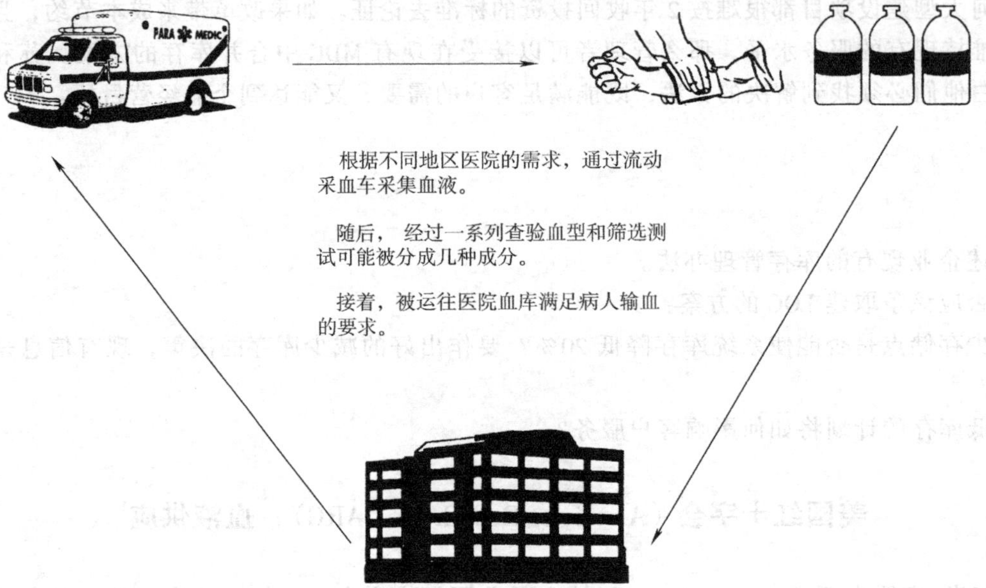

根据不同地区医院的需求，通过流动采血车采集血液。
随后，经过一系列查验血型和筛选测试可能被分成几种成分。
接着，被运往医院血库满足病人输血的要求。

图 1　采集、检测和分拨血液

- 缺货率　短缺天数所占的比例（或百分比）；即缺货率 = 缺货的天数 ÷ 总天数。
- 过期　由于超过使用期而被弃的血液单位（如全血为 35 天）。
- 过期率　平均过期的血液单位数与平均采集的血液单位数的比率：即，过期率 = 过期单位数的均值 ÷ 采集单位数的均值。

表 1　美国人口中血型的相对概率

血型	O+	A+	B+	AB+	O−	A−	B−	AB−	总计
	39%	34%	8%	4%	7%	6%	1.5%	0.5%	100%

如果缺货率下降，过期率就会上升，反之亦然。短缺和缺货的关系见图 2。某种血液制品的最佳库存水平是缺货率和过期率折中的结果。每单位缺货成本等于从其他渠道购买一单位血液制品的成本（I），每单位过期成本等于加工一单位血液制品的成本（P）。可供加工和报废的血液单位数等于 $I \div P$。例如，从其他来源获得一单位血小板的成本是 30 美元，而血小板的单位加工成本是 3 美元。由于 I 和 P 的比率是 10∶1，从其他来源购买仅仅 1 单位血小板的费用，就可供加工、过期 10 单位的血小板。

一旦血液制品被送到医院，就被储存在条件合适的医院仓库中，可以随时按照医生的吩咐预留给某个病人一定数量。这类需求每天随机出现，每次需求数量不同。一旦接到用血请求，仓库就要根据先进先出（First in first out，FIFO）的原则挑选出一定数量的产品，预留出来。没有使用的产品会在第二天退回仓库。医院关心的是，保有足够的血制品库存在大多数时间里满足每天不同的需求，同时又不造成这种易变质产品的大量过期。为了在期望的过期率和缺货率之间找到平衡，多数医院会根据自己的主观判断决定向 ARC 订购的数量。因而，运作中常见的血液分拨系统是医院提出血液需求量，ARC 尽力在医院要求时满足需求。这种运作模式导致血液的供应非常不确定，血液资源、管理人员和设施利用不充分。为弥补其中的不足，也采用了一些其他方法，包括血液的集中式管理（特别是较罕见的血型），而不

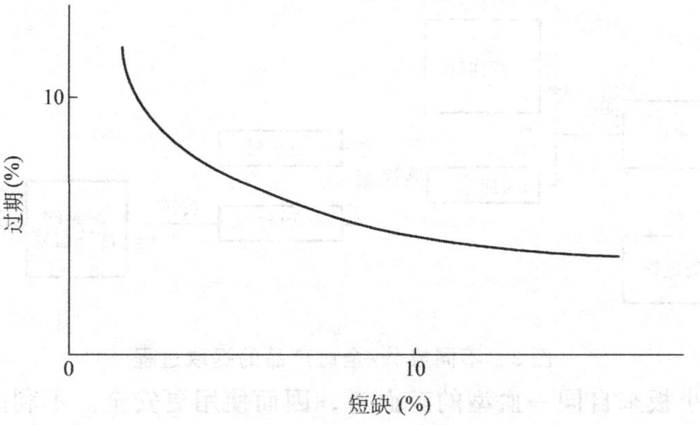

图2 过期和短缺的一般关系

是由各医院分别管理；事先安排送货；建立血液制品在各医院间“流通”的分拨系统。

按时供应、小心保管血液制品对保障病人的生命至关重要。由于血液易变质，血库的管理人员发现血液制品的库存管理非常棘手。血液缺货常常迫使血库紧急采购，从而带来高成本。缺货对病人造成的负面影响，导致的额外成本更是难以衡量。血液过期则造成血液中心成本的损失，包括采购成本、加工成本和存储成本。

血液来源：全血和全血成分

全血是直接从献血者身上抽取的血液。随后血液会分离成不同的成分：红血球、血浆和血小板、冷凝蛋白质等。全血只在小儿科病人输血时直接使用。事实上，只有总输血量的1%是使用全血。

红血球是利用离心沉淀法或重力分离法从血浆中分离红细胞配制而成。红血球用于具有供氧不足症状的病人，还可用于换血疗法，帮助大量失血后的病人恢复血量。

血浆是血液中的液体部分。它包括抗凝结的血清部分，要在全血过期前的5日之内利用离心作用或沉淀法分离出来。血浆用于凝血因子不足的病人（帮助凝结血液的蛋白不足）。血浆是冷冻储存，而液体血浆则需冷藏。新鲜的冷冻血浆是在全血采集后10小时以内分离、冷冻的血浆。这种血浆包含所有凝血因子的血浆蛋白。

血小板是从单独一个单位的全血中分离出来的浓缩物，悬浮在少量的原始血浆中。这些血小板又被称做随机血小板。他们用于有出血问题的病人和需要输入血小板的病人，如某些癌症的患者。也可以使用另一种称做系统血小板的血小板。

冷凝蛋白质通过在1~6℃之间解冻新鲜的冷冻血浆，恢复沉淀物而获得。其中不溶的沉淀物再被冷冻。该制品用于血友病的治疗和控制出血。

上述各成分通常经适当的加工程序从全血中提取，这些程序包括离心过程或旋转血液。从全血中提取不同成分产品的加工过程见图3。

第一次旋转要在抽血之后8小时内完成，第二次要在10小时内完成。所有这些成分都是易变质的，其寿命从5天（血小板）到一年（血浆和冷凝蛋白质）不等。血液不同成分的保质期如表2中所列。系统血小板的保质期为5天，其作用与随机血小板相同。事实上，系统血小板比随机血小板更好。输一单位系统血小板相当于输6个单位的随机血小板。此外，

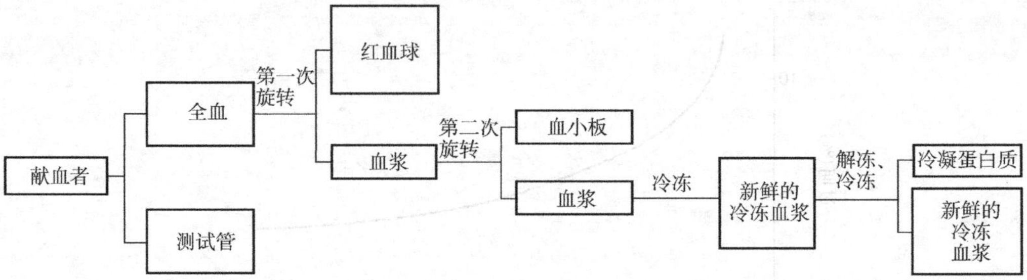

图3 不同成分/全血产品的提取过程

用于输血的系统血小板来自同一血型的献血者，因而使用更安全。不利的是，系统血小板的生产成本更昂贵。根据表3所列的不同血液成分的价格，1单位系统血小板的价格是408美元，而与之相当的6单位随机血小板的价格是360美元。如果均衡考虑生产成本和安全因素，系统血小板是可以与随机血小板相竞争的。这两种产品的保质期都是5天，决定这两种相竞争产品的库存量是地区性血库面临的关键问题。

表2 不同血液制品的保质期

产品	保质期
随机血小板	5天
系统血小板	5天
全血	32天
红血球	42天
冷凝蛋白质	1年
新鲜的冷冻血浆	1年

表3 不同血液制品的价格

产品	价格（美元/单位）
随机血小板	60
系统血小板	408
全血	169

受供给驱动的库存管理系统

为本地区采血是地区性中心最重要的功能之一。地区性中心采集的血液有三个来源：(1) 预先安排好日程，走访已登记好献血者的各个机构；(2) 来到采血中心的献血者和 (3) 应中心紧急求助而来的献血者（或献血者群体）。其中，最大一部分来自对学校、工厂、教堂等地区的定期走访时采集的血液。在走访前的几个月到一年时期内是选择采血地点。最终日程安排必须提早3到4周完成。漫长的提前期和结果的不确定性使得在采血的时候知道血液需求的“确切”情况非常困难。因为献血者是自愿的，不可以拒绝，所以所有合格的献血者都会被接受，采集的血液将同时到达某一个地点。由于采血地点也属自愿性质，所以采血地点的数量不容易随需求变化而变化。此外，可用的采血点数量和采血量在全年中也会不断变化。通常，由于夏季事故比率较高，所以血液需求是最高的，但此时可用的采血点最少（学校放假，工厂休假关门）。供求之间非常不协调，而需求几乎不随供给变化。很难改变预定的采血计划来降低供给，当需求超过供给时，就要向献血者紧急求救以增加供给。供求双方都不尽如人意。影响这个供给驱动型库存系统总体规划的不同因素如图 4 所示。所有步骤都必须同步进行，这样才能控制成本，满足对血液的需求。采集过程不确定的一个重要方面就是中心只有在血液采集完毕，血型检验之后才能知道献血者的血型。这意味着即使事先知道献血者的确切人数，也只能估计每种血型的最终采集量。况且献血者的确切人数通常也是不可得的，因为实际献血的人数往往少于最初登记的人数。约有 11% 登记的人不能在当天献血，因此延期。出现这种情况的原因可能是他们贫血，身体不舒服，有一些危险举动，血压不正常或在最近 56 天内曾经献血。

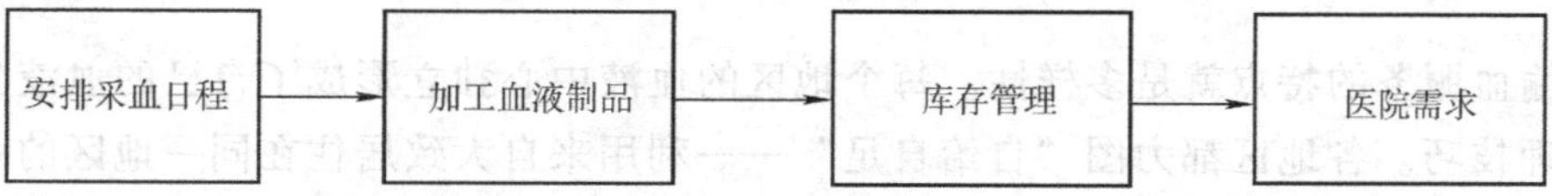

图 4 计划过程概览

献血者的人口统计特征

每年，全美人口之中只有约 5% 的人献血。这些献血者中有 20% 是首次献血，其余的是多次献血者。献血的最低年龄限制是 17 岁，没有年龄上限。献血者平均年龄是 35 岁。52% 的献血者是男性，其余为女性。每个献血者每年的平均献血次数是 1.9。约 60% 的献血者登记为特别重要的献血者（V.I.P.donors）（承诺一年献血至少 4 次）。每个特别重要的献血者每年平均献血 2.9 次，少于 4 次，因为并非每个这样的献血者都履行承诺。多数献血者来自社区。其余的来自高中、大学或学院、医院、工商企业和政府机构。图 5 所示的，是根据一年中地区性血液中心采集的 203 018 单位血液列出的不同献血人群所占比重。

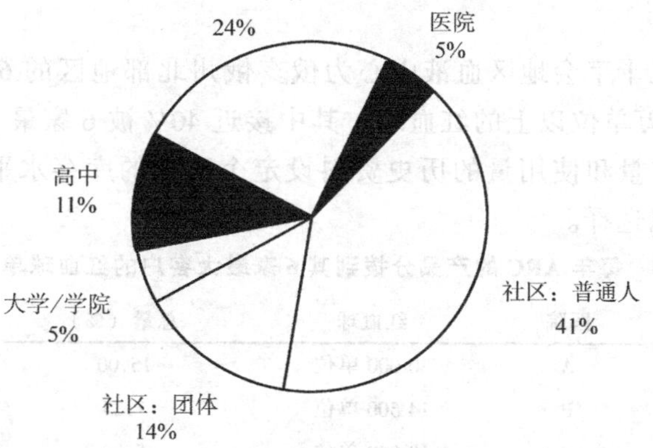

图 5 献血者人群

错综复杂的分拨问题

血液分拨问题错综复杂，主要是因为血液易变质的特点、地区性血液中心血液供应的不确定性和各医院血库变化莫测的需求。同时，又由于所供应的各医院血库规模变化很大，不同血型人群发生事故的概率差异很大，各医院对全血和不同成分血液需求的波动，以及来自其他血库的竞争，这种局面更进一步复杂化。

因为ARC的政策是从自愿献血者中获得血液，因此血液的来源就是不确定的，且受一系列因素的影响，而这些因素是地区性血液中心无法控制的，如公众对血液行业的看法，人们对爱滋病的恐惧等。医院血库的需求和用量也是不确定的，今天和明天都会不同，不同的医院也各不相同。地区医院的血库血液输出也从每年几百单位到每年数万单位不等。

血液库存管理的一般方法

全国输血服务的特点就是多样性。每个地区的血液中心独立形成了自己的血液分拨管理理念和管理技巧。各地区都力图“自给自足”——利用来自大致居住在同一地区的献血者提供的血液供应本地区医院的需要。由于上述因素，任何库存管理策略的改变都应该从地区血液中心及其服务的各个医院血库的角度出发，必须具有难以辩驳的理由。进一步而言，任何涉及不同地区血液中心相互协作的战略都必须对所有参与方具有明确的好处。此处，人们希望实施的战略应具有这样两个特点：血液制品要在不同医院血库之间流通；预先安排各医院血库的送货。对于用量少的血库（从总量来看，他们占血液使用总量的比例最大），如果先将血液制品分配到各血库，然后被一直保留到输血时或产品过期时，任何一种类似的战略都会导致低利用率。因此，需要某种形式的血液“流通”，这样新鲜的加工后的血液被送到医院血库，晚一些还可能再被退回，根据地区战略再进行分拨。事先对多数医院的血库安排定期送货也是可行的。这样，医院血库所面对的供给不确定性就可以降低，运作的计划和资源的利用都将得到改善。

俄亥俄州克利夫兰的美国红十字会地区性血液中心

克利夫兰的美国红十字会地区血液中心为俄亥俄州北部地区的60多家医院提供血液制品。每年，它供应20万单位以上的红血球，其中接近40%被6家最大的医院所使用（见表4）。地区中心根据需求量和使用量的历史资料设定个医院的库存水平。所有与ARC往来的医院都有两种方案可以选择。

表4 每年ARC的产品分拨到其6家最大客户的红血球单位数

医院	红血球	总量（%）
A	30 000 单位	15.00
B	14 500 单位	7.25
C	10 000 单位	5.00
D	9 000 单位	4.50
E	8 500 单位	4.25
F	8 000 单位	4.00
其他	120 000 单位	60.00
总计	200 000 单位	100.00

方案1 医院根据历史用量决定库存水平，承担过期风险。用每天送来的血制品来补充

消耗量，使库存达到正常水平。这个方案通常被那些每年输血从几百单位到数千单位的医院所采用。

方案2 医院预先确定各种血液成分的用量，签发长期稳定的订单或协议，每日送货一次。然后，根据历史数据，对预定数量每季度调整一次。该方案被每年输血从数千到几万单位的医院所采用。

俄亥俄州克利夫兰的美国红十字协会地区性血液中心的库存管理

ARC的地区血液中心采用自上而下规划法管理库存（见图6），其内容涉及对次年的采血活动进行计划，管理某日发生的库存短缺和过期等。

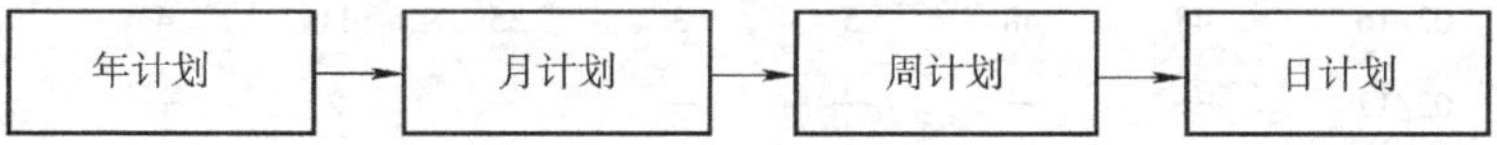

图6 库存的自上而下法

1. 年计划

首先估计克利夫兰ARC供应的所有60家医院次年的用量。然后，利用需求的历史数据和次年的估计用量，为未来一年的采血工作制定计划。这里要考虑那些由于生病或近期献过血而推迟捐献的献血者，检测中损失的血量，和由于采集量少于1单位而效果不令人满意的捐献。对每年233352个献血者进行的研究表明，只有82%的预期采血量是有效的。如图7所示。

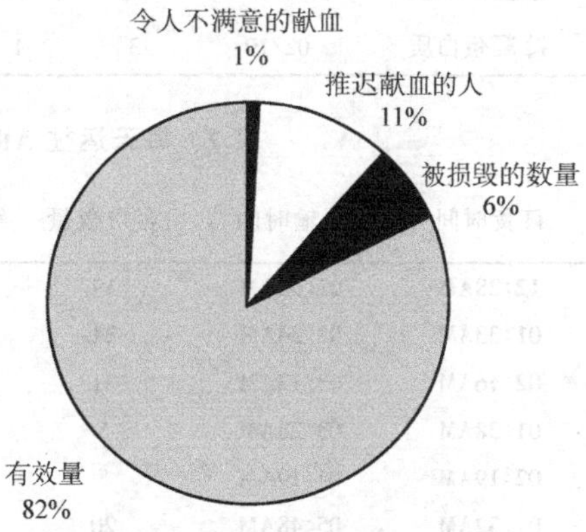

图7 所召集的献血者和采血分析

2. 月计划

月计划包括，提前一个月做准备，且要确保在下月的每个工作日（从周一到周五）预计采集的血量会超过事先确定的数量。事先确定的采血量等于平均年需求量除以一年工作日的天数。如果下个月的某一天，估计的采集量少于事先确定的采血量，那么ARC要为该日招募献血者。采血活动在周六和周日进行，但通常在周末采到的血液比在工作日采到的要少。

3. 周计划

周计划包括查看不同血型血液的库存水平，制定血液制品的生产计划和下周到各医院的配送计划。在期初，要对需求预测。随后，根据该周预测的需求量计划采血和生产工作。

4. 日计划

日计划包括查看库存，在短缺和产品接近过期时采取适当措施。每个班次要编制日库存报告（见表5）列出不同血型的各种血液制品的库存量。每个班次编制血小板的产品库存报告（见表6），列出各不同血型的库存量及其过期日，至少每天编制一次所有其他制品的库存报告。每天编制运输报告（见表7），列出前一天运到ARC不同客户的每种血液制品数量。每天还要编制生产报告，列出每种血型某种产品的生产量。

表5　不同血型每种产品的日库存报告举例（血液单位）

产品	O+	A+	B+	AB+	O-	A-	B-	AB-	总计
红血球	472	1 349	99	539	142	91	83	105	2 880
随机血小板	77	67	16	17	13	14	2	9	215
血浆	185	398	246	217	46	85	45	50	1 272
系统血小板	4	7	5	0	-1	3	0	0	20
冷凝蛋白质	478	346	106	22	119	72	25	11	1 179

表6　不同血型产品库存量及其过期日报告举例（血液单位）

产品	过期日	O+	O-	A+	A-	B+	B-	AB+	AB-	总计
全血	02/15	—	—	4	—	2	—	—	—	6
红血球	02/16	48	48	5	3	35	11	4	2	115
随机血小板	02/17	—	—	—	—	—	2	—	—	2
血浆	02/18	6	1	4	—	6	3	2	1	23
系统血小板	02/19	84	16	65	19	34	5	11	1	235
冷凝蛋白质	02/19	3	1	3	3	2	—	—	—	12

表7　每天运往ARC不同客户的各种血液制品运量报告举例

订货时间	运输时间	客户数量	红血球/全血	随机性血小板	系统血小板	冷冻血浆	冷凝蛋白质
12:28AM	01:06AM	19	0	12	0	0	0
01:33AM	02:24AM	31	57	0	0	0	0
02:16AM	03:12AM	31	1	0	0	0	0
01:38AM	03:28AM	5	94	0	0	0	0
02:19AM	04:19AM	5	1	0	0	0	0
01:32AM	05:48AM	20	25	0	0	0	0
07:06AM	08:06AM	6	12	0	0	0	0

所有产品都遵循先入先出（First In，First Out，FIFO）法，除非是“长期订单”，履行该订单要使用相对新鲜的血液（血小板至少应还有3天到期，红细胞至少应还要有35天到期）。不同血型的各种产品保有的库存至少等于其日平均需求量的3倍。如果库存量下降到平均日需求量的3倍以下，就发生了短缺。此外，如果库存量低于日平均需求量，就是出现了紧急情况，或严重短缺，就需要采取紧急措施，招募献血者。

有时，也会出现产品有多余库存和/或接近过期日的情况。中心可能以20美元的折扣销售A+型血的红细胞来降低库存，或对即将过期的血浆打50%的折扣。血制品的托运也会启动。

评估客户服务水平

美国红十字协会地区血液中心衡量客户服务水平的方法是计算客户订单履行比率（Customer Fill Rate）。方法有两种。

（1）订单履行率是某月各种产品100%履行的订单数除以收到的订单总数。这里，要对五种产品中的每一种分别计算（见表8）。

表8 三月份各种产品的履行率，等于100%履行的订单数与收到的订单总数之比

	红血球	冷冻血浆	冷凝蛋白质	随机血小板	系统血小板
收到的订单总数	704	236	175	325	266
100%履行的订单数	651	233	175	306	252
履行百分比	92.47	98.73	100.00	94.15	94.74

(2) 履行率是产品运出量与客户需求量之间的比率。仅红血球按血型或猕因子血型分类（ABO/Rh，也即八种血型分类的每种）计算履行率。对其他四种产品（冷凝蛋白质、新鲜的冷冻血浆、随机血小板和系统血小板），不按血型或猕因子血型（ABO/Rh）计算履行率（见表9）。

表9 三月份各种产品的履行率，等于运输量与需求量之比

红血球	O+	A+	B+	AB+	O-	A-	B-	AB-	总计
需求量	2 673	2 988	2 058	0	2 425	270	247	56	10 717
运输量	2 461	2 752	1 864	0	1 801	234	202	46	9 360
履行率	92.07	92.10	90.57	—	74.27	86.67	81.78	82.14	87.34
履行率的地区标准	90	100	95	100	75	85	80	85	88.75
相差百分比	2.07	-7.90	-4.43	—	-0.73	1.67	1.78	-2.68	-1.41

	冷冻血浆	冷凝蛋白质	随机血小板	系统血小板
需求量	345	325	285	517
运输量	326	325	267	495
履行率	94.49	100.00	93.68	95.74
履行率的地区标准	100	100	95	98
相差百分比	-5.51	0.00	-1.32	-2.26

地区性血液中心按客户类型、产品类型、以及血型（或红血球的猕因子血型）制定了订单履行比率的标准。该比率对不同的客户（依据与本地区客户签订的合同中所规定的履行率标准而定）、依产品及猕因子血型可能有所不同。然后，计算出地区性中心的实际服务水平与协议或合同规定的标准之间的差异。

对地区性中心的履行率进行监督为中心不断提高客户服务水平提供了十分有价值的信息。

竞争

根据美国红十字协会的宗旨，它向客户保证97%的平均履行率。本地小型血库无法与ARC的高履行率相比。但是，由于某些本地血库固定成本很低，不必向客户保证一定的服务水平，所以他们可以和ARC在价格上竞争。

ARC需要采集医院所需的特定数量、特定类别的血液（因为要保证较高的客户服务水平），而本地血库只采集那些能采到的血液。医院经常会去选购那些低价格的产品，这样由于本地血库的低价格会抢走ARC的业务，至少是部分业务。

小结

克罗克斯顿博士意识到她所从事的行业供求缺乏规律。三月份发生的大量血制品过期事件困扰着她。志愿者们怀着美好的心愿献血，但很多血制品却过期了。四月份，当她试图避免过期时，又导致库存极度短缺，造成收入下降，信誉损失。她不能忘记血液管理也是一种生意，需要弥补成本。亦或，它正逐渐演变得像其他商业行为一样追求利润？现在，血液供给行业的竞争空前激烈。那么，什么是管理血液供给的最佳方法呢？如何面对竞争确定价格呢？她知道上述的有些问题很难回答，她还要进行更多的思考。

问题

1. 试述美国红十字会血液服务中面临的库存管理问题。
2. 试根据 ARC 的宗旨来评估当前库存管理的做法。
3. 你能否对 ARC 的库存规划和控制改革提些建议以降低成本或提高服务水平？
4. 定价策略是否是控制库存水平的适当方法？如果是，应如何确定价格？

第十章　采购与供应决策

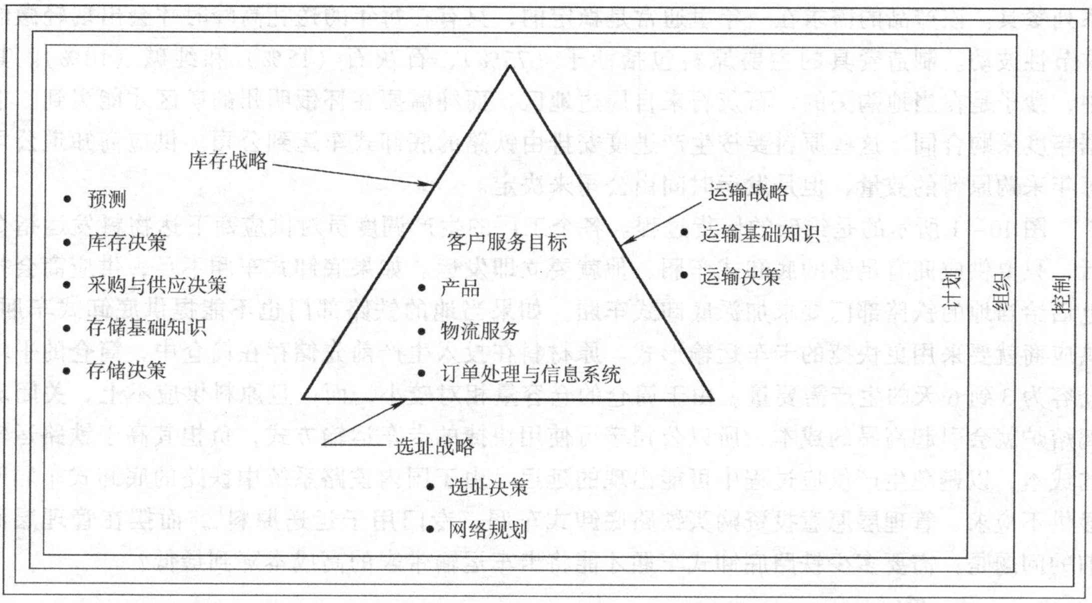

协调商品与服务在供应链上各个实体机构之间的流动是供应链管理的一个主要课题。人们需要考虑的问题往往包括，决定要运输产品的数量、何时运输、如何运输以及从哪里获得这些产品等等。虽然这些计划决策发生在供应渠道中，但良好的管理要求其与公司内部其他部门的经营活动——尤其是生产运作活动——进行充分协调。本章我们就来看一看如何解决此类问题。

除此以外，采购也被视为计划过程中的一个环节。尽管采购主要是一项购买活动，但是许多采购决策直接影响着物流渠道中商品或服务的流动。因此，我们要选出其中的一部分决策问题来进行考察，并提出一些解决问题的方法建议。仅仅一章无法覆盖采购的所有内容，读者可以参阅一本有关采购的好的教科书来得到更为全面的了解[1]。

10.1　供应渠道中的协调

供应渠道中，运作、营销、采购和所有其他活动之间的充分协调是极其重要的。这些经营活动之间的相互关联常常使得针对单独一项活动进行优化的努力可能对其他的一项或几项活动造成损害。忽视这种悖反现象就会对公司运作带来负面影响。以某公司为例，公司采购政策与生产计划的规定相互影响，致使公司的运输部门经理认为运力不足是造成供应渠道中

1　Michiel R. Leenders and Harold E. Feasron. Purchasing and Supply Management，11th ed.（Homewood，Ill Richard D. Irwin，1997）

调度不利的惟一原因。但在对生产计划、采购和运输中的各个因素进行了综合考虑、适当权衡后，该公司的物流供应水平得到了提高。现在，让我们更详细地考察一下各部门活动之间协调不善对供应渠道中的各项活动造成的不良影响。(见资料 10.1)

资料 10.1 例子

安可·霍金（Anchor Hocking）公司是一家玻璃器皿制造厂，面向美国国内市场生产销售系列餐具。该产品的需求在一年里通常是稳定的，只有在每年的送礼高峰时才会出现轻微的季节性波动。制造餐具的主要原料包括沙子（75%）、石灰石（15%）和纯碱（10%）。其中，沙子是在当地购买的，石灰石来自周边地区，而纯碱要在怀俄明州的矿区才能买到。根据年度采购合同，这些原料要按生产进度安排由铁路的底卸式车运到公司。供应商知道公司每年采购原料的数量，但是发运时间由公司来决定。

图 10 - 1 所示的是纯碱的供货过程。各个工厂的生产调度员对供应商下达物料发运指令后，只要供应商有足够的底卸式车厢，他就要立即发运。如果底卸式车厢不足，供应商会打电话给当地的铁路部门要求加派底卸式车厢。如果当地的铁路部门也不能提供底卸式车厢，供应商就要采用更快捷的卡车运输形式。原材料在投入生产前先储存在筒仓中，筒仓的平均仓容为 3 到 6 天的生产需要量。由于筒仓的仓容量相对较小，而一旦原料供应不上，关闭玻璃熔炉就会引起高昂的成本，所以公司宁可使用快捷的卡车运输方式，负担其高于铁路运输的成本，以避免生产供应过程中可能出现的延迟。由于国内铁路系统中铁路的底卸式车厢明显供不应求，管理层愿意投资购买铁路底卸式车厢，专门用于运送原料[1]。而摆在管理层面前的问题是：需要多少铁路底卸式车厢才能将卡车运输带来的高成本降到最低？

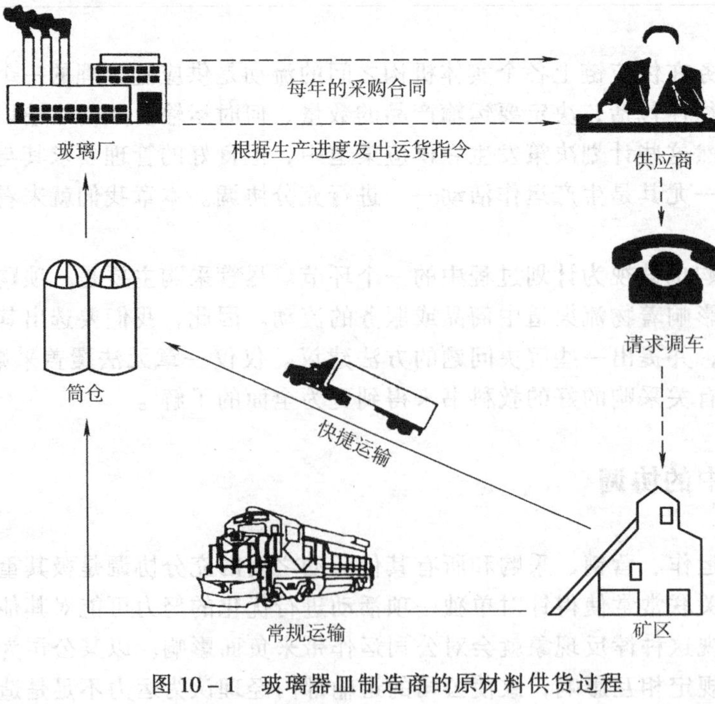

图 10 - 1 玻璃器皿制造商的原材料供货过程

[1] 公司可以拥有这些铁路底卸式车厢的所有权，而由铁路公司来负责运营，这时的运费低于正常的费率。

这里的假定前提是，铁路车厢的载货能力提高能够避免卡车运输的高成本。一定程度上的确是这样。然而，详细调查却显示，是工厂的生产调度员不能接受从供应商发运原料到生产需要原料之间14天的时间间隔。事实上，调度员能接受的时间间隔可能只有5天，而5天时间不足以把纯碱从怀俄明州运到美国东部的工厂。看来，生产调度员只是对生产需求作出反应，而不是对其进行适当的预测。增加筒仓的库容以增加库存是不现实的，因其投资成本过高。因此，在不改变生产计划流程的情况下，投资购买82辆铁路底卸式车厢或许可行。然而，如果运用高效的需求－计划技术来指导原料的发运，那么只需要40辆铁路底卸式车厢就可以解决问题。加强原料运输管理后，对底卸式车厢的需求减少了42辆，相应地，预期投资压缩了一半。

对安可·霍金公司的案例进行分析得出的经验教训是，生产调度安排不善会带来不必要的运输设备投资。公司的运输经理试图仅仅靠追加运输能力来解决问题的做法并不是最佳方案，要想妥善解决问题，就必须充分协调各项影响实物供应的活动。

10.2　供应计划

适时管理、快速反应和压缩时间等理念的普及已经将计划提升为供应渠道中的重要活动。企业除了以库存满足需求外，还可以通过对需求的合理计划来满足需求，这两者代表了满足物流渠道需求或需要的各种方案中的两种角度。前面一整章已对库存管理的问题进行了论述，因此本章里我们的关注的重点就是被称为需求计划的一些安排方法，从而最大限度地降低供应渠道中所需的库存量。在供应渠道中，企业要满足的需求一般为生产需求（在服务业，则是运作需求）。物料管理人员一般通过两种方法来满足这一需求。第一种方法是按需要时间随时供应，不断调整供给时间使得物料的供给与生产的需求步调一致。其中，物料需求计划即处理计划安排的一种常用方法。第二种方法是持有库存来满足生产需求，利用补货规则来维持库存水平，这些规则决定了物料在供应渠道中流动的具体时间与数量。

许多公司同时使用上述两种方法。以下，我们就来看看某发动机制造商是如何控制其产量的。（见资料10.2）

资料10.2　例子

利尔·西埃格勒公司（Lear Siegler）的动力设备分公司生产一系列用于地面清洁机和抛光机的小型发动机，产品将作为零部件卖给其他生产最终产品的制造商。鉴于此，这些发动机都是根据客户的要求特别定做的。这类用户通常在实际需求之前几个月就下达了确认的订单，以确保其生产计划的需要能得到满足。而那些标准化程度较高的发动机，其需求可以比较准确地进行预测，所以将按照销售预测来生产。

在此条件下，企业要为未来三个月制订生产计划（或称主生产计划）。生产调度员根据生产计划以及各发动机订单的原料清单可以获知各个零部件的需求量和需求时间。同时，生产调度员还要检查可供应需求的现有库存。正常情况下，每3 300个零部件中大约有3 000个可以直接从库存中获得，其余的300个则是高价值的关键部件，例如发动机传动轴，依每个订单的不同要求具体而定。这些零部件都会被列在缺货清单里交给供应商，直到实际收到货物并可用于生产时才被划去。

对其他库存短缺的物料也都采用同样的处理办法。

考虑到采购的提前期，生产调度员通常提前向采购部门下达采购单，这样物料就能在生产所需之时到达。

在所有的原材料、零部件与辅助材料备齐后，生产调度员将客户订单交给生产部门，开始生产和装配。随着库存不断被消耗掉，管理人员还要根据最低 - 最高（min - max）库存控制法补充存货。

采购部门的职责还包括，选择货源、制订订货程序、就价格和销售条件与供应商进行磋商、确定所使用的运输服务、以及估计提前期等等。在本案例中，采购就与生产部门相配合，对供应渠道中物料的流动制定计划。生产计划与物料供应之间的关系如图 10 - 2 所示。

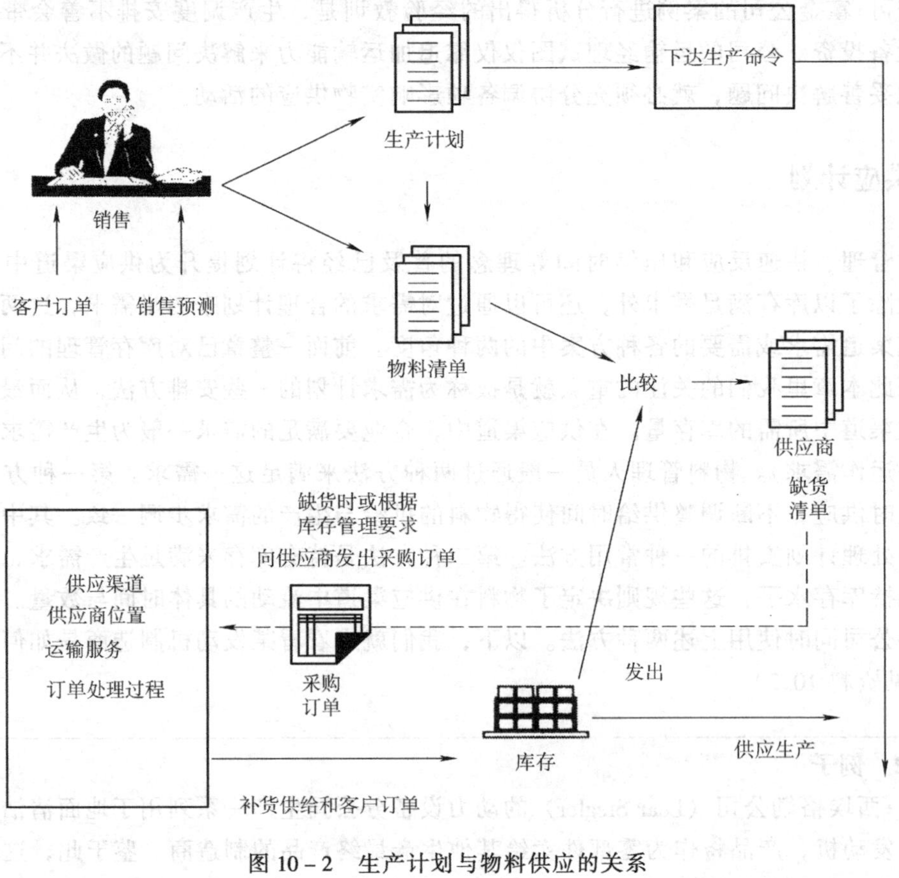

图 10 - 2 生产计划与物料供应的关系

10.2.1 适时供应计划（Just - In - Time Supply Schedaling）

适时（JIT）供应计划是一种有别于以库存满足需求的运作理念，目的也是使得企业能在适当的地点、适当的时间获取适当的货物。作为管理物料供应渠道的方法之一，适时供应法首先在日本得到了广泛应用，这或许是日本过去 40 年里特定的经济与物流环境导致的。适时供应计划可以定义为一种整个供应渠道对生产/客户需求同步反应的理念。

适时供应计划的特点为：

• 与少数供应商和运输承运人保持密切关系；
• 信息在供应商与买方之间实现共享；
• 频繁进行小规模的生产、采购、运输，从而把库存降到最低水平；
• 消除整个供应渠道中所有可能出现的不确定性；
• 高质量目标。

随着企业生产启动成本和采购订货成本大幅降低，几乎可以忽略不计，经济补货量也越来越小，逐渐趋近一个单位。如果存在生产或采购的规模经济，由于只有少数几个供应商，且供应商通常紧邻买方的需求点，所以规模经济可以发挥到极至。买方与相对少数的几家供应商和承运人建立起紧密的协作关系，供应商可以分享来自买方的信息——通常以生产或运作计划的形式，这样，供应商就能预测买方的需求，从而减少反应的时间及其波动。买方希望其选择的几家供应商都能始终如一地提供准时的交货服务。适时管理理念下，计划的整体效果就是实现与需求协调一致的产品流动。尽管与以库存供应（supply - to - inventory）的理念相比，以适时管理的理念管理供应渠道要付出更多的精力进行管理，但是由此带来的好处是，能够在渠道运转过程中保持最低的库存、降低各方的成本及/或提高服务水平。然而，制造商得到的某些好处也可能是成本和库存转移到供应渠道上游的供应商的产物。(见资料10.3和资料10.4)

资料10.3　应用

通用汽车公司（GM）是一家美国汽车制造商，该公司在计划重新设计其最畅销的一款汽车时决定实施适时供应计划系统（Just - in - time Supply Scheduling System）。公司改造了原来使用的一个生产车间，按今天的标准来看，这个车间太小了。设计人员在车间较长的那面墙上安装了许多扇门，使其得以重新投入使用。经过改造后，只需经过很短的距离就可以将物料运送到生产线，而生产库存的空间就所剩无几了。于是，公司在装配车间附近搭建了一个预备仓库，供应商的物料到达后先放入预备仓库，在那里拆包，然后根据需要送至装配线。

与此同时，公司大量减少供应商和承运人的数量（从几千家减少到几百家），并要求供应商的所在地距离工厂不得超过300英里。例如，某供应商被选定为油漆的独家供应商。然而，享有独家供应商的地位是有代价的，公司要求这家油漆供应商在公司的装配厂附近设置库存。

为了帮助供应商安排供货，公司会向其提供未来的生产计划。这样，就在供应商与买方之间建立了一定的相互信任的关系，这在该行业中并不多见。

资料10.4　例子

惠普公司（Hewlett - Packard，HP）将适时计划的概念应用于配送中心的运作。1年半以后，公司产成品的库存下降了40%，劳动生产率每月比上月增长2%，向客户发货的质量改进了44%[1]

---

[1] PatrickGuerra, "Just - In - Time Distribution", Annual Proceedings, Vol.1 (St.Louis: Council of Logistics Management, 1985): 444。

10.2.2 看板（KANBAN）

看板是丰田汽车公司的生产计划系统，也可能是最著名的适时管理范例。看板本身是一个以看板卡片为基础的生产控制系统，看卡（KAN Card）指示工作中心或供应商生产一定标准数量的某种产品；板卡（BAN Card）要求把标准数量的零部件或半成品运送至工作中心。其中，标准数量是事先确定的。公司就利用这些卡片来启动生产过程和物料流动。

看板/适时管理系统利用库存控制中的再订货点方法来确定标准生产/采购量，系统的生产启动成本相当低，提前期也很短。

其他几方面的特征也增强了其作为适时系统的有效性。

首先，与为利用规模经济而建立的进度计划相比较，这种经常重复主生产进度计划中的产品式样，即，就产品式样 A 和 B 而言，能够实现规模经济、节约生产启动成本的生产进度计划可能是：

AAAAAAABBBBBBBAAAAAAABBBBBBBAAAAAAABBBBBBB

然而，看板的生产进度计划则可能是：

ABABABABABABABABABABABABABABABABABABABABAB

第二，由于提前期很短，其可预测性大大提高。供应商所在地离生产地很近，即使频繁地送货（经常是每小时送一次）也不会产生高昂的运输费用。

第三，由于生产启动成本和采购成本保持在较低水平，所以订货量很小。订货量与生产启动成本和采购成本相关，因此就成为降低成本的目标。订货量小就意味着库存水平低。公司会利用经典的再订货点库存管理法来决定补货数量。

第四，使用的供应商为数不多，相应地，公司对供货商期望较高。制造商与供应商之间建立起高度协作关系，以保证获得满意的产品，满意的物流绩效水平。

适时管理与以库存供应对比鲜明。表 10-1 比较了这两种做法的不同之处。但我们应该记住，二者都是生产计划系统的可选方案，未必有高下之分。（见资料 10.5）

表 10-1 看板/适时供应计划与以库存供应计划理念的比较

因素	看板/适时管理	以库存供应
库存	一项负债，必须不惜一切努力减少库存	一项资产。保护生产不受预测误差、设备损坏与供应商延迟交货的影响。库存越多越“安全”
生产批量，采购量	满足即时需要即可。无论自制品，还是购置品都只需达到最低的补货数量，该数量由经济订货量（EOQ）公式决定	生产批量、采购量由规模经济或经济订货量公式决定。不需要改变生产启动成本来实现更小的生产批量或采购批量
启动成本	大幅降低启动成本。这就需要有极其迅速的生产转换以尽量减小对生产的影响，或者有已启动的额外设备。迅速转换可以实现小批量生产，也使企业可以生产种类繁多的零部件	不做优先考虑。通常的目标是产出最大化，因此启动成本是第二位的考虑内容

（续）

在制品库存	消除这些库存。在各个工序之间库存积累得很少，就要求尽早发现问题、确定问题	一项必要的投资。在各个工序间积累库存使生产在物料供应出现问题时仍能持续下去。同时，由于有若干种可供选择的工作岗位，工厂管理层更有机会调配具有不同技能的操作人员来操作不同性能的机器，从而更高效地组织生产运作
供应商	视供应商为合作伙伴。供应商关注客户的需要，客户把供应商作为其工厂的延伸。供应商的数目很少，但供应中断的风险可能会增加	与供应商保持一定的距离，仅限于业务关系。奉行货源多元化原则，典型的做法是，利用供应商之间的互相竞争来实现最低价格
质量	追求零缺陷。如果产品不是100%合格，就会危及生产与分拨	允许存在一定的缺陷以维持产品的流动，避免为保证过高产品质量而产生的额外成本
设备维护	保护性维护或额外的生产能力至关重要。没有存货作缓冲，一个工序停产会危及下游生产	按要求行事。由于维持一定水平的库存，设备维护并不特别重要
提前期	提前期保持在很短的时间，这样增加了整个供应/配送渠道的反应次数，减少了不确定性和对安全库存的依赖	由于可以通过额外的库存来弥补，因此即使提前期很长也不会有严重后果

资料 10.5　观察

由于适时管理系统运作过程中，库存维持在最低水平，供应商数量也很少，供应渠道片刻受阻即导致渠道瘫痪的风险极高。价值5美元的制动阀门是丰田汽车公司的关键零件，当其制动阀门的主要货源被大火毁于一旦，丰田汽车面临着关闭20家汽车工厂危机。然而，大火过后5天，工厂又继续投入生产了。秘诀在于丰田汽车公司与零件供应商之间的紧密协作。其配合的密切程度不亚于门诺教派中以严谨著称的阿米什派（Amish）组织的粮食募捐。供应商和当地的公司火速赶到现场救援。几个小时之内，他们已经开始绘制阀门草图，准备机床，并搭建了临时生产线。

36家供应商在150多个分包商的协助下建立起将近50条独立的生产线，小批量生产制动阀门。生产的迅速恢复归功于集体的力量，所有企业在处理问题时丝毫没有考虑金钱或者商业合同的因素。[1]

10.2.3　需求计划

20世纪70年代中期，人们把实施多年的需求计划规范为物料需求计划（Materials Requirement Planning，MRP）。尽管物料需求计划也处理物料供应计划问题，但是其逻辑基础与看板并不相同。MRP法主要用来对那些根据客户要求定制的高价值零部件、原材料和辅助材料进行计划，而其物料需求往往是已知的。从物流管理者的角度来看，物料需求计划的目的在于尽量避免持有物料库存。理论上讲，如果知道最终产品的需求数量与需要时间，就

[1] Valerie Reitman，"Toyota's Fast Rebound after Fire at Supplier Shows Why It Is Tough"，Wall Street Journal，IC，no.90（may 8，1997）：A1.

不需要保有零配件、原材料和供给库存，就可以通过提前订购来消除对库存的需求，随时满足最终产品的生产需要。精确安排物料运送时间以满足生产需求正是实施物料需求计划的基本原则。

物料需求计划是库存供应计划的一个重要替代方案。除了用在看板管理系统中，统计性库存控制法在实物供应渠道中的表现并不如在实物配送渠道中那么理想，其原因在于统计性库存控制法所依据的诸多假定（即假定需求是不规律的，随机、独立和无偏的）常常根本无法满足。恰恰相反，对生产最终产品所使用的零部件、原材料和供给的需求是从最终产品需求派生而来的。派生需求的模式取决于生产过程的信息，在生产中，物料清单所列的那些预定数量的零部件、原材料和辅助材料逐步变成最终产品。因此，这些生产物料的需求模式是上下波动的。如果利用统计性库存控制法来设定库存水平，那么会由于需求变化幅度过大导致库存量非常高，甚至高到不可接受的地步。

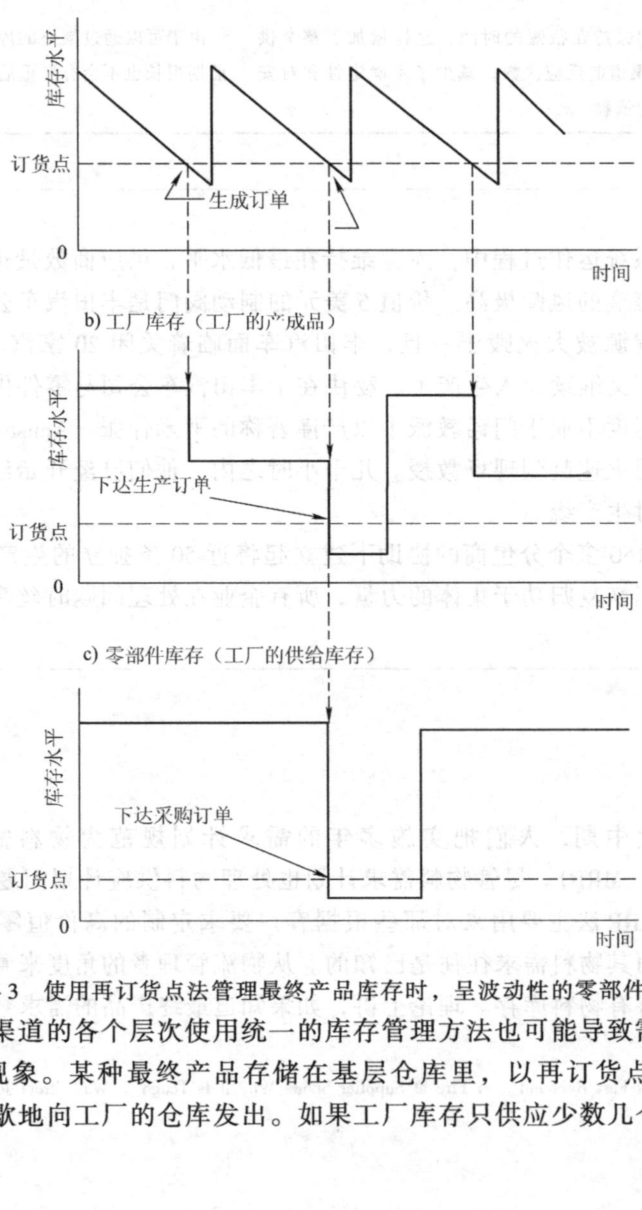

图 10-3　使用再订货点法管理最终产品库存时，呈波动性的零部件的需求

在供应—分拨渠道的各个层次使用统一的库存管理方法也可能导致需求的上下起伏。图 10-3 说明了这一现象。某种最终产品存储在基层仓库里，以再订货点法来控制库存。这样，补货订单是间歇地向工厂的仓库发出。如果工厂库存只供应少数几个仓库，或者来自多

个仓库的订单同时到达，现货供应情况就会呈现阶梯状，如图 10－3b 所示。结果，零部件的供应库存必须比最终产品的库存更多，才能满足由于工厂最终产品库存补给所引发的生产需求（见图 10－3c）。由于零部件的消耗是间歇性的，所以即使生产部门没有发出需求时，也必须维持很高的零部件库存水平。如果能够粗略估计零部件库存的消耗速度，那么就可以在零部件消耗殆尽之际再行定购，以此节约大量库存持有成本。

10.2.4 物料需求计划的运作机制

物料需求计划的概念已经应用了多年，但直到最近物料需求计划的方法才得以实现规范化和计算机化。该方法可以描述为：

编制供应计划的一种规范的制度性方法，通过提前订货消除对供应库存的需求，协调采购时间或生产时间安排来满足阶段性运作要求。

MRP 也可以指阶段性补货计划，现在，许多计算机软件供应商都开发出应用程序，这些程序能够立即安装在生产环境中，完成数千种配件所需的物料需求计划的计算。

资料 10.6 介绍了一个简化了的范例。

资料 10.6 例子

克劳尼奥钟表公司（Colonial Clocks，Inc.）是一家按产品目录生产和分拨仿古机械表的制造商。

两种款型的产品，M21 和 K36，都使用同一种机芯 R1063。由于这些机芯在使用中会磨损或损坏，就会出现更换机芯的独立需求，需求量为每周 100 个。克劳尼奥钟表公司以最小的生产批量组装 M21 和 K36，机芯则按最低采购量从外部供应商购买。未来 8 周内 M21 和 K36 的预计需求量见下表：

从现在开始的周数	M21	K36
1	200	100
2	200	150
3	200	120
4	200	150
5	200	100
6	200	90
7	200	110
8	200	120

与每款产品有关的其他重要信息如下：

款型 M21

最小生产批量＝600 单位

生产周期＝1 周

现有库存量＝500 单位

计划入库量＝第 2 阶段 600 单位

款型 K36

最小生产批量＝350 单位

生产周期 = 2 周
现有库存量 = 400 单位
计划入库量 = 0 单位

机芯 R1063

最低采购订货量 = 1 000 单位
采购提前期 = 2 周
安全库存水平 = 总是保持在 200 单位
现有库存量 = 900 单位
维修服务的零部件需求量 = 每周 100 单位

公司所要解决的关键问题是：何时向供应商下采购订单？订货量是多少？物料需求计划法从产品结构树状图（物料清单）入手，先确定零部件与最终产品之间的数量关系，如图 10 – 4 所示。这里我们仅考虑一种零部件（钟表机芯）。机芯的派生需求来自于两款钟表的生产加上维修服务的零部件需求。这样，如果知道每款钟表生产的时间与数量，就能够编制出机芯的采购计划。公司用基期进度表（Base Chart）来安排这些阶段性活动（Time – Phased Events），跟踪即将到达的物料、现有物料和必须要满足的需求等的情况变化，如图 10 – 5a 所示。款式 K36 的预测需求表以周为“时间阶段”（即时间间隔，比如一周或者一个月）单位。该表同时也列明了钟表现有的库存数量。为了满足这些最终产品的需求，公司需要编制新的产品生产进度表来说明什么时候应该开始生产机芯，该生产多少。首先从第 1 周开始，从现有库存中扣减第 1 周的需求量，记录下剩余的库存量，如图 10 – 5b 所示。在以后的各周计划中不断重复这一过程，直到预计的现有库存量降为零。此时，需要从已完工的产品中补进 K36。由于所需的生产提前期是 2 周，所以机芯必须在计划生产时间前 2 周到货，以备生产。需求数量由生产批量预先确定。计划入库量增加了现有库存成品的数量，这样就有足够的成品来满足需求。随后，现有成品数量继续不断减少，直到第 7 周（计划中另一次生产时间）。至此整个计划过程结束。

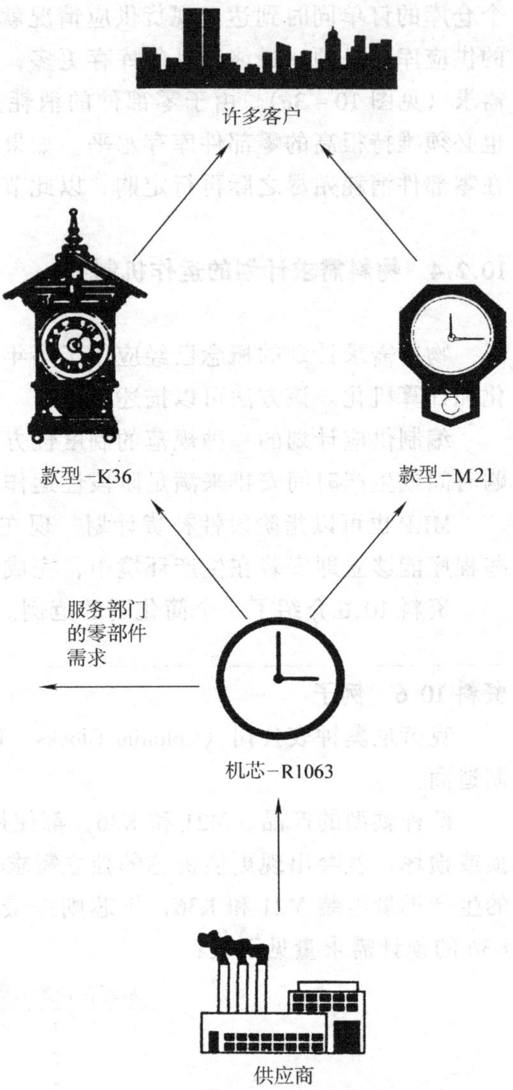

图 10 – 4　克劳尼奥钟表公司产品树状结构图及其相互之间的数量关系

款型 K36

最小生产批量 = 350 单位
生产时间 = 2 周
现有库存量 = 400 单位
计划入库量 = 0 单位

下一步，在确定款型 M21 的生产计划时也重复这一过程，如图 10 – 6 所示。这里，主要的区别是，按照预定的计划，预计在第2周有产品入库，而生产提前期为1周。

a) 最初的MRP表

		周次							
		1	2	3	4	5	6	7	8
①预计钟表总需求		100	150	120	150	100	90	110	120
②计划入库量									
③现有货量	400								
④下达生产计划									

b) 完成后的MRP表

		周次							
		1	2	3	4	5	6	7	8
①预计钟表总需求		100	150	120	150	100	90	110	120
②计划入库量					350			350	
③现有货量	400	300	150	30	230	130	40	280	160
④下达生产计划			350			350			

图10-5 确定款型K36生产计划的计算表

		周次							
		1	2	3	4	5	6	7	8
①预计钟表总需求		200	200	200	200	200	200	200	200
②计划入库量			600				600		
③现有货量	500	300	700	500	300	100	500	300	100
④下达生产计划						600			

图10-6 确定款型M21生产计划的计算表

款型M21

最低生产批量=600单位

生产时间=1周

现有库存量=500单位

计划入库量=第2阶段600单位

得出两种款型钟表的计划入库量后，公司就能计算出每周机芯的总需求量。即，把M21和K36两种款型的计划入库量加总，计算出相应时间段对机芯R1063的生产需求，再加上维修零部件的需求量就得到总需求量。一旦确定了计划总需求量，就可以利用同样方法来决定什么时间采购机芯，采购多少。计划结果是，公司应该在第2、3周下采购订单，数量为1000单位（见图10-7）。那么计划中所需的安全库存量就可以用类似于库存控制的方法来确定。但是，生产计划变更、客户取消订单和预测失误很可能导致对某种产品或零部件的需求会出现巨大波动，因此，上述方法是不切实际的。这会导致对安全存货水平的错误估计。

款型-K36	周次							
	1	2	3	4	5	6	7	8
①预计钟表总需求	100	150	120	150	100	90	110	120
②计划入库量				350			350	
③现有货量 400	300	150	30	230	130	40	280	160
④下达生产计划		350			350			

款型-M21	周次							
	1	2	3	4	5	6	7	8
①预计钟表总需求	200	200	200	200	200	200	200	200
②计划入库量		600				600		
③现有货量 500	300	700	500	300	100	500	500	100
④下达生产计划					600			

最小采购量=1 000个

采购提前期=2周

总是保有安全库存200个

现有库存900个

维修服务的零配件需求=100个

机芯-R1063	周次							
	1	2	3	4	5	6	7	8
①预计钟表总需求	100 0 0 100	100 350 0 450	100 0 0 100	100 0 0 100	100 350 600 1 050	100 0 0 100	100 0 0 100	100 0 0 100
②计划入库量				1 000	1 000			
③现有货量 900	800	350	250	1 150	1 100	1 000	900	800
④下达生产计划		1 000	1 000					

维修服务的零配件需求

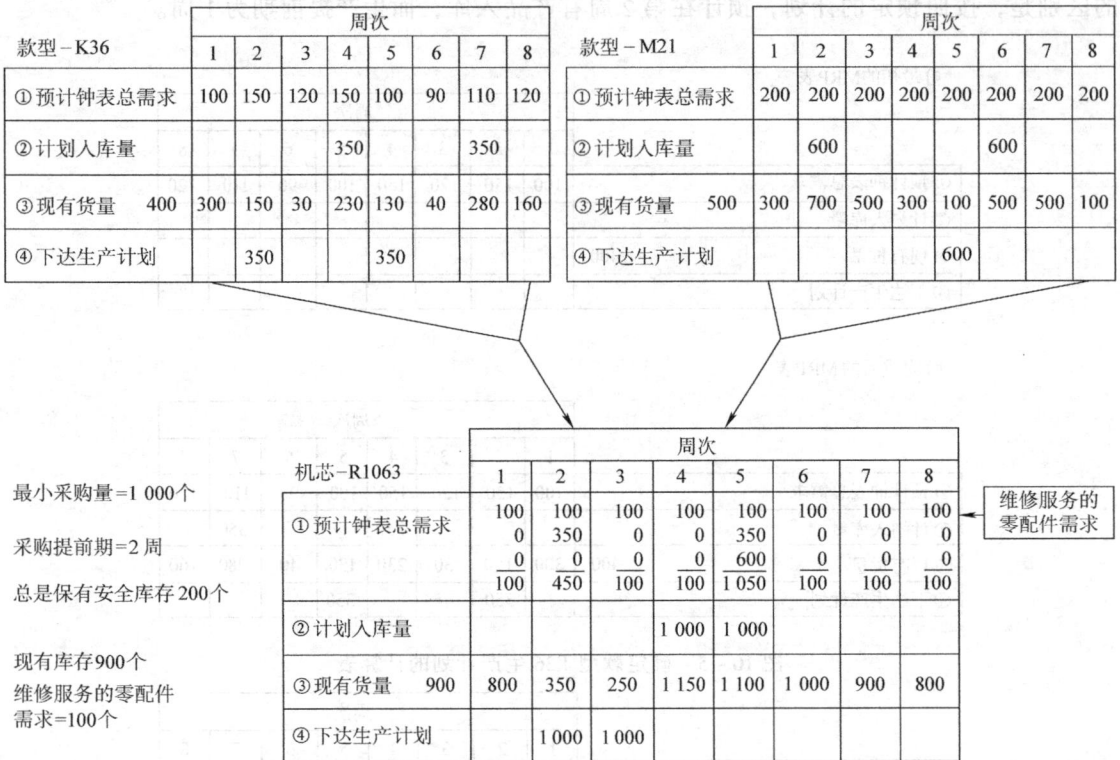

图 10-7 确定机芯 R1063 的总需求，下达采购订单

企业对物料流动进行控制时，将提前期内由于成品需求导致的物料需求量扣除。其中，假定产成品的需求量和提前期的长度一样是已知的，生产-采购批量也已给定。即使上述信息假定是确定的，需求水平和提前期不确定所造成的影响仍然是存在的。例如，运输费率分界点将会改变订货量。以下我们来看看该怎样修正 MRP 方法来处理这些现实问题。

1. 物料需求计划中需求的不确定性

利用物料需求计划来确定采购时间的方法假定主生产计划是已知的。只要需求在计划期内发生变化，就必须设置安全库存来满足需求。如果需求的波动可以用某种概率分布来描述，另一种做法可以替代上述方法，即把所持有的库存维持在固定水平上，这一水平可能是在实际经验中获得或者以其他方式来确定的。一旦确定了持有库存的最低量，就可以按正常的 MRP 法来下达订货指令。可以看出，这两种做法中发出订货指令的机制是一样的，只不过在物料需求计划里临界值为零罢了。尽管这只是一种近似的方法，但考虑到派生需求固有的波动特征，这也许是最佳方案。

2. 物料需求计划中提前期的不确定性

人们不太可能确切了解提前期的长度。由于提前期变化会导致存货过量或库存不足，所以何时下达物料需求指令取决于提前期的不确定性。如果物料在需求发生之前到达，就会引起库存的持有费用；而如果在需求产生之后到达，则会带来延迟的惩罚性费用。因此，确定下达物料需求命令的最佳时机 T^* 就是一个权衡上述两种预期成本的问题。假定一段时间内以固定的比率来满足需求且提前期服从正态分布，则满足生产需求的预期缺货量是 $s_{LT}E_{(z)}$，

其中 s_{LT}是提前期的标准差，$E_{(z)}$是正态单位损失积分。提前到达的原材料数量的期望值是 $s_{LT}E_{(-z)}$。那么，总的相关成本为

$$TC = P_c s_{LT} E_{(z)} + C_c s_{LT} E_{(-z)} \qquad (10-1)$$

式中 P_c ——逾期到达的每单位物料引起的成本（美元/单位/天）；

C_c ——提前到达的每单位物料引起的成本（美元/单位/天）。

利用微积分求出最小成本，得到

$$P = \frac{P_c}{C_c + P_c} \qquad (10-2)$$

其中，P 是钟表机芯在生产需要时可以得到的概率。已知 P，z 是最佳提前期 T^*偏离平均提前期 LT 的标准差倍数可从附录 A 中查出，因此最佳提前期 T^*为

$$T^* = LT + z(s_{LT}) \qquad (10-3)$$

(见资料 10.7)

资料 10.7 例子

假设在克劳尼奥公司的例子中，钟表机芯的平均采购提前期呈正态分布，均值为 14 天，标准差为 3 天。生产的延迟或中断会引起罚金成本：如果在生产需要时无货，则每个钟表机芯的罚金成本为每天 500 美元；如果机芯先于计划时间到达，则产生的持有成本为每天每个 5 美元。问题在于应决定在平均采购提前期的基础上该追加多长时间才能够抵御提前期的波动产生的影响。具体而言，我们要在提前期分布上找到最佳的采购订单发出时间 T^*，如图 10-8所示。要达到这一目的首先要确定 P，即

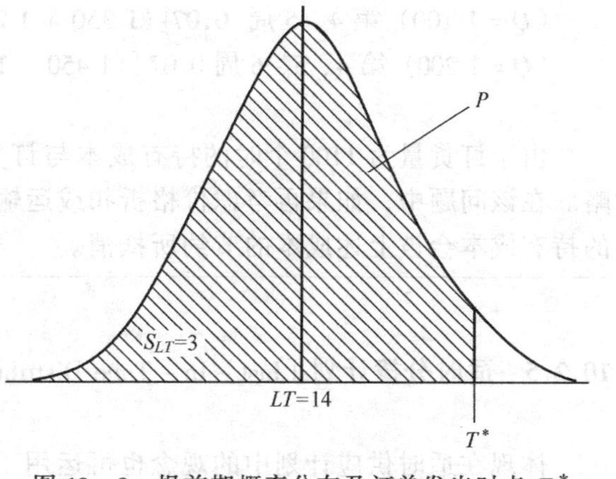

图 10-8 提前期概率分布及订单发出时点 T^*

T^*—采购订单提前期 P—能在需求时供应原料的概率

$$P = \frac{P_c}{C_c + P_c} = \frac{500}{5 + 500} = 0.99$$

根据正态分布曲线下方的面积，查附录 A，得出 $z_{@P=0.99} = 2.33$。因此，

$$T^* = LT + z(s_{LT}) = 14 + 2.33\ (3) = \text{生产日期前 21 天}$$

存货过量或存货不足引起的成本也并非总那么确定。在这种情况下，可以给定一个 P 值，并根据等式（10-3）计算 T^*。

3. 订货数量

企业可以通过最低订货量或者合同约定的数量来确立生产-采购订货量，但也可以通过权衡订货成本与库存持有成本来得到订货量。这一过程被称为分期成本权衡法（Part-Period Cost Balancing）。(见资料 10.8)

资料 10.8 例子

如图 10-7 所示，假设克劳尼奥公司没有设定钟表机芯的最低订货量。克劳尼奥公司购进这些机芯的单价是每个 15 美元，全年的持有成本是 25%，或每个每周 0.07 美元。每发出一份订单产生的订单处理成本为 150 美元。

在第 2 周发出订单来满足第 4 周的需求时会面临一个问题，即订货量是恰好满足一周的需求，还是应该满足未来几周的需求？这可以通过测试若干方案来解决，即对订货量等于 1 周、2 周需求量等的情况分别进行测试。我们假定每周的平均库存量为（期初库存量 + 期末库存量）/2，其中期初库存量为计划入库量 + 现有库存量；期末库存量为期初库存量 - 当期需求量。从 R1063 在第 4 周的需求开始，订货方案分别为：仅订购第 4 周一周的需求量；订购第 4 周和第 5 周的需求量；订购第 4、5、6 周的需求量等等，以此类推。已知安全库存量应维持在 200 个，满足 4、5、6 各时期需求的订货量分别为 50 个、50 + 1 050 = 1 100 个和 50 + 1 050 + 100 = 1 200 个。

当持有成本与订货成本相等时，我们得到最佳订货量，上述三种方案下的库存持有成本分别为

（Q = 50）第 4 周　0.07(300 + 200)/2 美元 = 17.50 美元

（Q = 1 100）第 4、5 周　0.07[(1 350 + 1 250)/2 + (1 250 + 200)/2] 美元 = 141.75 美元

（Q = 1 200）第 4、5、6 周　0.07 [(1 450 + 1 350)/2 + (1 350 + 300)/2 + (300 + 200)/2] 美元 = 173.25 美元

由于订货量为 1100 个时的持有成本与订货成本 150 美元最接近，因此这是最佳订货策略。在该问题中，如果再考虑价格折扣或运输费率分界点，那么订货量应该更大，因为额外的持有成本会被上述成本的节约所抵消。

10.2.5 适时分拨计划（Just - In - Time Distribution Scheduling）

体现在适时供应计划中的观念也可运用于实物分拨渠道。压缩客户发出订单与收到货物之间的时间可以为公司创造竞争优势。这样的快速响应所依据的许多理念与适时管理背后的理念是一致的。即，利用信息来减少不确定性，并替代资产（如库存）；利用信息的电子传输来减少订单周转时间；利用计算机技术来提高生产及/或客户订单履行的速度。将这些概念谨慎地用于分拨渠道，能够改进客户服务水平，降低成本。

1. 一体化的供应渠道管理

从运作的角度出发，MRP 的方法也可用于分拨渠道，被称为分拨需求计划（Distribution Requirements Planning，DRP），以便在从供应商到最终客户的完整物流渠道中实现一体化的供应计划管理。如图 10-9 所示，整个供应渠道从供应商一直延伸至最终客户。实物分拨计划与生产或供应计划分别进行管理并不罕见。基层仓库中使用的拉动式库存管理方法作为管理库存水平、指示生产时间及数量安排的方法广为运用[1]。将 JIT 概念和 DRP 应用于实物分拨渠道则提供了另一种思路，与传统的拉动式方法相比更有好处。这些好处包括：

---

[1] 参见第 9 章有关再订货点和定期盘点库存控制法的论述。

- 在整个生产/物流渠道中可以建立相类似的信息库，这样有利于渠道内的一体化计划管理。
- DRP概念与工厂中使用的MPR的概念是协调一致的。
- 由于DRP显示了未来的货运安排，因此有助于进行运力规划、车辆派遣、仓库订单履行等方面的决策，同时还会增加运作的灵活性，提高应变能力。
- 在编制进度计划时，可以考虑所有的需求信息，而不仅仅局限于需求预测信息。
- ROP/EOQ通常管理多个独立仓库的单独产品，而DRP可以进行整体管理。

来自各公司的信息表明，运作系统中加入DRP后，运作水平得到了显著的提高。柯林斯（Collins）和怀巴克（Whybark）曾列举了几个成功的典范[1]。（见资料10.9）

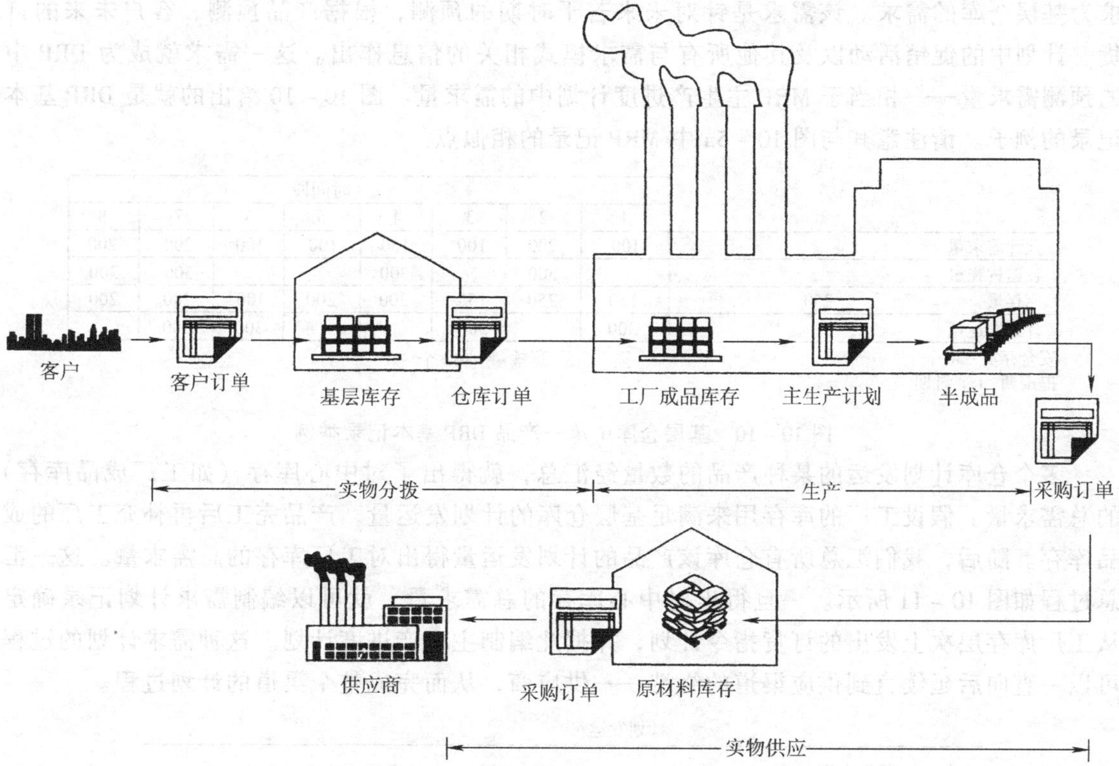

图10－9　供应链订货信息从供应商流向客户的一般过程

资料10.9　例子

加拿大的阿伯特实验室（Abbott Laboratories）在三家工厂进行生产，通过分拨中心把产品销往加拿大各地。使用DRP后，其客户服务水平从85%提高到97%，同样库存减少了25%，总分拨成本下降了15%。此外，产品过期率也下降了80%。

赫斯顿公司（Hesston）位于美国中西部，是一家农用机械维修配件的供应商，通过8个分拨中心向1 200个经销商供货。DRP带来的收益既有数量上的，也有质量上的。除了成本节

[1] Robert S. Collins and D. Clay Whybark, "Realizing the Potential of distribution Requirements Planning", Journal of business Logistics 6, no.1 (1985): 53－65.

约20%、客户服务水平提高到97.5%之外，公司运作的灵活性与应变能力都有所增强，对未来需求进行计划的能力得到改善，分拨分析报告还表明公司的生产效率得到了提高。

霍华德·约翰逊公司（Howard Johnson）利用DRP在美国东海岸地区配送冰激凌。据称，其客户服务水平提高了12%，库存减少了25%，配送总成本下降了10%。库存管理的改进还使产品过期率（新鲜度控制）降低了80%。

---

2. DRP的运作机制

我们在前面已经谈到DRP是MRP逻辑的延伸。这里我们将主要讨论二者间的不同点。首先，DRP从对产品的需求预测开始，或称SKU，这个需求应尽量靠近客户，我们假定该需求为基层仓库的需求。该需求是针对未来若干时期的预测，根据产品预测、客户未来的订货、计划中的促销活动以及其他所有与需求模式相关的信息作出。这一需求就成为DRP中的预测需求量——相当于MRP主生产进度计划中的需求量。图10－10给出的就是DRP基本记录的例子。请注意其与图10－5a中MRP记录的相似点。

		时间段							
		1	2	3	4	5	6	7	8
预计需求量		100	200	100	150	100	100	200	200
在途货物量			300		300			300	300
库存量	250	150	250	150	300	200	100	200	200
计划发运量		300		300			300	300	

安全存货=50个　　　　运输量=300个
提前期=1个时期

图10－10　基层仓库中单一产品DRP基本记录举例

多个仓库计划发运的某种产品的数量经汇总，就得出了对中心库存（如工厂成品库存）的总需求量。假设工厂的库存用来满足基层仓库的计划发运量，产品完工后再补充工厂的成品库存。随后，我们汇总所有仓库该产品的计划发运量得出对工厂库存的总需求量。这一汇总过程如图10－11所示。一旦得出对中心库存的总需求量，就可以编制需求计划记录确定从工厂库存层次上发出的订货指令计划，并据此编制主生产进度计划。这种需求计划的过程可以一直向后延续直到供应渠道的终端——供应商，从而完成整个渠道的计划过程。

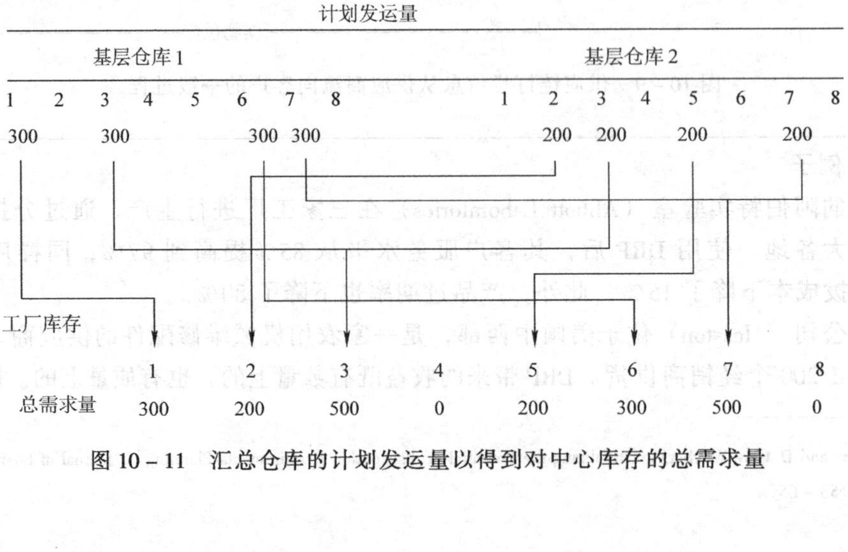

图10－11　汇总仓库的计划发运量以得到对中心库存的总需求量

10.3 采购

采购包括为组织购买原材料、供给品及零部件等，与之相关的活动包括：

- 选择、考核供应商
- 评定供应商的业绩
- 洽谈合同
- 比较价格、质量和服务水平
- 寻找产品与服务的供应来源
- 制定采购活动时间安排
- 确定销售条件
- 评价所购买的产品、服务的价值
- 如果质量控制部门不负责检测购进物品的质量，则由采购部门负责
- 预测价格与服务，有时还要预测需求的变动
- 确定具体收货方式

虽然物流管理人员不会直接关注采购的全部活动，但是采购间接影响了货物在实物供应渠道中的流动。供应商发货地点的选择、采购数量的确定、货物供应的时间安排、产品形态与运输方式的选择等决策都是影响物流成本的重要因素。反过来，有关合同磋商、供应商绩效评定、质量保证以及价值分析等活动与货物在供应渠道里的运输和存储却没有直接的关系。因此，采购不完全是物流人员的职责的说法也是合理的。但是，采购与运输－存储活动之间存在着密切的关系。这里要重点讨论的就是那些与物流直接相关的采购活动。

10.3.1 采购的重要性

采购在公司里占据着非常重要的地位，因为购进的零部件和辅助材料一般要占到最终产品销售价值的40%～60%。这意味着，在获得物料方面所做的点滴成本节约对利润产生的影响，要大于公司其他成本－销售领域内相同数量的节约给利润带来的影响。这即是人们所熟知的杠杆原理。(见资料 10.10)

资料 10.10　例子

用一张简单的损益表就能说明杠杆原理的作用。我们的目标是将利润提高一倍。现在，某公司的总销售额为1亿美元，利润为500万美元。其中，销售额的60%用来购买产品和服务，其余的成本包括劳务费、工资，以及一般管理费用。问题是：销售量、产品价格、劳务费和工资、一般管理费用或采购量要增加或减少多少，才能使利润从目前的500万美元提高到1 000万美元？

表10－2列出了为使利润翻番，每个项目应变化的幅度。可以看出，除了价格和采购外，其余各项都必须经历大幅度变动才能使利润增加一倍。而即使是价格一项，市场上的激烈竞争也会使价格的上涨很难实现。在成本方面，我们虽然无法控制购入产品成本的主要部分，但是往往可以通过一些简单的手段来大幅度降低成本，比如让两个供应商对同一产品报

价、与供应商紧密协作来控制成本、利用供应商的数量折扣、或者仔细选择货源、运输路线、运输方式等等。这些方面成本下降的百分比不需要很多就可以实现绝对成本的大幅下降，利润的大幅提高。

表 10-2 在采购中利用杠杆原理实现利润翻番举例 （单位：百万美元）

		销售额	价格	劳务费和工资	一般管理费用	采购
	当前值	+17%	+5%	-50%	-20%	-8%
销售额	100	117	105	100	100	100
购入的商品和服务	60	70	60	60	60	55
劳务费和工资	10	12	10	5	10	10
一般管理费用	25	25	25	25	20	25
利润	5	10	10	10	10	10

资产回报率效应同样也能说明采购的重要性。除了提高利润外，采购价格的降低还会降低企业资产的基数，同样会使得资产回报率增长的幅度大于价格下降的幅度。（见资料 10.11）

资料 10.11 例子

假设某公司的年销售额为 1 000 万美元，总开支为 950 万美元。公司拥有 500 万美元的资产，其中 200 万美元为库存。购入物料的成本占销售额的 50%。我们使用标准资产回报率模型，可绘出图 10-12。如果采购价格可以全面下降 5%，那么资产回报率将提高多少？

由于杠杆作用，这样的价格小幅度下降可以使利润增长 50%。另一方面，价格下降使库存价值降为原来的 95%，以此减少了公司资产的基数，使资产周转速度从原来的 2.00 提高到 2.04。资产回报率从原来的 10% 增长到 15.3%，提高了 53%。

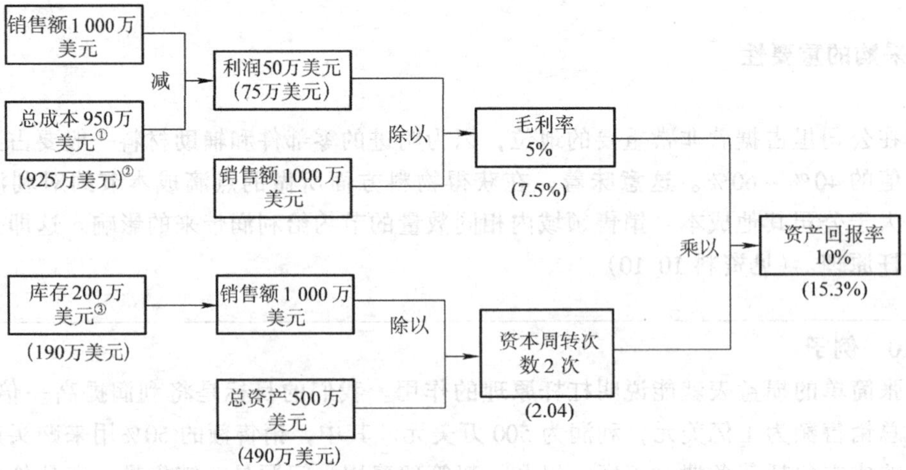

图 10-12 采购价格下降 5% 前后的资产回报率

① 采购金额占总销售额的 50% 时。

② 括号中为假设采购价格下降 5% 时的数字。

③ 库存占总资产的 40%。

资料来源：改编自《采购与供应管理》第 11 版，米歇尔·R·林德斯与哈罗德·E·费隆著。

当通用电器公司、通用汽车公司和美国联合航空公司等企业决定采用成本节约的方案时，对他们来说，希望向供应商压价并不足为奇。因为他们意识到购入物料的开支平均要占总开支的50%以上，显然供应商处于降低成本的焦点位置。我们把应用中的一些战略归纳为以下4方面：

重新就合同进行谈判 给供应商寄信，要求其降低价格5%或者更多，对于那些拒绝降价的供应商，则取消合同，重新组织投标。

提供帮助 向供应商的工厂派驻专家小组，帮助他们进行生产重组，并提出其他提高生产率的建议；和供应商一起努力简化零部件的设计，降低生产成本。

不断施加压力 为了保证改进措施不断涌现，设定每年的全面成本削减目标，通常为1年5%或者更多。

减少供应商数量 大幅度减少供应商的数量，有时减幅可高达80%；对于那些致力于提高规模经济的供应商，则增加对他们的购买[1]。

很明显，这些公司深谙杠杆原理及资产回报率效应的作用。网上竞标是企业寻求降低其产品及服务采购价格的另一途径。互联网与生俱来的优势是，在采购过程中，网络可以很方便、不费成本地把许多供应商聚在一起。由于有了更多的卖家提供产品和服务，市场规模扩大了，价格就下降了。换言之，市场更加完善，价格更接近其最低水平。

资料10.12 观察

联合技术公司需要供应商为其提供价值2 400万美元的集成线路板。自由市场，一家B2B网络竞标公司，在对1 000家潜在供应商进行评估之后，邀请了50家合格的供应商参加竞标。自由市场公司计划进行3小时的竞争性网上投标。自由市场公司把整个业务分成12个标的，分别放在网上进行竞标。上午8点，第一个价值225万美元的标的被放上网。第一次投标值为225万美元，所有在线竞标者都可以看见这个投标值。几分钟之后，另一个投标者报出了200万美元的标价。之后其他竞标者再次降价。到8点45分，第一次竞标即将结束时，第42位竞标者报出了110万美元的报价。在所有12个标全部结束后，这12个标的总价为1 800万美元（为联合技术公司节约了约35%的成本）。

在下列采购活动中，物流管理人员看到了大幅削减成本的希望，包括：物料运输的时间安排、确定货源和购买数量、以及设定销售条件等。也就是说，关键问题是：采购多少？何时购买？在哪里购买（发货地点）？发运物料的重量、形态和规格应该是多少？这些问题在前面的章节里已有所述及，本章将对上述问题的回答方法做一些补充。

10.3.2 订货数量和时间安排

采购的数量和时间安排也影响着价格、运输成本和库存持有成本。一种采购策略是仅在需求产生时购买，采购量就是需求量。这就是适时管理战略（Just – In – Time Strategy），又称为按需购买（Hand – To – Mouth Buying）。企业也可以采用其他方法，如某种形式的先期采购（Forward Buying）或预先采购（Anticipatory Buying）。如果人们预期未来价格会上涨，这样做就

[1] “Cut Costs or Else: Companies Lay down the Law to suppliers”, Business week (March 22, 1993).

有利可图。同样，如果采购者想要回避未来价格上涨的风险，也可采用投机性采购策略，一般是购买铜、银、金之类的原材料，可能在未来重新售出以赚取利润。投机性采购与先期采购的不同之处在于采购量是否超过未来需求量决定的合理购买量。

卖方不断提供的价格折扣也会影响到采购量。买方可能希望在一个较为优惠的价格水平上突击采购，“囤积物料”。而另一方面，买方也可能希望通过谈判得到优惠的价格，而只有在需求出现时才实际送货，以此避免存货的积聚。

1. 混合采购战略

如果可以预测到某种商品价格的季节性变化，那么，采用混合采购战略（即，既有按需购买，也有先期采购）比单纯使用按需购买得到的平均价格更低。先期购买指购买的数量大于当前需求量，但不超过未来可预见的需求量。当价格看涨时，这种战略很有吸引力，因为可以较低的价格购买更多的产品，但也由此产生了一定量的库存，从而必须权衡价格优势与库存增加引起的成本负担。另一方面，按需购买则在价格下跌时很有优势，因为这样做可以避免在现在的高价位上购买过多的产品，推迟购买可以因价格下跌而获益。当产品需求呈季节性大幅度变化时，把这两种策略有效的结合起来就可以产生巨大的价格优势。（见资料 10.13）。

资料 10.13　例子

设某种商品的价格呈季节性波动，如表 10－3 所示。全年的计划需求量固定为每月 10 000 件。我们的目标是找到按需购买和先期采购这两种策略的最佳组合方案。表 10－4 总结了几个先期购买的时间，分别为提前 2 个月、3 个月、6 个月购买。由于从 1 月份到 6 月份价格一直呈现下跌趋势，所以这期间只需考虑按需购买策略。选择最佳策略组合就需要权衡先期购买带来的采购成本节约和由于先于需求购买而产生的库存持有成本。如果单位商品的持有成本为每年 10 美元，那么按需购买策略下的平均库存持有成本为 $(10\,000/2)\times 10=50\,000$ 美元/年，其中假定每月初有 10 000 件产品到货，到月底全部出清。那么提前 2 个月购买策略下的全年库存持有成本将是

←—上半年—→←—下半年—→

$$[(10\,000/2)\times 6/12+(20\,000/2)\times 6/12]\times 10=75\,000 \text{ 美元/年}$$

提前 3 个月购买和提前 6 个月购买策略下的库存持有成本分别为 100 000 美元和 175 000 美元/年。总成本最低的购买策略是全年都按需购买。随着提前购买的时间延长，库存持有成本上升的速度要超过价格下降的速度。然而，如果存在按采购规模给予的价格折扣或者运费率优惠，那么先期购买也可能是经济的。对这种可能性也应该考虑到。

表 10－3　本例中商品价格季节性波动的模式

月份	价格（美元/件）	月份	价格（美元/件）
1	3.00	7	1.00
2	2.60	8	1.40
3	2.20	9	1.80
4	1.80	10	2.20
5	1.40	11	2.60
6	1.00	12	3.00

表 10-4 价格上涨时，在不同时期采用先期购买的混合策略 （单位：美元）

月份	按需购买 采购成本	提前 2 个月购买 采购成本	提前 3 个月购买 采购成本	提前 6 个月购买 采购成本
1	30 000	30 000	30 000	30 000
2	26 000	26 000	26 000	26 000
3	22 000	22 000	22 000	22 000
4	18 000	18 000	18 000	18 000
5	14 000	14 000	14 000	14 000
6	10 000	10 000	10 000	10 000
7	10 000	20 000①	30 000②	60 000③
8	14 000	—	—	—
9	18 000	36 000	—	—
10	22 000	—	66 000	—
11	26 000	52 000	—	—
12	30 000	—	—	—
小计	240 000	228 000	216 000	180 000
库存持有成本	50 000	75 000	100 000	175 000
总计	2 900 000	303 000	316 000	355 000

① 以 7 月价格采购 2 个月的需求量。

② 以 7 月价格采购 3 个月的需求量。

③ 以 7 月价格采购 6 个月的需求量。

2. 金额平均法（Dollar Averaging）

只有价格的季节性波动是平稳且可以预测之时，先期采购的策略才有效果。使用金额平均法也可以达到同样的效果。该方法假定价格一般会随着时间的推移而增长，此外，它还假定价格会有不确定的上下波动。公司定期采购，但是采购的数量取决于购买时的价格水平。企业根据未来合理时期内的平均价格设定一个购买预算，这一合理时期至少为一个完整的季节性周期。预算金额除以价格就得到采购数量。因此，如果价格普遍上涨，这种方法就会使企业在低价位时购买的数量大于在高价位时的购买量。使用这种策略的风险在于价格很高时，采购的数量可能会低于实际需求量，因而有必要持有一定量的库存来规避风险。（见资料 10.14）

资料 10.14 例子

某种办公用品下年的全年平均成本估计为 2.50 美元/件。预计使用量为 20 000 件/月，每 3 个月采购一次。每年的库存持有成本为 25%。

金额平均法的第一步是设定 3 个月的采购预算。很简单，预算金额为（20 000 × 3 × 2.50）美元 = 150 000 美元，每次采购都支出这一金额。假设下年的实际价格如下表所示：

月份	价格（美元/件）	月份	价格（美元/件）
1	2.00	7	2.55
2	2.05	8	2.65
3	2.15	9	2.75
4	2.25	10	2.80
5	2.35	11	2.83
6	2.45	12	2.86

将上述价格加总求和后，再除以 12，就得到了实际的年平均价格——2.47 美元/件。第一次采购在 1 月份进行，采购量为

150 000 美元/2.00 美元/件 = 75 000 件

继续用该法计算得出每次的采购量，结果如下：

月份	采购数量	价格（美元/件）	总成本（美元）	平均库存量（件）
1	75 000	2.00	15 000	37 500①
4	66 667	2.25	15 000	33 334
7	58 824	2.55	15 000	29 412
10	53 571	2.80	15 000	26 786
	254 062		600 000	31 758②

① 75 000/2 = 37 500 件。

② 年度平均库存量 =（37 500 + 33 334 + 29 412 + 26 786）/4 = 31 758 件。

每件产品的平均成本为 600 000/254 062 = 2.36 美元/件。与每月按需购买相比，金额平均法可以降低价格 $[(2.47-2.36)/2.47]\times 100=4.45\%$。使用按需购买法进行采购的总成本将为 254 062 × 2.47 = 627 533 美元。

现在我们来计算库存持有成本。使用按需购买法每月进行采购的年度库存持有成本为 (20 000/2) × 2.47 × 0.25 = 6 175 美元；而使用金额平均法的年度库存持有成本为 31 758 × 2.36 × 0.25 = 18 737 美元。

对上述两种采购策略进行总结，得到如下结果：

采购策略	采购成本（美元）	库存成本（美元）	总成本（美元）
每月按需购买	627 533	+ 6 175	633 708
金额平均法	600 000	+ 18 737	618 737

可见，当市场价格不断上涨时，金额平均法是最经济的采购策略。

注：使用这种方法时必须要维持足够的库存，以免在采购量较小的时期出现供不应求的局面。

3. 数量折扣（Quantity Discounts）

采购机构经常受到鼓动进行大量购买。如果采购量很大，供应商的报价会更低，因为大量采购能使供应商享受规模经济带来的利益，所以供应商愿意通过价格优惠来把其中一部分收益传递给买方。

普遍使用的价格优惠有两种：普遍数量折扣优惠和非普遍数量折扣优惠。普遍数量折扣价格优惠计划（Inclusive Quantity Discount - Price - Incentive Plan）是指随着购买量的增大，供应商会降低适用于所有订购产品的报价。这在消费品采购中十分常见。与之相对，非普遍数量折扣价格优惠计划（Noninclusive Quantity Discount - Price - Incentive Plan）指降低的报价只适用于数量折扣范围内的产品。运输服务中的超量运价（In - excess rate）就是一个很好的例子。

如果购买量已经足够大——即大于最后一个数量 - 价格折扣分界点——就无须进一步考虑。但是，如果购买量相对较小，卖方就会处于两难境地：是在较高的价位上少量购买呢，还是增加库存持有成本加大采购数量以获得优惠价格呢？我们将对这两种定价策略进行深入探讨。

(1) 普遍数量折扣价格优惠计划

普遍数量折扣价格优惠计划可以简单地表示成：

数量，Q_i	价格，P_i
$O < Q_i < Q_1$	P_1
$Q_i \geqslant Q_1$	P_2

其中，Q_i 是采购量，P_i 是对所有 Q_i 个单位产品支付的价格。对第 1 到第 Q_1 单位产品，适用价格是 P_1；其余产品，适用价格 P_2。P_2 小于 P_1。

这样，求最优采购量的问题就变为求最低总成本的问题，其中总成本包括采购成本、订货成本和库存持有成本。总成本的数学表示为

$$TC_i = P_iD + \frac{DS}{Q_i} + \frac{IC_iQ_i}{2} \tag{10-4}$$

式中　TC_i——采购量为 Q_i 时发生的总相关成本；

P_i——采购量为 Q_i 时的价格；

D——每年的平均需求量，(件数)；

S——采购成本，(美元/订单)；

Q_i——采购量，(件数)；

I——用百分比表示的年持有成本；

C_i——库存点商品的单位成本，(美元/件)。

普遍数量折扣价格优惠措施下的总成本曲线如图 10-13 所示。由于总成本曲线中存在不连续点，因此最佳采购量的计算要比单一价格情况下复杂一些。然而，我们可以导出某种要求最小计算量的计算方法。该方法的步骤分解如下：

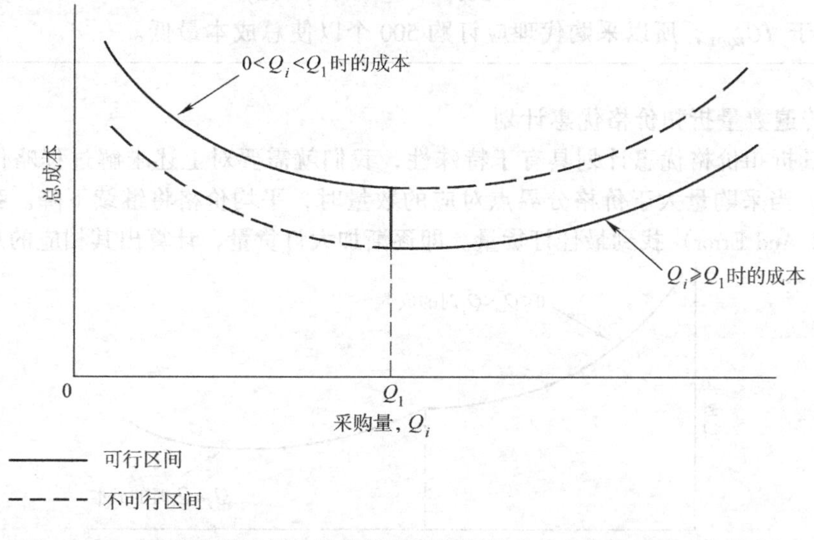

图 10-13　普遍的数量折扣价格优惠计划下的总成本曲线（单一分界点）

• 在每个价格 P_i 下计算出经济订货量（EOQ）。找出总成本曲线可行区间内的 EOQ，如果可行的 EOQ 位于最低成本曲线上，那么这就是最佳采购量。如果不在该曲线上，则计算出 TC_{EOQ}，并进行下一步。

• 设 Q_i 为数量－价格范围 i 内的最低量，计算 TC_i。将所有的 TC_i 和 TC_{EOQ} 进行比较。

• 选择使总成本最低的 Q_i。

（见资料 10.15）

资料 10.15 例子

某商品按期采购，每年的预计需求量稳定在 2 600 个。采购订单的准备成本为每订单 10 美元，库存持有成本每年为 20%。供应商提出两种报价；采购量小于 500 个时，价格为 5 美元；如果采购量大于或等于 500 个，价格优惠 5%，适用于采购的所有产品。该价格包含运送费用。那么，采购代理该订购多少呢？

首先，我们计算订货量在 500 个以内和以上时的经济订货量。因此，价格为 P_1 时

$$Q_{EOQ1}=\sqrt{\frac{2DS}{IC}}=\sqrt{\frac{2(2\ 600)(10)}{0.20(5)}}=228\text{ 个}$$

根据式（10－4），总成本为

$$TC_{EOQ1}=5(2\ 600)+\frac{2\ 600(10)}{228}+\frac{0.20(5)(228)}{2}=\$\ 13\ 224.04$$

价格为 P_2 时

$$Q_{EOQ2}=\sqrt{\frac{2(2\ 600)(10)}{0.20(4.75)}}=234\text{ 个}$$

我们看到，计算中所用的价格不可能使 Q_{EOQ2} 落在较低的成本曲线上。即，此时价格为 4.75 美元，与订货量大于 500 个的条件相矛盾，因此，舍去 Q_{EOQ2}，不再作进一步考虑。现在，我们测算一下临界点处的总成本，即当 $Q=500$ 时的总成本

$$TC=(5\times0.95)(2\ 600)+\frac{2\ 600(10)}{500}+\frac{0.20(5\times0.95)(500)}{(2)}=\$\ 12\ 639.50$$

因为 TC_{500} 小于 TC_{EQ01}，所以采购代理应订购 500 个以使总成本最低。

（2）非普遍数量折扣价格优惠计划

如果数量折扣价格优惠计划具有于特殊性，我们就需要对上述求解过程略作修正。如图 10－14 所示，当采购量大于价格分界点对应的数量时，平均价格将继续下降。我们可以通过试错法（Trial And Error）[1] 找到最佳订货量。即逐渐加大订货量，计算出其相应的总成本，直到

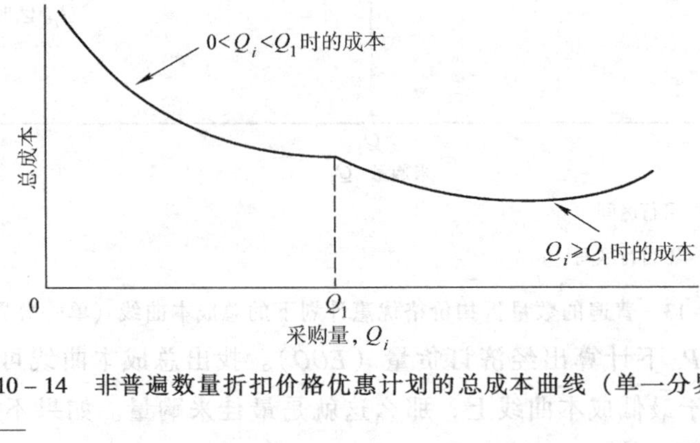

图 10－14 非普遍数量折扣价格优惠计划的总成本曲线（单一分界点）

[1] 关于特殊价格折扣问题的精确求解方法，请参阅 Richard J. Tersine "Principles of Inventory and Material Management"，(Upper Saddle River, N.J: Prentice Hall, 1994)，110－113。

找到最小的总成本值为止。(见资料 10.16)

资料 10.16 例子

仍以前面的问题为例。现在,5%的价格折扣仅适用于超过500个的订货量,即适用于 $Q_i > 500$。为求得最佳订货量,我们慎重选择需要计算的 Q 值。我们从 $Q = 300$ 开始,在这个基础上不断增大 Q 值,直到总成本停止下降开始回升为止。

我们利用式(10-4)进行计算,其中平均价格 P_i 由下面两个式子决定:当 Q_i 小于或等于500时,$P_i = P_1$;否则,$P_i = [500 \times P_1 + (Q_i - 500) \times P_2]/Q_i$。计算过程可总结如下:

Q_i	平均价格,P_i	$P_i \times D$	$+ D \times S/Q$	$+ I \times C_i \times Q_i/2$	= 成本
300	5	1 300 000	86.67	150.00[①]	13 237
400	5	1 300 000	65.00	200.00	13 265
500	5	1 300 000	52.00	250.00	13 302
600	$\frac{500(5)+100(4.75)}{600} = 4.96$	1 289 600	43.33	297.60	13 237
800	$\frac{500(5)+300(4.75)}{800} = 4.9$	1 276 600	32.50	392.80	13 193
900	$\frac{500(5)+400(4.75)}{900} = 4.89$	1 271 400	28.89	440.10	13 183
1 000	$\frac{500(5)+500(4.75)}{1\,000} = 4.88$	1 268 800	26.00	488.00	13 202
1 100	$\frac{500(5)+600(4.75)}{1\,100} = 4.86$	1 263 600	23.64	534.60	13 194

① $P_1 = C_i$

测试时订货量以100个递增,总成本最低的最佳订货量为900个。

---

4. 一次性折扣购买(Deal Buying)

通常,供应商为了达到促销目的或者为了清除过量库存偶尔会提供价格折扣。如果折扣有吸引力,买方的采购机构就面临究竟该购买多少的问题。采购机构或许已经从供应商处购买,且是按现有价格条件下的最佳采购量进行采购。这种追加的采购使得库存在一定时期内高于正常水平。

如果降低价格带来的收益可以大于增加的库存持有成本,那么这样做是可以被接受的。这一特别订货量就可由下式计算而得

$$\hat{Q} = \frac{dD}{(p-d)I} + \frac{pQ^*}{p-d} \tag{10-5}$$

式中 d ——降价幅度,(美元/件);

p ——折扣前的价格,(美元/件);

I ——年持有成本,每年一定的百分比;

D ——年度需求总量,(件);

Q^* ——折扣前的最佳订货量,(件);

$\hat{Q}$ ——特别订货量,(件)。

价格折扣为一次性,而产品需求则是不会改变的。折扣过期后,订货模式(订货量和时

间）回到初始状态。（见资料 10.17）

资料 10.17 例子

珍摩尔杂货店（Jaymore Drug Store）在其各连锁分店中销售一种咖啡壶。供应商的售价通常为 72 美元/个（运到价）。

一般，公司每年销售 4 000 个。采购机构得知每年的库存持有成本是 25%，采购订单准备成本为 50 美元/订单。

现在，供应商在正常价格的基础上提供 5% 的折扣以减少工厂库存。公司认为咖啡壶的销售仍然会以正常的速度进行，超量购买而产生的所有额外库存最终会被消耗掉。那么，应向供应商订购多少呢？

正常的订货量可以由求解经济订货量得到。即

$$Q^* = \sqrt{\frac{2DS}{IC}} = \sqrt{\frac{2(4\,000)(50)}{0.25(72)}} = 149 \text{ 个}$$

这样，根据式（10－5）可求出特别订货量

$$Q = \frac{dD}{(p-d)I} + \frac{pQ^*}{p-d} = \frac{5(4\,000)}{(72-5)0.25} + \frac{72(149)}{(72-5)} = 1\,354 \text{ 个}$$

特别订货量使公司持有一份订单货量的时间从原来的 $Q^*/D=(149/4\,000)=0.037$ 年或两周，增加到 $Q/D=(1\,354/4\,000)=0.339$ 年或 18 周。

5. 合同购买（Contract Buying）

有时候，买方希望通过磋商得到最优惠的价格，但不希望一次收到采购的所有物品。因此，买方提出在一定时期内采购一定金额或一定数量的产品。这样的合同可能仅限于购买特定的商品，也可能是在总金额合同（Blanket Dollar Contract）下涵盖多种商品。例如，假设买方同意在未来的 1 年里从某一供应商处采购价值 50 万美元的商品。在订立合同之时人们并不知道每种商品的具体购买量，只是“保证”一定的采购金额[1]。随着需求在 1 年里不断变化，买方会通知供应商按其需要的数量交付货物。合同内各种商品的采购金额之间可能会存在巨大差异。对于买方来说，这是一种无库存采购策略（Stockless Buying），同时又有批量购买的优势，享受相关的价格优惠。对那些以 JIT 供应理念指导运作并要把库存维持在最低水平的公司来讲，这种方式很具吸引力。而对卖方来说，他能够确定客户的采购，因此可以通过更好的运作规划来提高运作效率。

10.3.3 货源安排（Sourcing）

1. 固定货源安排（Fixed sourcing）

有时价格条款会要求买方确定采购物料的发货地点，这也是一个非常重要的决策，它取决于库存可得率、运输服务的服务质量与成本、价格水平以及价格条件等诸多因素。例如，如果使用运到价格或运费预付的价格，则不必考虑运输服务的选择。如果只有一个可能的起

[1] 保证的采购金额经常有一定的弹性，例如可以上下浮动 10%。

运地服务于惟一的目的地，那么结果就是显而易见的。然而，如果存在多个发货地、多个目的地，而且各发货地能够出运的货量有限，这一决策问题就要复杂得多。解决这类问题的方法之一是利用线性规划。(见资料 10.18)

2. 灵活货源安排（Flexible sourcing）

把各目的地的需求分派给特定货源的做法并不总是切实可行的。在较长的提前期内，需求的改变可能会要求采取灵活的货源安排。某玻璃制品生产商就采用这种方法来维持玻璃熔炉的持续运转，虽然工厂的原材料存储能力很有限。公司根据年度采购数量，要求多个供应商按照生产的进度发运原材料。原材料一旦发出，公司就会相应调整生产计划，要么调整产品结构，从而调整原材料需求；要么调整产量。鉴于此，公司常常改变原有的安排，改变在途货物原定的目的地，将货物调拨到其他的工厂。该方法更好地协调了需求与供给，同时还避免了工厂原材料短缺情况进一步恶化。其缺点是产生更高的运输总成本，因为各厂并不总是固定从某个特定的货源进货。

资料 10.18　例子

瑞格尔公司（Regal Company）接到了供应商对一种大型组装配件的元件的报价。所报价格是 FOB，卖方发货地价格，内容如下：

供应商	发货地点	FOB 价格（美元/个）
费城机具公司（Philadelphia Tool）	费城	100
休斯敦机具和模具公司（Houston Tool & Die）	休斯敦	101
芝加哥机具公司（Chicago - Argo）	圣路易斯	99
洛杉矶机具公司（L.A.Tool Works）	洛杉矶	96

瑞格尔公司需要供应 3 家工厂，分别位于克利夫兰、亚特兰大和堪萨斯城。运输费率（以美元/担计算）和各工厂 1 月份的需求如下：

发货地点	克利夫兰	亚特兰大	堪萨斯城
费城	2（美元/担）	3（美元/担）	5（美元/担）
休斯敦	6（美元/担）	4（美元/担）	3（美元/担）
圣路易斯	3（美元/担）	3（美元/担）	1（美元/担）
洛杉矶	8（美元/担）	9（美元/担）	7（美元/担）
需求量	4 000 个	2 000 个	7 000 个

其中，休斯敦和洛杉矶的供应商可以无限量供货，但是费城的供应商最多只能供应 5 000 个，圣路易斯的供应商最多能供应 4 000 个。每个元件重 100 磅。

采购部门的政策是从出价最低的供应商处购买。那么，最佳的货源计划是怎样的呢？该计划能为公司节约多少成本呢？

这一类问题可以利用线性规划中的“运输问题法”来解决，解的矩阵如图 10 - 15 所示。需要指出的是，小方格里的成本值（在发运地与目的地之间运送单位商品的成本）包括了 FOB 价格和单位商品的运输成本。休斯敦和洛杉矶两地可供货的数量被人为地设置在很高的水平，以表示两地可以无限量供货。矩阵中还增加了虚设的一栏作为目的地，可以吸收超过需求的供给量。虚设栏中小方格里的成本值都设置为 0，而事实上设定为任何值结果都一样。

供货地点	克利夫兰	亚特兰大	堪萨斯城	虚设的地点	供应量
费城	102 4 000	103 1 000	105	0	5 000
休斯敦	107	105	104	0 15 000	15 000
圣路易斯	102	102	100 4 000	0	4 000
洛杉矶	104	105 1 000	103 3 000	0 11 000	15 000
需求量	4 000	2 000	7 000	26 000	39 000

图 10－15 瑞格尔公司最佳的货源安排

根据公司以最低价位购买的采购政策，该公司会从洛杉矶购买所有需要的货物，总的到货成本为：

从洛杉矶供应商处购买	
发运到克利夫兰	104 美元/个 × 4 000 个 = 416 000 美元
发运到亚特兰大	105 美元/个 × 2 000 个 = 210 000 美元
发运到堪萨斯城	103 美元/个 × 7 000 个 = 721 000 美元
总的到货成本	= 1 347 000 美元

图 10－15 给出了一个经过修正的最佳货源安排计划（最佳计划还有一个），这个计划可以归纳为：

费城到克利夫兰	102 美元/个 × 4 000 个 = 408 000 美元
费城到亚特兰大	103 美元/个 × 2 000 个 = 103 000 美元
圣路易斯到堪萨斯城	100 美元/个 × 4 000 个 = 400 000 美元
洛杉矶到亚特兰大	105 美元/个 × 1 000 个 = 408 000 美元
洛杉矶到堪萨斯城	103 美元/个 × 3 000 个 = 309 000 美元
总计	1 325 000 美元

在本案例中，瑞格尔公司可以根据上述方案利用多个货源进货，一月份可以节约 2.2 万美元，从图 10－15 还可以看出，费城和圣路易斯都已经达到了他们供货能力的极限。公司应该同这两地的供应商磋商，提高向其采购的货量以进一步降低成本。因为没有用到休斯敦的货物，所以休斯敦看起来不具特别吸引力。也许公司可以把这一信息提供给休斯敦的供应商，与之商量是否每个产品可降价 1 到 2 美元。这样会使得休斯敦能够与亚特兰大和堪萨斯城的供应商竞争，如果休斯敦除了价格外还有其他的优势，那么这对公司将是非常有利的。

10.3.4 销售条件（Terms of sale）和渠道管理（Channel Management）

我们在谈到销售条件时常常考虑的是价格和财务上的问题。然而，在销售条件中具体规定货物的供应形式、处理方式对产品在供应渠道中的流动、储存效率至关重要。因为供应商们拥有自己的物流系统，所以就无法保证这些系统与采购公司的物流系统兼容。包装规格、运输方式和货物的搬运过程很可能会无法匹配，这就要求花费额外的时间与精力来使二者兼容。只要有可能，采购过程中就应该具体规定发运的货物应怎样与所斯望的模式相符。如果不能通过合同条款来实现目的，就需要与发货人合作，共同努力使系统的兼容性达到理想的水平。（见资料 10.19）

资料 10.19　观察

星系超市连锁（Constellation Supers Inc.）是一家位于明尼阿波利斯地区的连锁超市。全国家居食品公司（National Home Food Products）是其最大的供应商，它的一家配送中心距离星系超市在爱迪纳的仓库只有 7 英里。但食品公司会将超市的订货放在 40 英寸×48 英寸的托盘上，通过铁路运到星系公司。星系公司再将货物换装在 32 英寸×40 英寸的托盘上，以配合超市的搬运、存储作业。因为超市的采购量还不足食品公司总销售量的 1%，所以食品公司并不愿意负担托盘换装的费用。而超市又不愿意自付成本改造爱迪纳的仓库以配合 40 英寸×48 英寸托盘的使用。看起来，星系超市无力解决额外操作所造成的效率低下问题。您能向超市提出哪些建议来改进供应渠道中这种不兼容的局面？

10.4　小结

采购与供应决策对货物在物流渠道中高效率的流动、存储有相当大的影响。供应计划保证所需数量的货物能够在需要的时刻到达指定的地点。利用库存管理法是确保货物现货供应的方法之一。适时计划过程是当前十分流行的管理方法。我们特别研究了丰田的看板系统和在美国非常普遍的物料需求计划（Material Requirements Planning，MRP）；介绍了编制 MRP 进度表的基本步骤；还探讨了作为 MRP 延伸的分拨需求系统（Distribution Requirements Planning，DRP）。将 MRP 和 DRP 结合起来，就可以实现从供应商到客户的整个供应链的一体化计划管理。

采购首先是一项购买活动。这项活动非常重要，采购支出会占销售金额的 40%～60%。许多采购决策都会影响供应渠道中物流活动的效率。本章探讨了采购决策中的几个关键问题，并提出了相应的解决办法。这些关键性决策问题包括决定采购数量、采购时间及发货地点等。

本章指出，在生产计划、采购与物流三者之间存在着密切的关系。将这些功能整合起来是供应链管理的关键。根本目标是，通过对跨功能活动的细致管理达到产品流动效率和效益最大化。

问答题

1. JIT 计划管理与传统的以库存供应计划管理理念有何不同？JIT 如何消除供应渠道中对库存的需求？
2. 为什么说 JIT 是一种理念，而不是一项技术？
3. 普遍数量折扣价格优惠措施与特殊数量折扣价格优惠措施中决定最佳采购量的方法有何

不同？

4. MRP和DRP有哪些异同点？
5. 在适时管理中，看板和MRP的做法有何不同？
6. 就公司生产或服务运作所需的各种零部件和供给品而言，与囤积在供给仓库相比，这些物品的哪些特点应该被纳入由需求计划管理过程中？
7. JIT供应计划有哪些特点？为什么这些特点对该计划方法的效率有重要影响？
8. 什么是采购中的杠杆原理？什么是资产回报效应？
9. 公司应该在什么情况下采用先期购买策略？什么时候采用金额平均法？
10. 供应商与买方之间货物形态与移动方法的兼容性会如何影响物流的效率？采购如何能提高渠道的运作效率？
11. 互联网推类产品和服务的前景如何？

思考题

以下许多问题和本章的案例分析题可以用计算机软件来进行求解或部分求解。LOGWARE软件包中，对本章最重要的是运输规划模块（TRANLP（T））和库存管理模块（INPOL（I））。带有“T”字符号的问题可以用这些软件进行求解。该软件包中还为一些需要很多数据的问题提供了数据库。

1. 某家具制造商销售具有相同基本设计的办公桌系列产品。这些办公桌都由优质胶合板制成，公司要编制未来7周胶合板的采购计划。办公桌共有三种型号，每种只是在抽屉的布局上略有不同。三种办公桌的市场预测如下：

周需求预测（张）

办公桌	1	2	3	4	5	6	7	8
A型	150	150	200	200	150	200	200	150
B型	60	60	60	80	80	100	80	60
C型	100	120	100	80	80	60	60	40

生产时间为1周，生产批量分别是：A型300张、B型和C型各100张。目前，库存有80张B型和200张C型的办公桌。目前A型没有库存，但是按照当前的生产计划，第1周可以生产出200张A型办公桌。当前没有B型和C型的生产计划。除胶合板外其他配件全都随时可得，不会造成生产的延误。

现在，库存有2 400张胶合板（每生产1张办公桌要消耗3张胶合板），还有600张会在第2周到货。购买胶合板的订单发出后，平均要用2周时间才能收到订货。且最低订货量是1 000张。另要求随时保有200张胶合板作为安全库存。

a. 编制未来7周胶合板的订货时间表。

b. 假设如果胶合板不能按时到货满足生产需求，则每张胶合板的生产延误成本为每天5美元。相应的，需求产生之前到货的胶合板的库存持有成本为每张每天0.10美元。采购订单的平均周转时间为2周（14天），标准差是2天，提前期呈正态分布。那么，该如何调整订货时间来解决不确定性因素的问题？

2. 某种物料以生产需求计划的方法进行管理，并据此按阶段发出采购订单。采购计划见表

10-5。但是物料经理认为，从供应的角度来看，该计划并不是最经济的。其获取的其他信息如下：

持有成本 = 每年 20%

1 年 = 365 天

停工成本 = 每天每单位产品 150 美元

物料价格 = 每个 35 美元

采购订单准备成本 = 每份订单 50 美元

提前期服从正态分布，均值为 14 天，标准差为 4 天。

表 10-5 物料需求计划进度表 （单位：个）

		周							
		1	2	3	4	5	6	7	8
计划总需求		100	450	100	300	850	100	100	100
计划到货量					?				
现有库存	900	800	350	250					
下达计划采购订单									

a. 应该在计划到货多长时间以前下达订单？

b. 第四周应该有计划到货量以维持 200 个的最低安全库存水平。如果没有最低采购量（订货量）的限制，那么最经济的订货批量是多少？

3. 某大型食品制造商的实物配送渠道包括工厂仓库和地区仓库，地区仓库由工厂库存供货，然后再供应其所覆盖的基层仓库。某工厂同时向两家地区仓库供货，其中每个地区仓库又分别供给 3 个基层仓库。基层仓库对某特定商品的周需求预测和现有库存量如下：

地区仓库	现有库存量（箱）	基层仓库	现有库存量（箱）	周需求预测量（箱）
1		1	1 700	1 200
1	52 300	2	3 300	2 300
1		3	3 400	2 700
2		4	5 700	4 100
2	31 700	5	2 300	1 700
2		6	1 200	900

地区仓库只有在各基层仓库累计订货量等于或大于 7 500 箱时才向其供货，供应量递增 7 500 箱。因为 7 500 箱相当于整车运量。反之，工厂对地区仓库的补给递增幅度为 15 000 箱，相当于一个铁路车皮的货载量。对基层仓库的供货提前期是 1 周，向地区仓库供货的提前期是 2 周。生产要求原材料提前 3 周到位，原材料的批量为 2 000 箱。没有补给基层仓库的在途货物；但是，预先装运的 15 000 箱货物会在第 2 周到达 2 号地区仓库。请计划未来 10 周供应渠道中原材料的流动，估计系统内平均库存，并制定生产计划。

4. 某企业的年销售额为 5 500 万美元，其中进货成本占 50%。管理成本为 800 万美元，劳务与工资成本为 1 500 万美元，实现利润 450 万美元。公司拥有 2 000 万美元的资产，其中 20% 是存货。

a. 如果企业能够 1）提高销售量；2）提高价格；3）降低劳务和工资成本；4）压缩管理成本；或者 5）降低进货成本，那么上述各项要改变多少（百分比）才能将利润提高到

500万美元？

b. 如果原材料购买价格（即进货成本）能够降低7%，那么资产回报率是多少？与当前资产回报率的差异有多大？

5. 某企业采购某种原材料。该原材料价格在全年里呈现出明显的季节性波动特征，在每个月则有相对较小的波动。全年对该原材料的需求稳定在每月50 000个。预计全年价格如下表所示：

月份	单价	月份	单价
1	4.00	7	6.00
2	4.30	8	5.60
3	4.70	9	5.40
4	5.00	10	5.00
5	5.25	11	4.50
6	5.75	12	4.25

库存持有成本是每年30%。当前的采购策略是直接根据需求按时价购买。

a. 混合策略（即先期购买与按需购买相结合的方式）是否会降低采购成本？哪一种策略最好？

b. 如果混合策略更好一些，那么在运用混合策略的过程中要考虑到哪些问题？

6. 某磁制品生产商一年中的各个月都要在公开市场上购买铜。明年平均铜价的最佳预测值为每磅1.10美元。公司每个月固定需要25 000磅铜以满足4个月计划期内的预计需求。每年的库存持有成本为20%。

a. 采用金额平均法为未来的采购编制预算。

b. 采购时，假设每磅铜在未来4个月的实际价格分别为1.32、1.05、1.10和0.95美元。如果适用金额平均法，每个月的采购量应该是多少？与按需购买方式相比是否具有优势？

7. 一家大型诊所每年使用500箱地板打磨剂。每份订单的订货成本为15美元，每年库存持有成本为20%。价目表（价格里包含运输费用）显示，订货量不足50箱时，每箱的价格为49.95美元；订货量在50到79箱之间时，每箱的价格为44.95美元；订货量大于或等于80箱时，每箱的价格为39.95美元。上述价格适用于购买的所有货物。试问最佳采购订货量是多少，相应的总成本是多少？

8. 一家位于美国东海岸的电器公司从西海岸某供应商处购买发动机用于生产泵送设备。每年生产共需要1 400个发动机。采购成本（包括书记成本与快运成本）是每份订单75美元。库存持有成本是每年25%。供应商提出的价目表如下：

每份订单的订货量	单价（美元）[①]
头200个	795
其次200个	750
400个以上	725

① 价格包含运输费用。

在这种特殊数量折扣价格优惠措施下，最佳采购量是多少（精确到50个）？每年的总成本是多少？

9. 奥特佳食品公司（Ortega Foods）的中央采购部为公司的4家工厂采购玉米粉，用以生产玉米面豆卷的皮。有3个地方可以供货，但是合同条款将限制供给货源。玉米粉装在100磅的袋子里运输。关于每周工厂需求量、供应能力以及FOB价格的信息见表10-6。各货源地与工厂之间的运输费率如下表所示：

(单位：美元/担)

货源地	工厂			
	辛辛那提	达拉斯	洛杉矶	巴尔的摩
明尼阿波波利斯	0.15	0.19	0.24	0.21
堪萨斯城	0.10	0.08	0.20	0.18
戴顿	0.15	0.12	0.27	0.15

目前，采购部从戴顿购买玉米粉以供应辛辛那提和巴尔的摩的工厂。达拉斯的工厂则由堪萨斯城供应，洛杉矶的工厂由明尼波利斯供应。

a. 奥特佳最好的货源定位方案是什么，能节约多少成本？

b. 采购部能够采取哪些措施来进一步降低成本？

c. 与公司签订采购协议的供应商是否过多？为什么多或不多？(提示：利用线性规划中的运输方法来解本题)

表10-6 奥特佳食品公司一题中的供给量与需求量数据

货 源	供应能力(担)	单价(美元/担)
明尼阿波利斯	1 200	3.25
堪萨斯城	4 800	3.45
戴顿	无限量供应	3.40

工厂	需求量(担)
辛辛那提	5 000
达拉斯	2 500
洛杉矶	1 200
巴尔的摩	1 000

10. 埃玛特百货公司(A-Mart Stores)在许多零售网点中销售微型电视。所有分店的总销售量预计为120 000台。韩国供应商正常的供货价格为每台100美元。但如果买方发出特别订单，即订货量大于或等于2万台，供应商会提供5美元的折扣。买方的库存持有成本为每年30%，每份订单的准备成本为40美元，运输成本包含在价格里。

a. 买方应不应该接受价格折扣？如果接受，特别订单的订货量是多少？

b. 如果下达特别订单，这一特别订货量能在库存中维持多长时间？

案例分析

工业品批发公司（Industrial Distributors，Inc.）

沃尔特·奈格利（Walter Negley）是工业品批发公司的采购部主任。他需要为高价值产品设定采购数量，公司买到这些高价值产品后，通常存入库存，并在相当短的订货周期内转卖给工业客户。传送机所使用的备用发动机即是这类产品之一。备用发动机主要面向北美洲的客户进行销售，全年销售情况稳定。这些发动机在德国西部生产，从巴尔的摩进口后，用卡车运至公司设在芝加哥地区的自营仓库。虽然德国制造商的价格包括了从德国到巴尔的摩的运费，但是公司要负担货物从巴尔的摩运到芝加哥的运输费用。为帮助决策，沃尔特还搜集到以下信息：

信息内容	数量/成本	信息来源
平均年销售量	1 500 台	销售部
补货提前期	1 个月（0.083 年）	采购部
每次订货的文件成本	20 美元	会计部
每次订货的快递成本	5 美元	运输部
库存持有成本	每年 30%	财务部
每台机器的毛量	250 磅	运输部
仓库的卸货成本	0.25 美元/担	会计部
仓库的存储能力①	300 台	仓库经理
公共仓库的存储费率	每年每台 10 美元	公共仓库

① 公司仓库只能存储 300 台发动机。如果补货订单的订货量超过 300 台，超过 300 台的那部分发动机将会存放在公共仓库里。

每份订单的订货量	单价（美元）
头 100 台	700
其次 100 台	680
200 台以上	670

制造商刚刚发布了到巴尔的摩港新的价目表。沃尔特在与卡车运输公司商谈内陆运费时发现，卡车运输公司既可以使用每担 12 美元的费率整车（TL）运输（整车运量是 40 000 磅或更多），也可以使用每担 18 美元的费率零担运输。

问答题

1. 如果制造商采用非普遍数量折扣价格优惠措施，补货订单的订货量应设置在什么水平（精确到 50 个）？
2. 如果制造商的价格优惠是每个数量分界点内的价格适用于订购的所有货物，沃尔特是否应该调整补货订单的规模？

第十一章 存储和搬运系统

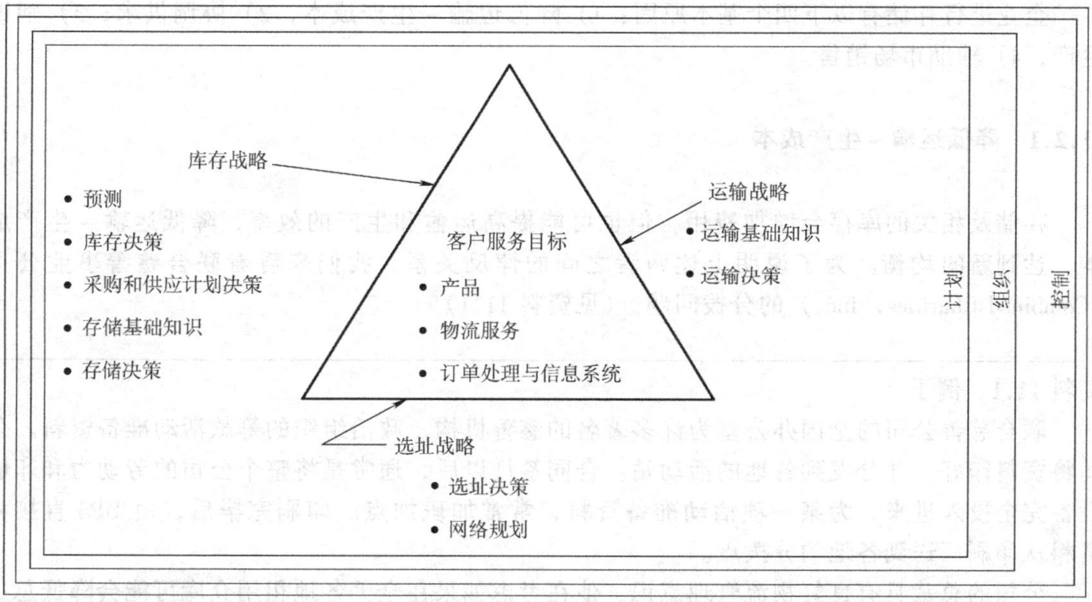

产品的储存和搬运与运输不同，主要发生在供应链网络的节点处，有人又将存储比做每小时运输零英里。本章将重点介绍存储和物料搬运活动的特点和成本。据估算，存储和物料搬运成本占企业物流总成本的26%，因此，非常值得认真研究[1]。

11.1 存储系统的必要性

企业是否真的需要将存储和物料搬运作为物流系统的一个组成部分？如果产品的需求确定、已知，而且产品又能即刻供给以满足这种需求的话，那么，从理论上讲，既然不会有库存，也就不需要存储。然而，因为需求无法准确预测，所以用这种方法去经营企业既不实际也不经济。即使产品的供需趋于完全一致，但也需要生产即刻作出反应，要求运输完全可靠，且不存在运送时间。对于一个企业来讲，在任何合理成本范围内，这都是不可能的。因此，企业要用库存来更好地平衡供需，降低总成本。而要保有库存，就会对存储产生需求，并在很大程度上对物料搬运产生同样的需求。因此，与其说存储是一种必要的活动，不如说是一种很经济的便利活动。

存储和物料搬运成本具有经济上的合理性，因为它们能平衡运输和生产－采购成本。也就是说，通过储备一定量的库存，企业常常可以调整经济生产批量和生产次序来降低生产成

[1] 参见表1－3。

本。利用这种办法，企业就可以避免因需求模式不确定和产品多样性造成的产出水平的大幅度波动。同时，储备库存也可以通过更大、更经济的运输批量来降低运输成本。总之，存储管理的目的就是利用恰到好处的存储活动来实现存储、生产和运输成本之间良好的、经济的平衡。

11.2 为什么需要存储

企业进行存储有以下四个基本原因：1）降低运输 - 生产成本；2）协调供求；3）辅助生产；4）辅助市场销售。

11.2.1 降低运输 - 生产成本

存储及相关的库存会增加费用，但也可能提高运输和生产的效率，降低运输 - 生产成本，达到新的均衡。为了说明上述两者之间的悖反关系，我们来看看联合慈善事业公司（Combined Charities，Inc.）的分拨问题。（见资料 11.1）

资料 11.1 例子

联合慈善公司的全国办公室为许多著名的慈善机构、政治组织的筹款活动准备资料。公司将资料印好，并分发到各地的活动站。合同签订以后，通常是将整个公司的劳动力和印刷设备完全投入进来，为某一项活动准备资料，常常加班加点。印刷完毕后，由 UPS 直接将资料从印刷厂送到各地的分拨点。

公司的总裁具有良好物流管理意识，他在考虑如果在全美各地租用仓库可能会降低总成本。他认为虽然那样存储费用会增加，但可以先将资料以整车运到各个仓库，然后由 UPS 从大约 35 个仓库做短距离运输，送到当地分拨点。因为当地分拨点可以从仓库提货，而不必直接向印刷厂订货，因而不会常常改变生产计划，所以生产成本也可能会因此下降。

该总裁随后作出如下粗略的成本估算（针对需要印刷 500 万册资料的典型活动）：

（单位：美元）

	从工厂直接运输	通过 35 个仓库运输	成本变化
生产成本	500 000	425 000	- 75 000
运输成本：			
至仓库	0	50 000	+ 50 000
至当地	250 000	100 000	- 150 000
存储成本	0	75 000	+ 75 000
总计	750 000	650 000	- 100 000

运输费用的降低在抵销增加的存储费用后还有结余。看起来，利用仓库节约成本是一种非常有吸引力的方法。

11.2.2 协调供求

某些企业的生产极具季节性，但需求是连续不断的，而且比较稳定，因此他们就面临着协调供求的问题。例如，生产蔬菜、水果罐头的工厂就必须储存一定量的产品，以便在作物的非生长季节供应市场。与之相反，另一些企业的产品或服务需求的季节性很强，而且需求不确定，但是全年的生产是稳定的，因为这样可以使生产成本最小，同时能够储备足够的库存来供应相对较短的热销季节。空调和圣诞玩具就是很好的例子。如果使供求完全相符的成本过高，就需要进行存储。从商品价格的角度来考虑，企业也需要进行存储。某些原材料和产品（如铜、钢材、石油等）的市场价格随时间波动非常大，也会促使一些企业为了低价采购而提前购买。这时，往往需要进行存储，且存储成本可以与购买商品的低价格相平衡。

11.2.3　生产需要

存储可以被看成是生产过程的一部分。有些产品（如奶酪、葡萄酒和烈性酒）在制造过程中，需要储存一段时间使其变陈。仓库不仅在这一制造阶段储存产品，而且对于那些需要纳税的商品来讲，仓库还可以在出售前保护产品或对产品“保税”。利用这种方法，公司得以将纳税时间推迟到产品售出之后。

在某些情况下，仓库除了持有库存以外还有“增值服务”的功能。这类为客户提供的服务，例如，特殊包装、个别贴标签、海关服务。增值服务是发生在供应链前端的生产过程的延续。

11.2.4　营销需要

市场营销部门经常考虑的是市场是否可以随时得到产品。存储就可用来增加产品这方面的价值，即存储使产品更接近客户，运送时间常常会被缩短或使得供给随时可得。通过加快交货时间，企业可以改善客户服务，并增加销售。

11.3　存储系统的功能

存储系统有两个重要的功能：持有库存（储存）和物料搬运。如图 11－1 所示，我们可以通过跟踪考察某食品分拨仓库货物的流动来说明这两个功能。物料搬运是指装货、卸货、产品在仓库内不同地点之间的移动及拣货等活动。储存仅仅是指库存货物在仓库里堆存一段时间。根据储存目的，还要选择仓库内不同的存储位置和不同存放时间。在仓库内，这类搬运－储存活动与分拨渠道内不同地点发生的搬运－储存活动既重复，又类似（再看图 11－2 和图 11－4）。因此，从很多方面看，存储系统都是一个微型的分拨系统。明确认识该系统的主要活动可以加强我们对系统整体的理解，并为提出各种设计方案奠定基础。

11.3.1　储存功能

存储设施的设计围绕其四项主要功能展开，即储存、集中、拆装和混装。仓库的设计和布局通常可以反映出该仓库侧重满足上述一项或几项功能。

1. 储存（Holding）

存储设施最显著的用途就是保护和有序地储藏存货。货物可能在仓库里存储的时间，以及货物对储存条件的要求会对存储设施的结构和布局提出严格要求。存储设施种类很多，既有长期的、专门化的储存仓库（例如陈年烈酒），也有通用商品的储存仓库（阶段性保有商品），还有暂时存放商品的仓库（如卡车车站）。在最后一种情况下，货物只停留很短的时

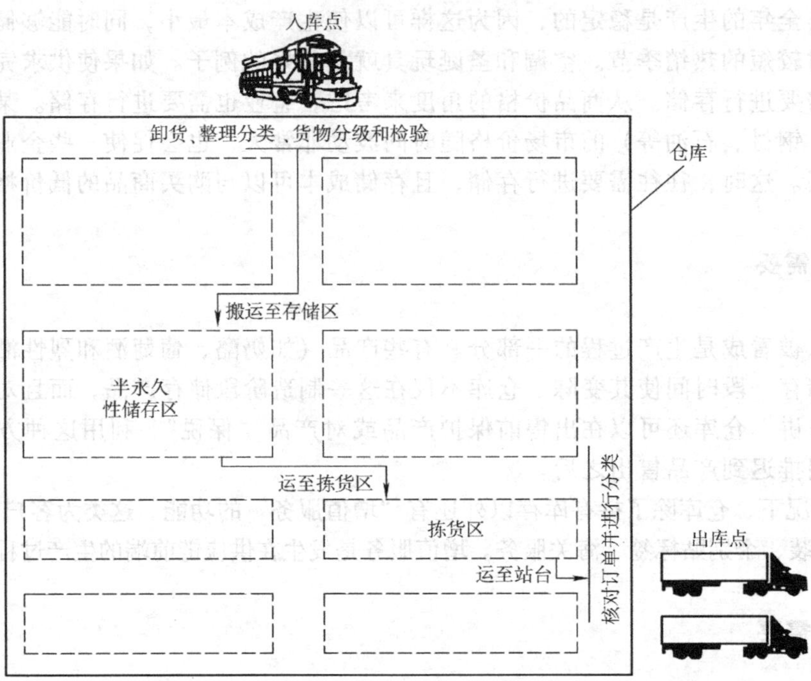

图 11-1 典型的食品分拨仓库的搬运-存储活动

间，以便装满整车。产品储存的形式也多种多样，包括准备进入市场的成品，待组装的或者需进一步加工的半成品和原材料。

2. 集中（Consolidation）

运输费率的结构（特别是费率分界点）会影响存储设施的使用。如果货物供应来源较多，建立货物集中地（如仓库或者货运站）的方法或许更经济，这样可以将零星货物集中成较大批量的运输单位（见图 11-2），降低总的运输成本。上述情况假设买方的购买量不大，

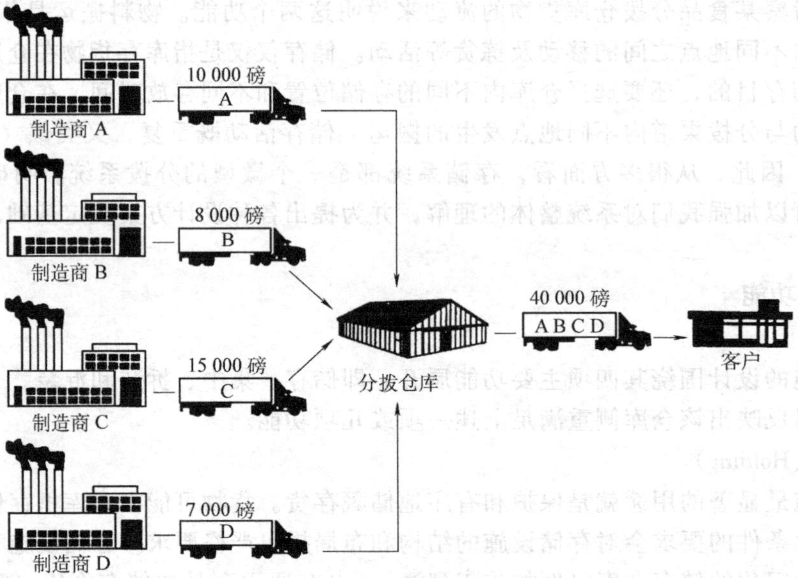

图 11-2 用来将小批量的入库货物集中成大批量的出库货物的分拨仓库

不足以保证每个供应地都采用批量运输的方式，那么运费的差别可能将足以抵消基层仓库的费用（见资料 11.2）。

资料 11.2　例子

假设图 11－2 中的客户在正常情况下，从四家制造商那里接收多种产品，批量分别为 10 000磅、8 000 磅、15 000 磅和 7 000 磅。如果所有的货物都以零担方式运到客户那里，总的分拨成本将为每批 966 美元，如表 11－1a 所示。在分拨仓库将货物集中起来进行运输，则总分拨成本降至每批 778 美元，如表 11－1b 所示。在该例中，即使将仓库成本包括进来，也有 188 美元的成本节约。

表 11－1　在分拨仓库集中货物可带来潜在成本节约的例子

a）不集中

制造商	货运量（磅）	以零担费率运送至客户（美元/担）	成本（美元）
A	10 000	2.00	200
B	8 000	1.80	133
C	15 000	3.40	510
D	7 000	1.60	112
总计			966

b）集中

制造商	货运量（磅）	以零担费率运送至分拨中心（美元/担）	零担总运费（美元）	分拨仓库费用（美元）	从分拨仓库至客户的整车费率（美元/担）	整车总运费（美元）	成本（美元）
A	10 000	0.75	75	10	1.00	100	185
B	8 000	0.60	48	8	1.00	80	136
C	15 000	1.20	180	15	1.00	150	345
D	7 000	0.50	35	7	1.00	70	112
总计	40 000						778

这里使用分拨仓库（Distribution Warehouse）[1] 一词主要是要与储存仓库（Holding Warehouse）相区别。二者的差异在于仓库对储藏活动的重视程度和货物储存时间的长短。如图 11－3a 所示，储存仓库指仓库内的大部分空间用于半永久性或长期存储。相反，分拨仓库的绝大部分空间则只是暂时存储货物，仓库更注重使产品流动更快速、更通畅（见图 11－3b）。显然，很多仓库的运作是两者兼而有之，只是程度不同而已。

储存空间最小的仓库可以只有收货和发货活动，而把储存和拣货活动都排除在外。这类仓库被称为交叉理货点，或集中点。货物不经储存或很短时间的储存就由入库直接转成出库。通常这个转换过程在 24 小时之内完成。与直接从供货点运输产品相比，交叉理货的运输成本更低，具有其合理性。

3. 拆装（Break－Bulk）

利用存储设施进行拆装（或换装 Transload）与利用存储设施进行集中运输正好相反。图 11－4 举例说明了拆装的一般情况，以低费率大批量运输的货物运进仓库后，再根据客户的需要以小批量送到客户手中。

[1] 这里，分拨仓库与基层仓库、分拨中心用作同义词。

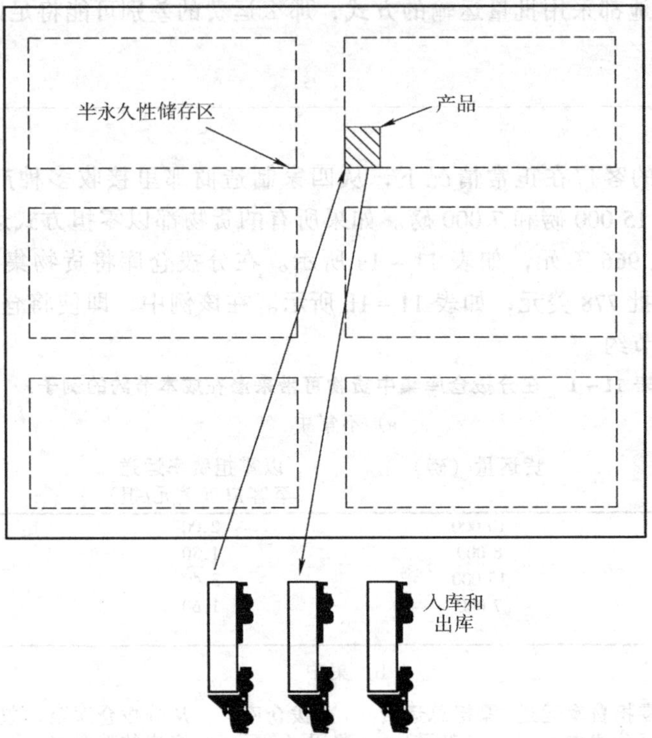

a）主要用于长期储存的仓库

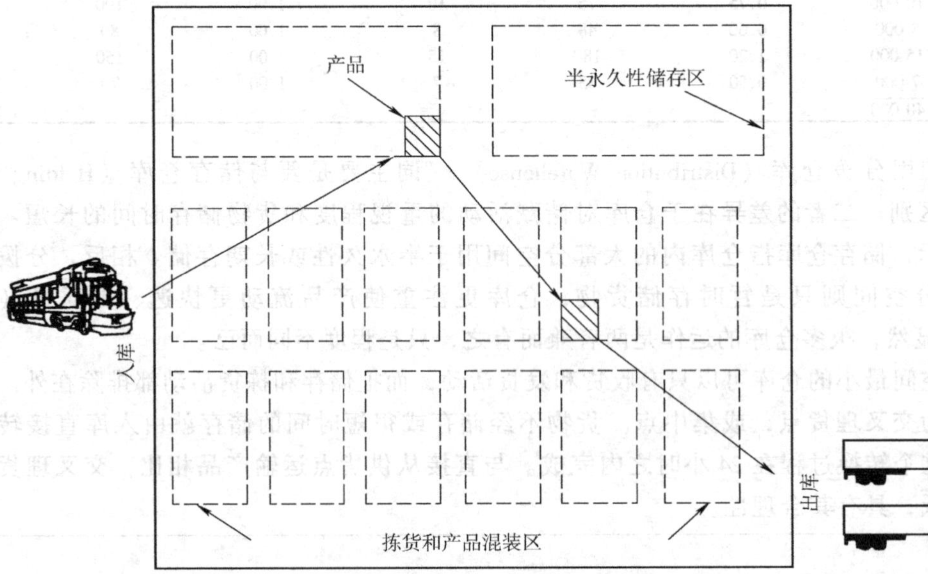

b) 主要用于短期储存、混装和物料流动的仓库

图 11－3 储存仓库与分拨仓库的区别

拆装是分拨仓库或场站仓库的常见业务，特别是入库货物的单位运输费率高于出库货物的单位运输费率时，客户以零担批量订购时，生产商与客户之间的运输距离遥远时，拆装业务更为普遍。由于运输费率的差异，分拨仓库的选址趋向于离客户近的地方，便于拆装作

业。集中运输的情形则刚好相反。

4. 混装（Mixing）

利用存储设施进行产品混装的方法如图 11－5 所示。有的企业会从许多生产商那里采购产品，来供应多个工厂的某部分产品线。这样，管理人员会发现，如果建立一个仓库来将产品混装在一起，可能会带来运输中的经济效益。

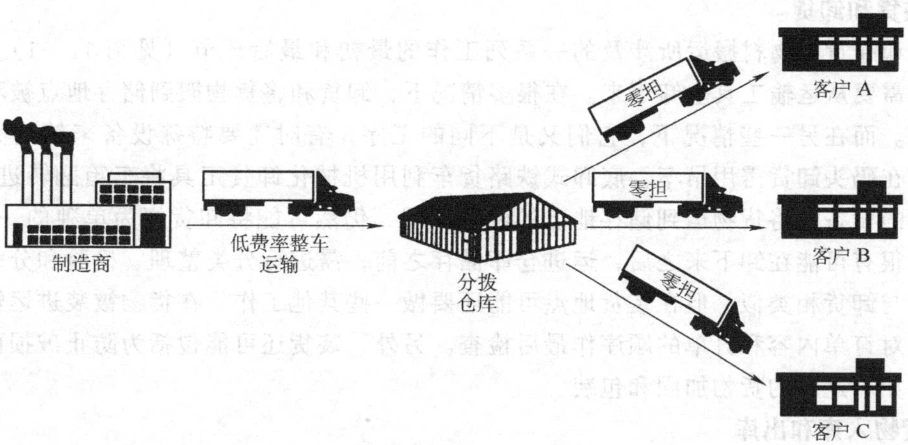

图 11－4 用于拆装的分拨仓库或者集散点

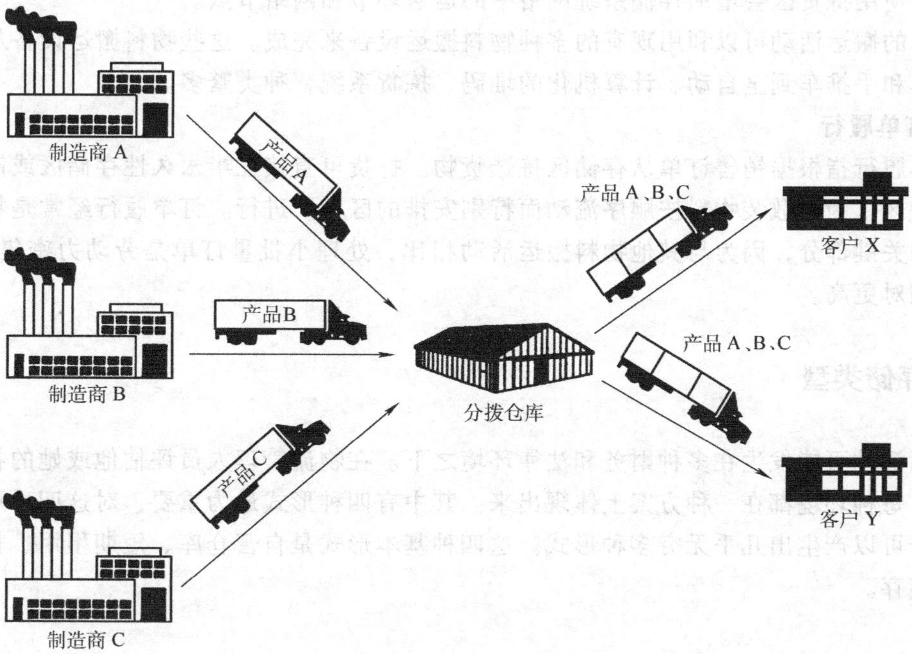

图 11－5 利用分拨仓库进行产品混装的例子

如果没有这样的混装点，就要直接在生产地履行客户订单，由于货运量小，运输费率偏高。而在混装点则可以将各部分生产所需的货物通过大批量运输集中到一个地点，然后根据订单组合产品，再将混装后的货物运送到客户处。

11.3.2 物料搬运功能

存储－搬运系统的物料搬运活动归纳起来主要有三项：装卸、货物进出仓库和订单履行。

1. 装货和卸货

装货和卸货是物料搬运所涉及的一系列工作的最初和最后环节（见图 11－1）。货物抵达仓库后需要从运输工具上卸下来。在很多情况下，卸货和将货物搬到储存地点被看作是一次性操作。而在另一些情况下，它们又是不同的工序，有时需要特殊设备来辅助完成。例如，船舶在码头卸货需用吊车，底卸式铁路货车利用机械化卸货工具将车箱翻转进行卸货。即使卸货的设备与将货物运到储存地点的设备相同，仍然可能将卸货视为单独的一项活动，因为货物很有可能在卸下来之后，运进仓库储存之前，需进行分类整理、检验和分级。

装货与卸货相类似，但在装货地点可能还要做一些其他工作。在货物被装进运输工具之前，还要对订单内容和订单的顺序作最后检查。另外，装货还可能包括为防止破损而做的其他工作，如对运输的货物加固和包装。

2. 货物入库和出库

在存储设施的装货点和卸货点之间，货物可能被移动多次。首先，要从卸货地点移至存储区。接下来，可能从货运码头运出来，或运至拣货区补充库存。正如图 11－1 所示，在搬运作业中使用拣货区会增加存储系统网络中的运送环节和网络节点。

实际的搬运活动可以利用现有的多种物料搬运设备来完成。这些物料搬运设备从人力推动的叉车和手推车到全自动、计算机化的堆码、拣货系统，种类繁多。

3. 订单履行

订单履行指根据销售订单从存储区拣选货物。拣货可直接在半永久性存储区或散货存储区或拣货区（为使散装物料按顺序流动而特别安排的区域）进行。订单履行经常是物料搬运活动中的关键部分，因为与其他物料搬运活动相比，处理小批量订单是劳动力密集型活动，费用也相对更高。

11.4 存储类型

存储活动可能发生在多种财务和法律环境之下。在物流管理人员评估他或她的物流系统设计时，每种环境都在一种方案上体现出来。其中有四种形式最为重要，对这四种形式进行不同组合可以产生出几乎无穷多种形式。这四种基本形式是自营仓库、短期租用、长期租赁或在途储存。

11.4.1 自营仓库

大多数生产企业和服务机构以某种形式拥有自己的存储空间，从办公用品的储藏室到上万平方英尺的成品仓库，形式多种多样。但不管怎样，其共同的特征是这些企业或机构对存储空间以及物料搬运设备有资本投入。对这些投资，公司预期会有以下好处：

（1）存储费用比租借或租赁仓库要低。如果大多数时间里仓库设施的利用率都很高，则尤其如此。

（2）能更大程度地控制存储运作，有助于确保存储的高效率和高水平服务。

（3）如果某些产品（如药品、某些化学品）存储时需要有专业的人员或专门的设备，则自营仓库可能是惟一可行的选择方案。

（4）拥有房地产可产生增值收益。

（5）仓库空间在未来的某个时间可转为他用，如改为生产设施。

（6）仓库空间也可作为销售部门、自营车队、运输部门和采购部门的服务基地。

总之，与租借仓库相比，特别是在需求量大且稳定或者需要特殊存储技术的情况下，自营仓库能使企业更好地进行管理控制，且成本更低、灵活性更高。

11.4.2 短期租用仓库

有成千上万的企业向其他企业提供短期存储服务。这些企业提供的许多服务项目与自营仓库开展的服务项目是相同的，即收货、储存、运输及相关活动。公共仓库类似于运输中的公共承运人，其与自营仓库的关系也与公共承运人和自营车队的关系是一样的。

1. 仓库的种类

企业自营仓库的类型几乎是无穷无尽的，因为各公司仓库都是按其特殊需求专门设计的。相反，公共仓库是为满足大多数公司的需求而进行设计的。因而，与自营仓库相比，公共仓库在仓库结构布局上和多功能设备的使用上更加标准化。许多这种类型的仓库是经过改建，仓库建筑通常是原先的生产车间。公共仓库可以划分为以下几个种类：

（1）农产品仓库。这类仓库的服务限于储存和搬运特定的货物，如木材、棉花、烟叶、粮谷和其他易损产品。

（2）散货仓库。这些仓库主要用于存储和搬运散装货物，如液体化学品、石油、高速公路用盐和糖浆。这些仓库也提供产品混装和拆装服务。

（3）温控仓库。温控仓库是指对储存环境进行控制的仓库。可能既要控制温度，也要控制湿度。需要用这类仓库储存的货物主要是一些易变质的货物，如水果、蔬菜以及冷冻食品，还包括化学品和药品。

（4）家居用品仓库。储存和搬运家居用品和家具的仓库是一种比较特殊的仓库。尽管家具制造商也可能使用这类仓库，但其主要用户是搬家公司。

（5）杂货仓库。这类仓库是最普通的一种仓库，它可以储存多种商品。一般来讲，这些商品不像上述商品那样需要特殊的仓库设施或搬运设备。

（6）微型仓库。这类仓库规模很小，一般单位存储空间只有20～200平方英尺，并通常以成组形式聚集在一起。微型仓库一般只作为辅助的存储空间来使用，提供的服务很少。吸引租赁者的是其便利的位置，但安全是个问题。

严格地讲，在实践中，某个公共仓库可能不属于上述任何一种类型的仓库。例如，杂货仓库在储存食品的时候，可能会需要冷藏作业。有时，散货与杂货存储在同一个仓库也是一种很好的做法。

2. 内在优点

公共仓库有很多优势，其中的一些优势刚好和自营仓库相反。其中一些优势如下：

(1) 没有固定投资。使用公共仓库不需要对租赁的存储空间投资。对使用公共仓库的企业来说，所有的存储成本都是可变成本，即与企业使用仓库服务的程度成正比。如果企业资金有更好的用途或者根本就没有资金用在存储设施投资上，那么公共仓库无须投资对企业是十分有利的。

(2) 降低成本。如果自营仓库的利用率低，而又必须要储存一些季节性存货，则使用公共仓库比自营仓库或租赁仓库进行存储的成本要低。自营仓库的空间过于拥挤或利用率过低，都可能会出现效率低下的情况。公共仓库的管理人员则试图通过平衡多个生产商的季节性库存模式，以及长期充分利用仓库设施而获利。如图 11-6 所示。

(3) 选址灵活。由于对公共仓库的使用经常是短期的，因而随市场变化而改变仓库位置就比较容易，而且成本较低。又由于使用公共仓库不存在长期权利义务关系，这就为保持物流网络优化提供了重要的灵活性。

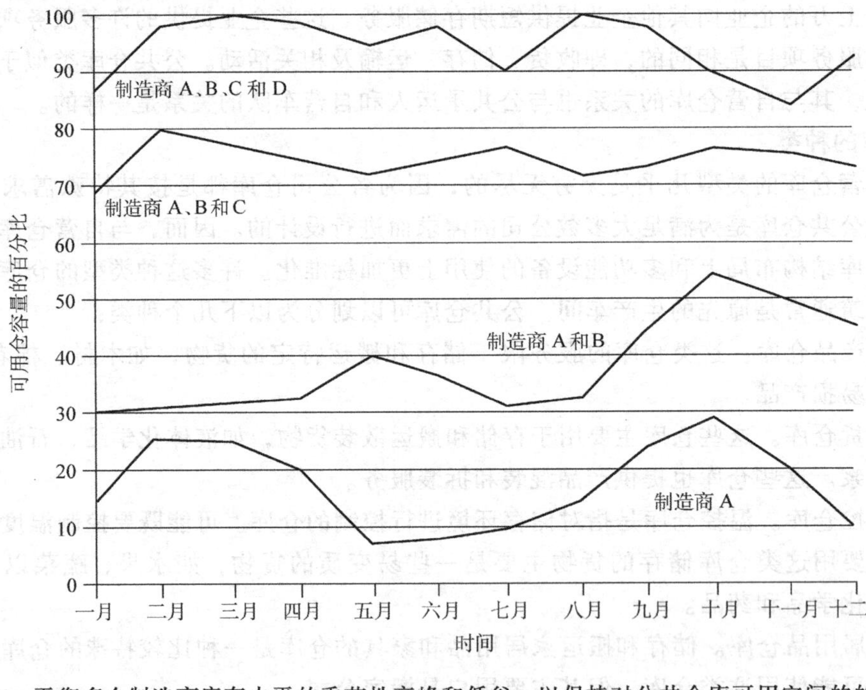

图 11-6 平衡多个制造商库存水平的季节性高峰和低谷，以保持对公共仓库可用空间的的充分利用

3. 服务

公共仓库还通过提供多种服务来吸引和挽留客户。大多数公共仓库都提供诸如收货、储存、运输、集中、混装和拆装等基本服务。他们还经常提供更多的服务。根据美国仓库经营人协会（American Warehousemen's Association）的规定，公共仓库应提供以下服务：

- 以每包装或每担为单位进行搬运、存储和分拨服务
- 在途储存
- 美国海关保税存储服务
- 美国国内保税（internal revenue）存储服务
- 温控和湿控的存储服务

- 按平方英尺出租存储空间
- 办公和展览用地；特殊的文书、电话服务
- 运输信息
- 联营汽车搬运、配送、运输服务
- 实物储存
- 现代化数据网络
- 集中托运的计划
- 包装和装配服务
- 熏蒸
- 刷唛头、加标签、制金属签、打捆
- 包裹邮递，利用美国联合包裹服务公司（UPS）和快递公司的服务
- 加隔垫，加固
- 装车和卸车
- 修理、整修、制作样品、称重和检验
- 对运到付款（COD）的货物代收货款
- 编制特别的库存报表
- 保存已确认的客户名单，并提供配送服务
- 当地和长途卡车运输
- 仪器配送和安装
- 制作可转让的/不可转让的仓库收据
- 准备溢/短装和货损报告
- 支付按比例分摊的运费
- 预付运费
- 提供赊欠信息
- 存储货物抵押贷款
- 基层仓库服务
- 水运码头服务
- 机器、钢材和其他需要特殊搬运设备货物的存储
- 堆场存储
- 干散货物的搬运、储存和打包
- 液体散货的搬运、储存、装桶和装瓶
- 搬运和储存集装箱货物[1]

需要特别指出的是，上述某些项目有些是公共仓库独特的服务内容，有些对潜在客户非常重要。

保税存储（Bonding）是针对政府征税的一些特定商品（如烟草制品和酒类）的处理办法。此类商品的所有者与政府之间约定商品只能在交纳关税之后才能出库（除非是运往另一

[1] 美国仓库经营人协会，芝加哥，伊利诺依州。

个保税仓库)。货主因在货物售出之后才支付关税或税款,所以减少了库存商品的资金积压,获得收益。在纳税之前,公共仓库经营人作为库存商品的代理人向政府保证货物仍存在仓库内。保税存储的概念还可以扩展到储存在自营仓库内的货物。

保税的概念也适用于进入国境的内销产品或外销产品。全美各地(一般在港口地区)都设有自由贸易区。区内建有生产车间和存储设施。外国公司可将货物运往自由贸易区进行简单加工、储存,在货物运出贸易区时进入本国时再交进口税。如果货物直接从自由贸易区运往国外,则无须缴纳进口税。

基层存储(Field Warehousing)是公共仓库经营人帮助货主增加营运资本的一种方法。企业可以将自营仓库转为公共仓库,用以争取信用贷款。通常,公共仓库从货主手中租赁一部分已存有货物的仓库空间,并向货主签发仓库收据。随后,货主以货物作借贷的附属担保,用仓库收据取得贷款。因为货物由公共仓库经营人合法保管,所以公共仓库可以作为第三方向贷款方担保作为担保的货物确实存在。货主在自己的不动产上建仓库可省去货物搬运至公共仓库的费用,也可以节约储存费用。这种办法一般是临时性的,适用于整个贷款期。

库存现货(Stock Spotting)是与订单履行有关的多个活动的集合名词,也是拆装功能的延伸。公共仓库应生产商日益增长的需求,对仅靠持有少量库存来满足销售需要的批发商和零售商提供高水平的客户服务。生产商选择市场附近的公共仓库储存各类"现货"。公共仓库则像厂商的分支仓库那样履行厂商自有仓库的所有职能。与生产商使用的相对集中的自营仓库相比,这种方法大大缩短了订单周转时间。

公共仓库经营人还可以协助企业控制库存。由于许多库存广泛分布于全国各地,即使企业有自己的库存记录系统,要保留准确的库存记录也是个棘手的问题。在这一点上,公共仓库经营人可以起到一定的作用,因为他们会保留长年的库存结余记录,标明未售出的存货、在途损耗的存货,保存到货记录,列出支出清单。在很多情况下,公共仓库还利用计算机进行记录。

如果公共仓库服务商,或类似服务的提供者,提供订单处理和为客户送货服务,他们可能也会提供订单跟踪服务。这些订单跟踪信息会与供应渠道中的其他信息系统交叉,以便客户能够跟踪从订单进入系统到送货的整个过程。

我们不能期望所有的公共仓库都能提供各方面的服务。绝大多数公共仓库都规模不大,由当地企业所有和经营。只有那些大仓库才有能力提供较全面的服务。因此,对用户来说,选择公共仓库的服务十分重要。

4. 单据和法律问题

公共仓库是公众财产的保管者,对所保管的货物负责,为此,公共仓库经营人须同意并承担一定的义务。美国仓库经营人协会批准的标准合同条款规定了其义务,其中最重要的是:

仓库管理人对货物在仓库储存期间出现的任何灭失或损坏不负责任,除非这些灭失和损坏是由于仓库管理人没有履行作为一个合理谨慎的管理人在类似情况下应尽的保管职责而引起的,仓库管理人也不对那些恪尽职责也无法避免的损失负责[1]。

上述内容的实质是:公共仓库经营人的法定责任就是要对其保管的货物履行合理谨慎地

---

[1] 出处同上。

搬运和储存的责任。如果即使在合理谨慎的情况下也无法避免货物的毁损或灭失，仓库管理人就可免除责任，除非合同条款对此有事先规定。货主可能会希望通过投保或在与公共仓库签定的合同中写入额外责任的条款，来延伸保管人的保护责任，使货物免受损失，而仓库经营人会为此额外收费。

由于公共仓库的运作是为了公众利益，因此有几个州通过州内的公共事业委员会对其进行管制。但目前管制的范围已不如过去广泛，而且仅限于加利福尼亚州、明尼苏达州及华盛顿州的仓库。在除路易斯安那州以外的美国其他州，公共仓库都受《统一商法典》（Uniform Commercial Code）的管辖，该法典对公共仓库经营人的责任以及签发仓库收据的统一格式进行了规定。在路易斯安那州，仓库经营人的责任是由《统一仓库收据法》（Uniform Warehouse Receipts Act）规定的。

有几类单据对公共仓库的良好运作起着非常重要的作用。主要单据包括：仓库收据、提单、货物溢短装、毁损报告以及货物库存状况报告。

仓库收据（Warehouse Receipt）是最主要的单据，从该单据可知道储存的是什么货物，存放在什么地方，货主是谁，货物要交给谁，以及存储合同的条款。依据《统一商法典》或者《统一仓库收据法》制定的合同条款通常印在仓库收据的背面。

仓库收据可以是可转让的，也可以是不可转让的。其区别在于将货物由一人转手给另一人的难易程度。不可转让的仓库收据签发给指定的人或公司。如果仓库没有收到要求交货的书面指示，就不能将货物移交给他人。相反，可转让收据可以签发给某个人或某公司，也可以不签发给特定的人。仅通过对收据背书，就可将单据转让给他人。仓库经营人将把货物交给任何一个持有该收据的人。仓库收据可转让的特点使得大家很容易将货物作为抵押品。

提单是货物运输中的合同单证。提单中列明了承运人运输运送货物的条款和条件。由于货物的起运地、储存货物的公共仓库和货物的目的地通常是分开的，所以公共仓库经营人经常代表货主使用提单提货。

货物溢短和破损报告（O.S.&D.）是在货物入库时签发的，而且只有在入库货物状况不良或与提单所述状况不符时，才会签发这些单据。溢短和破损报告可以作为货主向承运人索赔的依据。

库存状况报告给出月末仓库的库存状况，包括货物的品类、数量和重量。该报告可用作计算储存费用的依据。

11.4.3 长期租赁仓库

对许多公司来说，租赁仓库是一个折衷的选择，介于短期租用公共仓库和长期自营仓库之间。租赁仓库的优点是可以从仓库所有者那里得到较低的租金。然而，由于使用者必须保证在特定租期内支付租金，所以可能丧失了一定的选址灵活性。但对于使用者而言的好处是使用者可根据租期的长短对存储空间和相关的运作活动进行控制。

租赁的存储空间可以从多种途径获得。首先，公共仓库经营人可能会提出延长存储空间的租用期；其次，生产商可能有未充分利用的自营仓库供出租；最后，自营仓库所有者可能会发现将其自有的仓库出售，再从买主处重新租回，对自己更有利。

11.4.4 在途存储

在途储存是指货物处于运输途中在运载工具之上的时间。这是一种特殊的存储形式，需要与运输方式或运输服务的选择相协调。因为不同的运输方案意味着不同的运送时间，所以物流管理人员有可能通过选择适当的运输服务大幅度降低甚至消除对常规存储的需要。该方案对那些拥有季节性库存，并要经过长距离运输的公司来说更具吸引力。（见资料 11.3）

资料 11.3 例子

联合加工公司（United Processors Company）从美国南部和西部的农场收获并加工各种蔬菜和水果。美国东部和中西部地区对某些产品，如草莓和西瓜的需求在当地生长期到来之前就很旺盛。因此联合加工公司必须在北部地区收获季节来临之前收获作物，并在销售旺季到来之前形成供应能力。通常，蔬果在用卡车运往销售地之前，在产地进行存储。而改用运送时间较长的铁路运输形式，公司多数情况下可在作物收获以后立即装运，这样产品抵达市场时需求旺季刚好开始。铁路起到了仓库的作用，其结果是存储成本和运输成本都大大降低了。

11.5 物料搬运问题

物料搬运问题是存储决策的有机组成部分。如果选择公共仓库，首先要考虑的就是公共仓库的物料搬运系统与本公司的物料搬运系统是否协调一致。如果选择公司自己管理的仓库，则必须考虑整个物料搬运的效率。虽然物料搬运活动会影响客户的订货周期，进而影响对客户的服务，但它主要是一项成本占用型活动。因此，物料搬运的目标是以成本为中心的——也即，降低搬运成本，提高仓库利用率。物料搬运效率的改善主要与四个问题有关：成组化搬运、仓库的布局、存储设备的选择以及搬运设备的选择。

11.5.1 成组化搬运

物料搬运必须遵循的一个基本原则是：物料搬运的经济程度与货物的规模成正比[1]。也即货物的规模越大，存储一定量的货物所需搬运的次数越少，运作就越经济。搬运次数直接关系到搬运货物所需的工时，也关系到物料搬运设备的使用时间。将多个小件包装的货物组合成单件大包装的货物，再进行搬运，可以提高效率。这被称为成组化装运，其中最普遍的做法是托盘化和集装箱化。

1. 托盘化

托盘（或滑板）是一个可移动的平台，其制作材料通常为木板或瓦楞纸板，货物在运输或储存时可以堆码在托盘上。货物常常在制造过程中就被安放在托盘上，直至订单履行时需

---

[1] Stanley M. Weir, Order Selection (New York: American Management Association, 1968), 4-5.

要拆装货物为止。托盘化有助于使用标准化、机械化的物料搬运设备来搬运各种各样的货物。托盘化还促进成组化装运，提高每工时物料搬运的重量和数量。采用托盘，货物在仓库内可堆码得更稳固、更高，从而提高了仓容利用率。

托盘有各种不同的尺寸。在美国，使用最普遍的是 40×48（英寸）的托盘。这种托盘可以两个并排摆放在标准集装箱内或汽车拖车里。其他较常见的还有 32×40（英寸）、36×42（英寸）、48×48（英寸）等几种。但其他国家不一定使用这些尺寸的托盘。例如，澳大利亚使用的标准托盘是 46×46（英寸）。托盘的规格和构造是由托盘的尺寸、形状、重量、货物的受力情况以及物料搬运设备的处理能力等因素决定的。此外，选择托盘规格时应该考虑企业自身物料搬运系统内部的一致性，还要考虑该规格是否与需处理货物的其他企业或机构（如公共仓库和客户）的物料搬运系统是否一致。考虑到这些要求以后，企业应选择尽可能最大的托盘，以便尽量减少所需的托盘量，减少搬运次数。使用托盘装货还应考虑货物的分布与稳定性。

托盘的使用增加了物料搬运系统的成本项目，因此使用托盘必须以实现成本节约为原则。

2. 集装箱化

集装箱是实现成组化装运、协调物料搬运系统的理想工具。集装箱是一个可储存、运输货物的大容器。集装箱的密封性好，铅封后可以保证安全，无须进行常规存储。集装箱货物可堆放于露天货场，可用标准化物料搬运系统对其进行搬运，并且在不同的运输方式之间很容易进行转换。

集装箱的标准化程度是集装箱能否被广泛使用的关键。由于在国内外存储运输系统中有许多不同的利益集团，所以目前对集装箱规格的标准仍有争议。集装箱成本很高，因此，在集装箱化成为一种常用的物料搬运方法而不仅仅用于国际运输之前，可能需要建立某些成本分担计划或集装箱互换项目。

11.5.2 仓库布局

仓库内存货的位置会直接影响到在仓库内移动的所有货物的总物料搬运费用。我们追求的是物料搬运成本和仓容利用率之间的平衡。对仓库进行内部设计时，特别需要考虑的是仓库内部设计时的存储空间和拣货问题。

1. 存储区设计

如果仓库的周转率低，那么首先要考虑的是仓库存储区的布局。存储的货位可以又宽又深，堆码高度可达天花板或者在货物稳定摆放所允许的范围内。货位间的通道可能会很狭窄。该种形式的布局假定对存储空间的充分利用可以补偿货物运进、运出存储区需要额外花费的时间。

然而，随着存货周转率的提高，该种布局越来越不能令人满意。因此要对此进行某种方式的改良来将物料搬运成本保持在合理水平上。通道趋于变宽，堆码高度也要降低。这些会缩短摆放和提取货物所需的时间。

2. 拣货区设计

由于仓库通常的货流模式是：货物入库时的单位大于出库时的单位，因此，拣货问题就成为仓库布局的主要决定因素。履行订单所花费的时间与收货和存储货物所花费的时间不成比例。最简单的拣货区布局就是利用现有的存储区域（称为区域系统），只是在必要时对堆码高度、相对于出库站台的存货位置、货位的尺寸加以调节以提高效率（见图 11-7a）。如

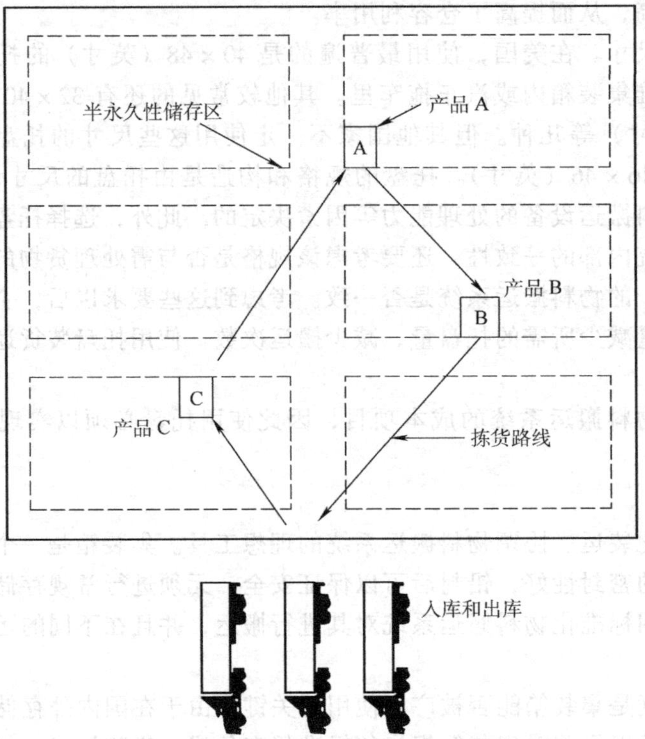

a) 从储存区拣货 — 区域系统

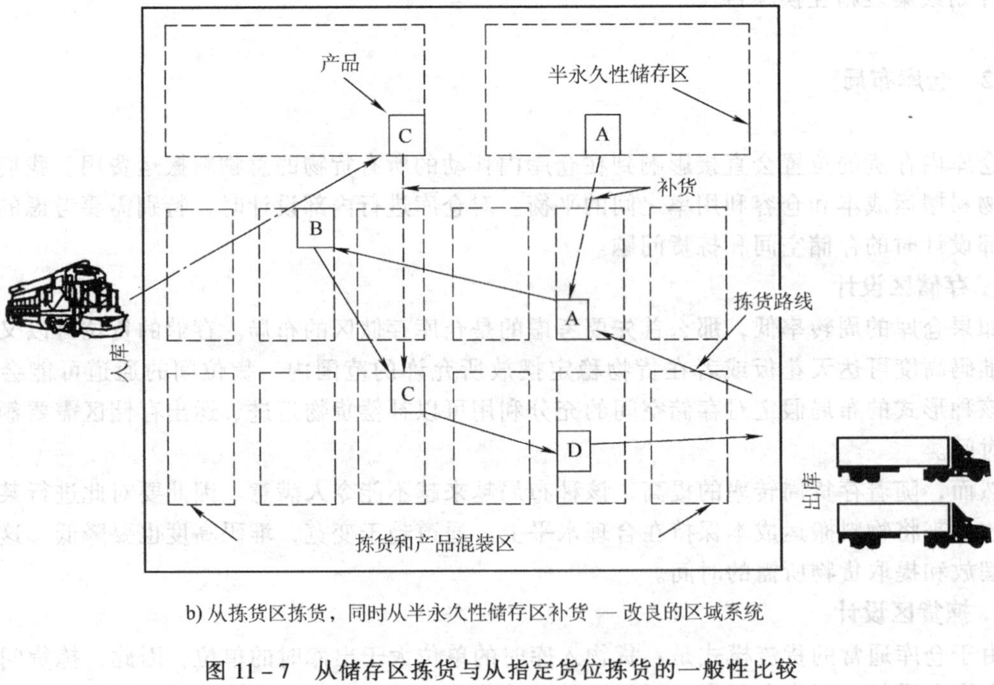

b) 从拣货区拣货，同时从半永久性储存区补货 — 改良的区域系统

图 11-7 从储存区拣货与从指定货位拣货的一般性比较

果仓库货物的周转率高，且订单履行时需要拆装，那么使用存储货位既要满足存储要求，又要满足拣货需要，可能会导致物料搬运成本过高，仓容利用率过低。即，在履行订单的过程中，由于货物在仓库内搬运的距离较长，耗费的时间也就较长；成组化装运的货物被拆散，按顺序堆码和摆放的货物就会减少，由此仓容利用率降低。

另一种布局方案是根据存储货位在仓库里的主要功能来进行设置，称为改良的区域系统。设计中指定仓库的某些区域系统为存储区，围绕存货的需要和充分利用仓容量来设计；指定另一些区域系统为拣货区，围绕拣货需要和尽量减少订单履行中的移动时间来设计（见图 11－7b）。存储（储藏）货位用于半永久性货物的储存。如果拣货区的存货减少，就用存储区的存货来补足。但大件、散装货物除外，这些货物仍然在存储区拣选，所有成组装运的货物都要在拣货区进行拆装。拣货货位要比存储货位小，常常只有两个托盘那么深，或者货架大小仅有储藏区存储货架的一半。拣货区堆码的高度以工人方便可及的高度为限。将拣货区与储藏区分开可使工人履行订单时所需的行走时间、服务时间减少到最少。

选用专业化的拣货工具（如移动货架、传送带、拖缆、扫描仪和其他物料搬运设备）、改进流程设计（如排序、分区、批处理等）可以进一步减少拣货时搬运货物的时间。本章稍后部分将讨论物料搬运设备，因此这里仅提及运作方面需考虑的问题。

顺序处理（Sequencing）是对订单所需货物在仓库内的拣货路线上出现的顺序进行排列。通过避免走回程可以节约拣货时间。该技术既适用于区域系统，也适用于改良的区域系统。然而，排序也会带来不良后果。排序必须按照销售订单本身（通过与客户或销售人员的合作）进行，否则只能在收到订单以后再按照产品的有关资料进行排序。

分区处理（Zoning）是指定某个订单拣货员负责拣选某些种类的货物，而不是走完整个仓库拣取所有的存货。某个拣货人员可能只在某个通道或指定区域拣货，仅仅履行整个订单的一部分。虽然分区法可以实现劳动力充分利用与拣货行走时间最小之间的平衡，但该方法也有缺点。第一，分区法要求根据货物的订货频率、重量、相似程度等类似指标来放置存货，以平衡拣货人员的工作量；第二，销售订单必须再细分，并制成每个分区的拣货清单；第三，货物出库前，必须把订单的不同部分重新集中成完整的订单货物。如果订单履行过程可以一个区接着另一个区进行，就能避免组合订单货物的问题，但拣货的速度就会受其他区拣货进度的制约。

分批处理（Batching）是指一次经过存货货位时，要为多个订单拣货。这种操作方式显然能够降低拣货时的行走时间，但会增加订单和部分订单重新集中装运时的复杂性。批处理也可能会增加某一订单的履行时间，因为订单的完成要视该批货物中其他订单下货物的数量和规模而定。

11.5.3 选择存储设备

存储和物料搬运必须协调考虑。从某种角度上说，存储仅仅是物料流动经过仓库时的暂时停留。存储有利于促进仓容量的充分利用，提高物料搬运的效率。

货架可能是最重要的存储辅助设备。货架是一种放置货物的架子，通常为金属架或木架。如果需要储存的货物品种较多，而且数量较少，那么逐个堆码效率将很低。利用货架能从地面到顶棚进行堆码，且底层货物与顶层货物都可以方便地拿取，但周转量大的货物还是放在货架靠近底层的地方，以减少存取货物的时间。货架还有助于在先进先出这样的库存控制系统中促进存货的周转。

其他可选用的存储辅助设施包括货架箱、水平和垂直的衬板、储藏箱、U型架等。所有这些设备都有助于有序地存放和搬运不规则形状的货物。

11.5.4 选择搬运设备

目前，仓库中可用于装卸、拣货及搬运的机械化设备有很多种类。搬运设备因专业化程度和所需手工作业程度不同而差异很大。总的来讲，搬运设备可以分为三大类：手工搬运设备、动力辅助设备及全机械化设备。物料搬运系统中，一般是几种设备同时结合使用，很少单独使用某一种设备。

1. 手工搬运设备

手工操作的物料搬运设备（如两轮手推车、四轮平板车）在货物搬运中能利用其机械优势，且只需要很少的投资。大多数这类设备适用于多种货物，多种场合。但其中有些设备则有特殊用途，如地毯、家具和管道的搬运设备。

一般来说，如果仓库里的产品种类经常变化，货流量不大，因而不必投资机械化程度更高的设备时，手工搬运设备的灵活性与低成本使之不啻为良好的选择。然而，人工搬运设备的使用多少要受操作人员的推举力量的限制。

2. 动力辅助设备

使用动力辅助物料搬运设备可以提高物料搬运速度，增加每工时搬运量。这类设备包括吊车、工业叉车、升降机和起重机。然而，工业企业用的最多的当属叉车及其各种变体。

通常，叉车仅是物料搬运系统的一部分，与托盘化装运和托盘架联合使用。助动设备能增加货物堆码高度（超过12英尺），能搬运大件货物。最常见的叉车升降能力在3 000磅左右。在改良区域系统的仓库布局中对叉车、托盘和货架的使用如图11－8所示。

托盘－叉车物料搬运系统有很高的灵活性。托盘使各种货物可以用标准的搬运设备进行搬运。整个系统可以使用多年，也不容易因存储要求改变而需要昂贵的改造费用。此外，该系统还因其低投入而广受欢迎。

3. 全自动化设备

随着计算机控制的搬运设备、条形码、扫描技术的发展，已经出现一些接近完全自动化的物料搬运系统。此类系统被称为自动存取系统（Automated Storage and Retrieval System）或简称为AS/RS。全自动化的设备体现了所有现有物料搬运技术的最广泛的应用。（见资料11.4）

资料11.4 应用

在邮票交易的高峰期，位于伊利诺依州希尔斯代尔的大型S&H格林邮票分拨中心为150多个邮票交付中心提供服务，其储存的2 000种邮票来自700个供应商。该中心一轮作业约耗时7个半小时，能处理16 000箱以上的邮票。中心利用计算机控制的传送带系统从拣货区搬运货物，对订单货物在传送系统中的流动进行控制，同时控制订单货物在站台的码放。

罗尔公司（Rohr Corporation）的搬运系统接近于全自动的存取系统，负责搬运90 000件飞机零部件。除了系统的发货和收货区、以及文件和验货的审核区以外，入库的货物经传送带送至存储区的货架，由全自动升降机装进货架，取货过程则刚好相反。图11－9即是对该系统的图解。

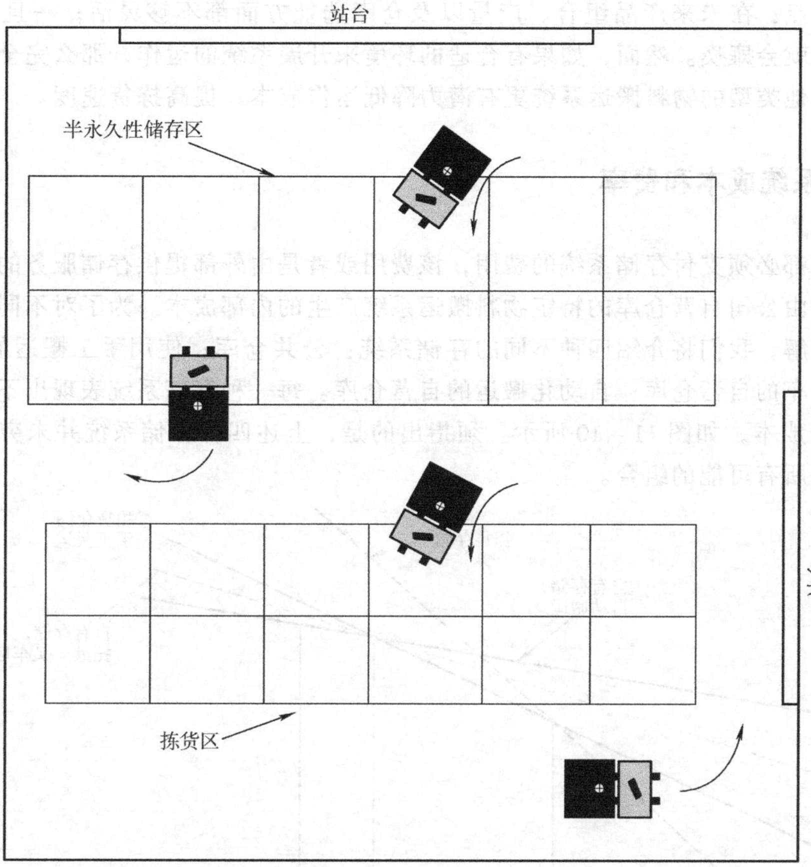

图 11－8　改良区域仓库布局中的托盘－货架－叉车物料搬运系统

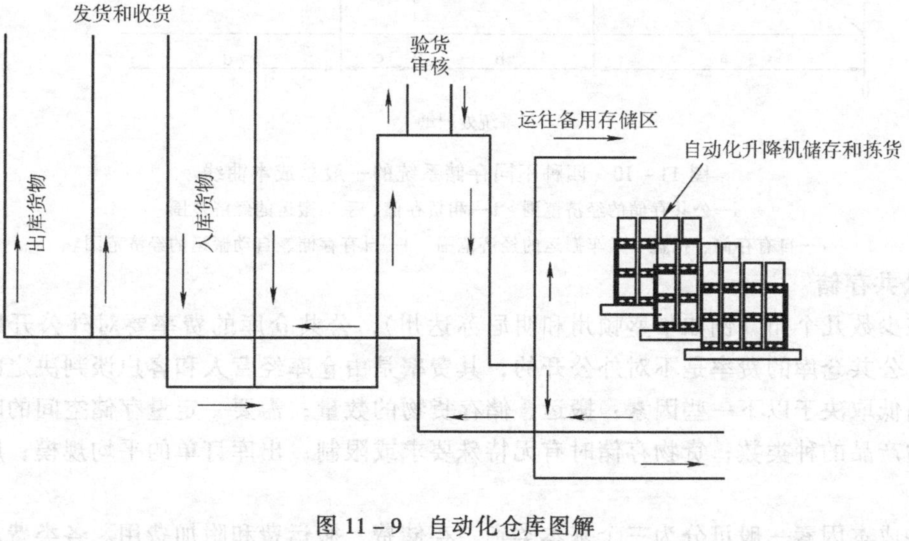

图 11－9　自动化仓库图解

高科技物料搬运设备的传说令人遐想连篇，但对大多数仓库来讲，AS/RS 并非是很好的选择。除非仓库有大量的、稳定的货流量，否则该系统所需的巨额投资难以收回。此外，该系统有如下缺点：在未来产品组合、产量以及仓库选址方面都不够灵活；一旦机器发生故障，整个系统就会瘫痪。然而，如果有合适的环境来开展系统的运作，那么完全机械化的仓库将比任何其他类型的物料搬运系统更有潜力降低运作成本、提高拣货速度。

11.6 存储系统成本和费率

任何公司都必须支付存储系统的费用，该费用或者是由外部提供存储服务的企业按费率收取，或者是由公司自营仓库的特定物料搬运系统产生的内部成本。为了对不同存储系统的成本有总体了解，我们将介绍四种不同的存储系统：公共仓库；使用手工搬运的租赁仓库；使用托盘－叉车的自营仓库；自动化搬运的自营仓库。每一种存储系统表现出不同水平的固定成本和可变成本，如图 11－10 所示。须指出的是，上述四种存储系统并未穷尽仓库与物料搬运方法中所有可能的组合。

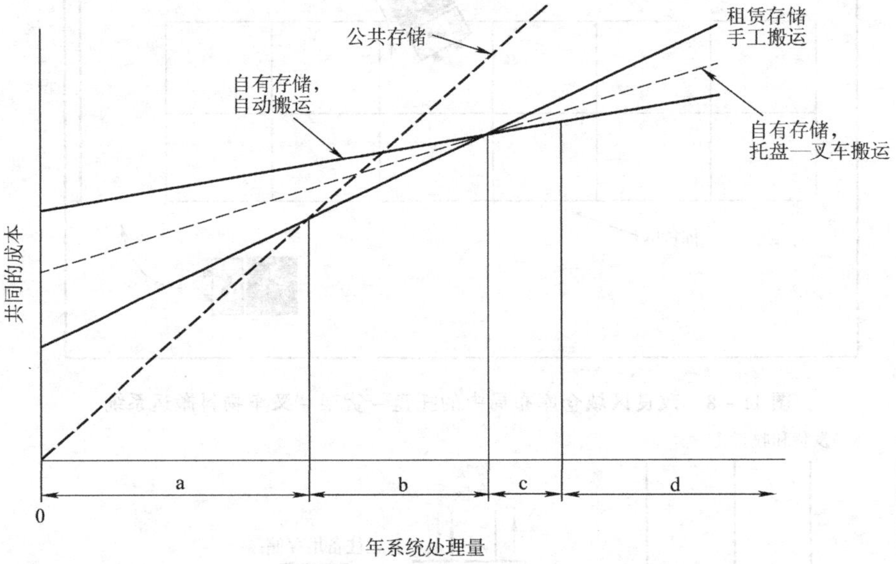

图 11－10 四种不同存储系统的一般总成本曲线

a—公共存储的经济范围 b—租赁存储、手工搬运的经济范围

c—自有存储、托盘－叉车搬运的经济范围 d—自有存储、自动搬运的经济范围

1. 公共存储

除在少数几个州（例如华盛顿州和明尼苏达州），公共仓库的费率要对外公开以外，在其他州，公共仓库的费率是不对外公开的，其费率是由仓库经营人和客户谈判决定的。谈判费率的高低取决于以下一些因素：搬运、储存货物的数量；需要一定量存储空间的时期；产品组合中产品的种类数；货物存储时有无特殊要求或限制；出库订单的平均规模；所需文件工作量。

这些成本因素一般可分为三个基本类别：存储费、搬运费和附加费用。各类费用都表现出自己的特征，且通常按不同费率分别计收。特别是存储费率经常按每月每担为单位来计收，按月计收反映了存储的时间跨度。而与之相反，搬运费率通常按每担为单位计收，因为货物的搬运次数是衡量搬运成本的重要尺度。办公成本直接向客户收取，例如提单制作的成本就以每份提单为单位计收。

公共仓库经营人可能还会采用其他一些方法计收存储费用：

（1）按次收费，对每次入库/出库收取搬运费用。

（2）按商品实际占用的存储空间计收费用，经常按平方英尺或立方英尺计算。

（3）按仓库租赁协议，及仓库人员提供搬运服务的合同计收费用。

除第三种情况外，客户都是按月支付费用，除非另有其他约定。

对于客户来说，公共仓库是一个所有成本都可变的存储系统。如果企业业务量大且稳定，那么使用公共仓库可能比自营仓库的费用更高。此时客户仍然选择公共仓库可能是因为其比较灵活，服务水平不断改进。

2. 租赁仓库，手工搬运

另一种类型的存储系统是将租赁仓库与手工物料搬运设备结合在一起。与公共存储相比，租赁存储虽然是一种长期的租赁协议，但存储费用按期发生，因此租赁仓库可作为一定仓库产出的可变成本。手工搬运设备需要的投资不高，而如果由公司自身拥有设备，就需要在一定时期内分期偿付。人工成本在该种存储系统总成本中占较大比重，构成整个存储系统成本曲线中十分重要的可变成本部分（见图 11－10）。

3. 自营存储，托盘－叉车搬运

企业常常选择自营存储，而不是公共存储。假设搬运设备既不对外长期租赁也不短期出租，则该系统内的所有成本都是公司的内部成本。由于公司既拥有仓库又拥有搬运设备，因此在公司的总成本曲线中出现大量的固定成本，如图 11－10 所示。在自营仓库的运作中，由于物料搬运设备机械化程度很高，经营自有仓库的直接成本很低，所以意味着可变成本很低。但与前述几种存储系统相比，只有当货流量很大时，该存储系统才是经济可行的。

自营仓库和租赁仓库的产出模式对评估存储系统的成本起着重要作用。仓库使用中的季节性变化会引起仓库利用率过高或过低。在利用率较低的时期，由于有闲置的存储空间、富余的劳动力具有不可分性，所以导致可变成本很高。相反，有限存储空间的饱和也会导致可变成本很高，因为物料搬运效率很低，存储货物的破损增多（自营仓库典型的单位成本曲线可见图 11－11）。

因此，与该方案相关的成本水平取决于仓库利用的程度和由仓库吞吐量波动带来的不经济的程度。

4. 自营存储，全自动搬运设备

就成本而言，自营仓库、全自动化搬运设备的存储系统是所提到的其他几种方案的一种特例。该系统在仓库和自动搬运设备（如计算机控制的传送带和吊车）上都需要很高的固定投资，但系统对人力、光、热等条件几乎没有要求，所以可变成本很低。如图 11－10 所示，如果仓库的吞吐量很大，使用全自动搬运设备的自营仓库可能使单位产出的成本最低。

除了将一种存储系统与其他存储系统进行简单对比外，为了进一步分析和控制，有必要将整个存储系统成本细分成三个基本组成部分：存储成本、搬运成本和人员成本。对公共仓库来说，这些成本是仓库制订费率的依据。就自营仓库来说，该分类对控制各种费用、提供现成的标准与公共存储进行比较有相当的价值。分摊仓库运作中发生的各种成本需要作出很多判断。表 11－2 就是某种分摊方法的举例。一旦总存储成本、搬运成本和人员成本被确定下来，就可用每担、每平方英尺或其他任何有用的度量衡来表示这些成本。

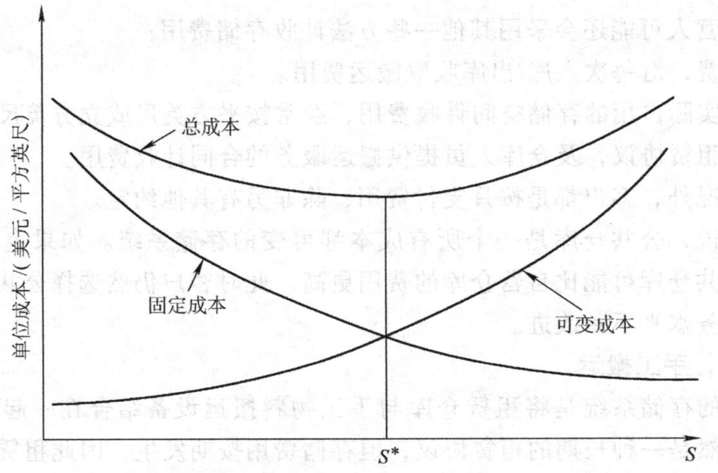

① 存储空间占总仓容量70%～85%时的总成本最低点S^*

图11－11 自营存储系统中使用自动搬运设备时，典型的单位成本曲线

表11－2 将一系列存储费用分摊到存储系统的基本成本类别中（单位：美元）

帐户编号	帐户名称	总成本	储存	搬运	人员	G&A②
1	租金	16 281	13 980	1 345	506	450
2	税金－工资①	2 390①	63①	1 187①	810①	330①
3	税金－高速公路	10		7	3	
4	税金－房地产	2 259	1 852	313	94	
5	税金－特许经营	1 775	275			500①
6	维修费－建筑物	225	25	200		
7	维修费－电梯	50	50	115		
8	维修费－工具和设备	185	70	115		
9	维修费－家具	60			50	10
10	维修费－空调	1 500	1 400	50	50	
11	公用事业费	950	380	190	380	
12	保险－责任险①	222①	4①	75①	101①	42①
13	保险－赔偿①	691①	35①	652①	3①	1①
14	保险－其他	80	25	26	29	
15	保险－社团	847①	24①	434①	262①	127①
16	人工①	34 170①	1 200①	23 550①	9 420①	
17	薪金	6 500				6 500
18	应付款和认购款	150				150
19	机动设备	500				500
20	滞期费	110	110			
21	捐赠	25				25
22	法律和会计事务	100				100
23	灭失和毁损	700	10	690		
24	杂费	573	33	4		536
25	包装材料	295		295		
26	邮资	175		25		150
27	坏帐	210				210
28	文具－办公用品	350			350	

（续）

29	电话	1 125				1 125
30	分包	500	500			
31	设备租金	175		175		
32	差旅费	800				800
33	设备交换		200	(200)		
34	汽油和润滑油	400		300	100	
35	分期付款 - 组织费用	500				500
36	洗理费	30		30		
37	折旧费	4 857	507	4 209	141	
38	垃圾费	500		500		
39	小计	79 270	20 743	33 972	12 499	12 056
40	按比例分配 G&A②		3 721	6 093	2 242	(12 056)
	总费用	79 270	24 464	40 065	14 741	

① 指人工及与人工相关的费用。

② 一般管理费用。

11.7 虚拟存储（Virtual Warehousing）

虚拟存储是虚拟库存概念的一个扩展。但是，虚拟库存是通过一家公司的物流系统中不同的库存点来满足客户需求，而虚拟存储是指销售的产品不是存储在一家公司的仓库里。虚拟存储系统中，有些产品不经过公司的存储直接从供应商的库存地点运往客户，一些缺货的产品也可以采取这种处理方式。比如像亚马逊这样的公司，会在自己的仓库里储存销量大的书籍，但不储存那些销量很小或少有的书籍。这些销量小的书籍的储存外包给第三方或者直接从供应商向客户送货。这样做可以降低物流系统基础设施的投资，同时保持较高的服务水平。

虚拟存储的基本思想是不储存所有销售的产品。客户订单可以按如下程序处理：比如，一个订单有 7 种产品。公司的订单管理系统（OMS）识别出两种产品是公司仓库中储存的，于是向公司的仓库管理系统（WMS）发出请求，要求从公司自有且自管的仓库拣货、打包、送货。其他产品的发货请求则发给持有这些产品实物的供应商。各供应商的订单管理系统再把需求信息传给各自的仓库管理系统。

有效地运用虚拟存储概念的关键是与供应商分享关键信息。销售商与供应商分享的信息包括，哪些产品在运输途中，哪些产品在仓库，订单上有哪些产品。相应地，供应商也与销售商分享生产计划和库存状况的信息。这种产品现货供应比率的即时可视性一般通过网络通信实现，有助于顺应快速客户反应潮流，使库存和仓库的投资最小。（见资料 11.5）

资料 11.5 例子

大地之端公司（Land's End）拥有运作良好的仓库系统，但这个按目录销售的零售商也需要一些供应商直接给自己的客户发货。大地之端还是一家互联网零售商，它使用一个需求管理程序定期向供应商分配所预测的需求。供应商与大地之端公司分享其生产流程的信息，相应地向客户提供产品现货供应日期的信息。大地之端公司将这个库存管理程序称为网络定位管理。

11.8 小结

本章对供应链网络中的存储和搬运系统作了简要概述。本章的讨论涉及现有系统的种类；各自的服务功能；及其优点。同时还讨论了存储、搬运系统可选择的方案及相关成本。这就是存储和搬运系统的运作环境。物流决策就是从中吸收信息以采取合理的行动措施。

问答题

1. 为什么物流管理人员认为与其说使用存储系统是出于一种需要，还不如说是出于经济上的便利？
2. 为什么说存储系统是一个微观的物流系统问题？比较存储系统与图 2-4 中的物流系统网络。
3. 参照以下各项比较自营仓库和租赁仓库：
   a. 存储成本
   b. 管理控制的程度
   c. 各自所能提供的服务
   d. 满足未来不确定性的灵活性

   一般在什么情况下，选择自营存储比选择公共存储好？
4. 怎样理解在途存储是常规存储的另一种形式？
5. 和更传统的成组化装运形式相比，集装箱化的优点是什么？为什么集装箱化没有被更为广泛地应用？
6. 在下列情况下，应选择区域系统布局，还是改良的区域系统布局，为什么？
   a. 食品分拨中心
   b. 家具仓库
   c. 大型家电的存储
   d. 钢铁公司的产品仓库
   e. 药品和杂货分拨中心
7. 解释并定义下列名词：
   a. 库存现货
   b. 可转让的仓库收据
   c. 溢短装和货损报告
   d. 集装箱化
   e. 成组化
   f. 保税仓库
   g. 基层存储
   h. 托盘化
   i. 自动存取系统
   j. 拣货

k. 在途存储

l. 拆装

m. 分区处理

8. 如何理解存储对商品时间价值的作用？请解释。

9. 物料搬运系统如何才能克服存储规模、结构及其形状方面的不利条件？

10. 解释物流管理人员一般应了解存储和物料搬运系统中的哪些情况？

11. 什么是虚拟存储？什么时候可以使用虚拟存储？如何保证其运作良好？

第十二章　存储与搬运决策

“尽善尽美不可能达到，但如果追求尽善尽美，我们可以获得卓越。”

——文斯·伦巴蒂

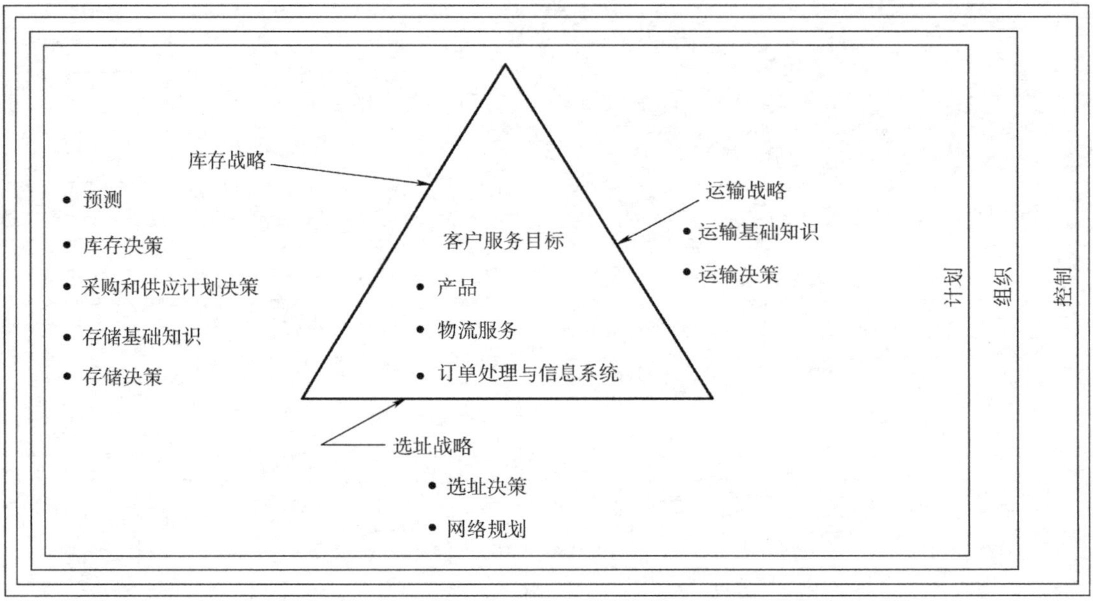

企业的物流人员经常要参与到企业主要运输—存储活动的辅助性活动中去。存储和物料搬运就属于这种辅助性活动。这些活动会影响分销渠道中客户订单的处理时间，或者供应渠道中产品供应所需的时间，因而十分重要。这些活动属于成本耗费型活动，很值得进行细致认真的管理。

尽管储存和搬运在整个物流系统中所起的作用并不相同，本章将集中讨论仓库里的各种活动。存储活动表现为不同物流系统中所包括的各种各样的存储和搬运决策。

本书前几章就已经证实了存储活动的重要性。如表 1－3 所示，不考虑库存持有成本，储存和物料搬运活动约占整个物流成本的 1/4。其中，人工费用约占 1/2；空间费用约占 1/4；其余的为能源、设备、材料和其他费用。如果忽视对存储活动的有效管理，会导致多方面的效率低下，抵消运输、库存保有和信息流动等关键活动的高效管理所带来的收益。许多储存和搬运属重复性活动，因此，细致的管理能带来长期大量的成本节约和客户服务的改善。

我们需要考虑物流网络中节点设计与运作的规划问题。节点通常以仓库为代表，但也可以是其他各种形式的库存堆放点，如堆放在户外、地下或部分保护性遮蔽物之内等。由于存储是一种复杂而又应用广泛的储存形式，因而我们将重点讨论仓库的设计和运作，而仅仅简单地提及其他的储存和搬运方法。

具体地说，本章讨论了设施设计的规划，包括设施规模、融资类型、结构、空间布局、站台设计、物料搬运系统选择和存货布局。第十一章对存储和搬运活动作了一个概括性的介绍，本章将继续讨论一些相关的决策问题。

12.1　选址

在详细讨论仓库设计与运作决策之前，我们必须先解决仓库的选址问题。本书的第十三章提出了一些数学模型，对某一地区、都市区域或城镇内的仓库最终位置作了粗略的估算，须在一定的区域内选出具体的地址。选址是选定将要建立设施的某一块房地产，选址方法不仅仅是一个严格定义的程序，更是一种艺术，常常要对许多有形的或无形的因素进行衡量。从《运输与分拨》杂志的读者调查来看，就分拨中心而言，被调查者选出的最重要的选址影响因素因其所在的行业（制造业、零售业还是配送业）而异[1]。各因素及其排名如表 12-1 所示。

表 12-1　不同行业分拨中心选址的考虑因素

考虑因素	全部	制造业	零售业	分拨业
运输通道	1	1	2	1
外向运输	2	2	3	5
与客户的距离	3	3	6	6
劳动力可得性	4	5	1	3
劳动力成本	5	6	7	4
内向运输	6	4	4	2
工会环境	7	7	5	9
税收	8	8	10	7
国家优惠政策/法律	9	10	—	—
土地成本	10	—	8	8
公用事业费	—	—	9	10
适时管理要求	—	9	—	—

资料来源：Les B. Artman and David A. Clancy, Transportation & Distribution 31, no.6（June 1990）：19.

当然，如果仓库已经存在，如公共仓库或租赁设施，选址常常受制于可利用的设施。在公共仓库中进行选择时，主要考虑的是费率和所提供的服务。另一方面，选择租赁设施则涉及到刚才提到的许多因素，而所租赁建筑物的物理特征则是仓库运作的制约因素。

自有仓库的规划是各种可选择的存储方案中最具有设计灵活性的。因此，以下我们将主要针对私营仓库的设计和运作规划进行讨论。

12.2　设计与运作规划

为了实现产品的高效临时储存和设施内产品的高效流动，就需要在新建设施时进行设施设计规划这种长期决策。这种决策通常需要相当大的投资，从而使公司能够着眼于较长远的设计。细致的设计规划意味着一个仓库可以高效运作多年。

[1] Les B. Artman and David A. Clancey, Transportation & Distribution 31, no.6（June 1990）：17-20.

12.2.1 确定设施规模

确定存储设施的规模可能是设施设计决策中最重要的部分。仓库的规模一旦确定，它就会在未来的20年或更长的时期内成为仓库运作的约束条件。虽然设施的内部布局改变起来相对较容易，但要改变仓库的整体规模就不太可能了。尽管将来设施可以进行扩展或将闲置空间出租给其他使用者，但这样的空间质量可能并不是很理想。一般说来，对仓库规模的规划不力要么导致仓库的物料搬运费用过高（当仓库容量小于实际需要时），要么导致物流系统中不必要的空间费用（当仓库容量大于实际需要时）。

具体说来，什么是规模？简单地说，规模是指仓库建筑的总容积——长、宽和高。确定所需要的建筑物容积是一项十分复杂的工作，受到许多决策因素的影响，譬如，所用物料搬运系统的类型、对巷道的要求、存货布局排列、对站台的要求、当地建筑规章、办公区域和货物吞吐量（当前和未来的吞吐量）等都会影响仓库规模的最终确定。规模的起点是容纳仓库中各期存货所需要的最小空间，其他因素对仓库规模的影响则表现为，在这个库存决定的基础规模之上再增加容量。

我们来看看两种不同条件下，由库存决定的仓库规模。第一种是在合理的时期内空间需求没有显著变化，空间需求趋势不可预测的情况。然而，随着年度内库存货物的售出及补货的变动，短期内，空间需求会发生季节性变动。第二种是预期平均库存水平在数年内将有所变化的情况下，确定仓库规模的问题。这是一个动态的规模确定问题，要找出规划期内各年的最优仓库规模。

在进行详细规模确定分析前，公司应当已选定了大体的地址，当然不一定已经选定了具体的地点。在选址分析中，有必要划分仓库的销售市场边界。市场边界划分是预测仓库所面对产品产量（需求）的基础。根据产品产量和仓库库存周转率，可以估计出库存数量。根据库存需求可以对仓库的规模进行粗略的估算，在这些初步信息的基础上可展开进一步的分析。

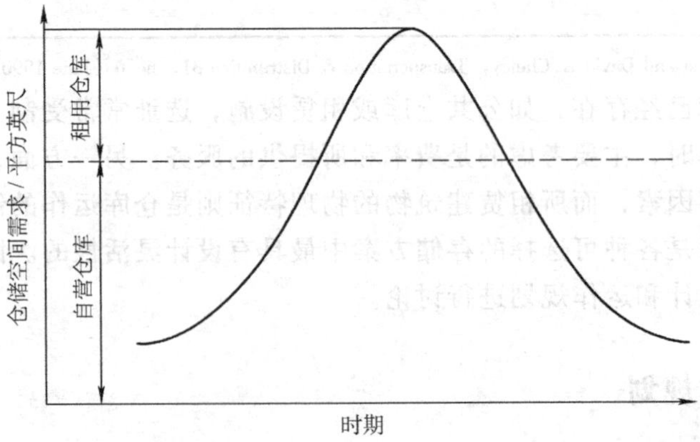

图12-1 为满足多种库容需求而实行的租借和自营库容的混合策略

1. 无趋势规模确定问题

存储有两种基本选择。一种是从公共仓库或允许分包的合同仓库租借库容空间。第二种是经营自有的或租赁的库容空间。当然，假设一定时期内库容需求的波动很小，公司可能只根据费用高低采用一种存储类型。然而，如果库容需求的波动较大，则采用混合策略可能会更好。如按公司的高峰期库容需求来确定自营仓库的规模，那么在年度内可能会有一部分时间出现相当大的库容利用率不足。更好的策略是，不考虑库容需求以实现较高的库容利用率，并在短期内租借仓库空间以满足高峰期空间需求。该策略如图 12－1 所示。寻找最优的混合战略，就是尝试各种自营库容的规模并确定满足全年库容需求的相关总成本。自营库容的成本特征是固定成本与可变成本的综合，而租借库容的成本特征从本质上说都是可变成本。因此，当自营库容的规模扩大时，那么综合成本起初会下降，直至某一点，固定成本不断上升，库容利用越来越低，从而导致总成本上升。我们称该点为成本最低点。(见资料 12.1)

资料 12.1　例子

道格拉斯比耶尔（Douglas－Biehl）是一家小型化学公司，计划在美国西海岸建造一个仓库。该仓库的平均需求预测如下：

月份	需求（磅）	月份	需求（磅）
1	66 500	7	1 303 000
2	328 000	8	460 900
3	1 048 500	9	99 900
4	2 141 000	10	15 300
5	2 820 000	11	302 200
6	2 395 000	12	556 700
		总计	11 537 000

该仓库的库存周转次数[1] 将保持为 3 次/月或 36 次/年。总库容中 50% 为巷道，为了应对未来可能发生的库容需求变化，仅有 70% 的库容被利用。一组普通化学产品平均每磅占用 0.5 立方英尺的库容，在货架上可堆码 16 英尺高。

该仓库连同设备在内的造价为 30 美元/平方英尺，折旧期限为 20 年，运营成本为每磅 0.05 美元。总库容的年固定成本为 3 美元/平方英尺。租借库容的租金为每月 0.1 美元/磅，入库－出库搬运费用为 0.07 美元/磅。那么应建造多大规模的仓库呢？

首先我们需要编制一张库容需求表来显示全年库容需求的英尺数。从已知的库存周转率可知，每月经仓库流转的每 3 磅产品中就有 1 磅成为存货。每储存 1 磅货物需要占用 0.5/16 平方英尺的空间。由于巷道占用空间，所以库容需求会翻一番（1/0.50），然后再乘以库容利用率（1/0.70），这样，就可得出用平方英尺表示的空间需求：

$$
\begin{aligned}
\text{库容(平方英尺)} &= \text{每月需求(磅)} \times (1/3)(0.5/16)(1/0.50)(1/0.70) \\
&= \text{每月需求(磅)} \times 0.03
\end{aligned}
$$

我们可编制库容需求表，如表 12－2 所示。

表 12－2　道格拉斯－比耶尔公司西海岸仓库的库容需求预测表

月份	仓库需求（磅）	存储空间需求（平方英尺）	月份	仓库需求（磅）	存储空间需求（平方英尺）
1	66 500	1 979	7	1 303 000	38 780
2	328 000	9 762	8	460 900	13 717
3	1 048 500	31 205	9	99 900	2 973
4	2 141 000	63 720	10	15 300	455
5	2 820 000	83 929	11	302 200	8 994
6	2 395 000	71 280	12	556 700	16 568
			总计	11 537 000	343 362

[1] 每月销售量除以平均库存。

接下来选择仓库规模进行测算，来看60 000平方英尺的仓库规模。一个60 000平方英尺的仓库造价为30美元/平方英尺×60 000平方英尺＝1 800 000美元，在20年的折旧期限内摊销，年固定成本为90 000美元。据此，我们可编制出该仓库规模方案的运营成本表，如表12－3所列。按此方法对各种仓库规模进行计算，我们可根据所得到的数据绘制年度总成本曲线，如图12－2所示。其中，最经济的仓库规模是60 000平方英尺。据此可预测，4月到6月期间需要租借库容，5月是需求的高峰期，需要租借足以容纳[(2 820 000×0.29)/3]磅＝272 000磅化学品的库容空间。

表12－3 混合仓库空间策略的成本计算表—使用6万平方英尺自营仓库

月份	仓库吞吐量/磅	存储空间需求/平方英尺	自营份额	每月固定成本/美元	每月可变成本/美元	租用份额（%）	每月存储成本/美元	每月搬运成本/美元	每月成本/美元
1	66 500	1 979	100%	22 500①	3 325②	0	0	0	25 825
2	328 000	9 762	100	22 500	16 400	0	0	0	38 900
3	1 048 500	31 205	100	22 500	52 425	0	0	0	74 925
4	2 141 000	63 720	94③	22 500	100 627④	6	4 282⑤	8 992⑥	136 401
5	2 820 000	83 929	71	22 500	100 110	29	27 260	57 246	207 116
6	2 395 000	71 280	84	22 500	100 590	16	12 773	26 824	162 687
7	1 303 000	38 780	100	22 500	65 150	0	0	0	87 650
8	460 900	13 717	100	22 500	23 045	0	0	0	45 545
9	99 900	2 973	100	22 500	4 995	0	0	0	27 495
10	15 300	455	100	22 500	765	0	0	0	23 265
11	302 200	8 994	100	22 500	15 110	0	0	0	37 610
12	556 700	16 568	100	22 500	27 835	0	0	0	50 335
总计	11 537 000	343 362		270 000	510 377		44 315	93.062	917 754

① [90 000＋(3×60 000)]美元/12＝22 500美元。

② 66 500×0.05美元＝3 325美元。

③ 60 000/63 720＝0.94。

④ 2 141 000×0.94×0.05美元＝100 627美元。

⑤ 设月库存周转次数为3，6%的需求通过租用仓库来满足，那么[(2 141 000×0.06)/3]×0.1美元＝4 282美元。

⑥ 2 141 000×0.06×0.07美元＝8 992美元。

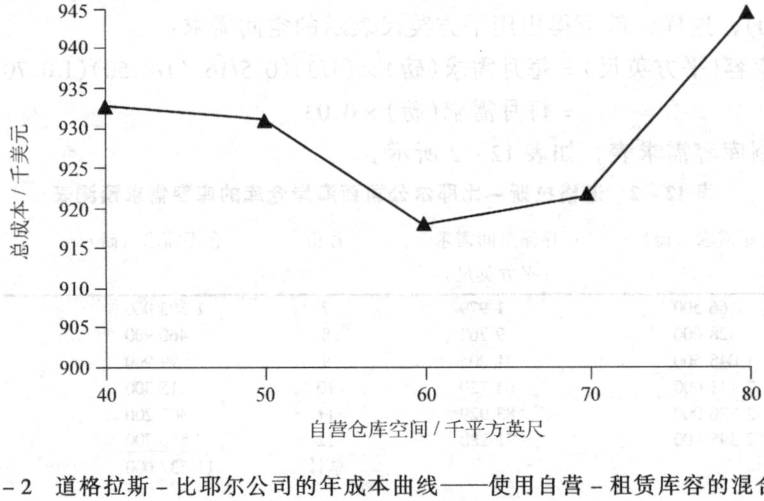

图12－2 道格拉斯－比耶尔公司的年成本曲线——使用自营－租赁库容的混合策略

2. 有趋势规模确定

确定仓库规模是一个长期的、战略性的规划问题。如果库容需求随时间变化的趋势不稳定，如我们在无趋势规模分析中假设的那样，那么我们在分析中就要考虑各因素引起的库容需求基本变化。这样，确定规模的问题就成了一个动态问题，我们就必须考虑一些额外的问题，包括，仓库的规模何时会发生变化，变化多少。确定任何时点的最优仓库规模都需要对某一仓库规模所能带来的收益与改变仓库规模的成本之间进行权衡。这个确定仓库规模的方法与第十三章提出的动态选址问题的方法非常相似。

3. 对规模确定方法的评述

尽管确定仓库规模的方法在很大程度上类似于试错法，仍具有下述主要优点：

(1) 该方法在讨论确定最优仓库规模的问题时，特别注意采用了自有－租借相结合的方式，而不是采用所有库容自营或租借的方式。

(2) 考虑了由于供需季节性波动以及预测不确定性而导致的库容需求的变化。

(3) 对公共库容空间需求的时间选择和范围进行了定义，并能够对该时间选择和范围进行规划。

(4) 对现期自营库容需求的时间选择和范围进行了定义，从而为规划库容变化和/或建造准备了提前期。

这种方法也有其局限性，主要表现在以下方面：

(1) 将库存水平作为库容需求的首要决定因素。对巷道、站台、发货区、拣货区的空间需求只是进行了估算，并将其并入既定规模仓库的成本而没有区别对待。因此，所提出的仓库规模仅仅是最终建造仓库规模的估计数。

(2) 任何动态的模型都需要长期的预测。在库容需求发生变化时，必须对由于预测不准确而导致的规划误差与改变仓库规模两者进行权衡比较。

(3) 对于所考察的仓库规模方案，是以主观判断为基础进行选择。这样，在分析的过程中，有些规模组合可能涉及不到。然而，在分析中再考察其他的规模方案也不会有很大的起色。

12.2.2　库容类型选择的财务分析

尽管库容需求的季节性变化在确定所运用的库容类型时起着重要作用，我们同样应该认识到，即使库容需求的季节性变化不大，依然需要在租借、租赁和自有库容三种方式中作选择，这一选择过程通常是以财务比较为基础的。由于决策所跨越的时期很长，也许是20年，因此，资金的时间价值在选择过程中具有举足轻重的作用。也即，我们需要根据以下公式对货币的净现值进行比较。

$$PV = 租赁费用 \times \frac{(1+i)^n - 1}{i(1+i)^n} \tag{12-1}$$

式中　PV——0期的净现值；

i——折扣率或基础利率，是该投资的预期年收益。

若 PV 为正，则投资可行，而 PV 为负，则投资不可行。换一种方法，可以求 PV 为 0 时的贴现率，被称为内含报酬率（*IRR*），然后将投资的内含报酬率与基础利率进行比较，若内含报酬率大于基础利率，则投资可行。

净现值公式（式 12-1）是总括性的公式，可以将其进行各种公式变换并广泛应用于各种财务问题中。此处只举一例。（见资料 12.2）

资料 12.2 应用[1]

一家公司的存储设施已延伸到美国大西洋沿岸的中部地带。目前，该公司在该地区经营着两个自有仓库并使用着约 15 万平方英尺的外部公共仓库空间。公司最迫切需要解决的问题是现在仍由公共仓库处理的溢出存货。预计溢出存货对库容的需求在今后几年内会大幅增长。

估计该公司大约需要 21 万平方英尺的库容。现有以下可选方案：1）使用公共仓库或 2）以每年 2.75 美元/平方英尺的费率租赁 21 万平方英尺的库容，租赁期为 5 年，第 5 年末可选择更新租约。公司要缴纳的联邦税年税率为 39%。

在这种规模的库容需求下，使用公共仓库的年费用预计为：

搬运费用	760 723 美元
储存费用	413 231 美元
年度总费用	1 173 954 美元

租赁仓库的费用包括几类：

（1）年度经营费用估计为 309 914 美元。

（2）年租赁费为 577 500 美元。按照财务分析师的理论，应将租赁资本化，即将租赁视为一项负债或固定资产。

公司的税后资本成本为 10%，基础利率为 10%，10 年的等值租赁费的现值为 3 548 500 美元，即

$$PV = 租赁费 \times \frac{(1+i)^n - 1}{i(1+i)^n}$$

$$= 577\ 500 \times \frac{(1+0.10)^{10} - 1}{0.10(1+0.10)^{10}} 美元$$

$$= (577\ 500 \times 6.144\ 6) 美元$$

$$= 3\ 548\ 500 美元$$

（3）租赁设施的其他固定资产和一次性费用：

搬运设备	170 800 美元
计算机系统	26 740 美元
货架	252 000美元
小计	449 540 美元
启动成本	10 500美元
初始现金总支出	460 040 美元

[1] 根据 Thomas W. Speh and James A. Blomquist, The Financial Evaluation of Warehousing Options: An Examination and Appraisal of Contemporary Practices (Oxford, Ohio; The Warehousing Research Center, an affiliate of the Warehousing Education and Research Council, 1988), 26-28 中的例子。

（4）因为预期所有设备的使用年限为10年，且期末没有残值。因而该租赁项目没有残值。

公共仓库和租赁仓库的年现金流量差异为1 173 954 - 309 914 = 864 040美元，末尾的一项称为使式（12 - 1）成立的节余项（即 - C_j）。由于税收的缘故，需要考虑资产的折旧。460 040美元初始支出的折旧时间表为：

年　份	折旧额（美元）	年　份	折旧额（美元）
1	136 000	6	25 000
2	109 000	7	21 000
3	71 000	8	3 000
4	50 000	9	0
5	45 000	10	0

要确定税后现金流量，应考虑第一年税收的影响：

节余	864 040美元
折旧	- 136 000美元
税前净利润	728 040美元
联邦税收（39%）	- 238 936美元
税后净利润	444 104美元
折旧	+ 136 000美元
税后现金流量	580 104美元

按照相同的方法可计算出每一年的现金流量（见表12 - 4）。

表12 - 4　公共仓库与租赁仓库方案10年的现金流量比较　　（单位：美元）

年　份	节余租赁仓库与公用仓库	税前净现金流量	折旧计划	节余减折旧	税收（39%）	节余减折旧和税金	节余减税金	税后净现金流量
0	0	4 009①	0					(4 009)
1	864	864	136	728	284	444	580②	580
2	864	864	109	755	294	461	570	570
3	864	864	71	793	309	484	555	555
4	864	864	50	814	317	497	547	547
5	864	864	45	819	319	500	545	545
6	864	864	25	839	327	512	537	537
7	864	864	21	843	329	514	535	535
8	864	864	3	861	336	525	528	528
9	864	864	0	864	337	527	527	527
10	864	864	0	864	337	527	527	527
总计	8 640	4 631	460	8 180	3 189	4 991	4 451	1 442

① 租赁资金加初始支出，即（3 548 500 + 460 040）美元 = 4 008 540美元。

② 加回折旧，即（444 + 136）美元 = 580美元。

这样，可以算出税后现金流量的现值。税后基础利率仍为10%，折现系数为 $1/(1+i)^j$，得出折现后的现金流量如下：

（单位：美元）

年份	(1) 税后净现金流量	(2) 折旧系数	(3) = (1)(2) 折旧后的净现金流量
0	(4 009)		(4 009)
1	580	0.909 1	527
2	570	0.826 4	471
3	555	0.751 3	417
4	547	0.683 0	374
5	545	0.620 9	338
6	537	0.564 5	303
7	535	0.513 2	275
8	528	0.466 5	246
9	527	0.424 1	224
10	527	0.385 5	203
		净现值 =	(631)

净现值为 - 631 000 美元，表明在税后折现利率为 10%时，租赁仓库不可行，应该使用公共仓库。

12.2.3 设施结构

仓库不仅规模各异，形状也不相同。任何一个规模即定的仓库在建设中会有不同的长宽高组合。假设仓库的基本规模已定，接下来的问题是：仓库的最优结构是怎样的。这里对用于一般性存储运作的仓库和用于交叉理货或高吞吐量的存储设施进行了区分。

1. 顶棚高度

在前文分析规模确定时，我们假定顶棚的可用高度是给定的。顶棚高度取决于建筑成本、物料搬运成本和货物堆码特性。如果顶棚的高度增加一倍，仓库的容积也会增加一倍，其建筑成本却并不一定会翻番。上述情况下，仓库的屋顶和地面都没有变，然而，由于顶棚平均高度增加，货物堆码和拣选的时间变长，会导致物料搬运成本的上升，从而抵消了建筑成本的下降。最后，储存货物的特性也会影响理想的顶棚高度。货物堆码成柱形或托盘货载的稳定性决定了顶棚高度的上限。当然，储存货架常常被用来提高仓库顶棚高度的利用率并克服产品自身的限制。这样，由产品特征带来的高度限制就变成由储存和物料搬运设备特征带来的限制。有关杀虫剂喷撒的建筑法规也可能对最终的顶棚高度产生影响。

顶棚高度的选择实际上是建筑、设备成本与受产品特性、设备、当地法律影响的相关的搬运成本之间的一个悖反问题。此外，在货物和顶棚的有效高度之间应该保持一个额外的最小间隔。至于最小间隔的具体尺寸，要根据未来的不确定需求来确定。在一般商品的仓库中，通常码放在货架上的产品可达 16 英尺高，仓库高可达 20 英尺。而对于存储型仓库，或那些有自动存储和补货系统的仓库，没有最高限制。像交叉理货、或者分拨仓库中的拣货区这些高吞吐量的设施，可能会限制货物的码放在一层或两层，以留出足够的空间防止火灾。

2. 长度与宽度

仓库建筑物的长和宽或仓库构造取决于在库内移动产品的物料搬运成本和仓库的建筑成

本。弗朗西斯（Francis）从理论上研究了仓库结构的设计问题[1]。他考察了关于出入库站台的结构设计问题，如图 12-3 所示，出入库站台位置从图中的 X 点移到 Y 点。图中仓库采用矩形巷道，存储 n 种不同类型的货物，地面的面积为 S。最优宽度和长度分别为 W^* 和 L^*，可以通过物料搬运成本与仓库周长成本之间进行的权衡比较来确定。周长成本是指每英尺仓库周长的年建筑和维护成本。弗朗西斯的结论是，假定使用往返拣货法，仓库的年吞吐量适中，位于 X 点的站台宽度的最优值 W^* 为

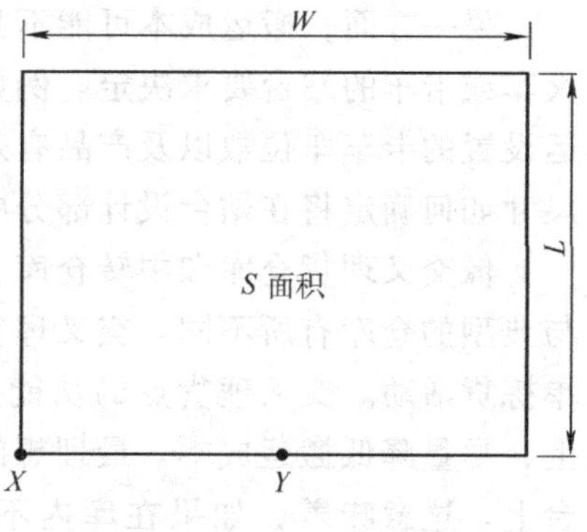

图 12-3 长为 L，宽为 W 的仓库平面图其中 X 和 Y 点为出入库站台的可能位置

$$W^*=\sqrt{\frac{C+8k}{2C+8k}}\sqrt{S} \tag{12-2}$$

长度的最优值 L^* 为

$$L^*=\frac{S}{W^*} \tag{12-3}$$

式中 C——某种货物出入库的每英尺总成本之和乘以每年该种货物出入库的预期数量（美元/英尺）；

k——每英尺的年周长成本（美元/英尺）；

S——所需的仓库地面面积（平方英尺）。

对于位于仓库中间点 Y 的站台来说，最优宽度为

$$W^*=\sqrt{S} \tag{12-4}$$

最优长度为

$$L^*=\sqrt{S} \tag{12-5}$$

也就是说，仓库将从矩形变为正方形。在上述两个带有限制条件的例子中，将站台设置在仓库的中间点是最经济的。将站台设置在 X 点的总相关成本 TC_X 为

$$TC_X = 2\sqrt{[(1/2)C+2k][(1/4)C+2k]}\sqrt{S} \tag{12-6}$$

将站台设置在 Y 点的总相关成本 TC_Y 为

$$TC_Y = [(1/2)C+4k]\sqrt{S} \tag{12-7}$$

$TC_X - TC_Y$ 之差是将站台布局在 X 点比在 Y 点多支出的费用（见资料 12.3）。

应该注意的是，以上公式不适用于使用传送带物料搬运系统的情况，因为使用传送带，弱化了站台位置和仓库结构与可变物料搬运成本之间的关系。这样，传送带系统可以弥补多层仓库、L 形仓库或其他偏离仓库设计理论的仓库结构的缺点。

简金斯（Jenkins）对上述分析进行了扩展，提出当火车和卡车站台分别位于仓库的两个相对的中间点时，最经济的结构是正方形结构[2]。

---

[1] Richard L. Francis, "On Some Problems of Rectangular Warehouse Design and Layout," Journal of Industrial Engineering 18 (October 1967): 595-604.

[2] Creed H. Jenkins, Complete Guide to Modern Warehouse Management (Upper Saddle River, N.J.: Prentice Hall. 1990), 104-107.

另一方面，搬运成本可能不是仓库尺寸的最主要决定因素[1]。相反，仓库的长度可能由火车或卡车的站台要求决定。例如，零担运输卡车的场站就是狭长结构的。为产品出入库搬运设置的卡车车位数以及产品有效流转所需的侧道长度则需要与理论值相比较。这些站台的尺寸如何确定将在站台设计部分中讨论。

像交叉理货仓库和中转仓库，这样的高吞吐量设施的空间布局所要考虑的成本权衡因素与典型的仓库有所不同。交叉理货仅仅包括收货和发货活动，不包括典型仓库中的存储和订单拣货活动。交叉理货点的功能是把产品卸下，马上送到距离收货地点最近的另一辆卡车上，尽量降低搬运成本。最理想的情况是，收到的货物被直接安排到收货站台对面的发货站台上。这意味着，如果在库内不使用传送带，最好的库房形式是长而窄的矩形，或者说“I”形。

由于站台空间的分配问题，或者有些入库货物需要拆开送往几个不同的目的地，因此，不是所有的收到货物能够马上送到对面的站台上。从物料搬运的角度来看，库房布局有一个集中度系数，是所有货物在该仓库内移动的加权平均距离。随着库房出入口的增加，集中度系数会上升。要降低集中度系数，从而降低搬运成本，可以使用其他形状的布局来代替“I”形布局，比如，“T”形、“L”形和“H”形。“T”形、“L”形和“H”形虽然可以降低集中度，但缺点是减少了一些处于内角的车辆的出入口空间。因此，这里基本的成本权衡是运输搬运成本与具有足够的出入口的库房的建筑成本。研究显示，库房的具体形状取决于所需的出入口的数量。[2] 中小型库房的形状可以是长方形或“I”形。如果库房的出入口增加到150～250个，最好的形状是“T”形。而超过250个出入口的库房，最好的形状是“H”形。（资料12.3）

资料12.3 例子

一家自营零部件仓库的月吞吐量为10万箱，平均出入库物料搬运成本为每件每英尺0.005美元，拣货时，每件货物均需从出库站台往返，该操作需要30万平方英尺的库容空间。据估计，一个500×600平方英尺的仓库造价为每平方英尺90美元，该仓库的使用年限为20年。装卸站台位于拟建仓库的一角附近。该仓库建筑物的最优长、宽各是多少？其总相关成本是多少？

我们需要求出年周长成本。仓库周长为[2(500)+2(600)]英尺＝2 200英尺，其造价为90美元×300 000＝2 700万美元，摊销到每一年为2 700万美元/20＝135万美元。分摊到每英尺周长为135万/2 200＝613.64美元/英尺，这是k的值。C的值为（0.005×100 000×12）美元/英尺＝6 000美元/英尺。

运用式（12－2）可得仓库的宽为

$$W^* = \sqrt{\frac{6\,000 + 8(613.64)}{2(6\,000) + 8(613.64)}}\sqrt{300\,000}\text{ 英尺} = 440\text{ 英尺}$$

用式（12－3）可得仓库的长为

$$L^* = 300\,000/440\text{ 英尺} = 682\text{ 英尺}$$

---

1 C.E.Hancock and H.F.Kraemer, "The Economic Sizing of Warehouses – A Comparison of Evaluation Models," a paper presented at the TIMS – OPSA Joint National Meeting, Minneapolis, October 7–9, 1964.

2 John J.Bartholdi III and Kevin R.Gue, "The Best Shape for a Crossdock". Working paper.

由式（12－6）可得该矩形仓库的相关成本为

$$TC = 2\sqrt{[(1/2)6\,000+2(613.64)][(1/4)6\,000+2(613.64)]}\sqrt{300\,000}\text{美元/年}$$
$$=6\,790.87(547.72)\text{美元/年}$$
$$=3\,719\,495\text{ 美元/年}$$

3. 空间布局

仓库的基本结构确定了以后，接下来就要讨论货位、货架和巷道的布局决策。也就是，确定各货架上的货位数量、所用货架的数量以及货架的放置方向，是与库房的长平行还是垂直。为此所提出的一些公式和决策规则对解决这一问题会有所帮助[1]。我们讨论各种不同结构中的两种。

两种可能的货架布局如图 12－4 所示。产品由仓库一侧的门入库，从另一侧的门出库。每件货物要在库门和货位之间移动四次。站台门位于仓库的中间位置，所有库容被利用的概率相同。

除了靠墙摆设的货架外，其余货架均为双面货架。仓库布局的目标是使物料搬运成本、年库房面积成本和与仓库规模（周长）相关的年成本三者之和最小。以下是对各符号含义的说明：

W——双面货架的宽（英尺）；

L——库存空间的长度，例如，托盘的宽度（英尺）；

m——货架上的货位数量；

h——垂直方向上的储存层数；

n——双面货架的数量，两个单面货架视为一个双面货架；

K——库存空间内的总库容；

a——一个巷道的宽度（英尺），假定所有的巷道宽度相同；

u——仓库的长度（英尺）；

v——仓库的宽度（英尺）；

d——用存储单位（如托盘）表示的仓库年吞吐量（需求）。假定一种产品占用一个空间单位（产品数/年）；

C_h——一个长度单位的库存货物的物料搬运成本（美元/英尺）；

C_s——每一单位仓库面积的年成本（水、电、维护）（美元/平方英尺）；

C_p——每一长度单位外墙的年成本（美元/英尺）。

对于布局 1，如图 12－4a 所示，最优货架空间应为

$$m_1^* = \frac{1}{L}\sqrt{\left[\frac{dC_h+2aC_s+2C_p}{2(dC_h+C_p)}\right]\left[\frac{K(w+a)L}{2h}\right]} \quad (12-8)$$

双面货架的最优数量为

$$n_1^* = \frac{1}{w+a}\sqrt{\left[\frac{2(dC_h+C_p)}{dC_h+2aC_s+2C_p}\right]\left[\frac{K(w+a)L}{2h}\right]} \quad (12-9)$$

---

[1] Joseph Bassan, Yaakov Roll, and Meir J. Rosenblatt, "Internal Layout Design of a Warehouse," AIIE Transaction 12, no.4 (December 1980): 317－322.

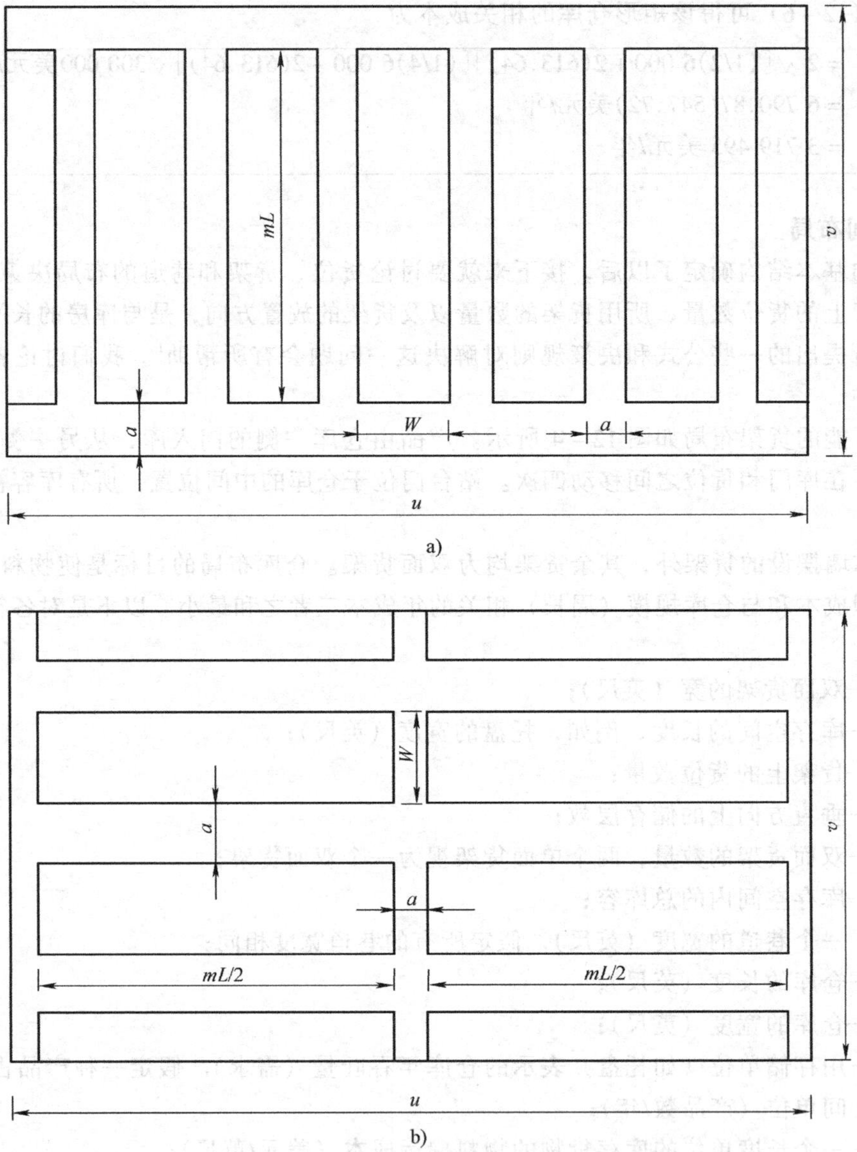

图 12－4　矩形仓库结构的两种可能的货架布局情况平面图

最优仓库结构的长度为

$$u_1 = n_1^*(w + a) \tag{12-10}$$

宽度为

$$v_1 = 2a + m_1^* L \tag{12-11}$$

对于另一种方案，布局 2，如图 12－4b 所示，最优的参数为

$$m_2^* = \frac{1}{L}\sqrt{\left[\frac{2dC_h + 3aC_s + 2C_p}{dC_h + 2C_p}\right]\left[\frac{K(w + a)L}{2h}\right]} \tag{12-12}$$

和

$$n_2^* = \frac{1}{w + a}\sqrt{\left[\frac{dC_h + 2C_p}{2dC_h + 3aC_s + 2C_p}\right]\left[\frac{K(w + a)L}{2h}\right]} \tag{12-13}$$

其中

$$u_2 = 3a + m_2^* L \qquad (12-14)$$

$$v_2 = n_2^*(w + a) \qquad (12-15)$$

从两者中选择成本最小化方案的决策规则如下：若 $d < C_p/C_h$，则布局 1 比较好；若 $d > 2C_p/C_h$，则布局 2 比较好；然而，若 $C_p/C_h < d < 2C_p/C_h$，则得不出任何结论。（见资料 12.4）

资料 12.4　例子

假设根据图 12－4b 对一个仓库进行布局。该仓库年吞吐量为 40 万个托盘货物，每个托盘需要 4 英尺×4 英尺×4 英尺的储存空间，堆码高度可以达到 4 个托盘的高度，托盘背对背码放，宽度为 8 英尺，巷道宽 10 英尺，物料搬运费为 0.01 美元/英尺，年仓库空间费用为 0.05 美元/平方英尺，围墙的年周长费用为 3 美元/英尺，仓库周转率为 8 次/年，总库容为 5 万个货位，库房的规格应该规划为多少？

首先，由式（12－12）可得纵向储存货位的数量应为

$$m^* = \frac{1}{4}\sqrt{\left[\frac{2(400\ 000)(0.001)+3(10)(50)+3(3.00)}{400\ 000(0.001)+2(3.00)}\right]\left[\frac{50\ 000(8+10)(4)}{2(4)}\right]}\text{个货位}$$

$$=238\text{ 个货位}$$

由式（12－13）可得仓库每一侧的双层货架数量应为

$$n^* = \frac{1}{8+10}\sqrt{\left[\frac{400\ 000(0.001)+2(3.00)}{2(400\ 000)(0.001)+3(10)(50)+2(3.00)}\right]\left[\frac{50\ 000(8+10)(4)}{2(4)}\right]}\text{个货架}$$

$$=26\text{ 个货架（沿仓库一侧墙摆放）}$$

由式（12－14）和式（12－15）得出仓库的长和宽应分别为

$$u = [3(10)+238(4)]\text{英尺} = 978\text{ 英尺(长)}$$

和

$$v = 26(8+10)\text{英尺} = 468\text{ 英尺(宽)}$$

12.2.4　站台设计

仓库里需要有火车站台或卡车站台，因而产生了站台设计。几乎每个仓库至少需要一个卡车站台，而对火车站台的需求则不那么普遍，要看出入库的货物数量是否很大，值得用火车运送。即使有此需求，如果该仓库位置不在铁路线上，而铁路又不愿延伸线路，那么就不大可能在库内设置火车站台。下面，我们假设两种类型的站台都需要。

1. 火车站台

站台设计首先要考虑站台的长度，以便有效地处理货物流转。用下述方法可以对其进行初步估算，用火车车厢的平均长度乘以平均总需求，再除以普通车厢的平均载货数量与每天的车厢更换次数之积，即

$$L = DS/QN \qquad (12-16)$$

式中　L——所需的火车站长度（英尺）；

D——每天的订单的总需求量（担/天）；

S——所使用车厢的平均长度（英尺）；

Q——车厢的平均载货量（担/车）；

N——每天完成的车厢变换次数（次数/天）。

（见资料 12.5）

资料 12.5 例子

一家食品仓库平均每天收到由火车运输的货物 14 000 担。每节火车车厢能够装载该货物 570 担，有效长度为 75 英尺。每天能完成两次换车。根据式（12 - 16）可以估算所需的站台长度为

$$L = \frac{14\,000(75)}{570(2)}\text{英尺} = 921\text{英尺}$$

除了站台长度，站台设计还要考虑其他几个因素。例如，是否应该花额外费用封闭站台？封闭式站台可以保护货物不受恶劣气候影响，防盗并提高装卸效率。此外，还要考虑站台的深度。如果使用叉车装卸，则站台至少应有 12 英尺的深度以实现安全操作。如果在订单检验和货物托盘化装卸时，站台还用做货物的临时出货等待区，那就需要更深的站台，大约 40 或 50 英尺。最后，还需考虑站台与车厢底板的水平高度，要么将站台升高到与车箱底板同样的高度，要么降低车厢底板使之与站台高度相同。由于大多数装卸设备都只能稍微倾斜，且整个仓库地板升高的成本很高，一般来说，降低车厢底板的高度更为经济。使用 45 英寸的车井可以将车厢底板降到站台的高度。站台与车厢底板之间的空隙可用一块站台钢接板来填补。

2. 卡车站台

影响卡车站台设计的大多数因素与火车站台的相同。然而，与火车站台不同的是，卡车站台不计算站台长度，而往往是计算站门或车位（stall）的数目。当然，卡车的站门有标准宽度，可换算成所需的总站台长度。很简单，所需的卡车站门数可以通过下面的公式得出

$$N = DH/CS \qquad (12-17)$$

式中 N——站门总数；

D——站台的日平均货运量；

H——装/卸一卡车货物所需时间；

C——卡车载货量；

S——每天可进行卡车装卸的时间。

该公式计算的是卡车站门平均数，没有考虑可供装卸的卡车数量、车站货运量或卡车装卸速率等方面的变化。为应付这些不确定因素可能还需要额外增加几个站门。（见资料 12.6）

资料 12.6 例子

乐符克折扣药店的一家仓库每周为该地区 250 家药品零售店进行补货。平均每家店的订货量为 6 500 磅，每 4 家店订的货可装在一辆卡车上。2 个工人装一辆车需 2 小时，实行 8 小时工作制。乐符克在 8 小时内尽可能多地安排工人以满足需要。要满足这种活动的平均水

平，需多少卡车站门？

我们可估计 50 家店每周工作 5 天，因此，每天要为为这些商店装运 $50\times 6\,500=32\,500$ 磅的货物。如果 4 家店的货物装一卡车，一辆卡车货物为 $4\times 6\,500=26\,000$ 磅。根据式(12-17）可估计出卡车站门为

$$N=\frac{325\,000(2)}{26\,000(8)}=3.15 \text{ 或 } 4 \text{ 个车位}$$

另外，乐符克需要 4 个额外站门以应付紧急情况。这样，在站台货运量出现 $(416\,000-325\,000)\times 100/325\,000=28\%$ 的增长，装卸速度下降 $(2.56-2)\times 100/2=28\%$ 时，该站台仍然能够满足各商店的需求。

12.3　物料搬运系统设计

由于世界各地大部分物料搬运都是通过人工完成的，或者，最多是半自动化搬运，所以仓库或货位的物料搬运是一种典型的劳动密集型活动。商品的布局，设备的使用范围和自动化的程度都影响着物料搬运的成本。而物料搬运设计的目的就是寻求这些因素的最优组合。

怀特（White）提出，物料搬运系统设计的发展演变经历了五个阶段[1]。他认为，物料搬运的基本工作就是移动、储存和管理物料，其发展演变的时间顺序如下：

- 以大量人力活动为特征的人工物料搬运
- 用传送带和工业叉车等机械装置来运送物料，方便物料搬运；利用多层货架、堆码机和旋转货架进行物料存储；并利用开关和电磁装置进行设备管理
- 以使用自动导向车辆、自动托盘叉车、自动存取设备以及自动化物料识别系统为特征的自动化物料搬运
- 综合各种自动化方式，从而实现各种自动化物料搬运活动的一体化
- 通过使用人工智能和相关的专家系统进行的智能物料搬运

其中前三个发展阶段已经得到了很好地应用。即便是其中最古老的方法——人工搬运也因其灵活性得到了适时系统支持者的大力倡导。但一体化还没有很好地实施，智能化搬运系统也只能是新世纪的目标。这表明基本的系统设计中一些好的做法仍然是成功地进行物料搬运的核心所在。

按照怀特的理论，好的物料搬运活动应该“运送更少，储存更少，管理更少”[2]。阿克曼（Ackerman）和拉隆德（LaLonde）则提出了更详细和明确的方法来降低物料搬运成本：缩短运送距离；提高单位搬运规模；拣货或确定储存路线时，创造双程搬运机会；提高空间利用率[3]。

这些方法的提出引发了以下关于关键性物料搬运决策的讨论。

---

[1] John A, White, “Materials Handing in Warehousing: Basics and Evolution,” Annual Proceedings, Volume II (Boston: Council of Logistics Management, 1988).

[2] 同上。

[3] Kenneth B. Ackerman and Bernard J. LaLonde, “Making Warehousing More Efficient,” Harvard Business Review (March - April 1980): 94 - 102. 又见 David R. Olson, “Seven Trends of Highly Effective Warehouses,” IIE Solutions (February 1996): 12 - 15.

12.3.1　物料搬运系统选择

在选择物料搬运系统时，应将其作为整个储存系统活动密不可分的一部分。它并不一定是储存系统设计的起点或终点。不过，管理层可以只是对最终设计进行大致的初期估算，并不需要同时平衡所有的因素。在该分析过程中，管理层应考虑下述几个问题。

首先，外部的物料搬运系统是否会限制系统的选择？例如，若仓库的主要供应商使用48×48英寸的托盘送货，那么，要适应为32英寸×40英寸托盘设计的物料搬运系统，就需要对入库的货物进行重新托盘化，以免不适应搬运设备或低效率地使用储存空间。

其次，仓库设计是否会限制设备的选择？顶棚过低，建筑物层数过多，巷道狭窄和仓库内搬运距离过长都可能使有些设备无法使用。也就是说，如果距离过长，那么在仓库内用人工运送货物就会导致过高的劳动成本。同样，在多层仓库使用叉车和升降机会降低工作效率。

第三，系统内货物的性质和规模对设备的选择影响很大。当仓库的货物吞吐量变动很大或产品组合的搬运特性经常变动时，人工物料搬运系统就是最佳选择，因为人工系统投资成本低，具有高度灵活性，能够适应外界环境变化。相反，如果预期仓库的货物吞吐量大而稳定，那么使用机械化程度较高的设备更合理。资本，以设备的形式被用来替代劳动力，但是如果搬运系统很快就过时，就很可能无法收回较高的投资成本。因此，使用完全机械化的系统，例如全自动存取系统，风险相当高。

勿庸质疑，叉车——托盘系统得到普遍应用的原因就在于，这一系统在系统的机械化与灵活性之间取得了很好的平衡。

第四，货物的特性是系统选择的决定性因素。粉状和液体散货，以散装的形式使用货罐和管道进行运送，会比以包装的形式用托盘和叉车运送更为有效。不同规格、重量和结构的各种货物组合会要求设备具有更高的灵活性或要求使用各种设备的组合以适应各种不同的货物特性。

最后，为应付意外情况而留出的余地也会影响系统设计。

随着物料搬运系统自动化和一体化程度的加深，系统的任何局部故障导致系统整体失效的概率也会增加。

如果系统的可靠性对客户服务、系统相关成本（如滞期费和车辆留滞费）或系统运作成本影响很大，那么机械化程度较低的系统或配备内置余留的机械化系统可能是最终系统设计的最佳选择。

一旦物料搬运系统的基础设计方案大致成型，就需要考虑更详细的设计问题。其中的主要问题是系统类型和设备更新方案的选择。

1. 系统类型

与仓库规模确定相应的决策就是选择所使用的物料搬运系统的类型。通常的选项包括：人工系统、叉车-托盘系统、传送带系统、自动存取系统或上述类型的混合系统。在这些系统中进行选择，首先要进行财务分析，与选择仓库类型时所使用的分析类似。进行最终决策时，则还必须考虑风险、灵活性和时效性等主观因素。（见资料12.7）

资料 12.7　例子

一家办公复印设备生产商要修建一间零部件仓库。公司要在两种内部搬运系统中作出选择，即，传送带拣货的叉车－托盘系统，与自动存取系统。公司预计每年分拣 30 万份订单，预期税前年收益率为 20%。

传送带－叉车系统中，货架所需投资为 200 万美元，叉车和传送带为 150 万美元。货架的使用寿命为 20 年，使用期末残值为期初价值的 30%。叉车和传送带的使用寿命为 10 年，使用期末的残值为期初价值的 10%。每订单货物的搬运成本为 0.5 美元。

自动存取系统中，货架所需投资为 300 万美元，设备和控制装置为 200 万美元。货架的使用寿命为 20 年，使用期末残值为期初价值的 30%。设备和控制装置使用寿命为 10 年，使用期末残值为期初价值的 10%。每订单货物的搬运成本为 0.1 美元。

通过财务分析可以看出哪种方案更好。我们根据式（12－1）对各方案的净现值进行比较。但是，考虑到货架和设备的不同使用寿命，我们对公式作了一点改动。

C_j 代表一项成本（现金流出）而不是一项节余（现金流入），由此可得，货架的净现值 NPV 为

$$NPV = -I - \frac{C_j}{(1+i)^j} + \frac{S_{20}}{(1+i)^{20}}$$

而设备的净现值 NPV 为

$$NPV = -I - \frac{C_j}{(1+i)^j} + \frac{S_{10}}{(1+i)^{10}} - \frac{I}{(1+i)^{10}} - \frac{C_{j+10}}{(1+i)^{j+10}} + \frac{S_{20}}{(1+i)^{20}}$$

我们可以判断最佳方案应该是负净现值最小的方案。

这样，我们可以编制出两张计算表，一张是传送带－叉车系统（见表 12－5），另一张是自动存取系统（AS/RS 系统）（见表 12－6）。

由于自动存取系统的负净现值比传送带－叉车系统小，因此，自动存取系统的收益更高（或成本更低），应考虑采用。

表 12－5　传送带－叉车物料搬运方案的现金流量分析　（单位：千美元）

年份	投资：货架	投资：设备	年运营成本	现金流量	折现后现金流量[④]
0	(2 000)	(1 500)		(3 500)	(3 500)
1			(1 500)	(1 500)	(1 250)
2			(1 500)	(1 500)	(1 042)
3			(1 500)	(1 500)	(868)
4			(1 500)	(1 500)	(723)
5			(1 500)	(1 500)	(603)
6			(1 500)	(1 500)	(502)
7			(1 500)	(1 500)	(837)
8			(1 500)	(1 500)	(349)
9			(1 500)	(1 500)	(291)
10		(1 350)[①]	(1 500)	(2 850)	(460)
11			(1 500)	(1 500)	(202)
12			(1 500)	(1 500)	(168)
13			(1 500)	(1 500)	(140)
14			(1 500)	(1 500)	(117)
15			(1 500)	(1 500)	(97)

（续）

16			(1 500)	(1 500)	(81)
17			(1 500)	(1 500)	(68)
18			(1 500)	(1 500)	(56)
19			(1 500)	(1 500)	(47)
20	600②	150③	(1 500)	(750)	(20)
				净现值＝	11 003

① 设备更新的净投资等于新设备成本减去旧设备残值，即

[1 500 000 －（1 500 000)(0.10)] 美元 ＝ 1 350 000 美元。

② 2 000 000(0.30)美元＝600 000 美元的残值。

③ 1 500 000(0.10)美元＝150 000 美元的残值。

④ 按 20%折现利率，根据算子 $1/(1+0.2)^j$ 将现金流折现。

表 12－6 自动存取物料搬运方案的现金流量分析 （单位：千美元）

年份	年投资额 货架	设备	运营成本	现金流量	折现后现金流量④
0	(3 000)	(2 000)		(5 000)	(5 000)
1			(300)	(300)	(250)
2			(300)	(300)	(208)
3			(300)	(300)	(174)
4			(300)	(300)	(145)
5			(300)	(300)	(121)
6			(300)	(300)	(100)
7			(300)	(300)	(84)
8			(300)	(300)	(70)
9			(300)	(300)	(58)
10		(1 800)①	(300)	(2 100)	(339)
11			(300)	(300)	(40)
12			(300)	(300)	(34)
13			(300)	(300)	(28)
14			(300)	(300)	(23)
15			(300)	(300)	(19)
16			(300)	(300)	(16)
17			(300)	(300)	(14)
18			(300)	(300)	(11)
19			(300)	(300)	(9)
20	900②	200③	(300)	(750)	21
				净现值＝	6 722

① 设备更新的净投资等于新设备成本减去旧设备残值，即

[2 000 000 －（2 000 000)(0.10)] 美元 ＝ 1 800 000 美元。

② 3 000 000（0.30）美元＝900 000 美元的残值。

③ 2 000 000（0.10）＝200 000 美元的残值。

④ 按 20%折现利率，根据算子 $1/(1+0.2)^j$ 将现金流折现。

不从整个物料搬运系统的角度，而是从更微观的角度而来看，单件设备的货物处理能力和容量不同。每件设备的原始投资、年运营成本和残值也都不同。比较各种可选设备的现值就可以进行再次选择。当各可选方案中设备的使用期内每年的运营成本相同，且使用期相

同，那么，净现值公式可以被转变为

$$NPV = I + C\frac{(1+i)^n - 1}{i(1+i)^n} - \frac{S_n}{(1+i)^n} \qquad (12-18)$$

式中 NPV——设备在其使用期内的净现值（美元）；

I——初始投资（美元）；

C——年运营成本（美元）；

i——折扣率或贴现率，即该投资的预期年收益率；

S_n——第 n 年的残值（美元）；

n——设备的使用期（年）。

简便起见，该等式中，计算结果的符号与前述例子中的正好相反，这里的目标是选择净现值最小的方案。（见资料 12.8）

资料 12.8　例子

假设两辆 A 型叉车的运货量相当于三辆 B 型叉车。其他资料如下：

（单位：美元）

	两辆 A 型叉车	三辆 B 型叉车
总初始投资（美元）	20 000	15 000
使用期（计划）（年）	7	7
残值（估计）（美元）	5 000	2 000
年运营成本（美元）	4 000	6 000
折现率	0.20	0.20

使用式（12－18），我们可以得出两种叉车的净现值分别为

$$NPV_A = \left[20\,000 + 4\,000\frac{(1+0.2)^7 - 1}{0.2(1+0.2)^7} - \frac{5\,000}{(1+0.2)^7}\right]\text{美元}$$

$$= 33\,000\text{美元（最优选择）}$$

和

$$NPV_B = 15\,000 + 6\,000\frac{(1+0.2)^7 - 1}{0.2(1+0.2)^7} - \frac{2\,000}{(1+0.2)^7}\text{美元}$$

$$= 36\,040\text{美元}$$

由于 $NPV_A < NPV_B$，选择 A 型叉车从财务上来看更理想。

2. 设备更新

与货架、储料箱、多层架和其他物料搬运过程中使用的非机动装置相比，物料搬运设备的使用寿命较短。因此，常常需要制定一定的政策方案，以便在设备损坏或用旧时进行设备更新。很明显，经济寿命较短、经常需要更新的设备，如叉车，非常需要制定设备更新方案，但使用寿命较长的设备，如散货搬运系统和传送带系统的各组成部分，也需要制定设备更新方案。

对于管理层来说，依照经验原则制定的设备更新方案也不少见，如叉车每 5 年进行更新。这种从实践中得来的经验性方案有时效果相当不错。然而，如果实践经验无益于政策方针的制定或者经验原则未经过严格的经济分析的检验，那么最好采用一定的分析方法来制定

设备更新政策。

特殊形式的现值分析对制定设备更新政策有很大帮助，尽管也可以用其他方法，如使用投资回报和简单投资收益分析。设备更新问题中，有以下几个重要特征值得注意：第一，预计更新周期可以无限延续下去。第二，设备的运营成本随着设备的老化递增。第三，由于技术的进步，后续设备的效率更高。为了比较不同长度的更新周期，我们采用所谓的等值年成本（AC）的现值分析法进行分析，即

$$AC_n = \left[I + \sum_{j+1}^{n} \frac{C_j}{(1+i)^j} - \frac{S_n}{(1+i)^n} \right] \left[\frac{i(1+i)^n}{(1+i)^n - 1} \right] \quad (12-19)$$

由此，我们可求得使 AC_n 值最小的更新周期 n。（见资料 12.9）

资料 12.9 例子

假设某仓库使用叉车进行搬运。叉车的初始投资为 3000 美元/辆并且将不断地被更新。残值 S_n 随使用寿命的增加按比例递减，$S_n = I(1 - R \times n)$，其中 R 是叉车正常使用寿命 N 的倒数，在此，N 的值为 10，n 是更新周期。

叉车可在任何时间以其净折余价值卖出。叉车第一年的运作成本为 2 000 美元，以后按 300 美元/年的比率逐年递增。由于技术进步，预期叉车的运作成本每年将降低 200 美元，计划公司的税前收益率为 20%。

叉车的运作成本含技术进步因素，可以通过公式 $C_j = a + b(j-1) + c(j-1)^2$，其中 a = 年运作成本的固定部分（美元），b = 由于技术进步，年运作成本上升或下降的比例（美元/年），c = 年运作成本的递增速度（美元/年），j = 成本估计的特定年份。根据这些数据可得更新周期为一年的 AC 为

$$AC_1 = \left[30\,000 + \sum_{j=1}^{1} \frac{3\,000 - 200(0) + 300(0)^2}{(1+0.2)^1} - \frac{27\,000}{(1+0.2)^1} \right] \left[\frac{0.2(1+0.2)^1}{(1+0.2)^1 - 1} \right]$$

$$= 11\,000 \text{ 美元}$$

对不同的 n 值重复上述计算可得如表 12-7 所示的年成本表。当 $n = 3$ 时，AC 的值最小。因此，为了实现成本最小化，最好是在第三年末更新叉车，但是，在 2 年和 5 年之间更新叉车的成本仅仅比最优点高 3%。

表 12-7 确定最优设备更新周期的计算表示例① （单位：美元）

更新周期 n	a. 初始投资，I	b. 总运营成本，C_j	c. 折现后的运营成本，$\sum_{j=1}^{n} C_j/(1+i)^j$	d. 残值，S_n	e. 折现后的残值，$S_n/(1+i)^n$	f. 折现系数，$i(1+i)^n/(1+i)^n - 1$	g = (a + c − e)f. 年平均成本，AC_n
1	30 000	2 000①	1 667	27 000②	22 500	1.20	11 000
2	30 000	4 100	3 125	24 000	16 667	0.65	10 698
3	30 000	6 900	4 745	21 000	12 153	0.47	10 618
4	30 000	11 000	6 722	18 000	8 680	0.39	10 936
5	30 000	17 000	9 133	15 000	6 028	0.33	10 925
6	30 000	25 500	11 979	12 000	4 019	0.30	11 388
7	30 000	37 100	15 216	9 000	2 512	0.28	11 957
8	30 000	52 400	18 774	6 000	1 395	0.26	12 319
9	30 000	72 000	22 572	3 000	581	0.25	12 988
10	30 000	76 500	26 528	0	0	0.24	13 567

① 按 $C_j = 200 - 20(j-1) + 30 + (j-1)$ 计算，如果更新周期超过 1 年，则累积计算。

② 按 $S_n = I(1 - 0.1n)$ 计算。

12.3.2 产品布局决策

内部产品布局是仓库设计决策中需要考虑的一个重要问题。在仓库结构已知，出库入库设备确定，划分了危险品、贵重货物的储存区及拣货区，以及所使用的物料搬运系统确定后，接下来的问题就是，确定存货在仓库中的放置位置，如何摆放及如何查找存货。长久以来，这些都是生产设施布局领域的工程师所关注的问题，这些生产布局的许多决策方法可转而用于解决仓库布局的问题。这些方法是那些直接针对仓库布局的方法的补充，以下将这两类方法结合起来进行讨论。

1. 存货布局

存货布局是指确定货物本身在仓库里的分布，以实现物料搬运费用最小化，库容利用率最大化，同时满足货物位置的限制条件，如安全、防火、产品相容性以及拣货要求等。拣货（或摆放货物）一般有三种方法。第一种，是往返拣货法（out - and - back selection），即从某一货位只拣取一件货物或一单位货物，比较典型的路径是从出库车站出发，到存储区，拣取一件产品，返回出库站台。

第二种，拣货员制定路径（picker routing），即在返回出库点或等待区之前，拣取同一订单上的几件货物。每次拣货的数量受拣货员的叉车载货能力限制。

第三种，指定每位工作人员的拣货区，拣货员在其工作区域内使用往返拣货或拣货员制定路径的方式进行拣货。

此类问题中布局计划的目标都是实现总搬运成本最小化，这通常被理解为实现仓库里货物移动距离的最小化。拣货比货物储存更受重视，因为拣货的人工费用远高于货物储存的人工费用。这是由于出库货物的平均规模要小于入库货物的规模。因此，我们主要考虑仓库拣货活动的搬运成本最小化问题。

直觉方法能为布局问题的解决提供有用的指导原则，又不需要运用到很难的数学方法，是一种很有吸引力的方法。从直觉来看，布局是根据四条标准进行的，即互补性、相容性、流动性和货物规格。互补性是指将经常一起订购的物品放置在相互接近的位置，如油漆和刷子，剃须刀和剃须膏，钢笔和铅笔等。在使用拣货员制定路径方式拣货时，或在指定的拣货区进行储存、货流或货架的布局时，这一因素尤为重要。

相容性是有关物品相邻放置是否可行的问题。汽车轮胎与食品就不相容，汽油和氧气瓶也不相容，因此，这些货物不能相邻放置。只有当货物相邻放置不受限制时，它们才是相容的。

互补性和相容性可放在拣货成本之前考虑。此外，在使用多个工作人员履行订单的情况下，比如使用指定工作区方式时，还要考虑平衡工作量、尽量降低疲劳程度、平均运送距离等。只有考虑了这些限制条件后，根据流动性和货物规格进行布局才会比较合理。

根据流动性进行布局，是考虑到仓库里的货物具有不同的周转次数，而且，物料搬运成本与放置和拣取存货需要移动的距离有关。如果一个货位的出货量小于货位的存货供应量时，将流转较快的货物放置在靠近出货点或出货等待区的位置，而将流转较慢的货物置于其后，可以使搬运成本最小化。这一原则是建立在下列假设之上，即，满足一定的货物需求，需要进行多次货物运送，每次拣货过程，尽可能使用最短的送货线路。

根据流动性进行布局忽视了储存货物的规格，没有考虑到可能会有更多体积更小的货物可以放置在靠近出货点或出货等待区的位置。这表明如果根据货物的规格（体积）进行布局可能也能实现搬运成本最小化。将较小的物品放置在靠近出货点的地方，可以使物料搬运活动比根据流动性进行的布局更少，因为这样一来，更大量的货物可以靠近出库库站放置。

但是，按规格布局并不能保证其成本低于按流动性进行的布局。在体积较小的物品周转率较高时，按规格布局是一个不错的选择。

按流动性进行布局和按规格进行布局都不是完美无缺，因为这两种方法都忽视了对方的重要性。赫斯凯特（Heskett）把这两种特性综合成了一个体积－订单指数[1]。该指数是储存货物所需的平均空间（立方英尺）与该货物的日平均订单数量的比值。体积－订单指数值低的货物应尽可能靠近出货点放置。用体积－订单指数（COI）来指导仓库空间的布局，可以使最大数量的存货尽可能移动最短的距离。与相关线性规划方法相比，COI 指数法是一种最优化的方法[2]。另外，该方法已被应用于越来越多的布局问题分析中[3]。

戴维斯（Davis），贾巴德（Gabbard）和莱因霍尔特（Reinholdt）对包括 COI 方法在内的四种方法进行了比较[4]：

（1）按字母顺序布局——所有的货物严格按照文字顺序进行布局。

（2）按流转快慢的货物（Fast and other）布局——挑选出一些物品与其他物品分隔，并按字母顺序尽可能近地靠近拣货员的工作区放置。

（3）按频率布局——流转最快的货物尽可能最靠近拣货员的工作区放置。（与流动性布局相同）

（4）按拣货密度因子布局——货物的年拣货量与所需库容（立方英尺）的比值越高，尽可能越靠近拣货员的工作区放置。（注意：该因子与体积－订单指数相反）。

对日均拣货 800 次的 800 件存货进行的一项模拟研究表明，拣货密度因子（SDF）或 COI 布局优于其他布局（见图 12－5）。因为它使得（1）拣货过程的平均距离最短，（2）拣货所用的平均时间较短，（3）选择一系列货物所用的时间最短，（4）所需要的总库容最小。SDF 布局法已被广泛地应用于西部电子（Western Electric）的物料分拨仓库中。（见资料 12.10）

---

1 J. L. Heskett, "Cube－per－Order Index—A Key to Warehouse Stock Location," Transportation and Distribution Management 3（April 1963）：27－31； and J. L. Heskett, "Putting the Cube－per－Order Index to Work in Warehouse Layout," Transportation and Distribution Management 4（August 1964）：23－30.

2 Carl Kallina and Jeffery Lynn, "Application of the Cube－per－Order Index Rule for Stock Location in a Distribution Warehouse," Interfaces 7, no. 1（November 1976）：37－46. 又见 Hoyt G. Wilson, "Order Quantity, Product Popularity, and the Location of Stock in a Warehouse," AIIE Transacion 9, no. 3（September 1977）：230－237.

3 Charles J. Malmborg and Stuart J. Deutsch, "A Stock Location Model for Dual Address Order Picking System," IIE Transactions 20, no. 1（March 1988）：44－52.

4 Arthur L. Davies, Michael C. Gabbard, and Ernst F. Reinholdt, "Storage Method Saves Space and Labor in Open－Package－Area Picking Operations," Industrial Engineering（June 1983）：68－74.

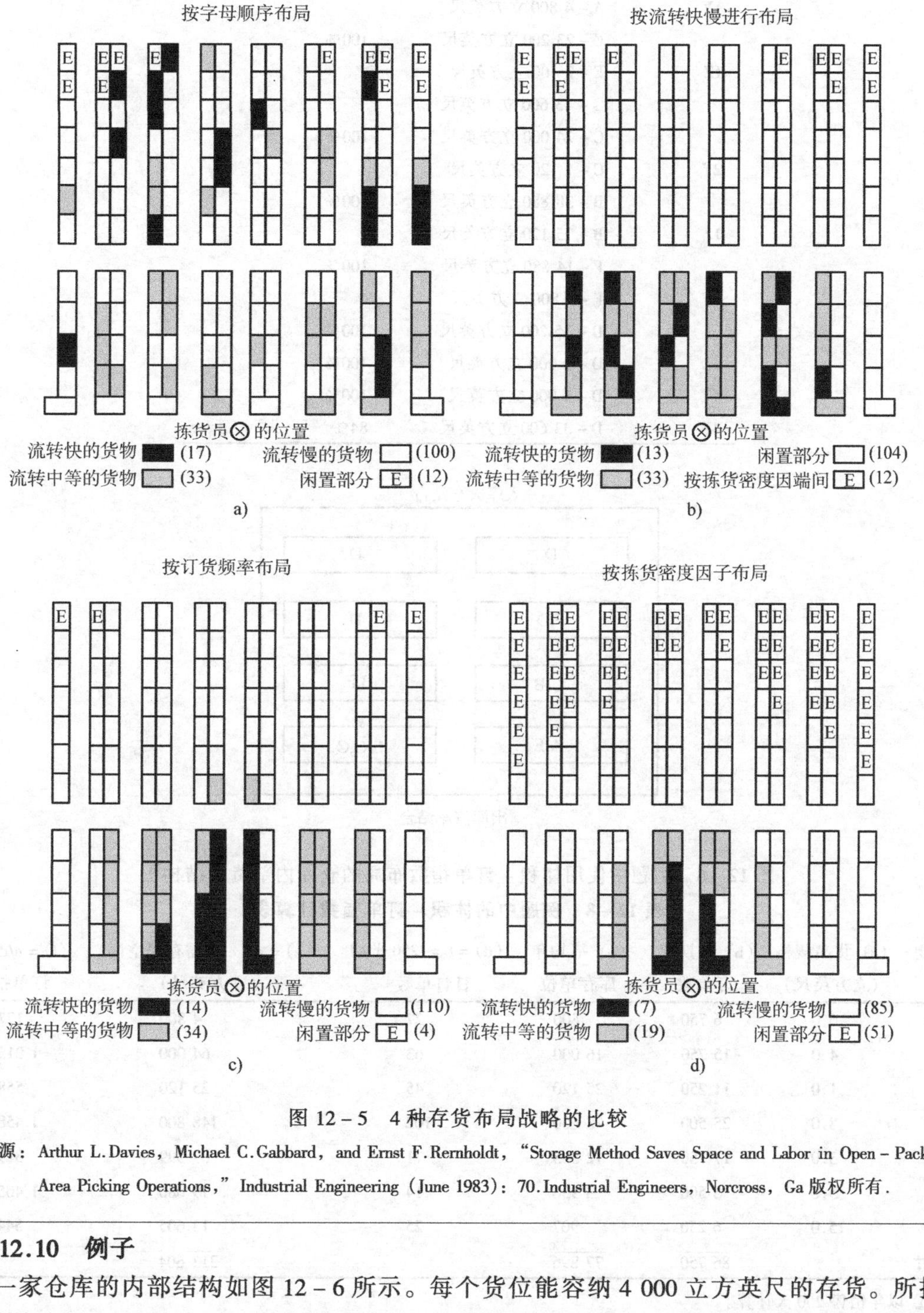

图 12-5　4 种存货布局战略的比较

资料来源：Arthur L. Davies, Michael C. Gabbard, and Ernst F. Rernholdt, "Storage Method Saves Space and Labor in Open-Package-Area Picking Operations," Industrial Engineering (June 1983): 70. Industrial Engineers, Norcross, Ga 版权所有.

资料 12.10　例子

一家仓库的内部结构如图 12-6 所示。每个货位能容纳 4 000 立方英尺的存货。所搜集的资料包括：一份订单所包括货物的最小运货单位所需的储存空间（立方英尺）；在一年的规划期内货物的预期订单数以及预期出货数量。7 种产品的基本数据和 COI 的计算结果如表 12-8 所示。将 COI 值最低的货物放置在离出库车站最近的货位，这样就得出了下述可行的货物布局：

货位序号	产品	已用货位百分比
1Y	A－4 800立方英尺	
	E－23 200立方英尺	100%
1Z	E－2 400立方英尺	
	G－13 600立方英尺	
	C－24 000立方英尺	100%
2Y	C－1 120立方英尺	
	B－38 880立方英尺	100%
1Z	B－25 120立方英尺	
	F－14 880立方英尺	100%
3Y	F－4 800立方英尺	
	D－35 200立方英尺	100%
3Z	D－4 000立方英尺	100%
4Y	D－4 000立方英尺	100%
4Z	D－33 600立方英尺	84%

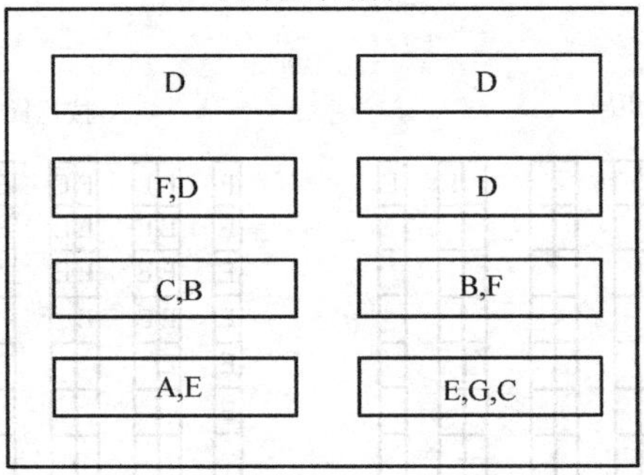

图12－6 例题中使用体积－订单指数布局的仓库内部货位结构图

表12－8 例题中的体积－订单指数计算表

货物	(a) 货品规格（立方英尺）	(b) 预期年订单数	(c) 平均年库存单位	(d)＝b＝/250平均日订单数①	(e)＝a×c所需存储空间（立方英尺）	(f)＝e/d体积订单指数
A	6.0	6 750	800	27	4 800	177.8
B	4.0	15 750	16 000	63	64 000	1 015.9
C	1.0	11 250	25 120	45	25 120	558.2
D	8.0	25 500	18 600	102	148 800	1 458.8
E	3.0	17 750	12 533	71	37 599	529.6
F	5.0	3 500	3 936	14	19 680	1 405.7
G	15.0	6 250	907	25	13 605	544.2
总计		86 750	77 896		313 604	

① 以年销售250天计算。

直觉布局法应用起来很简单，但不能保证找到物料搬运成本最低的布局形式。例如，该方法只对往返拣货法作了最好地描述，而当涉及到拣货员制定线路时，使用运输路径法（见

第七章）会更合适一些[1]。同时，各种工厂布局方法对仓库布局也有很大的帮助，其中一个众所周知的模型是 CRAFT（计算机化的设施分布方法）[2]，及其各种派生形式[3]。COFAD（计算机化的设施设计方法）不仅能够实现搬运成本的最小化，而且能够将不同的物料搬运设备分配到一定的运送活动中[4]。SPACECRAFT 将 CRAFT 扩展应用到多层设施[5]。在一项有趣的比较研究中，特里布斯（Trybus）和霍普金斯（Hopkins）发现，随着问题规模的扩大，计算机化的方法（特别是 CRAFT）比人工方法得出的结果更好[6]。不管问题规模多大，CRAFT 都有很好的效果。MULTIPLE 软件把 CRAFT 扩展成适用于多层系统的，从而可以用空间库存曲线技术来改进求解。现在，甚至专家系统法也开始被应用于布局问题中[7]。

图 12－7 所示的两阶段布局是一个更加复杂的问题。货物通过火车或卡车站入库，然后被运送到半永久储存（保管）区，拣货（组合）区的存货被消耗后，补充存货由保管区运到拣货区。在履行订单时，货物被从拣货区运到出库车站。问题是仓库中的每件货物放在什么位置？每件产品在半永久储存区和拣货区各占多大的空间。表 12－9 列举了该问题的假想例子，其中仅涉及了几种货物和数据，以便进行对比。

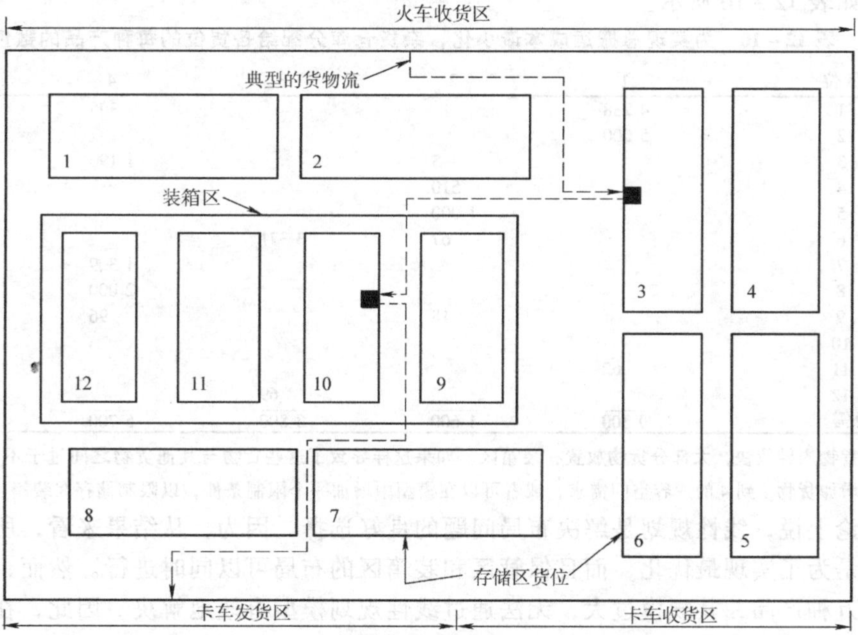

图 12－7 杂货仓库保管区和装箱区的布局样图

1 又见 James A. Chisman, "The Clustered Traveling Salesman Problem," Computers and Operations Research 2, no.2 (September 1975): 115－119; and Marc Goetschalckx and H. Donald Ratliff, "Order Picking in an Aisle." IIE Transactions 20, no.1 (March 1988): 53－62.

2 Elwood S. Buffa, Gordon C. Armour, and Thomas E. Vollman, "Allocation Facilities with CRAFT," Harvard Business Review 42 (March－April 1964): 136－158.

3 R. L. Fracis and J. A White, Facility Layout and Location: An Analytical Approach (Upper Saddle River, N. J.: Prentice Hall, 1974).

4 "COFAD —A New Approach to Computerized Layout," Modern Materials Handling (April 1975): 40－43.

5 Roger V. Johnson, "Spacecraft for Multi－Floor Layout Planning," Management Science 28, no.4 (April 1982): 407－417.

6 Thomas W. Trybus and Lewis D. Hopkins, "Human vs. Computer Algorithms for the Plant Layout Problem," Management Science 26, no.6 (June 1980): 570－574.

7 John G. Carlson and Andrew C. Yao, "A Visually Interactive Expert System for a Distribution Center Environment." International Journal of Production Economics 45, no.1 (August 1, 1996): 101－109.

表 12－9 杂货仓库的例子中对存储区和装箱区的储存能力和库容的单位需求

货物	配送方式	周转率	空间要求		货位容量	
			存储	装箱①	存储	装箱
1	火车	15	9 300	62	5 000	2 500
2	卡车	14	1 600	18	1 000	500
3	卡车	17	3 800	69	4 000	2 000
4	火车	16	2 000	96	2 000	1 000
5	火车	20	8 000	160	8 000	4 000

① 这些是装箱的最低要求。

线性规划模型也可用来解决布局问题，详见本章附录部分的方法补充说明。我们所希望解决的问题是，在装箱区内、某一货位内和仓库内所能储存产品的最小数量限制下，使仓库内的总搬运成本最小化。因为所有货物不可能占据同样的位置，这实际上演变成求解一个分配问题。一旦仓库里不同货物流转路径的单位搬运成本被估计出来了，就很容易通过最通用的计算机线性规划模型来解决这个问题。虽然此处没有给出这类问题的具体数据，但其解的一般特性如表 12－10 所示。

表 12－10 为实现总搬运成本最小化，杂货仓库分配给各货位的每种产品的数量

货位	1	2	3	4	5①
1	4 238			305	
2	5 000				
3		5		1 190	
4		510			
5		1 000			
6		67	3 371		
7				1 309	2 765
8				2 000	
9		18		96	3 472
10					4 000
11	62				4 000
12			69		3 763
总需求	9 300	1 600	3 800	5 700	18 000

① 由于货物周转较快，大部分货物放置在装箱区。如果这样导致了这些货物与其他货物之间过于不均衡，那么或者可以增加货物 1 到 4 的库容空间需求，或者可以在模型中增加一个限制条件，以限制储存在装箱区内的货物数量。

从理论上说，线性规划是解决布局问题的良好选择。因为，从结果来看，所有可能的布局安排都是为了实现最优化，而且保管区和装箱区的布局可以同时进行。然而，实际问题却涉及到千万种产品，其规模过大，无法通过线性规划模型有效地解决。因此，在应用本章所讨论的方法，尤其是那些原先运用于工厂布局的方法时，需要对仓库里的货物进行分区或分类以缩小问题规模。此外，一些方法如 CRAFT，计算速度比线性规划更快，结果的精确度也不逊于线性规划。正如布法（Buffa），阿默尔（Armour）和沃勒曼（Vollman）所言："其结果不一定像线性规划的结果那样是最好的，但是它所得出的解几乎是最好的。[1]"

活动刻画法（activity profiling）

仓库不只有一种布局。仓库内的区域可以划分为具有不同专门功能的几个子区域。根据活动层次和产品组合不同，可以划分为：（1）整托盘/整箱区；（2）拆箱区；（3）散货区；（4）保税区；（5）促销区；（6）退货区；（7）管理区。Frazelle 提出了一种数据发掘方法来确定这些区域的需求和规模，被称为活动刻画法[2]。通过实际销售数据可以得到有关订单组合、

[1] Buffa, Armour, and Vollman, "Allocating Facilities with CRAFT."

[2] Edward Frazelle, World－Class Warehousing and Material Handing (New York: McGraw－Hill, 2002), Chapter 2。

每订单产品线数量、每订单的体积数和每订单产品线及体积的统计分布。这些数据也可以用于前文所述的库存定位方法。

活动刻画的第一步是生成订单组合分布。我们要找出订货量有多少托盘、多少箱以及不足一整箱的数量。由于这三个区域的存储布局和搬运工序都不同，取货操作也大不相同。通过抽取一个合理期间内，比如一年内，仓库货物吞吐量的数据，可以提供设计这些区域所需要的活动水平数据。其他的商品分类，如散货、保税货物和促销货物也可如法炮制。将仓库空间按不同用途进行划分后，可形成如图 12－8 所示的一个高吞吐量仓库的空间分配。

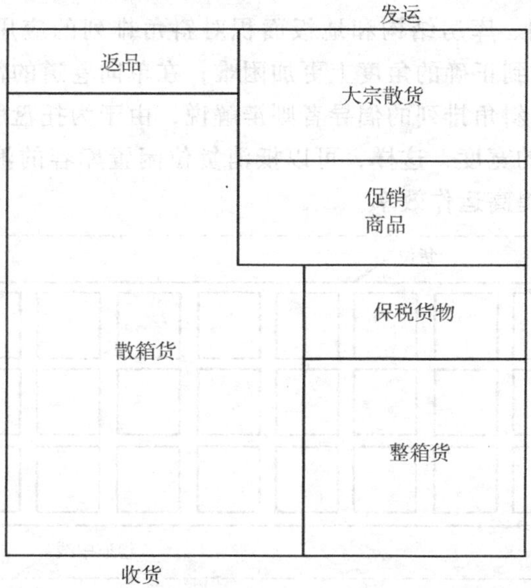

图 12－8 按活动刻画法得出的一个高吞吐量仓库的区域布局

上述用到的订单数据可以按照区域进行划分。例如，分配到拆箱拣货区的商品从其他数据中分离出来，在这些数据中，把产品按照在订单上出现的次数（代表订单拣货行走的次数）和订货规模进行排序。同时，从其他的渠道获得每种产品保有库存的数据。这些数据可用来计算按产品流转率、体积或每订单体积进行的空间分配。

另一个统计分布就是需求相关度的分布。这里，把最经常在一张订单上同时出现的产品按照从高到低的频率进行排列。这可以揭示出具有互补性的产品，这样的产品应该摆放在相邻的区域内。类似地，还可以对数据的季节波动特征进行分析，以便把季节波动特征相反的产品放在同一区域。因为把这些产品放在一起，可以降低对存储空间的需求。

仓库内并非所有的区域都需要进行活动刻画。一旦区域的总体规模可以根据第一级的统计分析确定下来，区内的布局就可能通过判断就可以得到又简便又好的结果。促销商品区内是一些采购量超出正常订货量的货物，这些商品临时存储在这里，直到削价销售把这些产品库存耗尽。促销商品区内的产品及其空间需求具有不确定性，意味着这些产品不需要系统的布局规划。对于那些搬运成本高、库存产品品类众多、产品特性差异巨大的仓库，使用活动刻画法最有效益。

2. 存货排列

合理安排货位内的存货位置也可以提高存储的效率。存货位置是进行托盘化储存时，要考虑的主要问题，而货物托盘化是许多仓库普遍采用的运作方式。

具体地说，存货位置是指托盘相对于巷道的摆放角度。应用最广泛的是直角或0°布局(见图 12-9a)。许多仓库经营者倾向于直角托盘排列。托盘排列与巷道的中线成一定的斜角，也可作为一种可选方案（见图 12-9b)。由于对斜角排列能否带来效益的争议不断，斜角排列在仓库中的应用不是很广泛。在一些提出“0°~60°定位最佳”的研究中，常常可见有关的争论[1]。比提出一个通用的斜角更为重要的问题是，托盘排列中角度的应用以及如何确定0°是否是正确角度。

斜角排列的反对者认为，这种排列会在一个区的前面、后面或边界产生闲置库容空间(见图 12-9b)；堆码排列、库房结构和地板面积对斜角排列的应用都会有一定的限制；斜角排列中，要把托盘摆放到正确的角度上更加困难；在单向巷道的情况下，会导致较高的物料搬运成本。另一方面，斜角排列的倡导者则辩解说，由于为托盘服务的叉车所需的转弯小于90°，从而能降低巷道的宽度，这样，可以抵消货位闲置库容的浪费；且叉车在放置托盘时不需要转动90°，能够提高运作效率。

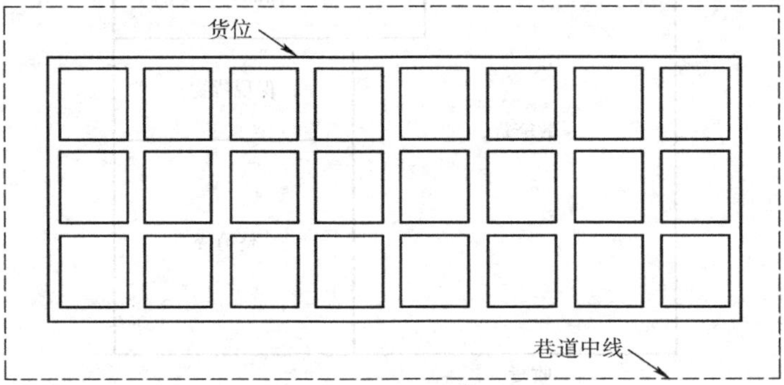

a) 呈直角摆放托盘

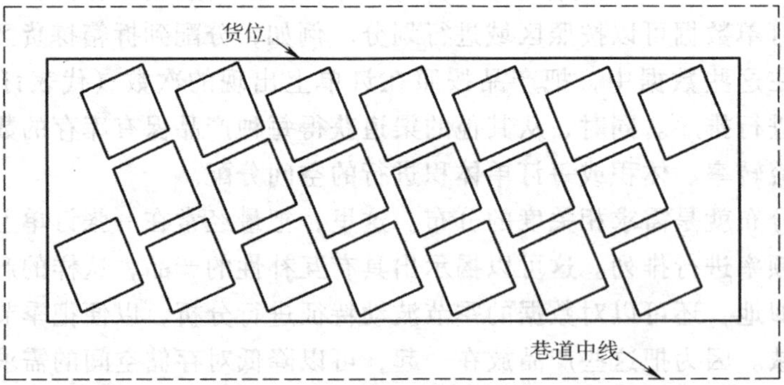

b) 斜角放托盘

图 12-9 托盘排列的可选方案

争议的解决首先涉及到库容利用率与物料搬运效率之间的平衡问题。考察了角度对库容总需求的影响之后，可得出针对任何托盘尺寸、库房结构和叉车的组合，确定确切排列角度

[1] Joseph J. Moder and Herbert M. Thorton, “Quatitative Analysis of Factors Affecting Floor Space Utilization of Palletized Storage,” *Journal of Industrial Engineering* 16 (January - February 1965): 8 - 18; Donald J. Bowersox “Resolving the Pallet Controversy,” *Transportation and Distribution Management* (April 1963): 27 - 31; and Ronal H. Ballou, “The Consideration of Angular Pallet Layout to Optimize Warehouse Space Utilization” (Master's thesis, The Ohio State University, 1963).

的数学公式或计算方法[1]。角度排列对运作效率的影响可以通过研究不同的托盘摆放角度下叉车的运作时间来确定。将空间和时间尺度转化为经济指标后，我们就可以找出成本最低的角度排列。

3. 库存定位法

对物料搬运系统效率有重大影响的另一个重要设计因素是，用来查找货物储存位置的方法。固定定位法和随机定位法是两种相反的定位方法。

现在我们来看一个普通的定位问题。货物入库后，需要放在库内货位的某一位置。在履行订单时，必须找到合适的货物，将其从货位取出。当现有货物的库存水平由于供求变化而表现出升降，当货物组合由于某类产品的增减而发生变化时，如何高效地进行货物定位查找呢？

固定定位法给每一种产品分配了一定数量的货位和/或货架。这些货位可以用前文讨论的库存布局（流动性布局，COI布局以及其他）方法来确定。这种定位方法比较简单，如果仓库里仅储存了少数几种产品，就不需要制定正式的代码来查找货位，放置和拣取存货的人可以毫不费力地记住货物的货位。如果产品种类增加，就必须制定正式的代码以便查找部类、货位和货架。

这种方法的主要缺陷是库容利用率低。库容能力应按每一种产品高峰期的库存需求来设定。因为各种产品的库存需求高峰通常不在同一时期，所以必然导致库容利用率低。

随机定位法克服了固定定位法的缺点。货物入库后，被送到任何可用的空间，事先不指定货位。这种方法较好地利用了现有的储存空间，但是，需要对多种货物进行追踪，每一种货物可能被储存在几个不同的地方，需要一个有效的出货条码系统。由于仓库内可获得空间的位置不断变化，需要一个精心设计的人工或计算机补货系统来支持随机定位操作。

尽管随机定位法提高了仓库空间的利用率，但由于订单上的同一种产品可能需要从几个不同的货物拣取，因而使得存货在库内进行运送的时间较长。这种方法及其各种转化形式在自动存储补货系统中应用较为广泛，因为自动系统中的库容费用与搬运成本密切相关。

事实表明，在高容量、托盘化的搬运系统中，两种方法混合使用比较可行。常用的改进办法是像库存定位法所说的那样，将货物限定在指定的区域，在该区域内，货物可以在现有的库容空间内随处储存。（见资料12.11）

资料12.11 例子

一个钢制品分销商将指定区域法较好地应用在钢丝卷和钢板的成品储存中。他将整个储存区域分成了若干小区，以颜色进行区分，如粉红色、紫罗兰色、橙色等，这样一来，很容易通过颜色查找不同的分区和其中的产品。储存于指定分区内的产品可以在该分区内随处流动，而不必储存在特殊的指定货位。虽然产品可以在指定的分区内随处流动，但由于每个分区都不是很大，所以产品不仅不会轻易丢失，而且还能提高库容利用率。

---

[1] Moder and Thorton, "Quantitative Analysis of Factors Affecting Space Utilization of Palletized Storage"; and Ronald H. Ballou, "Pallet Layout for Optimum Space Utilization," *Transportation and Distribution Management* (February 1964): 24-33.

12.4 订单－拣货操作

拣货具有劳动密集的特性，使之成为提高生产力的主要改进目标。下述几个操作方法有利于物料搬运效率的提高。

12.4.1 订单处理

如何对仓库收到的订单进行管理会影响搬运成本。根据销售订单制定拣货清单能够降低成本。

1. 产品排序　排序是指对货物的拣货路径进行安排，以便提高拣货效率。避免走所经过巷道和货物的回头路，能够节约拣货时间。按销售订单上的顺序来排列货物顺序，则可能需要销售人员和顾客进行合作，将货物列入指定的订单。另一种常用的方法是，使用计算机对销售订单上的货物进行重新排序，以便形成高效的拣货清单。

2. 拣货员分区　分区是指分配给一个订单拣货员负责有限的几种存货，而不是负责整个库区内的拣货路线。一个订单拣货员只在指定的区域内拣取存货，而且通常只负责履行顾客订单的一部分。要降低物料搬运成本，需要特别注意以下几个因素。首先，应根据某种存货的订货频率、互补性、产品重量、货架位置和产品体积来决定存货是放在拣货员分区之间还是之内，以平衡各分区拣货员之间的工作量。第二，销售订单必须被分解到每个分区的拣货员清单中。第三，在货物出库前，必须将被分解的订单组合成一个完整的订单。在分区比较分散的情况下，如果在订单履行过程中，拣货需要从一个分区到另一个分区按顺序进行，那么，为了避免重复组合，各个分区的拣货速度应该相互呼应。

尽管拣货员分区是高吞吐量的仓库划分工作量的常用手段，另一种替代它的思路正在出现。这个方法源自“群体智能”，指社会性昆虫，例如蚂蚁、蜜蜂和黄蜂的采集行为[1]。人们在观察蚂蚁如何将食物从采集处运回巢穴时，发现它们使用了一种“传水救火队列”的方法。即，食物沿着一条采食链条从一只蚂蚁传给另一只蚂蚁。蚂蚁不是静止的，传送点也不是固定的。从食物采集处开始，一只蚂蚁要一直把食物送到采食链上的另一只蚂蚁手中。传送完食物之后，这只蚂蚁会向回走直至遇到上一只蚂蚁，再接受下一批食物。这个过程沿着这个由多只蚂蚁组成的链条一直持续下去，这个链条上只有食物的采集点和巢穴是固定的。

群体智能在大型分拨中心的订单拣货过程中已有运用，有报告显示它比分区作业法提高效率30%[2]。分区作业法不能显示出拣货员工作速度的巨大差别。最快的拣货员可能要比最慢的拣货员速度快四倍。这样，分区作业就不能充分利用速度快的拣货员的效率，同时使动作慢的拣货员处于较大的工作压力之下，进一步降低了速度慢的拣货员的工作效率。即便是所有的拣货员工作效率一致，在各区域完成工作时存在的正常差异也会使工作量难以平衡。更好的方法是处在拣货链上游的工人继续拣货直到下游的工人完成工作后接替他的工作。然后，上游的拣货员再回去接替上一个工人的工作。安排工人的最佳方式是从最上游开始从最

---

[1] Eric Bonabeau and Christopher Meyer, “Swarm Intelligence: A Whole New Way to Think About Business,” Harvard Business Review, Vol.79, No.5 (May 2001), pp.106－114.

[2] 同前。

慢到最快安排。

3. 订单分割　订单分割是拣货员分区思想的扩展。如果存货储存在多个货位上，那么就有必要在制定该订单的拣货路径之前分割销售订单。（见资料 12.12）

资料 12.12　应用

乐符克医药销售公司每周从其零售店收取补货订单。这些订单首先被划分为非处方（Over－the－Counter，OTC）药品和处方药品。处方药品储存在郊区的某一处仓库，订单的其余部分被送往当地储存 OTC 药品的分销中心。在那里，订单被进一步分割：储存在公共仓库的散装药品；储存在租赁仓库的其他药品。为了确保订单在公司承诺的时间到达零售店，公司对各个不同仓库中的货物流转进行协调。在整个订单协调过程中，为货物贴标签，并用计算机系统追踪分割后的订单货物非常关键。

---

4. 货物批处理　批处理是指每次经过货位时，拣取至少两件存货。这样做显然缩短了货物的运送时间，但也增加了订单重新组合和部分订单装运的复杂性。同时，批处理还可能增加每一份订单的履行时间，因为履行每一份订单的时间都取决于该批中其他订单的数量和规模。

12.4.2　交叉出库

在拣货操作中，有一种情况经常发生，即在相同起讫点之间的同一路径上，同时进行储存和拣货。我们称这种情况为交叉出库，这在自动存取系统中很常见。在实行随机储存的仓库里，货物可以储存在任何空闲的货架上，通常的规则是选择最靠近起讫点的空闲货位。但是，实行根据周转次数（流动性）制定的存取规则，能够大幅降低储存或交叉作业的平均送货时间。

12.4.3　标准制定

仅仅运用规则、概念和最优化方法并不能确保高效率的物料搬运。人员是总成本方程中重要的组成部分。作业标准十分重要，它为合理地分配各项存储工作的人员提供了准则，为评价员工作业的优秀与否提供了基准，为鼓励生产力提高的激励机制提供了工资基准。

12.5　小结

本章以仓库为重点，讨论了储存设施的设计和运作规划。物流工作者对这部分内容的需求各不相同，取决于其各自公司进行货物储存的方式。如果使用公共仓库，则由公共仓库的管理者制定运作规划，使用企业在与其他公共仓库相比较的基础上，对该仓库的费率和服务进行评价。另一方面，如果储存空间是自有的，那么物流工作者将不得不面对仓库设计和运作的所有决策问题。

本章主要讨论了在仓库大致位置已知的情况下，与库容空间和物料搬运主要问题相关的各种规划决策。这些决策主要包括，结构规模与财务安排、设施结构、空间布局、站台设计、物料搬运系统选择、设备更新、存货排列、存货定位方法和拣货操作，并且举例说明了决策制定的相关概念和数学模型。尽管本章所述的储存和物料搬运决策看似相互独立，与整个物流系统的相关性也不大，但是，我们仍要提醒物流工作者们，应关注本章所述及的各项仓库决策问题带来的经济影响，其影响范围可能超出了该决策自身。我们还介绍了活动刻画法作为为仓库设计提供初始信息的手段。

思考题

以下许多问题和本章的案例分析题可以用计算机软件来进行求解或部分求解。LOGWARE 软件包中，对本章最重要的是线性规划模块（LNPROG（LP））和布局（LAYOUT（LO））。带有“LP”或“LO”字符号的问题可以用这些软件进行求解。该软件包中还为一些需要很多数据的问题提供了数据库。

1. 在你的家乡要建一个仓库。你认为在选择具体地点时应哪些因素进行评价？
2. 阿卡米制造公司在考虑其存储需求和如何满足该需求的问题。阿卡米公司是一家设备零部件制造商，由于生产方针和需求模式的共同影响，该公司全年的库容需求变化相当大。由于公司的产品主要供应设备更新市场，所以库容需求变化很有规律。预期将来生产量和销售量不会上升或下降。典型的一年中，月销售额如下：

月份	销售额（美元）
1	5 000 000
2	4 000 000
3	3 000 000
4	2 000 000
5	1 000 000
6	250 000
7	1 250 000
8	2 250 000
9	3 000 000
10	3 500 000
11	4 000 000
12	4 500 000
总计	33 750 000

仓库的库存周转率为 2 次/月。平均每 1 美元的产品占 0.1 立方英尺的仓库空间，堆码可达 10 英尺高。产品密度为 5 美元/磅。巷道、管理监控区空间和正常运作效率已知。总库容中只有 40% 用于储存货物。

自营仓库的建造和装备成本为 35 美元/英尺，摊销期为 20 年。1 美元吞吐量（磅）的运作成本为 0.02 美元。总库容的年固定成本为 10 美元/平方英尺。也可以使用租赁库容，月库存费率为 0.06 美元/磅，1 磅吞吐量的搬运费用为 0.05 美元。

请问，应该建造多大规模（精确到最近的 10 000 平方英尺）的自营仓库？应租借多大公共仓库空间？什么时间使用公共仓库，什么时间使用自营仓库？每一种仓库的使用范围是什么？

3. 奥尼尔消费品公司在东海岸市场的年销售额为 3 000 万美元，需要 5 万平方英尺的仓库空间为此提供服务。如果使用公共仓库，估计年物料搬运成本为 60 万美元，储存费用为 30 万美元。如果使用租赁仓库，年租金为 3 美元/平方英尺，租赁期为 10 年，租赁仓库的年运作成本为 25 万美元。设备和启动费用为 40 万美元，折旧期为 7 年，采用直线折旧法。公司规定的项目税后报酬率为 11%，联邦税率为 35%/年。

   请问，从经济角度看，最可行的方案是什么？

4. 一个自有仓库的年吞吐量为1万件货物，平均每件货物的搬运费用为0.01美元/英尺。仓库的规模为10万平方英尺。以仓库周长计算的年建造和维护费用为210美元/英尺。装卸站台位于仓库的一角。请问，该仓库最佳的长度和宽度是多少？该设计的总相关成本是多少？
5. 利用本章空间布局示例中的数据，对图12-4a所示的仓库进行布局并确定其长度和宽度。
6. 一个食品分拨中心每周向食品店供货，平均每天供应75个商店。一般商店的订单为12 000各种产品，一辆卡车可以配送3个商店的订单。装一辆卡车需要3小时，该公司实行8小时工作制。
请问，平均需要多少卡车车位？
7. 一家公司使用狭窄巷道叉车进行搬运，有三种型号可供选购。型号1的叉车价值2万美元，型号2价值1万美元，型号3价值5 000美元。该设备可以在其使用期（10年）末以原价的15%出售。三种型号的叉车年运作成本分别为2 000美元，2 500美元和3 000美元。3辆型号1的叉车的工作量相当于5辆型号2叉车和7辆型号3叉车。如果该投资的税前收益率为20%，那么最好购买哪种型号的叉车？
8. 某种狭窄巷道叉车的成本为4 000美元。在设备更新时，将用同种设备替换。该叉车第一年的运作成本为500美元，此后每年将增加40美元。据估计，由于技术进步，每年的运作成本将下降30美元。设备残值在7年使用年限内，逐年呈线性递减，理想的税前收益率为20%。
请问，应在何时更新设备？

LO9. 假设一个仓库有8个货位。产品从仓库后部的火车站入库，采用往返拣货法（out-and-back selection）从货位拣货后，从仓库前部的卡车车站出库（其设计形式如图12-6所示）。每个货位的容积为2 500平方英尺，产品可堆码10英尺高。仓库里共储存了10种产品。相关资料如下：

货物	储存空间需求（平方英尺）	单个货物规格（立方英尺）	平均日定货量
A	500	1.5	56
B	3 000	10.6	103
C	1 500	4.3	27
D	1 700	5.5	15
E	5 500	2.7	84
F	1 100	15.0	55
G	700	9.0	26
H	2 800	6.7	45
I	1 300	3.3	94
J	900	4.7	35

a. 用1）按流动性布局的方法；2）按规格布局法；3）体积-订单指数法进行仓库布局。
b. 当每次拣取的货物不止一种，且对拣货员进行了分区，每人只负责某类产品中部分产品的拣货时，使用各种方法是否恰当？

LP10. 埃伯尔公司是一家大型公共存储公司的地方分公司。该公司的管理层过去成功地应用了科学管理技术，现正在考虑其布局问题，以确定科学技术是否能够在这一领域带来成本节约。公司选择了一个特定的仓库进行考查。该仓库有两个收货站台（R_1，R_2），一个发货站台（S_1）。仓库的六个货位，储存了经仓库流转的三种主要产品。

管理层发现，由于订单规模、收货地点、收货数量和其他类似因素的影响，从一个货位供应和分拨产品所需的时间不同，服务时间取决于产品及货位在仓库中的位置。各产品和货位的搬运成本与搬运时间有直接关系。

不同分区每100单位产品的搬运时间（小时）①

货位	1	2	3
1	0.90	0.75	0.90
2	0.80	0.65	0.95
3	0.60	0.70	0.65
4	0.70	0.55	0.45
5	0.50	0.50	0.45
6	0.40	0.45	0.35

① 3个月期间内。

每个货位对各种产品的储存能力不同，具体储存能力资料如下：

产品	货位容积（单位）
1	5 000
2	3 000
3	6 000

管理层预测，至少需要对11 000单位的产品14 000单位的产品2和12 000单位的产品3在未来3个月的库容需求进行规划。请问，如何分配适当数量的各种产品到不同的货位，从而实现所有产品的总搬运成本最小化。

提示：使用以下模型来解决这个线性规划问题。

目标函数为

$$z_{\min} = \sum_i \sum_j C_{ij} X_{ij}$$

约束条件为

$$\sum_j \frac{1}{G_j} X_{ij} \leqslant 1.0 \qquad 其中\ i = 1,2,\cdots,M$$

和

$$\sum_i X_{ij} \geqslant R_j \qquad 其中\ j = 1,2,\cdots,N$$

式中 G_j——货位储存产品j的能力；

R_j——需要储存的产品j的单位数；

M——货位的数量；

N——产品数量。

11. 什么是角度托盘排列中的空间悖反（trade - off）？在角度托盘排列决策中应考虑哪些其他因素？

12. 你能想到哪些库存定位和取货的可选方案？讨论这些方法的优点和缺点。

13. 一家橡胶和乙烯家用品的大型生产商，在其工厂仓库里采用随机库存定位系统。全国所有的订单都通过该系统来履行。仓库的内部布局为 7 层货架呈矩形排列。物料搬运系统使用狭窄巷道叉车和托盘化储存。为什么该公司会认为这种储存和物料搬运系统比其他系统要好?

14. 某零配件仓库有两类库存区域。第一类是旋转传送带区，储存大量货箱内装小型常用配件。其他配件存放在存储货架（第二类）上，需要用叉车进行补货。你会构建哪些数据分布？如何使用这些数据（活动刻画法）来确定旋转传送带区和存储货架区的空间规模？另外，应该如何使用这些分布数据来进行这些产品的空间布局?

15. 比较分区作业法和传水救火队法在仓库拣货作业中的异同。

附录:

方法补充说明

以下的一般线性规划公式，涉及到保管区和拣货区的产品布局。其目标是实现总物料搬运成本最小化，即

$$z_{\min} \sum_{i=1}^{M} \sum_{j=1}^{N} C_{ij} X_{ij}$$

限制条件包括:

1. 保管区域的库容限制

$$\sum_{j=1}^{N} \frac{1}{G_j^s} X_{ij} \leqslant 1.0 \qquad 其中\ i = 1,2,\cdots,L$$

2. 装箱区的库容限制

$$\sum_{j=1}^{N} \frac{1}{G_j^a} X_{ij} \leqslant 1.0 \qquad 其中\ i = L+1, L+2,\cdots,M$$

3. 每种产品储存在装箱区的最小数量

$$\sum_{i=L+1}^{M} X_{ij} \geqslant R_j^a \qquad 其中\ j = 1,2,\cdots,N$$

4. 储存在整个仓库中的总产品单位数

$$\sum_{i=1}^{M} X_{ij} \geqslant R_j \qquad 其中\ j = 1,2,\cdots,N$$

5. 储存的产品不能为负

$$所有\ X_{ij} \geqslant 0$$

式中　X_{ij}——储存在货位 i 的产品 j 的数量;

C_{ij}——储存于货位 i 的产品 j 的搬运成本;

M——保管区和装箱区的货位总数;

N——通过该仓库流转的货物种类;

L——保管区的货位数;

G_j——一个货位内可储存的产品 j 的数量;

R_j——储存在该仓库的产品 j 的需求量;

R_j^a——储存在装箱区的产品 j 的最低数量;

s 和 a——保管区和装箱区的上标。

第五部分　选　址　战　略

经验告诉我们，人们受他们的习惯看法和做法的影响之深，以至在最普通的岗位上进行最简单最明显的改进也会犹豫、不情愿，因而进展缓慢。

——亚历山大·汉弥尔顿，1791

第十三章　设施选址决策

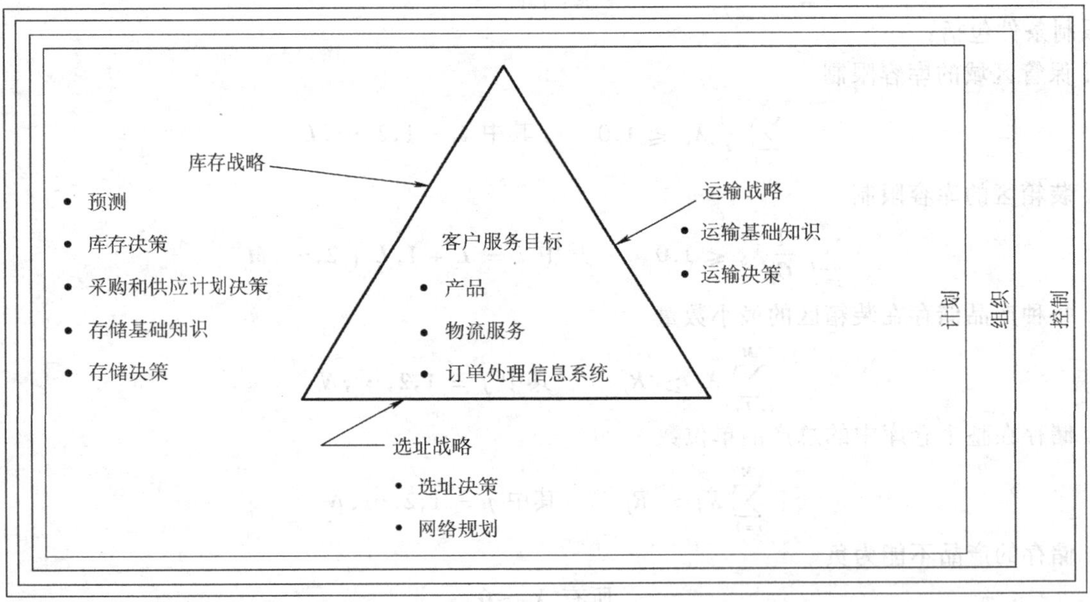

固定设施在整个物流网络中的选址是一个十分重要的决策问题，它决定了整个物流系统的模式、结构和形状。

反之，物流系统的设计又限定了物流系统运作中可选用的方法及其相关成本。选址决策包括确定所使用设施的数量、位置和规模。这些设施包括网络中的各种节点（如工厂、港口、供应商、仓库、零售店和服务中心）——是物流网络内货物运往最终消费者过程中临时经停的各点。

设施选址方法的研究发展已成为一个受人关注的研究领域[1]。

---

[1] 这些选址方法的综述，参见 Margaret L. Brandeau and Samuel S. Chiu，“An Overview of Representative Problems in Location Research,” *Management Science* 35，on. 6（June 1989）：645 – 674；and Zvi Drezner，*Facility Location*（New York：Springer-Verlag，1995）.

在本章，我们将考察部分现有的战略规划方法，主要集中在：1）各类可选方法中具有代表性的方法；2）讨论各种常见的企业选址问题的方法；3）说明网络规划决策者所面临问题的方法。

13.1　选址问题的分类

在对选址方法进行讨论之前，将问题划分成几种类型会对我们有所帮助，也即，将选址问题分成以下几类会有助于我们对选址问题进行讨论。即，（1）按驱动力分类；（2）按设施的数量划分；（3）按选择的离散程度划分；（4）按数据的集成程度划分；（5）按时间维度划分。

1. 按驱动力划分

在决定设施选址的因素中，通常某一个因素会比其他因素更重要。在工厂和仓库选址中，最重要的因素一般是经济因素。

零售选址时，位置带来的收入往往起决定性作用，位置带来的收入减去场地成本就得到该地点的赢利能力。

而在服务设施（医院、自助银行、慈善捐赠中心或维护设施）的选址中，可及性则可能是首要的选址要素，在收入和成本难以确定时尤其如此。

2. 按设施的数量划分

单一设施的选址与同时对多个设施进行选址是截然不同的两个问题。单一设施选址无须考虑竞争力、设施之间需求的分配、集中库存的效果、设施的成本。运输成本是要考虑的首要因素。

单一设施选址是二类问题中较简单的一类。

3. 按选择的离散程度划分

有些方法考察一个连续空间内所有可能的点，并选择其中最优的一个。这就是我们所说的连续选址法（Continuous Location Methods）。

另一种方法是在一系列可能方案中作出选择，这些方案事先已经过了合理性分析。这种方法就是离散选址法（Discrete Location Methods）。后者在实践中更为常用，主要针对多设施选址。

4. 按数据的集成程度

选址问题往往涉及对众多网络设计布局的评估。为了控制问题的规模以便求解，在解决实际选址问题时一般有必要使用集成的数据关系（Aggregation Data Relationships）。

由于该方法精度有限，所以只能将设施定位在某个较大的地理范围内（如整个城市）。

另一方面，较少使用数据集成的方法，尤其是场地选址法，就能够对只隔一条城市街道的不同位置加以区别。

后者在零售业选址、城市内选址和对工厂、仓库的最终位置做选择时尤其重要。

5. 按时间维度划分

选址方法的时间维度可以是静态的，也可以是动态的。换句话说，静态方法以某单一时期（如一年）的数据为基础进行选址。

然而，选址规划也可能一次跨越多年。若设施是固定投资，且从一地迁向另一地的成本很高，则尤其如此。

用于多个阶段选址规划的方法被称为动态方法。

13.2 选址问题的早期研究[1]

许多关于选址问题的早期理论是由土地经济学家和区域地理学家提出的，譬如，约翰·冯·杜能[2]（Johann von Thünen)、阿尔弗雷德·韦伯[3]（Alfred Weber)、帕兰德[4]（T. Palander)、奥古斯特·廖什[5]（August Lösch)、爱德加·胡佛[6]（Edgar Hoover)、梅尔文·格林哈特（Melvin Greenhut)[7]、沃尔特·艾萨德[8]（Walter Isard)。运输成本在选址决策中的重要作用是贯穿所有这些早期研究的共同的主题。尽管大多数研究是在农业和早期工业社会条件下进行的，他们所提出的许多概念一直沿用至今。这里仅简单列举其中几个。

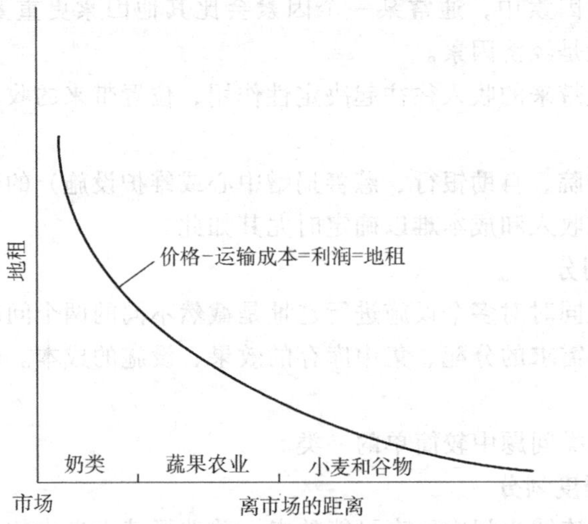

图 13－1 杜能的地租曲线

1. 竞价地租曲线（Bid-Rent curves）

杜能认为，任何经济开发活动能够支付给土地的最高地租或利润是产品在市场内的价格与产品运输到市场的成本之差。他将理论形象地表述为平原上孤立的城邦（市场)，城邦附近的土地肥沃程度是一致的，各种经济活动将根据其支付地租的能力分布在城邦周围。在农

---

1 关于选址模型早期研究的回顾，参见T.Puu，*Mathematical Location and Land Use Theory*（New York：Springer-Verlag，1997）.

2 Johann Heinrich von Thünen，*Der Isolierte Staat in Beziehung auf Landwirtschaft und Nationalökonomie*，3rd ed.（Berlin：Schumacher-Zarchlin，1875）.

3 Alfred Weber，*Uber den Standort der Industrien*（Mohr，Tubingen，1909)，translated by Carl J. Friedrich as *Alfred Weber's Theory of the Location of Industries*（Chicago：University of Chicago Press，1929）.

4 T. Palander，*Beitrage zur Standortstheorie*（Upsala，1935）.

5 August Lösch，*Die Raumliche Ordnung der Wirtscaft*（Jena：Gustav Fischer Verlag，1940）.

6 Edgar M. Hoover，*Location in Theory and Leather Industries*（Cambridge，Mass：Harvard University Press，1957）.

7 Melvin L. Greenhut，*Plant Location in Theory and Practice*（Chapel Hill，N. C.：University of North Carolina Press，1956）.

8 Walter Isard et al.，*Methods of Regional Analysis：An Introduction to Regional Science*（New York：John Wiley，Inc.，1960)；and Walter Isard，*Location and Space Economy*（Cambridge，Mass.：The MIT Press，1968）.

业经济中，农业生产活动就可能如图 13-1 那样从市场向外布局。如今，当我们观察围绕城市中心环形分布的零售、居住、生产制造和农业区时，会发现这一观点仍然适用。那些能够支付最高地租的经济活动将分布在距离城市中心最近的地区，以及主要运输枢纽的周边地带。

2. 韦伯的工业分类

韦伯认识到原材料在生产过程中所起的作用及其对选址的影响。他观察到，有些生产过程是失重的（Weight Losing）（例如，炼钢），即原材料的重量之和大于成品的重量。由于生产过程中存在毫无用处的副产品，所以重量损失了。

因此，为了避免将副产品运到市场，这些生产过程趋向于接近原材料产地，以使运输成本最小（见图 13-2）。

另一方面，有些生产过程则可能增重（Weight Gaining）。通常，当普遍存在的要素进入生产过程时会发生这种情况。韦伯认为，普遍存在的要素包括在任何地方都可以获得的原材料，如空气和水。要尽可能缩短普遍要素的运输距离以使运输成本最小，生产过程就应该尽量靠近市场（见图 13-2）。

罐装软饮料行业就以这种方式定位工厂。他们将糖浆运到罐装厂，然后与水混合在一起制成成品。工厂通常座落在产品的市场区域内。

最后，还有一些生产过程的原材料与成品重量相同。装配线生产是这一类的典型代表，其成品重量是装配过程中使用的所有零部件重量之和。韦伯认为，这类生产过程既不必趋近原材料产地，也不必趋近市场（见图 13-2）。即，在原料地和市场之间的任何地点定位，企业内向运输和外向运输成本的总和都是一样的。

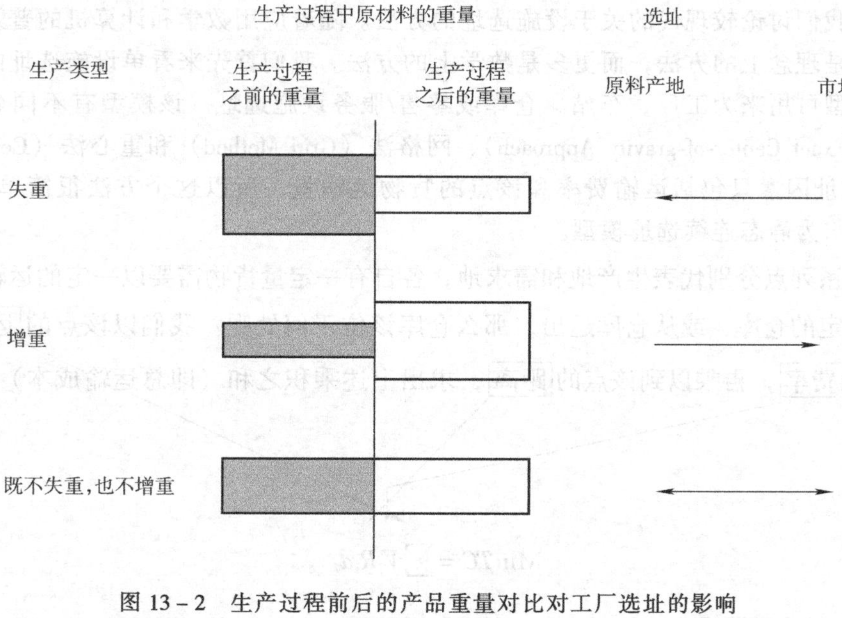

图 13-2 生产过程前后的产品重量对比对工厂选址的影响

3. 胡佛的递减运输费率

胡佛观察到：运输费率随着距离的增加，增幅下降。如果运输成本是选址的主要决定因素，要使内向运输与外向运输的总成本最小，位于原料产地和市场之间的设施必然可以在这两点之中找到运输成本最小的点。如图 13-3 所示，如果选址在这两点之间，经济上是不稳定的。因为 Y 在成本曲线上的位置比 X 低，因此应该定位在 Y 点。

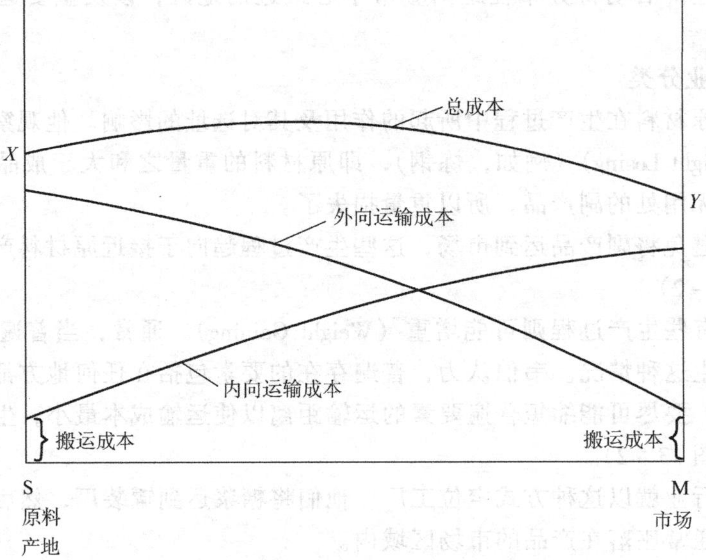

图 13-3 递减费率使选址趋向原料产地或趋向市场

13.3 单设施选址（Single Facility Location）

接下来我们讨论较现代的关于设施选址的方法。随着应用数学和计算机的普及，这些方法就不再只是理念上的方法，而更多是数学上的方法。我们首先来看单设施选址的一个常用模型，该模型可用来为工厂、车站、仓库或零售/服务设施选址。该模型有不同名称，如精确重心法（Exact Center-of-gravity Approach）、网格法（Grid Method）和重心法（Centroid Method）。因为选址因素只包括运输费率和该点的货物运输量，所以这个方法很简单。数学上，该模型可被归为静态连续选址模型。

设有一系列点分别代表生产地和需求地，各自有一定量货物需要以一定的运输费率运向一个位置待定的仓库，或从仓库运出，那么仓库该位于何处呢？我们以该点的运量乘以到该点的运输费率，再乘以到该点的距离，求出上述乘积之和（即总运输成本）最小的点。即

$$\text{Min}\, TC = \sum_i V_i R_i d_i \tag{13-1}$$

式中 TC ——总运输成本；

V_i ——i 点的运输量；

R_i ——到 i 点的运输费率；

d_i ——从位置待定的仓库到 i 点的距离。

解两个方程，可以得到工厂位置的坐标值[1]。其精确重心的坐标值为

$$\overline{X}=\frac{\sum_i V_iR_iX_i/d_i}{\sum_i V_iR_i/d_i} \tag{13-2}$$

和

$$\overline{Y}=\frac{\sum_i V_iR_iY_i/d_i}{\sum_i V_iR_i/d_i} \tag{13-3}$$

式中　$\overline{X}$，$\overline{Y}$——位置待定的仓库的坐标；

X_i，Y_i——产地和需求地的坐标。

距离 d_i 可以由下式估计得到

$$d_i=K\sqrt{(X_i-\overline{X})^2+(Y_i-\overline{Y})^2} \tag{13-4}$$

式中，K 代表一个度量因子，将坐标轴上的一单位指标转换为更通用的距离度量单位，如英里或公里。求解过程包括下列 7 个步骤：

（1）确定各产地和需求地点的坐标值 X，Y，同时确定各点货物运输量和直线运输费率。

（2）不考虑距离因素 d_i，用重心公式估算初始选址点

$$\overline{X}=\frac{\sum_i V_iR_iX_i}{\sum_i V_iR_i} \tag{13-5}$$

和

$$\overline{Y}=\frac{\sum_i V_iR_iY_i}{\sum_i V_iR_i} \tag{13-6}$$

（3）根据式（13－4），用步骤 2 得到的 $\overline{X}$，$\overline{Y}$ 计算 d_i。（此时，无须使用度量因子 K）。

（4）将 d_i 代入式（13－2）和式（13－3），解出修正的 $\overline{X}$，$\overline{Y}$ 的坐标值。

（5）根据修正的 $\overline{X}$，$\overline{Y}$ 坐标值，再重新计算 d_i。

（6）重复步骤 4 和步骤 5 直至 $\overline{X}$，$\overline{Y}$ 的坐标值在连续迭代过程中都不再变化，或变化很小，继续计算没有意义。

（7）最后，如果需要，利用式（13－1）计算最优选址的总成本。（见资料 13.1）

资料 13.1　例子

我们来看一看利米特经销公司（Limited Distributors，Inc.）的问题。该公司有两个工厂向仓库供货，由仓库供应三个需求中心。工厂和市场的空间分布如图 13－4。我们需要寻找使运输成本最小的单一仓库的位置。将一张网格图叠放在公路地图上，可以很方便地得到各点的相对位置，并用几何坐标来表示各工厂和需求中心的位置。产品 A 由 P_1 负责供应，产品 B 由 P_2 供应。这些产品随后再被运到市场。坐标、货物运输量和运输费率见表 13－1。

[1] 这些方程由式（13－1）和式（13－4）推出。分别求 TC 对 X 和 Y 的偏导，设定其等于零，再重新修改条件。

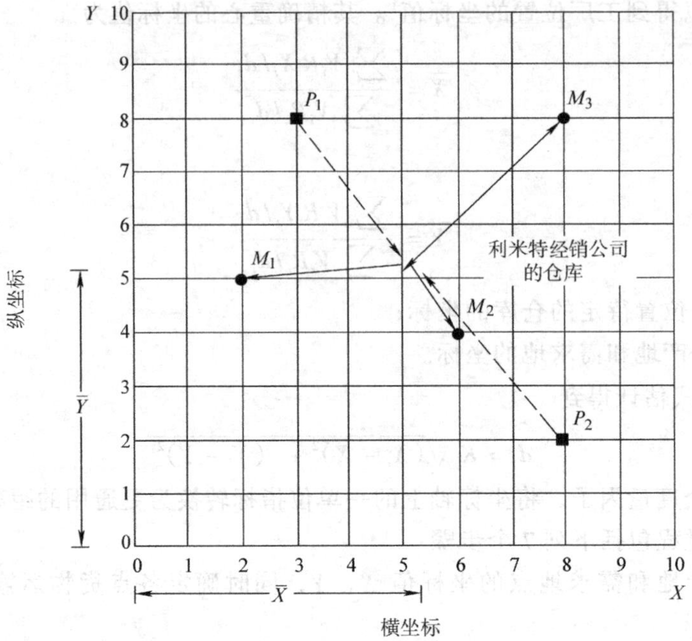

图 13－4 工厂 P_1，P_2 和市场 M_1，M_2，M_3 及建议的仓库位置图

表 13－1 市场和供应地的坐标，货物运输量和运输费率

地点，i	产品，s	总运输量 V_i（担）	运输费率（美元/担/英里）①	坐标值 X_i	Y_i
1－P_1	A	2 000	0.050	3	8
2－P_2	B	3 000	0.050	8	2
3－M_1	A&B	2 500	0.075	2	5
4－M_2	A&B	1 000	0.075	6	4
5－M_3	A&B	1 500	0.075	8	8

① 由有代表性的报价（美元/担）除以该费率所适用的运距（英里）而得。

利用式（13－5）和（13－6），我们可以确定仓库的初始位置，或大致位置。以表格形式来对方程求解，可以简化计算。即：

i	X_i	Y_i	V_i	R_i	V_iR_i	$V_iR_iX_i$	$V_iR_iY_i$
1	3	8	2 000	0.050	100.00	300.00	800.0
2	8	2	3 000	0.050	150.00	1 200.00	300.00
3	2	5	2 500	0.075	187.50	375.00	937.50
4	6	4	1 000	0.075	75.00	450.00	300.00
5	8	8	1 500	0.075	112.50	900.00	900.00
					625.00	3 225.00	3 237.50

现在，我们得到

$$\overline{X} = 3\ 225.00/625.00 = 5.16$$

和

$$\overline{Y} = 3\ 237.50/625.00 = 5.18$$

如图 13－4 所示，这些坐标值限定了仓库的位置。与该位置相关的总运输成本可以从表

13－2 得出。

表 13－2 利米特经销公司仓库选址的运输成本的计算

i	X_i	Y_i	(4) V_{oi}	(5) R_i	(6) d_i（英里）①	(7) ＝4×5×6 成本（美元）
1	3	8	2 000	0.050	35.52②	3 552
2	8	2	3 000	0.050	42.63	6 395
3	2	5	2 500	0.075	31.65	5 935
4	6	4	1 000	0.075	14.48	1 086
5	8	8	1 500	0.075	40.02	4 503
					总运输成本	21 471

① 这些距离精确到 1/100 英里。

② 由式（13－4）得到 $d_i = 10\sqrt{(3-5.16)^2+(8-5.18)^2}$ 英里 ＝35.52 英里。

上述例子在求解过程的第二步就结束了，得出的是一个近似解。在许多实际应用中，该方法可以计算出一个合理接近最优解的选址，非常近似最小成本解，而且当各点的位置、货物运输量及相关成本完全对称时，还可得出最优解。研究表明，当这些条件不能完全满足时，若某一点或几点并不比其他点的货物运量大特别多；问题所研究的需求点或供给点数量较多；运输费率与距离呈线性或近似线性关系，则潜在误差将很小[1]。例如，一个中等规模的问题包含 50 个需求点，各点的位置、货物运输量随机分布，且具有线性运输费率，使用该方法得出的解与最优解的平均误差为 1.6%。当然，随着需求点数量减少，误差水平会大幅度增加。要找出一个更精确的重心解还需要完成求解过程的其他步骤。我们无法直接找到该解，还须求助于一个反复迭代的过程（见资料 13.2）。一种相当简单而直接的方法就是连续逼近。虽然也有其他方法，但这个方法在实际当中非常有效。该方法可以手工进行计算，但要花费大量时间。如果利用计算机计算，效果会非常好。

资料 13.2 例子

继续利米特经销公司（Limited Distributors，Inc.）的问题，这里我们用重心解作为式（13－1）和（13－2）的初始解。利用上例得出的结果，解下表中的方程可以得出第一次迭代的位置坐标。

i	(2) V_iR_i	(3) $V_iR_iX_i$	(4) $V_iR_iY_i$	(5) d_i	(6)＝(2)/(5) V_iR_i/d_i	(7)＝(3)/(5) $V_iR_iX_i/d_i$	(7)＝(4)/(5) $V_iR_iY_i/d_i$
1	100.00	300.00	800.00	35.52	2.815	8.446	22.523
2	150.0	1 200.0	300.00	42.63	3.519	28.149	7.037
3	187.50	375.00	937.50	31.65	5.924	11.848	29.621
4	75.00	450.00	300.00	14.48	5.180	31.077	20.718
5	112.50	900.00	900.00	40.02	2.811	22.489	22.489
					20.249	102.009	102.388

修正后的坐标值计算如下

[1] Ronald H. Ballou, "Potential Error in the Center of Gravity Approach to Facility Location," *Transportation Journal* (winter 1973): 44－49.

$$\overline{X} = 102.009/20.249 = 5.038$$

和

$$\overline{Y} = 102.388/20.249 = 5.057$$

总成本为21 431美元。

使用LOGWARE中的COG计算机软件模组，我们可以完成100次这样的迭代过程。计算结果见表13-3。值得注意的是，在该问题中，总成本在第11次迭代以后就不再下降，选址位置的坐标变化也很小。这是本问题的特性，在其他问题中则可能出现截然不同的特征。

表13-3 COG软件得出的位置坐标和总运输成本的一百次迭代计算

迭代轮次	X坐标	Y坐标	总成本（美元）	
0	5.160	5.180	21 471.00	←重心
1	5.038	5.057	21 431.22	
2	4.990	5.031	21 427.11	
3	4.966	5.032	21 426.14	
4	4.951	5.037	21 425.69	
5	4.940	5.042	21 425.44	
6	4.932	5.046	21 425.30	
7	4.927	5.049	21 425.23	
8	4.922	5.051	21 425.19	
9	4.919	5.053	21 425.16	
10	4.917	5.054	21 425.15	
11	4.915	5.055	21 425.14	
·	·	·	·	
·	·	·	·	
·	·	·	·	
100	4.910	5.058	21 425.14	←精确解

13.3.1 单设施选址模型的推广

精确重心法的连续选点特性和其简单性使其不论是作为一个选址模型，还是作为更复杂方法的子模型都很受欢迎，也鼓舞着研究者拓展模型的功效。精确重心模型有许多推广模型，其中主要有：考虑客户服务和收入[1]，解决多设施选址问题[2]，引入非线性运输成本[3]等。

13.3.2 对单设施选址问题的评述

除重心模型外，其他的单设施选址方法包括图表技术[4]（Graphical Techniques）和近似

[1] 见Donald J. Bowersox, "An Analytical Approach to Warehouse Location," *Handling & Shipping* 2 (February 1962): 17-20; and Ronald H. Ballou, *Business Logistics Management*, 2nd ed. (Upper Saddle River, N. J.: Prentice Hall, 1985), 311-314.

[2] 见Allan E. Hall, "Program Finds New Sites in Multi-Facility Location Problem." *Industrial Engineering* (May 1988): 71-74: and Ballou, *Business Logistics Management*, 316-323.

[3] Leon Cooper, "An Extension of the Generalized Weber Problem." *Journal of Regional Science* 8, no. 2 (1968): 181-197.

[4] Alfred Weber, *Uber den Standort der Industrien*.

法[1]（Approximating Methods）。这些方法体现现实情况的程度、计算的速度和难度、得出最优解的能力都各不相同。显然，没有任何模型具有某一选址问题所希求的所有特点，也不可能由模型的解能够直接导出最终决策，或者说管理人员只需把选址问题委托给分析人员就高枕无忧了。因此，我们只能希望这些模型可以提供指导性解决方案。有效利用这些模型不仅需要我们充分认识其优势，还需要了解其缺陷。

这些单设施选址模型的优点是显而易见的——他们有助于寻找选址问题的最优解，而且这些模型能够充分真实地反映实际问题，因而问题的解对管理阶层是有意义的。模型的缺点则不那么明显，因此这些方法很值得一提。任何模型在用来解决实际问题时都会暴露出一定的缺陷，但并不意味着模型没有使用价值。重要的是选址模型的结果对失实问题的敏感程度。如果简化假设条件（比如假定运输费率呈线性），对模型设施选址的建议影响很小或根本没有影响，那么可以证明简单的模型比复杂的模型更有效。

以下列出了单设施选址模型的一些简化的假设条件：

（1）模型常常假设需求量集中于某一点，而实际上需求来自分散于广阔区域内的多个消费点。市场的重心通常被当作需求的聚集地，而这会导致某些计算误差，因为计算出的运输成本是到需求聚集地而非到单个的消费点。

（2）单设施选址模型一般根据可变成本来进行选址。模型没有区分在不同地点建设仓库所需的资本成本，以及与在不同地点经营有关的其他成本（如劳动力成本、库存持有成本、公共事业费用）之间的差别。

（3）总运输成本通常假设运价随运距成比例增加，然而，大多数运价是由不随运距变化的固定部分和随运距变化的可变部分组成。起码运费（Rate Minimums）和运价分段统一（Rate Blanketing）则更进一步扭曲了运价的线性特征。

（4）模型中仓库与其他网络节点之间的路线通常假定为直线。实际上这样的情况很少，因为运输总是在一定的公路网络、在既有的铁路系统中或在直线环绕的城市街道网络内进行的。我们可以在模型中引入一个比例因子把直线距离转化为近似的公路、铁路或其他运输网络的里程。这个转换因子，称为迂迴因子，因地域而异。对美国的地点而言，计算出的直线距离加上20%得到公路直达线路里程，加上24%得到铁路短线里程。如果是城市街道，则使用41%到44%的因子，第十四章中的表格列出了不同国家卡车运输的迂迴因子。

（5）人们对这些选址模型还有某些其他顾虑，如不是动态的。即模型无法找到反映未来收入和成本变化的解。（见资料 13.3）。

资料 13.3　应用

利斯维运输公司（Leaseway Transportation Corporation）能使用精确重心模型来确定波士顿卡车维修站的位置。该公司对遍布波士顿的众多客户出租数量不同的卡车。卡车维修站要选在对所有客户都很方便的地方。客户的地址、出租卡车的数量已知，本区内运价一样，可以利用重心模型得出维修站的大体定位，并选择其中某一具体位置。

某石油公司用重心模型来确定墨西哥湾石油开采平台的位置。在整个海湾底部分布着许

[1] G.O. Wesolowsky and R. F. Love, "A Nonlinear Approximation Method for Solving a Generalized Rectangular Distance Weber Problem," *Management Science* 18 (1972): 656-663.

多油井。这些油井被分成组，各组之间有管道连接，开采出的石油被送往海面上的采油平台。重心法在这里非常适用，可用来找出采油平台的最佳位置，使所需的管道总长度最短。

13.4 多设施选址（Multifacility Location）

对大多数企业而言，其面临的问题往往是必须同时决定两个或多个设施的选址，虽然问题更加复杂，却更加接近实际情况。多设施选址问题很普遍，因为除了非常小的公司以外，几乎所有公司的物流系统中都有一个以上的仓库。这些仓库不能看成是经济上相互独立的，而且可能的选址布局方案相当多，因而问题十分复杂。（见资料 13.4）

资料 13.4 观察

几年前，有一家生产工业清洁剂的公司，该公司向美国约 2 000 个县销售产品，使用 105 个公共仓库，有 4 家生产厂。仅在现有地点中，就可找出 80 多万个可能的工厂 - 仓库 - 客户物流方案供选择。如果考虑到数百种产品和所使用的数种运输方式，要找到一个最优的仓库位置就变得更为困难。

选址是企业面临的共同问题，所以我们将把仓库选址问题作为一种普遍问题来加以研究。该问题一般可以归为这样几个基本的规划问题：

（1）物流网络中应该有几个仓库？这些仓库应该有多大规模，位于何处？

（2）哪些客户指定由仓库负责供应？哪些仓库指定由各工厂、供应商或港口负责供应？

（3）各个仓库中应该存放哪些产品？哪些产品应从工厂、供应商或港口直接运送到客户手中？

人们已研究出了很多方法以解答部分或全部问题。虽然有些方法决非完善，但这里还是进行了介绍，以展示选址方法的多样性和有效性。数学上的选址方法归纳如下。

13.4.1 精确法（Exact Methods）

精确法是指这样的一些方法，能够保证得到选址问题的数学最优解，或者至少是精确度已知条件下的解。精确法在许多方面堪称解决选址问题的理想方法。但该类方法将导致计算机运行时间很长，要求的内存空间巨大，且在用于解决实际问题时会有一些问题的定义似是而非。微积分[1]和数学规划模型即属于该类方法，下文都将举例说明。

1. 多重心法（Multiple Center-of-Gravity Approach）

如果我们在多点布局时使用精确重心法，就可以发现多设施选址问题的特点。我们知道精确重心法是一种以微积分为基础的模型，用来找出起讫点之间使运输成本最小的中介设施

[1] 其他微积分模型，见 Edward H. Bowman and John B. Stewart, "A Model for Scale of Operations," *Journal of Marketing* 20 (January 1956): 242 - 247; and Arthur M. Geoffrion, "Making Better Use of Optimization Capability in Distribution System Planning," *AIIE Transactions* 11, no. 2 (June1978): 96 - 108.

的位置。如果要确定的点不止一个，就有必要将起讫点预先分配给位置待定的仓库。这就形成了个数等于待选址仓库数量的多个起讫点群落。随后，找出每个起讫点群落的精确重心点。针对仓库进行起讫点分配的方法很多，尤其是在考虑多个仓库及问题涉及众多起讫点时。方法之一是把相互间距离最近的点组合起来形成群落，找出各群落的重心位置，然后将各点重新分配到这些位置已知的仓库，找出修正后的各群落新的重心位置，继续上述过程直到不再有任何变化。这样完成了特定数量仓库选址的计算。该方法也可以针对不同数量的仓库重复计算过程。

随着仓库数量的增加，运输成本通常会下降。与运输成本下降相反的是物流系统中总固定成本和库存持有成本的上升。最优解是使所有这些成本之和最小的解。

如果能够评估所有分配起讫点群落的方式，那么该方法是最优的。尽管如此，就实际规模的问题进行计算却是不现实的。即便预先将大量顾客分配给很少的几个仓库，也是一件极其庞杂的工作。因此还需要使用其他方法。

2. 混合－整数线性规划（Mixed-Integer Linear Programming）

为寻求解决选址问题的有效方法，数学家们已经付出了多年努力。他们希望求解方法对问题的描述足够宽泛，使其在解决物流网络设计中常见的大型、复杂的选址问题时具有实际意义，同时可以得出数学上的最优解。数学家们尝试使用了先进的管理科学技术，来丰富分析方法，或者提供寻求最优解的改进方法。这些方法包括目标规划法（Goal Programming）[1]、树形搜索法（Tree Search Approach）[2]、动态规划法（Dynamic Programming）[3]及其他方法[4]。其中最有前景的当属混合－整数线形规划法[5]。它是商业选址模型[6]中最受欢迎的方法。

混合－整数线性规划法的主要优点是其他方法通常没有的，它能够把固定成本以最优的方式考虑进去。线性规划在整个网络需求分配过程中的优势是众所周知的，这也是该方法的核心所在。虽然优化法很吸引人，但其代价也相当可观。除非可以利用个别问题的特殊属性，否则计算机运行的时间将很长，需要的内存空间也非常大。除非对所有可能的方案都进行了评估，否则无法保证得到的是最优解。即便找到了最优解，数据上的微小变化也会导致大量的计算过程。

---

[1] Sang M. Lee and Richard L. Luebbe, "The Multi-Criteria Warehouse Location Problem Revisited," *International Journal of Physical Distribution and Materials Management* 17, no. 3 (1987): 56 – 59.

[2] U. Akine and B. M. Khumawala, "An Efficient Branch and Bound Algorithm for the Capacitated Warehouse Location Problem," *Management Science* 23 (1977): 585 – 594.

[3] Robert F. Love, "One-Dimensional Facility Location-Allocation Using Dynamic Programming," *Management Science* 23, no. 6 (January 1976): 614 – 617.

[4] 选址方法综述回顾，见 Brandeau and Chiu, "An Overview of Representative Problems in Location Research."

[5] A. M. Geoffrion and G. W. Graves, "Multicommodity Distribution System Design by benders Decompositon," *Management Science* 20, no. 5 (January 1974): 822 – 844; P. Bender, W. Northrup, and J. Shapiro, "Practical Modeling for Resource Management.," *Harvard Business Review* 59, no. 2 (March-April 1981): 163 – 173; and Jeffrey J. Karrenbauer and Glenn W. Graves, "Integrated Logistics Systems Design" in *Logistics Education and Research: A Global Perspective*, ed. James M. Masters and Cynthia L. Coykendale, Proceedings of the Eighteenth Annual Transportation and Logistics Educators Canference (St. Louis, Mo.: October 22, 1989): 142 – 171.

[6] Ronald H. Ballou and James M. Masters, "Commercial Software for Locating Warehouses and Other Facilities," *Journal of Business Logistics* 14, no. 2 (1993): 70 – 107.

仓库选址有多种不同形式。使用整数规划法的研究者们对某仓库选址问题描述如下：

某几家工厂生产数种产品，其中这些工厂的生产能力已知，每个消费区对每种产品的需求量已知。产品经由仓库运往消费者，满足需求，而每个消费区由某一指定仓库独家供货。

各个仓库能承受的总年吞吐量有上限和下限的要求。仓库可能的位置已知，但最终使用哪个地点则需作出选择，以达到总分拨成本最低的目标。仓库成本表示为固定成本（实际用地所承担的费用）加上线性可变成本。运输成本被看作是线性的。

这样，问题就转化为应决定使用哪个仓库位置；在每个选定位置，仓库的规模有多大；各个仓库该服务哪些消费区；各种产品的运输流模式是怎样的。所有这些都要在工厂生产能力和分拨系统仓库布局的约束条件下，实现以最小的分拨成本满足需求的目标要求[1]。

用描述性的语言可以将这一问题表达如下：

找出物流网络中仓库的数量、规模和位置，使得通过该网络运送所有产品的固定成本和线性可变成本在下列条件约束下降至最低：

(1) 不能超过每个工厂的供货能力；

(2) 所有产品的需求必须得到满足；

(3) 各仓库的吞吐量不能超过其吞吐能力；

(4) 必须达到最低吞吐量仓库才可以开始运营；

(5) 同一消费者需要的所有产品必须由同一仓库供给。

该问题可以用一般整数线性规划的计算机软件包来求解。以往，即便使用最先进的计算机，也无法对这类实际问题进行求解。然而，现在研究者运用这样一些方法，比如，将一个多产品问题按产品类别分解成若干子问题，去掉与解无关的部分，然后估计出近似的数据关系，弥补前文解法的缺陷，从而使计算机运行时间和所需的内存空间限制在令人接受的范围。今天，研究者们声称他们已经可以大大扩展可建模的网络层级数量，能将多个时期考虑进模型，并且慎重地处理非线性函数[2]。（见资料 13.5 和 13.6）

资料 13.5　例子

我们来举一个小型的多产品问题和标准整数规划软件的例子，以此来说明如何用整数规划求解选址问题。

假设问题如图 13－5。现有三个顾客需要两种产品，但每个顾客只能由同一个仓库供货。这就需要在两个仓库之间进行选择。仓库 1 的货物搬运处理成本为 2 美元/担；如果投入营运，该仓库的固定成本为每年 10 万美元；仓库的处理能力为每年 11 万担。仓库 2 的货物搬运处理成本为 1 美元/担；固定成本为 50 万美元；处理能力无限制；不存在维持仓库运营的最低数量限制。有两个工厂为仓库提供产品。每个工厂都可以生产其中任何一种产品，但每种产品的单位生产成本是不同的。

工厂 1 的生产能力有限制（可生产 6 万担产品 1，5 万担产品 2）。工厂 2 生产任意一种产品都没有生产能力的限制。

---

[1] Geoffrion and Graves, "Multicommodity Distribution System Design." 822.

[2] Karrenbuer and Graves, "Integrated Logistics System Design."

我们的任务是弄清该使用哪些仓库，怎样将顾客需求分配给他们，各工厂应该向每个仓库供多少货？

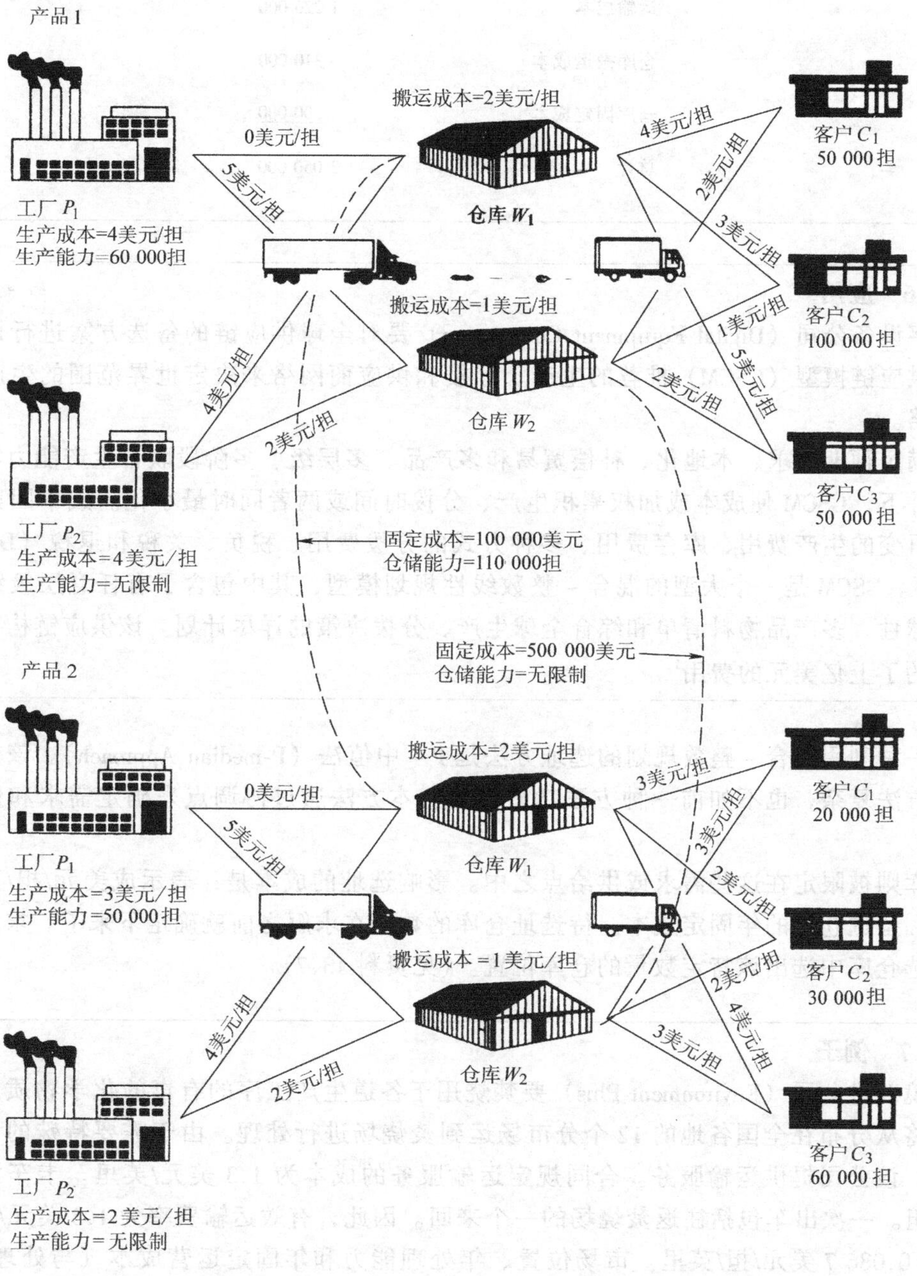

图 13-5　用混合-整数线性规划求解的一个小型多产品仓库选址问题

该问题的公式列在本章的方法补充说明中。使用 LOGWARE 中的 MIPROG 模组可以求出该问题的解。解出的结果是仅使用仓库2，利用工厂2供货。成本小结为：

类别	成本（美元）
产品	1 020 000
运输成本	1 220 000
仓库搬运成本	310 000
仓库固定成本	500 000
总计	3 050 000

资料 13.6 应用

数字设备公司（Digital Equipment Corporation）要对全球供应链的备选方案进行评估，使用全球供应链模型（GSCM）推荐的生产、分拨和供应商网络来决定世界范围的生产制造和分拨战略。

在满足预期需求、本地化、补偿贸易和多产品、多层级、多阶段联合生产能力等限制性约束条件下，GSCM 使成本或加权累积生产、分拨时间或两者同时最小化。成本因素包括固定的、可变的生产费用、库存费用、多种方式的分拨费用、税负、关税和退税（Duty Drawback）等。GSCM 是一个大型的混合－整数线性规划模型，其中包含了有任意层级结构供应链的全球性、多产品物料清单和综合全球生产、分拨决策的详尽计划。该供应链构架已经为企业节约了上亿美元的费用[1]。

另一种利用混合－整数规划的选址方法是 P－中值法（P-median Approach）。该方法不如前一种方法复杂，也不如前一种方法功效强大。本方法通过协调点来确定需求和供给点的位置。

仓库则被限定在这些需求或供给点之中。影响选址的成本是：表示成美元/担/英里的可变运价和备选仓库的年固定成本。待选址仓库的数量在求解之前就确定下来了。求解过程就要从备选仓库中选出该特定数量的仓库位置。（见资料 13.7）

资料 13.7 例子

环境改进公司（Environment Plus）要焚烧用于各道生产工序的有毒的化学物质。这些化学物质将从分布在全国各地的 12 个分市场运到焚烧场进行处理。由于需要特殊的设备和搬运工序，该公司提供运输服务。合同规定运输服务的成本为 1.3 美元/英里，卡车满载运量为 300 担。一次出车包括往返焚烧场的一个来回。因此，有效运输费率为 1.3 美元/英里 × 2/300 担 = 0.086 7 美元/担/英里。市场位置、年处理能力和年固定运营成本（与处理量无关）如表 13－4 所示：

---

[1] Bruce C. Arntzen, Gerald G. Brown, Terry P. Harrison, and Linda L. Trafton, "Global Supply Chain Management at Digital Equipment Corporation." *Interfaces* 25, no. 1 (January-February 1995): 69－93.

表 13-4　环境改进公司的市场位置、需求量和成本

市场	纬度	经度	年处理量（担）	固定运营成本（美元）
波士顿，马萨诸塞州	42.36	71.06	30 000	3 100 000
芝加哥，伊利诺依州	41.84	87.64	240 000	2 900 000
纽约，纽约州	40.72	74.00	50 000	3 700 000
明尼阿波利斯，明尼苏达州	44.93	93.20	140 000	—
亚特兰大，佐治亚州	33.81	84.63	170 000	1 400 000
菲尼克斯，亚利桑那州	33.50	112.07	230 000	1 100 000
巴尔的摩，马里兰州	39.23	76.53	120 000	—
丹佛，科罗拉多州	39.77	105.00	300 000	1 500 000
辛辛那提，俄亥俄州	39.14	84.51	100 000	1 700 000
洛杉矶，加利福尼亚州	34.08	118.37	40 000	2 500 000
孟菲斯，田纳西州	35.11	89.96	90 000	—
西雅图，华盛顿州	47.53	122.32	20 000	1 250 000

巴尔的摩、孟菲斯和明尼阿波利斯的市区不允许建立焚烧场，因此无须作为备选地点进行考虑。若要选择五个地点，该选哪几个？

LOGWARE 中的 PMED 软件模组可以帮助解决该问题，PMED02.DAT 还为解决该问题提供了一个数据库。以下结果告诉了我们使成本最小的最佳选址：

序号	仓库名称	处理量	指定的服务区
1	纽约，纽约州	200 000	1　2　4
2	亚特兰大，佐治亚州	260 000	3　6
3	芝加哥，伊利诺依州	480 000	5　7　8
4	菲尼克斯，亚利桑那州	270 000	9　11
5	丹佛，科罗拉多州	320 000	10　12
	总计	1 530 000	
总成本	2 473 904 000 美元		

图 13-6 给出了解决方案的地图。

图 13-6　环境改进公司选址问题解决方案图示

混合-整数线性规划作为一种方法非常有吸引力，但该方法处理大规模选址问题时可能需要较长的时间求解，尽管有了更快的计算机，这个问题仍然令人头疼。

此外，非线性函数求解也存在许多困难，而非线形函数又很可能存在于库存策略、运输费率、销售-客户服务关系中，所有这些使得其他方法与混合线性规划相比仍然具有某些优势。

13.4.2 模拟法（Simulation Methods）

虽然真正提供数学最优解的选址模型看起来最好，但要记住针对实际选址问题的最优解可能并不比模型对问题实际情况的描述更好。况且，这样的优化模型通常很难理解，需要许多管理人员掌握他们并不具备的技能。

因此，一些人认为应该首先要求对问题进行准确描述，这些倡导者常常使用模拟方法进行规划。他们强调对问题的准确描述，宁愿冒险接受改良的次优解，也不要对问题笼统描述的最优解。

模拟设施选址模型指以代数和逻辑语言作出的对物流系统的数学表述，在计算机的帮助下人们可以对模型进行处理。有了经济或统计关系的现实表述，就可以使用模拟模型来评估不同布局方法的效果。

模拟模型与算术选址模型不同，它要求分析员或管理人员必须明确网络中需要的特定设施。根据被挑选出来等待评估的个别仓库及其分配方案判断这是最优的，还是接近最优的选址方式。

算术模型寻求的是最佳的仓库数量、最佳的位置、仓库的最佳规模，而模拟模型则试图在给定多个仓库、多个分配方案的条件下反复适用模型找出最优的网络设计方法。分析结果的质量和效率取决于使用者选择分析地点时的技巧和洞察力。(见资料 13.8)

资料 13.8 应用

当前用于仓库选址的经典模拟模型是为亨氏公司（H. J. Heinz Company）开发的，后来用于雀巢公司（Nestlé Company）的分拨问题[1]。该模拟模型为基本的仓库选址问题（仓库数量、地点、仓库的需求分配等）提供了答案，且可以涉及多达 4 000 个客户、40 个仓库、10-15个工厂。与许多算术模型相比，本模型适用的范围很广。亨氏公司模拟模型中的主要分拨成本要素包括：

（1）客户。影响分拨成本的因素有：

a. 客户的位置。

b. 年需求量。

c. 购买的产品类型。不同的产品属于不同的货物等级，从而会有不同的运价。当产品组合存在地区差异时，就不能对所有产品按平均运价进行计算。

d. 订单大小的分布。运输批量规模不同，也会导致适用不同的费率。

---

[1] Harvey N. Shucon and Richard B. Maffei. "Simulation - Tool for Better Distribution." *Harvard Business Review* 38, no. 6 (November - December 1960): 65 - 75.

(2) 仓库。影响成本的因素有：

a. 公司对自有仓库的固定投资。有些公司喜欢选择公共仓库，这样固定投资就相对较小。

b. 年固定运营和管理成本。

c. 存储、搬运、库存周转和数据处理方面的可变成本。

(3) 工厂。工厂的选址和各工厂的产品供应能力是影响分拨成本的最重要因素。工厂内的某些存储和搬运费用对分拨成本也可能有一定影响，但这些成本大部分与仓库位置分布无关，可以不做分析。

(4) 运输成本。产品从工厂运到仓库产生的运费成本被称为运输成本，它取决于相关的工厂、仓库的位置、运输批量的大小、产品的货物等级。

(5) 配送成本。产品从仓库运到客户手中的成本被称为配送成本，它取决于运输批量的大小、仓库和客户的位置、产品的货物等级[1]。

亨氏公司在应用模拟模型时，输入数据的处理过程分为两部分。首先，预处理程序把通过仓库就能履行的客户订单与那些货量足够大，由工厂履行更经济的订单区分开来。

然后，测试程序（或主要程序）依据经纬度坐标计算出从客户到仓库和工厂到仓库的距离[2]。

选择向客户供货的指定仓库时要先检验最近的五家仓库，然后选择从仓库到客户的配送成本、仓库的搬运和储存成本、工厂到仓库的运输成本最低的仓库。接着，在仓库系统产品流向已知，测试程序读入地理信息的条件下，用计算机运行必要的计算来评估特定的仓库布局方案。还要利用线性规划法求解工厂生产能力的限制。

需要评估多少个仓库布局方案，就需要重复进行多少次测试。图 13－7 是模型运行的流程图。

目前，模拟模型在仓库选址中依然起着重要作用。这些模型多数常常被写成库存模拟器（LREPS[3] 和 PIPELINE MANAGER[4]），而另一些则被更直接开发成仓库选址器[5]。

这些模型的潜在优势是它们既能够考虑库存的时间方面问题，也能考虑库存的地理分布问题。

另一方面，使用该方法面临的问题是需要大量的数据信息和较长的计算机运算时间。虽然如此，对现实情况的精确描述仍然是模型吸引人的首要原因。

选址模拟器的主要问题是，使用者可能无法确定所选择的仓库布局与最优值究竟差多少。

---

1 Martin L. Gerson and Richard B. Maffei. "Technical Characteristics of Distribution Simulators." *Management Science* 10 (October 1963): 62－69.

2 该坐标系的实际距离与计算距离之间的误差限制在 2% 左右。

3 Donald J. Bowersox, "Planning Physical Distribution with Dynamic Simulation." *Journal of Marketing* 36 (January 1972): 17－25.

4 Robert Sloan, "Integrated Tools for Managing the Total Pipeline." *Annual conference Proceedings* (Chicago: Council of Logistics Management, 1989): 93－108.

5 Donald B. Rosenfield and William C. Copacino, "Logistics Planning and Evaluation Using 'What-If' Simulation." Journal of Business Logistics 6, no. 2 (1985): 89－109.

当然，我们知道选址问题的总成本曲线一般具有“平坦的底部”。因此，最优区域内的两个十分接近的方案之间成本变化很小。

只要已经过一定数量慎重选择的仓库布局进行过评估，我们就完全可以相信我们至少找出来了一个令人满意的答案。

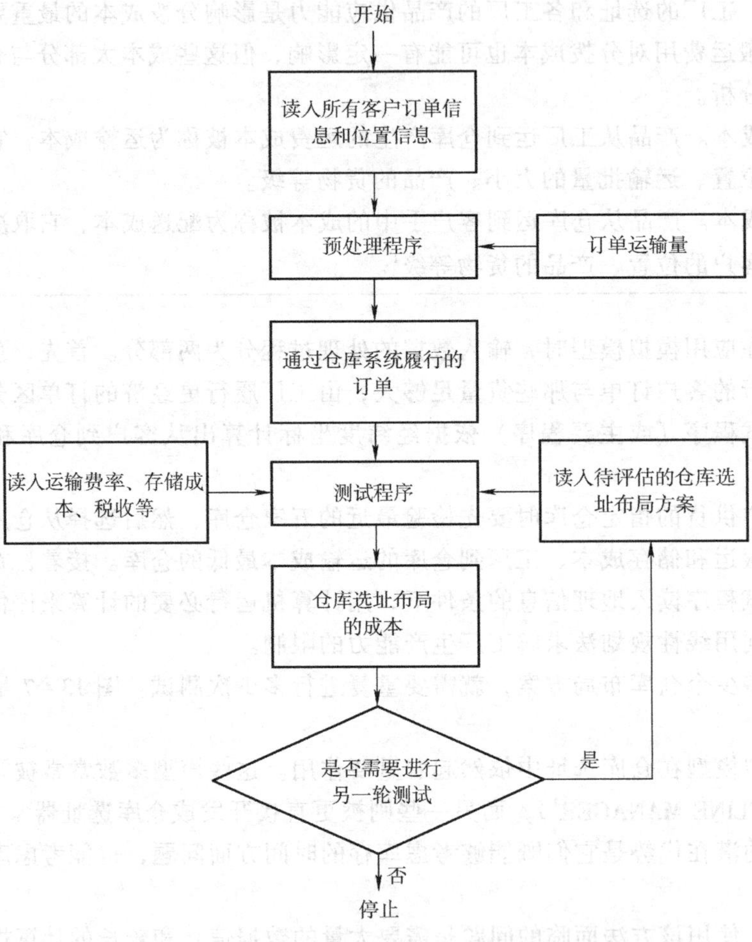

图 13-7 亨氏公司开发的仓库选址模拟程序流程图

资料来源：改编自 Harley N. Shycon and Richard B. Maffei，“Simulation—Tool for Better Distribution，” Harvard Business Review 38（November-December 1960）：73

13.4.3 启发法（Heuristic Methods）

启发法可以指有助于减少求解平均时间的任何原理或概念。有时启发法也用来表示指导问题解决的经验原则。当经验原则运用在选址问题上时，这类洞悉求解过程的经验可迅速地从大量备选方案中找出好的解决方案。虽然启发法不能保证一定找到最优解，但由于使用该方法可以使计算机运算时间和内存要求更为合理化；很好地表现实际情况，得到质量满意的解，所以仓库选址时人们仍然考虑使用该方法。

库恩（Kuehn）和汉伯格（Hamburger）设计的启发法是一种用于仓库选址问题的经典方法，一直沿用至今[1]，已成为仓库选址中的常用方法。其他的例子也很多[2]。为帮助理解适用于解决现实问题的启发模型的类型，我们来看一下实际中常常遇到的选址问题的特点。

选址问题实际就是对与选址相关成本进行的一种权衡，这些成本主要包括：

- 生产/采购成本
- 存储和搬运成本
- 仓库固定成本
- 库存持有成本
- 仓库订单和客户订单处理成本
- 仓库内向、外向运输成本

每一成本类别都会反映出地理位置的差异、货物数量和运输批量的特征、政策的差异、规模经济的特点。

成本悖反规律的性质如图 13－8 所示。库存、存储和固定成本与出入库运输成本之间存在直接的悖反关系。生产成本和订单处理成本之间也存在悖反关系，但在该图中没有充分反映出来。选址模型的任务就是在给定客户服务水平和其他实际条件的限制下，找出使总的相关成本最低的仓库/工厂布局。

图 13－8 中运输成本随分拨系统内仓库数量的增加而下降。这一般是符合实际的，因为到达仓库的内向运输通常比离开仓库的外向运输批量更大，费率更低。当系统内仓库数量增多时，仓库距顾客更近，因而内向运输成本上升，但外向运输成本下降的比例更大。这样运输成本曲线持续下降，直到系统内仓库数量过多以至于实际上无法保证到达所有仓库的运输都达到整车批量。从该点开始，运输成本曲线会上升。

如图所示，随着系统内仓库数量的增加，库存持有成本和存储成本曲线上升的速度渐趋缓慢。这主要是由企业的库存政策、政策执行方式和网络固定成本增加所导致的。仓库数量增多，系统中安全库存量就会成倍增加。如果企业以经济订货批量的方法来控制库存，就会导致平均库存和库存持有成本曲线的上升呈递减趋势。其他的库存政策则会导致库存持有成本和存储成本曲线略有不同，曲线特点从线性上升到递减上升各不相同[3]。如果仓库是企业自有的或租赁的，每个仓库每年都会产生一笔固定费用。这样，系统总固定成本也会随仓库数量的增加而上升。

1. 部分评估（Selected Evaluation）

启发法可以从本章已介绍过的方法（如多重心法）推出。该方法要解决的是特定数量仓库的选址问题。

---

[1] A. A. Kuehn and M. J. Hamburger, "A Heuristic Program for Locating Warehouses." *Management Science* 10 (July 1963): 643－666.

[2] Brandeau and Chiu, "An Overview of Representative Problems in Location Research." 666－667; and Ronald H. Ballou and James M. Masters. "Commercial Software for Locating Warehouses and Other Facilities." *Journal of Business Logistics* 14, no. 2 (1993).

[3] Ronald H. Ballou. "Estimating and Auditing Aggregate Inventory Levels at Multiple Stocking Points." *Journal of Operations Mainagement* 1, no. 3 (February 1981): 143－153.

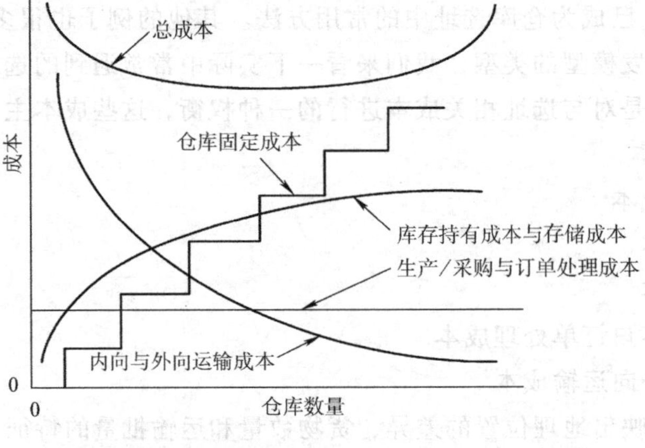

图 13-8 设施选址问题中存在的一般成本悖反

由于该方法只考虑运输成本，因此可能需要增加诸如库存和仓库固定成本等项成本以产生一个更具代表性的总成本。通过不同仓库数量下反复求解的过程，我们可以找出最佳仓库数量及其相应的仓库位置。（见资料 13.9）

资料 13.9 例子

假设如 LOGWARE 软件包中的文件 MCOG01.DAT 所设定那样，我们有 10 个市场的数据，也有各市场相应的运输费率。如图 13-9 所示。除此之外，每个仓库每年的固定成本为 200 万美元。所有仓库的库容都足够大，足以供应所有的市场需求。物流系统内库存数量可以用 $I_T = 6\ 000\ 000\sqrt{N}$（单位：美元）估计出来，其中 N 是网络中的仓库数量。库存持有成本为每年 25%。所有仓库内的搬运费率都相同，因而不影响选址结果。那么，应该设多少个仓库，各个仓库的位置在什么地方，每个仓库该供应哪些市场呢？

使用 LOGWARE 中的 MULTICOG 软件模组对不同的仓库数量进行反复计算，可以得到数据表 13-5：

表 13-5 部分评估选址问题中的可选地点

仓库数	运输成本（美元）	固定成本（美元）	库存成本（美元）	总成本（美元）
1	41 409 628	2 000 000	1 500 000	44 909 628
2	25 989 764	4 000 000	2 121 320	32 111 084
3	16 586 090	6 000 000	2 598 076	25 184 166
4	11 368 330	8 000 000	3 000 000	22 368 330 ←
5	9 418 329	10 000 000	3 354 102	22 772 431
6	8 032 399	12 000 000	3 674 235	23 706 634
7	7 478 425	14 000 000	3 968 627	25 447 052
8	2 260 661	16 000 000	4 242 641	22 503 302
9	948 686	18 000 000	4 500 000	23 448 686
10	0	20 000 000	4 743 416	24 743 416

四个仓库时可以得到成本最佳均衡的结果。如图 13-9 所示，仓库应分别定位于市场 3、

7、9和10。市场2、3、4和5由位于3的仓库供货；市场1、6、7由位于7的仓库供货；市场8和9分配给位于9的仓库；市场10分配给位于10的仓库。

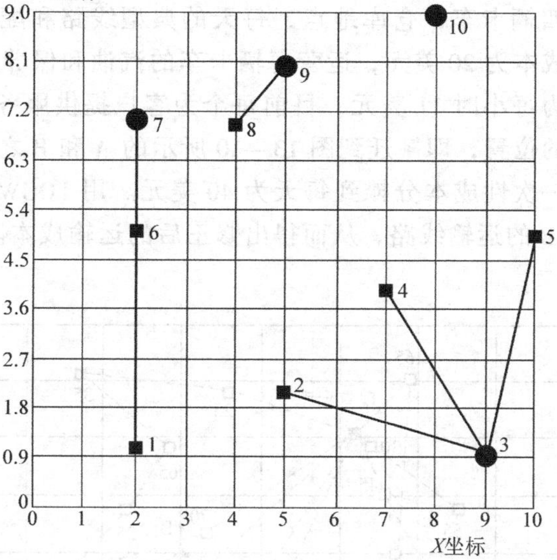

图 13－9　例题中的市场和四个仓库的解决方案

部分评估法是启发法的一种，原因有几个：第一，多重心法包括一些用于确定仓库初始位置的原则，这可能导致最终结果的次优。第二，在仓库位置确定之后，才把固定成本和库存成本加在运输成本上，这样做不如在确定仓库位置的过程中就将这些成本综合考虑得到的结果更好。无论该方法存在什么样的缺点，如果对选址问题求解时只能得到极少的信息，那么这一方法还是有价值的。我们可以用该方法得出备选地点，再用更有效的方法进行更加全面的评估。

另一种形式的部分评估是专门对仓库数量和某个仓库进行评估。尽管总体分析看起来只不过是使用重心法。分析者也要使用主观判断、逻辑分析、推理技巧以及其他模型的结果来选择进行评估的仓库。由于最优化的模型无法把一个令人满意的网络设计应考虑的所有因素都包括进来，这类的假设推定分析对实际中的网络设计很有用。在某个特定的网络进行需求分配时常用的方式是线性规划。选择某些仓库进行评估是解决网络设计中实际问题的有效途径，并且可以确保考虑所希望的仓库组合。大多数选址分析使用的是这种部分评估法。

部分评估还可以用于解决非选址分析中所涉及的选址问题。常见的这类问题是确定卡车发货仓库的问题。在多辆卡车到多个停车点的线路选择问题中，线路结构取决于仓库在各经停点所在区域中的位置。仓库的位置取决于运输成本，因此，对卡车线路选择问题的求解对仓库选址十分重要。我们可以用LOGWARE软件包中的ROUTER模块及类似的模型找出行车路线和最小运输成本。然后，选择一个仓库，对该地点的线路选择问题进行求解，再把相关的成本加总，就可以对各个地点进行评估。这是一种试错法，选址问题求解的满意程度取决于被选来进行评估的各地点的质量。（资料13.10）

资料 13.10 例子

一家餐厅供应中心每天向它的客户（各餐厅）提供配送服务。目前，该供应中心每天从城市中的一个仓库发出四辆卡车，仓库地点、每天的典型线路和配送量如图 13－10 所示。假设每辆卡车每天摊销成本为 20 美元，运营每辆卡车的汽油和保养成本为 0.40 美元/英里，卡车司机的工资和福利为每小时 11 美元，目前每个为客户提供服务的成本为 508 美元。该公司现在考虑改变仓库的位置，即搬迁到图 13－10 所示的 A 和 B 之中的一个。两个设施的运作成本相当，搬迁的一次性成本分摊到每天为 40 美元。用 LOGWARE 中的 ROUTER 程序可以得出仓库在 A 和在 B 的运输线路，从而得出修正后的运输成本。比较三者的每日成本，我们可以得到下表：

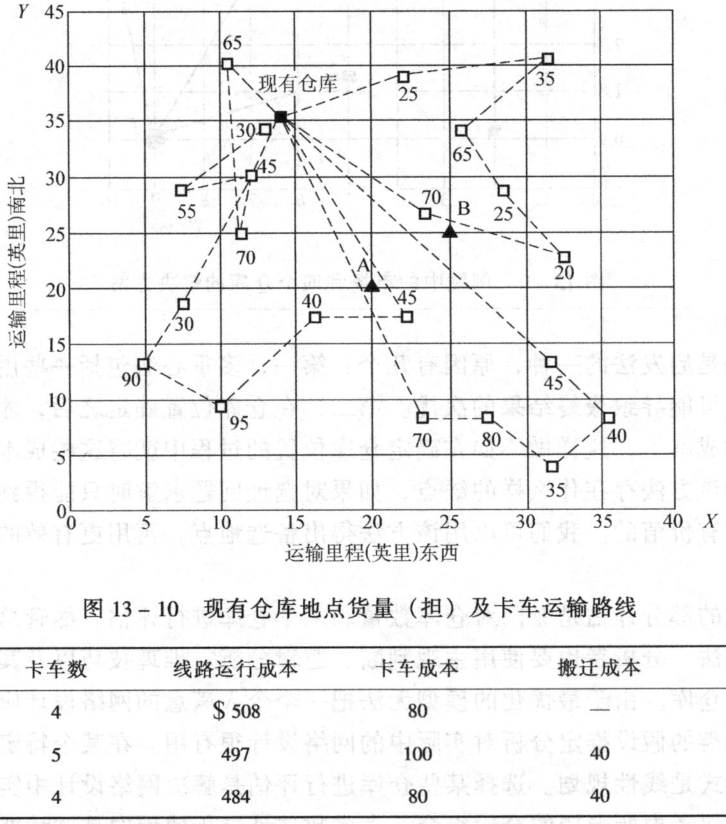

图 13－10 现有仓库地点货量（担）及卡车运输路线

地点	卡车数	线路运行成本	卡车成本	搬迁成本	平均每日总成本
现有	4	$ 508	80	—	$ 588
A	5	497	100	40	637
B	4	484	80	40	604

由于运输成本的节约不能抵销增加的搬迁成本，因此最经济的决策是仍然使用现有地点的仓库。

2. 指导线性规划（Guided Linear Programming）

在开发用于解决实际选址问题的严格启发法时，一般都会将线性规划作为求解方法的一部分。这种方法的诱人之处在于线性规划能在得出最优结果的同时考虑仓库处理能力的限制，而其他方法做不到。然而，要使线性规划法真正有效，还应该能够解决固定成本和非线性库存成本的问题。这就需要用启发法来对线性规划进行指导以达到我们所期望的效果。

我们来看图 13－11 中的小规模单一产品的选址问题。第一步是建一个矩阵，该矩阵形式类似于线性规划的运输问题。确定一个结构形式，物流网络的两个层级就可以在图 13 - 12 的矩阵中表示出来。输入矩阵中每个单元格的成本，就可以导出启发过程。因为生产成本和工厂到仓库间的运输成本是线性的，因而数据可以直接输入工厂 – 仓库单元格。例如，代表 P_2 和 W_1 间产品流动的单元格成本是生产成本加运输成本，或者说是 4 美元/担 + 4 美元/担 = 8 美元/担。

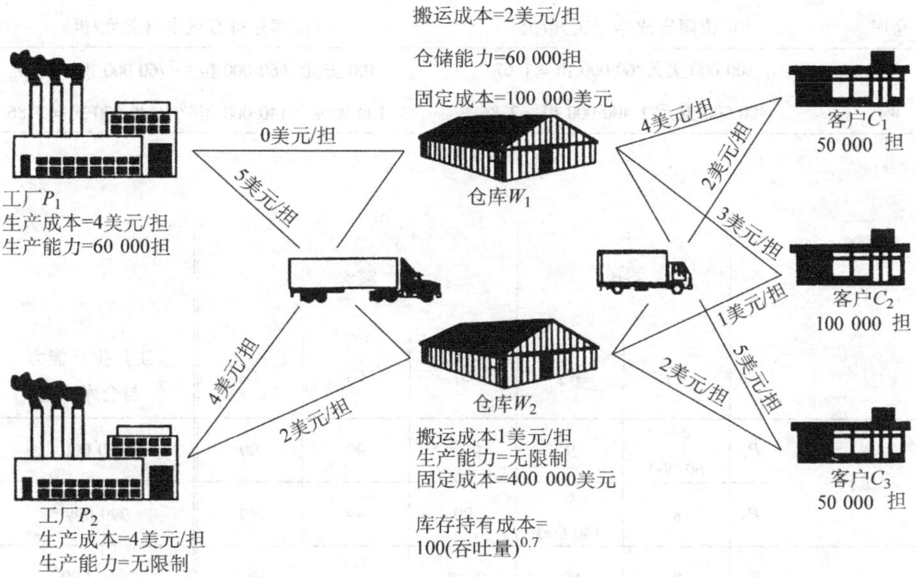

图 13 - 11　考虑仓库固定成本和库存成本的单一产品选址问题

仓库到客户的单元格由仓库搬运成本加运输成本、库存持有成本、固定成本组成。搬运和运输费率可以直接从图 13 - 11 中读出。但图中没有列出库存持有成本和固定成本的费率，需要根据各仓库的吞吐量计算得出。因为吞吐量未知，所以我们必须假设初始吞吐量。从固定成本来看，假定各仓库最初的情况是最理想的，即假定所有需求都流经该仓库，则对应于仓库 1 的固定成本费率即为年仓库固定成本除以总的客户需求，或者说是 100 000 美元/200 000 = 0.50 美元/担。对应于仓库 2 的费率是 400 000 美元/200 000 = 2 美元/担。

从库存持有成本来看，每担的费率取决于仓库的数量和分配给各仓库的客户需求量。此外，为使各仓库被选择的机会最大，假设各仓库的吞吐量是相等的，或用客户总需求除以被评估的仓库数。库存持有费率的定义为仓库的库存成本除以仓库的吞吐量，或写为 $IC_i = K$ (吞吐量$_i$)n/吞吐量$_i$。各仓库最初的每担库存持有费率为：

$$100\{[(200\ 000/2)^{0.7}]/(200\ 000/2)\}=3.2美元/担$$

（上式中标注：客户总需求、仓库数量）

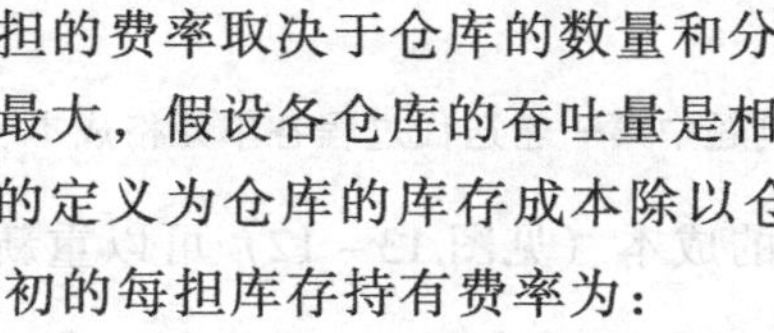

现在，把估计的单位固定费率和单位库存持有费率输入图 13 - 12 中矩阵的仓库 – 顾客单元格。使用 LOGWARE 中的 TRANLP 模组按正常方法就可以解出该问题。计算结果见图

13 – 12中的黑体字。这样就完成了一轮计算过程。

以后各轮的计算就要充分利用前一轮计算得出的仓库吞吐量来修正对仓库每单位库存持有成本和每单位固定成本的估计。

要进行估计，我们应注意到 W_1 的吞吐量为60 000担，而 W_2 的吞吐量为140 000担。（见图13 – 12）。各仓库分摊的成本为：

仓库	单位固定成本（美元/担）	单位库存持有成本（美元/担）
W_1	100 000美元/60 000担 = 1.67	100美元（60 000担）$^{0.7}$/60 000担 = 3.69
W_2	400 000美元/1 400 000担 = 2.86	100美元（140 000担）$^{0.7}$/140 000担 = 2.86

		仓库 W_1	仓库 W_2	顾客 C_1	顾客 C_2	顾客 C_3	工厂生产能力与仓库容量
工厂	P_1	4① 60 000	9	99②	99	99	60 000
	P_2	8	6 140 000	99	99	99	999 999③
仓库	W_1	0	99	9.7④	8.7 60 000	10.7	60 000
	W_2	99②	0	8.2⑤ 50 000	7.2 40 000	8.2 50 000	999 999③
仓库容量与顾客需求		60 000	999 999③	50 000	100 000	50 000	

① 生产加内向运输费率，即，4 + 0 = 4。

② 用以代表无限高的成本。

③ 用以代表无限的生产能力或库容量。

④ 库存持有费率、存储费率、外向运输费率和固定费率，即3.2 + 2 + 4 + 0.5 = 9.7。

⑤ 3.2 + 1 + 2 + 2.0 = 8.2。

图13 – 12 例题中第一轮迭代过程各单元格成本和求解值矩阵

矩阵中仓库到顾客单元格的成本（见图13 – 12）可以重新计算如下：

	C_1	C_2	C_3
W_1	11.36①	10.36	12.36
W_2	8.72②	7.72	8.72

① 2 + 4 + 1.67 + 3.60 = 11.36。

② 1 + 2 + 2.86 + 2.86 = 8.72。

其余单元格不变。现在，再次对问题求解。

第二轮求解的结果表明所有的生产都在工厂2进行，所有的产品由仓库2供货。也即：

	C_1	C_2	C_3	
W_1	0	0	0	
W_2	50 000	100 000	50 000	← 在工厂 2 生产

随后的迭代会重复第二轮迭代的结果，因为库存和固定成本的分摊保持不变。这样就到达了停止点。要得出与解出结果相应的成本，就可从问题的实际成本着手，重新进行计算，此时，由于图 13－12 各单元格成本中含有仓库固定成本和库存持有成本的估计值，所以不要再使用图 13－12 中单元格中的成本，而应使用图 13－11 中的费率，计算出的成本如下：

成本类型	仓库 1 0 担	仓库 2 200 000 担
生产成本（美元）	0	200 000 × 4 = 800 000
内向运输成本（美元）	0	200 000 × 2 = 400 000
外向运输成本（美元）		
		50 000 × 2 = 100 000
		100 000 × 1 = 100 000
		50 000 × 2 = 100 000
固定成本（美元）	0	40 000
库存持有成本（美元）	0	$100 \times (200\ 000)^{0.7} = 513\ 714$
搬运成本（美元）	0	200 000 × 1 = 200 000
小计（美元）	0	2 613 714
总计（美元）	2 613 714	

前面的例子说明了单一产品情况下的启发法。然而，许多实际选址问题需要在计算过程中考虑多种产品，因此我们要进行微小的调整，即仓库的固定成本应根据各仓库的吞吐量由几种产品分摊，这样就可以利用指导线性规划法进一步解决多产品问题[1]。

13.4.4 多设施选址方法评述

大规模、多设施选址模型给管理人员制定决策带来的帮助是巨大的。从包含上百个仓库、20 多类产品、15 个工厂、300 多个消费需求区的大型供应－分拨网络到由上百家供应商供应一家主仓库，而后供应客户的供应网络，都广泛适用该方法。在国防、零售、消费品和工业品等各个行业，许多企业（不论是在国内经营，还是国际环境中经营的）都已经应用了这种规模的模型。这些模型之所以如此受欢迎，其主要原因是它们提供了解决企业管理中重大问题的决策依据；它们强大有效，可以多次重复用于各种形式的物流网络设计，且能提供规划所需的细节；用模型进行求解的成本不高，因而使用带来的收益远远超出其应用成本；模型要求的数据信息在大多数企业很容易获得。从区域经济学家的早期模型开始，这些模型

[1] Ronald H. Ballou, "DISPLAN: A Multiproduct Plant/Warehouse Location Model with Nonlinear Inventory Costs." Journal of Operations Management 5, no. 1 (November 1984): 75－80.

已经历了漫长的发展过程，从而更具代表性了。

然而，这些模型还没有完全发挥出作用。

首先，库存政策、运输费率结构和生产/采购规模经济中会出现非线性的、不连续的成本关系，如何准确和/或高效处理这些关系仍然是数学上的难题。

第二，设施选址模型应该得到进一步的发展，应该更好地解决库存和运输同步决策[1]的问题，即这些模型应该是真正一体化的网络规划模型，而不应该分别以近似的方法解决各个问题。

第三，网络设计过程中应该更多地关注收入效应，因为一般来讲模型建议的仓库数量多于将客户服务作为约束条件，成本最小化时决定的仓库数量[2]。

第四，建立的模型应该便于管理人员和规划者使用，这样模型才能经常被用于策略性规划、预算，而不是仅仅用于偶尔为之的战略规划。这就要求模型与企业的管理信息系统取得更紧密的联系以便迅速得到模型运算所需形式的数据。

总之，尽管各种模型的适用范围和解法不同，但是任何模型都可以由具备一定技能的分析人员或管理人员用来得出有价值的结果。使现有技术更易于使用，更便于决策者利用，必然成为未来的发展方向。

13.5 动态仓库选址[3]

迄今为止，我们讨论的选址模型代表的是一类复杂尖端的研究，这些研究被用来帮助物流管理者解决实际仓库选址问题。虽然人们对这些模型做了很多改进，以使其更具有代表性，计算更有效率，但模型本质上仍然是静态的。即它们无法提供随时间而变化的最优选址模式。

需求和成本模式会随时间变化，因此选址模型根据现期数据得出的解在未来的经济环境下使用会被证明是次优的。最优网络布局是指在一个规划期内从一种布局形式转换到另一种布局形式，这样才可以保证在任何时间网络布局都是最优的。这不是简单地寻找规划期内各年仓库的最优数量、最佳规模和最佳位置。

从一种布局形式转换到另一种布局形式需要付出一定的成本。如果该网络使用公共仓库，那么经常改变网络布局或许是可行的，因为关闭一个仓库，把存货转到另一个仓库并开始营业的成本不高。反之，如果从一种布局形式转换到另一种布局形式的成本很高（比如仓库是自有的或租赁的），就不应该经常改变网络布局。这样，一开始就实施最优设计就变得

---

[1] 运输规划与选址模型一体化的例子，见 Jossef Perl and Mark S. Daskin. "A Unified Warehouse Location-Routing Methodology," *Journal of Business Logistics* 5, no. 1 (1984): 92 – 111.

[2] Peng-Kuan Ho and Jossef Perl, "Warehouse Location Under Service-Sensitive Demand," *Journal of Business Logistics* 16, no. 1 (1995): 133 – 162.

[3] 该部分根据 Ronald H. Ballou, "Dynamic Warehouse Location." Journal of Marketing Research 5 (August 1968): 271 – 276. 该项工作的发展可见 D. Sweeney and R. L. Tatham, "An Improved Long-Run Model for Multiple Warehouse Location." *Management Science* 22, no. 7 (March 1976): 748 – 758; G. O. Wesolowsky and W. G. Truscott, "The Multi-Period Location-Allocation Problem with Relocation of Facilities," *Management Science* 22 (1975): 57 – 65; and Tony Van Roy and Donald Erlenkotter, "A Dual-Based Procedure for Dynamic Facility Location," *Management Science* 28, no. 10 (October 1982): 1091 – 1105.

非常重要。

通过几种方法可以找到随时间变化的最优布局。

第一，可以使用现期条件和未来某年的预期情况来找出仓库的最佳位置。网络根据现年与未来年份之间的平均条件进行布局。

第二，找出当前最优网络布局，并进行实施。随后，在每一年到来，且该年的数据可得时，找出新的最优布局。如果新旧布局转换带来的成本节约大于搬迁成本，就应考虑改变布局。该方法的好处是总在使用实际数据——不是那些需要预测的数据。

第三，可以找到一个随时间变化的最优布局变化轨迹，精确地反映什么时候需要转换成新布局，应该转换成什么样的布局。仓库静态选址分析中已经讨论过的那些方法也可以用到动态规划中来以找出最优的布局路径。我们将用简单的单选址问题举例说明该方法。（见资料 13.11）

资料 13.11　例子

假设我们面临的问题如图 13－13。格兰维尔的某工厂通过单一仓库向位于阿灵顿、康科迪亚、斯坦顿、莫尔顿、查尔顿的多个市场运输产品。预计随时间的推移需求会增加而且会向西偏移。利用重心选址法得到未来 5 年内每一年的最优选址点分别为图中的 A、B、C、D 和 E 点。各最优选址的利润折现值见表 13－6。此外，5 年内在其他各位置的相关利润现值也已给定。现已知在任何一年从一个地点搬迁到另一个地点需耗费 10 万美元。资金成本为年 20%。

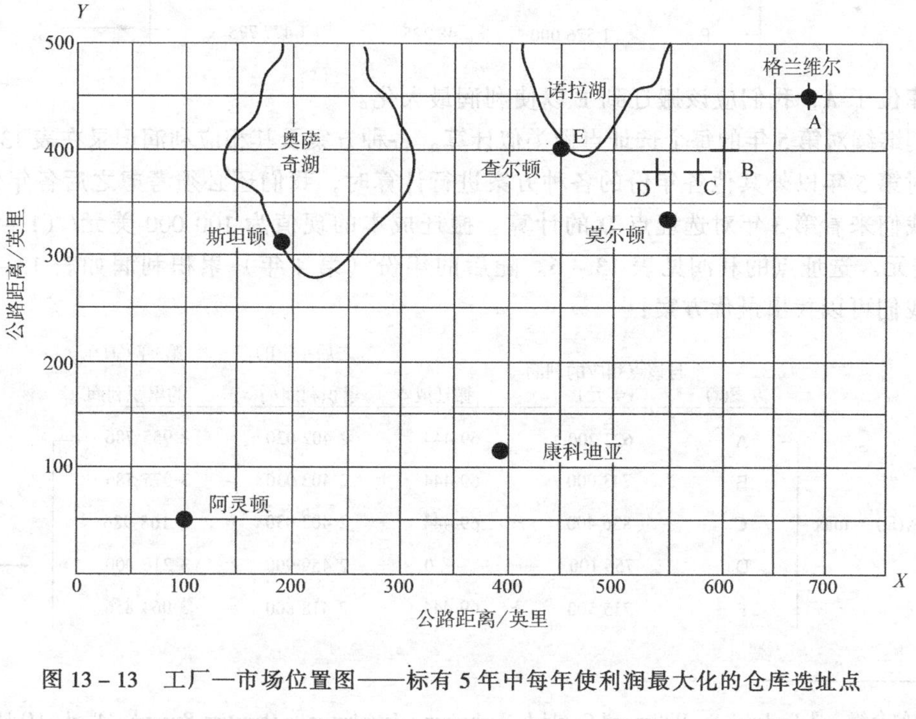

图 13－13　工厂—市场位置图——标有 5 年中每年使利润最大化的仓库选址点

表 13-6 规划期内各选址点每年的预期利润现值，利润最大化点沿主对角线分布

仓库选址备选方案	从现在起的年份（美元）				
	第一年	第二年	第三年	第四年	第五年
A	194 000①	356 100	623 200	671 100	1 336 000
B	176 500	372 000①	743 400	750 000	1 398 200
C	172 300	344 700	836 400①	862 200	1 457 600
D	166 700	337 600	756 100	973 300①	1 486 600
E	159 400	303 400	715 500	892 800	1 526 000①

① 如图 13-13，这些方案是规划期内各年的最大利润选址点。

要找出最优的选址－再选址计划需要在计算相应搬迁费用后，从利润表（表 13-6）中找到利润最大化的路径。这不是一件简单的工作，因为即使像这样的小问题，也有 $5^5 =$ 3 125种可能的选址－再选址计划。然而，这里可以采用动态规划技术[1]，该技术能够把寻找最优计划所须的计算次数减少到 $5 \times 5 = 25$，使我们可以把这个多期问题转化为一系列单一决策问题。

我们从第一年开始分别计算在地点 A 或迁到其他地点的利润。在第 5 年初，搬迁的成本现值为 100 000 美元/ $(1 + 0.20)^4 =$ 48 225 美元。给定第 5 年该点的利润（见表 13-6），假设第 5 年初时仓库位于点 A，我们希望从中选出最优方案。以下是对各备选方案的评估：

	方案(x)	与该点相应的利润（美元）		搬迁成本		净利润(美元)	
P_5(A) =	A	1 336 000	−	0	=	1 336 000	
	B	1 398 000	−	48 225	=	1 349 975	
	C	1 457 600	−	48 225	=	1 409 375	
	D	1 486 000	−	48 225	=	1 438 375	
	E	1 526 000	−	48 225	=	1 477 775	←

如果仓库位于 A，我们应该搬迁到 E 以使利润最大化。

我们继续对第 5 年的每个选址点做类似计算。各种方案及其相应利润记录在表 13-6 中。

在对第 5 年以外其他各年份的各种方案进行计算时，我们还必须考虑之后各年份累积的利润。我们来看第 3 年对选址点 D 的计算。搬迁成本的现值为 100 000 美元/ $(1 + 0.20)^2 =$ 69 444美元。选址点的利润见表 13-6。随后的年份（第 4 年）累积利润如表 13-7 所示。这样，我们可以找出最优方案：

	方案(x)	与该点相应的利润（美元）		搬迁成本		之后年份的累积利润$P_4(x)$		第3年P_3(D)的累积利润	
P_3(D) = max	A	623 200	−	69 444	+	2 402 030	=	2 955 786	
	B	743 000	−	69 444	+	2 402 030	=	3 075 586	
	C	836 400	−	69 444	+	2 402 030	=	3 168 986	
	D	756 100	−	0	+	2 459 900	=	3 216 000	←
	E	715 500	−	69 444	+	2 418 800	=	3 064 856	

[1] 动态规划的介绍，见 Frederick S. Hillier and Gerald J. Lieberman, *Introduction to Operation Research*, 4th ed.（Oakland, Calif.: Holden-Day. Inc., 1986），Chapter11.

类似的计算可以一直进行下去，直到完成表 13-7，并从表中找出最优动态选址方案。我们可以找到第 1 年累积利润最大化（3 755 430 美元）的选址点，即点 C。从该点开始，用 S_C、S_C、S_C、S_D、S_D 表示最优方案，意味着最初选址在点 C，而且前三年一直在点 C，到第 4 年初搬迁到 D，在计划期的剩余两年里继续留在 D。还应注意的是，在表 13-7 中，如果我们希望最初定位在其他点，也可以从这个给定的初始位置开始找到最优方案。

表 13-7　5 年计划期内的选址-再选址方案——从第 j 年到第 5 年的累积利润

仓库选址方案（x）	第 1 年		第 2 年		第 3 年		第 4 年		第 5 年	
	$P_1(x)$	方案	$P_2(x)$	方案	$P_3(x)$	方案	$P_4(x)$	方案①	$P_5(x)$	方案
A	3 719 686	S_A	3 525 086	S_A	3 168 986	M_C	2 402 030	M_D	1 477 775	M_E
B	3 717 486	S_B	3 540 986	S_B	3 168 986	M_C	2 402 030	M_D	1 477 775	M_E
C② →	3 755 430	S_C →	3 583 130	S_C →	3 238 430	S_C ↘	2 402 030	M_D	1 477 775	M_E
D	3 720 300	S_D	3 553 600	S_D	3 216 000	S_D	2 459 900	S_D →	1 486 600	S_D
E	3 659 197	S_F	3 499 797	M_C	3 168 986	M_C	2 418 800	S_E	1 526 000	S_E

① 方案标志指"留在"（S）选定的位置或是"搬迁"（M）到所示的新地址。

② 箭头所示为仓库最初选址在 C 时的利润最大化的选址计划。

13.6　零售/服务选址（Retail/Service Location）

零售和服务中心常常是实物分拨网络中的最后储存点，这里包括百货商店、超级市场、分支银行、紧急救护中心、教堂、废品回收中心、消防队和警察局。对这些点的选址分析通常会对收入、可达性等因素高度敏感，而不像工厂和仓库选址那样更重视成本因素。是否接近竞争对手、人口构成、顾客交通模式、是否靠近互补性商店、是否方便停车、是否接近好的运输线路、社区对服务的接受程度等因素仅仅是影响零售/服务选址众多因素中的一小部分。因此，前文介绍的方法无法直接应用到这些问题上。因为物流管理者不太可能直接负责零售/服务选址，所以我们只考察几种比较常见的方法。

13.6.1　加权清单（Weighted Checklist）

通常，大多数对零售/服务选址很重要的因素是难以量化或者量化成本较高。判断仍然是选址决策中不可分割的一部分，但是若分析中没有在一定程度上进行量化（即便是很初级的），也很难对不同选址点进行比较。一种可能的方法是建立一个选址因素的加权矩阵，如表 13-8 所示。然后，对各备选地点的每个因素打分。各因素的权重乘以各因素得分后加总就得到选址点总得分，即一个指数。选址时将优先考虑指数值高的点，再考虑指数值低的点。(见资料 13.12)

表 13-8　零售/服务选址重要因素举例

当地人口统计特征	位置特征
本地区的人口基数	可使用的停车场数量
	停车场的距离

（续）

本地区的收入潜力	街道上该位置是否显眼
交通流量与可达性	店面的大小和形状
交通工具的数量	已有建筑物的状况（如果有）
交通工具的类型	入口和出口的状况
步行人数	
步行者的类型	**法律和成本因素**
公共交通的可及性	地区类型
能否进入公路干线	租赁期限
街道拥挤的程度	地方税
通行街道的状况	运营和维修保养
	租约中限制性条款
零售业结构	当地商家的自主性规章
区内竞争者的数量	
区内商店的数量和类型	
相邻商店的互补性	
接近商业区的程度	
当地商家的联合促销措施	

资料来源：改编自 Avijit Ghosh and Sara L. Mclafferty, Location Strategies for Retail and Service Firms（Lexington, Mass: D. C. Heath and Company, 1987），49.

资料 13.12 例子

设某大型油漆生产厂要建一家油漆店。他们先咨询外部专家并参考标准清单列出了与当前相关的因素清单。表 13-9 就是这些因素的简要清单。然后，要根据各因素的相对重要性给予每个因素 1 到 10 的权重，其中 10 代表最重要。接着对特定地点进行 1～10 的打分，10 代表最理想的状态。该地点的总指数为 391。随后对其他地点打分，并比较各点的总指数。要特别注意的是对不同地点打分时态度要保持一致，这样才可以对指数值进行合理比较。

表 13-9 某零售选址例子中设定的加权因素清单

(1) 因素的权重 (1～10)①	选址因素	(2) 因素得分 (1～10)②	(3) = (1) × (2) 加权分值
8	接近竞争性商店	5	40
5	场地租金/租约因素	3	15
8	停车场地	10	80
7	接近互补商店	8	56
6	店面的现代化程度	9	54
9	顾客可达性	8	72
3	地方税	2	6
3	社区服务	4	12
8	接近主要交通干线	7	56
	总指标		391

① 权重接近 10 表示十分重要。

② 得分接近 10 表明选址点状况较理想。

资料 13.13 观察

- 当有人问戴夫·托马斯，温迪公司的创始人，他的公司如何决定新餐厅的选址时，他答道："我们看哪里有麦当劳的餐厅，然后把我们的餐厅尽量靠近它。"
- 欧瑞吉纳尔床垫工厂，由希尔丽床垫公司（美国最大的床垫生产商）的前任 CEO 创建。该工厂新建了一个工厂和零售店，通过电台和电视对其床垫进行大规模的广告促销。不久，竞争对手们就在该店的隔壁或街对面开设了床垫零售店。

13.6.2 空间相互作用模型（Spatial-interaction Model）

引力模型是用来确定某位置吸引力或总体可取性的最常用模型之一。早期版本就是所谓的赖利零售引力法则（Reilly's Law of retail gravitation）[1]。该法则与牛顿的万有引力定理极其相似。其基本思想是：两座相互竞争的城市从一座介于其间的小镇吸引的贸易量与每座城市的人口成正比例，而与城市和小镇之间距离的平方成反比例。尽管该模型相当简单，但在使用过程中却不断丰富起来，零售网点带来的"公众"或"人口类别"代替了"人口"。公众变量指商店、在库品种数、库存保有水平、或其他能吸引顾客的特性的平方根。最初公式里的"距离"变成了顾客驾车到竞争性零售网点和到规划地的距离或时间。距离或驾车时间的影响可以根据经验获得（通常可以通过测量地图或实地驾驶来确定）以更好地反映距离或时间对贸易的排斥作用。

赫夫（Huff[2]）对引力的概念进行了修正，并带入到更有实效的实用模型中去。该空间相互作用模型就发展成为一个经验基础，解决消费者如何权衡备选零售点的吸引力与可达性的问题。该模型可表示为

$$E_{ij} = P_{ij}C_i = \frac{S_j / T_{ij}^a}{\sum_j S_j / T_{ij}^a} C_i \tag{13-7}$$

式中 E_{ij}——从人口中心 i 被吸引到零售点 j 的预期需求；

P_{ij}——顾客从人口中心 i 出行到零售地点 j 的概率；

C_i——人口中心 i 的客户需求；

S_j——零售点 j 的规模；

T_{ij}——从人口中心 i 到零售点 j 的出行时间；

a——经验估计参数[3]。

---

[1] William J. Reilly, *The Law of Retail Gravitation* (New York: Knicherbocker Press, 1931).

[2] David L. Huff, "A Computer Program for Location Analysis," in *Science*, *Technology*, *and Marketing*, ed. Raymond M. Haas (Chicago: American Marketing Association, 1996): 371–379.

[3] 确定该参数的一种方法是将现有零售布局的实际销售额与模型产生的零售布局的销售额进行比较，使两者相等的参数值即为设定值。另一种针对模型来确定的方法，见 Avijit Ghosh and Sara L. Mclafferty, *Location Strategies for Retail and Service Firms* (Lexington, Mass: Heath, 1987), 95–100.

应注意，规模 S 可能包括所有吸引顾客到零售点去的变量（商店的吸引力、库存的可得性、价格、停车场地等）。零售点可能是单个店面或者是一组店面组成的服务中心，譬如购物中心。出行时间 T 可能包括所有排斥顾客的变量（距离、交通堵塞、进入限制、绕行等）。模型的目的是估计不同零售和服务中心将获得的整个市场的份额。

赫夫模型是空间相互作用模型的一个基础模型。多年以来，研究者们提高了模型的表述能力，将其重新表示成更复杂的模型，并对变量提出了不同的定义以提高模型的预测能力。[1]（见资料 13.14）

资料 13.14　例子

设某市区内有两个购物中心（R_A 和 R_B），其相对位置如图 13－14 中的时间地图所示。R_B 是一个备选地点，R_A 是现有地点。被吸引到购物中心的顾客（C_1，C_2 和 C_3）集中分布于其所在区域的质心。三个区域的总销售潜力分别为 1 000 500 和 700 万美元。购物中心 A 的售货面积为 50 万平方英尺，B 的售货面积为 100 万平方英尺。参数 a 估计为 2。

各中心的市场份额大致如表 13－10 所示。

第一，使用坐标点位置来计算出行时间。例如，C_1 到 R_B 之间的出行时间为 $D_{1B}=\sqrt{(X_1-X_B)^2+(Y_1-Y_B)^2}=\sqrt{(10-50)^2+(20-60)^2}=56.6$。

第二，找出阻抗时间 T^a——$T_{1B}^2=3\,200$。

第三，计算每一美元收入流入某一购物中心的概率 P_{ij}。

例如，顾客 1 选择购物中心 B 的概率为

$$P_{1B}=\frac{1\,000\,000/3\,200}{(500\,000/900)+(1\,000\,000/3\,200)}=\frac{312.5}{868}=0.36$$

第四，用概率乘以某顾客区的总销售潜力就是各区对购物中心销售额的影响。其中 C_1 区对 R_B 的预期贡献为 $0.36\times10=360$ 万美元。最后，将各区的购买量加总就可得出购物中心的总销售额。本例中，备选地点 R_B 应能够产生 1 300 万美元的销售额。这一预期收入就可以与运营成本、租金和建设成本相比较，据此判断是否应该进行投资。

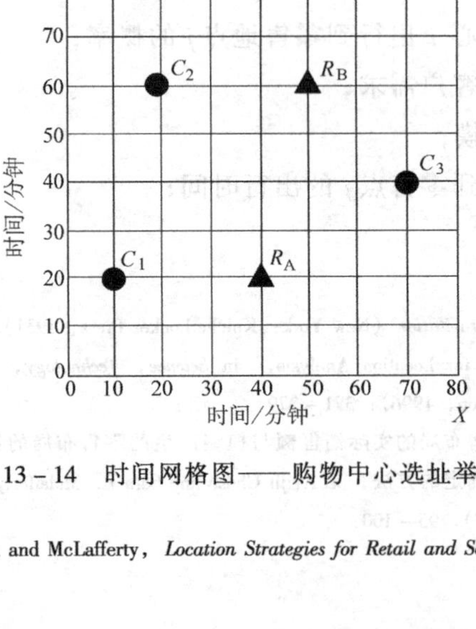

图 13－14　时间网格图——购物中心选址举例

[1] 对这些理论扩展的回顾，请见 Ghosh and McLafferty，*Location Strategies for Retail and Service Firms*，Chapter 5.

表 13-10　本例中购物中心的预计总销售额

顾客 i	从顾客 i 到地点 j 的时间		T_{ij}^2		S_j/T_{ij}^2		$P_{ij}=\frac{S_j/T_{ij}^2}{\sum_j S_j/T_{ij}^2}$		$E_{ij}=P_{ij}C_i$	
	A	B	A	B	A	B	A	B	A	B
C_1	30.0	56.6	900	3 200	555	313	0.64	0.36	6.4	3.6
C_2	44.7	30.0	2 000	900	250	1 111	0.18	0.82	0.9	4.1
C_3	36.0	28.3	1 300	800	385	1 250	0.24	0.76	1.7	5.3
					购物中心总销售额（百万美元）				9.0	13.0

13.6.3　其他方法

其他许多方法对解决零售/服务选址问题也起了一定作用。回归分析（Regression Analysis）对预测特定地点的预期收入具有重要作用。覆盖模型[1]（Covering Models）对决定诸如警察局、消防站一类紧急服务的选址具有特殊作用。当竞争成为关键因素[2]时，可以引入博弈论（Game Theory）。其他选址－分配模型（Location-Allocation Models），如目标规划（Goal Programming）和整数规划（Integer Programming）也可以使用。以下来看一个使用整数规划法进行银行主要业务机构选址的例子。（见资料 13.15）

资料 13.15　例子[3]

俄亥俄信托公司（Ohio Trust Company）希望在俄亥俄西北部 20 个县进行选址，该地区还没有首席业务处（Principal Place of business PPB）。根据俄亥俄州的银行法，如果金融企业在任何一个县设立 PPB，就可以在该县及其比邻的县设立分支机构。俄亥俄信托公司想知道在哪些县设立 PPB 会使其数量最少。

俄亥俄西北部的 20 个县如图 13-15 所示。在表 13-11 中列出了每个县所毗邻的县。将该问题视为整数规划问题求解，我们可以定义

若有一个 PPB 选址在县 i，$x_i=1$；否则为 $x_i=0$。根据表 13-11 中的数据，我们可以将问题写成以下公式

[1] C. S. Craig and a. Ghosh, "Covering Approaches to Retail Facility Location" in AMA Educators Proceedings (Chicago: American Marketing Association, 1984).

[2] K. S. Moorthy, "Using Game Theory to Model Competition," Journal of Marketing 22 (1985): 262-282.

[3] 基本问题见 David R. Anderson, Dennis Sweeney, and Thomas A. Williams, An Introduction to Management Science, 5th ed. (St. Paul. Minn.: West Publishing Co., 1988): 335-339.

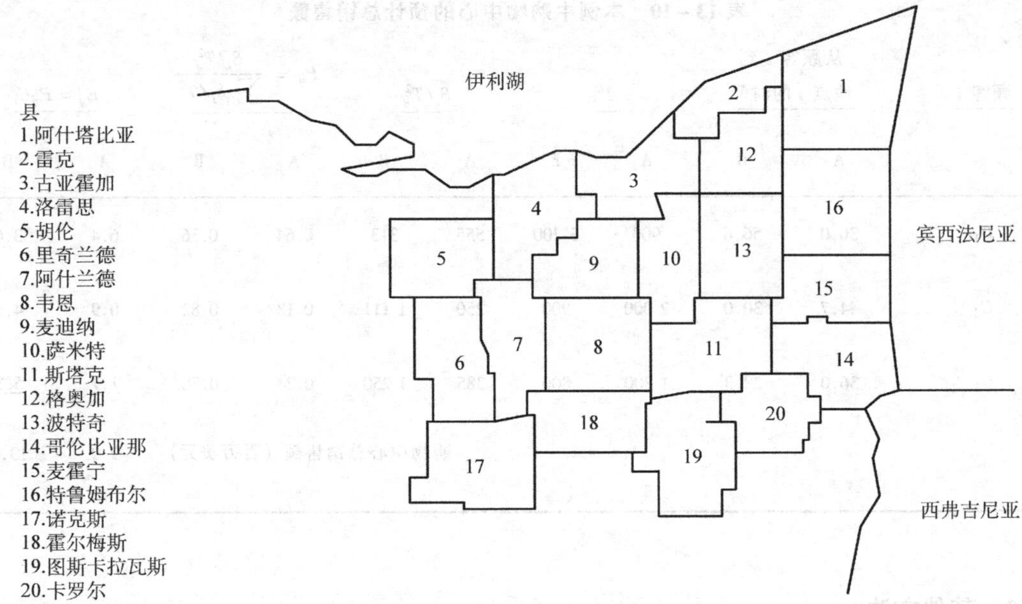

图 13-15 俄亥俄信托公司在俄亥俄州西北部首席业务处（PPB）的可选地点

资料来源：From An Introduction to Management Science，5th ed. by David R. Anderson，Dennis Sweeney，and Thomas Williams. Copyright© 1988 by West Publishing. Using by Permission of South-Western College Publishing，a division of International Thomson Publishing Inc.，Cincinnati，Ohio45227.

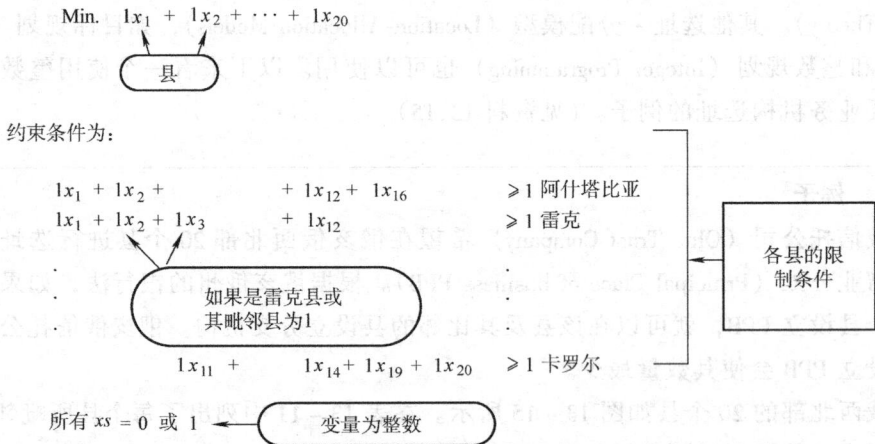

$$\text{Min. } 1x_1 + 1x_2 + \cdots + 1x_{20}$$

（县）

约束条件为：

$$1x_1 + 1x_2 + 1x_{12} + 1x_{16} \geqslant 1 \quad \text{阿什塔比亚}$$

$$1x_1 + 1x_2 + 1x_3 + 1x_{12} \geqslant 1 \quad \text{雷克}$$

（如果是雷克县或其毗邻县为1）

$$\vdots$$

$$1x_{11} + 1x_{14} + 1x_{19} + 1x_{20} \geqslant 1 \quad \text{卡罗尔}$$

（各县的限制条件）

所有 $xs = 0$ 或 1 （变量为整数）

使用任意适当的整数规划编码对该问题进行求解，我们得出需要 3 个 PPB，他们应分别座落在阿什兰德、斯塔克、格奥加县。

表 13-11 俄亥俄信托公司考虑的各县的邻县

考虑的县	邻县的数字代号	考虑的县	邻县的数字代号
1	2，12，16	5	4，6，7
2	1，3，12	6	5，7，17
3	2，4，9，10，12，13	7	4，5，6，8，9，17，18
4	3，5，7，9	8	7，9，10，11，18

（续）

9	3，4，7，8，10	15	11，13，14，16
10	3，8，9，11，12，13	16	1，12，13，15
11	8，10，13，14，15，18，19，20	17	6，7，18
12	1，2，3，10，13，16	18	7，8，11，17，19
13	3，10，11，12，15，16	19	11，18，20
14	11，15，20	20	11，14，19

资料来源：From An Introduction to Management Science，5th ed. by David R. Anderson，Dennis Sweeney，and Thomas Williams. Copyright© 1988 by West Publishing. Using by Permission of South-Western College Publishing，a division of International Thomson Publishing Inc.，Cincinnati，Ohio45227.

服务机构也可以利用整数规划法进行选址。（见资料 13.16）

资料 13.16 例子

都市保健医院（MetroHealth Hospital）想在它所在的大城市周边地区建紧急救护服务中心，为此要进行选址。选址工作的目标是使所有病人开车到急救室的时间不超过 10 分钟。下表列出的是病人开车到各备选地点花费的时间：

从周边地区	到紧急救护室备选地点 1	2	3	4	5	6
A	0	5	15	25	25	15
B	5	0	20	30	15	5
C	15	20	0	10	25	15
D	25	30	10	0	10	20
E	25	15	25	10	0	9
F	15	5	15	20	9	0

最少需要几个急救室，各位于什么地方？

要对该问题求解，我们首先应注意哪些急救室位于 10 分钟驾驶里程内。如下表所列：

备选地点	周边地区
1	A、B
2	A、B、F
3	C、D
4	C、D、E
5	D、E、F
6	B、E、F

这样我们可将其写成

$$\min x_A + x_B + x_C + x_D + x_E + x_F$$

约束条件为

$$x_A + x_B \geqslant 1$$ （地点 A 的约束条件）

$$x_A + x_B + x_F \geqslant 1$$ （地点 B 的约束条件）

$$x_C + x_D \geqslant 1$$ （地点 C 的约束条件）

$$x_C + x_D + x_E \geqslant 1$$ （地点 D 的约束条件）

$$x_D + x_E + x_F \geqslant 1$$ （地点 E 的约束条件）

$$x_E + x_F \geqslant 1$$ （地点 F 的约束条件）

所有 $x = 0$ 或 1

利用 LOGWARE 中的 MIPROG 模块对该问题求解，得出 $x_B = 1$，$x_D = 1$，意味着急救室应位于地点 B 和 D。

13.7 其他选址问题

在供应链规划中，会有很多选址问题，在此无法对所有的问题进行详尽讨论。然而，以下部分将讨论另外一些选址问题，其中有些可以用前面提过的方法来求解，有些则需要专门的求解方法。以下列举一些物流管理者会遇到的不同类型的问题。

13.7.1 中心枢纽问题

航空公司、小包裹运送服务商（如 FedEx 和 UPS）和通讯系统常面对的选址问题是中心枢纽问题。在这种系统中，货物不是直接从起点运往终点，而是先被运到一个或两个中心仓库或转运站，然后从中心点运往终点或通过一个大运量的中转联结点运到另一个中心。设计中面临的问题是，确定中心仓库的数量、位置和经过中心仓库的运输线路，以使运输成本和中心仓库运营成本最小化。由于起点和终点都必须通过中心连接起来，求解的方法与仓库选址问题就不一样了。要精确地求解，需要专门的算术方法。

13.7.2 招人嫌恶的设施

通常进行选址决策使用的是成本最小化或利润最大化标准。一般会倾向于把设施设在距离需求中心较近的地方，然而，这种做法有时也行不通。像垃圾场、污水处理厂、化工品回收站或监狱这类招人嫌恶的设施的选址标准就是，最大化这些设施到人群聚居处的最小距离。问题的求解方式与前文所提的都市健康医院的急救中心问题类似。区别是生成一个距离备选地点超过最小距离的人口中心矩阵。通过该矩阵可以找出问题的约束条件。然后用线性规划方法求解该问题。

13.7.3 微观选址

实际中的选址问题往往是在公路、铁路、航道和航空运输网络附近的一大片地区都可以是合理的。然而，对于一些需求规模小的设施，比如，报刊分销点、卡车送货和拣货点、工厂里的车间、仓库中产品的位置等，不精确地估计运输距离是不能容忍的。尽管这些微观选址问题使用的求解方法与前述可能没有什么区别，但对数据精确度的要求则要高得多。

13.8 小结

对大多数企业而言，网络中的设施选址堪称是最重要的物流战略规划问题。它为运输服务和库存水平的恰当选择和良好管理垫定基础。因为常常会在某一时点考虑多个设施，同时还要考虑储存在内的多种产品、为设施提供服务的多个供应商、以及设施所服务的多家客户，所以问题通常十分复杂，辅助决策手段是十分有用的。

本章的目的是考察一些对物流网络中的工厂、仓库、零售/服务设施选址更有实际意义的方法。我们从选址问题的分类开始，将选址问题分成有限的几类，以便区分各选址方法的主要特点。接着，着重阐述了区位论的历史。单设施选址方法以精确重心法为代表。如果运输成本是选址成本的主要组成部分，这种连续选址法会很有效。而且与数学规划方法一样，没有其他需要测试的选址方案。

多设施选址问题对大多数企业更为重要。常用的选址方法有三种：1）优化法；2）模拟法；3）启发法。尽管每类方法都列出了多个模型的公式，但每一类只对一到两种进行了举例用来说明该方法的特性。对静态的单设施、多设施模型向跨期选址问题的扩展也都进行了列举。

最后，讨论了零售和服务选址问题，列出了几个模型（加权清单和引力模型）。零售和服务选址问题与仓库选址问题差异很大，主要原因是前者根据收入进行选址，而仓库根据成本进行选址。

问答题

1. 根据韦伯的工业分类。
   以下生产过程应：
   1）靠近它们的市场选址；
   2）靠近原材料产地选址；
   3）无须靠近市场或原材料产地选址
   a. 挡风玻璃清洗液装瓶
   b. 录像机的组装
   c. 铝矿石的冶炼
   d. 原油的提炼
   e. 苹果汁的制造
   运输成本如何影响你的建议？
2. 根据胡佛的理论，运输费率具有什么特性时，会使得在市场和原料产地之间选址具有内在的不稳定性？
3. 什么是普遍存在的原料？它对选址有何影响？
4. 多设施选址模型可被分为精确法、模拟法、启发法。解释它们的不同之处并对每种方法进行举例。

注意应指出为什么你的例子能够说明该类方法。

5. 为什么单设施选址法不适用于多设施选址问题？
6. 多仓库选址问题的相关成本有哪些？为什么它们对恰当的选址分析很重要？
7. 多仓库选址问题中，“底部平坦”的总成本曲线使模拟法成为一种很有效的方法，说一说这种曲线的好处是什么？
8. 什么是启发法？什么是精确法？它们如何在解决仓库选址问题中起作用的？
9. 什么是动态仓库选址法？什么时候使用该方法最恰当？
10. 什么情况下，加权清单会成为一种有用的选址方法？
11. 在麦当劳餐厅的选址中，哪些因素会吸引顾客到某特定的地点去？哪些因素会阻碍他们？你会怎样来确定各因素的重要性？

思考题

以下许多问题和本章的案例分析题可以用计算机软件来进行求解或部分求解。LOGWARE 软件包中，对本章最重要的是重心法（COG，C）、多重心法（MULCOG，M）、运输规划（TRANLP，T）、线路选择（ROUTER，R）、P－中值法（PMED，P）和混合整数规划（MIPROG，IP）。带有“C，M，T，R，P，IP”字符号的问题可以用这些软件进行求解。该软件包中还为一些需要很多数据的问题提供了数据库。

C，M1. 如图 13－16，两个工厂通过一个或两个仓库供应三个市场。各点进出的货流量以及相关运输费率如下：

地点代码	地点 i	货量 V_i（担）	运输费率 R_i（美元/担/英里）
1	P_1	5 000	0.04
2	P_2	7 000	0.04
3	M_1	3 500	0.095
4	M_2	3 000	0.095
5	M_3	5 500	0.095

a. 使用重心法，找出单一仓库的大致位置。

b. 使用精确重心法，找出单一仓库的最佳位置。

c. 对上述解的最优性和有用性进行评估。对模型中考虑到或未考虑的因素进行评估。谈谈管理人员将如何利用这些解。

d. 找出供给这些市场的两个仓库的最优位置。假设各工厂按分配给各仓库的市场需求量的比例向各仓库供货。

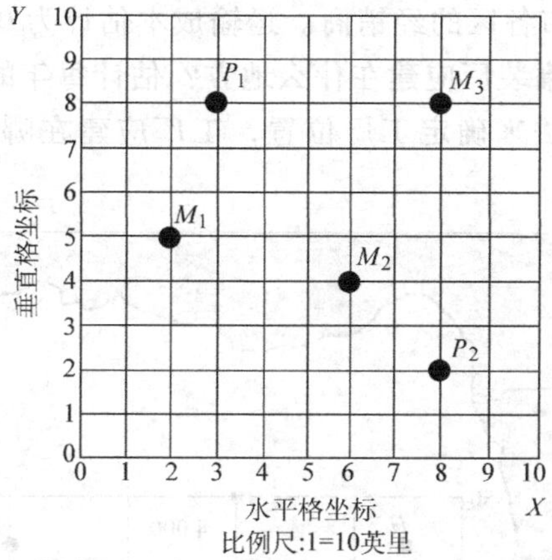

图 13－16　工厂和市场位置的网格图

C，M2. 关爱有加医院集团（Care-A-Lot Hospital Group）希望将诊所或卫生院建在东非的乡村地区。从建设成本和其他考虑因素来看，建一到两家比较合适。由于该地区病人出行不便，所以通常他们会就近选择医疗设施。因此，选址将极大程度地取决于加权距离（病人的数量乘以到医院的距离）。图 13－17 显示的是每年可能来看门诊的病人数及其聚居地的位置。

据估计，每个病人来到或被送到诊所每公里平均花费 0.75 美元（所计费用为单程）。这是根据损失的劳动产量、直接出行成本和其他人支付的间接出行成本估计出来的。

a. 如果只有一个诊所，最佳位置在哪里？

b. 如果要建两个诊所，各诊所的最佳位置在哪里？

c. 每家诊所每年的设备和人员成本为 50 万美元。费用由慈善捐款和政府津贴支付。从纯粹经济角度来看，是否应该建设第二家诊所？

C，M3. 干杯公司（Bottoms-Up，Inc.）是一家小公司，生产和分拨“老威兹”（Old Wheez）牌啤酒。公司正在考虑打入北岸城（North Shore City）市区市场的可能性，需要找出服务该区域的工厂的位置。将网格图叠放在公司销售区域就得到图 13－18。北岸城位于 E 区。E 区外围的地区被划分为 A 区到 I 区。某市场调查研究显示对“老威兹”啤酒的潜在需求如下：

区域	年需求量（担）
A	10 000
B	5 000
C	70 000
D	30 000
E	40 000
F	12 000
G	90 000
H	7 000
I	10 000

求主要来自均匀分布各区的经销商。运输成本估计为 0.10 美元/担/英里。

a. 若使用重心法，罐装厂应建在什么地方？估计每年的运输费用。

b. 若使用精确重心法来确定工厂位置，工厂应建在哪里？其运输成本与题 a 是否有显著区别？

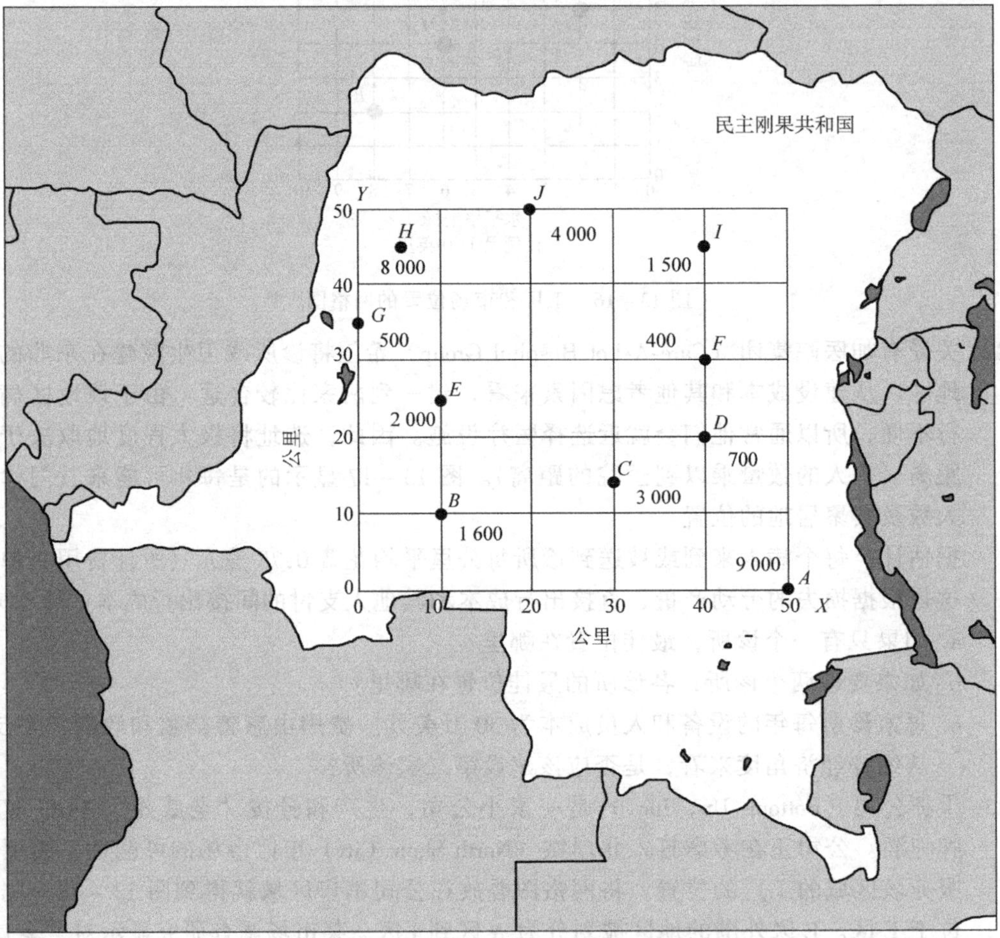

图 13-17 东非某地区病人聚居地的网格图

c. 若各地点的劳动力成本、财产税、地点开发成本各不相同，选址决策过程中你打算如何将这些额外成本考虑进来？

4. 回到图 13-11 所示的问题。
假设两个仓库都是公共仓库，因此不需要固定成本。对问题进行重新求解，并从顾客、仓库和工厂分配几方面对你的答案进行总结。

5. 回到图 13-11 所示的问题。假设仓库 2 只能处理 10 万担货物。仓库 1 则扩充为有无限处理能力。工厂的生产能力保持不变。对问题重新求解，问该变化预计造成成本增加多少？

6. 回到图 13-11 所示的问题。假设仓库 2（W_2）的年固定成本为每年 20 万美元而非 40 万美元。对问题进行重新求解。

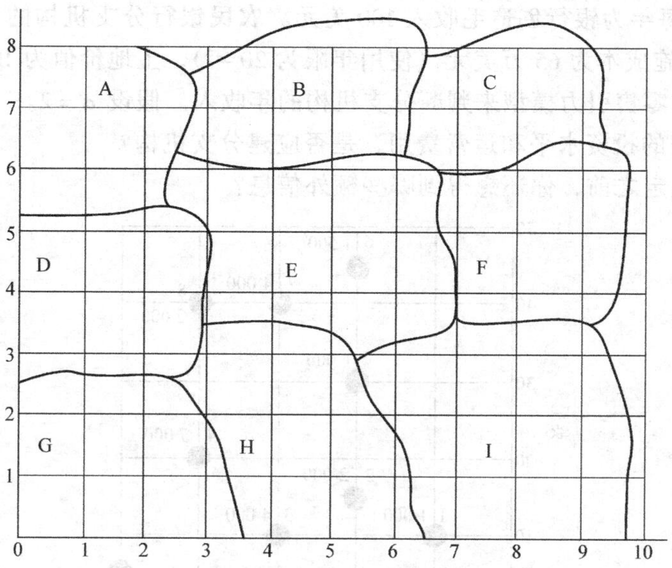

图 13-18 北岸城市区网格图

7. 列出你认为决定以下选址的重要因素：
   a. 慈善捐赠中心（Goodwill Collection Genter）
   b. 温迪餐厅（Wendy's Restaurant）
   c. 汽车装配厂
   d. 消防站

   同时，指出你分配给各因素的权数。
8. 在表 13-6 和图 13-13 所示的问题中，假设从一地到另一地的搬迁成本为 30 万美元而非 10 万美元。使 5 年计划期内的利润最大化选址规划战略是什么样的？
9. 再来看环境改进公司（Environment Plus）的焚烧厂选址问题，用 LOGWARE 中 PMED 模组的文件 PMED02.DAT 中所提供的数据。考虑以下问题：
   a. 若使运营成本与运输成本之和最小，应该建多少个焚烧厂？这些焚烧厂应位于何处？指出所找到的焚烧厂的最佳个数。
   b. 公司现在经营的四家焚烧厂，年运营成本和运输成本之和为 3 500 万美元。地点位于芝加哥、亚特兰大、菲尼克斯和丹佛。在新址上建立焚烧厂，每个地点的一次性成本为 600 万美元。如果按 a 中解出的焚烧厂最佳个数建厂，经济上是否合理？
   c. 若洛杉矶和西雅图的西海岸市场扩大了 10 倍，你对 a 中问题的回答是否会改变？
10. 假设农民银行（Farmer's Bank）希望为图 13-19 所示的九个顾客聚居区提供服务。它已经计划在坐标值为 $X_1=20$，$Y_1=20$ 的点设立分支机构（A）。另一分支机构（B）设在坐标值为 $X_2=40$，$Y_2=30$ 的点。农民银行可提供全面服务机构，其相应的规模（吸引力）指数为 1。

    银行分支机构只能提供部分服务（无 24 小时现金库，不能提供驾车通过服务），规模指数为 0.7。

    顾客到银行的出行时间大致可表示为 T（小时）$=D/50$，其中 D 是英里数表示的距离。

平均每位顾客每年为银行创造毛收入100美元。农民银行分支机构的年运营费用估计为30万美元，设施成本为65万美元（使用年限为20年），土地价值为10万美元。

a. 运用赫夫的零售引力模型来判断分支机构的年收入。假设 $a=2$。

b. 若考虑所需的投资水平和运营费用，是否应建分支机构？

c. 在做最终决定之前，你还想得到哪些额外信息？

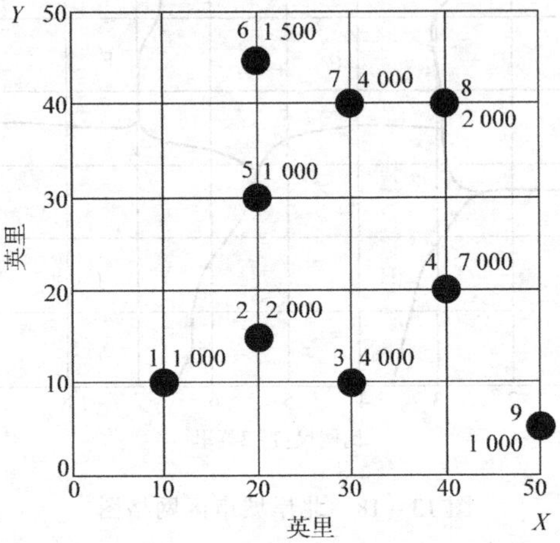

图 13-19　某地区分支银行的潜在顾客

11. 俄亥俄信托公司（Ohio Trust Company）希望将其主要业务场所向俄亥俄西北各县扩展。选址条件在本章前文例子中有所介绍。在图13-20所示的乡村地区，找出所需的PPB的最优数量，这些PPB应建在哪些县。

（注：模组 MIPROG 已为该问题准备了数据库。）

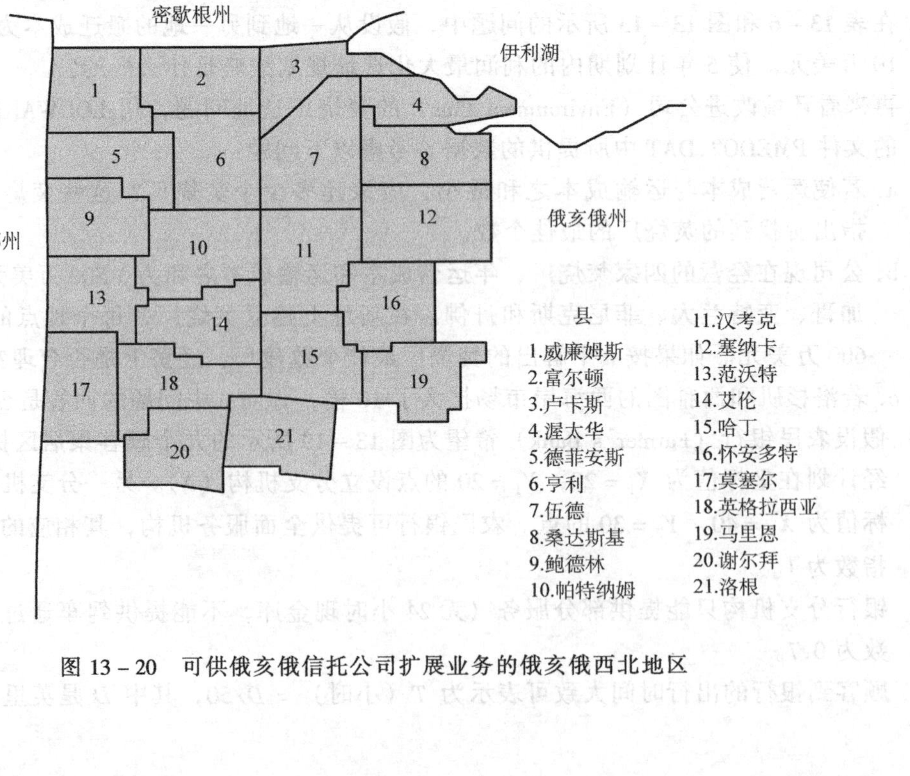

图 13-20　可供俄亥俄信托公司扩展业务的俄亥俄西北地区

12. 生物基因公司（Biogenic）是一家新成立的公司，计划生产用于医学研究的生物材料。产品的主要客户将是座落在大都市的大型研究性医院。客户的位置和预计的年销售量如下：

序号	客户	纬度	经度	销售量（磅）
1*	波士顿	42.31	71.08	50 000
2*	纽约	40.72	74.00	75 000
3	华盛顿	38.89	77.00	45 000
4*	亚特兰大	33.75	84.38	65 000
5*	迈阿密	25.83	80.28	35 000
6*	克列夫兰	41.48	81.66	25 000
7	底特律	42.36	83.06	30 000
8*	芝加哥	41.83	87.64	70 000
9	圣路易斯	38.63	90.19	20 000
10*	明尼阿波利斯	44.92	93.20	15 000
11	堪萨斯城	39.10	94.58	10 000
12*	费城	39.95	75.17	30 000
13*	休斯敦	29.78	95.38	25 000
14*	达拉斯	32.98	96.78	20 000
15*	菲尼克斯	33.49	112.08	10 000
16*	丹拂	39.73	104.98	15 000
17*	西雅图	47.63	122.33	10 000
18	波特兰	45.46	122.67	10 000
19*	圣弗朗西斯科	37.78	122.21	40 000
20*	洛杉矶	34.08	118.36	80 000

* 表示备选地点。

产品将由 UPS 负责运输，平均运输费率为 0.05 美元/磅/英里。据估计，一个实验室（工厂）的年运营成本 *FOC*（美元）由公式给定，即 $FOC = (5\,000\,000\sqrt{N})/N$。其中，*N* 为运营中的实验室个数。

生产过程使用的原料供应商假设集中在伊利诺依州的芝加哥。购买重量等于销售重量。从芝加哥到实验室的运输费率估计为 0.02 美元/磅/英里。

或为公司潜在市场提供服务的实验室个数和位置。各实验室应服务哪些客户？除圣路易斯、波特兰、堪萨斯城、华盛顿、底特律和芝加哥外，每个客户所在地都可作选作实验室所在地。

13. 在图 13－5 所示的问题中，设仓库 2（W_2）最多可容纳各种产品 10 万担，而仓库 1（W_1）的容量无限制。（注：可从 LOGWARE 软件的 MIPROG 模组得到图 13－5 问题中的数据。库容量在问题设定的插入部分 Cap－W1ZW1 和 Cap－W2/ZW2 中。）

14. 再看图 13－5 所示的问题。若对问题设定作以下改变，问题的解会如何变化？

a. 产品 1 的需求增加一倍，产品 2 的需求保持不变。

b. 工厂 2 生产产品 2 的成本上升为 5 美元/担。

c. 仓库 2 的运营成本增加为 4 美元/担。

d. 工厂 2 生产产品 1 的最大生产能力为 9 万担，工厂 1 的生产能力由 6 万担上升为 15 万担。各工厂产品 2 的生产能力保持不变。

e. 仓库 2 不能为顾客 2 提供产品 2。

使用混合整数线性规划法对上述各问题分别重新求解。（注：图 13 - 5 的问题设定可从 LOGWARE 软件中的 MIRPROG 模组得到。）

15. 环球意外事故保险公司（Globe Casualty Company）要在某城区设理赔部以便对交通事故、火灾、犯罪及其他可能的紧急事故导致的保障索赔快速作出反应。保险公司业务具有高度竞争力的特征之一就是理赔人员能够在意外事故发生后的 30 分钟内到达现场，这样顾客会觉得自己得到了良好的服务。该市被分为 10 个区，意外事故的电话会从这些分区打来，理赔部也将分布在这些分区内。10 个分区之间以分钟计算的反应时间见表 13 - 12。要达到 30 分钟的反应时间，应设置多少理赔部，分别设在哪个区？

表 13 - 12 环球意外事故保险公司各分区之间的反应时间（分钟）

	到分区									
从分区	1	2	3	4	5	6	7	8	9	10
1	5	23	34	15	45	55	25	10	9	19
2		5	18	12	53	37	27	33	26	16
3			5	6	14	41	31	28	24	17
4				5	15	29	45	60	31	23
5					5	25	27	14	39	43
6						5	7	13	42	53
7							5	33	14	8
8								5	26	10
9									5	19
10										5

16. 一家建筑供应企业向遍布墨西哥城市中心的各建筑工地提供建材。送货卡车每天从建材堆场发出，典型的日需求模式如图 13 - 21 所示，图 13 - 21 是网格图覆盖的城市中心地区的地图。地图的比例尺是 1 座标单位 = 5 公里，将地图上的直线距离转换为公路距离的迂回系数为 1.44。表 13 - 13 列出了产品需求的公斤数。

卡车运营的变动成本为 2.5 比索/公里，司机的工资为每天 90 比索，卡车每天摊销价值为 200 比索。储存建材的露天堆场和库房位置如图 13 - 21 所示。目前发货的建材堆场的运营成本为每天 350 比索。公司考虑将现在运营中的堆场迁到别处。候选建材堆场的估计运营成本（包括摊销的搬迁成本）为：A 每天 480 比索；B 每天 450 比索；C 每天 420 比索。有十辆卡车可供使用，每辆卡车的运输能力为 1 000 公斤，但如果仅满足平均需求，运力还有多余。卡车运输的平均速度为 32 公里/小时。中午之后，司机可以有一小时的午休时间，休息之后他们通常会回到堆场。按照公司的规定，一天的运输不能超过十小时，卡车不能在上午 8 点以前出发。如果卡车的配送线路较短，则回到堆场重新分配路线和装货，装货时间需要 1.5 小时。客户配送的时间窗口为上午 8 点到下午 5 点。在客户那里的卸货时间估计为 15 分钟加上 0.1 乘以卸货公斤数。

问，从经济成本上看，哪个堆场位置最有吸引力？

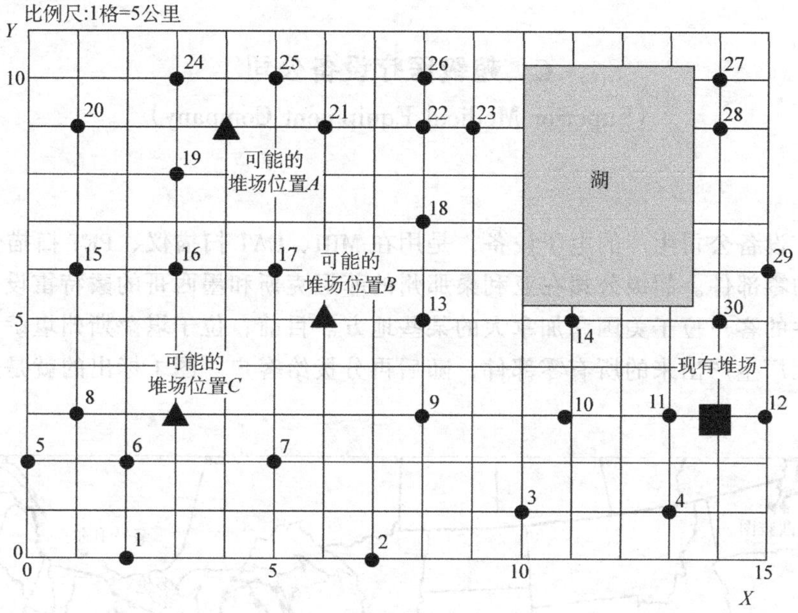

图 13 - 21　现有及备选供应堆场以及典型的需求模式

表 13 - 13　客户需求量、坐标值及堆场的坐标值

经停点	X	Y	货量，公斤	经停点	X	Y	货量，公斤
1	2	0	300	16	3	6	300
2	7	0	250	17	5	6	150
3	10	1	600	18	8	7	275
4	13	1	175	19	3	8	375
5	0	2	100	20	1	9	475
6	2	2	375	21	7	9	150
7	5	2	400	22	8	9	475
8	1	3	50	23	9	9	325
9	8	3	100	24	3	10	350
10	11	3	200	25	5	10	225
11	13	3	350	26	8	10	250
12	15	3	100	27	14	10	300
13	8	5	200	28	14	9	200
14	11	5	450	29	15	6	150
15	1	6	225	30	14	5	50
现有堆场	14	3					
堆场 A	4	9					
堆场 B	6	5					
堆场 C	3	3					

案例分析

C 超级医疗设备公司
(Superior Medical Equipment Company)

超级医疗设备公司生产的电子设备，是用在 MRI、CAT 扫描仪、PET 扫描仪及其他医疗诊断设备中的零部件。超级公司在亚利桑那州的菲尼克斯和墨西哥的蒙特雷设有生产厂。需要这些零部件的客户位于美国和加拿大的某些地方。目前，位于堪萨斯州堪萨斯城的一家仓库负责接收工厂生产出来的所有零部件，随后再分拨给客户。图 1 标出的就是这些设施的地理位置。

图 1 超级医疗设备公司的工厂、仓库和客户的位置图

由于竞争加剧、客户销售水平变化，公司的销售量有所下降，公司管理层开始考虑仓库的选址问题。现有仓库的租赁期即将届满，管理层希望能够考察一下是对现有仓库再续租约还是另觅租赁地点。仓库所有人已经允诺若再续租约租金将极其优惠，为每年每平方英尺 2.75 美元，仓库面积为 20 万平方英尺。据估计若在其他任何地点租同等规模的仓库，租金将为 3.25 美元/平方英尺。

新租约或续租的期限均为 5 年。转移库存、主要人员的搬迁费用以及其他选址费用将导致一次性支出 30 万美元。各地的仓库运营成本估计基本相同。

最近一年，超级公司的销售额达到近7 000万美元。从各工厂到堪萨斯仓库的运输费用为2 162 535美元，从仓库到客户的运输费用为4 819 569美元。仓库租赁费为每年100万美元。

为研究仓库选址问题而搜集的数据见表1和表2。

表1　最近一年从工厂到堪萨斯城仓库整车（第100级货物）运输的运量、费率、距离及坐标值数值

工厂位置	年运量（担）[②]	运输费率（美元/担）	距离（英里）	网格坐标值[①] X	Y
菲尼克斯	61 500	16.73	1.163	3.60	3.90
蒙特雷	120 600	9.40	1.188	6.90	1.00
总计	182 100				

① 英里 = 230 × 坐标距离。

② 1担 = 100磅

表2　最近年份从堪萨斯城仓库到客户用5 000磅卡车（第100级货物）运输的运量、费率、距离及坐标值数据

客户位置	年需求量（担）	运输费率（美元/担）	距离（英里）	网格坐标值 X	Y
西雅图	17 000	33.69	1 858	0.90	9.10
洛杉矶	32 000	30.43	1 496	1.95	4.20
丹佛	12 500	25.75	598	5.60	6.10
达拉斯	9 500	18.32	560	7.80	3.60
芝加哥	29 500	25.24	504	10.20	6.90
亚特兰大	21 000	19.66	855	11.30	3.95
纽约	41 300	26.52	1 340	14.00	6.55
多伦多	8 600	26.17	1 115	12.70	7.80
蒙特利尔	10 700	27.98	1 495	14.30	8.25
总计	182 100				
堪萨斯城				8.20	6.00

尽管运输成本一般并不表示为美元/担/英里，但已知最近一年的外向运输成本为4 819 569美元，加权平均运距为1 128英里，年运量为182 100担，可估计出以仓库为起点的外向运输平均费率为0.023 5美元/担/英里。

问题

1. 根据今年的信息，堪萨斯城是否仓库的最佳选址点？若不是，更好选址点的坐标值是什么？新选址可以带来哪些成本节约？
2. 管理层预期在未来五年西雅图、洛杉矶和丹佛的市场将增长5%，而其他市场会减少10%。运输成本保持不变。菲尼克斯的产量将增加5%，蒙特雷的产量将下降10%。你会改变仓库选址决策吗？如果是，将如何改变？
3. 若到第五年，仓库外向运输费率上升25%，仓库的内向运输费率上升15%。你会改变仓库选址决策吗？
4. 若使用重心法来分析数据为仓库选址，这样做的好处和局限性各是什么？

M　俄亥俄汽车牌照、驾驶执照管理局
(Ohio Auto and Driver's License Bureaus)

丹·罗杰斯是俄亥俄州计划委员会成员之一，他在考虑如何以节约税金的方法向本州居民提供服务。预计拨入本州的联邦资金将要缩减，提高税率将十分困难，而运营成本又呈现上升的趋势，所有这些都促使他认真考虑该如何削减本州成本。丹·罗杰斯对汽车牌照、驾驶执照管理局尤其感兴趣，在想该如何使其提高运营效率。

丹·罗杰斯认为应进行一项研究来考察管理局在全州的分布、各自规模及网点数量。管理局负责签发机动车辆的牌照，驾驶执照，对机动车注册登记。为方便居民，管理局在全州各地均须布点，然而，由于与开设、保有管理局运营相关的固定成本和管理局的经营成本，所以其数量又必须有限制。全州的人口目前已从中心城市向广大郊区移动，但多年来却未曾对管理局的网点进行过评估。丹·罗杰斯相信管理局布点过多，且很可能选址不当。他认为不但成本应该能够减少，而且对居民的服务也可以进一步改善。

丹·罗杰斯认为俄亥俄州的克利夫兰地区就是这样一个典型的服务区，且是个很好的试点区可用来考察可否可以有所改进。图1是该地区的地图。在该地图上叠放了一张直线网络图，每个方格的面积约2.5平方英里。用人口来代表执照管理局在每个网点上的相应活动。表1列出了各方格区大致的人口水平，且假设人口都聚居于方格的中心。在地图上还标出了管理局现有的网点。

居民通常选择距离其住地最近的管理局。除需要通过邮寄的机动车牌照外，管理局之间的服务不存在竞争。客户服务的主要影响因素是居民到管理局的出行距离。

丹·罗杰斯对所涉及的成本进行了粗略的估计。每个网点的运营成本包括营业场所的租金、人员的工资和公共事业费用。现有网点的营业面积、人员和其他成本见表2。为进行计划，估计年租金费率为每平方英尺22美元，人员工资为平均每年21 000美元（含福利），公共事业费为平均每年每平方英尺4美元。网点的营业面积至少为1 500平方英尺，服务人口超过10万人的，每增加10万人须增加500平方英尺的面积。所须人员至少为4人，服务人口超过10万人的，每增加10万人须增加一人。丹认为可以使用重心选址法一类的方法来解决他的规划问题。

关闭现有网点涉及到设备搬迁和无法转移到其他网点的所有人员的离职费用。每处网点的设备搬迁需10 000美元，若裁减任何现有职位，离职费用约为每名职员8 000美元。以上为一次性费用。从规划角度考虑，任何不用的设备都视为是毫无价值的，将捐赠给慈善机构。若不关闭其他网点，没有可搬迁的设备，而在现有的8个局之外开设新网点，则需要添置新设备（60 000美元），雇佣新雇员而非接收转移来的人员，额外成本为3 000美元。

丹·罗杰斯不知如何处理居民对管理局选址的评价问题。因为居民们使用自己的交通工具，而且很少表达他们对管理局分布的满意程度，故没有直接的方法来判断选址带来的好处。然而，他考虑居民会有出行成本，居民与管理局距离近是很重要的。根据居民到管理局出行的平均次数、出行成本、使用管理局的人口比例，可估计出居民到管理局每个网点的年出行成本为每人每英里12美分。现有管理局的属地覆盖面未知。

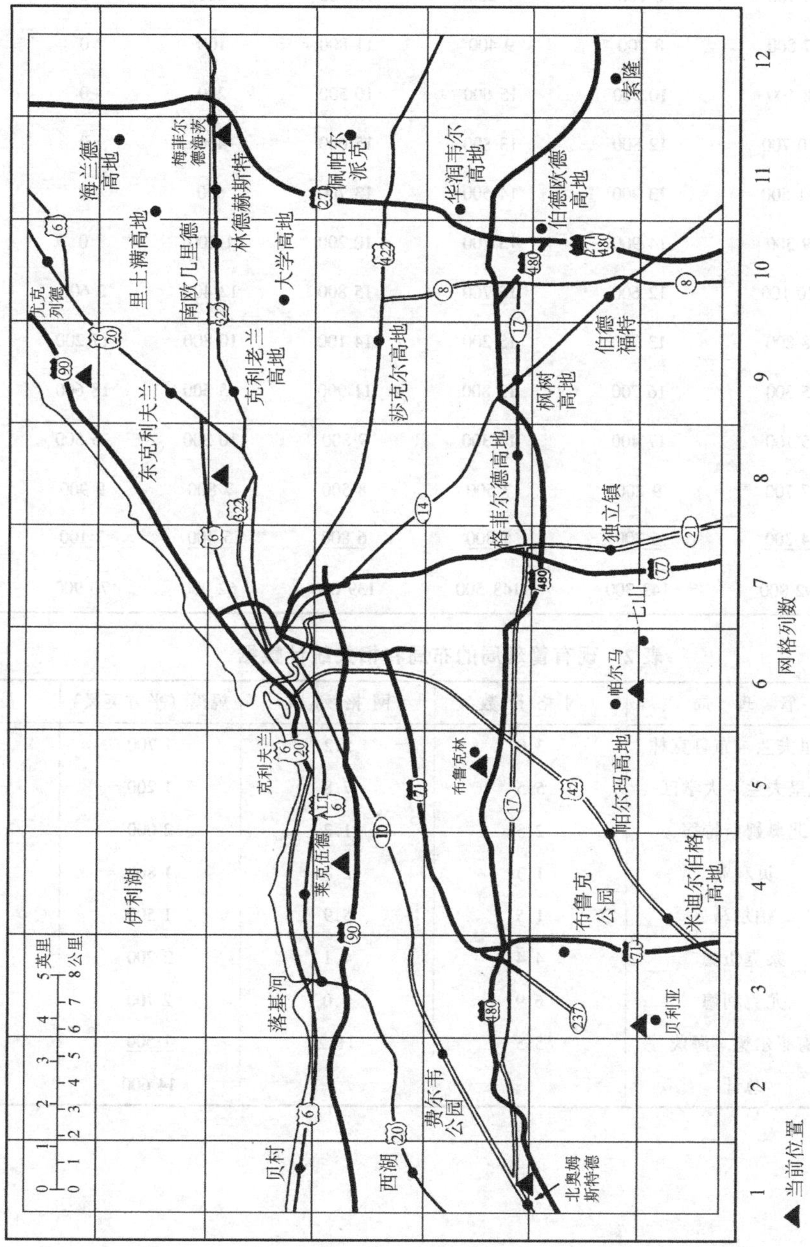

图1　克利夫兰地区汽车牌照和驾驶执照管理局分布图

表 1 克利夫兰地区每个 2.5 平方英里网络内的估计人口

	网格行数，*Y*						
网格列数，*X*	1	2	3	4	5	6	7
1	4 100	6 200	7 200	10 300	200	0	0
2	7 800	8 700	9 400	11 800	100	0	0
3	8 100	10 500	15 600	10 500	200	0	0
4	10 700	12 800	13 800	15 600	400	0	0
5	11 500	13 900	14 500	13 700	600	0	0
6	9 300	14 900	13 700	10 200	1 200	0	0
7	10 100	12 600	16 700	15 800	12 400	2 600	0
8	8 800	13 700	15 200	14 100	10 800	17 200	500
9	5 300	16 700	13 800	11 900	13 500	18 600	12 000
10	5 100	17 400	10 300	9 800	10 300	15 500	11 700
11	7 700	9 200	7 500	8 500	7 800	9 900	8 700
12	4 300	6 700	5 800	6 800	5 400	7 100	6 400
总计	92 800	143 300	143 500	139 000	62 900	70 900	39 300

表 2 现有管理局的布局和相关统计数据

序号	管理局	网格行数	网格列数	规模（平方英尺）	员工人数
1	克里夫兰－布鲁克林	3.0	5.2	1 700	4
2	克里夫兰－大学区	5.5	7.8	1 200	4
3	北奥姆斯特德	2.5	1.2	2 000	5
4	贝利亚	1.3	2.7	1 800	4
5	帕尔马	1.5	5.9	1 500	4
6	莱克伍德	4.4	4.1	2 200	5
7	尤克利德	6.9	9.0	2 700	5
8	梅菲尔德 海茨	5.5	11.2	1 500	5
	总计			14 600	36

问题

1. 你认为改变克利夫兰地区汽车牌照、驾驶执照管理局的服务网络有好处吗？若有，应怎样布局？
2. 你认为丹·罗杰斯的研究方法好吗？
3. 除经济因素外，丹在建议改变网络之前还应该考虑哪些因素？

T　南方酒厂（Southern Brewery）

南方酒厂是一家生产系列啤酒产品的地区性酒业公司。公司产品的市场限于美国东南部地区，如图1所示。

南方公司的啤酒是当地最受欢迎的啤酒，50岁以上的消费者对其需求增长迅速。与其他更流行的品牌相比，南方公司的产品酒精含量略低，含卡路里也相当低。公司将产品作为健康的选择来促销，消费者也报以越来越多的青睐。

图1　南方啤酒公司的工厂和市场

为满足日益增长的产品需求，公司计划在佛罗里达州的杰克逊维尔建一家酒厂，并请物流主管卡罗琳·卡特评估建厂对公司运营成本的影响。产生该方案的原因是该地区南端的市场增长迅速，同时预计蒙哥马利酒厂的生产能力将不足。卡罗琳在分析时首先注意到现有的位于弗吉尼亚州里士满、南卡罗来纳州哥伦比亚和阿拉巴马州蒙哥马利的各工厂生产成本和生产能力各不相同。

由于工厂设备新旧程度不同、当地劳动力工资率不同、将原材料送到各酒厂的运送成本不同，以及因地方财产税率、保险费率、公共事业费导致的其他成本差异，所以各地工厂生产一桶啤酒的成本是不同的。

各工厂生产成本和生产能力见表1。

每个酒厂都生产整个系列的所有产品。

表1 南方公司的三个酒厂的生产成本和生产能力

酒厂位置	生产成本（美元/桶）	年生产能力（桶）①
里士满，弗吉尼亚州	140	100 000
哥伦比亚，南卡罗来纳州	145	100 000
蒙哥马利，阿拉巴马州	137	300 000

① 当全厂的啤酒都卖出去时，一单位年生产能力估计现值为（能够卖到）50美元/桶。

南方公司在其所有的市场保持对分销商的统一到货价格——280美元/桶。当前，各酒厂在各市场的年均销售量如表2所列。利润率为销售额的20%。

各酒厂之间的运输由南方公司自有的车队负责。根据卡车费用、司机费用的记录和完成送货情况，卡罗琳得出了表3所列的平均运输成本。根据她在其他酒厂的经验，卡罗琳对拟建中酿酒厂的运输成本进行了估计。

表2 各市场当前的年均销售量及供货厂

市场区域	供货厂	年销售量（桶）
1 里士满，弗吉尼亚州	里士满，弗吉尼亚州	56 000
2 罗利，北卡罗来纳州	里士满，弗吉尼亚州	31 000
3 诺克斯维尔，田纳西州	哥伦比亚，南卡罗来纳州	22 000
4 哥伦比亚，南卡罗来纳州	哥伦比亚，南卡罗来纳州	44 000
5 亚特兰大，佐治亚州	蒙哥马利，阿拉巴马州	94 000
6 萨凡纳，佐治亚州	蒙哥马利，阿拉巴马州	13 000
7 蒙哥马利，阿拉巴马州	蒙哥马利，阿拉巴马州	79 000
8 塔拉哈西，佛罗里达州	蒙哥马利，阿拉巴马州	26 000
9 杰克逊维尔，佛罗里达州	蒙哥马利，阿拉巴马州	38 000
	总计	403 000

表3 酒厂与市场之间的运送成本

市场区域	酒厂			（美元/桶）
	里士满	哥伦比亚	蒙哥马利	杰克逊维尔①
1 里士满	8.49	12.54	19.98	17.13
2 罗利	10.70	9.78	16.35	14.25
3 诺克斯维尔	16.38	12.81	13.80	15.48
4 哥伦比亚	12.54	6.96	12.93	11.16
5 亚特兰大	14.64	11.85	10.20	13.80
6 萨凡纳	15.48	9.54	13.80	9.54
7 蒙哥马利	19.98	12.93	6.96	13.80
8 塔拉哈西	24.30	15.18	13.65	9.72
9 杰克逊维尔	18.84	12.27	15.18	7.68

① 计划中的酒厂。

建议在杰克逊维尔建新酒厂的首要原因是佛罗里达市场预计将增长一倍，而其他市场估计仅增长 15% 到 50%。公司认为杰克逊维尔酒厂可以使蒙哥马利酿酒厂减少对佛罗里达市场的供货。

预计未来 5 年内的需求模式，各市场的供应办法见表 4。

表 4 预计各市场 5 年内的年均销售量及计划供货厂

市场区域	供货厂	年销售量，桶
1 里士满，弗吉尼亚州	里士满，弗吉尼亚州	64 000
2 罗利，北卡罗来纳州	里士满，弗吉尼亚州	35 000
3 诺克斯维尔，田纳西州	哥伦比亚，南卡罗来纳州	33 000
4 哥伦比亚，南卡罗来纳州	哥伦比亚，南卡罗来纳州	55 000
5 亚特兰大，佐治亚州	蒙哥马利，阿拉巴马州	141 000
6 萨凡纳，佐治亚州	蒙哥马利，阿拉巴马州	20 000
7 蒙哥马利，阿拉巴马州	蒙哥马利，阿拉巴马州	119 000
8 塔拉哈西，佛罗里达州	杰克逊维尔，佛罗里达州	
	蒙哥马利，阿拉巴马州	
	哥伦比亚，南卡罗来纳州	52 000
9 杰克逊维尔，佛罗里达州	杰克逊维尔，佛罗里达州	76 000
	总计	595 000

杰克逊维尔酿酒厂的计划生产能力为 10 万桶。建造一家如此规模，使用年限为 15 年的酒厂预计将花费 1 000 万美元。

公司期望该项目税前回报率是 20%，销售费用和一般管理费用约占销售额的 27%。新酒厂的生产成本相信能达到每桶 135 美元。

问题

1. 若你是卡罗琳·卡特，你会同意建造新酒厂的计划吗？若同意，你会提出什么样的分拨计划？
2. 若不建造新酒厂，你会向高层管理者提出什么样的分拨计划？
3. 在做最终决策之前，还应该考虑哪些其他因素？

方法补充说明

以下是图 13 – 5[1]所示问题的模型公式

固定成本 搬运费率

$$\text{最小化} \sum_{ijkl} C_{ijkl} X_{ijkl} + \sum_{k} \left[f_k z_k + v_k \sum_{l} \left(\sum_{i} D_{il} \right) y_{kl} \right]$$

内向和外向运输费率 客户1对所有产品的需求之和

约束条件如下：

不能超过现有的生产能力

工厂生产能力

$$\sum_{kl} X_{ijkl} \leqslant S_{ij}\text{，对于所有 } ij$$

必须满足所有客户的需求

客户需求

$$\sum_{j} X_{ijkl} = D_{il} y_{kl}\text{，对于所有 } ikl$$

每个顾客必须由一个仓库提供服务

$$\sum_{k} y_{kl} = 1\text{，对于所有 } l$$

仓库货流量保持在最低货流量 V_k 和库容量$\overline{V_k}$之间

仓库最低货流量 仓库容量

$$V_k \leqslant \sum_{l} \left(\sum_{i} D_{il} \right) y_{kl} \leqslant \overline{V_k}$$

且

所有 $X \geqslant 0$

所有 $y = 0$ 或 1

所有 $z = 0$ 或 1

---

[1] 根据A. M. Geoffrion and G. W. Graves, "Multicommodity Distribution System Design by Benders Decomposition," Management Science 20, no. 5 (January 1974): 822 – 844.

式中　i——商品指数；

j——工厂指数；

k——可能存在的仓库的指数；

l——客户区的指数；

S_{ij}——工厂 j 供给（生产能力）商品 i；

D_{il}——需求区 l 对商品 i 的需求；

$\underline{V_k}$，$\overline{V_k}$——k 地每年拥有、运营仓库的最小、最大成本；

f_k——k 地每年拥有、运营成本中的固定部分；

v_k——k 地仓库货流量的单位变动成本；

C_{ijkl}——商品 i 从工厂 j 经仓库 k 到达客户区 l 的单位平均生产、搬运、运输成本；

X_{ijkl}——代表从工厂 j 经仓库 k 到达客户区 l 的商品 i 的数量变量；

y_{kl}——0-1 变量，若仓库 k 为客户区 l 提供服务，为 1；否则为 0；

z_k——0-1 变量，若仓库 k 投入经营，为 1；否则为 0。

第十四章 网络规划流程

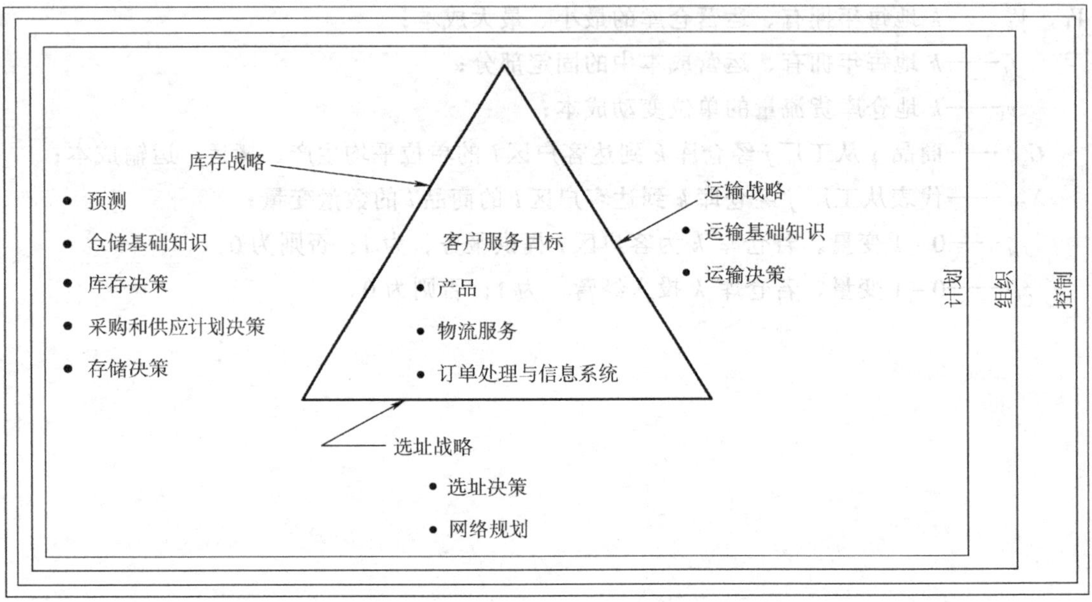

两名石匠正在为重建伦敦圣保罗教堂而忙碌。克里斯托弗·雷恩爵士（Sir Christopher Wren）上前问他们在干什么，第一个石匠答道："我在凿石头"。第二个石匠则回答："我在建一座大教堂"。

——克里斯托弗·雷恩爵士

物流管理人员用以设定物流设施网络、界定网络内产品流的任何流程都需要有数据、计算工具和能产生良好网络设计的分析过程。在本章，我们首先将考察这种网络设计的数据要求和产生所需数据的信息系统。然后，我们将考察有效评价备选方案的一般方法。最后，我们将讨论进行网络设计分析的总体流程。在所有的供应链规划问题中，这个问题可能是最重要的，因为它为运输、库存和信息系统提供了最基础的构建结构。

14.1 网络结构问题

网络结构问题就是确定产品从供货点到需求点流动的结构，包括决定使用什么样的设施（如果需要使用）；设施的数量；设施的位置；分派给各设施的产品和客户；设施之间应使用什么样的运输服务；如何进行服务。图 14－1 所表示的是一个抽象的产品流动网络，可以由基层仓库供给需求，也可以直接由工厂、供应商或港口供给。而基层仓库又由地区仓库供给，或直接由供货点供给。网络结构可以有多种形式，根据流经网络的产品不同，企业的物

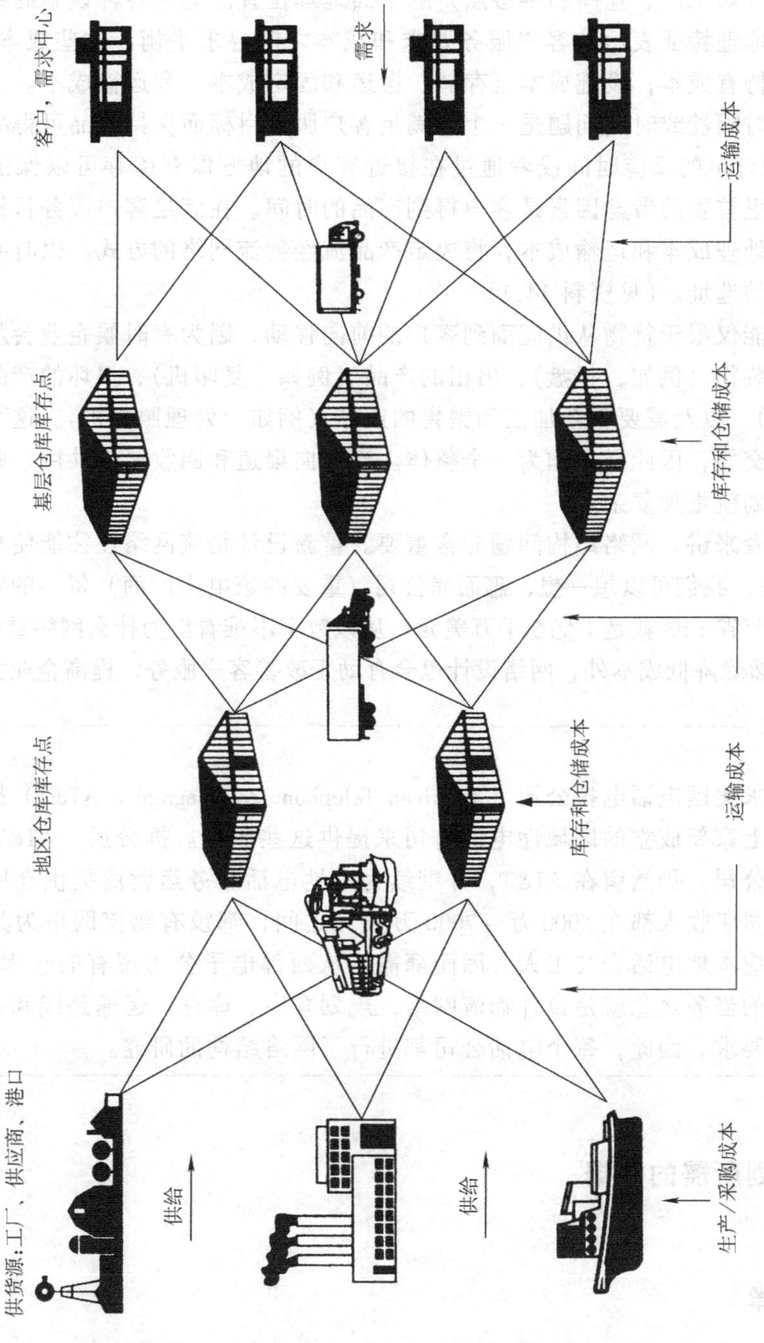

图14-1　一般化的产品流动网络图

流网络可能比图 14-1 中的网络层次更多些或更少些，也可能有完全不同的结构。也就是说，一个企业的产品可以有不只一个物流网络设计方案。

这种网络设计的问题既包括空间设计问题也包括设计的时间问题。空间或地理设计问题指决定各种设施（如工厂、仓库和零售点）的平面地理位置。确定各种设施的数量、规模和位置时则要在以地理特征表示的客户服务要求和成本之间寻求平衡，这些成本包括：生产/采购成本；库存持有成本；设施成本（存储、搬运和固定成本）和运输成本。

网络规划的时间性或时期问题是一个为满足客户服务目标而保持产品可得率的问题。通过缩短生产/采购订单的反应时间或者通过在接近客户的地方保有库存可以保证一定水平的产品可得率。这里首要的考虑因素是客户得到产品的时间。在满足客户服务目标的同时平衡资金成本、订单处理成本和运输成本，将决定产品流经物流网络的方式。以时间为基础的决策也会影响设施的选址。（见资料 14.1）

网络结构不能仅限于货物从供应商到客户的前向移动，因为有时候企业会从下游收回一些物品，包括包装物（例如，托盘）、出租的产品（例如，复印机）、损坏的产品（例如，更换下来的发动机）、以及需要重新加工和销售的产品（例如，处理照相机）。这个回收网络往往与前向的网络交叠，因此必须作为一个整体。当前向渠道和回收渠道共用一些设施而无法分开时，网络规划就更加复杂。

对高层管理者来讲，网络结构问题非常重要。重新设计物流网络往往能使物流总成本每年节省 5%～15%。我们可以想一想，惠而浦公司（重要的家电生产商）每年的物流成本高达 15 亿美元，一年节省 10%就是 1 亿 5 千万美元。从该数字不难看出为什么网络重构在规划问题中位居前列。当然除降低成本外，网络设计也会有助于改善客户服务，提高企业竞争力。

资料 14.1 应用

法院判决要求美国电话电报公司（American Telephone & Telegraph，AT&T）拆分其本地电话业务之后，有七家新成立的区域性电话公司来提供这些服务。拆分后，AT&T 的一个子公司（即西部电子公司）仍然留在 AT&T，并继续为本地电话服务运营商提供仓库服务。那些新成立的电话公司年收入都在 5000 万～7000 万美元之间，都没有物流网络为其提供零部件及各种耗材来供应本地电话安装工人，因而都需要从西部电子公司现有的仓库里订购货物。这些新电话公司的当务之急就是设计物流网络，规划仓库、库存、运输路线和运输时刻表来满足客户服务的要求。因此，每个电话公司都进行了网络结构的研究。

14.2 网络规划所需的数据

14.2.1 数据清单

网络规划需要一个包罗万象的数据库。尽管有些数据专门用于某些特殊的网络结构问题，但数据库的大部分数据都是通用的。这些数据包括：

- 产品线中所有产品的清单

- 客户、存储点和供货点的位置
- 处于不同位置的客户对各种产品的需求
- 运输费率或运输成本
- 送货时间、订单传输时间和订货履行率
- 存储费率或存储成本
- 采购/生产成本
- 不同产品的运输批量
- 不同地点、不同产品的库存水平，控制库存的方法
- 订货的频率、订单规模，季节性特征和订单的内容
- 订单处理成本，以及产生订单处理成本的环节
- 资金成本
- 客户服务目标
- 现有设备和设施以及处理能力限制
- 当前满足销售需求的分拨方式

14.2.2 数据来源

许多公司没有规范化的物流信息系统，不能生成前文所列的物流网络设计所需的数据。这就迫使物流管理人员从企业内部以及企业外部的各种数据来源获取所需数据。这些数据来源主要包括业务运作单据、财务报告、物流研究报告、公开发布的信息，还包括人为的判断。

1. 业务运作单据

每家企业在管理方方面面的经营活动时都会生成许多单据。这些单据有的和物流活动有关，但更多的则是出于其他目的而准备的。这些文件也许只能提供可直接用于规划的数据而非信息。我们首先从销售订单开始考察这些单据。

销售订单及其附带单据是重要的数据来源，我们可从中获取大量必不可少的物流信息。客户所在地、各客户点不同时期产品的销售水平、销售条件、服务点、运输批量、库存状态和订单履行率、客户服务水平等只是其中的一小部分。公司常常将这些数据储存在计算机里，以便于提取数据，并加工整理成网络规划所需的信息。(见资料 14.2)

资料 14.2 应用

为完成仓库选址的研究，管理咨询顾问要求某专业化工企业提供其在全国范围内销售化工品和涂料的数据，并进一步按大小客户对销售数据进行分类。因为这家公司在计算机数据库中保留了所有的销售记录，所以就可以通过检索数据库，对数据进行分类，并提供所需的全年销售数据。不仅如此，使用数据库还可以将销售记录与包括美国邮政编码的客户文件相对照，将相邻的邮政编码聚集到一起，就可以组成为 200 个销售区，这样做就可以将分散的销售合并为少量便于管理的销售区。这一过程不需要对数据进行人工处理。

销售、生产、采购、运输、储存和搬运是企业经常要做的基本活动。因为企业需要衡

量、控制这些活动，所以常常有相关的情况报告。物流管理人员就利用这些报告得到企业物流活动水平的基本信息。例如，如果我们想了解某仓库发出的某些批量等级的货物占货运总量的比例，运单或包含各批货物批量、费用及所用承运人的报告就是合适的数据来源。由这些原始数据就可以得出货运批量的概率分布。

虽然审查正常业务运作活动中所有活动的报告和文件是不太现实的，但说业务文件是产生数据的丰富源泉却并不夸张，物流管理人员可以从中获得许多网络规划时需要的数据。值得注意的是，许多附加数据都来自企业职工为自己使用而做的非正式报告。

2. 财务报告

财务数据也是物流管理人员籍以获得内部信息的重要来源。财务数据侧重于确定各项运作成本，包括物流活动的成本。一般而言，会计记录能够很好地反映物流成本的主要部分。但是，大部分会计记录是直接为股东利益服务的，而不是为管理人员服务的，更不是为物流网络规划活动服务。根据公认的会计准则，一些重要的成本是不报告的，如库存持有成本和过期库存的成本。还有的成本虽然包括在报告之中，但从规划的角度看很令人费解。例如仓库财务报告中的清理垃圾时发生的货品杂项费用（Line - Item Cost）是应该归为固定成本、存储成本还是搬运成本？尽管如此，这些财务报告仍然是成本数据的主要来源。

3. 物流研究

研究能提供一些运作中的订单处理系统或财务系统所不能提供的信息。虽然企业很少进行正式的物流研究，但为确定有助于物流网络规划的基本关系而付出的努力是值得的，这些关系包括销售与服务的关系和运输费率与距离的关系。这类研究通常都由公司内部或外部的咨询小组和大学教授来做。

物流研究也可能是间接为企业所做的。诸如物流管理协会和存储教育研究会（Warehouse Education Research Council）这样的一些行业协会定期组织研究，并将研究结果向会员和非会员发布。这些都是获取同行业其他企业和其他行业物流数据的宝贵源泉。这些数据是对前述数据来源的丰富和补充。

4. 公开发布的信息

许多二手数据（有时也包括原始数据）都来自企业外部。其中包括专业杂志[1]、政府组织的研究报告[2]和学术期刊[3]等，从中可以得到有关成本和行业发展趋势、技术进步、经营水平和预测的信息。

5. 人为判断

公司经理、咨询顾问、销售人员、运作人员和供应商都是企业的数据来源，都应该当被视为物流数据库的一部分。开发这些随时可得的数据来源往往无须任何投资。

---

[1] 例如，*Transportation & Distribution*，*American Shipper*，*Inbound Logistics*，*Warehousing Management*，*Modern Materials Handling*，*Traffic Management*，and *Transport Topics*.

[2] 例如，RAND reports and many reports available from the Superintendent of Documents，Washington，D.C.

[3] 例如，Journal of Operation Management，Transportation Journal，Management Science，Logistics *and Transportation Review*，*International Journal of Physical Distribution and Materials Management*，*HE Transaction*，*Journal of Business Logistics*，and *International Journal of Logistics Management*.

14.2.3　数据编码

利用数据编码技术可加速数据的处理，其中主要包括产品编码和地理编码技术。

1. 产品编码

计算机技术、激光技术和全息摄影技术带来了数据录入方法的革新，无须人工录入就可以将数据输入计算机内存。条形码技术是数据录入中广泛运用的技术，它通过对一系列数字信息的光学扫描可以识别不同的产品、包装箱和不同批次的货物。这项技术便于快速而准确地传输数据，同时有助于对数据进行分类、筛选和重组，将数据转化为网络规划所需的信息。特别要注意的是如何设计编码使其成为可能对网络规划和运作有用的数据。关于产品编码，在第五章已有详细的介绍。

2. 地理编码

企业通常按客户姓名和地址来收集以客户为基础的销售数据。但如果以地理位置为基础而不是以客户为基础来组织销售数据，物流网络规划过程可以大大加快。运输决策、设施选址决策和库存决策的分析工作都会因为有这样的地理数据库[1]而得到改进。对物流网络的设计人员来说，一个顾客就是一个地理位置及与其他位置的距离。理想的物流数据应该是顾客的地理编码。

数据地理编码的方法有几种。一种简单的方法是用一张网格层叠在地图上，然后以水平方向、垂直方向的方格数作为地理编码。例如将一张网格层叠于欧洲地图之上，如图14－2所示。许多地图都标出了纬度和经度坐标，这也可以作为地理编码。或者，可以利用全球定位系统找出经纬度坐标。然后，将客户和销售数据就放在网格线所划分的不同单元格中。也就是说，将位于某一单元格里的某客户的信息与同一单元格里的其他客户的信息汇总在一起，同时单元格里所有的客户都被视为位于单元格的中心或重心处。这个单元格的位置代码就是008011，即横坐标和纵坐标的组合。所有数据都可以表示成这样的数字，结果见表14－1。

决定网格大小需要平衡两方面因素，一是数据过分集中，会导致数据准确性的丧失；二是数据过分复杂使得网格单元的相关成本过细，不能将类似客户分在一组，因而无法对其取均值而从中获益。

同样，我们也可以找到各种地理政治编码、特殊地区编码和网格位置编码。一项关于国家地理编码系统的调查共认定33种不同的编码系统，其中8种是网格编码和坐标编码[2]。除网格和经纬度编码外，物流规划时还经常用到其他几种编码。美国和其他一些国家，常常为了进行邮政服务而编制地理编码。因为邮政编码总是与企业的销售数据联系在一起，所以常常被用做确定两点间距离的依据，并据此决定运输费率。在美国，计算机化的运输报价和路线选择系统常常会用到标准点位置代码（Standard Point Location Code），标准城市统计区域

---

[1] 与时间相关的数据库也是收集数据的重要基础。有人可能会说，客户对服务的时间比对地理位置更感兴趣，因而网络应该根据时间来设计。但是，围绕地理特征设计的网络更实用。

[2] Pamela A. Warner, A *Survey of National Geocoding Systems*, Technical Report no. DOT－TSX－74－26（Washington D. C.: Superintendent of Documents, U. S. Government Printing Office, 1974）.

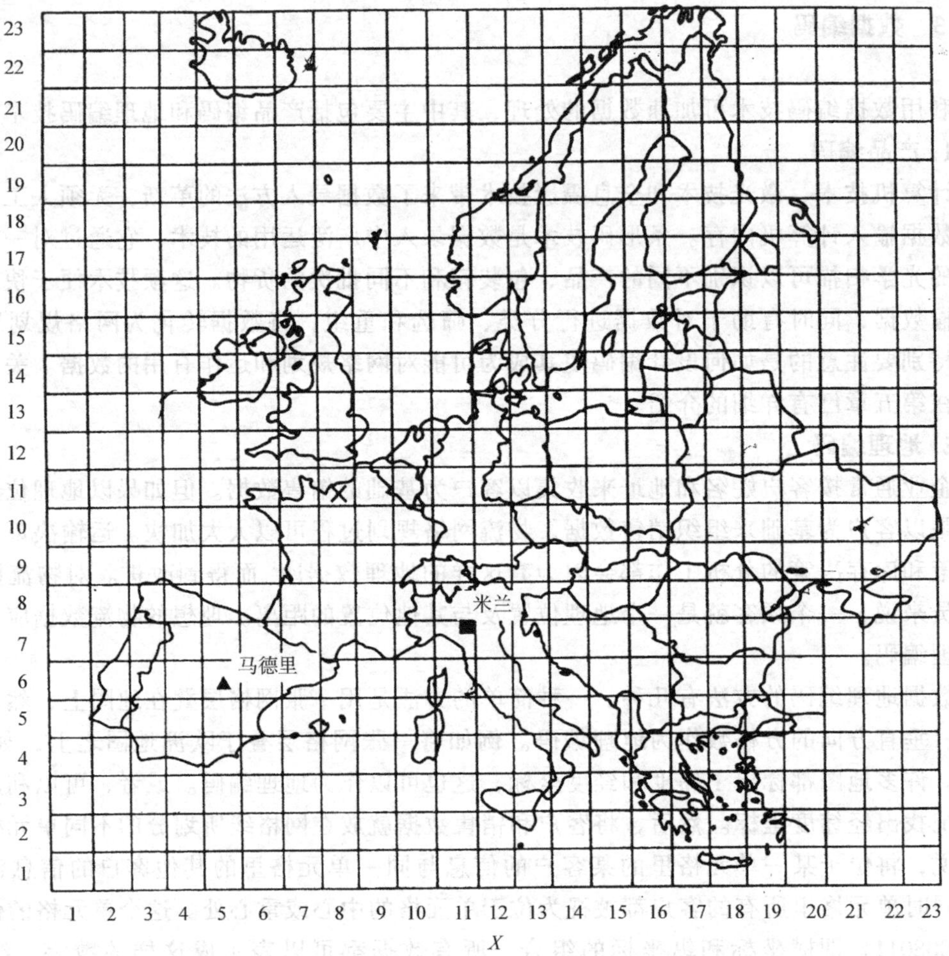

▲ 工厂

■ 仓库

图 14－2 一张简单的西欧地图网格层叠图

(Standard Metropolitan Statistical Area) 经常被用于市场分析中，也许正因为如此，物流分析中也会涉及到这些编码系统。美国普查局（U.S.Bureau of the Census）运输处使用一种叫做 PIC-ADAD 的计算机化位置点参照系统，来帮助制表，分析交通流量。(见资料 14.3)

资料 14.3 应用

统一 SMC，是一家为运输行业提供技术、分析工具和数据的公司，像黄记运输公司和公路运输公司，他也提供电子格式的运费率信息。其数据库和计算机程序叫做 CzarLite[1]，用户可以利用某一个五位数的邮政编码找到任何两个城市间两点的运输费率。使用邮政编码比

[1] Pamela A. Warner, A Survey of National Geocoding Systems, Technical Report no. DOT－TSC－74－26 (Washington, D. C. superintendent of Documents, U. S. Government Printing Office, 1974)。

用州和城市的名字更方便。其他公共承运人、UPS 和 FedEx 运费报价的方法也可以用类似方法获得，而且可以在互联网上找到。

由于这些编码中的数字指代某一地区，或某一地点，因此对这些编码数字进行数学处理就可以确定两地区代码或两点之间的距离和运输时间，估计运输费率。这种数据处理方法简便易行，给设施选址分析和估算运输成本带来了极大好处。

表 14－1　按网格位置编码汇总的假想销售数据举例

客户位置网格编号①	网格中包含的客户数量	年销售额（美元）	年货运量（磅）	订单的平均规模（件）	平均客户服务要求②	供应工厂位置代码	供应仓库位置代码
001002	0	0	0	0	—	—	—
·	·	·	·	·	·	·	·
·	·	·	·	·	·	·	·
·	·	·	·	·	·	·	·
006009	123	890000	600000	153	1	005006	011007
007009	51	401000	290000	136	1	005006	011007
006008	37	295000	175000	127	2	005006	011007
·	·	·	·	·	·	·	·
·	·	·	·	·	·	·	·
·	·	·	·	·	·	·	·
006012	96	780000	550000	156	1	005006	011007
·	·	·	·	·	·	·	·
·	·	·	·	·	·	·	·

①网格编号参见图 14－2。

②客户服务要求以客户接受的送货天数表示。

通常，编码只需要进行最简单的算术计算。正如从表 14－1 可以看到的，根据地理编码对数据分类，然后对每类数据进行汇总和平均，就可以得出表中的序列。这类编码数据经常以书面报告的形式保存下来，如运输费率表、库存成本报告和库存水平记录等，当网络规划需要时，可以提取这些数据。

14.2.4　将数据转化为信息

数据是没有任何具体用途的事物。数据收集好后，必须进行编排、提炼、分组、汇总或以其他方式进行处理，来支持网络规划。经过加工后的数据就转化为决策时使用的信息。为进行网络设计，我们要看看信息的核心要素和信息产生的方法。

1. 分析单位

在网络规划之初，要首先决定分析中所使用的计量单位。常见的有重量单位（lb、担、吨或千克），货币单位（美元、英镑或日元），实物计量单位（箱、件或桶）或体积单位（加仓、立方米或升)。物流管理人员在多数网络规划问题中都倾向于使用重量单位，因为网络规划中最主要的成本是运输成本，而运输费率通常以货物重量表示。管理人员常用的度量单位通常是起决定性作用的因素，因为公司的数据库和公司运作的绩效都以该单位表示。例如，主要从事零售分拨的企业使用货币单位作为业务活动中的计量单位，而制造性企业通常会使用重量单位。分析单位一旦确定，分析中所有的相关成本的计量单位都要与其保持一致。

2. 产品分组

公司的产品线中可能包括成百上千种不同的产品。不仅产品型号和风格的不同会导致产品的多样性，同一种产品包装规格不同（既有旅行装、日用装、经济装和家庭装的牙膏，也有管装和筒装的牙膏）也会造成同样影响。由于产品种类繁多，要收集所有必要数据并进行分析是不现实的。可行的方法是将这些产品汇总为合理数量的产品组合。但我们在分组时应尽量避免大幅度降低计算结果的准确性。

每个产品线中可能有许多产品采用同样的分拨模式。也就是说，它们可能被存放在同一地点，捆绑在一起装上同一个运载工具运到同一个客户手中。我们希望能将共用同一配送渠道的产品分在一组，而将不能使用同一配送渠道的产品另列一组。通常的产品编组是将那些订货量大、需要直接以大批量运到客户所在地的产品归为一组，而将订货量小、需要经仓库系统转运的产品归为另一组。另一种方式是按运输的货物等级分组。当然，公司也可以根据销售编组来对产品进行分类，这么做仅仅是因为管理阶层认同这种分类方法。无论采用何种产品分类方法，汇总产品的工作量都是很大的。网络分析时常常要求产品组别不超过20个。(见资料14.4)

资料14.4 应用

福特汽车公司从欧洲不同的供应商那里购买发动机、变速器和车轮配件供美国东部的13家装配厂使用。正常的分拨模式是将这些配件从位于欧洲内地的供货厂运到欧洲的港口，再从欧洲的港口运到美国的港口，最后从美国的港口运到美国内陆的装配厂。公司考虑在美国的港口和装配厂之间建一座中转仓库。因为建仓库的目的是减少库存，因而自然应该按运输批量对产品进行分类。也即，因为建仓库是为了平衡运输成本和库存成本，所以将需求分为零担货物和整车货物。区分产品分类的变量就是常用集装箱的货量。这时按产品种类分组就没有意义了。

---

3. 估计运输费率

物流网络规划中，运输费率是一个重要问题，因为可能有许许多多种不同的运输费率。对于只有2类产品、5种运输批量、200个客户、5座仓库、2个工厂的小型网络而言，代表所有产品流组合的运输费率有（$2\times5\times200\times5\times2$）种 = 20 000种。以某种方式估计费率可以加快计算过程，免去查找或检索这么多种费率带来的工作量。估计运输费率时应该了解所用运输服务的种类，知道是使用自有运输还是受雇运输。

4. 自有运输

估计自有运输（通常是卡车）的等效费率，需要了解运营成本以及车辆是按什么路线到达送货点和/或装货点的。通常公司会保有运营成本的完整记录，这些成本包括司机的工资和福利、车辆维护费、保险费、税金、折旧费和一般管理费用。里程表还可以记录车辆运行的里程。因此，很容易得到每英里的运营成本。(见资料 14.5)

资料 14.5　例子

大岛生物公司（The Grand Island Biological Company）生产和分拨医学研究中用于培育和识别某种细菌的培养基。公司的主要客户是位于纽约、华盛顿等地的大型综合医学研究单位。

为评估自有运输车辆（用于运送温度敏感型产品的小型冷藏车），公司提供了华盛顿地区一周自有车辆的运营数据：

数据类别	实际发生	每周成本（美元）
行驶里程	2 700 英里/周	
当班小时	66 小时/周	
发车次数	3 次/周	
司机工资	12.00 美元/小时	792.00
福利	工资的 18.75%	148.50
燃油成本（每加仑 10 英里）	1.10 美元/加仑	297.00
卡车折旧	316.50 美元/周	316.50
维修成本	45.00 美元/周	45.00
保险费	51.00 美元/周	51.00
过路费、餐费、住宿费	97.5 美元/次	292.50
预算外成本	30.00 美元/次	90.00
总计		2 032.50

这样，可以计算出卡车的运营成本为 2 035.50 美元/2 700 英里 = 0.75 美元/英里。

估计从起点到终点的有效费率就更困难了，因为车辆并不是在两点间直线行驶。相反，车辆在返回仓库前的经停点往往不止一个。假设通常线路上有五个经停点，对若干典型路线进行平均后确定往返的平均行驶里程是 300 英里（见图 14-3a)。

在本例中，干线运输距离是 200 英里，经停点间的运输距离总共为 100 英里。如果实际的运输费率平均为每英里 1.30 美元，则五个经停点总的实际运输成本应该是 1.30 美元/英里 × 300 英里 = 390.00 美元。而在规划过程中，我们经常只估计从仓库到每一个客户的单程距离（见图 14-3b)，这样等效距离是（100 + 100 + 150 + 110 + 100）英里 = 560 英里。每直线英里的等效费率是 390.00 美元/560 英里 = 0.696 美元/英里。因此，规划时，我们算出到达客户所在地的直线距离，然后乘以 0.696 美元/英里的等效费率就可以得到前往该客户所在地的运输成本。

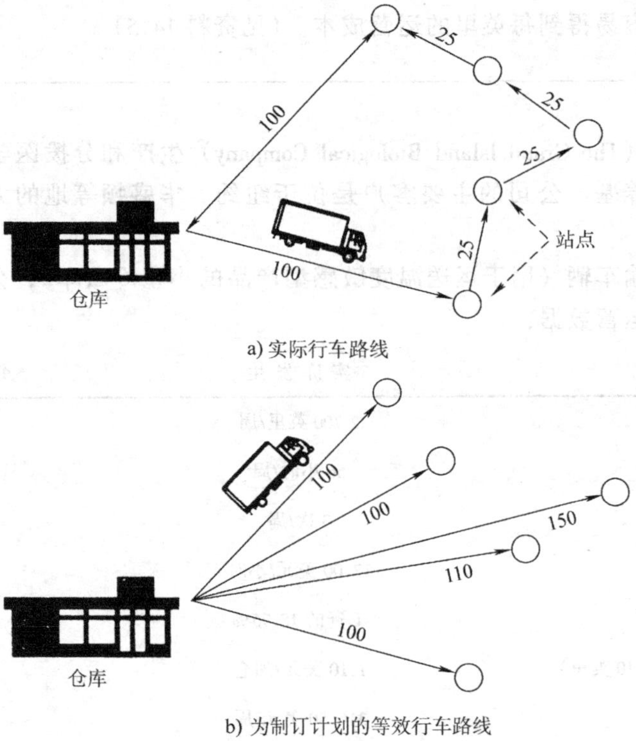

图 14－3　自营车辆实际行车路线与等效行车路线的对比

5. 受雇运输

估计受雇运输费率的过程与刚才所描述的估计自有运输费率的过程明显不同。卡车、火车运输的等级费率，UPS 和其他小件货物运输承运人的费率的特点就是运输费率和距离大致呈线性关系，我们可以利用这一有利特征，根据起点到终点的距离绘制出运输费率估计曲线，如图 14－4 所示。自距起点 30～50 英里的本地分拨区域到距起点 1 000～15 000 英里的分段统一费率适用区，运输距离各不相同，但运输费率通常与距离呈高度线性关系，一般决定系数可达 90%，甚至更高。不仅在美国，其他许多国家也有类似情况。

绘制运输费率估计曲线要对从起点（如伊利诺依州的芝加哥市）出发不同运距的运输费率取样。样本规模通常为 30～50 个点。费率可以从运价本或其他运费报价单中找到。图 14－4所列举的这些费率是从互联网上查到的公路快运公司（Roadway Express）的费率，不包含任何折扣和其他服务费。因为运输费率是按邮政编码报价的，所以需要通过地图比例尺或从一些杂志（如兰德·麦克耐里公路地图册（Rand McNally Road Atlas），巴塞洛谬欧洲公路地图册（Bartholomew Road Atlas Europe），搬家路线指南（Household Goods Mover's Guide），兰德·麦克耐里里程指南（Rand McNally Mileage Guide））的运距表或者互联网上的电子地图中得到运输距离的具体数字，也可以根据本章后文讨论的坐标计算出来。

如果运输费率估计曲线的精度不令人满意，就需要完全使用具体费率或者有选择地将具体费率与运输费率估计曲线结合使用。如果运输报价是针对特定点间个别货物（如运量大的货物）的运输，这种情况就会发生。合同费率、商品费率和特定折扣的等级费率都没有呈现出与距离的一般关系，也就无法绘制出合理的估计曲线。

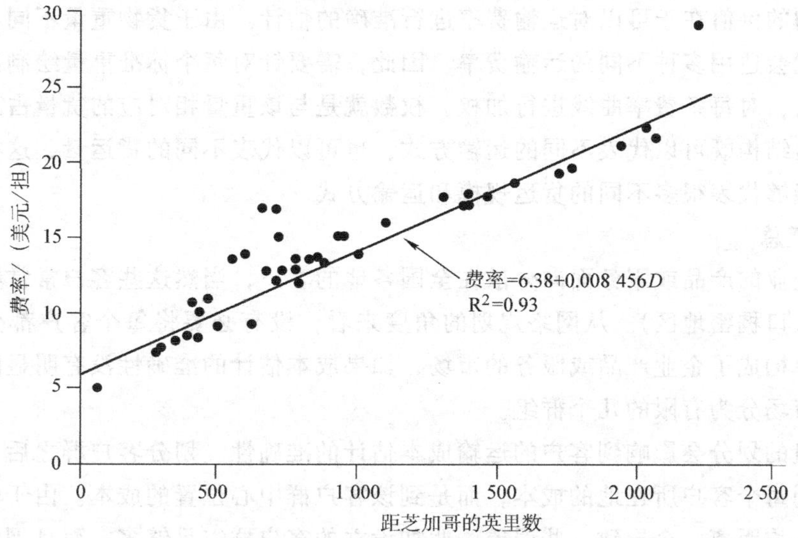

图 14－4　以芝加哥为起点，某些距离的运输费率估计曲线

6. 订单和货物结构

网络设计对订单规模及相应运输批量的规模非常敏感。例如，如果所有的客户都要求以整车方式送货，那么除非出于服务的考虑要将存货放在临近客户的地方，否则没什么鼓励存储的经济原因。与此相反，如果客户订单很小，通常就要求企业大量保有存货。但是，企业往往有许多客户，他们的订货量也是多种多样的。如图 14－5 所示，某化工公司将其市场分为大客户和小客户。大客户一般由销售人员直接负责，小客户则通过一个电话市场营销系统用电话联系。该直方图给出了标准重量分类条件下运到各类客户的货运量占总货运量的比例。这类数据一般可以从货运单据或销售数据库中抽样获得。

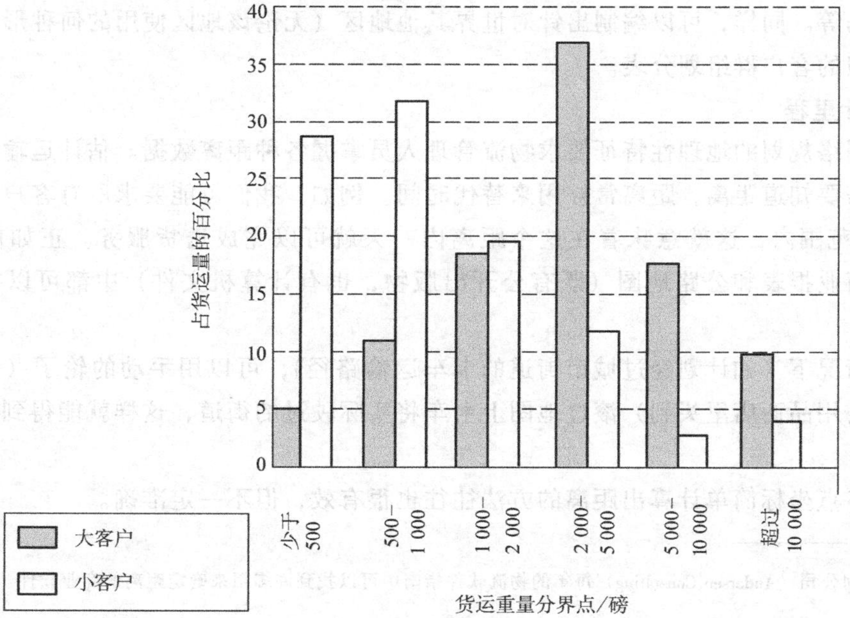

图 14－5　某化工公司大、小客户的货运结构图

货物结构的价值在于可以对运输费率进行准确的估计。由于货物重量不同，同一运输起讫点之间可能会适用多种不同的运输费率。因此，需要针对每个标准重量绘制出运输费率估计曲线。然后，对每条费率曲线进行加权，权数就是与该重量相对应的货量占总货量的百分比。因为货运结构既可以代表不同的运输方式，也可以代表不同的货运量，这样得出的运输费率曲线就能够代表很多不同的货运规模和运输方式。

7. 销售汇总

通常，企业的产品或服务面向分散在全国各地的客户，当然这些客户常常集中在特定地区（一般是人口稠密地区）。从网络规划的角度来看，没有必要将每个客户都分开考虑。数以千计的客户构成了企业产品或服务的市场，如果成本估计的准确性没有明显降低，可以按地理位置将市场分为有限的几个群组。

销售群组的划分会影响到客户的运输成本估计的准确性。划分客户群之后，所计算的运输成本不是到每个客户所在地的成本，而是到该客户群中心位置的成本。由于使用的不是实际距离而是平均距离，会导致一些误差。假如设立的客户群组足够多，而且围绕销售最集中地区（通常是人口稠密地区）建立的群组很小，可能出现的不准确估计就可以减少到最低水平。假定货物是运往客户群的中心，而不是运往每位客户所在地，就可以判断由此产生的运输成本计算误差，根据这一结果，就可以确定客户组群的适当数量。根据网络中不同的设施数量和对运输成本计算误差的不同容错度，表 14-2 列出了客户群组的不同规模。

一旦确定了客户群组的适当数量，就可以对客户数据进行汇总。由于销售数据经常按包括邮政编码在内的客户地址记录，因此规划者常常可以用邮政编码划分客户的群组。按相互接近的邮政编码进行分组可以缩小运输成本的误差。利用经纬度这样的地理编码还可以确定每个群组的中心。

表 14-3 列举了一些群组中心的例子，其中的数据包括群组中心的地理位置、地区中心的邮政编码等。同样，可以编制出针对世界其他地区（无论该地区使用的何种形式的地址代码）的类似的客户群组划分表。

8. 估计里程

物流网络规划的地理性特征要求物流管理人员掌握各种距离数据。估计运输起讫点间运输成本时需要知道距离，距离常被用来替代时间。例如，我们可能要求所有客户都在距仓库 300 英里的范围内，这就意味着在这个距离内一天就可以完成送货服务。正如前文已经提到，许多商业报表和公路地图（既有公开出版物，也有计算机文件）中都可以找到距离数据[1]。

特殊情况下（如计划经过城市街道的卡车运输路径），可以用手动的轮子（该工具可以在许多办公用品商店里买到）滚过地图上卡车将实际驶过的街道，这样就能得到准确的距离数据。

利用各点坐标简单计算出距离的方法往往也很有效，但不一定准确。

---

[1] 在安达信咨询公司（Andersen Consulting）每年的物流软件指南中可以找到许多用来确定距离的商业软件。

表 14-2　可接受的客户群组的最小数量
——针对不同数量的网络供应点、最大的客户群规模和允许的最大运输成本计算误差

允许的最大误差	最大客户群规模[a]	网络中供货点的近似数量 1	5	10	25	50	100
0.5%	0.5%	200	325	350	500	650	750
	0.8%	150	150	175	375	450	650
	2.0%	75	100	300	450	600	650
	5.0%	75	150	250	500	600	750
	无限制[b]	50	350	400	500	700	750
1.0%	0.5%	200	200	200	200	250	500
	0.8%	200	150	150	175	350	500
	2.0%	75	75	175	300	500	600
	5.0%	75	100	225	400	500	600
	无限制[b]	25	200	250	400	500	600
2.0%	0.5%	200	200	200	200	200	350
	0.8%	150	150	150	150	250	450
	2.0%	75	75	100	250	350	500
	5.0%	75	75	175	300	450	500
	无限制[b]	25	75	175	300	450	500
5.0%	0.5%	200	200	200	200	200	200
	0.8%	150	150	150	150	150	300
	2.0%	75	75	75	100	225	300
	5.0%	75	75	75	175	275	350
	无限制[b]	25	50	75	200	275	350
10.0%	0.5%	200[c]	200[c]	200[c]	200[c]	200[c]	200[c]
	0.8%	150	150	150	150	150	150
	2.0%	75	75	75	75	125	175
	5.0%	75	75	75	75	150	200
	无限制[b]	25	50	75	100	175	225

a. 所有客户群中最大的客户群在总需求中占的百分比。

b. 对客户群的大小没有特定限制，但大约为总需求的 7%左右。

c. 客户群的数学最小值。

资料来源：Ronald H. Ballou, "Measuring Transport Costing Error in Customer Aggregation for Facility Location," Transportation Journal, Vol. 33, No. 33 (1994), 99. 49-59.

如果使用的是简单的网格系统（如图 14-2 所示），可以根据坐标值，利用毕达哥拉斯定理（Pythagorean Theory）计算出直线距离。也就是说，假如已知点 A 和点 B 的坐标，则两点间的直线距离为：

$$D_{A-B} = K\sqrt{(X_B - X_A)^2 + (Y_B - Y_A)^2} \qquad (14-1)$$

式中 D_{A-B}——点 A 与点 B 间的距离；

X_A、Y_A——点 A 的坐标；

X_B、Y_B——点 B 的坐标；

K——将坐标单位转化为距离单位的比例系数。

(见资料 14.6)

表 14-3 地理群组划分表节选

——美国 192 个群组及其地区中心的三位数邮政编码、经纬度坐标

序号	经度	纬度①	组群中心城市的名称	中心地区邮政编码②	所代表的邮政编码
1	73.25	42.45	匹兹堡，马萨诸塞州	012	012
2	71.81	42.27	伍斯特，马萨诸塞州	016	015 - 016
3	71.08	42.31	波士顿，马萨诸塞州	021	014，017 - 024
4	71.43	41.82	普罗维登斯，罗德岛	029	025 - 029
5	71.46	42.98	曼彻斯特，新罕布什尔州	031	030 - 034
6	72.02	44.42	圣约翰斯伯里，拂蒙特州	035	035，058
7	70.97	43.31	罗彻斯特，新罕布什尔州	038	038 - 039
8	70.28	43.67	波特兰，缅因州	041	040 - 041，045，048
9	69.77	44.42	奥古斯塔，缅因州	043	042 - 043，049
10	68.75	44.82	班戈，缅因州	044	044，046
11	68.00	46.70	普雷斯克戈尔，缅因州	047	047
12	73.22	44.84	伯灵顿，拂蒙特州	054	054，056
⋮	⋮	⋮	⋮	⋮	⋮
180	117.05	32.62	圣迭戈，加利福尼亚州	921	920 - 921
181	119.00	35.56	贝克斯菲尔德，加利福尼亚州	933	932 - 934
182	119.78	36.76	弗雷斯诺，加利福尼亚州	937	936 - 937
183	122.21	37.78	奥克兰，加利福尼亚州	946	939 - 954
184	124.07	40.87	阿克塔，加利福尼亚州	955	955，960
185	121.46	38.55	萨克拉门托，加利福尼亚州	958	956 - 959
186	121.67	45.46	波特兰，俄勒冈州	972	970 - 974，977，986
187	121.75	42.22	克拉马斯福尔斯，俄勒冈州	976	975 - 976
188	118.80	45.66	彭德尔顿，俄勒冈州	978	978
189	122.33	47.63	西雅图，华盛顿州	981	980 - 985
190	120.47	46.60	亚基马，华盛顿州	989	988 - 989
191	117.41	47.67	斯波坎，华盛顿州	992	835，838，990 - 992，994
192	118.33	46.06	沃拉沃拉，华盛顿州	993	993

① 十分位的经纬度坐标。

② 邮政区域中心编码。

资料 14.6 例子

如图 14-2 所示，假设我们要估计位于西班牙马德里的工厂和位于意大利米兰的仓库之间的距离。马德里的坐标是 $X_A=5$，$Y_A=6$，米兰的坐标是 $X_B=11$，$Y_B=7.5$。地图的比例尺（比例系数）或两个连续坐标点之间的距离是 194 公里。则两地间的直线距离为

$$D_{A-B} = 194\sqrt{(11-5)^2+(7.5-6)^2}\text{ 公里} = 1\,200\text{ 公里}$$

从某公路地图册查到的距离是 1 724 公里。因为车辆正常运行时道路迂回曲折，所以公路距离大于计算的直线距离。

如果要使用直角距离以便更适应直角布局的道路（尤其在城市里），可以采用更一般化的距离公式

$$D_{A-B} = b_0 + b_1[\,|X_A - X_B| + |Y_A - Y_B|\,] + b_2\sqrt{(X_A - X_B)^2 + (Y_A - Y_B)^2} \qquad (14-2)$$

其中，b_0，b_1 和 b_2 可以通过以实际距离和直线距离拟合本公式而得到[1]。

因为各种制图技术都是将球体投影到平面上，必然会引起变形，所以简单的网格层叠法可能会导致计算误差，误差的大小取决于地图投影方法以及在地图的什么位置计算距离。更可靠的技术是利用经纬度坐标和大圆（球面三角学）距离公式。该公式不仅能避免地图的偏差，而且还考虑了地球表面的弯度。大圆公式为

$$D_{A-B} = 3\,959\{\arccos[\sin(LAT_A)\times\sin(LAT_B)+\cos(LAT_A)\times\cos(LAT_B)\times \cos|LONG_B - LONG_A|]\} \qquad (14-3)$$

式中　D_{A-B} ——点 A 与点 B 之间的大圆距离（法定英里数）；

LAT_A ——点 A 的纬度（弧度）[2]；

$LONG_A$——点 A 的经度（弧度）；

LAT_B ——点 B 的纬度（弧度）；

$LONG_B$——点 B 的经度（弧度）。

尽管该公式看起来相当复杂，但通过计算机程序来进行计算却十分简单[3]，其优点大于缺点。其中，优点有：

- 经纬度坐标全世界通用。
- 坐标数据来源广泛，包括公路地图、导航图、百科全书、政府出版物和商业服务。
- 人们普遍了解坐标系统。
- 准确性可以很高。

因此，进行物流规划时，人们常常将大圆法编入计算机程序用来计算距离。但为了保证计算的准确性，公式中的两点应该在同一半球上。（见资料 14.7）

---

[1] Jack Brimley and Robert Love, "A New Distance Function for Modeling Travel Distances in a Transportation Network," *Transportation Science* 26, no. 2 (May 1992): 129 - 137.

[2] 角度除以 57.3（即 180/π）就得到弧度。

[3] 以下用 BASIC 语言编写的小程序，可以根据以角度表示的坐标值计算大圆距离

```
100  C = 57.3
101  A = SIN(LAT_A/C) * SIN(LAT_B/C) + COS(LAT_A/C) * COS(LAT_B/C)
         * COS[ABS(LONG_B - LONG_A) C]
102  D = 3 959 * ATN[SQR(1 - A^2)/A]
```

其中

D ＝从第一点到第二点的规定英里数

C ＝将角度换算成弧度的常数

LAT_A ＝第一点的纬度

$LONG_A$ ＝第一点的经度

LAT_B ＝第二点的纬度

$LONG_B$ ＝第二点的经度

资料 14.7 例子

仍用前文的例子，假设我们需要重新计算马德里到米兰的直线距离，这次使用大圆距离公式。马德里的坐标是 $LONG_A = 3.41°W$，$LAT_A = 40.24°N$，米兰的坐标是 $LONG_B = 9.12°E$，$LAT_B = 45.28°N$。将上述各坐标值除以 57.3 得到弧度表示的坐标。因而，$LONG_A = 0.059\ 5$，$LAT_A = 0.702\ 3$，$LONG_B = -0.159\ 2$，$LAT_B = 0.790\ 2$。注意，因为马德里在格林威治零度经线以东，所以 $LONG_B$ 是负值。米兰在格林威治零度经线以西，因此 $LONG_A$ 是正值。将这些数据代入式（14－3），得

$$D_{A-B} = 3\ 959\{\arccos[\sin(0.702\ 3) \times \sin(0.790\ 2) + \cos(0.702\ 3) \times \cos(0.790\ 2) \times \cos|-0.159\ 2 - 0.059\ 5|]\}\text{英里} = 724\ \text{英里}$$

因为 1 英里等于 1.61 公里，所以 $D_{A-B} = 724 \times 1.61 = 1\ 166$ 公里。

注：arccos，sin 和 cos 值来自三角函数表。

计算所得距离总是小于两点间实际距离。因为运输工具不是直线行驶，而是在公路、铁路或海运航线的网络中行驶的，要加上通过网络的距离和时间。因此，需用一个迂回系数或迂回乘数调整计算出的距离。如使用的是简单的直线网格公式（14－1），公路的迂回系数近似为 1.21，而网络不完善的铁路运输迂回系数约为 1.24。如果使用经纬度坐标和大圆公式（14－3）计算距离，则表 14－4 中列出的世界各地区的迂回系数是很好的初始值。任一地区的迂回系数都很容易通过抽取各点间距离的样本并对实际距离与计算距离之比取平均值的方法确定。

表 14－4 部分国家（及美国部分地区）的迂回系数

国家	起讫点数	平均迂回系数	标准差
阿根廷	66	1.22	0.15
澳大利亚	77	1.28	0.17
白俄罗斯	21	1.12	0.05
巴西	120	1.23	0.11
加拿大	49	1.30	0.10
中国	66	1.33	0.34
埃及	21	2.10	1.96
欧洲	199	1.46	0.58
英格兰	37	1.40	0.66
法国	9	1.65	0.46
德国	31	1.32	0.95
意大利	11	1.18	0.10
西班牙	61	1.58	0.80
匈牙利	36	1.35	0.25
印度	105	1.31	0.21
印度尼西亚	16	1.43	0.34
日本	36	1.41	0.15

（续）

国家	起讫点数	平均迂回系数	标准差
墨西哥	49	1.46	0.43
新西兰	4	2.05	1.63
波兰	45	1.21	0.09
俄罗斯	78	1.37	0.26
沙特阿拉伯	21	1.34	0.19
南非	91	1.23	0.12
泰国	28	1.42	0.44
土耳其	28	1.36	0.34
乌克兰	36	1.29	0.12
美国[a]	299	1.20	0.17
阿拉斯加	55	1.79	0.87
美东地区[b]	143	1.20	0.16
美西地区[c]	156	1.21	0.17

a. 不包括阿拉斯加和夏威夷。

b. 密西西比河以东地区。

c. 密西西比河以西地区。

资料来源：Ronald H. Ballou, Handoko Rahardja, and Noriaki Sakai "Selected Country Circuity Factors for Road Travel Distance Estimation," *Transportation Research*, Part A, Vol. 36 (2002), pp. 843－848.

除了里程估计，有时需要估计时间来反映网络中的客户服务水平。通常的做法是先估计出里程，然后用里程除以运输速度转化成时间。然而，目前已有研究对城市间和城市内网络的运输时间进行了估计。Camp 和 DeHayes 建立了一些使用网格图系统估计城间运输时间的回归方程[1]。Ratliff 和 Zhang 估计了城市地区的运输速度和时间[2]。

9. 设施成本

与设施（如仓库）相关的成本可以表示为 1）固定成本；2）存储成本；3）搬运成本。固定成本是那些不随设施的经营活动水平而改变的成本。房地产税、租金、监管费和折旧费都属于固定成本。但是，应认识到在某一活动水平下所有成本都是可变的。在将某一成本划为固定成本时，应认真考虑该成本是否会随该设施经营活动水平在一定范围内的变化而改变。

存储成本是那些随设施内存储货物数量变化而改变的成本。也就是说，如果某项成本随设施中保有的库存水平增加或减少，该项成本就可以归为存储成本。典型的存储成本有某些公用事业费、个人财产税、库存占用的资金费用、库存货物的保险费。

搬运成本是随设施吞吐量变化的成本。典型的搬运成本有存取货物的人工成本、某些公

---

1 Robert Camp and Daniel DeHayes, "A Computer－based Method for Predicting Transit Time Parameters Using Grid Systems", Decision Sciences, Vol. 5 (1974), pp. 3390346.

2 H. Donald Ratliff and Xinglong Zhang, "Estimating Traveling Time/Speed", Journal of Business Logistics, Vol. 20, No. 2 (1999), pp. 121－139.

用事业费、可变的设备搬运成本。通过企业的财务系统可以对自营仓库或租赁仓库的成本进行跟踪。财务部门会定期发布一系列财务报告，通报各项成本及相关的解释。进行网络规划时，要将这些数据分成年固定成本、存储成本和搬运成本还须借助人为的判断。（见资料14.8）

涉及公共仓库时，则存储和搬运费率数据很容易得到。公共仓库的存储服务和搬运服务都是供租用的，企业一般可以根据需求量的一定比例来购买。在企业与公共仓库签订的合同中也会列出存储费率（美元/担/月）和搬运费率（美元/担）。因为企业使用的是受雇服务，所以没有固定成本。然而，有些供应商会按合同时间长度和预计需求量给予折扣。企业和供应商的成本很容易得到。工厂的各产品产量的可变成本数据常常可以从生产的标准会计成本核算资料中获得。而供应商的成本就是其报给买方的价格。

10. 设施的生产能力

工厂、仓库和供应商生产能力的严格约束可能对物流结构造成重大影响。然而，在实践中，设施的生产能力并不是绝对，一成不变的。可能存在一个能使设施运营最有效率的产量。扩大生产能力的方法很多，加班、增加班次、使用废弃的空间存放产品或者临时获得额外设备或存储空间只是其中几种。这些方法都会增加成本，在规划中应该注意不要过于僵化地看待设施生产能力这个限制条件。

11. 库存 – 吞吐量之间的关系

如果网络规划涉及到仓库选址，就必须估计仓库数量、位置和规模的变化对网络中库存水平的影响。我们在第九章库存中讨论过，有两种力量影响库存水平—周转库存和安全库存。随着仓库数量减少，库存水平通常会下降。前文讨论的平方根法则可以预测周转库存的下降，但却无法预测仓库数量减少对安全库存的作用。使用库存吞吐量曲线有助于同时估计两种效应。因为选址问题就是仓库之间需求调配的问题，所以我们希望能够根据分派给仓库的需求或吞吐量来估计仓库的库存量。找出库存 – 吞吐量关系的方法之一是根据企业自己的库存政策得到该比值。也即，如果经营目标是每年库存周转次数为 8，由于年周转次数是年销售量与平均库存之比，所以库存 – 吞吐量之间的关系也就确定了。但这表示只是管理人员计划达到的目标而不是实际达到的目标。如果没有其他信息，这个关系就代表着我们能够得到的最好的关系。

也许寻找库存 – 吞吐量关系的更好方法是观察管理人员是如何控制库存的。库存状态报告是大多数公司常见的报告，该报告按月报告网络中每座仓库的库存水平和运输批量。如图 14 – 6 所示，将各仓库的库存水平进行平均并对货运量进行加总，就可以得到图上的某个点的数据。将所有仓库和向当地销售区提供类似仓库服务的工厂的此类数据计算出来并描在图上，就完成了数据图。然后，用我们能够得到的最佳的数学表达式拟合这些数据。根据分派给现有仓库或新仓库的年需求量，我们就能够用上述表达式估计出某特定仓库应该持有的平均库存量。

资料 14.8 例子

某大型石油公司的仓库中存有加油站出售的轮胎、电池和配件。该仓库一年的运营成本财务报表如表 14 – 5 所示。该作者根据网络规划的要求已将各项费用划分为固定成本、存储成本和搬运成本。请问您是否有其他的分配方法。

表 14-5　仓库的年支出——分别计为固定成本、存储成本和搬运成本（美元）

科　目	总　费　用	固定成本	仓储成本	搬运成本
工资①	347 440	36 500		310 940
加班费	40 351			40 351
临时工工资	23 551			23 551
联邦社会保险	27 747	2 915		24 832
失业开支	4 437	466		3 971
差旅费	5 716			
加班餐费	844			844
福利支出	19 619	2 061		17 558
集体保险费	14 860	1 561		13 299
保管费-材料	5 481	5 481		
积雪垃圾清除费	2 521	2 521		
库场维护费	19 780	19 780		
消防费	2 032	2 032		
绿化费	3 855	3 855		
库区道路维护费②	15 621	1 562		
仓耗	4 995		4 995	
保安费	583	583		
办公用品、文书费	38 697			38 697
邮资	518			518
一般仓库用品费	64 338			64 338
电费	39 332	39 332		
取暖费	28 974	28 974		
电话费	8 750	8 750		
书报费	1 017	1 017		
会员费	3 993	3 993		
税金-房地产税	43 570	43 570		
税金-个人财产税	35 354		35 354	
车辆费用	12 961			12 961
物料搬运设备费	29 042			9 042
合计		210 677	40 349	580 902

① 包括仓库经理。
② 按 10 年分摊。

如果 1）现有网络中的仓库太少不足以绘制合理的数据图；2）各仓库之间库存政策分歧很大，无法准确判断总体关系；或 3）库存政策将要改变，那么，就有可能需要根据各种产品的库存政策估计平均库存水平。通过模拟仓库中各种产品的需求情况，然后将结果加总起来就得到所有产品的总库存水平，从而得出平均库存水平。总库存水平可以反映出公司控制各产品库存的方法。用需求除以各种可能的仓库数量就可以得到类似图 14－6 的模拟数据[1]。

12. 估计未来需求

如果规划的结果不能得到迅速实施，那么以过去和当前的需求数据为基础制定网络规划就意义不大。因此，出于设计的目的，我们需要预测未来若干年的需求，这里用到的是中长期的预测方法。

此外，许多公司都会为了做一般性规划而预测未来五年的情况，这些信息对物流网络规划也是很有用的。

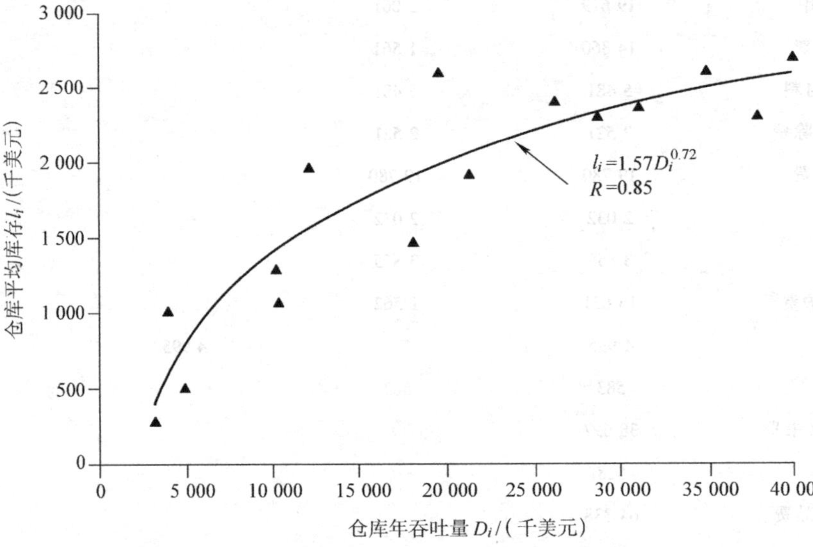

图 14－6 某工业清洁剂制造商的库存－吞吐量关系曲线

13. 其他因素和限制条件

搜集到基本经济数据后，还需要了解各种对网络设计有影响的限制条件。班德（Bender）概括出以下几方面约束条件：

- 资金限制，如可用于新设施的最高投资额；
- 法律和政治限制，如在评估某潜在选址点时，应避开某些区域；
- 人员限制，如现有的为新政策配套的人员的数量和质量；
- 截止时间；
- 必须保证运营的设施；
- 现有的和预期的合同条款[2]。

---

[1] 关于确定总库存－吞吐量之间关系的更深入讨论，参见 Ronald H. Ballou，"Estimating and Auditing Aggregate Inventory Levels at Multiple Stocking Points," *Journal of Operations Management*（February 1981）：143－153.

[2] Paul S. Bender，"Logistic System Design," in *The Distribution Handbook*，ed. James F. Roberson and Robert G. House（New York：The Free Press. 1985），173.

14.2.5 缺省信息

网络规划中更棘手的一类问题是，没有展开分析所必需的数据。如果分析中涉及当前不归企业经营的设施，往往这类问题会出现。对于这些设施，人们无法得到有关运营的确切成本数字，必须估计或从外部得到这些数据。一种估计方法是借用与备选设施邻近或者基本特征类似的现有设施的数据，可将同样的运输费率曲线运用于新地址。或者，在这些新起运地的周边地区抽取新的费率样本。从平均库存－吞吐量曲线还可以得到平均库存水平。

公司内部无法获得的信息有时候可以从公司外部获得。一些经济数据（如劳动力费用、租赁费用、税金和建筑成本）可以从劳工部（Department of Labor）定期进行的地区性劳动力调查中获得。不同商会进行的地方经济调查也可以提供有助于找出仓库成本的数据。派乐特运输公司（Pilot），黄记货运公司（Yellow）和其他卡车运输公司都免费提供载有全美数百个城市间起止运输费率的磁盘，这些数据也可以通过因特网得到。还有一些供应商提供用于销售服务的运输费率。公共仓库的管理人员也可以报价。尽管从这些渠道获得的数据没有经过公司的“艰苦谈判”，但它们的确提供了一些补充缺省数据的方法。

14.3 分析工具

获得了网络规划所需的合适信息之后，就可以开始分析过程，以找到最优设计。寻找这类问题最优设计的过程是复杂的，经常需要借助数学模型和计算机模型。以下我们来考察一些可选择的方法。

14.3.1 可供选择的模型

虽然可用于分析的模型有许多种，但可将其归为很少的几类。也就是 1）图表和规尺技术；2）仿真模型；3）启发式模型；4）优化模型和 5）专家系统模型。其中一些模型在第十三章已经讨论过了。

1. 图表和规尺技术

这类技术泛指各种只借助相对低水平数学分析的直观技术。但是，这类技术的分析结果不一定就是低质量的。洞察力、经验和对网络规划的良好理解使得人们能够作出满意的设计。这类方法能够考虑主观因素、例外情况、成本和限制条件等许多最复杂的数学模型也不能包括的因素。这使得分析内容更丰富，并且有可能得出能直接用于实施的设计方案。

在今天计算机化的世界看来，这类分析所用的方法都是一些初级方法。统计图表、制图技术和表格对比就是其用到的几种方法。（见资料 14.9）

资料 14.9 应用

当工人威胁成立工会时，某生产卡车刹车部件、分销各种卡车和公共汽车备件的公司老板打算将他的生产厂/仓库转移到其他地区。目前的仓库位于工会势力一向强大的中西部州，新库址必须选在保障非工会会员就业的州。已知满足该限制条件的选址点只有几个，可以很容易用计算器来分析每个地点的成本。一旦确定了大致范围，就可以通过一些主观因素的比较选出最终位置，这些主观因素包括当地的教育质量、公众对企业的态度、运输和公共事业的可得性。与该地点相关的特殊成本也应该考虑在内，这些成本包括房地产和地方税、公共事业费和租金。

2. 仿真模型

仿真模型可以分成两类：1）确定性仿真模型；2）随机性或蒙特卡罗仿真模型。确定性仿真模型实质上就是成本计算器，模型中结构变量（如网络中的产品流量）的值是给定的，然后模型计算出成本、服务的统计值及其他的相关信息。与之不同，随机仿真模型则试图模仿真实事件（例如，订货模式、运输时间、供应渠道中库存水平的变化），它运用概率分布来反映这些事件发生时间和变量值的不确定性。确定性仿真模型通常被用于评估企业现有的网络设计，从而建立起一个可供与最优网络设计相比较的“基础情况”。随机性仿真模型则被用来反映库存管理方法、运输服务选择、客户服务政策等的绩效表现。随机性仿真模型可以有效地处理供应渠道中时间维度的规划问题，而确定性仿真模型则可用于解决有关空间网络规划的问题。

网络的仿真通常包括模拟成本结构、约束条件和其他能够合理地代表网络的因素。这类模拟通常利用随机的数学关系来完成。因而，仿真程序：

不偏不倚，就是对系统的模型进行抽样试验的技术[1]。

也就是说，将一定的网络结构表示为仿真模型，然后提供与系统设计经营相关的成本和其他数据，就同样的以及不同的设计反复多次进行试验，就可以生成有助于比较不同设计方案的统计数据。由于模型关系非常复杂、所处理的信息量巨大，因此仿真通常是通过计算机进行的。人们运行仿真模型，而不是去处理实际问题，主要是出于方便的考虑。

仿真被用来处理物流管理中的各种规划问题。数年前，夏康公司（Shycon）曾利用仿真模型进行仓库选址[2]。

安达信咨询公司在分析多级设施之间的产品流时曾使用了仿真技术，以解决与库存水平、产品产量以及供应－分拨渠道中各种流动的时间安排等内容相关的问题[3]。鲍尔斯（Powers）和克罗斯（Closs）则利用仿真技术研究贸易激励措施对物流绩效的影响[4]。应用仿真技术的例子很多，不胜枚举。

绝大部分仿真模型要针对所分析的具体问题专门设计。尽管现在已经有一些专门处理物

---

1 Frederick S, Hiller and Gerald J. Lieberman, *Introduction to operations Research*, 3rd ed. (San Francisco Holden－Day, Inc., 1980), 643.

2 H. N. Shycon and R. B. Maffei, “Simulation－Tool foe Better Distribution,” *Harvard Business Review* 38 (November－December 1960): 65－75.

3 PIPELINEMANAGER™，是安达信咨询公司（位于伊利诺依州芝加哥市）专有的一个计算机模拟软件包。

4 Thomas L. Powers and David J. Closs, “An Examination of the Effects of Trade Incentives on Logistical Performance in a Consumer Products Distribution Channel”, *Journal of Business Logistics* 8, no. 2 (1987): 1－28.

流问题的仿真模型，如 LREP[1]，PIPELINEMANAGER[2]，LSD[3] 和 LOCATE[4]，但更多的仿真模型还是借助建立在通用仿真语言的基础之上。这些语言包括 SIMSSCRIPT，GPSS，SIMULA，DYNAMO，SIMFACTORY 和 SLAM。现在，这些语言中的大多数都具有图像功能，模拟时产品的流动和库存的水平可以动画形式展现在屏幕上，以便于对结果进行解释。

如果在某个复杂问题的描述中有大量十分重要的细节；如果问题中存在许多随机因素；如果寻找数学上的最优解并不是问题的关键，就可以选用仿真技术。物流业界将仿真技术视为第二常用的分析技术，仅次于统计方法[5]。

LOGWARE 软件包中提供了一种叫 SCSIM 的随机性模拟器。该模型仿制了一个多层级的供应渠道，并可以对不同的预测方法、库存政策、价格、运输时间、生产批量和工序时间、订单处理时间和产品履行率进行测试。模型运行的结果包括：各级的预计收入、不同的物流和生产成本；客户服务水平的统计值；库存水平；保留订单数和履行率水平。本章将在后文详细讨论该模拟器。

3. 启发式模型

启发式模型是某种形式的混合模型，它将仿真模型能够实现的模型定义的真实性与最优模型所能实现的寻求最优解的过程结合在一起。启发式模型一般可以解决相当广泛的问题，但无法保证获得最优解。模型是围绕启发法的概念建立的，欣克尔（Hinkle）和库恩（Kuehn）对启发法概念的定义如下：

这是一个简化了的推理过程……寻求得到满意答案，而不是最优解。启发法包含一种规则或计算程序，可以限制问题的可行解的个数，它根据与人类的试错法类似的过程对无法求得最优解的问题，得出一个可接受的解，缩短了问题的求解时间[6]。

启发式模型对某些物流中最难以解决的问题是一种很实用的方法。如果人们建模的目的是要找到最佳答案，且利用优化法对问题求解要求的条件过多，那么启发式模型会非常有用。我们常常在规划时使用启发法，它们可以表现为某些准则或概念。以下是一些启发法的规则：

- 最适合建仓库的地点是那些需求最大的地区或临近这些地区的地方；
- 应该由供货点直接供货给那些按整车批量购买的客户，而不应再经过存储系统；

---

[1] Donald J. Bowersox, O. K. Helferich, P. Gilmour, F. W. Morgan Jr., E. J. Lawrence, and R. T. Rogers, *Dynamic Simulation of Physical Distribution Systems* (East Lansing, Mich.: Division of Resarch, Graduate School of Business Administration, Michigan State University, 1972).

[2] A simulator of logistics channel product flows developed by Andersen Consulting, a division of Arthur Andersen and Company.

[3] David Ronen, "LSD—Logistic System Design Simulation Model," *Proceedings of the Eighteenth Annual Transportation and Logistics Educators Conference* (Boston: October 9, 1988) 35 - 47.

[4] A simulator for facility location developed by CSC Consulting.

[5] John L. Harpell, Michael S. Lane, and Ali H. Mansour, "Operations Research in Practice: A Longitudinal Study," Interfaces 19, no. 3 (May - June 1989): 65 - 74.

[6] Charles L. Hinkle and Alfred A. Kuehn, "Heuristic Models: Mapping the Maze for Management," *California Management Review* 10 (fall 1967): 61.

- 如果某产品出、入库运输成本的差异能够弥补存储成本，就应该将该产品存放在仓库里；
- 生产线上的最适合采用适时管理而不是统计库存管理方法的物料是那些需求和提前期波动最小的物料；
- 下一个进入分拨系统的仓库就是那个节约成本最多的仓库；
- 从分拨的角度来看，成本最高的客户就是那些以小批量购买且位于运输线末端的客户；
- 从分拨网络最远端开始，沿途搭载小批量货物直到装满整车，再回到运输起点的运输方法是最经济的[1]。

上述规则都可纳入一个模型，一般是计算机软件，这样在求解时就能够遵循这些逻辑规则。

4. 优化模型

优化模型依赖精确的数学过程评价各种可选方案，且能保证得到的是针对该问题的数学最优解（最佳选择）。也即，从数学上可以证明所得到的解是最优的。许多确定性的运筹学模型或管理科学的模型都属于此种类型。这些模型包括数学规划（线性规划、非线性规划、动态规划和整数规划），枚举模型，排序模型，各种各样的微积分模型和设备替换模型。许多优化模型已经被一般化，也有相应的软件包。

什么时候使用优化模型呢？鲍尔斯认为“……不论何时何地，应尽可能使用。”[2]他接着提出了优化模型的几个优势：

- 在给定一整套假设条件和数据下，可以保证用户能得到最优解；
- 可以正确处理许多复杂的模型结构；
- 因为得到了所有的方案，并进行了评估，所以分析的效率会更高；
- 因为每次都保证得到最优解，所以可以放心地对各次运行的结果进行比较；
- 优化模型和启发式模型所获得的解在成本上或利润上差异是很明显的[3]。

尽管优化模型的这些优势令人印象深刻，但它也并不是没有缺点。优化模型最主要的缺点就是随着问题的复杂程度的增加，即使利用最大型计算机的内存，也无法在合理的计算时间内得到最优解。因此常常需要在求解时间和问题描述的现实性之间取得平衡。虽然如此，有限的优化模型也可以应用在启发式模型中，求得部分问题的最优解。另一方面，优化模型通常会涉及数学规划过程（网络规划中的主要类型），其中常会用到启发法来引导求解的过程和限制求解的次数，因为不列出所有可能导致过长运算时间的方案，就无法保证得出问题的解。（资料14.10）

资料 14.10 例子

用于库存控制的基本的经济订货批量（*EOQ*）模型就是优化模型的一个极好例子。*EOQ* 是以微积分为基础的模型，在实践当中应用非常广泛。尽管该模型的应用范围有限，但却抓

---

[1] Ronald H, Ballou, “Heuristics: Rules of Thumb for Logistics Decisions,” *Journal of Business Logistics* 10, no. 1 (1989): 122 - 132.

[2] Richard F. Powers, “Optimization Models for Logistics Decisions,” *Journal of Business Logistics* 10, no. 1 (1989): 106.

[3] 同上，111 - 115.

住了许多库存管理问题的核心问题，可用来作为某些规划模型（如供应渠道仿真模型）的子模型。*EOQ* 模型给出了当产品库存水平降到预定值时再订货的最优批量。该模型平衡了订货成本和库存持有成本，给出了最优再订货批量，公式如下

$$Q^* = \sqrt{2DS/IC}$$

式中 Q^*——最优再订货量，（个）；

D ——年需求，（个）；

S ——采购成本，（美元/订单）；

I ——年库存持有成本，（产品单价%/年）；

C ——库存产品的单价，（美元/个）。

第九章中讨论过该模型。

5. 专家系统模型

如果某个规划问题（如网络规划问题）曾经在不同环境下多次求解，规划人员就很可能对该问题的解决方法有了一定的见解。这些见解往往胜过最复杂的数学公式。如果能将这样的知识或经验融入现有模型或专家系统中，就能够比单独使用仿真技术、启发法或最优化方法得出的结果总体质量更高。库克（Cook）将专家系统定义为：

是一种人工智能的计算机程序，能够利用专家的知识和求解的逻辑推理方法以专家的水平解决问题[1]。

尽管专家系统目前还处于发展的初级阶段，但已经有一些关于该系统应用的报道，如辅助医疗诊断、探测矿物、设计海关计算机系统结构和在托盘上码放箱子等等。在物流管理的库存、运输和客户服务等领域已经开始少量地应用专家系统模型[2]。根据库克的观点，专家系统有几个明显超过传统规划系统的优点：

- 专家系统既能处理定性的信息，也能处理定量的信息，使得某些关键性的主观因素

---

[1] Robert L. Cook, "Expert System Use in Logistics Education: An Example and Guidelines for Logistics Educators," *Journal of Business Logistics* 10, no. 1 (1989): 68.

[2] 例子参见 Mary K. Allen, *The Development of an Artificial Intelligence System for Inventory Management* (Oak Brook, Ⅲ.; Council of Logistics Management, 1986); Robert L. Cook, Omar K. Helferich, and Stephen Schon, "Using an AI - Expert System to Assess and Train Logistics Managei: A Parts Inventory Manager Application," *Proceedings of Sixteenth Annual Logistics Conference* (Anaheim, Calif,: October 5, 1986): 1 - 24; Aysegul Ozsomer, Michel Mittri, and S. Tamer Cavusgil, "Selecting International Freight Forwarders: An Expert Systems Application," *International Journal of Physical Distribution & Logistics Management* 23, no. 3 (1993): 11 - 21; James Bookbinder and Dominque Gervais, "Material - Handling Equipment Selection Via Expert System," *Journal of Business Logistics* 13, no. 1 (1992): 149 - 172; Prabir K. Bagchi and Barin N. Nag, "Dynamic Vehicle Scheduling: An Expert Systems Approach," *International Journal of Physical Distribution & Logistics Management* 21, no. 2 (1991): 10 - 18; Lori S. Franz and Jay Woodmansee, "Computer - Aided Truck Dispatching under Conditions of Product Price Variance with Limited Supply," *Journal of Business Logistics* 11, no. 1 (1990): 127 - 139; Peter Duchessi, Salvatore Belardo, and John P. Seagle, "Artificial System for Vehicle Routing," *Interfaces* 18, no. 2 (March - April 1988): 85 - 93; and Mary K. Allen and Omer K. Helferich, *Putting Expert Systems to Work in Logistics* (Oak Brook, Ⅲ.: Council of Logistics Management 1990), Chapter 3.

(如管理人员的主观判断)可以很容易成为决策过程的组成部分:

- 专家系统能够处理不确定的信息,而且利用部分信息也能够对问题求解,这样就能够解决一些更复杂的、未能很好地组织起来的问题;
- 专家系统解决问题时使用尽量少的信息,因此解决问题的速度更快,成本更低;
- 专家系统展示的是专家解决问题的逻辑方法,使得物流管理人员能够很快地提高决策能力;
- 专家系统提供的知识可转移、可复制且具有文档化特征[1]。

开发专家系统模型所要克服的最大障碍就是指定专家、确定知识库(大部分是定性的)和获得专家们的相关知识。然而,专家系统提出了通过掌握规划艺术的技术和知识来弥补当前规划过程所使用的科学方法的不足,这种观点很有吸引力,专家系统无疑会在将来得到更普遍的应用。

14.3.2 决策支持系统

在计算机的帮助下,数据库和分析工具已经结合在一起,形成现在所谓的决策支持系统(Decision Support System,DSS)。决策支持系统通过使用户直接与数据库交互作用、将数据直接导入决策模型、以方便的形式描述分析来辅助决策过程。安德森(Anderson)、斯威尼(Sweeney)和威廉姆斯(Williams)曾经指出决策支持系统有四个基本的子系统。

- 交互系统,使用户和系统可以直接交流;
- 数据管理系统,该系统能够从内部数据库和外部数据库获取必要的信息;
- 建模系统,该系统允许用户通过输入参数、针对具体决策需要调整条件来实现与管理科学模型的交互作用;
- 输出系统,该系统具有图像功能,这样用户可以提出假定推测问题("What - if Question"),并可以得到便于解释的输出形式[2]。

这样的系统可能仅仅提供决策者能够与之交互作用的环境,但为他或她做最终决策留有很大的余地。

与之相反,决策支持系统也可以为决策者提供可供执行的方案。如果涉及到战略设计,前一种情况比较典型;如果只是做短期计划,则后一种特征更重要。无论在哪种情况下,以计算机为基础的决策支持系统都为规划过程提供了更为广泛的空间。(见资料 14.11)

资料 14.11 应用

贝特斯维尔寿材公司(Batesville Casket Company)为全美各地的殡仪馆生产和分拨一系列优质寿材。地区性分拨在约 50 个仓库进行,卡车每日从这些仓库出发到各地配送货物满足殡仪馆的订单需要。贝特斯维尔为其卡车调度员开发了一个决策支持系统。

来自全国各地的订单都被录入位于印地安纳州贝特斯维尔的主机。夜里,订货量和客户

---

[1] Cook, "Expert System…," 68 - 70.

[2] David R. Anderson, Dennis J. Sweeney, and Thomas A. Williams, *An Introduction to Management Science*, 4th ed. (St. Paul. Minn.: West Publishing Company, 1985), 722.

位置的信息被传送到相应仓库的微机上。系统的数据库管理器将上述信息与当地计算机存储的信息综合起来，整理出路线和时间表制定模型所需形式的数据。当地的调度员会调用该模型，并找出当天配送的合理路线和时间。调度员可以将这些模型的结果作为问题的初始题，然后根据最新的订单、可用设备的变化和客户需求的调整修订模型的解。在决定最终送货计划之前，他可以对照模型的最优计划对修正后的计划进行查验。

14.4 进行分析

现在，我们将注意力转移到物流网络战略规划的分析上。如图 14－7 所示，网络设计位于规划层次的最高级。与其他物流规划问题相比，网络设计进行重新规划的频率和规划过程中所用信息的集合程度都有所不同。

要将网络设计问题与其他规划问题相对比，可以看一看斯坦格尔（Stenger）是怎样对层级系统每一层的问题进行划分的。

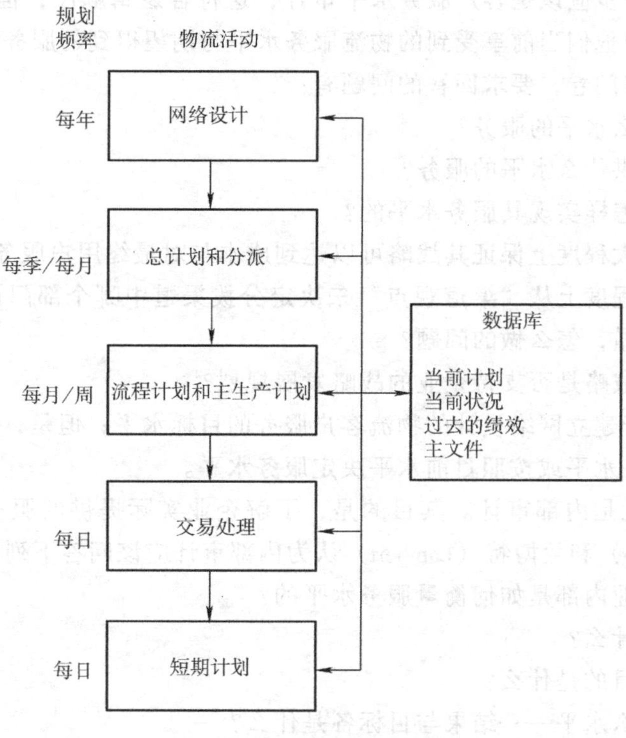

图 14－7　物流决策的层次

- **网络设计**。设计网络是为了实现公司的战略目标。规划时，要确定分拨中心、工厂或货物集中点的数量、位置、产品的分派和库容/生产能力。同时，要设定整个网络库存水平的目标值和所要提供的服务水平。设计时使用汇总后的数据和长期预测值，一年内不会重复该规划过程。
- **总体规划和分派**。该层级的规划会决定运输批量，在汇总的基础上，把需求分派给各分拨中心、工厂和原材料供应地，还要具体确定采购、生产、库存或运输的总量。每季度或每月要重复规划。

- **流程计划和主生产计划**。这一层级的规划与上一层级的规划非常类似，只不过分派单位是存货持有单位（Stock - Keeping Unit）。计划的目标是保证满足预测和库存目标。计划期为每月或每周。
- **交易处理**。这是一个短期的分派计划问题。在客户订单随机到达后，就被分派到订单履行地点和订货运输车辆。该计划是日计划。
- **短期调度**。是一个短期计划问题，通过优化资源（如运输）的利用来处理特殊的开口订单，同时满足订单处理最后期限的明确规定。该计划是日计划[1]。

战略规划所用的程序因规划人员和规划项目而异。但是，好的规划过程至少可以归纳为几个基本元素。以下是规划程序中的一般步骤。

14.4.1 客户服务水平审计

网络设计的第一步应该是客户服务水平审计，这符合逻辑顺序，但却不是必须的步骤。该步骤包括询问客户他们当前享受到的物流服务水平与期望得到的服务水平。典型的方法是访问客户个人或邮寄问卷，要求回答的问题有：

- 客户期望什么水平的服务？
- 竞争对手提供什么水平的服务？
- 竞争对手是怎样实现其服务水平的？
- 公司能在多大程度上保证其战略可以达到成本与对最终用户服务的期望水平？
- 公司在多大程度上从“渠道观点”来决定分拨渠道中哪个部门该做什么，什么时候做，在哪里做，怎么做的问题？
- 企业的物流战略是否支持企业的战略发展规划？[2]

这类审计有助于建立网络设计的物流客户服务的目标水平；但是，常见的情况是，由管理部门决定物流服务水平或按照目前水平决定服务水平。

外部审计之后就是内部审计。其目的是，了解企业实际提供的服务水平，界定服务标杆。斯特林（Sterling）和兰博特（Lambert）认为内部审计应该回答下列问题：

- 目前，在企业内部是如何衡量服务水平的？
- 衡量单位是什么？
- 业绩标准或目的是什么？
- 目前达到什么水平——结果与目标各是什么？
- 这些衡量指标是如何从内部导出的？
- 内部客户服务报告系统是什么？

---

[1] Alan J. Stenger, "Electronic Information Systems - Key to Achieving Integrated Logistics Management," *Proceedings of the Seventeenth Annual Transportation and Logistics Educators Conference* (Atlanta, Ga.: September 27, 1987): 12 - 26.

[2] Jay U. Sterling and Douglas M. Lambert, "Customer Service Research: Past, Present and Future," *International Journal of Physical Distribution & Materials Management* 19, no. 2 (1989): 1 - 23.

- 企业各业务部门是如何理解客户服务的？
- 这些部门在交流和控制中是如何相互作用的？
- 订单周转时间的波动有多大，是如何影响客户业务的？

尽管进行这样的内部审计是有益的，但大多数规划人员并不这样做。相反，他们更愿意复制目前的网络设计，并将其视为公司目前所能提供的客户服务水平的最好表示。

最理想的情况是通过这些审计确定客户服务水平和特定网络设计实现的收入之间的可靠关系。

但这种理想状况很少能实现，因此企业常常会将客户服务用做网络设计的约束条件。改变约束条件，考察其对总成本的影响就能间接地估计服务的价值。

14.4.2 组织研究

网络设计第一个阶段的活动一般包括定义项目的范围和目标、组织研究小组、判断所需数据的可得性、确定资料收集程序。这样做的目的是判断特殊环境中进行战略规划研究的可行性、研究工作小组中包括的合适人选和该研究得出有用结果的可能性。莫斯曼（Mossman），班克特（Bankit）和赫尔弗里克（Helferich）曾经对初始研究阶段的工作进行了归纳(见图 14－8)，并描述了其中所涉及的任务。

- 考察当前的物流状况，定义成本、客户服务水平和物流运作，为评估物流系统的不同方案奠定基础（物流审计）；
- 访问核心管理人员和项目小组的每位成员，确保其理解管理目标，并获得界定具体问题和物流系统可选方案以供评估的背景资料；
- 列出一个基本清单，包括关键性问题的假设条件、物流运作和市场政策、对物流方案的评估和数据收集起关键作用的指导原则；
- 确认所需的评估标准，研究以成本和客户服务为变量的产出；
- 根据所要评估的备选方案、准备输入数据的难易程度、估计的成本和时间、预计利用率来选择求解技术（模型)；
- 明确具体的数据要求，收集数据的程序；
- 概括补充计算机模型分析结果所需的人工分析的主要内容，以便进一步估计对成本和客户服务的影响；
- 召开项目组会议，回顾所获得的发现、得出的结论、模型选择标准和最初的项目工作计划；
- 估计该项研究预期达到的收益，表示为成本的节约（利润增长）和/或客户服务的改进；
- 适当地提出改进成本和/或客户服务的建议；
- 明确项目管理程序，估计研究所需的人员、计算机和其他支持条件[1]。

[1] Frank H. Mossman, Paul Bankit, and Omar K. Helferich, *Logistics Systems Analysis*, rev. ed.（Washington, D. C.: University Press of America, 1979), chapter 8.

项目小组的构成应该考虑战略规划的实施问题，应注重那些可能受该项研究影响的领域和那些能够根据需要提出宝贵见解和意见的人员。派生产和市场部门的代表加入项目小组尤其重要。

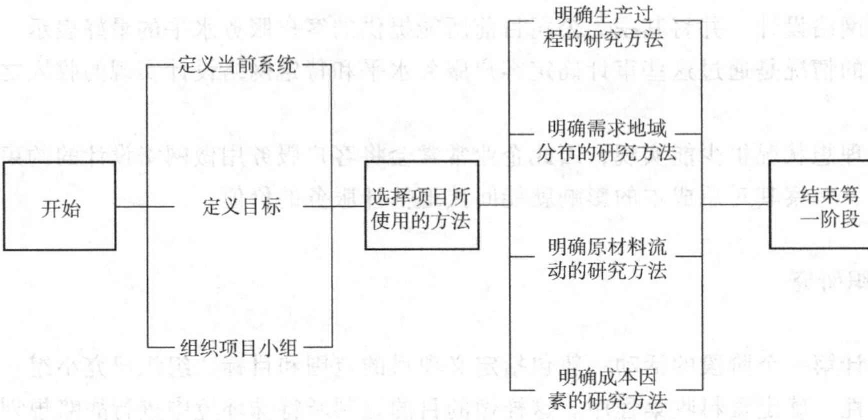

图 14-8 物流网络设计、组织阶段

14.4.3 设定标杆

设定标杆，或证实建模过程或规划中使用的其他分析过程的有效性是战略规划的第二阶段。这里的指导思想是利用公司现有的分拨模式和分拨政策建立一个参照点。分析方法应该接近标准的帐簿和报表的生成过程。除了确定当前分拨系统的成本以供对比外，设定标杆的过程还使我们对所采用的方法更有信心，相信这些方法能够准确描述公司的分拨成本和客户服务绩效。

建模是网络设计中常用的办法，设定标杆在分析过程中起着重要作用。分析就是直接将现有的网络结构和新改进后的网络结构进行比较。当然，管理人员希望这种对比能够反映网络运营的实际条件。但是因为运行模型比运行实际网络要容易，所以我们将建模作为进行对比的方法之一。比较模型结果可以代替实际的运作。因此，设定标杆就是确认建模过程忠实地反映现有网络成本和服务水平的过程。这就使我们相信如果模型代表了目前还不存在网络结构，仍然会在合理范围内反映实际的成本和服务水平。

标杆的设定过程一般是这样的：首先选定具有代表性的产品类型。此时，既要考虑保留服务和成本有关的产品特色，又要考虑由于产品汇总减少数据收集量带来的利益，产品的数量就取决于二者的平衡。

其次，将销售汇总，按地域分为若干便于管理的需求中心。确定每类产品的客户服务政策。按相关的成本类别收集数据，如运输成本、存储成本、库存成本和生产/采购成本。描述当前产品流动的路线，包括经过仓库的产品流动过程和直接由工厂/供应商/港口到客户的产品流动过程。同时，还要确定库存政策。

最后，根据收集到的数据决定成本、需求和服务之间的不同关系。将信息按成本－服务类别组织起来，然后与实际费用相比较。项目小组检查这些结果的合理性或解释该结果与实际结果不同的原因。一旦完成该确认过程，就可以开始最佳系统设计的选择过程。

14.4.4 网络结构设计

网络结构设计的现代方法是使用计算机处理分析中涉及的大量数据。在处理网络规划选址问题时，计算机模型的应用尤其普遍。其主要被用于解决以下的问题：工厂、仓库和运输场站的数量、规模和位置；安排满足需求的设施；各设施应该储存的产品种类等等。网络结构设计的目标是：

- 满足物流客户服务约束条件的同时，使所有相关物流成本最小化；
- 在保持总成本的限制水平下，使物流客户服务水平最大化；
- 尽量扩大物流服务水平所产生的收入和提供该服务水平所需要的成本之间的差异，使物流对利润的贡献最大。

其中，第三个目的与公司的经济目标更为一致。但由于企业产品的销售 - 服务关系往往难以得到，所以多数模型都围绕第一个目标建立。

帮助规划人员寻求设施最佳结构的模型都在试图平衡生产/采购、存储和运输过程中各种互相冲突的成本，同时受工厂生产能力、仓库吞吐能力和客户服务等约束条件的限制。随着产品从工厂/供应商经中间存储点运送到客户所在地，相关成本就发生了。图 14 – 9 是用于选址分析的某商业模型的输出结果的举例。该总结性报告是计算机某次运行的结果，或者由用户确定设施和产品流经设施的模式，或者由计算机选择设施、安排各设施的供给市场。该网络与图 14 – 1 中的网络非常相似。但应注意到，本例的结果中没有出现地区性仓库只涉及基层或一级仓库。

1. 建立成本、服务水平的标杆

网络战略规划的第一步是确立现有物流成本和服务水平的标杆。让人感到意外的是，只有少数公司认真描述了其分拨流的模式、客户服务质量或总的分拨成本。设立标杆的过程就是建立成本水平、服务水平和网络结构基准，以便进行比较，了解改进的情况，具体如表 14 – 5 所示。其结果可用于证实建模过程的有效性，使人们更加相信预计的成本节约量是准确的。

2. 改进后的标杆水平

一段时间以后，某些情况的出现（如需求的变化、运输费率的调整、仓库存储和搬运费率的变化）都可能造成原本规划得很好的网络设计在次优的成本 - 服务水平上运行。因此，网络战略规划的下一个任务就是根据现有设施的数量和位置、设施现有的生产能力、当前的服务水平等条件，重新优化物流管理。这是一种零投资的战略，是在不投入资金的情况下实现成本节约。

如表 14 – 6 所示，某专业化工公司的总成本标杆是 730 万美元，通过增加存储点数量，同时使客户服务与企业公布的服务政策相一致，每年可以实现 40 万美元的成本节约，即成本降低 6%。这一点非常重要，因为对网络的进一步的变革与改进后的标杆水平相比较更为恰当，而不应与原有标杆水平相比。

分析的产品	罐装产品——欧盟

网络运行结果总结

收入	欧元	
生产/采购成本		13 425 407
三级设施的运作成本		0
三级设施的固定成本		0
三级设施的库存档有成本		0
二级设施的运作成本		0
二级设施的固定成本		0
二级设施的库存档有成本		0
一级设施的运作成本		243 478
一级设施的固定成本		160 000
一级设施的库存档有成本		283 761
运输成本		
工厂/供应商至三级设施		0
工厂/供应商至二级设施		0
工厂/供应商至一级设施		584 014
工厂/供应商至客户设施		0
三级设施至二级设施		0
三级设施至一级设施		0
三级设施至客户设施		0
二级设施至一级设施		0
二级设施至客户设施		0
一级设施至客户设施		11 533 930
总成本		26 230 590
利润贡献	欧元	-26，230，

客户服务结构

设施到客户的距离	占需求的百分比	需求的累计百分比	设施到客户的距离	占需求的百分比	需求的累计百分比
0.0~100.0	0	0	800.0~900.0	42.6	
100.0~200.0	0	0	900.0~1 000.0	0	
200.0~300.0	12.1	12.1	1 000.0~1 500.0	2.2	
300.0~400.0	3.3	15.4	1 500.0~2 000.0	24.0	
400.0~500.0	4.1	19.5	2 000.0~2 500.0	0	
500.0~600.0	11.7	31.2	2 500.0~3 000.0	0	
600.0~700.0	0	31.2	>3 000.0	0	
700.0~800.0	0	31.2			– – –
			总计	100.0	

工厂/供应商的吞吐量和相关成本

工厂/供应商数量	工厂/供应商的位置	最大吞吐量（公斤）	分派吞吐量（公斤）	工厂/供应商成本
1	巴黎	200 000	69 712	21
2	罗马	400 000	354 950	112
	总计	600 000	424 662	131

图 14-9 商业及设施选址模型中某产品组输出结果举例

工厂/供应商数量	工厂/供应商的位置	从工厂/供应商的运输成本			
		至三级设施，欧元	至二级设施，欧元	至一级设施，欧元	至客户，欧元
1	巴黎	0	0	131 630	
2	罗马	0	0	452 384	0
	总计	0	0	584 014	0

一级设施的吞吐量及相关成本

一级设施的数量	一级设施的位置	最大吞吐量，公斤	分派吞吐量，公斤	存储成本，欧元	搬运成本，欧元
1	里斯本	900 000	354 950	57 080	141 980
2	利物浦	900 000	29 411	7 010	16 176
3	汉诺威	900 000	40 301	5 918	15 314
	总计	2 700 000	424 662	70 008	173 470

一级设施的数量	一级设施的位置	设施固定成本，欧元	预计库存水平，欧元	库存持有成本 欧元	运输——自一级设施至客户，欧元
1	里斯本	50 000	1 364 567	231 976	11 418 378
2	利物浦	80 000	131 685	22 387	52 648
3	汉诺威	30 000	172 928	29 398	62 904
	总计	160 000	1 669 180	283 761	11 533 930

分派客户的供给设施

货量，公斤	序号	客户位置	序号	供货量位置	供货点类型	服务距离，公里	服务时间，天	到岸成本，欧元/公斤
38 955	1	里斯本	1	里斯本	一级	1 930	.00	133.31
148 384	2	巴塞罗娜	1	里斯本	一级	837	.00	36.09
14 035	3	伦敦	2	利物浦	一级	316	.00	39.24
22 966	4	柏林	3	汉诺威	一级	295	.00	36.61
19 794	5	布鲁塞尔	1	里斯本	一级	842	.00	36.10
49 891	6	罗马	1	里斯本	一级	535	.00	35.66
15 376	7	都柏林	2	利物浦	一级	277	.00	39.13
17 335	8	哥本哈根	2	汉诺威	一级	461	.00	36.97
12 537	9	波尔多	1	里斯本	一级	868	.00	36.14
9 327	10	巴勒费	1	里斯本	一级	1 004	.00	133.31
62 993	11	雅典	1	里斯本	一级	1 694	.00	133.31
13 069	12	卢塞恩	1	里斯本	一级	239	.00	35.23

分派一级设施的供货点

货量，公斤	序号	一级设施的位置	序号	供货点位置	供货点类型	服务距离、公里	服务时间，天	吞吐成本欧元/公斤
354 950	1	里斯本	2	罗马	工厂	563	.00	34.31
29 411	2	利物浦	1	巴黎	工厂	719	.00	37.39
40 301	3	汉诺威	1	巴黎	工厂	762	.00	35.20

图 14－9　商业及设施选址模型中某产品组输出结果举例（续）

表 14－6 一个专业化工企业网络分析部分结果汇总

（单位：美元）

成本类型	运行的模型类型①			
	标杆	改进的标杆②	最大费用节约网络③	可实施的网络④
库存和仓储成本				
资本费用	103 110	87 008	87 626	100 737
税金和保险费	38 756	47 957	19 037	34 002
订单处理费	284 366	223 820	198 210	262 413
储存费	165 788	138 412	119 749	119 293
搬运费	299 863	265 252	329 385	253 479
小计	891 883	762 449	754 007	769 944
运输成本				
工厂至仓库	261 853	213 567	0	206 542
仓库至客户	1 041 611	1 113 978	1 453 812	925 043
小计	1 303 514	1 327 545	1 453 812	1 131 585
生产成本	按现有生产能力			无生产能力限制
@亚特兰大厂	3 861 765	3 906 037	832 112	3 404 139
@印第安纳波利斯厂	607 057	593 876	770 427	906 619
@休斯敦厂	587 140	498 835	2 408 764	692 441
小计	5 115 962	4 998 748	4 001 303	5 003 198
合计	7 311 359	7 088 742	6 219 122	6 904 727
客户服务	非常接近		无限制	
占需求的百分比				
<300 英里	65%	63%	30%	68%
<500 英里	85%	82%	45%	98%
仓库数量	9	9	3	10
与标杆相比节约成本	0	222 617	1 092 237	406 632⑤

① 成本为三组产品的总和。

② 工厂生产能力的区别以现有水平为准，但对服务没限制。结果是从工厂直接运货。

③ 无生产能力/客户服务的限制。结果是从工厂直接送货。

④ 按当前实际生产能力，期望的服务水平订在 500 英里。

⑤ 实质上不需要对工厂或仓库进行投资就可以实现这些成本节约的目标。

3. 机会最大化

在网络的战略规划中，按照可能的最低可变成本来确定网络可以提供一定的信息。在没有工厂或仓库能力约束和客户服务限制的情况下，求出最佳网络设计，再考虑工厂和仓库的多个选址点，可以得到这些信息。

表 14－6 表明，尽管从成本节约的角度来看，该结果非常有吸引力，但要实现该结果往往要降低服务水准，并将需求转移给那些超负荷运转的设施进行处理。很明显，如果成本节约不足以使经营绩效超过改进后标杆水平，那么进一步探索网络设计的其他方案就是徒劳无益的，只会增加成本。

4. 实用设计

有许多可接受的网络战略方案介于改进后的标杆设计与最大成本节约的设计方案之间。通过重复运行代表不同网络结构和有关需求、成本和服务假定条件的模型，可以得到这些设计方案。如图 14－10 所示，这些结构能够生成成本和服务水平的组合。也就是说，对于任何服务水平，都可能有多种不同的仓库数量和位置（结构）的组合能够实现该服务水平，但相应的成本不同。沿最低成本点画一条平滑线就得出了网络设计曲线，借助该曲线可以确定每种服务水平下成本最低的备选方案（见图 14－10）。沿着这条曲线，就可以找出改进后的网络结构。如果现有设计不是最优的，就会位于曲线上方，将该设计向左平移就能够在不增加成本的情况下提高客户服务水平；向下平移就可以降低成本，同时保持原有的客户服务水平。将该设计点移动到设计曲线上就会获得成本节约和提高服务水平方面最大的机会。

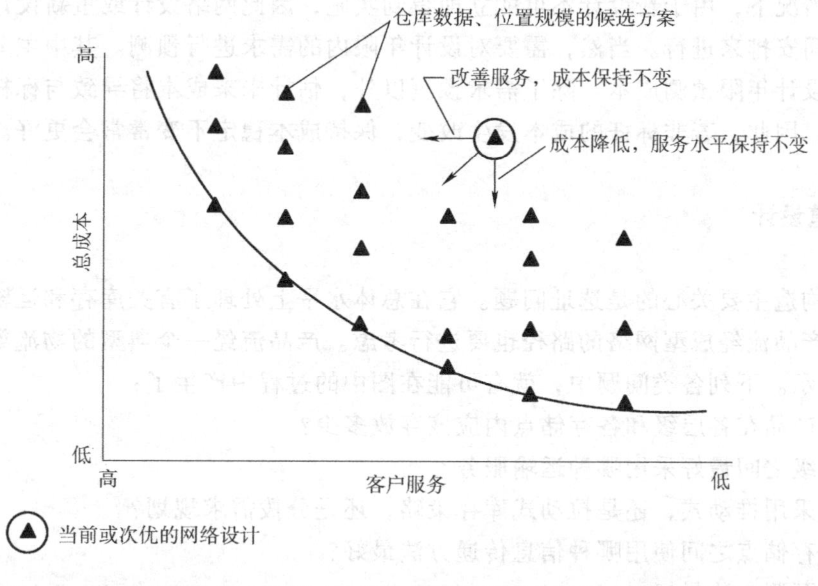

图 14－10 特定客户服务水平下，由成本最低的可选方案得出的网络结构设计曲线

表 14－6 列出了其中一种实用设计的成本与服务组合的结果。注意，在这个例子中，企业选择了一个保守的设计方案，该方案的存储点数量和客户服务水平都高于标杆水平和改进后的标杆水平。该项设计每年的成本节约仍然可观，超过 40 万美元，超过总生产、分拨成本的 5%。在物流客户服务水平方面也有一定改进。

5. 假定推测(What－if）分析

在网络规划中，对投入和成本的估计总会存在一些错误。有些诱人的设计可能从建模的角度来讲是次优的，但是却能更好地反映模型以外的实际问题。假定推测分析（What－if Analysis）就是利用选定的网络方案和/或修正后的成本和生产能力的具体数字反复进行分析。

这是一种利用分析过程将更多的实际情况带入实用网络设计的手段。通常认为假定推测分析对管理人员比建模程序针对给定数据组求解，更有价值。这是因为结构相似的网络成本差异很小，同时围绕改进后的网络结构重组机构常常比数学上的最优解更有价值。

6. 可比数据[1]

利用实际的企业数据进行设计的想法似乎很吸引人，但这样做可能会产生有偏的设计。假设某公司分拨网络中有一个选址不当的仓库，由于该仓库目前的吞吐量很高，可摊薄其固定成本，故单位成本很低。但另一个位置优越的仓库却可能由于利用率较低导致单位成本较高。假如用这些成本数字来调整网络设计，那么位置差的仓库可能就被保留下来，而位置好的仓库却被关闭或仍然不能得到充分利用。现有仓库和拥有现代化设备新仓库之间也可能出现类似情况。

对这类数据不可比现象进行补救的一种方法就是规定每个仓库的标准费率，该费率应该不受仓库使用年限和规模的影响，但考虑位置不同造成的成本差异。当然，以这种方式统一费率可能会使分派到某些仓库的需求减少，这些仓库一般是沉没成本（sunk cost）高、管理部门非理性投资的仓库。在此必须作出抉择。

7. 设计年限分析

理想的情况下，由于新设计不可能立即得到实施，因此网络设计或重新设计应该按照一定的未来时间安排来进行。当然，需要对设计年限内的需求进行预测。其中主要问题为，是否也应该按设计年限预测成本。除了需求预测以外，估计未来成本将导致与标杆脱节，同时丧失可比性。因此，若非标杆的成本发生改变，保持成本稳定不变常常会更好。

14.4.5 渠道设计

网络的构造主要关心的是选址问题。它在总体水平上处理了有关库存和运输问题，除此之外，对于产品流经成型网络的路径也要进行考虑。产品流经一个典型的物流渠道的过程如图 14 – 11 所示。下列各类问题中，就有可能在图中的过程中产生了：

- 各类产品在各层级和各存储点内应该存放多少？
- 各层级之间最好采用哪种运输服务？
- 应该采用推动式，还是拉动式库存策略，还是分拨需求规划？
- 各级存储点之间使用哪种信息传递方法最好？
- 哪种预测方法最好？

因此，渠道规划与网络动作规划需要同时考虑。最佳的设计方法是同时进行网络结构设计和渠道规划。但由于二者所基于的基本维度大不相同，这样做的难度相当大。网络结构规划主要基于空间或地理维度，而渠道设计主要基于时间维度。尽管把空间和时间问题结合在一起进行分析是理想的做法，但在实际中，还是要先分开来进行考虑，然后再进行相互迭代，以便得到比较满意的总体设计[2]。目前还没有有效的一体化模型来处理供应链的总体战

---

[1] 这部分内容的依据是 Ballou，“Information Considerations，” 12.

[2] Waiman Cheung，Lawrence C. Leung，and Y. M. Wong，“Strategic Service Network Design for DHL Hong Kong”，Interfaces，Vol. 31，No. 4（2001），pp. 1 – 14.

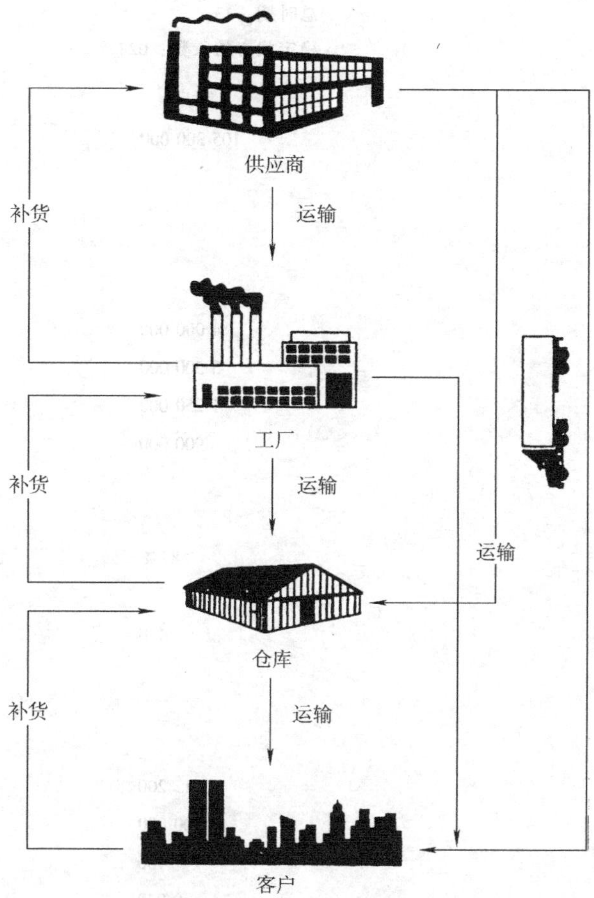

图 14－11　多层级物流渠道

略规划问题，因此往往需要把复杂的问题划分成可操作的几个部分。这就意味着对仓库选址、库存政策、运输规划问题进行分别递归地求解，也即，一个分析的结果作为已知条件输入另一个问题的求解过程。这样，求解过程能够很快地收敛到一个较为满意的综合问题的解。

渠道规划的基本方法包括使用计算机模拟物流渠道。这类仿真器精确模仿特定网络内订单和产品的流动。生成订单的模式类似于公司的实际情况。已知渠道的设计情况、运作程序和政策、运输服务、客户服务政策，跟踪产品通过渠道的过程就可以满足模拟的订单模式。通过模拟可以得到有关销售、成本和提前期的统计数字。这样仿真器生成的有代表性的总结信息如图 14－12 所示。通过改变某些因素，如预测销售的方法、运输方式、库存控制政策和订单履行方式，就可以估计出渠道设计以有效方式满足客户需求的程度。

运行数：001　　　　　　模型运行总天数：364

随机初始值：002　　　　总时期：13

稳定状态的天数：028

统计量	客户	仓库面对的客户数量
销售额	105 300 000	
成本		
采购成本		
生产成本		
运输成本	4 000 000	
存储成本	3 500 000	
库存持有成本	1 250 000	
订单处理成本	900 000	
总成本		
毛利		
客户服务水平	87%	
订单履行率		90%
平均提前期（天数）	4.8	4.5
库存周转率		8.4
平均库存，件数		150 200
平均库存，金额		500 000
订单数	12 200	960
订购件数	1 300 000	1 285 000
平均规模（件数）	106	1 340
平均规模（美元）	8 840	110 000
收到的批次	12 500	965
收到的件数	1 281 250	1 230 000
平均规模（件数）	103	1 275
平均规模（美元）	8 510	100 000
保留订单数	845	850
保留订单的货数件数	71 500	85 000
平均规模（件数）	85	100
平均规模	7 565	8 100
订单分割和分运量	370	550
订单分割和分件数	38 850	35 000
平均规模（件数）	406	63
平均规模（美元）	7 350	5 280
订单取消量	150	
订单取消件数	18 750	
平均规模（件数）	125	
平均规模（美元）	10 750	

图 14－12　供应渠道模拟器，

ABC公司渠道管理器运行总结报告

品类数：17	成品库数：03
供应商数量：05	中央仓库数：01
原料库数：03	仓库面对的客户数：05
工厂数：03	客户数：20

中央仓库	成品仓库	工厂	原料仓库	供应商	总计
					105 300 000
				40 000 000	40 000 000
		15 000 000			15 000 000
3 500 000	2 500 000	750 000	800 000		11 550 000
2 800 000	3 000 000	1 500 000	2 500 000		13 300 000
750 000	80 000		600 000		3 400 000
550 000	400 000		450 000		2 300 000
					85 550 000
					19 750 000
					87%
85%	93%	84%	86%		89%
6.8	6.3	8.4	2.4	22.0	49.4
20.2	35.0		18.5		4.3
62 600	44 700		81 000		298 000
5 200 000	3 700 000		2 400 000	23 800 000	
200			180		13 540
1 310 000			1 296 000	5 191 000	
6 500			6 700		380
540 000			230 000		31 800
195	2 200	2 210	690	18 760	
1 275 000	1 280 000	1 285 000	1 250 000	7 601 250	
6 540	580	581	1 800		405
545 000	48 300	18 350	58 000		324 000
55	45	450	350		1 750
48 400	171 000	270 000	206 500		782 650
880	3 800	600	590		447
73 000	317 000	49 800	19 000		35 780
480	190				1 220
28 000	15 200			78 200	
58	80				64
4 100	6 640				5 320
					150
					18 750
					125
					10 750

PIPELINE MANGER生成的总结性报告举例

14.4.6　LOGWARE 软件包中的渠道仿真模型

本书后附的 LOGWARE 软件包中提供了一个叫做 SCSIM 的随机仿真程序。该程序可以仿制出一个如图 14－13 所示的多级供应渠道的运作特征。由于这是多层渠道的仿真，模型可以检测渠道某一级或某几个成员的政策对其他成员的影响。其中，不同运输方式、订单处理程序和制造程序可以通过运作成本和绩效指标来反映。根据使用者需要，可以使用不同的预测方法和库存管理方法，包括手工库存控制和使用者主观预测。该程序可以使用某种需求模式，或者生成一种令使用者满意的需求模式。也可以使用某个产品履行率，或者可以通过渠道的产品流来确定。

运行仿真模型时，先按照使用者手册准备好数据。在运行随机性模拟器时，至少需要注意这样两个问题：第一，如前文提到的，仿真模型只能被当成一种实验。也即，最终结论取决于按照假设进行的统计分析所运行的次数。随机选定的初始数据给出一次实验的结果。其他条件不变的情况下，选用同样的初始数据可以得出同样的结果。而选用不同的初始数据则会得出不同的实验结果。要进行供应链设计的比较，需要有平均值和统计检验合格的适度的样本数量（运行次数）。

第二个问题是仿真的时间长度。仿真过程受启动条件的限制，因此使用上一次运行的结果可能导致错误的方向。仿真应该运行足够长的时间直到获得稳定的结果。散点分布的运行结果表明初始运行时期不具有代表性，应该剔除。例如，如果仿真长度设为 5 年，从第 2 年到第 5 年的结果都可以被合理地接受。第 1 年的结果就要被舍掉。要了解更多关于使用模拟器作为分析工具时的注意事项，请参阅一本关于仿真模型的好书[1]。

现在，我们通过发生在供应渠道中的“牛鞭效应”来举例说明如何使用模拟器。在一个多级供应渠道中，各成员通过下一级成员下的订单来进行需求模式的预测，也即，每向上一级，成员所面临的需求模式的变化性就越大[2]。需求变化性增加的不确定性会导致不合理规划和运营成本过高。使用 SCSIM 模拟器可以再现“牛鞭”现象。对一个供应渠道的销售情况进行跟踪可以得出如图 14－14 所示的销售散点图，该供应渠道（如图 14－13 所示）有一个生产点供应一个仓库，仓库供应一个分销商，分销商为面对最终客户的零售商提供服务。图中显示了供应渠道各成员在被仿真年份的典型销售模式。值得注意的是，越往上游，波动越大。以下一些方法可以平滑销售模式，改进供应渠道规划：

- 集中信息，减少整个渠道的不确定性，使得关键的规划信息，尤其是客户需求信息对所有成员开放；
- 根据渠道末端（最终客户）的需求来进行各级库存水平的规划；

---

[1] 如 Averill M. Law and W. David Kelton, Simulation Modeling and Analysis, 3rd ed.（New York: McGraw－Hill, 2000），尤其是书中第 5 章和第 10 章。

[2] Frank Chen, Zvi Drezner, Jennifer K. Ryan, and David Simchi－Levi, “Quantifying the Bullwhip Effect in a Simple Supply Chain: The Impact of Forecasting, Lead Times, and Information,” Management Science, Vol. 46, No. 3（March 2000）, pp. 436－443.

- 改进需求预测；
- 缩短提前期；
- 改进库存决策规划；
- 建立合作伙伴关系，联合确定订货规模、送货和订货时间。

运用仿真模型，不需要进行实际操作，就可以有效地检测不同库存决策规则、运输方式、订单处理程序和预测方法。而且，可以同时考察各个渠道成员和整个渠道的成本－服务效果。

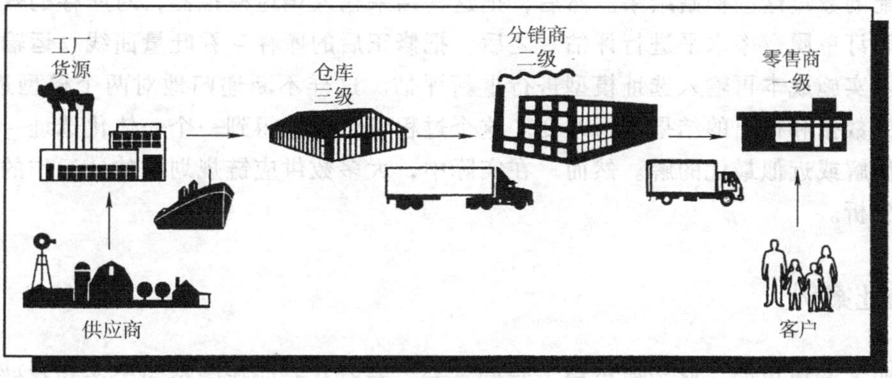

图 14－13　SCSIM 模块模拟的渠道

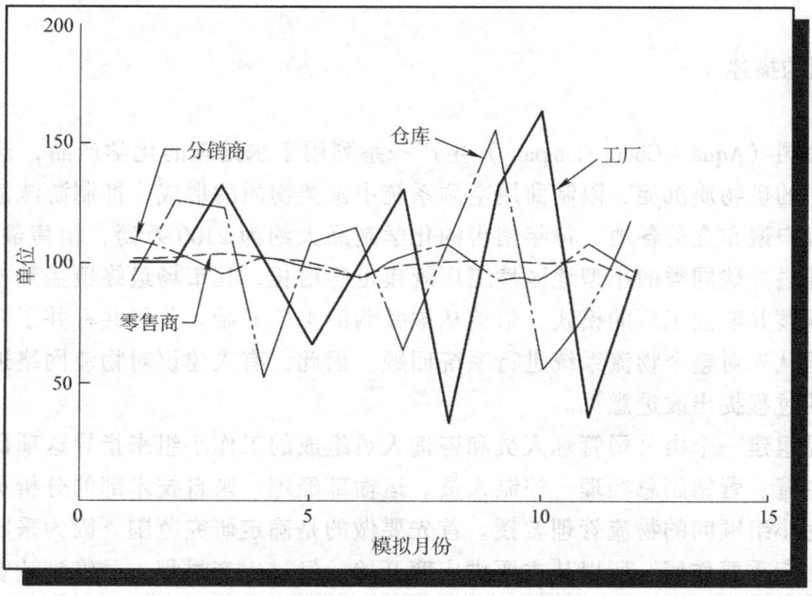

图 14－14　一个多层次供应渠道中需求波动递增的情况（“牛鞭”效应）举例

14.4.7　一体化供应链规划

一体化供应链规划过程包括几个元素，本章的前面部分已讨论过其中几个。除非客户服务与物流设计之间的关系已知，规划之初要设定目标客户服务水平。需要进行客户需求或某客户服务水平的调查。获得了适当的数据后，就可以开始规划。

好的规划既包括网络设计也包括渠道设计。而这两者之间的一体化通常不能通过一个模型达到。然而，网络规划模型可以与渠道模拟器综合使用。通过选址模型得出设施数量、位置、所分配的数量这些初始结果。然后，把这些结果输入渠道模拟器，对库存的效果、运输方式分析和订单履行率水平进行评估。之后，把修正后的库存－吞吐量曲线、运输方式与费率关系以及实施成本再输入选址模型进行重新评估。这样不断递归地对两个模型进行求解，直到输入的数据和得出的结果不再改变。这个过程可以收敛得到一个一体化选址－渠道规划问题的最优解或近似最优的解。然而，在实际中，大多数供应链规划在估计运作的效果时只运用选址分析。

14.5　选址案例

为阐明本章提出的一些主要思想，我们来看一看对某专业化学公司生产和存储系统的评估和建议过程。尤其要注意的是该如何获取和处理各种数据、形成最终建议所使用的方法和为获得满意结果必须设定的实际约束条件。

14.5.1　问题的描述

水化学公司（Aqua－Chem Company）生产一系列用于水处理的化学产品，这些产品可用来控制锅炉中的矿物质沉淀、限制商用空调系统中藻类物质的形成、抑制游泳池内细菌的生长。公司的客户遍布全美各地，每年销售的化学制品大约为 2100 万磅，销售额约为 1500 万美元。公司通过并购同类的小型地区性工厂规模迅猛增长，其市场最终覆盖到整个美国。产品的分拨仍承袭并购前工厂的模式，依然从被并购的工厂开始。公司共吞并了六个类似的公司和工厂，但从未对整个物流系统进行系统回顾。因此，有人建议对物流网络进行研究，并对产品流动的过程提出改进意见。

第一步是组建一个由公司管理人员和咨询人员组成的工作小组来指导这项研究。小组成员包括采购主管、营销副总经理、控制人员、运输部经理、来自技术部的分析员和一位来自本地大学作为小组顾问的物流管理教授。首先要做的是确定研究范围。因为采购成本对决定最终配送网络起重要作用，所以从主要供应商开始、经过生产过程，最终到达客户的所有成本都要考虑在内。客户是按整车批量订货，还是按零担批量订货，决定是否需要建立不同的物流网络。大宗购买将直接由工厂送货，这六个工厂分别位于俄勒冈州波特兰、亚利桑那州菲尼克斯、明尼苏达州明尼阿波利斯、德克萨斯州达拉斯、北卡罗来拉州阿什维尔和俄亥俄州阿克隆。小宗订单按服务区域由仓库或具有仓库功能的工厂供货。图 14－15 列出了各配送渠道的各项相关成本。

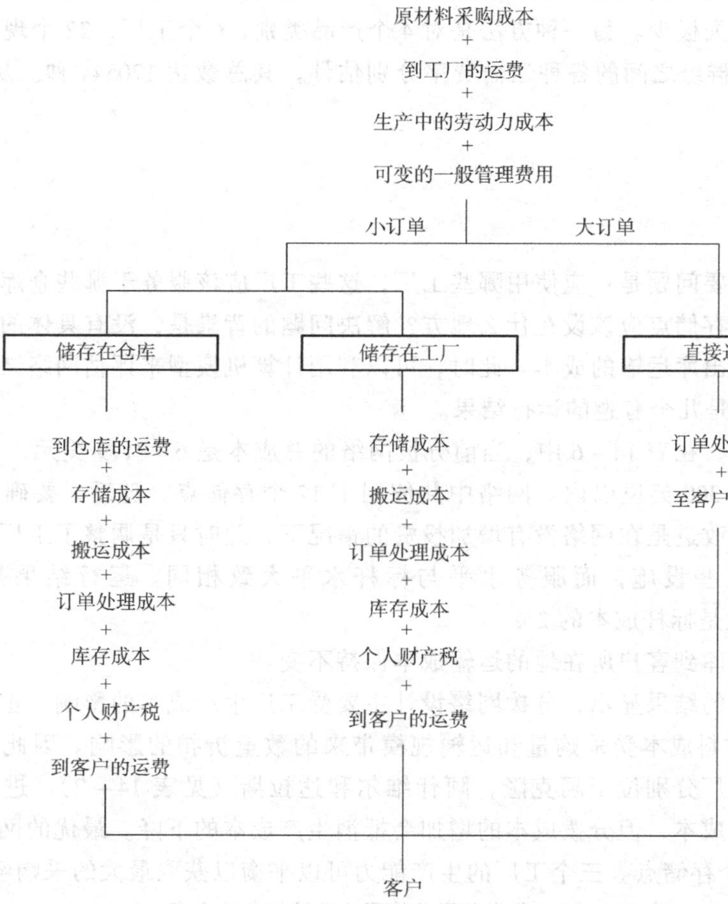

图 14-15 水化学公司分拨渠道的各备选方案及其相关分拨成本

14.5.2 控制问题的规模

公司要将数以百计的产品分拨给数以千计的客户。由于需要大量数据，因此，与大多数的分拨研究一样，这项研究必须选择要有所取舍以减小计算量，同时要能准确地代表所要研究的问题。首先，研究中很少需要包含所有产品。许多产品占销售额的比重低于 5%，可以忽略。这是 80-20 原则的应用。

第二，那些有相似分拨特征的产品可以组合在一起，归为一类产品进行处理。在本项研究中，产品是按照公路运输产品分类体系来分类的，一些被定为 55 级，另一些是 60 级。这些产品类别又进一步被分为通过仓库网络运送的产品和无需存储直接由工厂运达客户所在地的大宗运输的产品。

第三，对单个客户分别进行处理基本上是无益的。按地理区域对客户进行归类大大减少了计算和数据收集的难度。本项研究中，按照 3 位数编码选择了 323 个需求群组。

最后，要利用数学曲线估计网络中各选定地点之间的运输费率。因为不同距离的等级费率是用回归曲线拟合的，其决定系数（Coefficient of Determination，R^2）超过90%，因此运输费率估算的准确性损失极少。另一种方法是对4个产品类别，6个工厂，22个现有的和潜在的仓库和323个需求群组之间的各种运输费率分别估计，其总数达170544种。从实际考虑，不使用后一种方法。

14.5.3 分析

水化学公司的主要问题是：应使用哪些工厂，这些工厂应该服务于哪些仓库？应该使用多少个存储点，这些存储点应该设在什么地方？解决问题的背景是，没有具体的客户服务约束条件，且客户承担出库运输的成本。此时，可以利用计算机模型来评估网络结构的备选方案。表14－6列出的是几个有趣的运行结果。

首先要注意的是，在表14－6中，当前分拨网络的总成本是6348179美元，其中63%的需求位于存储点周围300英里以内。网络中共使用了12个存储点。随后，要确定改进后的标杆水平。注意这种改进是在网络没有增加投资的情况下，此时只是调整了工厂和仓库的服务区域，允许关闭某些设施，而服务水平与标杆水平大致相同。运行结果是每年节约109 669美元，或者说是标杆成本的2%。

这里应注意，仓库到客户所在地的运输成本保持不变。

计算机多次运行的结果显示，分拨网络设计主要受工厂生产成本的影响。也就是说，占生产成本80%的原材料成本受采购量和运输规模带来的数量折扣的影响。因此最佳的工厂数量是三个，这些工厂分别位于阿克隆，阿什维尔和达拉斯（见表14－7）。进一步减少工厂数量可以降低生产成本，但分拨成本的增加会抵消生产成本的下降。最优的网络设计是有三个工厂和12～14个存储点。三个工厂的生产能力可以平衡以获取最大的采购经济效益。

表14－7 水化学公司分拨网络设计的备选方案 （单位：美元）

成本类型	标杆	改进的标杆	3个工厂[①] 9 000英里	3个工厂[②] 900英里	3个工厂[③] 700英里	2个工厂[②] 900英里
库存成本						
持有成本	77 974	121 196	95 549	NC	120 406	NC
订单处理成本	188 863	136 050	168 990	NC	165 770	NC
存储成本	6 294	6 176	4 240	NC	6 574	NC
搬运成本	17 241	25 319	20 450	NC	29 534	NC
税金	12 545	40 532	24 066	NC	24 934	NC
小计	302 917	330 273	313 295	341 830	347 218	355 331
运输成本						
工厂到仓库	40 212	123 517	212 014	297 457	331 658	386 587
仓库至客户	1 109 026	1 101 988	1 137 232	1 059 713	1 041 467	1 064 781
小计	1 149 238	1 225 505	1 349 246	1 357 170	1 357 125	1 451 368
生产成本						
阿克伦厂	1 965 740	2 969 211	1 470 728	1 470 728	1 470 728	2 232 639
阿什维尔厂	898 941	302 464	1 460 730	1 460 730	1 460 730	0

（续）

达拉斯厂	534 117	693 787	1 529 343	1 529 343	1 529 343	2 220 233
菲尼克斯厂	714 377	277 043	0	0	0	0
波特兰厂	335 989	376 760	0	0	0	0
明尼阿波利斯工厂	446 860	63 458	0	0	0	0
小计	4 896 024	4 682 732	4 460 801	4 460 801	4 460 801	4 452 872
合计	6 348 179	6 238 510	6 123 342	6 159 801	6 181 144	6 259 571
客户服务						
占需求的百分比						
<300 英里	63%	67%	61%	63%	65%	71%
<500 英里	88%	82%	79%	85%	88%	83%
与标杆相比节约成本	0	109 669	224 837	188 378	167 035	88 608

① 无客户服务的限制。

② 客户服务限定在 900 英里以内。

③ 客户服务限定在 700 英里以内。

最终的成本节约大约为 18.8 万美元，是标杆成本的 3%。实现这样的成本节约只需投资 1.1 万美元将某些生产设备转移到达拉斯的工厂。

14.5.4 向管理层报告财务结果

高层管理者关心的财务指标包括三个：现金流、利润和投资回报。最理想的情况是，网络规划对这三个指标的影响都是增加的。

1. 现金流

改变网络是否能够带来更多的现金来支付工资或其他成本？显然降低的库存是一项可以转变成现金的资产。尽管表 14－7 没有直接给出库存的价值，但这项变化可以估计出来。从表 14－7 的小计项可以看出库存持有成本大约为 30%。这样，对于三家工厂，900 英里的方案，库存持有成本估计为 0.30 × 341 830 = 102 549 美元。相对于设定的标杆，持有成本改变了 121 196 − 102 549 = 18 647 美元。如果持有成本为 25%，则库存价值的变化为 18 647/0.25 = 74 588 美元。如果资金成本为持有成本的 80%（即 25%中的 20%），那么每年的正现金流为 0.8 × 74 588 = 59 670 美元。

2. 利润

这是指总体成本节约可以为公司带来的利润增加。利润是收入扣除所有相关成本后的结余。这里利润的增加就是改进后的标杆成本与倾向选择的网络设计带来的成本之间的差额。利润增加，或成本节约，是每年 188 378 − 109 669 = 78 709 美元。此外，原来的标杆与改进后的标杆之间的成本节约是 109 669 美元，但这部分有多少能实现还有待分析。这两部分的节约都是正的。

3. 投资回报

投资回报指标反映了获得这些成本节约需要的支出。与改进后的标杆相比较，这个项目的简单投资回报率为[(188 378 - 109 669)/11 000]×100 = 716%。该结果也是正值，非常显著。

4. 总结

这个案例简要说明了供应链网络战略设计中采用的程序和其中的逻辑。在这个案例中，在进行分拨网络设计时主要考虑的是实物供应的影响。此外，订价措施对外向运输的影响假设为零，从而使生产成本成为网络设计中的主要考虑因素。最后，客户服务管理和控制假设会增加成本，增加存储点数量也会导致成本上升。最终设计是综合平衡所有相关成本、客户服务影响因素和管理中的传统考虑因素和风险因素的结果。使设计方案被接受，还需要考虑对高层管理者很重要的财务因素。

14.6 小结

供应渠道的绩效表现不会超出网络结构所允许的范围。供应渠道的设计过时或不合理都可能导致设施选址、需求分派、存货水平设定、运输方式选择的不当，以及客户服务水平达不到要求。结果造成物流对利润的贡献低于应有的水平。定期对网络结构进行重新规划为保证供应渠道的效率和效果奠定了良好的基础。

本章概括了物流网络规划的三个阶段。

首先讨论的是数据的要求、来源及如何将数据转换为规划所需的相关信息。

其次，概述了规划过程中一些有用的方法，主要是一些定量方法。

最后，提出了利用信息和计算方法以获得良好的网络设计的逻辑过程。许多管理咨询顾问和公司规划人员都采用这一通用的规划过程。

思考题

以下许多问题和本章的案例分析题可以用计算机软件来进行求解或部分求解。LOGWARE 软件包中，对本章最重要的是多元线性规划（MULREG，MR）、里程计算（MILES，D）、供应链模拟法（SCSIM，S）和仓库选址（WARELOCA，W）。带有“MRD.S.W”字符号的问题可以用这些软件进行求解。该软件包中还为一些需要很多数据的问题提供了数据库。

1. 解释什么是物流系统的网络战略规划。选择几家企业（既要有制造企业，也要有服务企业，既有赢利性企业，也有非赢利性企业）谈谈你将如何进行物流网络设计。讨论所需数据及来源，如何将数据转换成分析所需的信息。提出你认为适用于网络设计的方法。
2. 为保证研究的成功和结果的实施，列出一个网络战略规划研究小组应该包括的成员清单。
3. 以经纬度为坐标，计算下列每对点之间预计的公路里程。

   公路的迂回系数为 1.15。

	地点		经度	纬度
a. 自	兰辛，密歇根州	美国	84.55°W	44.73°N
至	拉伯克，得克萨斯州	美国	101.84°W	33.58°N
b. 自	多伦多	加拿大	79.23°W	43.39°N
至	亚特兰大，佐治亚州	美国	84.39°W	33.75°N
c. 自	圣保罗	巴西	46.37°W	23.32°S
至	里约热内卢	巴西	43.15°W	22.54°S
d. 自	伦敦	英国	0.10°W	51.30°N
至	巴黎	法国	2.20°E	48.52°N

4. 假设将一个直线网格坐标系统层叠在美国地图上。方格数字以英里计算，公路的迂回系数为 1.21。计算下列每对地点之间预计的公路里程：

	地点	X 坐标	Y 坐标
a. 自	兰辛，密歇根州	924.3	1 675.2
至	拉伯克，得克萨斯州	1 488.6	2 579.4
b. 自	埃尔帕索，得克萨斯州	1 696.3	2 769.3
至	亚特兰大，佐治亚州	624.9	2 318.7
c. 自	波士顿，马萨诸塞州	374.7	1 326.6
至	洛杉矶，加利福尼亚州	2 365.4	2 763.9
d. 自	西雅图，华盛顿州	2 668.8	1 900.8
至	波特兰，俄勒冈州	2 674.2	2 039.7

5. 下表是卡车运输公共承运人的报价举例，费率单位为美元/担，运输批量为 2 000 ~ 5 000 磅，起点为芝加哥，目的地为芝加哥周边城市。运输费率源于《落基山公路运价本》(Rocky Mountain Motor Tariff)，里程数源于《兰德·麦卡奈里的里程指南》（Rand McNally Mileage Guide)。

根据这些数据建立一个形式为 $R = A + B \times$ 距离 的运输费率估计曲线。利用该曲线，能否估计货运距离为 500 英里的货物运输费率？

你认为该曲线是否能准确代表运输费率？

序号	费率	英里	序号	费率	英里	序号	费率	英里
1	4.15	169	9	9.51	936	17	13.38	1 753
2	16.20	2 220	10	8.03	751	18	12.77	1 998
3	9.11	1 108	11	7.81	848	19	10.69	1 337
4	6.81	427	12	12.77	1 923	20	8.50	799
5	13.53	2 197	13	11.28	1 004	21	11.44	1 438
6	9.84	1 226	14	7.80	657	22	16.35	3 017
7	15.28	2 685	15	8.24	955	23	9.32	962
8	6.92	465	16	8.40	801	24	10.48	1 341

(续)

25	12.36	1 520	37	8.23	574	49	11.05	1 435
26	9.54	1 091	38	3.70	109	50	15.61	2 752
27	10.94	1 390	39	16.69	3 144	51	15.93	2 866
28	9.63	1 092	40	16.00	1 907	52	14.18	2 376
29	11.99	1 507	41	16.60	2 384	53	14.88	2 018
30	5.95	208	42	12.64	1 653	54	16.35	2 984
31	7.27	581	43	13.85	2 272	55	17.81	3 128
32	12.79	1 694	44	3.80	107	56	16.35	3 016
33	11.30	1 469	45	13.84	1 830	57	10.02	1 207
34	11.47	1 301	46	9.01	929	58	8.00	448
35	6.37	315	47	10.94	1 455	59	12.07	1 634
36	17.60	2 670	48	10.85	1 162			

6. 加利福尼亚果业联合会（The California Fruit Growers Association）通过24个公共仓库向全美国分拨各种干果产品。如果已知新仓库的年销售量，请估计该仓库的库存量。公司已经从24个仓库收集到如下表数据。找出这些仓库的库存－吞吐量曲线。如果某仓库的年吞吐量是5 000万美元，你估计该仓库的库存应该是多少？你对22号仓库有什么评价？请解释网络规划中是如何利用这种关系的。在第9章中该问题的曲线就已经设立起来。

序号	仓库年吞吐量（美元）	平均库存水平（美元）	序号	仓库年吞吐量（美元）	平均库存水平（美元）
1	21 136 032	2 217 790	13	6 812 207	1 241 921
2	16 174 988	2 196 364	14	28 368 270	3 473 799
3	78 559 012	9 510 027	15	28 356 369	4 166 288
4	17 102 486	2 085 246	16	48 697 015	5 449 058
5	88 228 672	11 443 489	17	47 412 142	5 412 573
6	40 884 400	5 293 539	18	25 832 337	3 599 421
7	43 105 917	6 542 079	19	75 266 622	7 523 846
8	47 136 632	5 722 640	20	6 403 349	1 009 402
9	24 745 328	2 641 138	21	2 586 217	504 355
10	57 789 509	6 403 076	22	44 503 623	2 580 183
11	16 483 970	1 991 016	23	22 617 380	3 001 390
12	2 719 330	2 719 330	24	4 230 491	796 669

7. 更多种类的模型可以用于网络分析。找出这些模型，并对其进行对比。指出每类模型的适用环境。

8. 专家系统是解决复杂问题的新方法。该方法依据的是人类解决问题的方法，表述为一系列“如果－那么”的论段。假设你要给别人解释该如何确定仓库地点，提出至少10个可以引导他/她作出好的选址决策的“如果－那么”论段。如：“如果要选择仓库的位置，那么该仓库所服务的市场中心很可能是好地点。”

9. 以下各方法在寻找最佳网络设计中起什么作用？
   a. 设定标杆
   b. 改进后的标杆
   c. 机会最大的设计
   d. 假定推测分析
10. 解释网络战略设计如何对物流系统的日常运作产生有利或不利的影响。
11. 希尔丽是美国最大的床垫制造商，拥有最大的市场份额。公司主要针对高质量、高价格的市场。希尔丽是按订单生产，因此没有最终产品库存。床垫从工厂到零售商运输需要1到2天时间。主管制造服务的副总裁认为希尔丽的原材料库存过高。他们的原材料主要包括：（1）弹簧钢丝；（2）填充泡沫橡胶；（3）框架用木材；（4）面料。目前全美有20家工厂。你会怎样来解决这个问题？

案例分析

W 尤斯摩尔洗涤用品公司(Usemore Soap Company)：一个仓库选址案例

尤斯摩尔洗涤用品公司生产一系列清洁剂，主要供工业企业和公共机构使用。典型的产品包括普通的清洁剂、洗碗机用洗涤粉、漂洗剂、洗手皂、汽车清洗剂和食品行业所用的洗涤制品。公司产品线包括200多类，将近800种产品。包装规模从18磅的箱子到重达550磅的金属桶。

公司的销售遍布美国本土的48个州，在夏威夷、阿拉斯加和波多黎各还有额外的销售。客户一般的购买量都少于10 000磅，即零担货量（LCL）。某些客户以整车批量大量购买。每年的零担货物销售量高达1.5亿磅，都通过仓库转运。每年大宗货物的销售量为7 500万磅，由工厂直接供货。每年收入约为1.6亿美元。

直销队伍是市场销售的主要力量，在灵活的销售佣金方式之下进行运作。销售人员将自己看作独立的中间商，在公司内部有很大自治权。这个市场销售战略被证明是成功的，使得该公司成为分散化经营的母公司内赢利最多的分公司之一。

除了高额利润外，公司的管理层还关心系列产品的生产和配送成本以保持企业的竞争力。目前，随着需求的增长和模式的变化，现有四个工厂的生产能力逐渐紧张。此外，分拨成本发生了变化，公司已有12年未对分拨网络进行研究，这一切都提出了重新适当布局仓库位置的问题。

下文概括介绍了管理层所面临的问题。请你提出一个改进后的分拨网络规划，使其既满足规定的客户服务政策的要求，又要使网络总的生产－配送成本最小。

背景

现有的分拨网络包括四个可生产所有系列产品的生产厂，这些工厂分别位于肯塔基州的卡温顿、纽约州的纽约市，德克萨斯州的阿灵顿和加利福尼亚州的长滩市。当前，这些工厂分别生产595 102担，391 876担，249 662担和241 386担[1]的产品以供应小批量购买的客户。生产出来的成品或者从工厂运到分拨网络中的基层仓库或者直接运往工厂当地的客户。后一种情况下，工厂既作为基层仓库，也作为生产中心。

如表1所示，18个公共仓库和4个工厂都存储产品。这些仓库很分散，这样大多数客户都在某个存储点一天运到的范围之内，也就是约300英里之内。工厂除了象仓库那样提供服务外，也以整车批量为仓库补货。以零担运输为客户服务，每个仓库都会对客户订单进行处理。除此之外，公司还在考虑的可能的工厂位置，即伊利诺依州的芝加哥和田纳西州的孟斐斯。还考虑在表2所示的地点增建仓库。

销售人员的建议、优惠的存储费率、随时可得的优质存储服务、与需求中心的接近程度、仓库是否有助于扩大分拨网络是决定潜在仓库位置的基础。在现有的和未来的仓库之中，人们希望能找到一个更好的仓库组合。而且，为满足未来的需求，还需要考虑在现有地点或新地点扩建工厂。具体来讲，需要回答以下问题：

1. 现在和将来各应该经营多少个仓库?

---

[1] 1担＝100磅

表 1　现有工厂和公共仓库的位置

序　号	地　点	序　号	地　点	序　号	地　点
1	卡温顿，肯塔基州①	9	克里弗兰、俄亥俄州	17	米尔沃基，威斯康星州
2	纽约，纽约州①	10	达文波特，依阿华州	18	奥兰多，佛罗里达州
3	阿灵顿，得克萨斯州①	11	底特律，密歇根州	19	匹兹堡，宾夕法尼亚州
4	长滩，加利福尼亚州①	12	大急流镇，密歇根州	20	波特兰，俄勒冈州
5	亚特兰大，佐治亚州	13	格林斯伯勒，北卡罗来那州	21	西萨克拉门托，加利福尼亚州
6	波士顿，马萨诸塞州	14	堪萨斯城，堪萨斯州	22	西切斯特，宾夕法尼亚州
7	布法罗，纽约州	15	巴尔的摩，马里兰州		
8	芝加哥，伊利诺依州	16	孟斐斯，田纳西州		

① 作为工厂运营组成部分的基层仓库。

表 2　公共仓库可能的选址点

序　号	地　点	序　号	地　点	序　号	地　点
23	阿尔伯克基，新墨西哥州	32	菲尼克斯，亚利桑那州	41	路易斯维尔，肯塔基州
24	比灵斯，蒙大拿州	33	里士满，弗吉尼亚州	42	哥伦布，俄亥俄州
25	丹佛，科罗拉多州	34	圣路易斯，密苏里州	43	纽约，纽约州
26	埃尔帕索，得克萨斯州	35	盐湖城，犹他州	44	哈特福德，康涅狄格州
27	坎布希尔，宾夕法尼亚州	36	圣安东尼奥，得克萨斯州	45	迈阿密，佛多里达州
28	休斯顿，得克萨斯州	37	西雅图，华盛顿州	46	莫拜尔，路易斯安那州
29	拉斯维加斯，内华达	38	斯波坎，华盛顿州	47	孟斐斯，田纳西州①
30	明尼阿波利斯，明尼苏达州	39	旧金山，加利福尼亚州	48	芝加哥，伊利诺依州①
31	新奥尔良，路易斯安那州	40	印地安那波利斯，印地安那州		

① 指位于额外工厂处的仓库。

2. 这些仓库应该建在哪里？

3. 应该将哪些客户及相关需求分派给各仓库和工厂？

4. 每个工厂应该供应哪些仓库？

5. 是否应该扩大生产能力？如果应该，那么应该在何时、何地扩大生产能力，扩大多少？

6. 应该提供何种水平的客户服务？

销售数据

洗涤剂和洗衣粉的制造工艺并不复杂，很容易模仿，因此市场上竞争激烈。洗涤用品的产品特性之间无差异，导致产品在价格和服务上的竞争异常激烈。客户服务尤其重要，因为它将直接受仓库选址的影响。良好分拨服务的总价值是无法用货币来衡量的，因为它取决于客户对服务的态度，以及有可能因此而进行的购买。公司一般认为服务质量应该保持在高水平，这样才不会危及销售。服务的"高"水平可以表示为在 24 ~ 48 小时或者更短时间内送货，这样客户距仓库一般应在 300 到 600 英里之间。

每年经由仓库网络销售的产品约为 1.47 亿磅，年收入略高于一亿美元。市场的分布与人口的分布相类似，平均利润率为20%。图1给出了六个主要的销售区域以及各州的销售量（以磅计）。公司的单个客户超过7万个，聚集在191个较活跃的需求中心。需求中心是按邮政编码将一组地区聚集到邮政编码的地区中心，就好象把各地的需求集中到该中心一样。这些需求中心及目前服务各中心的仓库如表3所示。此外，需求中心的销售区域划分也列了出来。

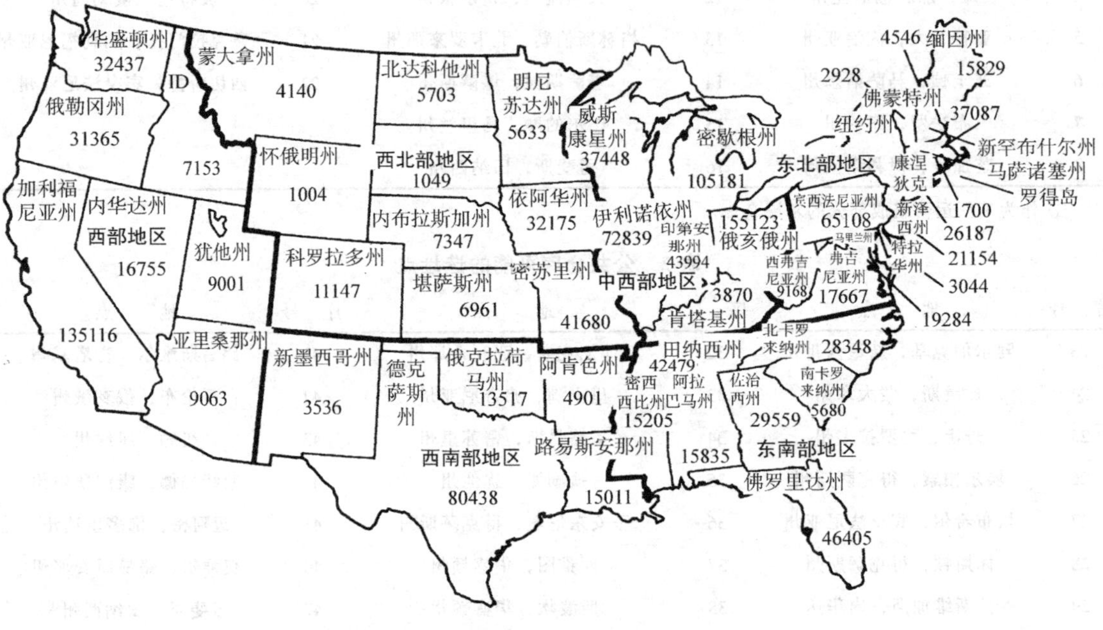

图1　尤斯摩尔洗涤用品公司的年销售量
——按每州划分的主要销售区域及其年销量（担）

公司的五年规划列出了全美销量的增长幅度。由于人口和商业迁移的模式各地不同，竞争条件和促销力度不同，所以各地市场的增长情况也不相同。与现在的销售水平相比，预计各销售区域的变化如下：

地区号	销售区	5年增长系数①
1	东北部地区	1.30
2	东南部地区	1.45
3	中西部地区	1.25
4	西北部地区	1.20
5	西南部地区	1.15
6	西部地区	1.35

① 现有销售量的乘数。

生产成本和生产能力

现有工厂的生产可变成本随工厂位置的变化而不同。这些不同是由于劳动力成本、原材料购买量、工厂和主要原材料供应商的接近程度所导致的入库运输成本差异而造成的。这些成本列举如下：

工　厂	不同的生产成本（美元）
卡温顿，肯塔基州	21.0
纽约，纽约州	19.9
阿灵顿，得克萨斯州	21.6
长滩，加利福尼亚州	21.1

据估计，位于芝加哥未来工厂的生产可变成本是每担21美元，而位于孟斐斯工厂的生产可变成本是每担20.6美元。现有工厂扩建后的可变成本不变。因为现有工厂的固定成本已经是沉没成本，所以不考虑固定成本。但是，新建工厂或扩建工厂至少需投资400万美元。这样将导致在可预见的未来，工厂的年产出（如果是增建的工厂，则为产出增加量）在近期将高达100万担。按照当前的分拨方式，现有的工厂是以下列速率（与吞吐量相比）进行生产的：

工　厂	现有生产能力	现有产量	生产能力利用率
卡温顿，肯塔基州	620 000	595 102	96%
纽约，纽约州	430 000	390 876	91%
阿灵顿，得克萨斯州	300 000	249 662	83%
长滩，加利福尼亚州	280 000	241 386	86%
合计	1 630 000	1 477 026	91%

存储费用和存储能力

企业与公共仓库管理人的合同表明，存储费用可分为存储费用、搬运费用和附加费用。存储费用按所持有的平均库存以美元/担/月为单位进行计算。只要产品进出仓库就会出现搬运费用，按美元/担计。附加费用是一系列服务（如准备提单、本地配送和报告库存状态）的费用。估计四个工厂的类似费用，并将其作为与生产运作的合理组成部分。

与存储相关的还有补货成本。这些成本用于准备正常补货的文书工作、将货物发往仓库。计算库存订货成本和客户订货成本时都是用每个订单的平均成本乘以仓库的平均订单量。

表3列出的是与仓库相关的成本和其他有关信息。现有网点的成本数据来自公司的记录。潜在仓库的成本则取决于相应城市仓库管理员的配额。如果无法获得这类信息，就只能估计成本了。

表3　库存点的费率和有关订单规模的信息

仓库序号	存储成本（美元/美元）①	搬运成本（美元/担）②	仓库订单处理成本（美元/订单）	仓库订单规模（担/订单）	客户订单处理成本（美元/订单）	客户订单规模（担/订单）	本地配送费率（美元/担③）
1	0.067 2	0.46	18	400	1.79	9.05	1.90
2	0.056 7	0.54	18	400	1.74	10.92	3.89
3	0.075 5	0.38	18	400	2.71	11.59	2.02

（续）

4	0.073 5	0.59	18	400	1.74	11.30	4.31
5	0.094 6	0.50	18	401	0.83	9.31	1.89
6	0.180 2	0.75	18	405	3.21	9.00	4.70
7	0.094 6	0.74	18	405	1.23	8.37	1.55
8	0.207 2	1.14	18	405	1.83	13.46	1.79
9	0.180 2	1.62	18	409	4.83	9.69	4.92
10	0.144 2	1.14	18	410	2.74	8.28	2.23
11	0.094 6	1.04	18	409	3.93	10.20	1.81
12	0.198 2	1.06	18	410	3.18	15.00	1.00
13	0.076 6	1.06	18	400	1.08	9.07	1.63
14	0.126 2	1.22	18	423	1.56	11.72	1.17
15	0.112 6	0.82	18	426	1.20	9.35	1.73
16	0.099 1	0.64	18	433	1.78	8.70	0.50
17	0.157 7	0.71	18	394	5.33	8.07	1.46
18	0.130 7	0.79	18	398	0.91	7.66	2.29
19	0.148 7	1.15	18	399	2.08	9.39	2.20
20	0.225 3	0.80	18	490	1.10	7.31	1.49
21	0.137 0	1.39	18	655	1.70	9.31	2.72
22	0.099 1	0.83	18	400	2.46	10.14	4.17
23	0.126 0	0.59	18	110	2.33	5.07	2.37
24	0.063 1	0.45	18	134	1.88	6.80	1.36
25	0.094 6	1.68	18	341	2.58	6.83	2.21
26	0.121 6	0.88	18	149	1.83	14.32	0.80
27	0.072 1	0.55	18	198	1.83	7.38	3.88
28	0.153 2	0.80	18	420	1.58	9.70	2.14
29	0.117 2	1.04	18	287	0.78	7.52	1.51
30	0.108 0	1.46	18	408	5.33	11.46	1.70
31	0.148 7	0.95	18	340	1.36	10.48	1.63
32	0.139 6	0.69	18	333	1.50	6.67	1.66
33	0.112 6	0.64	18	277	2.33	11.98	1.54
34	0.171 2	1.35	18	398	0.93	10.13	1.84
35	0.126 1	0.79	18	434	2.08	6.81	1.58
36	0.135 2	0.80	18	232	0.88	7.67	1.93
37	0.270 4	0.96	18	423	0.89	8.57	3.08

（续）

38	0.225 0	0.80	18	425	2.88	7.61	1.43
39	0.148 7	1.49	18	400	1.46	7.55	6.44
40	0.207 3	1.14	18	400	2.75	10.13	2.83
41	0.207 3	1.14	18	400	2.75	10.13	2.83
42	0.180 2	1.62	18	400	2.75	10.13	4.81
43	0.261 3	1.39	18	400	2.71	11.59	3.89
44	0.139 6	0.71	18	400	2.04	9.37	3.89
45	0.103 6	0.55	18	400	2.75	10.13	1.74
46	0.094 6	0.55	18	400	1.74	9.31	1.89
47	0.068 2	0.64	18	400	1.78	8.70	0.50
48	0.068 2	1.22	18	400	1.79	9.05	1.55

① 以美元计算的仓库每美元平均库存的年存储成本。

② 按年计算的将1担货物运进、运出仓库的成本。

③ 此处为运输费率，适用于存储点周围30英里内至客户的运输服务。

公共仓库没有实际存储能力的限制。尤斯摩尔的存储空间的需求只是公共仓库供应商总存储能力中很小的一部分。另一方面，开设新仓库的最低预期吞吐量是每年至少吞吐10 400担或每两周一次整车补货。四个现有工厂可用的空间是有限的。以吞吐量表示的存储能力限制分别是：肯塔基州的卡温顿 = 45万担、纽约州的纽约市 = 38万担，德克萨斯州的阿灵顿 = 14万担；加利福尼亚州的长滩市 = 18万担。

运输成本

对尤斯摩尔公司而言，三类通常的运输成本非常重要：入库运输成本、出库运输成本和当地配送成本。仓库的入库运输成本取决于货运量和工厂与仓库的距离。从工厂出发不同距离内卡车承运人整车运输费率的抽样结果表明，工厂与仓库之间的运输费率可以近似地用线性函数合理表示。即整车运输费率为

$$P-W\ \text{费率(美元/担)} = 0.92 + 0.003\,4d\text{(英里)}$$

式中 d 是两地间的距离[1]。总入库运输成本等于 $P-W$ 费率乘以工厂和仓库之间分派的产品流量。

仓库的出库运输成本取决于客户距仓库的距离。如果客户距仓库约30英里以内，则通常适用当地货运费率，表3按仓库给出了当地货运费率。如果距离大于30英里，就可以得出类似入库运输费率的线性函数。假定仓库发出的平均货运量约为1 000磅，则仓库到客户的运输费率函数为

$$W-C\ \text{费率(美元/担)} = 5.45 + 0.003\,7d$$

[1] 为简化起见，此处只给出了总体关系。实践中，可能利用几个这样的关系来反映货运起点地理位置所导致的费率差异。

出库运输成本的计算和入库运输成本的计算是一样的。

库存成本

库存成本取决于仓库保有的平均库存量和该库存水平所适用的库存费率系数。这些费率系数包括资金成本、个人财产税和保险成本。仓库的平均库存将随仓库需求和控制库存的方法变化而改变。通过绘制每个实际存储点的年平均库存量和年吞吐量可以得到基于年仓库吞吐量的库存的数学表达式。图 2 描述的是得出的关系曲线。已知年库存持有成本约为平均产品价值的 12%（产品的价值是 26 美元/担），则每个仓库的总库存持有成本为：

$$IC_i = (0.12)(26)(11.3D_i^{0.58}) = 35.3D_i^{0.58}$$

式中 IC_i ——仓库 i 的年库存持有成本（美元）；

D_i ——仓库 i 的年需求吞吐量（担）。

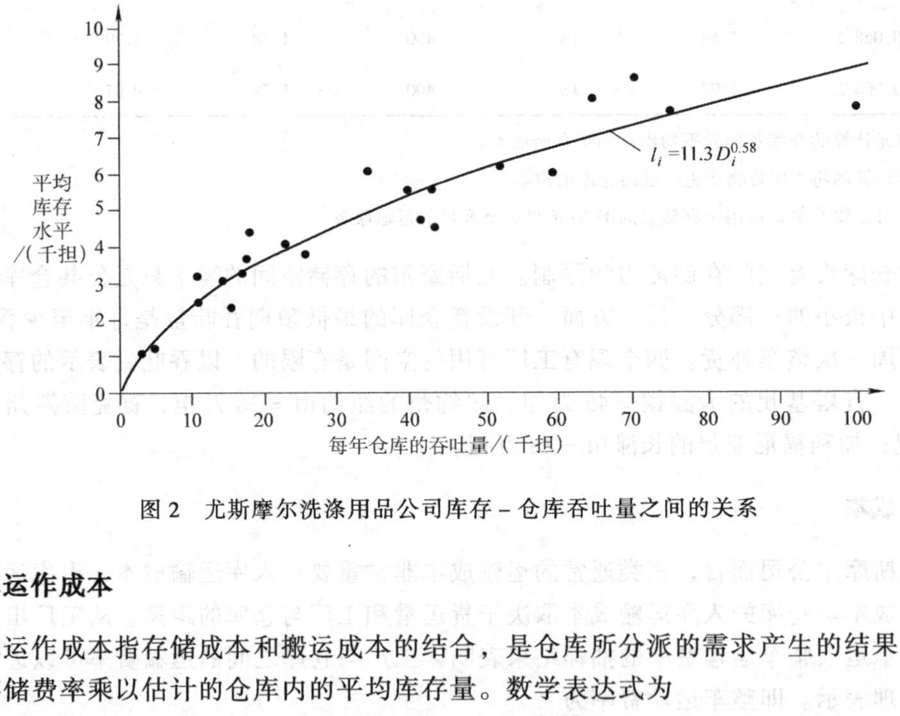

图 2 尤斯摩尔洗涤用品公司库存 - 仓库吞吐量之间的关系

仓库运作成本

仓库运作成本指存储成本和搬运成本的结合，是仓库所分派的需求产生的结果。存储成本是用存储费率乘以估计的仓库内的平均库存量。数学表达式为

$$SC_i = SR_i(26)(11.3D_i^{0.58})$$

式中 SC_i ——仓库 i 的年存储成本（美元）；

SR_i ——表 4 中仓库 i 的存储费率；

D_i ——仓库 i 的年需求吞吐量（担）。

搬运成本完全是仓库吞吐量的函数。搬运费率乘以吞吐量就得到搬运成本，或

$$HC_i = (HR_i)D_i$$

式中 HC_i ——仓库 i 的年搬运成本（美元）；

HR_i ——表 4 中仓库 i 的搬运费率。

订单处理成本

订单处理成本指处理与补货和客户订单相关的文书时产生的成本。每个仓库计算这两种成本的方法本质相同。也就是用订单处理费率乘以仓库的年需求量再除以订单规模。

总成本

不同生产分拨结构下的总成本是所有相关成本的累加。对尤斯摩尔洗涤用品公司而言，这些成本包括生产成本、仓库运作成本（存储成本、搬运成本、存货订单处理成本和客户订单处理成本）、运输成本（入库运输成本、出库运输成本和当地配送成本）和库存持有成本。改变工厂和仓库的数量和位置将导致这些成本因素的平衡发生改变。例如增加仓库一般将减少运输成本，但增加库存持有成本，影响客户服务。这类问题的核心是评估成本和客户服务之间的悖反关系。

表 4 和表 5 给出了现有网络设计中成本和客户服务因素的总结。尤斯摩尔洗涤用品公司能够将 93%的需求置于仓库 300 英里以内，这样做的总成本是 42 112 463 美元。

计算机辅助分析

虽然有足够数据进行手工分析，但这个案例仍使用了一个计算机程序（即 LOGWARE 中的一个模块 WARELOCA）。给定工厂、工厂生产能力、客户服务限制和仓库条件的组合，该计算机程序会利用线性规划对需求中心的供给仓库和仓库的供给工厂作出最优安排。在给定仓库中，如果距需求中心的上述服务范围内有多个仓库可以提供服务，那么要选择费用最低的仓库。如果服务距离内没有仓库，则选择距该需求中心最近的仓库。

分派供应需求中心的仓库时只用到线性的可变成本。在该过程中未使用非线性的存储和资金成本，而这些成本都包括某特殊结构的系统成本中。固定成本既没有包含在分派过程中，也没有在总系统成本中显示出来。因此，必须在系统成本之外对固定成本另外考虑。

表 4　为客户服务结构设立标杆

仓库至客户距离（英里）	需求的百分比	需求的累计百分比	总需求（担）
0 ~ 100	56.4	56.4	833 043
101 ~ 200	21.3	77.7	314 607
201 ~ 300	15.7	93.4	231 893
301 ~ 400	2.1	95.5	31 018
401 ~ 500	1.5	97.0	22 155
501 ~ 600	0.5	97.5	7 385
601 ~ 700	2.0	99.5	29 541
701 ~ 800	0.5	100.0	7 384
801 ~ 900	0.0	100.0	0
901 ~ 1 000	0.0	100.0	0
>1 000	0.0	100.0	0
	100.0		1 477 026

表5 现有分拨网络的成本结构

成本类型	成本（美元）
生产成本	30 761 520
仓库运作成本	1 578 379
订单处理成本	369 027
库存持有成本	437 290
入库成本	2 050 367
出库成本	6 895 880
总成本	42 112 463

在WARELOCA程序中，只需提供工厂位置和生产能力、仓库位置、客户服务距离、需求和成本水平。程序每运行一次代表对某特定网络结构做一次评估。表6给出了WARELOCA运行结果，是对现有网络的近似[1]（不是真的标杆），评估了现有的4个工厂和22个仓库。

表6 WARELOCA的运行结果（近似标杆水平的运行）

22个潜在仓库位置的分析总结

系统成本（单位：美元）

生产成本	30 761 518
仓库运作成本	1 515 395
订单处理成本	357 343
库存持有成本	447 282
运输成本	
入库	2 354 017
出库	6 657 464
总成本	42 093 020

300英里服务距离的客户服务结构

仓库至客户的距离（英里）	占需求的百分比	仓库至客户的距离（英里）	占需求的百分比
0～100	55.9	80～900	0
100～200	18.2	900～1 000	0
200～300	19.5	1 000～1 500	0
300～400	1.8	1 500～2 000	0
400～500	2.0	2 000～2 500	0
500～600	0.3	2 500～3 000	0
600～700	2.0	>3 000	0
700～800	0.4		
			总计 100.0

[1] 工厂能力设为现有生产水平，客户服务距离设为300英里，选定现有的22个仓库进行评估。

（续）

工厂吞吐成本

地点	吞吐量（担）	生产成本
卡温顿，肯塔基州	595 102	12 497 142
纽约，纽约州	390 876	7 778 432
阿灵顿，德克萨斯州	249 662	5 392 699
长滩，加利福尼亚州	241 386	5 093 244
孟斐斯，田纳西州	0	0
芝加哥，伊利诺依州	0	0
总计	1 477 026	30 761 518

仓库吞吐量及成本

仓库序号	地点	吞吐量（担）	仓库总成本（美元）	存储成本	搬运成本	资金成本
1	卡温顿，肯塔基州	236 640	180 853	25 845	108 854	46 153
2	纽约，纽约州	228 067	189 677	21 345	123 156	45 176
3	阿灵顿，得克萨斯州	104 081	86 246	18 033	39 550	28 662
4	长滩，加利福尼亚州	106 047	109 288	17 747	62 567	28 974
5	亚特兰大，佐治亚州	46 949	55 775	14 239	23 474	18 062
6	波士顿，马萨谱	49 350	83 524	27 919	37 012	18 592
7	布法罗，纽约州	28 342	45 076	10 625	20 973	13 478
8	芝加哥，伊利诺依州	87 860	170 997	44 858	100 160	25 979
9	克里弗兰，俄亥俄州	0	0	0	0	0
10	达文波特，依阿华州	13 068	33 837	10 337	14 897	8 602
11	底特律，密歇根州	82 999	131 269	19 815	86 318	25 135
12	大急流镇，密歇根州	17 330	45 238	16 736	18 369	10 132
13	格林斯柏勒，北卡罗来那州	31 832	57 362	9 203	33 741	14 417
14	堪萨斯城，堪萨斯州	73 416	137 595	24 618	39 567	23 409
15	巴尔的摩，马里兰州	38 128	62 294	15 021	31 264	16 008
16	孟斐斯，田纳西州	67 480	83 888	18 409	43 187	22 292
17	米尔沃基，威斯康星州	28 121	51 015	17 632	19 965	13 417
18	奥兰多，佛罗里达	44 523	71 765	19 076	35 173	17 515
19	匹兹堡，宾夕法尼亚州	21 553	50 534	14 249	24 785	11 499
20	波特兰，俄勒冈州	74 280	127 242	44 250	59 424	23 568
21	西萨克拉门托，加利福尼亚州	65 744	137 256	23 915	91 384	21 957
22	西切期特，宾夕法尼亚州	31 216	51 936	11 772	25 909	14 255
	总计	1 477 026	1 962 667	425 655	1 089 739	447 282

(续)

运输成本

仓库序号	地点	订单处理成本	入库	出库
1	卡温顿，肯塔基州	57 453	0	1 166 502
2	纽约，纽约州	46 603	210 610	1 135 465
3	阿灵顿，得克萨斯州	29 020	96 128	511 022
4	长滩，加利福尼亚州	21 101	97 942	528 650
5	亚特兰大，佐治亚州	6 293	112 810	212 015
6	波士顿，马萨诸塞州	19 794	82 324	261 289
7	布法罗，纽约州	5 424	59 064	72 647
8	芝加哥，伊利诺依州	15 850	168 091	276 774
9	克里弗兰，俄亥俄州	0	0	0
10	达文波特，依阿华州	4 898	30 896	74 424
11	底特律，密歇根州	35 631	154 332	173 983
12	大急流镇，密歇根州	4 434	34 705	46 545
13	格林斯柏勒，北卡罗来那州	5 222	71 933	129 723
14	堪萨斯城，堪萨斯州	12 896	196 711	381 234
15	巴尔的摩，马里兰州	6 504	60 638	152 684
16	孟斐斯，田纳西州	16 611	174 640	344 308
17	米尔沃基，威斯康星州	19 857	62 954	42 548
18	奥兰多，佛罗里达	7 302	174 726	236 580
19	匹兹堡，宾夕法尼亚州	5 746	45 302	47 416
20	波特兰，俄勒冈州	13 906	325 989	343 276
21	西萨克拉门托，加利福尼亚州	13 811	153 326	379 100
22	西切斯特，宾夕法尼亚州	8 977	40 887	141 269
	总计	357 343	2 354 017	6 657 465

S 埃森美国公司

埃森是一家德国糖果公司，在欧洲各国和美国生产和分销巧克力和各种糖果。供应美国市场的糖果是在德国埃森生产，然后运输到荷兰的阿姆斯特丹港，产品通过新泽西州的一个港口进入美国，并储存在新泽西州的爱迪生。之后，产品通过这个中心仓库再次分销到各购买公司（有很多），随后被运到他们的零售店面（也有很多）。一般买家既有像沃尔玛、沃尔格林斯（Walgreens）和巨鹰（GiantEagle）这样的大型零售商，也有通过分销商进行购买的小型零售店。埃森的供应渠道如图 1 所示。埃森的分拨成本和客户服务受到整个供应链产品流的影响。尽管埃森只直接控制供应链的一部分，对整个供应链的良好规划可对埃森、他的买主及最终对客户有利。如果埃森能够估计价格折扣和其他激励手段对客户的影响，那么他就可以通过这些对其客户施加影响。

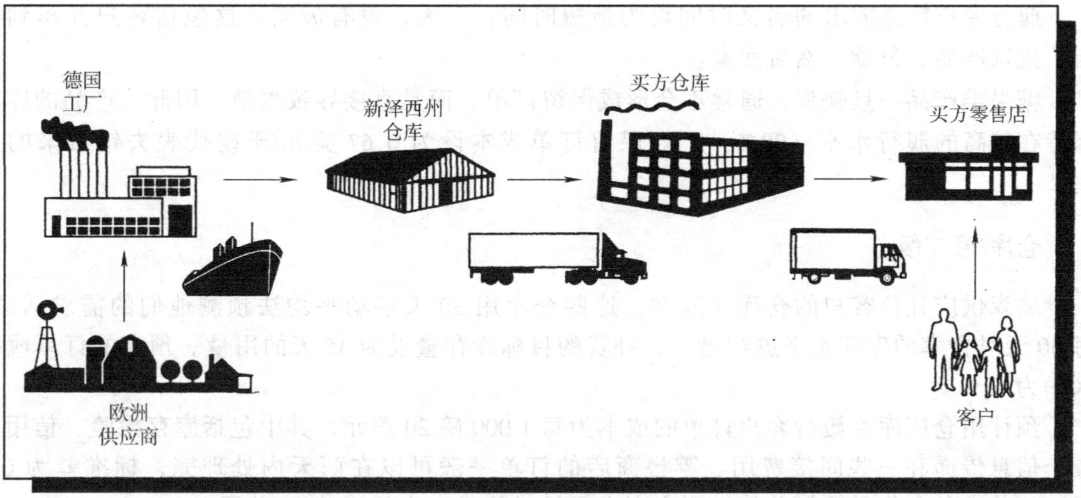

图 1　埃森公司的供应渠道

销售

埃森对其美国客户（第二级）的年销售大约为 8 000 万美元，3 600 万磅糖果。零售（第一级）级别的年销售额为 10 400 万美元，这相当于对埃森的客户而言，糖果的平均价格为 2.22 美元/磅，然后他们再将糖果加价 30%之后，以平均每磅 2.89 美元的价格出售给最终客户。对销售数据进行抽样的结果表明，日均销售为 10 万磅，标准差为 1.5 万磅。销售服从正态分布。节假日（情人节、复活节、感恩节和圣诞节）期间，客户需求会有所上升，在秋冬季节，需求低于平均销量。夏季期间需求则略低于平均销量。典型的季节指数如下表所示：

月份	指数	月份	指数	月份	指数	月份	指数
一月	0.25	四月	0.75	七月	0.75	十月	0.75
二月	1.25	五月	0.75	八月	0.75	十一月	1.50
三月	1.25	六月	0.75	九月	0.75	十二月	2.50

销售增长率每年保持在较低的 1%左右。

零售店/第一级

供应渠道中的零售店（第一级）每周对货架进行补货。需求是根据销售来预测，把前七天的销售数据进行平均（七天移动平均法）。库存管理政策是按需求进行库存。也即，货架上的库存数量每七天进行一次盘点，管理的目标库存水平是保持相当于 10 天销售量的库存。10 天的库存是根据库存盘点频率、缺货风险以及提供充足库存的经验来确定的。

1 000 磅产品的库存价值大约为 2 220 美元。名义库存持有成本设为每年产品价值的 25%。履行客户订单的成本为库存分担的综合成本和人工成本除以售出的产品数。对于如糖果一类的单一产品线而言，不超过 1 美元/千磅。另一方面，零售采购订单的准备成本包括订单填写、订单传输和各项核查成本。合理的成本约为每订单 35 美元。

履行客户糖果需求的名义时间设为最短时间，一天，没有波动。这包括客户开车到商店、挑选产品、付款、然后回家。

糖果类产品一旦缺货，通常不会形成保留订单，而是直接导致失销。因此，产品的库存保持在较高的履行水平（98%）上。保留订单成本设为0.67美元/千磅代表失销带来的损失。[1]

仓库/第二级

埃森供应几位客户的仓库。通常，这些仓库用30天移动平均法预测他们的需求活动。每30天对仓库的库存水平进行盘点，补货的目标库存量设为45天的用量。预定的订单履行水平为95%。

预计用仓库库存履行客户订单的成本为每1 000磅20美元，其中包括库存检验、信用检查、信息传递和一些间接费用。零售商店的订单一般可以在两天内处理完，标准差为0.2天。订单准备和将采购订单传递到仓库进行补货的成本为每订单75美元。

库存持有成本为库存价值的25%，大约为每1 000磅2 220美元。不能履行的订单转为保留订单的成本为每1 000磅100美元。

埃森在新泽西的仓库/第三级

新泽西的仓库是埃森的美国的进口和再分销点。这个仓库负责将各种糖果产品线的产品运输到所有的客户仓库。尽管在日历年的年底销售有较大季节波动，总需求是用360天移动平均法来进行预测。按需求库存法对总体产品（所有产品的综合）进行库存规划。每30天对库存进行一次盘点和预测，目标库存量为90天用量。由于要保持较高的客户现货供应水平，且供应源头距离遥远，提前期很长，需要持有的库存水平相当高。持有的库存每1 000磅价值为产品的成本价值1 710美元。公司用20%作为库存持有的费用。预定的现货比率（现货履行率）为95%。埃森的客户订单平均为5 000磅。

工厂准备采购订单的成本为平均每订单75美元。处理买方订单的成本为每1 000磅15美元。分销商订单的履行时间为3天，标准差为0.3天。所有为履行的订单转为保留订单的额外成本估计为每1 000磅25美元。

工厂/供应源

工厂在欧洲采购生产糖果的原料，平均成本为每1 000磅1 000美元。所有产品线各种产品的原料平均采购批量为10 000磅。包括间接成本在内的生产成本大约为每1 000磅850美元。从收到订单、核查、排产到产品生产的总生产时间为8天，标准差为2天。然而，如果生产超过20 000磅的大批量，生产成本可以降低为每1 000磅825美元。而生产时间延长为10天，标准差为2.1天。

履行仓库订单的成本主要是准备进行运输的货物的成本，为每1 000磅10美元。

运输

从工厂到新泽西仓库的运输。糖果是装在集装箱内通过海运从埃森的工厂运到新泽西仓

[1] 这是根据每磅产品获得的利润，或2.89 - 2.22 = 0.67美元/磅估计而得。

库中的。在夏季的某些月份，预计会有熔化巧克力的高温天气时，需要进行冷藏运输。运输成本大约为每1 000磅78美元，运输时间为9天，标准差为3天。

另外，仓库订货也可以空运到美国，每1 000磅的成本为1 833美元，平均运输时间为1天，标准差为0.2天。

从新泽西仓库到零售店仓库的运输。从新泽西仓库运出的货物使用零担卡车运输，在进行长途运输时，承运人常会用到集中点把零担货物集中成整车进行运输。运输的平均距离为1 000英里，每1 000磅成本为70美元。1 000英里配送的平均运输时间为5天，标准差为1天。

从零售仓库到零售店的运输。从零售仓库到各个零售店的运输通常是一辆卡车上装有运到多个店面的多种产品。与糖果相关的产品的配送部分承担的成本平均为每1 000磅25美元。运输时间为1天，没有明显波动。

问答题

1. 你对埃森公司及其客户的物流绩效表现有何评价？
2. 你对改进整个供应渠道的绩效有何建议？埃森公司是否需作改进？如果需要，公司能否直接实现成本或绩效的改进？
3. 从德国空运产品是否对改进供应渠道的绩效有利？对埃森如何？
4. 采用20000磅的大批量进行生产是否有利？
5. 如果埃森以外的渠道其他成员对改进渠道绩效和埃森自身的绩效起到关键作用，艾森应该如何激励这些企业进行合作？

第六部分　组织与控制

第十五章　物流/供应链的组织机构

一个好的组织机构本身并不创造好的业绩，就好比一部完善的宪法并不能保证产生伟大的总统、严谨的法律、或者是一个道德的社会。但无论个别的管理者多么优秀，没有好的组织结构也不可能创造出好的业绩。因此，改善组织结构……通常能够提高绩效[1]。

—彼得 F. 德鲁克

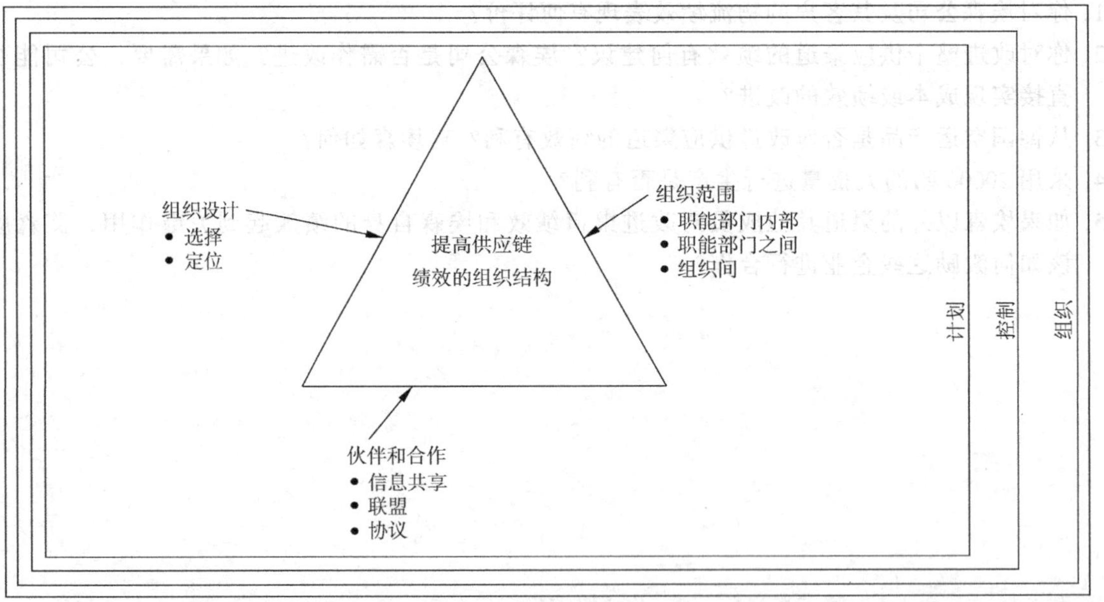

管理组织机构是促进计划产生、实施、评估的机构，是用来分配企业人力资源，以实现企业经营目标的正式或非正式的体制。组织机构可以表现为职能部门之间的正式关系图，也可以是未以任何正式的方式表达出来，但企业内部员工都心知肚明的一系列无形关系，或是上述二者的结合。无论采用何种形式，如何建立最理想的人事关系恐怕是企业最艰巨的任务。关于如何做好这一点，并无固定的法则，我们只能希望有一些指导方针能对建立令人满意的组织机构有所裨益。

本章特别关注的是企业实施物流职能管理所需的组织机构。论述分为四个部分。首先是物流活动的组织，在此将讨论为什么需要物流/供应链组织机构。第二是可供管理层选择的组

---

[1] Peter F. Drucker, The Practice of Management (NeW York: Harper & Row, Inc., 1954), 225.

织形式，是正式的形式还是非正式的形式，以及组织形式在整个企业组织机构中的地位。接下来将讨论跨组织机构的物流管理。最后将探讨以运作供应渠道为目的的组织机构的可选方案，即通过战略物流/供应链联盟、物流/供应链伙伴、第三方物流/供应链服务供应商和合作将部分或全部的物流活动外包出去。

15.1　物流/供应链活动的组织

物流/供应链组织要解决的一个主要问题就是安排企业里负责物流活动的人员，以鼓励他们更好地相互协调、相互合作。而这些组织活动要通过推动在物流系统规划和运作过程中频繁出现的成本平衡来提高货物和服务的供应、分拨效率。

组织机构存在的必要性

物流是一项重要的活动，事实上任何类型的企业或机构都会进行物流活动。这就意味着已经有某些机构（无论是正式的还是非正式的）在处理货物和服务的流动。那么，在组织结构上要特别注意些什么呢？

1. 组织分部

如图 15－1 所示，许多公司都采用了这种传统的组织形式，即围绕着财务、运作和营销这三个基本职能部门来组织公司的活动。从物流的角度来看，由于这三个职能部门的基本目标与物流不同，这种组织形式会导致物流活动的不连续，即，运输可能由运作部门负责，库

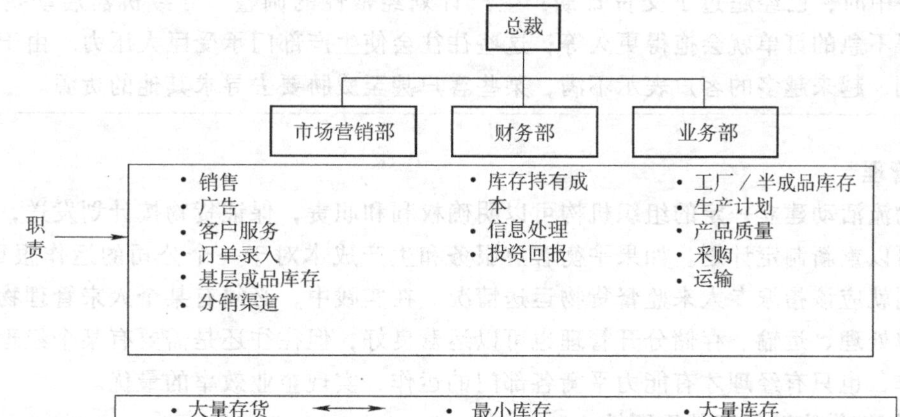

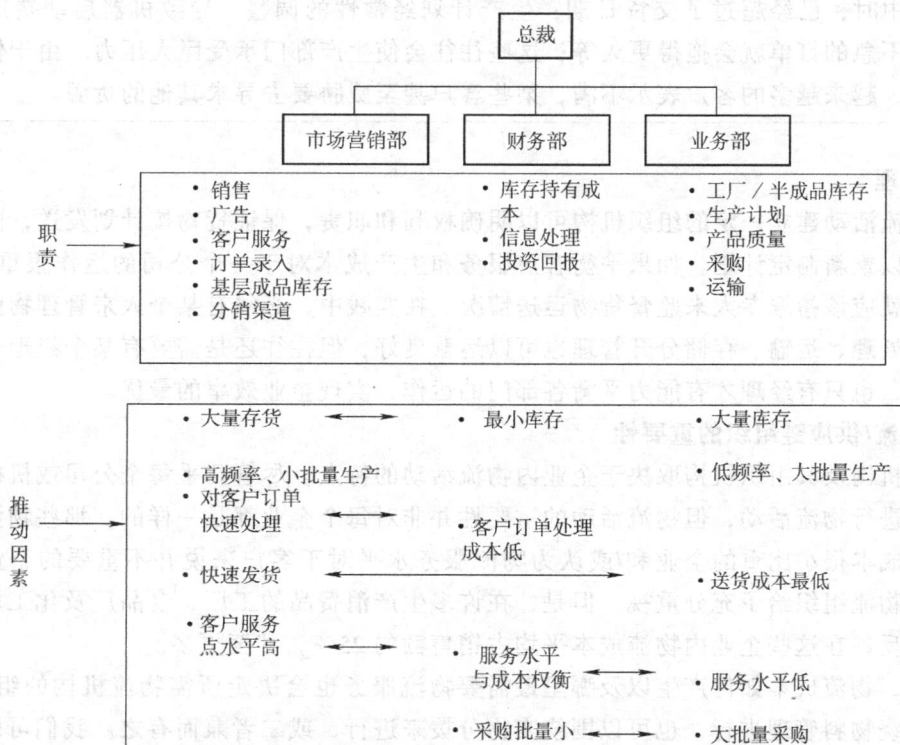

图 15－1　典型制造企业物流活动组织形式

存由三个部门分管，而订单处理则由营销部门或财务部门负责。但是，营销部门的首要职责是使利润最大化，运作部门的职责是使单位成本最小化，而财务部门的职责是利用最少的资金，为企业获取最多的投资回报。这些驱动目标相互矛盾，以致于数年前某高级管理人员曾经明智地评论道：如果允许自由经营，销售人员和销售经理可能向客户凭空承诺提供从工厂或分拨中心开始的配送服务；另一方面，只要有可能，生产经理就会要求将很长一段时间的订单累积起来，降低生产启动成本，以有更多的时间来计划原材料的经济采购量[1]。

这些目标的冲突会导致物流运作系统的次优——甚至会影响到整个企业的运作效率。例如，市场营销部门会希望迅速送货以支持销售，而生产部门如果负责运输，则会希望送货成本最小。如果不采取措施来协调各部门，就不可能实现物流成本——服务的最佳均衡。因此，设置某个机构来协调不同物流活动的决策是很有必要的。(见资料 15.1)

资料 15.1 观察

围绕物流问题，某纸品制造商遇到了典型公司面临的销售部门与生产部门之间的冲突。该公司生产和销售各种纸制品，如购物袋、商业包装纸、卫生纸和餐巾纸。销售量一般都很大，有的客户一次订 30 个车皮。公司的组织机构围绕营销和生产目标设置。

由于营销和生产部门之间缺乏协调，销售人员单方面向客户承诺在他们需要的时候送货，而极少考虑生产计划安排。如果在重要的交货日不能交货，销售部门就会为订单向生产部门施加压力。其中哲理很简单："使劲挤葡萄，籽就会出来。"另一方面，有些订单到达生产部门手中时，已经超过了交货日期：生产计划经常性的调整，导致机器启动费用高居不下，催得不急的订单就会拖得更久等；这些往往会使生产部门承受巨大压力。由于供求之间缺乏协调，越来越多的客户表示不满，某些客户甚至威胁要去寻求其他的货源。

---

2. 管理

为物流活动建立一定的组织机构可以明确权利和职责，保证货物按计划发送，同时，必要时，可以重新制定计划。如果平衡客户服务和生产成本对于一个公司的运作很重要的话，这个公司就应该指派专人来监督货物运送情况。在实践中，必须有某个人来管理物流。虽然说，订单处理、运输、存储分开管理也可以运营良好，但往往还是需要有某个经理来协调其综合运作，也只有经理才有能力平衡各部门的运作，实现企业效率的最优。

3. 物流/供应链组织的重要性

物流机构及其组织机构取决于企业内物流活动的特点。尽管几乎每个公司或机构或多或少地都在进行物流活动，但物流活动的重要性并非对每个企业都是一样的。那些物流费用只占总运营成本很小比重的企业和/或认为物流服务水平对于客户来说并不重要的企业，一般不可能对物流组织给予充分重视。但是，在许多生产消费品的工厂、食品厂及化工厂，情况则恰恰相反，在这些企业内物流成本平均占销售额的 25%，甚至更多。

此外，物流成本如何产生以及哪里最需要物流服务也会决定所需物流机构的组织形式，它可以围绕物料管理进行，也可以围绕实物分拨来进行，或二者兼而有之。我们可以来看看

---

[1] Kenneth Marshall, "Bruning: Another Way to Organize Physical Distribution Management," Handing & Shipping (November 1996): 61-66.

以下几种不同的行业，考虑一下它们对物流组织形式的需要各有何不同。

采掘业中的企业生产基本原材料，主要供其他行业生产所需。这类企业从事诸如伐木、采矿和农业等活动。物流运作活动主要涉及确保生产中所需的各种材料，如资产设备和辅助材料。采购和运输是供方物流活动的首要内容。输出的产品一般品种少、价值低，并适用大批量运输。管理过程中主要考虑的是运输方式、路线的选择、设备的充分利用等问题。因此，这些行业中的企业一般都有很明确的物料管理部门。

服务行业主要关注自身的供方物流活动，服务企业则将有形的供给转化为服务产出，医院、保险公司、运输公司就是很好的例子。企业要从地理位置分散的供应商那里购买多种产品，其中许多是关键性产品。这些产品在提供服务时被完全消耗。采购和库存管理是首要的物流活动，由于很多时候要求供应商按运到价格供货，所以运输管理不太重要。对于这些企业而言，物流成本很高，但是相关的物流活动多发生在企业的供货方。物流中心的组织机构主要是进行物料管理，很少有实物分拨活动。

销售行业主要指那些为再销售而进行采购的企业，分销商和零售商是该行业的典型企业。这类企业很少对产品形态进行改造，其关注的重点是销售和物流活动。一般，这类企业从分布在各地的很多供应商那里大量购进品种繁多的商品，然后在某个有限的地区内以不同的组合形式小批量售出这些商品。物流活动包括采购、内向运输、库存控制、存储、货物分拣和运输。此时，物流管理的组织机构就非常重要，而且通常涉及物料管理和实物分拨两类活动，但由于许多供应商按运到价格供货，因此，对实物分拨的组织可能更加侧重。

制造企业的特点是从多个供应商处购买多种商品，然后加工转化为具有更高价值的商品。无论是从供给的角度看，还是从分销的角度看，这类企业都涉及许多物流活动。设置物流组织机构既应考虑物料管理，也要考虑实物分拨。

4. 组织结构的发展

多年来，关于什么是好的物流/供应链管理的思想以及物流/供应链活动的组织结构都在不断演变。鲍尔索克斯（Bowerox）和多特里（Daugherty）提出组织机构的发展分为三个不同阶段[1]。第一阶段大约出现在20世纪70年代初期，以一些对理解物流管理内在的成本悖反规律十分重要的经营活动的组合为代表。企业将运输活动与库存、订单处理过程协调起来进行管理，以实现实物分拨中成本和服务双重目标。同时将采购、内向运输和物料管理归到一个机构名下以便统一管理。在20世纪70年代初期，人们就已经认识到与实物分拨和实物供应相关的一系列活动，及其相互协调的必要性。然而，当时的组织结构非常不完善。许多公司都是通过言辞说服或人员协调等非正式的手段来平衡各项活动间的利益。由于组织形式的变化不是一个突变的过程，而更像一个渐进的过程，因此，早期有关物流组织方面的尝试并未对当时“既有”的组织形式做根本性改变。

第二阶段就朝着发展相对更正式的组织形式开始努力，设一名高级主管专司相关物流活动（通常是实物供应或实物分拨，但不是同时兼顾）。这样可以更直接地协调各项物流活动。这是物流组织结构的又一次演进。企业对良好的物流管理所带来是收益也有了更好的认识和了解。柯达、惠尔浦等公司是运用这种组织形式的先驱。但是到了1985年，多数大公司要么

[1] Donald J. Bowersox and Patricia J. Daugherty, “Emerging Patterns of Logistical Organization,” Journal of Business Logistics 8, no. 1 (1987): 46-60.

仍停留在第一阶段（约 42%）[1]，要么已过渡到第三阶段（约 20%）。

组织结构发展的第三阶段指物流活动全面一体化阶段，其内涵既包括实物供应，又包括实物分拨。越来越普遍的做法是物流活动完全一体化，并建立起协调各项物流活动的有一定职权范围的组织机构。适时管理、快速反应和压缩时间的管理理念要求对整个公司内部的所有活动准确协调，这些都驱动着物流活动的完全一体化。此外，共享的资产（如在实物供应和实物分拨中都需使用车队和仓库）也需要小心协调，以使之得到更充分的利用。（见资料 15.2）

资料 15.2 例子

微型工具公司（Micro - kits）的一种产品——现场维修个人电脑硬件所使用的工具包——主要通过三种渠道进行销售：1）零售店；2）客户邮购；3）批发商。该厂从供应商那里购买零配件，然后运到工厂进行组装，再把成品运到分拨中心，由分拨中心负责销售订单的履行。有人提议建立 JIT（适时管理）系统以提高实物供应渠道和生产中的运作效率。

人们利用计算机模拟整个物流和生产过程，结果表明使用适时管理系统可以大大改善现有作业水平。即：毛利可提高 106%，库存周转次数可从 7.2:1 提高到 7.8:1，渠道的提前期可从以前的 24.2 天减少为 13.7 天。

但是，这种看法并不全面。若以一体化的观点统一规划实物分拨和实物供应的整个过程，还可能有进一步的收获，毛利率可以再提高 6%，库存周转次数可从 7.8:1 增加到 16.3:1，提前期可从 13.7 天缩短到 8.9 天。

正是一体化管理为企业带来的这些利益，促使企业在组织结构设置中兼顾实物供应活动和实物分拨活动[2]。

人们将现在所处的第四阶段称之为供应链管理（Supply Chain Management）或一体化物流管理阶段，此时的物流组织不仅包括第三阶段中物流活动的全面一体化，还包括生产过程中的物流活动。也即，处于第四阶段的企业认为物流包括发生在原材料采购、生产过程以及到达最终用户手中这一过程中的所有活动。第三阶段与第四阶段最大的不同，就是生产过程中的活动（如生产计划安排、半成品库存管理）以及企业内向和外向运输的适时管理计划协调都已包含在一体化物流管理的范围内。

可以预见，所谓第五阶段就是对整个供应渠道中各独立法律实体之间的物流活动进行管理。为此，管理者的注意力首先会集中在企业能直接控制、直接负责的物流活动上。管理这个超组织系统不仅会带来新的挑战，也可能会实现现有机构设置和组织结构所不能达到的效率。

1 A. T. Kearney, Emerging Top Management Focus for the 1980s (Chicago: Kearney Management Consultants, 1985).

2 Robert Sloan, "Integrated Tools for Managing the Total Pipeline," *Annual Conference Proceedings*, Volume Ⅱ (St. Louis: Council of Logistics Management, 1989): 93 - 108.

15.2 组织机构的选择

如果有必要建立物流管理机构的话，企业可以选择以下几种基本形式：1）非正式的组织形式；2）准正式的组织形式；3）正式的组织形式。在这些形式中，没有哪一种在企业中是占据主导地位的，也没有哪一种在类似企业中会比其他形式更受观迎。任一企业所选择的管理机构通常是企业内部经营管理演化发展的结果，也就是说，物流管理组织形式常常取决于企业内部人员的个人喜好、企业组织的传统以及物流活动在企业中的重要性。

15.2.1 非正式的组织形式

物流/供应链组织的主要目标就是对各项物流活动的规划和控制加以协调，而随企业内部氛围的不同，这种协调活动可以通过几种非正式的方式进行。此时，往往不需要变革现有的组织结构，而是依赖强制或劝说手段来协调各项物流活动，实现物流管理人员之间的合作。

有些企业设有独立的部门负责一些关键性物流活动（如运输、库存管理和订单处理），这些企业往往需要建立激励机制来协调这些部门的运作。虽然在很多企业中预算是一种重要的控制手段，但它常常会阻碍协调工作的进行，例如，运输部门的经理也许会觉得为了降低库存成本而增加运输成本是不可接受的，因为库存成本并不在他的预算责任范围内，他的业绩是通过将运输成本和预算做比较来衡量的。

还有一种鼓励各项活动进行合作的可行的激励方法是，不同部门之间互相收费或转移成本。考虑一下，如果运输方式的选择间接影响库存，但是对于运输部门的决策者来说除了寻求尽可能低的运输成本外别无所求，那么应如何进行决策呢？（见资料 15.3）

资料 15.3 例子

假设为了适应更大批量运输带来的速度更慢、费用更低的运输方式，某公司库存管理部门经理允许库存水平比期望的高。只要库存成本超过了期望的水平（可以根据库存目标精确计算出来），高出的成本就被计入运输部门的帐户。运输部门的经理就可以实际估算出运输决策对库存成本的影响，并按其预算目标，平衡整个企业的成本，进行最终选择。

另一种激励方式是建立某种形式的成本节约分享机制。成本互相冲突的各部门将各自节约的费用集中在一起，按预先确定的计算表制作一个清单，对节约的成本重新分配。这种方法也是在鼓励合作，因为成本互相冲突的部门利益达到均衡时，可节约的成本最大。在企业界，这种所谓的利润共享计划作用有限，但在有些公司里却成效显著（如，林肯机电公司（Lincoln Electric））。

协调委员会也是一种非正式的物流管理组织形式。委员会的成员来自各个重要的物流管理部门。委员会通过提供借以交流的方法来协调管理。对于那些历史上有内部协调委员会的公司来讲，这种方式非常令人满意。杜邦公司（DoPont）就以其委员会的有效管理而闻名，成为这方面的典范。尽管利用委员会进行协调似乎是比较简单、直接的解决方法，但它也有缺点，如委员会无权实施议案。

总裁亲自考察物流决策和物流运作是一种特别有效的鼓励协调方法。在组织结构中，高层管理者所处的地位使其容易发现机构内部次优的决策。由于各物流部门的下属经理对高层管理人员负责，在一个没有正式组织机构的企业里，高层管理人员对跨部门间协调、合作的鼓励和支持对实现企业目标也仅仅是起间接作用。

15.2.2 半正式的组织形式

采用半正式的组织形式的企业认为物流规划和运作常常涉及到企业组织结构中的不同部门。因此，企业会委派物流管理者协调那些既与物流有关，又涉及其他不同职能部门的项目。该种组织形式通常被称为矩阵型组织，在航天工业中尤其盛行。这个概念在引入到物流管理系统时，作了一定改动，其形式如图 15－2 所示。

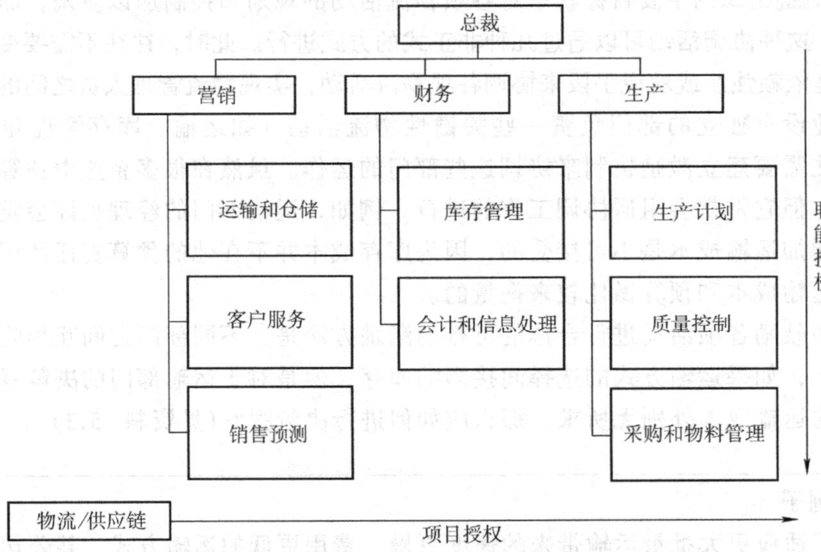

图 15－2 物流管理中的矩阵组织形式

在一个矩阵型组织中，物流/供应链经理对整个物流系统负责，但他并无每一个环节的直接授权。企业传统的组织结构保持不变，但是物流/供应链经理与其他部门经理共有决策的权利与义务。无论是各职能部门还是物流项目都应合理地支出费用，这是合作和协调的基础。物流/供应链合作者甚至可以跨越企业的界限，帮助供应渠道的成员企业进行物流活动的合作。(见资料 15.4)

资料 15.4 例子

联合设备公司（United Fixtures）生产管道装置和设备，其销售额约为 8 000 万美元。这家公司日前设立了一个分拨部门以解决物流问题。新上任的分拨部经理对销售和市场副总裁负责，其部门目标是确定客户服务标准，并协调该服务标准与配送计划、生产计划之间的关系。

以前，销售部门为了取悦大客户的要求直接将企业生产的产品从工厂运出，但生产管理人员却常常跟不上进度。新部门成立以后，很快就发现了企业的这一瓶颈约束，并着手建立一套系统以更好地协调订单录入、生产计划、基层存储和运输之间关系，满足客户的需求。

与此同时，为了迎合客户的口味，销售人员又制定出了新方案，从而打乱了生产计划，采购人员则不停地抱怨新的生产计划造成原材料需求的波动太大，情况进一步复杂化。

尽管新部门的成立给运输成本和准时送货带来了积极的影响，但是仍有不少问题存在。比如，公司里大多数与物料流动有关或参与物料流动系统的职能部门认为分拨部门只对改善产成品的分拨系统有兴趣。而分拨经理也因无权控制成品库存心存不满。企业的生产副总裁“负责企业库存管理”，而且并不打算放弃产成品库存的控制权。

经人提议，公司同意采用矩阵型组织形式，该做法已取得了实质性的进展，但在权利共享问题上遇到了一些障碍。公司已任命了一名负责原材料管理的执行副总裁来帮助协调各职能部门的关系。在这个职位上，他手下没有大量员工，也不要求各部门向他汇报。由于他显赫的头衔和得体的处事方式，他和他的两个助手成功地实施了其他职能部门未能实现的全方位协调管理[1]。

尽管矩阵结构是一种有效的组织形式，但我们必须认识到它也会造成权利、责任界定不清，由此引发的冲突也难以解决。当然，对于某些公司来说，这种介于完全非正式组积和严格正规化组织之间的形式，仍不失为一个不错的选择。

15.2.3 正式的组织形式

正式的组织形式就是建立一个权责分明的物流部门，主要包括1）设置经理管理各项物流活动；2）在组织结构中，给予该经理一定级别的权限使之能更好地与公司其他主要的职能部门（财务、操作和营销部门）合作。这种结构在形式上提高了物流管理人员的地位，促进了物流活动的协调。当非正式的组织形式导致效率低下，或者物流活动在企业中越来越受到重视时，企业就需要建立正式的组织机构。从事实践的人士常常提醒我们物流管理中没有具有代表性的组织形式，组织结构是与各公司内部的具体环境相适应的。但是，我们可以描绘出一个正式组织结构的示意图，以便于理解物流管理的基本原理，且至少其中一部分能作为模板供一些企业参考。该组织结构如图15-3所示，是很有用的组织方针。

这种正式的组织形式有如下优点：第一，在组织结构上物流部门被提升到更高的级别，其权限与其他主要职能部门相同，这有助于保证物流管理与营销、运作和财务管理受到同等的重视，也使得物流经理在解决利益冲突时有平等的发言权。物流和其他职能部门处于平等地位也有利于权利的平衡和企业的整体经济利益。第二，物流总裁下属有一些次级职能部门，如图15-3所示。这五个部门分别设有经理，并作为独立实体进行管理。从整体上看，这五个部门代表物流活动的五个重要方面[2]。为什么恰好设五个部门呢？实际上，部门的设置完全取决于技术方面的要求。例如，如果将运输和库存管理合并为一个单独的部门可能更合适，因为这两部分成本常常会冲突，合在一起有利于更好地进行协调。但是，对各部门进行管理所需的技术截然不同，因此将部门合并管理就比较困难。通常可行的办法是分别指派

---

1 Daniel W. DeHayes Jr. and Robert L. Tayor, “Making ‘Logistics’ Work in a Firm,” *Business Horizons* (June 1972): 38 and 45. Copyright c 1972 by the Foundation for the School of Business at Indiana University. 经允许使用。

2 Bernard J. LaLonde and Larry W. Emmelhainz, “Where Do You Fit In?” *Distribution* 8, no. 11 (November 1985): 34.

专人负责运输和库存管理，再由物流经理通过正式和准正式的组织形式协调各项活动。其他物流活动也如此。可见，正式的组织结构就是一种平衡的结果，一方面尽量减少管理部门的个数以促进部门间的协调，另一方面将不同物流活动分别进行管理以获得技术上的高效率。

图 15－3 所示的组织形式是现代工业界中常见的最正式、最集中化的管理形式。该形式将物料管理和实物分拨整合在一起。实际上，只有很少的企业能达到这种一体化程度（1985 年为 20%）[1]，但是从成本和客户服务的发展趋势来看，这种形式将越来越受欢迎。而且无论企业是围绕供应方活动组织物流运作（如许多服务性企业），还是围绕实物分拨组织物流运作（如制造性企业）（见资料 15.5），基本模式都是非常有用的。

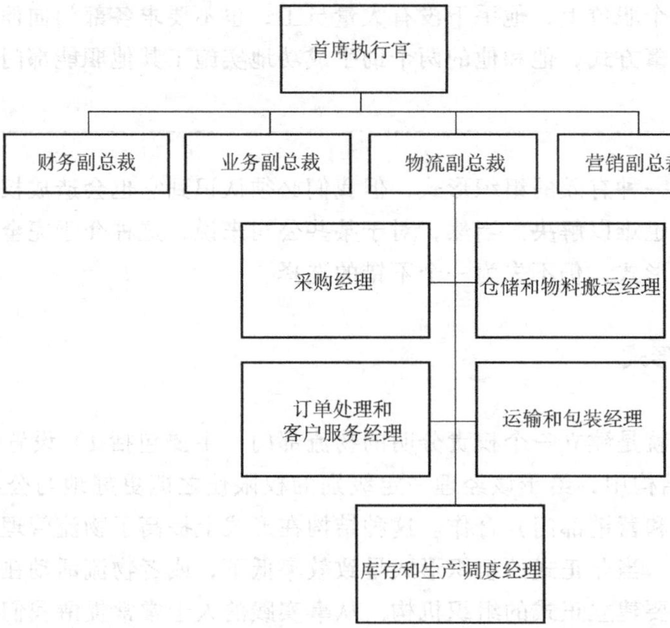

图 15－3 物流/供应链管理中正式的、集中式组织结构

资料 15.5 例子

几年前，某玉米和大豆产品制造商重新调整其分销管理。由于该企业运输量大，因此它将很大的精力放在运输管理方面，负责运输的副总裁也成为董事会的成员。运输部门的业绩以运费单的金额来衡量。部分地由于这个原因，企业的分拨系统发展成为覆盖 350 多个存货点的庞大体系。

鉴于企业外部咨询人员的研究结果，加上最高管理层的支持，公司决定成品服务职能全部归并由一个总监来管理。整合后的职能部门如图 15－4，是由散见于公司的各部分各个部门组成。营销组的某成员被选为实物分拨部门的新领导。新机构不仅对成品控制得更好，而且将运输延误的次数减少了 88%，市场上现货供应比率在提高。而此时总成本更低了。

调整分拨管理组织的效果异常显著，因此供给方面的物流活动也都统一由一人负责，称为物料管理经理。请注意该组织结构是如何发展为图 15－3 的组织形式的。

---

[1] A. T. Kearney, "Emerging Top Management Focus for the 1990s".

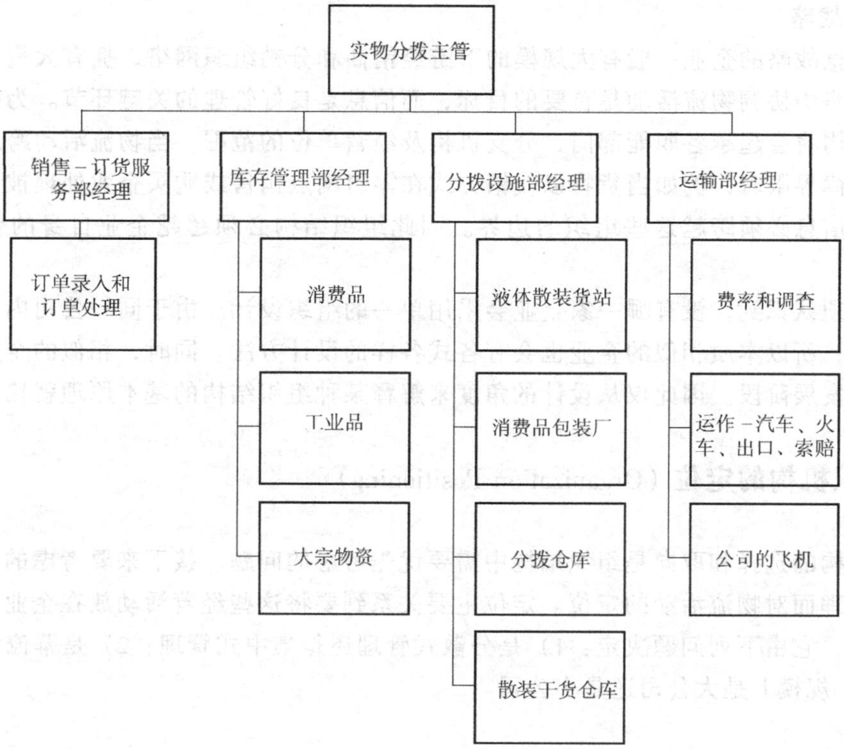

图 15－4 玉米、大豆产品生产商分拨系统组织结构图

15.3 组织结构的取向

密歇根州大学对财富 500 强企业的调查显示，企业是根据其追求的特定战略来选择组织结构类型的[1]。组织设计一般遵循三种企业战略：生产、市场和信息。

1. 生产战略

生产战略的目标是以最大效率将处于原材料状态的货物通过加工过程转化为产成品。与之相应的组织设计关注的重点就会是那些产生成本的经营活动，即采购、生产计划、库存管理、运输和订单处理等活动将被集中起来，进行统一管理。实际的组织形式很可能是我们前文已讨论过的类型。

2. 市场战略

追求市场战略的企业会以客户服务为导向，销售与物流也要与之协调。与其对应的组织机构不可能像生产战略为导向的企业那样自然而然地将物流活动整合在一起，而是将那些与销售客户服务和物流客户服务直接相关的经营活动集中在一起，经常向同一位主管人员汇报。其组织结构可能超越各经营部门的范围，以实现较高的客户服务水平。当然，物流成本也可能不处于最低水平。

[1] Bowersox and Daugherty, "Emerging Patterns of Logistics Organization."

3. 信息战略

追求信息战略的企业一般有大规模的下游经销商和分销组织网络，拥有大量库存。在这一分散的网络中协调物流活动是首要的目标，而信息是良好管理的关键环节。为确保得到信息，组织结构将会超越各职能部门、分支机构及经营单位的范围。当物流活动跨越销售渠道某成员的法律界限时，例如当货物以代销方式在零售网点销售或购买企业处理被退回的货物时，要获取信息必须跨越这些组织的边界。因此组织结构必须超越企业自身的传统法律界限。

我们必须认识到，没有哪一家企业会采用单一的组织设计。由于同一公司内部常常有多种战略共存，所以本质相似的企业也会有各式各样的设计方法。同时，相似的企业可能处于不同的组织发展阶段。因此仅从设计的角度来解释某种组织结构的基本原理就比较困难了。

15.4 组织机构的定位（Organization Positioning）

组织机构的选择和取向是组织结构中需要优先考虑的问题。接下来要考虑的就是为取得最有效的管理而对物流活动的定位。定位主要关系到要将这些经营活动放在企业组织结构中的什么位置，它由下列问题决定：1）是分散式管理还是集中式管理；2）是幕僚管理还是直线管理；3）规模上是大公司还是小公司。

15.4.1 分散式管理与集中式管理（Decentralization versus Centralization）

组织行为中争议不断的话题之一就是，应该紧紧围绕最高管理层组织经营活动还是分散在大企业的各个部门。例如，一家大型的电子公司有许多产品分部，如工业电子设备、核动力设备、小电器、大电器和灯。集中式管理在公司一级组织物流活动，以便为所有产品提供服务，如图15-5所示。另一方面，如图15-6所示，分散式物流管理由各产品分组或各分支机构负责管理物流活动，建立起各自独立的分散的物流组织为各自部门服务。

每一种组织形式都有其明显的优势，因而许多企业创立的组织形式是两种形式的结合，以求得两方面的优势。集中式管理的主要原因是可以密切控制各项物流活动，将整个公司的物流活动集中由一人领导，从而享受大规模运作带来的高效率。以运输活动为例，许多公司拥有自己的车队，因而提高设备利用率是提高效率的关键。通过对所有运输活动集中管理，企业可能发现某分部门产品的往程运输很可能就是另一个分部产品的返程运输。这样，往程和返程运输就可以得到平衡。然而，在分散式组织结构下，这些问题可能被忽略。同样，通过仓库共享、共同采购和数据共享也可以提高效率。

与反应速度较慢、集中式的组织结构相比，分散式组织结构可以对客户的需求作出更快、更个性化的反应。如果不同系列的产品在营销、物流和生产等方面存在明显差异，以至几乎没有规模经济效益，分散管理就更有意义。

恐怕很难找到纯粹集中式或分散式的组织设计。例如，虽然企业各运作单位内的各部门，甚至是各地区拥有一定自主权对管理有一定益处，但诸如计算机数据加工等方面的技术进步已经使得集中处理订单、集中管理库存效率更高。这些相互矛盾的趋势有助于解释实践中多种多样的组织形式。

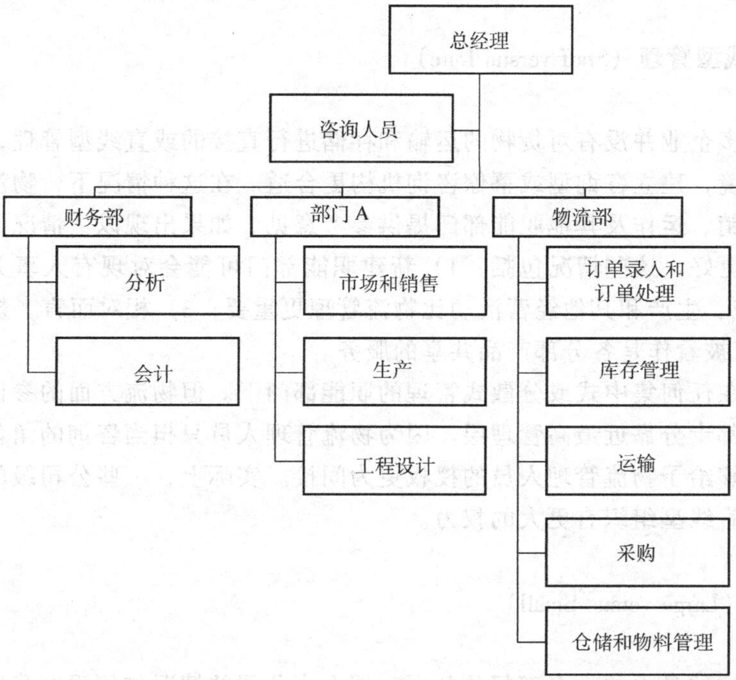

图 15-5　集中式物流组织结构示意图

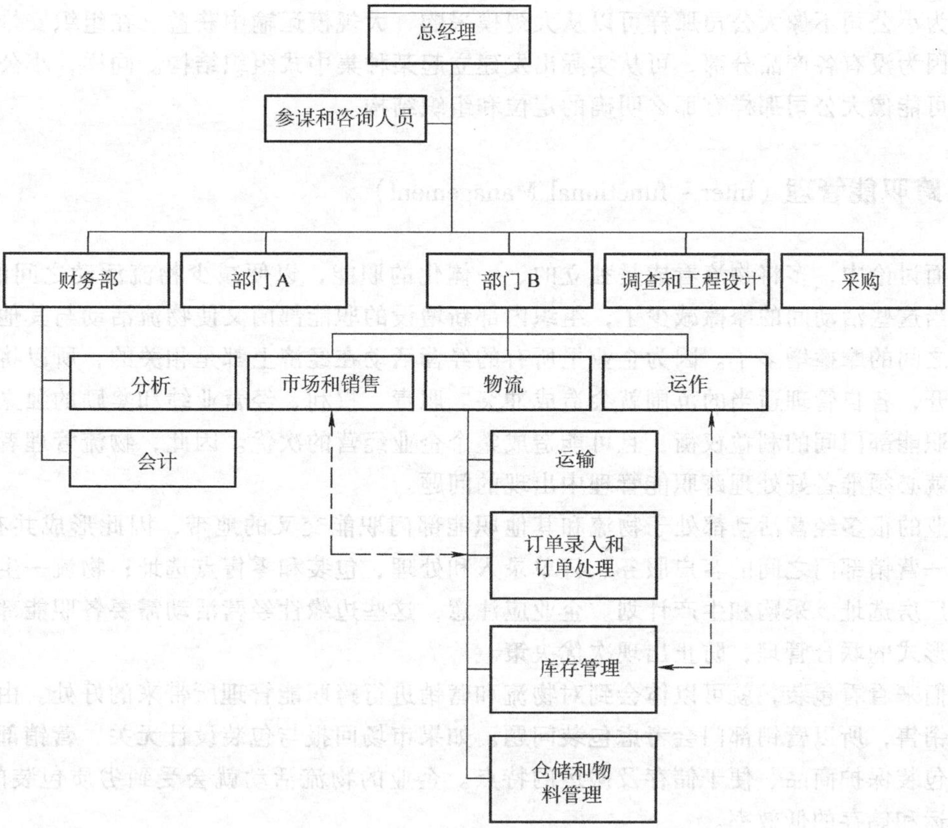

图 15-6　分散的物流组织结构

15.4.2 幕僚式管理与直线型管理（Staff versus Line）

从组织结构来看，许多企业并没有对货物的运输和存储进行直接的或直线型管理，他们认为，根据他们所处的环境，建立咨询型或幕僚咨询机构更合适。在这种情况下，物流专家就担当咨询的角色，为营销、运作及其他职能部门提供参考意见。如果出现以下情况，设置幕僚机构进行管理效果会更好，这些情况包括：1）新建职能部门可能会对现有人事关系造成不必要的冲突；2）销售、生产和其他经营活动比物流管理更重要；3）相对而言，规划比行政管理更重要；4）物流被看作是各分部产品共享的服务。

幕僚型组织可以挂靠在任何集中式或分散式管理的职能部门下。但物流方面的参谋在地理位置上、在组织结构上都十分靠近最高管理层。因为物流管理人员只担当咨询的角色，所以这种形式的组织定位能够给予物流管理人员的授权更为间接。实际上，一些公司级的物流参谋们比许多部门一级的直线型组织有更大的权力。

15.4.3 大公司与小公司（Large versus Small）

直到现在我们主要关注的是大的、多部门的公司，那么小公司的情况如何呢？我们应该认识到小公司遇到的物流问题并不比大公司少。从某种意义上讲，小公司的物流活动更加重要，因为小公司不像大公司那样可以从大规模采购、大规模运输中获益。在组织安排上，小公司会因为没有各产品分部，可从实际出发建立起某种集中式组织结构。同样，小公司的物流也不可能像大公司那样有那么明确的定位和组织结构。

15.5 跨职能管理（Inter – functional Management）

前面讨论中，多将物流看成是独立的、一体化的职能，以便减少物流活动之间的冲突。然而，当这些活动间的摩擦减少了，组织内部新增设的职能部门又使物流活动与其他部门经营活动之间的摩擦增多了。因为企业里所有的经营活动在经济上都是相关的，所以将它们按职能分开，各自管理适当的范围就会造成冲突。职责、权利、经营业绩和奖励的独立自主都不利于职能部门间的利益权衡，且可能造成整个企业经营的次优。因此，物流管理者以及他的上级就必须准备好处理跨职能管理中出现的问题。

企业的很多经营活动都处于物流和其他职能部门职能交叉的地带，因此形成共有责任，如物流—营销部门之间的客户服务、订单录入和处理、包装和零售点选址；物流—生产部门之间的厂房选址、采购和生产计划。企业应注意，这些边缘性经营活动需要各职能部门间进行某种形式的联合管理，防止出现次优决策。

我们来看看包装，就可以体会到对物流和营销进行跨职能管理所带来的好处。由于外观会影响销售，所以营销部门会考虑包装问题。如果市场回报与包装设计无关，营销部门就不会考虑包装保护商品、便于储存及搬运的特点。企业的物流活动就会受到劣质包装的影响，造成搬运和储存的低效率。

另一方面，企业也很少用包装的促销能力作为物流部门业绩的衡量标准。但是，包装是一项整体性的活动，其保护功能并不能游离于促销功能之外。因此，在包装设计时就需要上述两个部门某种程度的合作，在市场收益和物流成本之间求得平衡。其中任何一个部门单独提出的设计都不可能像两个部门合作提出的设计那样有经济效益。

另一个例子就是生产部门与物流部门在生产计划中的合作。库存是这两个部门之间责任共担的部分。

生产部门通过平衡库存成本与生产成本制定生产计划。而物流部门根据库存成本与运输成本之间的平衡决定生产计划。如果两个部门不进行合作，就不能保证在运输成本、库存成本和生产成本三者之间找到最佳平衡。在其他职能部门之间也有类似的职责交叉的边缘性经营活动。

15.6 跨组织管理（Inter - organizational Management）

到目前为止，我们已经讨论了与改组企业经营活动以便更好地利用效益背反规律有关的组织形式问题，也分析了与各职能部门权限交叉部分的管理活动相关的一些问题。所有这些管理问题都出在公司内部。

但是，由于分拨渠道中任何一家企业的供给、分拨政策都会影响到渠道中其他企业的经营，这个问题就上升为：如果将该渠道看成是单一实体或“超组织”，为所有成员的利益而进行管理，是否会更有利？这种提法显然并不新鲜，但是人们对相关的过程却知之甚少。正如斯特恩和赫斯克特所说：

组织管理学的学子们已经对复杂机构的管理进行了详尽的研究，但是只有为数不多的文献论述了跨组织管理系统，该实体的目标超越了法律所界定的单个组织的目标[1]。

如果可以建立有效的组织体系来处理公司外部的物流问题，公司就会得到用其他方式不可能获得的利益。这是供应链管理中的关键思想，也是目前才成为研究者和实践者积极寻求的目标。

15.6.1 超组织（Super - organization）

超组织就是一个企业群组，其中的企业垂直相关，但法律上各自独立，且在各自独立的决策中享有共同的利益。例如，承运人的定价决策会影响用户在服务购买量上的决策；而反过来，用户购买决策又会影响到承运人的定价。一般来说，每个企业决策时都会追求其经营目标。如果企业目标是利润最大化，那么企业各自作出购买和定价决策不仅会导致该企业群组的利润次优化，而且也会造成个别企业利润次优。如果合作会使得所有成员的收益按一定比例提高，超组织管理就会相对容易一些。这种状况对各成员来说就是在自我激励，只需要使各成员意识到合作的可能性和合作所带来的收益就足够了。然而，如果合作的收益“流入”到某一个或某几个成员的手中时，就需要进行公平的收益分配，并在成员中广泛宣传合作会带来的成效。（见资料 15.6）

---

[1] Louis W. Stern and J. L. Heskett, “Conflict Management in Interorganization Relations: A Conceptual Framework,” in *Distribution Channels: Behavioral Dimensions*, ed. Louis W. Stern (Boston: Houghton Mifflin, 1969)” 288.

资料 15.6 例子[1]

超组织之中的冲突与机会可以通过一个简单的假想例子来说明。假设一个供应渠道包括一个买方和一个卖方。卖方制定产品的销售价格，买方决定购买数量。买方的需求相对稳定且可预测，卖方根据使采购成本和库存持有成本最低的经济订货批量公式确定购买数量。当买方的订购数量不等于卖方所希望的数量时，渠道中会发生冲突。

买方是一个初始设备制造商，以固定的速率生产某种模式的产品，$D = 10\,000$ 单位。工厂从上游供应商处采购该产品的一种零件。买方每次下订单，会发生与管理、运输等相关的订货成本，订货成本 $S_b = 100$ 美元。买方还会发生相当于零件价值 $C = 50$ 美元/件的 $I = 20\%$ 的年库存持有成本。显然，买方会在订货成本与库存持有成本之间进行权衡来确定订货量（Q_b）。根据 EOQ 公式（前述公式（9－7）），买方的最优订货批量为：

$$Q_b^* = \sqrt{\frac{2DS_b}{IC}} = \sqrt{\frac{2(10\,000)(100)}{(0.2)(50)}} = 447 \text{ 件}$$

供应商按照从买家收到的订单来进行生产。卖方每次安排一批零件的生产，发生生产启动成本 $S_s = 300$ 美元，年总生产启动成本（C_s）取决于买方订单的数量：$C_s = 300D/Q_b$ 美元。买方订货越频繁，卖方发生的生产启动成本就越多。

买方的最优订货批量（Q_b）与整个供应链的最优订货批量（Q_c）不一致。在图 15－7 中，这两个数量分别用 Q_b 和 Q_c 表示。如果供应链由一家企业所有和运营，订货和一批零件的生产启动的总成本为 $S_c = S_b + S_s$[2]。总库存持有成本为卖方所发生的持有成本，IC。整个渠道的最优订货批量为：

$$Q_c^* = \sqrt{\frac{2D(S_b + S_s)}{IC}} = \sqrt{\frac{2(10\,000)(100+300)}{(0.2)(50)}} = 894 \text{ 件}$$

然而，由于买方和卖方是两家法律上独立的实体，买方缺乏动机按这个数量而不按他自己的最优批量 447 件订货，尽管按上述数量订货可以降低整个供应链的成本。实际上，由于买方的自利性决策，他会按照仅为供应链最优批量一半左右的数量订货，供应链的总生产启动和库存持有成本会高出 25%。相关的经济指标如表 15－1 和图 15－7 所示。

表 15－1 不同订货量下，买方、卖方及供应链的年成本

	买方最优 $Q_b = 447$ 件	供应链最优 $Q_c = 894$ 件	与买方最优相比，成本变化
卖方[a]	$ 6 711	$ 3 356	－50%
买方[b]	4 472	5 589	＋25%
供应链[c]	11 183	8 945	－20%

[a] $TC_s = S_s D/Q_s$

[b] $TC_b = S_b D/Q_b + ICQ_b/2$

[c] $TC_c = (S_s + S_b)D/Q_c + ICQ_c/2$

---

[1] 节选自 Ronald H. Ballou，Stephen M. Gilbert and Ashok Mekherjee，"New Managerial Challenges form Supply Chain Opportunities，" Industrial Marketing Management，Vol. 29，No.1（2000），pp. 7－18. 得到 Elsevier Science 出版社的允许。

[2] 译者注：此处原书公式 $S_c = S_b + S_c$ 应为印刷错误，故改正。

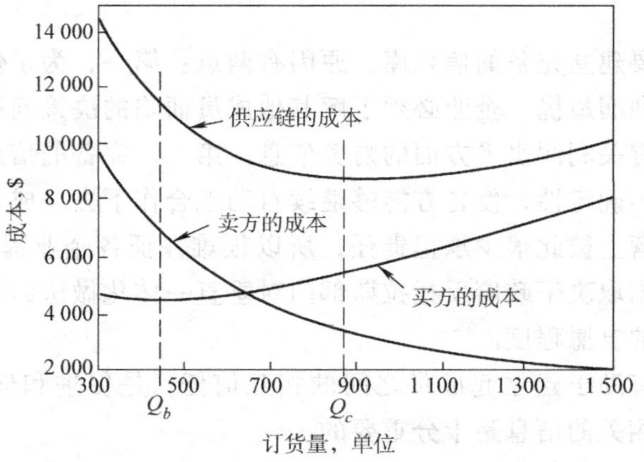

图 15-7 买方、卖方及供应链的成本曲线

显然，按照供应链成本最小的原则而不是让买方单方面决定订货量，可以降低供应链成本。如果按照供应链最优批量订货可以使买卖双方都降低成本，那么这个渠道在经济上是稳定的，也即，没有成员会希望改变订货批量，因为那样会增加成本。如表 15-1 所示，如果按供应链最优批量订货，卖方会受益，其代价是买方的成本上升 25%。由于买方控制着订货批量，因此，除非最终收益能够重新分配，给他一部分奖励，否则他不会按供应链最优批量订货。收益会随着不负责产生收益的渠道成员而积累下去。解决这个冲突的方法还有待寻找。

15.6.2 冲突管理

管理超组织的目标就是创造条件使联盟中的所有成员都能从合作中受益。超组织管理不同于企业内部管理。企业内部的管理有赖于正式的组织结构关系，而超组织管理更多地依靠讨价还价和心照不宣的安排。人们一般对这种管理形式知之甚少，对这一管理问题还需要进行更深入的研究。但超组织管理的方向似乎很明确。首先，应设立一些指标来找出跨企业界限的改进机会，同时衡量合作的绩效；其次应建立一套方法使超组织各成员分享相关信息；第三，应该有解决冲突的策略；第四，必须制定收益的分配方案以达成合作和保持联系。

1. 评价指标的必要性

要把供应链中跨企业管理所带来的成本节约/服务改进机会揭示出来，并对其进行量化，需要一个稽核体系，而拥有这种稽核体系的企业几乎没有。多企业的稽核体系需要有关库存持有、运输、订货或生产启动、产品储存和搬运成本的报告——所有这些活动的成本、需求和服务信息是随产品在企业间流动而发生的。

渠道成员必须不仅能够评估他们的决策对本企业绩效的影响，而且能评估对其他成员的影响。他们需要知道收益在哪里被“集中”到渠道中，并对物流绩效的变化进行定量分析。跨企业问题的衡量指标应该成为渠道业绩报告的一部分，这些指标包括总渠道成本/利润、总订货周期和渠道生产率。许多企业用来进行内部管理的指标需要扩展应用到他们的供应链伙伴中去。无论采用何种形式的指标，他们都应该可以促进超组织机会的识别和衡量。

2. 信息共享

在超组织中有必要建立完备的信息库，原因有两点：第一，为了使各成员调整其可控变量、以实现渠道整体利润最优，企业必须了解其他成员面临的决策问题所涉及的经济要素投入的情况，获得各方有关利润水平方面的财务信息。第二，完备的信息系统也可以降低各成员独立经营所带来的不确定性，使各方能够继续自动地合作下去。成员间的信息系统可以建立起来，但是由于经营上彼此很少承担责任，所以很难保证各企业提供完备、准确的信息。超组织经营管理的范围取决于政府反托拉斯部门对垂直一体化做法的态度，也取决于联盟成员将自主权交与联盟的自愿程度。

然而，信息共享有助于建立起成员之间的相互信任，是促进和保持合作关系的关键元素，因而共享与合作相关的信息是十分重要的。

3. 利润分配

对联盟通过合作获得的利润进行公平的再分配是非常重要的。回顾表 15-1，特别是第 3 栏，在修订后的订货量下，渠道成本达到最低水平。但成本的变化（见第 4 栏）在成员中的分配并不平均，即无论卖方还是渠道都因买方改变订货量而获利。而卖方却因成本上升而受损。这样，买方就缺乏合作的动力，因为他独立行动获得的利润更高。如表 15-1 中 Q_b 的成本。于是买方可能会从联盟中退出。如果找到一种成本再分配的办法，或许与各方单独行事时的成本水平成相应比例，各方成员都会满意。买方可以重新回到他单独行事时的成本水平，同时分享合作带来的额外成本降低的收益。这样由于都能从联盟中受益，双方都会留下来。然而，要找到一种能在渠道成员之中传递利益的方法，使他们能协调一致行动是极其困难的。

4. 冲突解决策略

当合作产生的收益在渠道成员之间公平分布时，就不需要对收益再分配采取任何正式行动。所有成员都有所收益，且对结果很满意。然而，如果成员们认为他们有收益，但不公平，或者收益是以其他成员的损失为代价“集中”到某些成员，那么，就有必要采用一些正式或非正式的传递机制。

正式的传递机制是一个这样的机制，它可以改变一个渠道成员所控制的产品流变量，使另一个成员的行动受到影响，从而导致系统的最优。在前文所举的一个例子中，调整渠道中受卖方控制的价格就是一个正式传递机制的例子。如表 15-1 所示，如果买方同意按 894 的批量订货，年成本会增加 1117 美元，而卖方的年成本会降低 3355 美元。如果卖方将它的部分收益以价格折扣的形式传递给买方，使得买方的成本至少降低 1117 美元。那么，一个经济上理性的买方会接受折扣，按供应链最优的批量进行订货。尽管价格是达到利益再分配可以采用的一个调控变量，还可能有一些其他的正式传递机制，如最低订货量限制、在渠道成员中重新分配订货份额以鼓励合作，以及未来订货的激励措施，机制的选用取决于渠道的结构和可能得到利益的渠道环节。

有时，保证供应链合作的正式传递机制不存在或者无法运用，就需要一些不那么直接或明显的、或非正式的机制。非正式合作机制属于传统理解的经济交换关系的范畴以外，因为目前还没有一个像纯完全竞争市场经济理论一样的纯完全合作理论。

可以用来促成供应链合作主要的且比较有效的非正式机制至少有两个，即势力和信任。这些机制通常被认为可以相互替代。势力是一个中心概念，因为它仅存在于与他人比较时。

同时势力也是促成合作的一个中心原则。相反，从理论上说，关系营销的中心是与其他成员之间的信任，而不是势力。

我们来看势力作为一种达成合作的机制所起的作用。尤其是，渠道成员可以利用势力来防止合作过程中成员的利益受损。有时一个成员的势力极强，其他成员被迫参与合作以获得整个系统的利益。在本例中，如果卖方是惟一的供应商，他可能迫使买方不得不按较高批量进行采购。尽管卖方为避免相关的法律问题，并没有改变其价格，但买方可能不得不承担额外成本，把它当成价格增高的结果。

其他形式的势力包括奖励势力（reward power）、出口势力（expert power）和指示物势力（referent power）。奖励势力，例如，将买方设为一个优惠客户，提供更快捷、便利的交易服务或更有保证的服务，表现在产品现货供应比率与配送时间上。对买方的好处是减少不确定性。类似地，一个成员还可以运用出口势力。这种情况下，买方可以提供培训、信息或问题解决方案支持作为鼓励合作的形式。另一种可以是指示物势力。这里，卖方的品牌或形象可能十分强大，可能允许买方使用它的广告来为他创利（例如，“Intel inside”标志）。这对买方有间接的利益，因而买方会同意进行供应链合作。如果这些激励措施的价值超过买方将增加的成本1117美元，则一个理性的买方会接受按更高批量订购的做法。

另一种非正式的机制，信任，是指渠道成员期望其成员的话可以信赖。也即，一方对交易伙伴的可信赖度和诚实有信心。一旦信任建立起来，各方就知道合作和联合行动带来的结果会超过一个企业单独行动给自己带来的利益，这也正是例子中列举的情况。在买方－供应商讨价还价的情况下，信任是解决合作问题和进行有建设性的对话过程的中心。

信任可以直接带来合作，或间接地通过建立承诺，然后导致合作。一个得到双方关系承诺的合作伙伴会因为希望双方关系发展而参与合作。在企业之间的关系中，人们认为承诺和信任与合作具有很强的正相关系。信任和承诺的概念被用作强化关系营销的机制。关系营销指，一种独特的价值增值合作关系，买方会愿意为此关系而付出一定代价。

如果信任和承诺能够带来供应链合作的理想结果，那么什么是供应链中信任和承诺的先决条件呢？信任的先决条件就是沟通，可以广义地定义为正式地和非正式地在渠道成员之间分享有目的且及时的信息。拉朗德（LaLonde）认为信息分享是刻画坚实供应链关系的五个组成要素之一[1]。及时的沟通可以通过帮助解决争议和统一有关合作利益的认识和期望促进信任产生。这样，实质性的、及时、可靠的信息会带来更好的信任。新型的信息分享及共享通常私有的信息，是供应链合作中的关键问题。

信任的另一个先决条件是共有价值观（shared values）。共有价值观是合作伙伴之间共有的关于哪些行为、目标和做法重要或不重要，合适或不合适，对或错的看法。行为来自（1）共有、认识或内部化组织的价值观；或（2）与一个组织不断发展关系的辅助性意义的认知评价。这样，分享价值观会带来信任与承诺，进而达成合作。在供应渠道中，渠道成员有可能分享共同的经济目标。

当然，上述的任何一种方法都不能保证矛盾得到解决，或迫使渠道中个别成员以某种方式履行义务以使得整个供应渠道受益。但是，这些方法提出了一些指导方针，使我们认识到企业间物流渠道管理中还潜藏着这样或那样的机会。

---

[1] Bernard J. LaLonde, “Building a Supply Chain Relationship”, Supply Chain Management Review, Vol. 2, No. 2 (Fall 1998), pp. 7－8.

15.7　战略联盟与第三方物流供应商

除了自己管理全部物流活动并建立一个庞大的物流组织机构之外，有些企业会与其他企业共同管理物流或者将物流活动通过合同的形式外包出去，由专门提供这类服务的公司去做，这些专门的企业又被称为第三方物流供应商。现在，许多企业都已经意识到利用物流合作伙伴可以获得战略上和操作上的优势，其中包括：

- 降低成本，减少资本投入
- 使企业得到先进的技术和管理经验
- 有利于提高客户服务质量
- 通过扩大市场等手段提高企业的竞争优势
- 获取信息能力提高，有利于经营规划
- 减少风险和不确定因素

其中，经营成本的降低是其中最大的收益，而客户服务水平的提高也是一个很重要的方面。企业面临的最大的风险则是对关键物流活动失去控制，如果这样，那些潜在收益就永远无法实现。多年以来，企业或多或少会将他们部分的物流活动外包出去。如果一家企业将货物交给 UPS 或者某公共承运人运输，或使用公共仓库储存货物，那么这家企业就是在与外部的企业合作进行某些供应链管理活动。该企业与其他外部企业的关系如何则是合作程度的问题。这种合作关系可能是一次性买卖关系，也可能是长期的协议关系，还可能是共享系统的战略联盟。如图 15－8 说明的就是这些外包关系。(见资料 15.7)

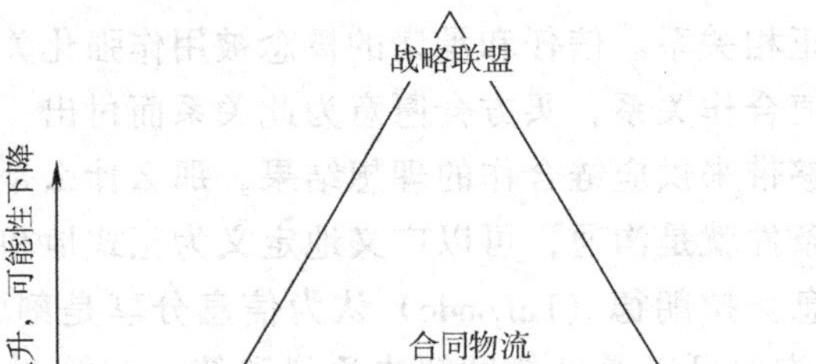

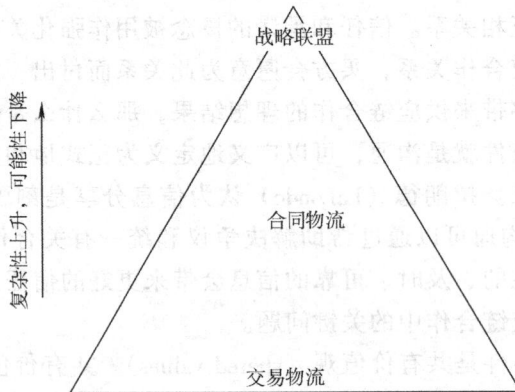

图 15－8　外包关系的图谱

战略联盟——一种有计划的持续性合作关系，合作双方彼此能满足对方需要，并为实现共同的利益具有共同的价值取向、目标和企业战略。

合同物流——这是一种按具体情况确定的关系，以合同为指导，并有赖于供应商满足货主指定的绩效目标。

交易物流——这种关系是建立在一次交易或一系列独立交易的基础之上。

采用自营物流还是寻找其他管理方式取决于下列两个因素的平衡：物流对于企业成功的关键程度与及企业管理物流的能力。如图 15－9 所示，企业所处的位置决定了其奉行的战略。

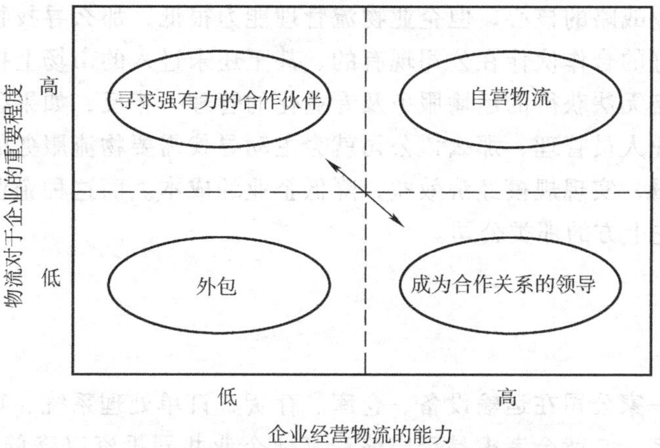

图 15-9　物流活动经营形式选择的图示

如果公司对客户服务要求高，物流成本占总成本的比重大，且已经有高素质的人员对物流运作进行有效的管理，那么该企业就不应将物流活动外包出去，而应当自营。沃尔玛就是这样的公司，其供应渠道的管理非常出色。另一方面，如果对于一家公司来说，物流并不是其核心战略，企业内部物流管理水平也不高，那么将物流活动外包给第三方物流供应商就有利于降低成本、提高客户服务质量。戴尔电脑公司认为其核心竞争力是营销，是制造高科技的个人电脑硬件，而不是物流，因此戴尔电脑在世界各地直销时，就与几家第三方物流企业合作，在一定地理范围内分销商品。

资料 15.7　例子

现在，企业将物流活动外包、与其他公司结成物流合作伙伴关系都十分常见。试考虑在以下几种情况下物流成本节约的可能性。

都市医疗保健中心是一家拥有 1 000 张床位的社区医院，它有自己的车队和司机，负责接送病人往返于医院大楼进行诊断和治疗。车辆和司机的使用率很低，很少超过工作日可使用时间的 50%。鉴于医疗系统的成本压力，又由于医院的服务领域通常都是交叉的，所以如果 M 保键中心在保持区内一定运输服务水平的前提下，与其他医院共享这些运输资源，会产生良好的经济效益，重复建设可以避免。

某制药厂正在建设新仓库以满足其未来的存储需求。由于担心采用其他方法会失去对库存的控制，所以新建仓库的规模是按照其未来高峰时期需求设计的。因此，企业的库存量增加到可以利用全部库容量之前，寻找合作伙伴共享仓库，就可以节约额外空间的开支。另一方面，其伙伴租用仓库所支付的租金也低于公共仓库或按其他协议所需支付的费用。

阿博特实验室和 3M 公司将他们的订单录入和分拨部门合作，以期改善采购、物料搬运和库存管理。两公司结成联盟后，医院一次订货就可以得到两家公司的供给。由于两公司之间并无实质上的竞争，因此联盟运作情况良好，为双方节约了共同的营销和分拨成本。IBM 信息网络也加入到这个联盟，以满足日益增长的在线分拨服务的要求。不断地改进供应链管理和对小供应商的服务，使联盟各方都受益[1]。

[1] E. J. Muller, "The Coming of the Corporate Alliance," *Distribution* 87, no. 8 (August 1988): 82-84.

如果物流是企业战略的核心，但企业物流管理能力很低，那么寻找物流伙伴将会给该公司带来很多收益。好的合作伙伴在公司现有的、甚至还未进入的市场上拥有物流设施，可以向企业提供自营物流无法获得的运输服务及专业化的管理。相反，如果公司的物流活动不那么重要，但是由专业人员管理，那么该公司就会主动寻找需要物流服务的伙伴，通过共享物流系统提高货物流量，实现规模经济效益，降低企业的成本。而这种企业的目标伙伴就应该是处于图 15 - 9 在左上方的那类公司。

15.7.1 战略联盟

很自然，如果一家公司在运输设备、仓库、存货、订单处理系统、物流技术以及物流管理人员方面投资很多，它就会考虑是否应该和其他企业共同投资以降低自己的成本。反之，考虑到物流运作的高成本，企业就可能寻找其他伙伴来合作经营物流，这个伙伴应该有富余的物流运作能力、在某市场占据战略性地理位置、具有理想的技术和卓越的管理能力。当然，这家公司本身也应该具有一定的技术和能力为对方所需要。建立一个物流战略联盟或者是伙伴关系会使双方都受益。那些不期望建设高水平物流管理部门的企业就会寻求一个具有较强物流能力的战略伙伴来加强自己的竞争地位。

建立物流战略联盟的基础包括相互的信任、有利于促进物流运作的信息共享、高于各自独立经营时的水平的具体目标，各合作伙伴都要遵循的基本操作章程，以及退出联盟的规定。前文已经阐述了物流战略联盟带来的收益，但是既然收益这么明显，为什么物流战略联盟仍然为数不多呢？原因在于当供应链合并时，潜在的合作伙伴有所顾虑。这些顾虑主要有：

- 失去对物流渠道的控制能力；
- 担心被“置于物流管理之外”；
- 担心物流失败，风险提高，不能直接为客户管理物流；
- 无法判断是否进行了充分的检查和平衡，以使合作伙伴满意；
- 很难判断与现有物流成本相比，联盟是否实现了成本约束；
- 报告制度与合作伙伴的不一致，或者不足以减少不确定因素；
- 难以衡量共营物流所获得的收益，尤其是当合作伙伴对物流系统享有一定所有权时；
- 合作各方相互信任不够；
- 第三方物流供应商不可能对所有合作伙伴一视同仁，可能会优先满足某一合作伙伴客户的要求；
- 不知道这种信任、忠诚、合作的关系如何实现；
- 案例过少，无法知道这种物流战略联盟如何在其他公司成功运作的。

物流联盟非常脆弱。这种关系很难形成，且非常容易解体。尽管如此，物流联盟的潜在利益仍会驱动管理人员继续尝试使其运转的新方法。（见资料 15.8）

资料 15.8 例子

某国内电器、电力转换设备制造商该企业对其创建的物流系统（特别是信息操作系统）颇引以自豪，该企业年销售额为 15 亿美元，有 9 个生产厂，并通过 8 个仓库和分销点向全国分销产品。由于物流成本的压力，这家公司不得不寻找一个伙伴来共享其分拨系统。分拨渠道货流量增加带来的经济效益不仅提高了客户服务质量，而且降低了成本。

该公司与欧洲一家工业品制造公司结成战略联盟，这家欧洲公司在美国的年销售额约为2.5亿美元，在美国有两家工厂生产产品，并有一定进口量作为补充。产品要首先形成库存，再通过3家仓库供应全国的销售。两家企业的客户服务质量相差无几。

两个伙伴之间的合作首先是在加州地区国内工厂之间共用仓库。国内工厂就可以收回某些固定的存储成本，提高加州市场运输设备的利用率。来自欧洲的伙伴轻易地进入了从前尤其难以充分进入的加州市场，而且与其他方式相比，存储和配送成本相对要低。

15.7.2 合同物流

长期以来，企业一直都在使用其他公司的服务来支持自己的物流活动。公共承运人提供铁路、公路运输服务，公共仓库提供存储服务，专业公司提供运费审计和会计服务。近几年，主要是运输业解除管制以来，出现一些物流公司提供全方位的服务，即他们可以以合同价格为客户提供所有的物流运作服务，这些公司被称为第三方物流服务供应商、一体化的物流公司或合同物流专业公司。尽管这些物流服务公司发展迅速，但是很多公司在使用这一方式时都还很保守。85%的公司使用外部物流服务的费用少于其物流总支出的20%[1]。

与物流战略联盟相比，合同物流公司出售服务，而不是与对方结成伙伴关系并从联盟各方通力合作中受益。合同物流公司声称他们可以针对物流问题提出高水平的物流解决方案。企业将其部分或全部物流活动外包出去的主要动力就是第三方物流服务供应商们效率更高，因为物流是它们的主要业务；而物流并不是服务购买方的核心竞争力。（见资料15.9）

资料15.9 例子

通用汽车公司在全美14个州拥有近400个供应商，他们根据各工厂随时发出的需求信息将原材料运到30个组装工厂。公司发现其库存和分拨成本不断增加，不足整车的零担运输造成设施供应紧张。通用汽车求助于潘斯科物流（Penske Logistics）公司，希望得到个性化的解决方案。通用汽车公司有三个目标：降低成本、改善内向物料管理和信息处理，减少承运人个数。

潘斯科评估了通用汽车公司自动分拨的流程，建议公司利用位于克利夫兰的交叉储存分拨中心（Cross - dock distribution center）。该中心由潘斯科公司人员组织并管理，它接收、处理运进的原材料并集中安排运输。潘斯科还配备了专用的车队，由60辆拖车、72辆挂车组成，负责选择运输路线、安排从供货商取货和JIT送货。

潘斯科采用EDI与通用汽车公司联系，根据配件使用量安排到供货商处取货。一旦收到货物，就立即安排货物经过储存区以备分段运输。同时，还要在货物上贴上带有厂区内搬运路线指示说明的标签，该标签专门为加快到适当地点的送货而特别设计。随后，将货物装上运出的挂车。每周经过该流程处理的货物达500万磅。

---

[1] Robert Lieb, "The Use of Third - Party Logistics Services by Large American Manufacturers," *Journal of Business Logistics* 13, no. 2 (1992): 29 - 42.

潘斯科采用灵活的线路设计来提高在供货商处取货的频率，降低库存水平，增加原材料运出量。车载电脑利用卫星技术保证了司机和调度员之间互通信息。

通过在分拨中心集中进向货物，以整车方式运到工厂，潘斯科得以降低零担运输成本，并减少承运人数量。潘斯科公司还选择和管理承运公司，作为必要时对专用车队运力的补充。这样通过将多票零担货物集中为“一票”货物，降低了通用汽车公司的管理成本，在途时间减少了8%。

前文提到了建立伙伴关系的潜在利益。另一方面，它也可能带来一些不利。根据J. P. 摩根（J. P. Morgan）证券公司的调查，使用第三方物流供应商的最显著缺点是缺乏对客户业务的理解和过高的承诺服务能力[1]。维持长期良好关系的主要障碍包括：(1) 企业文化不统一；(2) 第三方物流供应商或使用方的领导班子变动；(3) 非理性预期；(4) 缺乏好的信息。

与第三方物流供应商的不良关系有时会导致严重的后果，会导致法律诉讼或负面影响，可能是由于对利益的期望过高。近年来，第三方物流供应商已经成为物流管理者的选择对象，实践者在外包过程中总结出了以下12条经验，可帮助企业与第三方物流供应商之间达成长期的良好关系[2]：

1. 确定目前供应链的成本与服务水平，作为与第三方物流供应商绩效比较的基数；
2. 设计出必要的指标，并进行适当的技术投资，以便接受和评估来自第三方物流供应商的信息；
3. 投入时间确保企业与第三方物流供应商在战略上达成一致；
4. 通过达成承诺、坦白承认错误并共同解决错误，以及承担适当的责任来建立起相互之间的责任；
5. 发展管理第三方物流供应商所必需的关系管理能力，尤其是战略和组织变化管理技能；
6. 不仅对第三方物流供应商的成本绩效进行衡量，还要衡量第三方物流供应商对销售的贡献；
7. 把第三方物流供应商视为合作伙伴而不是一个卖方，做一个好的客户；
8. 开诚布公地进行沟通；
9. 风险与利益共担；
10. 找出一个代表本企业利益的第三方物流供应商小组；
11. 共渡难关，而不是马上更换供应商；
12. 随着双方关系发展成熟，寻求改进绩效的新前沿。

15.7.3 通过合作建立伙伴关系

如果关系被定义为组织内部人的关系，那么就不能确定组织的利益是来自正式的还是非正式的设计。随着信息技术的发展，一种新型的组织出现了——通过合作建立起伙伴关系。当

---

[1] “Shippers Slam Ignorance of Many 3PLs”, American Shipper (December, 2001), pp. 30-31.

[2] “Making a Long Term Commitment,” Inbound Logistics (July 2002), pp. 98-104.

双方为了互利而共享信息，供应渠道之中的合作伙伴关系就产生了。这些合作伙伴相互合作以达成各自的组织目标，通常通过减少库存来降低成本，通过提高订单履行率来提高服务。

这些情况下，供应链各级成员之间建立的合作伙伴关系就被认为是成功的，包括，能更好规划零售库存的供应商与零售店分享卖点信息（供应商管理库存控制 vendor managed inventory control，VMIC），以及在适时系统中，与供应商分享需求计划。目前已有的一些与另一个组织联合规划的成功案例被称为自愿性产业间商业标准（Volantary inter – industry commerce standards，VICS），可以产生联合规划、预测和补货（collaborative planning，forecasting and replenishment，CPFR）[1]。联合规划、预测和补货是一个信息共享计划，其中包括预测、排产、补货量及补货时间、以及提前期。VICS 建立了解释基本业务程序、支持技术和变化管理问题的指南。

渠道成员之间的合作可以通过减少与需求和提前期相关的不确定性改进供应链的绩效。如果渠道各成员仅仅按照下一级成员的需求波动模式信息进行预测，则会产生前文提到的需求预测的"牛鞭"效应。我们知道分享最终客户的信息可以改进所有成员的预测准确性。改进需求预测可以减少供应渠道的库存水平。

然而，像 CPFR 这样的计划除了提高预测水平还鼓励合作。尽管在合作伙伴之间分享信息可以减少需求估计的波动性，还需要就订货数量、运输批量、配送方式及生产或供应商的反应时间进行决策。在建立了伙伴关系的情况下，伙伴之间会分享这些问题的相关信息，商议决策结果。与传统的各个成员各自进行决策的方式相比较，目前一些前沿研究显示出十分惊人的结果。在一个 VICS 调查中，据报告，参加计划的零售商：

- 与一个 CPFR 伙伴的业务增加了 80%；
- 销售额增加了 900 万美元；
- 同期销售增长和库存减少了至少 10%；
- 以更低水平的库存取得了更高的订单履行率；
- 服务水平达到 100%，年周转次数达到近 40 次[2]。

然而，合作伙伴关系的推广进程十分缓慢。大量推广的最大的障碍是信任。企业仍然不愿意与企业无法控制以及那些可能与其竞争对手有业务联系的其他组织分享关键信息。伙伴之间的正式协议可能可以减少不信任，但有时可能会变成一个需要逾越的障碍。总之，合作伙伴关系的发展潜力仍然很大。(见资料 15.10)

资料 15.10　观察

联合规划、预测和补货的概念在一些前沿案例中已被研究过，结果如下：

• 沃尔玛与华纳兰伯特（Warner Lambert）就李斯特防臭漱口水进行联合计划，结果发现现货供应水平从 87%上升到了 98%，提前期从 21 天缩短为 11 天，持有库存水平减少了两周的量，订单一致性提高了，生产周期更平稳。李斯特漱口水的销售额增加了 850 万美元。类似地，沃尔玛的 CPFR 计划中的萨拉莉增加了 32%，库存减少了 14%。现货供应水平提高了 2%，总投资回报率提高了 6%。

---

[1] "Logistics' New Customer Focus", Business Week, March 10, 1997.

[2] Walter Mckaige, "Collaborating on the Supply Chain", IIE Solutions, Vol. 33, No. 11 (March 2001).

- 两个未具名的供应链及其中的贸易伙伴合作后的结果显示，一个零售参与方的平均销售增长为12%，另一个零售参与方的分销中心库存平均减少了33%。
- 卡玛特与金佰利－克拉克的一个计划带来了14%的销售上升，同时，在库存水平不变的情况下现货供应率由86%上升为94%。
- 沃尔格林（Walgreen）与施林－普拉格（Schering－Plongh）关于泻药产品的CPFR计划显示，预测准确性上升了25%。
- 在爱斯五金（Ace Hardware）公司与马尼克（Manic）（磁带供应商）的CPFR计划中，销售上升了20%，运输成本下降了14%，马尼克的分拨成本下降了28%。

15.8 小结

本章讨论了物流/供应链组织中的基本问题，以及如何达成各活动、职能、企业之间的协调和合作，以使物流计划能够更有效地实施。在总成本概念的指导下，只要客户服务或信息战略不占据支配地位，组织就可以有助于实现物流绩效的最优。

物流组织的基本问题就是如何实现各项活动之间、各部门之间、各企业之间的协调或如何通过合作使物流计划能够有效实施。物流组织一般应以总成本概念为原则，推进物流活动实现最优表现，以客户服务和信息策略为主的情况则属例外。物流组织有三个等级。将相关的物流活动集中起来作来一个物流部门来管理的方法已经受到极大的关注。在某些情况下，物流活动重组带来的收益是很可观的。人们关注较少的是部门间和组织间的合作。这种合作带来的潜在收益远超过直接进行管理活动带来的收益。但是，由于合作是自愿行为，所以公司内部各部门进行的合作和超越法律界限的公司之间的合作就是一个非常复杂的组织问题。毫无疑问，在各个层次的物流组织中寻求合作以提高效率将成为未来物流组织中的主旋律，而不像现在，仅仅是选择一种规范的组织结构，所产生的问题与这个机构能解决的问题一样多。如果企业自营全部的物流活动，就需要一个庞大的物流组织机构。与此相对应的另一种方式是将物流活动外包出去或是与其他公司结成物流合作伙伴共享其物流系统。第三方物流的倡导者们认为这一战略有利于企业降低成本，提高客户服务质量，并使企业集中精力发展核心竞争力。而这一战略的反对者则认为将物流外包出去会导致企业对物流活动失控，造成客户服务质量的下降。

习题

1. 试述企业为什么要建立一个物流/供应链组织机构图。
2. 如果企业并不希望建立一个独立的、明确的物流管理部门，那么它应该如何在部门间进行协调以有效地管理物流活动？
3. 试述物流管理中直线型组织结构和幕僚型组织结构之间的差异。
4. 你会根据什么标准来判别某物流组织结构应该是集中式管理还是分散式管理？
5. 在一个消费品（比如，家居用品）制造商的物流/供应链副总裁的职业描述中，你会把哪些职责、技能和经验包括进来？如果该副总裁要任职于一家大型医院，那么职位要求会有什么根本性变化？

6. 请举出下列公司中的物流机构应管理哪些活动，如采购、运输、库存管理。
   a. 米勒采煤公司（生产性企业）
   b. 泰特斯维尔社区医院（服务企业）
   c. 马奇百货公司（零售企业）
   d. 罗马克电器公司（制造企业）
7. 如果一家企业处于其物流组织发展的第二阶段，它如何才能向第三阶段、第四阶段、第五阶段演进？
8. 为什么客户服务、包装和生产计划被看成是跨职能的管理活动？在职能化组织的企业内如何才能对上述活动进行有效管理？在超组织管理中，你会设计出什么样的组织结构？将其与仅限于一个企业内部的物流管理活动所采用的结构进行比较。
9. 什么是超组织？与管理企业内物流部门相比，超组织怎样进行管理？
10. 表 15－1 表明，如果分拨渠道中各成员相互合作，决定采购量和定价决策，分销渠道的利润会比他们各自管理时高。因为合作的收益可能“集中”到他们之中某一个成员手中，那么各方应采取何种措施分享增加的收益，如何鼓励他们继续合作？
11. 在什么情况下你会建议公司
    a. 外包部分或全部的物流活动。
    b. 寻求合作伙伴共享物流系统。
    c. 带头积极促成物流战略联盟的形成。
    d. 所有物流活动自营。
12. 供应渠道中，为促进合作和保持信任，你会建议分享哪些信息？
13. 哪些方法可以用来分配参与合作的渠道成员之间的利益？
14. 简要描述 CPFR。

第十六章　物流/供应链控制

物流管理者不再只是一个活动管理者，而是一个流程管理者。

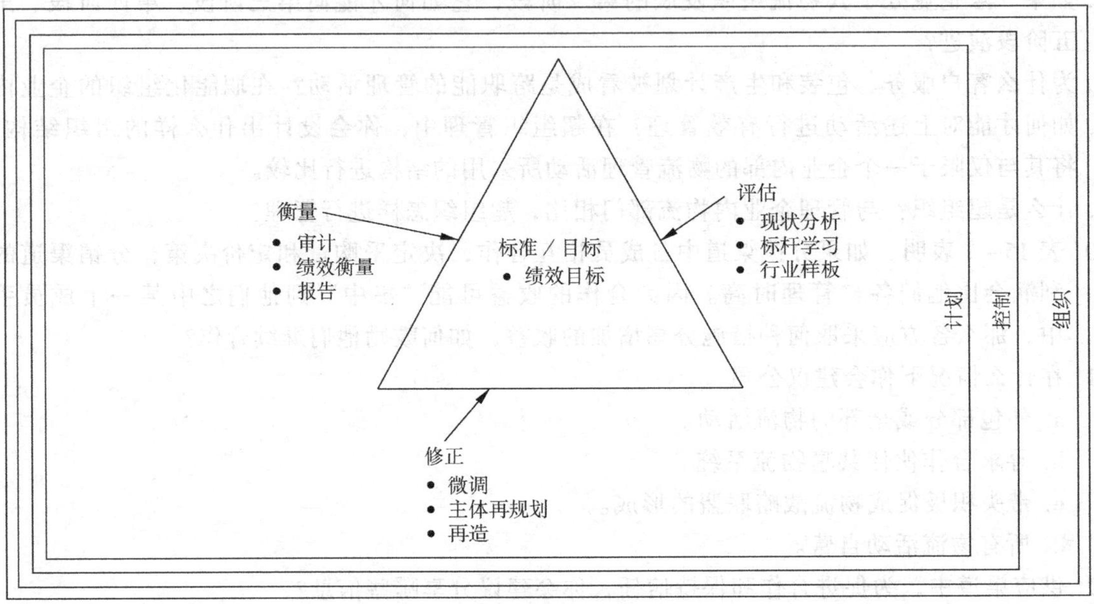

进行物流/供应链管理需要制定和实施物流计划，但仅仅如此并不能保证预定目标的实现。因此有必要从管理的另一个基本功能来考虑问题，即管理的控制功能——使计划的执行情况与期望目标相一致或使他们保持一致的过程。控制过程就是将实际履行的情况与计划实施情况相比较的过程，在必要的时候还要采取修正措施使二者更加接近。审计则为控制过程提供必要的信息。

本章对审计和控制过程进行了综述，并讨论了对物流/供应链职能部门和物流/供应链活动的控制，对控制信息、业绩衡量和纠错方法等要素进行了探讨，也对人工智能在控制过程中的角色进行了考察。这里讨论了可以用来找出改进机会的标杆学习和一个供应链运作参照（SCOR）模型。

16.1　控制过程的基本框架

管理过程中之所以需要控制活动，基本原因在于未来的不确定性会改变计划的实施结果。因为影响计划实施环境的许多因素无法被准确预测，所以参数设计偏差时有发生。除了要考虑不同环境下的正常偏差之外，还要考虑可能出现的一些突发事件。这些突发事件大多是一次性的、非正常的事件（如罢工、火灾、洪水），将极大地影响计划的实施结果。除了未来的不确定性之外，物流环境也可能会发生根本性变化，会影响计划的实施。例如经济条件、技术和客户态度的变化在制订计划时可能没有被预见到，但这些变化将对计划产生影响。

从某种角度讲，控制过程就是一种对不断变化的环境监控的过程，它预见到可能需要采取某些修正措施使实际实施情况与计划实施情况相吻合。理想中的计划制定和实施无须进行控制，但在现实中这几乎是不可能的，因此物流管理者应该建立控制机制来确保所期望目标的实现。

16.1.1　物流/供应链控制模型

管理控制过程与几乎每天都可以遇到的许多机械控制系统相类似。大家最熟悉的就是居民楼或写字楼的供热系统，供热系统的控制工具就是温度自动调节器。该仪器检测空气的温度，将其与人们预先设定的期望温度相比较，在必要时采取修正措施，即从锅炉中放出热量来提高温度。在物流系统中，管理者根据客户服务和成本对计划中的物流活动（运输、存储、库存、物料搬运和订单处理）进行控制。控制机制包括审计、系统执行情况报告、已确立的实施目标以及一些启动修正措施的手段（常常由物流管理者提供）。图 16－1 表示的就是物流控制机制以及与控制过程相关的一些因素。其他因素还包括计划、物流活动、环境影响因素和实施绩效。

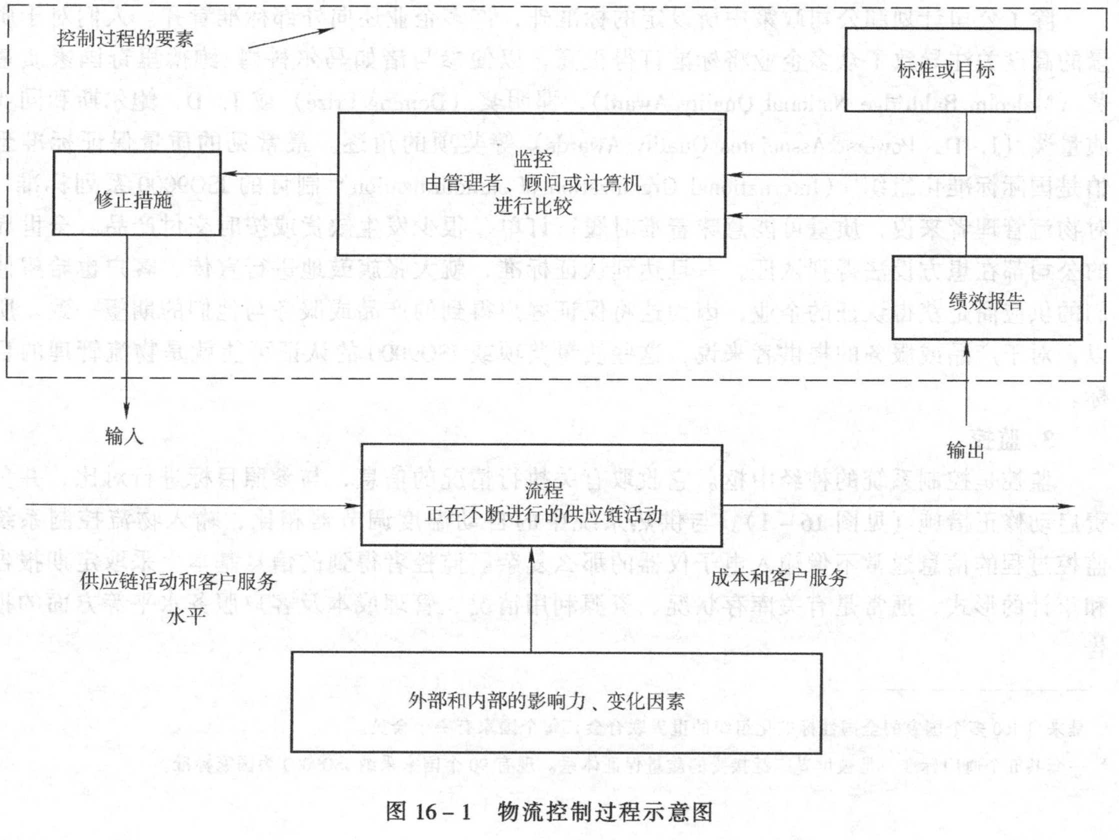

图 16－1　物流控制过程示意图

1. 输入信息、流程和输出信息

控制系统的核心就是需要控制的流程。这一流程可能是某一单项活动，如履行订单、补足库存，也可能包括物流部门涉及的所有活动。输入信息以计划的形式进入流程，而计划又指明了流程设计的方法。根据控制系统的目标不同，计划的内容可能是应当采用何种运输方式、保持多少安全库存量、如何设计订单处理系统，或是包括所有这些内容。

环境影响因素是流程的第二类输入信息。广义上环境包括可能影响流程，但计划中未考虑到的所有因素。其代表了使流程产出偏离计划水平的不确定因素。更为重要的一些环境影响因素为客户、竞争对手、供货商和政府的不确定行为等等。

流程的结果就是我们通常所说的实施绩效（Performance）。绩效是指流程在任一特定时间所处的状态。如果流程指运输活动，那么绩效的衡量标准可以是直接成本（如运输费率）、间接成本（如灭失和损坏）或交付履行情况。

业务流程，以及作为其输入信息的计划和作为其执行结果的实施绩效就是管理控制的内容，也是流程规划和实施行为的产物。图 16－1 列出了这些因素，并说明了它们与管理控制过程的关系。

2. 标准与目标

管理控制过程需要有一个参照标准，以便比较物流活动的执行情况。而管理者、顾问或计算机都为实施绩效符合该标准付出了劳动。一般而言，参照标准可以是成本预算、客户服务目标水平或对利润的贡献等。

除了公司计划和公司政策中所设定的标准外，许多企业还向外部标准看齐。人们对于质量的高度关注导致了众多企业将标准订得很高，以便参与诸如马尔科姆·鲍德里奇国家质量奖（Malcolm Baldridge National Quality Award），邓明奖（Deming Prize）或 J. D. 鲍尔斯和同业质量奖（J. D. Powers&Associates Quality Awards）等奖项的角逐。最常见的质量保证标准恐怕是国际标准化组织[1]（International Organization of standardization）制订的 ISO9000 系列标准[2]。对物流管理者来说，质量可能意味着准时履行订单、很少发生缺货或按时交付产品。全世界的公司都在想方设法得到认证，一旦达到认证标准，就大张旗鼓地进行宣传。客户也希望他们的供应商是获得认证的企业，因为这将保证客户得到的产品或服务与他们的期望一致。所以，对于产品或服务的提供者来说，这些质量奖项或 ISO9000 的认证可能就是物流管理的目标。

3. 监控

监控是控制系统的神经中枢。它收取有关执行情况的信息，与参照目标进行对比，并负责启动修正措施（见图 16－1）。与供热系统中的自动温度调节器相比，输入物流控制系统监控过程的信息通常不像输入电子仪器的那么复杂。监控者得到的信息基本上采取定期报告和审计的形式，通常是有关库存状况、资源利用情况、管理成本及客户服务水平等方面的报告。

---

1 是来自 100 多个国家的全国性标准化组织的世界联合会，每个国家有一个会员。

2 一套共五个通用标准，是被世界广泛接受的质量保证体系。现有 90 个国家采纳 ISO9000 为国家标准。

系统中的监控者是管理者、顾问或计算机程序。监控者读解报告，并将实施绩效与目标进行比较。监控者还将判断实施结果是否失控，并采取适当的步骤使实施结果与目标相符。例如，如果客户服务水平与预期的服务水平相比太低，管理者会要求在仓库中保有额外的安全库存。修正措施的精确程度取决于失控的程度，以及管理者希望修正措施持续的时间。如果实际执行情况与预期的"偏差"在可接受的范围内，有可能不进行修正。相反，如果偏差超出可接受的范围，管理者将启动及时、可行的临时操作方案来减少偏差，或者他/她会通过战略性规划来改变系统设计。是否采取临时操作方案和/或战略性方法取决于个人对偏差原因的判断，比如，认为偏差是随机因素导致的，还是出现了根本性改变。同时，主要部分重新规划带来的收益与相关成本、采取快速修正措施的必要性也会对决策产生影响。

16.1.2 控制系统的类型

控制系统的设计各有不同，大致上可以分为开环系统（Open - loop）、闭环系统（Closed - loop）和修正反馈系统（Modified feedback）等几种类型。

1. 开环系统(Open - Loop Systems)

最常用的物流活动控制系统就是开环系统。开环系统的重要特征是在对实际执行情况与预期情况进行对比之后，在采取措施减少偏差之前，有人员的介入。管理者必须在采取任何积极措施之前以积极的方式介入进来，因而这种控制过程是开放的。

开环系统的主要优势在于其灵活性和低廉的启动成本。管理者以自己的判断规定管理控制所需的信息类型、在某特定时间的容错度（Error tolerance）和修正措施的形式。如果目标、计划和环境影响不断变化，而自动控制过程高昂、受一定条件限制，则灵活性就显得特别有利。时至今日，大多数单个物流活动，及其所构成的物流整体上都处在开环控制系统之下。

2. 闭环系统（Closed - Loop Systems）

近年来，为了减少控制过程中的人为因素，人们做了大量的工作，其中大部分工作集中在诸如控制温度、电压、气压、速度、位置等物理过程。这些控制仪器统称为自动控制装置、调节器和控制器。直到最近，人们才对与之类似的物流控制活动予以重视。库存自动控制就是目前为止最为突出的成功例子。

在闭环系统中，决策准则（Decision rule）取代了管理者，像管理者那样观察绩效的偏差。因为没有管理者参与控制过程，所以管理控制将由决策准则负责，这样的控制系统就被称为封闭的系统。

目前，物流管理中闭环系统最好例子是库存控制系统。早在 1952 年，西蒙（Simon）曾建议将自动控制理论从电学和机械学背景中独立出来，应用其解决商业方面的问题，特别是库存控制问题[1]。而直到计算机成为有用的商业工具之后，人们才能成功地对库存系统进行自动化控制。对很多公司来讲，由于良好的库存管理十分重要，同时库存问题又可以进行数量化分析，所以库存管理成为最早使用闭环系统进行控制的活动之一。

---

[1] Herbert A. Simon, "On the Application of Servomechanism Theory in the Study of Production Control," Econometrica 20 (April 1952): 247 - 268.

图 16 - 2b 中所示的就是一个库存管理的闭环控制系统，这是一个订货量固定 - 订货时间间隔可变的库存管理模型，需求和订货提前期为常量。该图与针对同一问题的图 16 - 2a 中

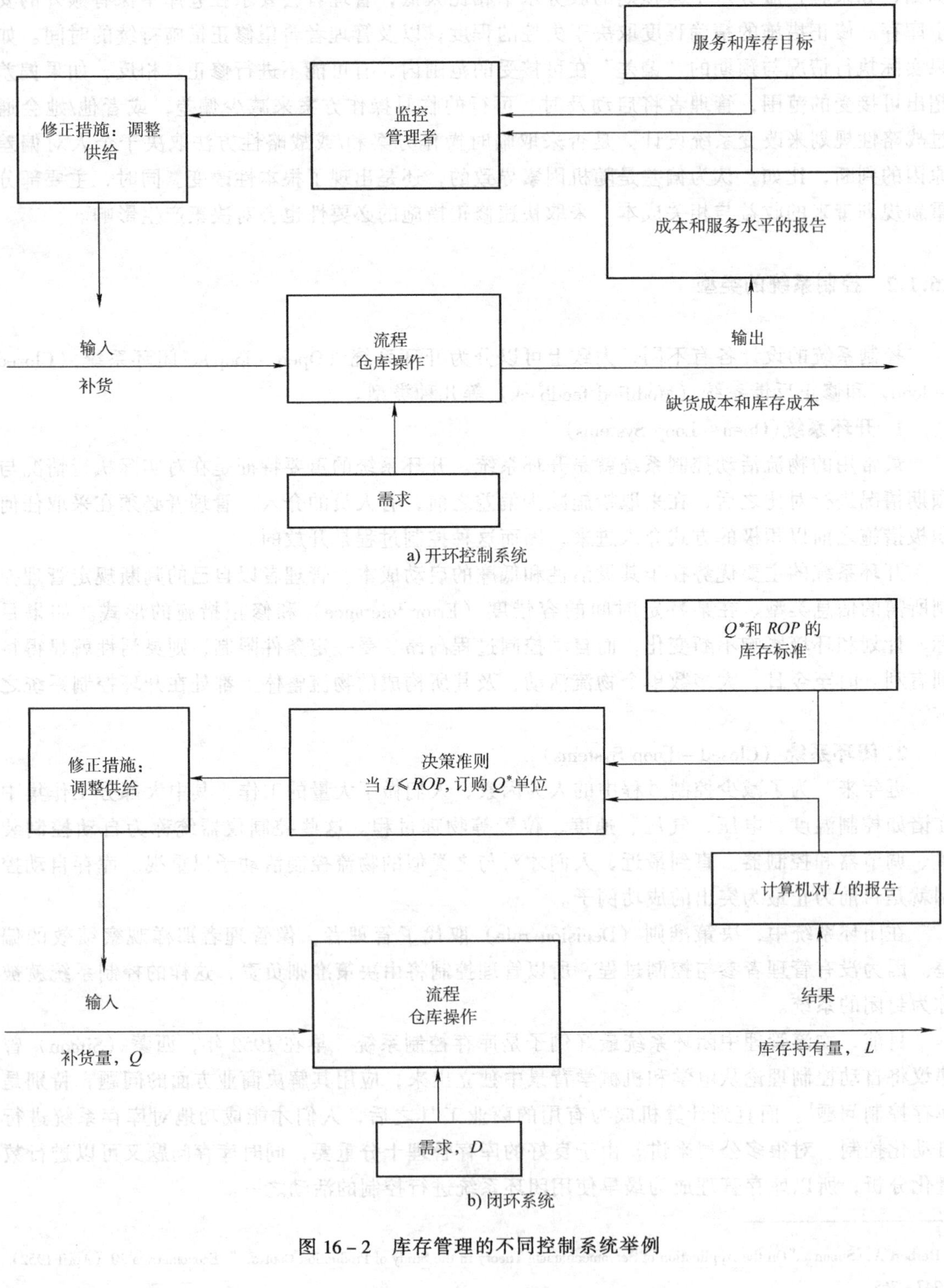

a) 开环控制系统
b) 闭环系统

图 16 - 2　库存管理的不同控制系统举例

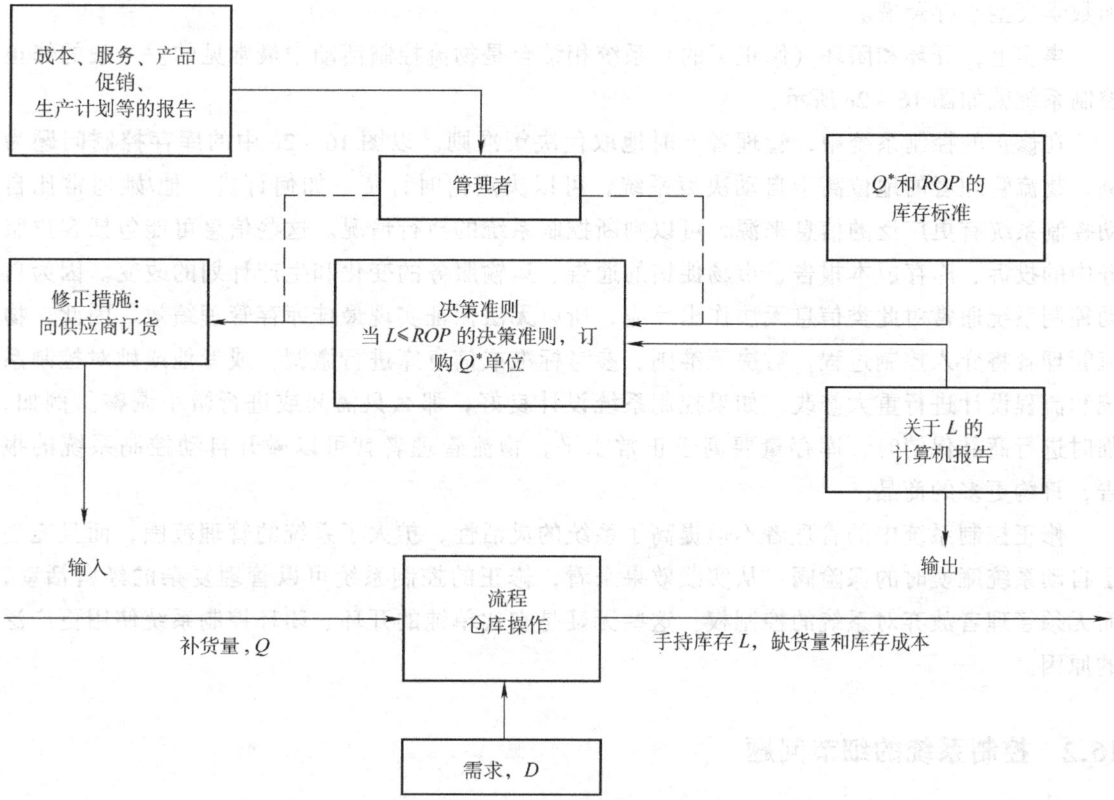

c) 修正控制系统

图 16-2　库存管理的不同控制系统举例（续）

的开环控制系统形成对比。这个业务流程是要保持仓库库存，而该仓库的库存将用来服务于市场需求。随着需求不断消耗掉库存，我们应采取积极措施补充库存。在我们所研究的简单系统中，流程的输出信息就是所持有的库存。回顾第九章中的再订货点库存模型，我们就可以确定绩效标准和要采取修正措施的决策准则。即，标准是：当持有的库存量降到再订货点（*ROP*）以下时，订购 Q^* 单位货物。如果条件保持不变，与决策准则制订时的假设相同，那么控制系统就可以保证最优的实施绩效。执行决策准则、在任一时刻报告持有的库存量、发出订单，这些都可以通过计算机来处理。

与图 16-2a 中的开环系统相比，闭环控制系统在迅速、准确地控制多种产品库存方面显示出强大的功效。然而，闭环系统在遇到其设计参数以外的情况变化时过于死板，同时也可能由于其只对整个流程的一部分进行控制，所以比开环系统控制的范围小。因此，自动化可能会降低灵活性，控制的范围更有限、启动成本更高，但可以提高控制的速度和准确性。

3. 修正控制系统（Modified Control Systems）

在实际应用中，几乎没有什么事物能以其最纯粹的形式出现，控制系统也不例外。管理者并不愿将针对一项活动或一组活动的大范围管理活动转变为一套决策准则。环境影响的不确定性极高，因而我们不能期望自动控制系统始终适用。在一定程度上管理者甚至对计算机和数学模型心存疑虑。

事实上，开环和闭环（修正了的）系统相结合是物流控制活动中最常见的。一般的修正控制系统就如图 16 - 2c 所示。

在修正的控制系统中，管理者不时地取代决策准则。以图 16 - 2c 中的库存控制问题为例，物流管理者的地位高于自动决策系统，可以决定何时订货、如何订货。他/她通常比自动控制系统有更广泛的信息来源，可以判断控制系统的执行情况。这些信息可能包括客户服务中的投诉、库存成本报告、市场促销的通告、运输服务的变化和生产计划的改变。因为自动控制系统通常对此类信息无法作出反应，所以无法保证实现最佳库存管理绩效。因此，物流管理者将介入控制过程，对决策准则、参考标准或信息库进行微调，或者他或她对控制系统和流程设计进行重大修改。如果控制系统设计良好，那么只需间或进行微小调整。例如，临时进行商品促销时，库存量要高于正常水平，物流管理者就可以撇开自动控制系统的报告，订购更多的商品。

修正控制系统中的管理者不但提高了系统的灵活性，扩大了系统的管理范围，而且充当了自动系统瘫痪时的保险阀。从实践效果来看，修正的控制系统可以管理复杂的经营活动，而无须管理者放弃对系统的控制权。这些无疑是它比单纯的开环、闭环控制系统使用更广泛的原因。

16.2 控制系统的细节问题

一旦确定了对整个物流体系某单项活动进行控制的系统类型，接下去就要考虑系统中的一些细节问题。这些细节问题包括系统的容错度、系统的反应特点、目标的制订以及控制信息的性质。

16.2.1 容错度（Error Tolerance）

当绩效的偏差达到多大时，要采取修正措施呢？仅仅物流成本太高、客户服务水平太低并不意味着应该启动修正措施。修正措施要耗费管理时间，尤其是在开环控制系统中，所以在没有必要的时候，采取修正措施来减少偏差会导致不必要的支出。如果偏差是由通常的随机事件引起，且一般流程运作的结果没有根本性变化，就不需要采取修正措施。事实上，如果控制系统容易随微小的实施偏差而变化，那么该控制系统就是“神经质”的。通常而言，在设计上不应使控制系统对随机偏差作出反应。

容错度过大的控制系统恰好与容错度过小的控制系统形成对比。如果监控者（如物流经理）对于绩效偏差非常不敏感，他/她就可能忽视了客户服务或活动成本的根本变化，直到这些问题产生一段时间后才能觉察。为了重新控制流程，就必然会使物流水平急剧改变，但如果提早发现这些重大变化，只用微小调整就足以得到满意的结果。因此，如果所设计的控制系统对偏差太不敏感也将产生额外的控制费用。

最好的设计显然界于两种极端情况之间，换句话说，最好的系统既要能够发现重大变化，又不应对随机偏差作出反应。

16.2.2　反应

如果偏差超出控制系统容忍的范围，就需要采取修正措施。系统对修正措施的反应方法将影响控制成本。反应则取决于系统的特征和采取修正措施的方式。

物流控制系统与机械控制系统很相似，都有不同集中程度。系统的集中程度决定了实际偏差修正的速度，也决定了流程的反应模式。在物流系统中，集中程度也决定了作出相应变化的速度。举例而言，要想提高库存水平，那么达到期望库存水平的时间就是生产水平变化速度或从供应商处获得所需货物速率的函数。系统集中程度越大，达到期望水平的时间就越长，而失控的时间也就越长。

图 16－3 描述了集中程度对系统反应的影响。

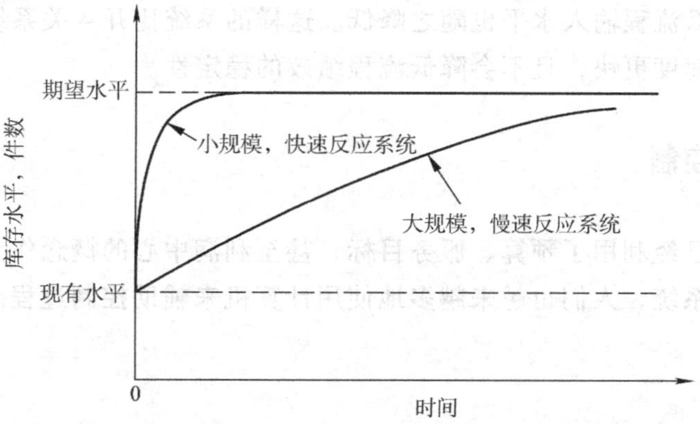

图 16－3　不同集中程度，库存控制系统的反应速度

信息时滞（Information Time Lags）是反应模式的第二个重要因素。总的说来，如果从流程中变化发生到监控系统发现该变化的之间存在时滞，系统就会如图 16－4 所描述的那样“摆动（Hunting）”，即控制系统永远不会在期望的水平上稳定下来。如果信息时滞和系统集中程度较小，围绕期望水平的变化将保持在可以接受的范围内。否则，就需要设计一个反应更加迅速的信息系统或是一个反应更加迅速的生产和交付系统。

流程反应也受到修正措施的方式的影响。通常有两种控制模式。最常见的是开－关（On－Off Modes）或双点状态（Two Position Modes）模式。如果发觉误差，系统将采取全面、持续的修正措施直到监控者认为已达到了期望水平。如果系统规模和信息时滞很大，开－关控制模式会使最终结果“大大超过”期望绩效水平。

比例控制系统是第二种广为熟知的控制模式。在这种控制模式下，修正措施与观察到的偏差之间有直接的比例关系。如果偏差很大，为了减少偏差，流程输入水平的变化会很大。

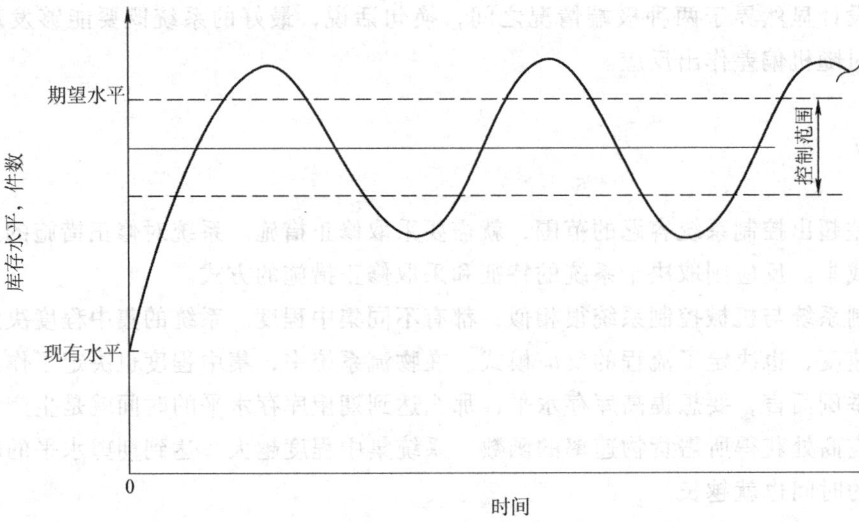

图 16-4 信息时滞造成的控制系统摆动

如果偏差减少，那么流程输入水平也随之降低。这样的系统比开-关系统更精确，也更加昂贵，但其系统反应速度更快，且不会降低流程绩效的稳定性。

16.3 实践中的控制

物流控制系统已经利用了预算、服务目标，甚至利润中心的概念作为辅助措施。通过众所周知的决策支持系统，人们也越来越多地使用计算机来辅助控制过程。

16.3.1 预算

在物流活动控制中最广泛使用的辅助措施就是预算。预算是由高层管理人员与物流/供应链经理共同设定的成本目标，它用来指导物流活动的成本绩效。控制过程中，预算被当作参照标准，人们希望用它来控制成本，保证企业的盈利率。人们也把预算当作衡量物流/供应链经理业绩的一种工具。

要想达到企业的利润目标，就必须根据实际情况设定预算。如果把客户服务降到足够低的水平，任何预算目标都可以达到。但我们假定企业期望长期经营下去，那么就必须保持一定的物流服务水平，至少应能保证服务的竞争力。

16.3.2 服务目标

与预算相反的是客户服务目标，后者的重点放在利润等式的收入一边。通过设定等于服务目标的参考标准进行控制的理论基础是成本随收入而变化。

如果产品销量的服务弹性很高，例如，低价值、高替代性的产品，这种方法就是合理的。然而，将服务目标作为控制工具有一个很大的缺陷，那就是我们往往对实物分拨服务变动对收入的影响知之甚少。

16.3.3　利润中心概念

一种很有吸引力的物流控制方法是将物流部门视为公司中单独经营的实体，即作为一个利润中心。这样做是有道理的，因为物流部门要使用资金、发生成本并通过分拨增加产品价值。物流甚至可以通过提供一定水平的客户服务推动销售，这些都是建立利润中心的先决条件。对物流活动的控制应建立在更为宽泛的利润概念之上，要避免狭隘的预算或服务目标的观点。

应用利润中心的概念比以预算或服务为目标要更难，其主要问题集中在物流服务的定价上。如果有办法将所提供的客户服务水平与其对利润的贡献联系起来，那么定价就不成问题。在两者关系已知的情况下，物流经理就可以平衡收益与提供服务所发生的成本。然而这样一种关系一般不存在，即使存在，在有效应用利润中心概念之前，另一个问题仍然存在，即，进入物流系统的产品价格有待确定。

物流服务的定价和物流系统所处理的产品的定价问题，一般说来并不是很棘手的问题。在有多个分公司的企业中，货物由一个分公司转到另一个分公司时会使用转移价格，这里可以用类似的方法确定价格。生产部门可以向物流部门报价，而物流部门在提供一定增值服务的基础上，可以向市场部门报价。所报价格就是付给生产部门的价格加上供应、分拨过程中产生的物流成本，加上相当于公司一般投资回报率的加成。价格一旦确定，物流经理就可以按他或她所期望的任何方式提高利润。高层管理者会用利润完成情况考核物流经理，同时会定期检查转移价格的确定方法。(见资料 16.1)

资料 16.1　应用[1]

施乐公司发现为了在价格急剧下降的市场进行竞争，有必要削减成本，问题在于如何鼓励低层管理人员追求企业所期望的成本目标。物流和分拨部门（Logistics and Distribution，L&D）是施乐商业系统集团（Xerox's Business Systems Group）的成本中心，施乐公司采取措施使该部门成为模拟利润中心，提供服务要收费，发生的成本要与其所提供的服务相联系。

公司还允许 L&D 在竞争基础上为施乐的其他部门提供服务。实际结果是，L&D 的 1 200 名员工扮演了“内部企业家”的角色。

对于 L&D 部门来讲，要经过四个步骤来确立利润中心的地位。

设定标准　由于 L&D 利润中心必须以竞争性价格提供服务，因此有必要了解相对于竞争而言，成本支出和服务的现有标准。人们从不同供应商和公司那里收集了很多数据，这些供应商和公司既有从事相似业务的，也有从事其他经营活动的。所提供的资料采用的是指数形式，以抵消不同来源资料的差异。

商谈服务水平　L&D 与集团内有兴趣的客户签约，确定目标服务水平。L&D 还为各种各

---

[1] 选自 Frances G. Tucker and Seymour M. Zivan，“A Xerox Cost Center Imitates a Profit Center,” *Harvard Business Review* 63 (May-June 1985)：168ff.

样的服务水平制订费率表以帮助选择。

投标 公司允许 L&D 向其他经营集团投标。因为每个集团都有自己的分拨机构，所以争取到的任何业务都明显节约了施乐公司的成本。

对外提供服务 L&D 也可以向外部客户推销服务。这既可以提供可能是完整的服务网络，也可以提供运输、存储等单项分拨服务。

利润中心明显有利于提高员工士气、主动精神和敬业精神。除此之外，随着利润中心观念被引入 L&D，三年中施乐公司的生产力平均提高 12%。

16.3.4 决策支持系统（Decision Support System，DSS）

决策支持系统要使用计算机、数据库系统和决策（或控制）模型。管理控制所需的重要数据都保留在在线数据库（On - line Database）中。其中的数据包括运输费率、需求预测、提前期、库存水平、存储成本和服务目标。在用户的要求下，管理人员会利用计算机查询数据。DSS 还包括一些一体化的模型和报告生成程序，这对于监控正在进行的活动是非常有用的。

在考察物流活动的进行水平时，这些程序就可以搜索数据库得到信息。除制作报告外，DSS 还能判断最优绩效应达到的水平，以该水平为标准对比当前的实际业绩。而正是后一种能力，使 DSS 与手工系统区别开来。

16.4 控制信息、衡量及解释

有效的物流运作系统要求得到有关经营活动或部门绩效的准确、恰当、及时的信息。这些信息的主要来源就是审计和物流活动的各种报告。

16.4.1 审计

物流审计是对物流活动状况的定期检查。因为报告系统中可能存在错误，也可能对某些活动没有报告，所以有必要进行定期考察。如果控制系统获得的信息不精确，控制活动就失去了有效性。人们利用审计信息来确立新的参照点，据此制作报告，修正由于错误信息造成的物流运作中的偏差。

1. 整体审计

管理者时常会发现有必要对物流活动的整体状况进行考察，目的是使自己相信物流活动的实际运作是高效率、有效果的。这类审计活动可能包括对所有员工、组织机构和整体网络设计的评估。其中网络设计可以通过分析物流系统设计的一般决定因素进行有效审计。需求、客户服务、产品特性、物流成本和定价政策等的实质性变化却预示着有必要修订战略政策。

需求 需求在地理上的分散程度和需求的水平很大程度上决定了分拨网络的结构。与一般性总体增长或下降相比，企业在某个国家内一个地区的增长或下降可能不成比例。后者可能只要求在现有设施的基础上扩建或缩减规模。但是，需求格局的转换则要求在迅速增长的市场建起新仓库，而在增长缓慢的区域设施却只需要小规模或者根本不需扩建。一年几个百分点不成比例的增长就可能表明重新规划在效益上是有利可图的。

客户服务 客户服务通常包括库存的现货供应比率、交货速度、订单履行的速度和准确度。随着服务水平的提高，运输成本、存储成本、库存持有成本、订单处理成本将会成更高比例的增长。因此，物流成本是敏感的，易受所提供的客户服务水平变化的影响，当客户服务水平已经很高时尤其如此。

如果最初制定物流战略时所依据的竞争压力、政策措施或人为制定的服务目标出现变化导致服务水平改变，通常需要进行重新规划。相反，如果服务水平已经很低，那么服务水平的微小变化一般不会导致重新规划。

产品特性 物流成本易受产品重量、体积、价值和风险的影响。在分销渠道中，这些特性可以通过改变运输、存储过程中的包装设计或产品完工时的状态而改变。例如，以拆装的形式运输产品就会大大影响产品的重量－体积比以及相关的运输和存储费用。但是，改变产品特性可能实质上改变的是物流活动中的一项成本因素，而不影响其他方面。这样将在分拨系统形成一个新的成本均衡点。如果这样，就需要重新规划。

物流成本 企业花费在物流上的资金量往往决定着重新修订战略的频率。若所有其他因素相同，制造高精密度产品的公司（如机床和计算机公司，其总分拨成本只占销售额的1%或更少比例）可能很少关注物流战略。但另一方面，包装工业用化工品或食品生产公司的实物分拨成本可能高达销售额的20%～30%。如果成本这么高，那么即使库存持有成本和运费稍有变动，都值得重新制定物流战略。

定价政策 一些供货商将货物运输的责任和成本转嫁给买方，因此重要的物流成本的决策就不在他们的控制之下。许多公司通过定价政策达到这类目的，例如使用FOB工厂价、运费预付、发票价格加成等方法。因为这些公司不支付运费，就不会将其作为设定物流战略的经济因素。如果改用运到价（运费包括在价格中），那么供货商将直接支付运费。这样物流系统中就将增加仓库和库存因素。改变定价政策，尤其是改变运输路线和运输量、改变运输决策的责任方，都可能意味着需要重新制订战略。

2. 库存审计

库存审计是库存系统中必不可少的环节。典型的库存控制系统根据需求的消耗量、补货量、退回工厂的商品量、产品的仓耗等对库存记录进行调整。但是，其他事件的发生可能造成库存记录和仓库中保有的库存量不一致。偷盗、客户退货、货物损坏以及各种库存报告中的误差都将导致实际库存水平与人们确信的库存水平有很大出入。时常对库存进行实际清点就可以查出各类产品的真实库存水平。随后，可以调整库存记录，这样库存控制系统就可以更准确地跟踪库存水平了。

对库存的每种产品进行实物盘点可能非常耗时，并造成运作的混乱。一些公司在每年盘点时可能停工。另一种可以代替每年对所有货物进行一次性盘点的做法是，在某一时间只会清点很少一部分品种，而在全年内进行交叉盘点，盘点的频率取决于产品的重要性。这一循环盘点（*Cycle Counting*）的过程贯穿进行审计工作的整个年份，减少了停工次数。

3. 运费单审计

人为错误是造成审计中的额外支出的常见原因。在运输成本的控制管理中，许多企业发现运费单值得审计。费率、品名、重量和运输路线的错误只是造成运费单错误的几种情况。一个大公司一年收到多达750 000张运费单的情况是很常见的，即使少见的错误也可能导致大量超额收费。每年运费单的超额收费都占总运费的3%~5%。

审核运费单的工作可以由公司的运输部门去做。但许多公司更愿意委托公司外的交通局进行审计。交通局提供这项服务，并收取佣金，即交通局提取索赔补偿额的一定比例。与外部机构签订审计合同对小公司尤其有利，因为小公司无法专门派人进行这类活动。这种差错经常出现，因而，需要经常定期审计。运费单审计的费用通常是补偿金额的50%左右。

4. 以其他公司为标杆

企业在进行审计时通常想知道企业物流部门与竞争对手相比究竟如何。人们通过调查研究，在相似的企业间寻找成本和客户服务水平的数据。通常，大学、贸易协会或咨询机构都会有许多公司提供的此类数据。如果分析结果以平均数和变化范围表示，就可以保护各个数据的保密性。例如，图16-5显示的是许多行业供应链总成本占收益的比例。因为给出了同类企业中的最佳绩效，所以可用做对比的参照物。除成本以外，也可以得到企业其他数据，如库存周转率、按时交货的统计数字和物流活动成本等。

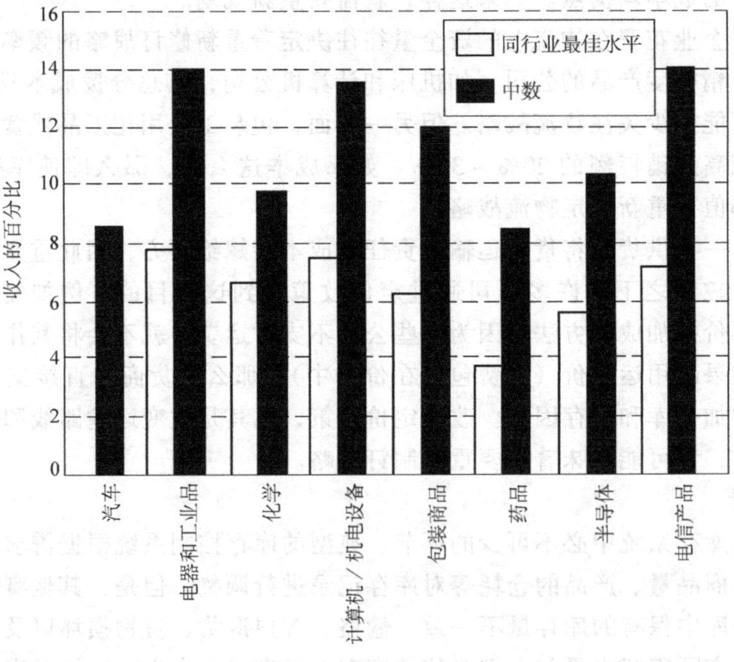

图16-5 几个行业中，供应链总成本占收益的百分比

资料来源：Pittiglio, Rabin, Todd and McGrath, "The Keys to Unlocking Your Supply Chain's Competitive Advantage: Integrated Supply-Chain Benchmarking Study" (1977), 4.

虽然以其他公司作为标杆的方式很吸引人，但应用时要非常谨慎。绩效不如同行业最佳公司，或达不到同行业平均水平的企业必须意识到企业选择的平衡点不同。例如，库存周转次数低的公司可能通过批量运输节约运输成本。而运输成本的绩效很好的企业可能库存持有成本偏高。与之相似，有些企业物流成本可能很高，但提供的客户服务却特别出色。如果不用客户服务与成本相比较，物流成本高的公司就会显得表现欠佳。(见资料16.2)

标杆学习已被认为是一个具有严谨步骤的过程。它是一个衡量和评估供应链绩效和做法并与其他企业进行比较的连续过程。其目的是找出能够改进的差别。标杆学习是在绩效指标、流程或战略层次上开展的。尽管前文已讨论过运用指标进行绩效衡量，在流程中和战略层次上的标杆学习还包括信息技术的应用、履行客户订单的方法、运输和库存管理政策、按库存生产或按订单生产战略，以及网络结构等元素。开展一个标杆学习分析可以参考以下五步进行：

1. 收集和分析基础数据
2. 找出和采集样板（best practice）企业的数据
3. 找出和分析绩效差距
4. 设定计划以缩小差距
5. 实施计划[1]

收集和分析基础数据包括绘制现有供应链图（描述）和检查现有供应链。把数据按关键绩效指标进行汇总，运用地图、流程图、图表对供应链流程进行描述。集中的数据应以找出绩效低下的症结及原因为中心。可以准备一张数据收集表，将关键问题和数据项目列在上面。

收集样板企业的数据可能是标杆学习中最具挑战性的部分。竞争对手不可能与企业分享他们的数据，调查数据可能无法从一般化的结果中分离出样板企业的信息。然而，查找的信息应该与基础信息以及第一步中提到的问题相符。识别出的高效企业必须具有与基础信息类似的特征。

第三步是将标杆企业的基础数据与样板企业相比较，找出不同并衡量差距。差距可能表现在运输成本或履行率一类的绩效指标上。此外，基数企业的可能会有外包给第三方物流供应商的物流活动，而样板企业是自己管理运输，这就反映了战略方面的区别。

接下来，就需要制定一个拉近第三步所找出的差距的计划。所有找出的差距并非同等重要，因此要对他们进行重要性排序。排序中可采用的标准有很多，例如，对收入影响的大小、对成本削减的大小、客户服务水平改进多少、以及快速回报的实施难度。要获得高层管理者对改进项目的首肯，还需要列出一些对这些管理者重要的指标。按照（1）产生现金流的数量（2）削减的成本（3）投资回报指标对计划进行的评估可以打动这些高层管理者。

最后一步是计划的实施。应该有一个计划的支持者或一个组织机构来监督计划的实施。需要一个各阶段的时间进度表来协调培训、时间安排等事项。与基础数据进行对比，衡量绩效改进也很有作用。

5. 其他审计

企业还不定期地进行其他形式的审计，其具体审计内容可包括仓容利用率、客户服务水平、运输车队的利用率和库存政策的执行情况等。所有这些都为有效的物流控制提供了必须的基本信息。（见资料 16.3）

资料 16.2 例子

普里米埃尔实业公司（Premier Industrial）向建筑工地分拨润滑油，这些建筑工地距仓库

[1] Sandor Boyson, Thomas M. Corsi, Martin E. Dresner, and Lisa H. Harrington, Logistics and the Extended Enterprise (New York: John Wiley & Sons, 1999), pp168 - 170.

都在600多英里之内。普里米埃尔发现了一个有利可图的新兴市场，即通过小批量、快速反应向客户供应润滑油。与作为比较基准的大石油公司相比，该公司的物流成本显得过高。如果再考虑客户服务，那么物流已经成为企业市场战略的关键。几十年来，普里米埃尔实业公司一直是财富500强（Fortune 500）中赢利能力最强的公司之一。

资料16.3　观察

在提供度量标准和控制运作数据方面，技术担当了重要角色。以卡车成本和准时送货的控制管理为例。适时管理（Just - In - Time Practice）要求知道卡车的准确运输进程，因为客户只有很少的备用库存，或根本没有库存，送货延误将会使客户的运作中断。由于使用卡车运输的成本很高，就要求企业十分谨慎地控制成本。目前，很多运输设备上装有一种小型数据发送天线，能够随时确定卡车的具体位置——这对准确预测到达时间很有帮助。此外，其他电子装备也有助于控制成本。一种信用卡片帮助公司检查司机是否仅在被认可的加油站购买燃油。电子引擎监控装置可以控制最高速度、换档情况和闲置时间的极大值，司机走出驾驶室，发动机就会被关闭。移动电话也是很多卡车常见的装备，司机藉此可以与总部不断保持联系，避免在停车场长时间等电话。报告准备时间明显下降[1]。

16.4.2　定期报告

在正常商业运作过程中会生成许多报告。其中一些报告，是按正常制度向物流管理者提供的，包括库存状况报告、仓库和车队利用情况的报告以及仓库和运输成本报告。要想全面控制物流活动，我们建议还应使用三个关键性评估报告：成本－服务报告、生产力报告和绩效表。

1. 成本－服务报告

成本－服务报告与大多数公司的财务报告中常见的损益表相类似。报表的目的是披露某一时期内总实物供给和实物分拨成本以及所达到的相应客户服务水平。其中最重要的实物供给和实物分拨活动成本包括运输成本、搬运成本、存储成本、库存持有成本和订单处理成本。如表16－1所示，这份报告列出了每年的总成本水平。

报告中各元素的成本可以按传统会计程序来确定。然而，现代观点认为基于活动的成本核算（Activity - based - costing）可以比传统会计处理方法得出更准确的物流成本[2]。其原因是，以前，流程的间接成本是按直接人工工时或机器工时分摊到各流程。这种处理方法在运作是集中进行、机械化程度较低、劳动力密集的情况下是合适的。但随着流程的改进、物流活动中与产量相关的成本减少，传统方法就出现问题了。相反，基于活动的成本核算方法可以追溯资源消耗到消耗该资源的流程，然后再到个别的产品、客户和活动。最终，找出影响成本的成本驱动因素，以便更好地管理成本。

[1] "New Gadges Trace Truckers' Every Move," *Wall Street Journal* (July 14, 1997): B1.

[2] Binshan Lin, James Collins, and Robert K. Su, "Supply Chain Costing: An Activity - Based Perspective," International Journal of Physical Distribution & Logistics Management, Vol. 31, No. 10 (2001), pp. 702 - 713.

表 16-1 物流成本—服务报告举例

	今年	去年	预算/目标
实物分拨（美元）			
产成品运输			
入库运输费用	2 700 000	2 500 000	2 800 000
出库送货费用	3 150 000	2 950 000	3 000 000
向工厂退货的运输费用	300 000	250 000	275 000
保留订单的额外送货费用	450 000	400 000	400 000
小计	6 600 000	6 100 000	5 475 000
产成品库存			
在途库存	280 000	260 000	250 000
仓库[①]储存成本	1 200 000	600 000	1 000 000
仓库物料搬运成本	1 800 000	1 600 000	1 700 000
存货过期成本	310 000	290 000	300 000
工厂[a]存储成本	470 000	460 000	460 000
工厂物料搬运成本	520 000	510 000	510 000
小计	4 580 000	4 020 000	4 230 000
订单处理成本			
顾客订单的处理	830 000	840 000	820 000
补货订单的处理	170 000	165 000	160 000
保留订单的处理	440 000	300 000	300 000
小计	1 440 000	1 305 000	1 280 000
一般管理费用			
按比例分配未摊销管理费用	240 000	220 000	230 000
自有仓库的折旧	180 000	180 000	180 000
物料搬运设备的折旧	100 000	100 000	100 000
运输设备的折旧	50 000	70 000	50 000
小计	570 000	570 000	560 000
总分拨成本	13 190 000	11 995 000	12 545 000
实物供应（美元）			
供货运输			
到工厂的内向运输费用	1 200 000	1 400 000	1 115 000
加快运输的运费	300 000	250 000	350 000
小计	1 500 000	1 650 000	1 465 000
供应货物的库存			
原材料存储成本	300 000	375 000	275 000
原材料的物料搬运成本	270 000	245 000	260 000
小计	570 000	620 000	535 000
订单处理			
供应订单的处理	55 000	50 000	50 000
加急订单的成本	10 000	10 000	10 000
小计	65 000	60 000	60 000
一般管理费用—供给品			
按比例分配未摊销管理费用	50 000	60 000	40 000
自有仓库的折旧	30 000	30 000	30 000
物料搬运设备的贬值	40 000	40 000	40 000
运输设备的贬值	25 000	25 000	25 000
小计	145 000	155 000	135 000
总供应成本	2 280 000	2 485 000	2 195 000
总分拨成本	13 190 000	11 995 000	12 545 000
总物流成本	15 470 000	14 480 000	14 740 000

（续）

客户服务	今年	去年	预算/目标
仓库一天内交货	92%	90%	90%
平均现货比率②	87%	85%	85%
总订单周转时间③			
(a) 正常处理	7±2	6±2	6±2
(b) 保留订单-分批交货过程	10±3	10±3	10±3
保留订单和分批交货			
(a) 总次数	503	490	490
(b) 占总订单	2.5%	2.7%	2.5%
完全履行的订单	90%	86%	87%
由于货物损坏、呆滞存货、订单处理错误和交货延误④而导致的客户退货	1.2%	2.6%	1.0%
供应库存缺货导致的停工占可利用的生产时间	2.3%	2.4%	2.0%

① 包括库容占用成本、保险、税金和资金成本。

② 以仓库存货直接履行订单的个别品种所占的比例。

③ 根据第 95 个百分点处订单周转时间进行的分拨。

④ 占总销售额的百分比。

值得注意的是成本服务报告中包括了机会成本，库存方面的机会成本尤其令人注目。这样，就可以将其与诸如运输、物料搬运等带来直接支出的活动进行合理比较。

理想情况下，企业也应该提供与这些成本所代表的实物配送活动相关的收入情况。然而，实践中要确定销售量和物流服务水平之间的准确关系是不可能的，所以报告中未涉及收入，而是列出了客户服务水平值。由于没有单一一种客户服务度量方法占绝对优势，故而报告列举出了多种衡量措施，以便完整描述物流绩效（见表 16-1）。

成本-服务报告也可以将现期水平与前一段时期或与预算进行比较。这类比较可以预示绝对成本-服务水平的变化趋势，也很好地显示每一项活动的相对重要性。

这份报告包括实物分拨成本、实物供应成本和客户服务三个部分。由于产生成本的系统有一定相互独立性，所以分拨成本可以与实物供应成本区分开来。供应货物仓库可能与成品仓库会有所不同，供应时使用的运输设备可能与分拨时使用的设备不同，订单处理的网络也可能不同。由于这些系统有一定的独立性，有时可能对其分别管理。因此，将成本分为两类是非常有用的。

分拨成本可能包括从工厂到客户的运输成本、产成品库存成本、订单处理成本和与分拨系统相关的一般管理费用。在表 16-1 的例子中，运费包括成品仓库的入库和出库运费、退货到工厂的运费及与延期交货相关的运费。产成品库存成本包括基层仓库和工厂保有库存的成本以及从工厂到仓库和从仓库到客户过程中的在途货物成本。此外，因为物料搬运成本通常与存储成本分开计算，所以表中还分别列出仓库里的物料搬运成本和工厂里的物料搬运成本，这些成本单独分类对评价每个子系统的效率和功用是很有用的。因为与该类别其他成本相比，仓耗成本较大，所以该表也列出了这一成本。订单处理成本是分拨成本中的第三大类别。这类成本既包括客户订单处理成本，也包括库存订单处理成本，还包括处理延期交货订单的成本。最后，分拨成本还包括一般管理费用的分摊部分。

实物供应成本和实物分拨成本的分类方法类似（见表 16-1）。因为许多公司的供应系统常常比分拨系统简单，所以进行有效管理所需的成本种类较少。

客户服务是成本服务报告中的最后一大类。如果没有某些衡量物流服务质量的可比指标，那么对物流成本进行比较的意义就不大。最理想的情况是能够了解特定物流系统影响收入的过程。然而在现实中几乎不存在这种可能，因此就以某些物理性度量方法来代替经济上的度量方法。例如，分拨服务的衡量指标可能是一天内仓库交货的百分比、平均现货比率、正常条件下总的订单周转时间和延期交货情况下总的订单周转时间、补交货订单的数量和百分比以及由于与分拨中相关的问题而发生退货的百分比。在供应方面，客户服务的衡量指标就可能是原材料缺货导致停工占可用生产时间的百分比。

总之，成本–服务报告提供了为广泛进行物流控制所需的某种类型的整体数据。如果为控制某种成本或服务需要进一步的信息，物流管理者应该能够"突破"种类限制来获取能够反映整体情况的信息。这样做也有助于追踪引发系统失控的根本性原因。

2. 生产力报告

用成本–服务报告进行预算效果可能很好，但它不能反映出物流活动的效率。以下是一些物流管理中常用的衡量比率，这些比率可用来控制物流活动，提高生产力：

- 物流成本与销售额之比
- 单项活动成本与物流总成本之比
- 物流成本与行业标准和/或行业平均水平之比
- 物流成本与预算之比
- 物流资源预算与相对于按实际产量与预测活动进行调整后的实际数之比（诸如金额、劳动量、小时数）

如表16–2所示类型的生产力报告试图用相对量来衡量物流活动绩效，即用产出绩效与带来产出的资源投入水平相比。例如，可用运输成本与销售额相比，用销售额与支持销售的平均库存水平相比，用仓库分拣的货物量和工时数相比，然后得出比率。当公司销售额变化时，这些比率或者保持不变或者以可预见的方式变化。出现偏差则表明可能有些活动失控。

如果以某企业的物流业绩与另一家企业或整个行业相比，那么表16–2所列的生产力报告就特别有意义，由于它不受公司规模差异的影响，提高了可比性。同时，因为不同时期销售水平的差异对多数比率没有影响，所以也方便了不同时期之间的比较。

表16–2　节选物流生产力报告举例

生产力衡量指标	本季度	上季度	去年同一季度	公司标准	行业平均水平①
运输					
运输成本占分拨成本	31%	30%	32%	29%	31%
灭失和损坏索赔额占运费成本	0.5%	0.5%	0.6%	0.5%	0.5%
运费成本占销售额	9.6%	9.2%	10.2%	9.0%	8.8%
库存					
库存周转率	4.5	4.4	5.0	4.7	6.0
过期存货与销售额之比	0.1	0.1	0.3	0.1	0.2
订单处理					
每工时处理的订单量	50	45	55	50	50
24小时内处理的订单比例	96%	92%	85%	95%	93%
订单总处理成本（美元）	5.50	4.95	5.65	5.00	—

（续）

生产力衡量指标	本季度	上季度	去年同一季度	公司标准	行业平均水平①
存储					
仓容利用率	75%	70%	70%	70%	70%
每工时搬运的件数	200	250	225	200	200
客户服务					
库存现货可得率					
（利用现有库存履行订单的百分比）	98%	92%	90%	90%	85%
收到订单24小时内交货的百分比	72%	70%	61%	85%	90%

① 可比的类似公司。

3. 绩效图

这种类型的控制图已经在生产质量控制中被广泛应用，它们也可用于物流绩效控制，以便更好地跟踪成本、客户服务、不同时期的生产力比率以及预测不利趋势。如果有足够数据，就可以用统计方法来确定什么时候应该采取相应的修正措施。绩效图可以用图像形式反映绩效，可用来比较多个、连续时间阶段的绩效情况。

图16-6列举的是库存周转率绩效图的使用方法。该比率的正常变动范围是每年周转8~9次。我们可以描出本期实际周转率的点，以及最近几期的代表性数据。观察实际绩效水平或周转率的变化，找出趋势，同时看这些点是否超过控制范围。无论前述哪种情况出现，实际绩效都不再在正常范围内变动，都需要企业从管理的角度查找变化的原因。（见资料16.4）

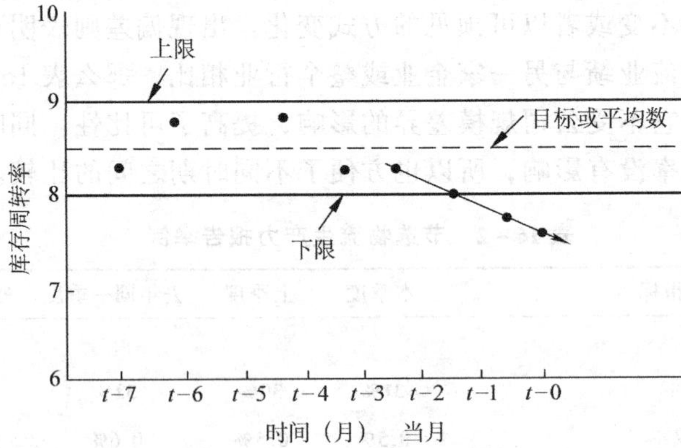

图16-6 库存周转率绩效图

资料16.4 例子

某包裹快递服务公司承诺在取货的24小时之内交付包裹。实际运作中，公司要求至少要有90%的包裹应该在这一时间内送到。现收集了10个工作日的样本每天交付100次，结果如下：

样本	24 小时内送到的数量
1	94
2	93
3	94
4	95
5	94
6	93
7	92
8	93
9	96
10	95
总计	939

该过程可以用图 16－7 中的 p－图来代表。该过程平均值（$\overline{p}$）的计算方法为：

$$\overline{p}=\frac{\text{按时交货的总次数}}{\text{总交货次数}}=\frac{939}{10(100)}=0.94$$

样本容量 $n=100$ 时，样本分布的标准差是

$$\hat{\sigma}_p=\sqrt{\frac{\overline{p}(1-\overline{p})}{n}}=\sqrt{\frac{0.94(1-0.94)}{100}}=0.02$$

当 $z=1.96$，置信度是 95%（附录 A）时，该过程的最高和最低控制范围为：

$$UCL_p=p+z(\widehat{\sigma}_p)=0.94+1.96(0.02)=0.98$$

$$LCL_p=\overline{p}-(\widehat{\sigma}_p)0.94-1.96(0.02)=0.90$$

接下来的三个样本中每 100 次中分别有 92、89 和 88 次按时送到。交付延误的平均次数看起来有所上升，似乎表明要采取纠正措施来保证所承诺的客户服务水平。图 16－7 中显示的趋势并不容乐观。

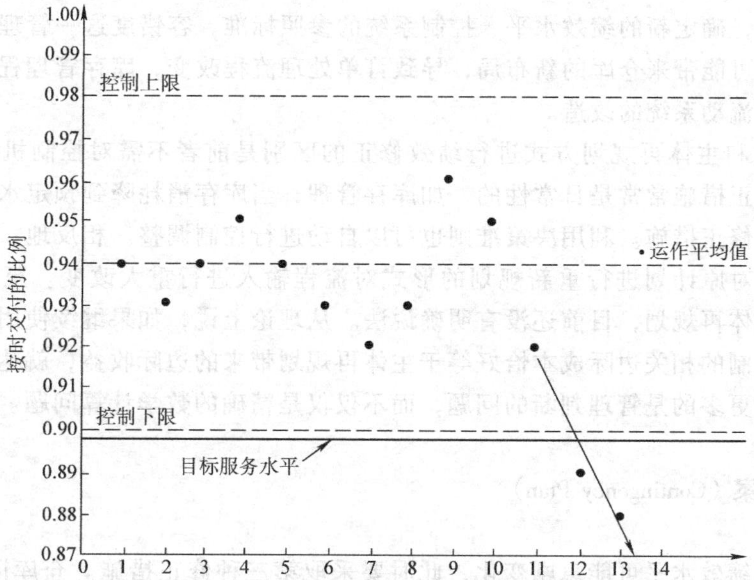

图 16－7　按时交货绩效图

16.5 修正措施

控制职能的最后一个要素是修正措施。如果我们无法容忍系统目标和实际绩效的差异，就要采取修正措施。减少差异的措施取决于失控状况的性质和失控程度。在这一部分我们将介绍三种类型的措施：微调、主体再规划和应急措施。

16.5.1 微调（Minor Adjustments）

不论是管理整个物流部门还是管理物流中的某项活动，都会出现实际绩效与期望绩效的偏离，这种偏离也是可以预见到。就像汽车在公路上行驶需要不断调整方向一样，物流活动绩效也需要不断调整。由于物流活动的商业环境在不断变化且无法确定，所以经营绩效也处于不断变化之中。例如，一段时间后运输费率、可选择的路线、可获得的设备、灭失损坏以及类似条件的变化都会造成运输成本的变化，而运输服务的选择、路线和时间安排则随运输成本的变化而改变。这类动态变化通常并不要求在物流活动的进行过程做重大改变。对物流活动水平的组合、决策准则、甚至是系统目标做微调一般足以保证管理人员对系统的充分控制。大多数修正措施都属于这种类型。

16.5.2 主体再规划（Major Replanning）

对物流系统重新进行全面评估，物流部门的目标发生重大变化、物流环境的重大改变、推出新产品、放弃现有产品时都需要对物流绩效水平作出主体再规划。主体再规划需要再次经过设计新措施，确定新的绩效水平、控制系统的参照标准、容错度这一管理规划周期。这种重新规划过程可能带来仓库的新布局，导致订单处理流程改变，库存管理程序的修正和仓库、工厂内产品流动系统的改造。

以微调方式和主体再规划方式进行绩效修正的区别是前者不需对控制机制进行重大改变。事实上，修正措施常常是日常性的，如库存管理，当库存消耗降到预定水平时，就可以发出订单，启动修正措施。利用决策准则也可以自动进行控制调整。相反地，主体再规划包括以新计划或是对原计划进行重新规划的形式对流程输入进行重大改变。至于何时进行微调，何时进行主体再规划，目前还没有明确说法。从理论上说，如果继续使用微调法在系统内保持对流程控制的相关边际成本恰好等于主体再规划带来的边际收益，就达到了最优转折点。寻找这个点更多的是管理判断的问题，而不仅仅是精确的数学计算问题。

16.5.3 应急方案（Contingency Plan）

某种情况下绩效水平可能急剧变化，此时要采取第三种修正措施。仓库因失火而关闭，计算机失灵导致计算机化的库存控制系统无法运转，工人罢工导致可选择的运输服务突然变化，或原材料资源突然枯竭这些情况发生时，绩效水平都会出现剧烈变化。由于经营条件急剧变化，公司的客户服务水平将受到严重威胁和/或实现一定客户服务水平的物流成本水平会突然上升。对流程输入进行微调的作用往往太小，因而当系统遭到类似事件的冲击时不能恢复对系统的控制。维持物流运作的压力又使得主体再规划这种修正措施很不适合，因为好的计划需要时间。

许多公司发现，事先按需要制定应急方案是解决问题的好办法，可以应对系统突变的问题。应急方案就是在预先假设的事件发生时，企业要采取的事先确定的行动计划。（见资料16.5）

资料 16.5 应用

一场大火烧毁了仓库及其中存储的商品。该仓库供应整个西海岸，因此这一地区的销售和客户服务都受到威胁。但公司很有远见，为防备这类事件制定了应急计划，所以立即利用空运将存货调到上述地区的公共仓库，为星期一的销售做好准备。结果，客户没有感受到任何服务的变化。

16.6 供应链运作参照（SCOR）模型[1]

为了更好地衡量供应链的绩效，找出改进的机会，供应链协会[2]在 1997 年开发出了第一版的企业流程参照模型。该模型试图将供应链各流程或活动、描述和定义与绩效指标、样板和软件要求联系起来。模型设计的目标是提供一种将业务目标与供应链运作联系起来的结构，并开发一种系统途径来识别、评估和监控供应链绩效。总之，供应链运作参照（SCOR）模型提供了一种以标准格式定义供应链活动，从产品层次上分析组织间的供应链，以及与协会成员企业的统计数据进行绩效比较的途径。

模型首先通过一个宽泛的范围界定把所有需求元素包括进来，从客户需求预测或下订单直到最终付款和开票，其中可能包括了来自多个企业的供应链元素。第二，流程描述可以分产品进行，尽管也可能有一般企业基础设施的描述。第三，以计划、采购、制造、交付和返回五大组成要素为基础建立起流程描述的框架。最后，使用了五种维度的绩效指标：可靠性、反应能力、灵活性、成本和资产利用效率。

在模型的最高一级（层次 1），供应渠道中各级的计划、采购、制造、交付和返回五个业务流程都进行了描述，如图 16-8 所示。计划活动平衡需求与资源，达到活动和组织之间的一体化。采购活动是那些与采购原材料相关的活动，他们将组织与供应商联系起来。制造活动将原材料转化成最终产品，然而，有些企业，如分销商和零售商，没有制造活动。交付活动是那些与订单管理和最终产品交付有关的活动。返回活动指那些与返回原材料给供应商或从客户那里返回最终产品的活动。层次 1 仅限于对业务目标的描述，而在层次 2 和层次 3，这五个流程可以进一步分解成细节，更多地对供应链运作进行考察。这里使用了标准参照系。

[1] 根据 Scott Stephens，"Supply Chain Operations Reference Model Version 5.0：A New Tool to Improve Supply Chain Efficiency and Achieve Best Practice"，Proceedings of a Workshop on Supply Chain Management Practice and Research：Status and Future Directions（University of Maryland，Rockville，MD，April 18 - 19，2001），pp. 7 - 1—7 - 11. 中对 SCOR 模型的描述。

[2] 供应链协会是一个非营利性组织，主要由开发供应链管理系统和做法的业界人士组成。有关协会和 SCOR 模型的更多信息可以从 www. supply - chain. org 上获得。

层次 4 的分解可以对单个的管理做法进行建模。

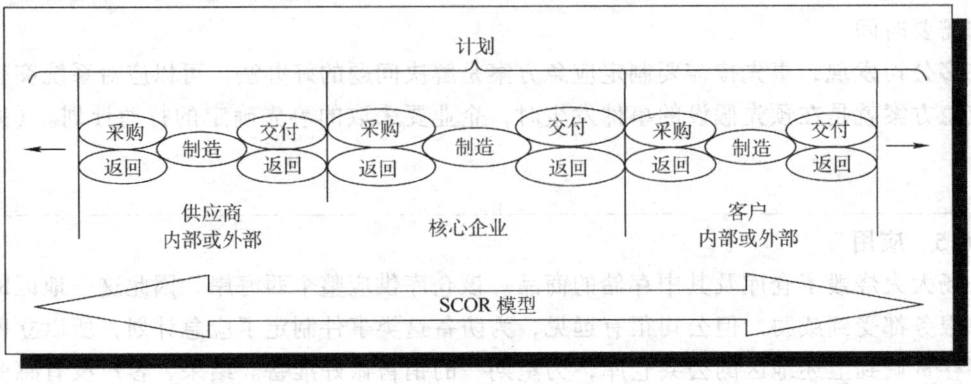

图 16-8 SCOR 模型中的五个业务流程

为了进一步对供应链进行描述，可以生成一个流程图。通常从网络结构图开始，可以得出一个产品“线”结构图，如图 16-9 所示。这种绘图有助于使供应链可视化，但它仍不能提供足够的信息来判断供应链的绩效是否与业务目标一致。为做到这一点，模型提供了许多指标，共分为五个绩效维度。表 16-3 列举了层次 1 的一些指标。在每一个流程元素中，SCOR 模型指出了样板企业的情况和技术。图 16-10 所示的是 SCOR 模型中将流程与衡量指标联系起来的第一步。

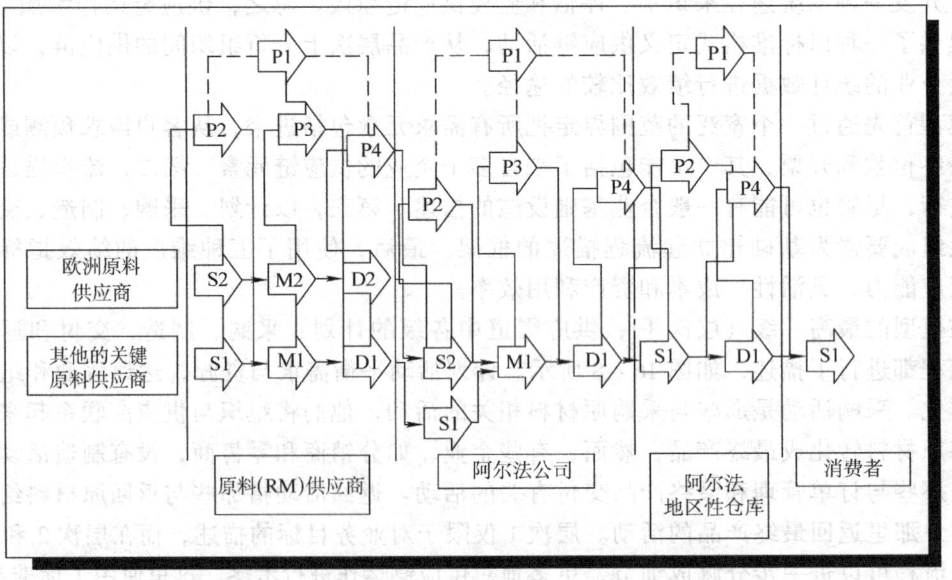

图 16-9 假想供应链的流程“线”图，其中，P=计划，S=采购，M=制造，D=交付

最后，会有一张表格列出模型所给出的样板数据和技术。从这些典型的表单中，可以得出改进和实施的可选方案。SCOR 模型主要是实践者之间进行交流的工具，可以对供应渠道更好地进行管理。

表 16-3　层次 1 的供应链绩效属性指标

供应链绩效属性	绩效属性的层次定义	层次 1 的指标
交付可靠性	供应链在正确的时间、以正确的状况和包装，交付正确数量的正确产品到正确的地点、正确的客户，并附有正确的文件的绩效	• 交付绩效 • 履行率 • 完全订单履行水平
反应能力	供应链向客户提供产品的速度	• 订单履行的提前期
灵活性	供应链在应对市场变化、赢得或保持竞争优势方面的敏捷性	• 供应链反应时间 • 生产灵活性
成本	与供应链运作相关的成本	• 产品销售成本 • 总供应链管理成本 • 增值生产率 • 售后支持返回处理成本
资产管理效率	在管理所有资产、支持需求履行时的组织有效性，包括固定资产和运营资产	• 现金流转时间 • 库存的供应天数 • 资产周转次数

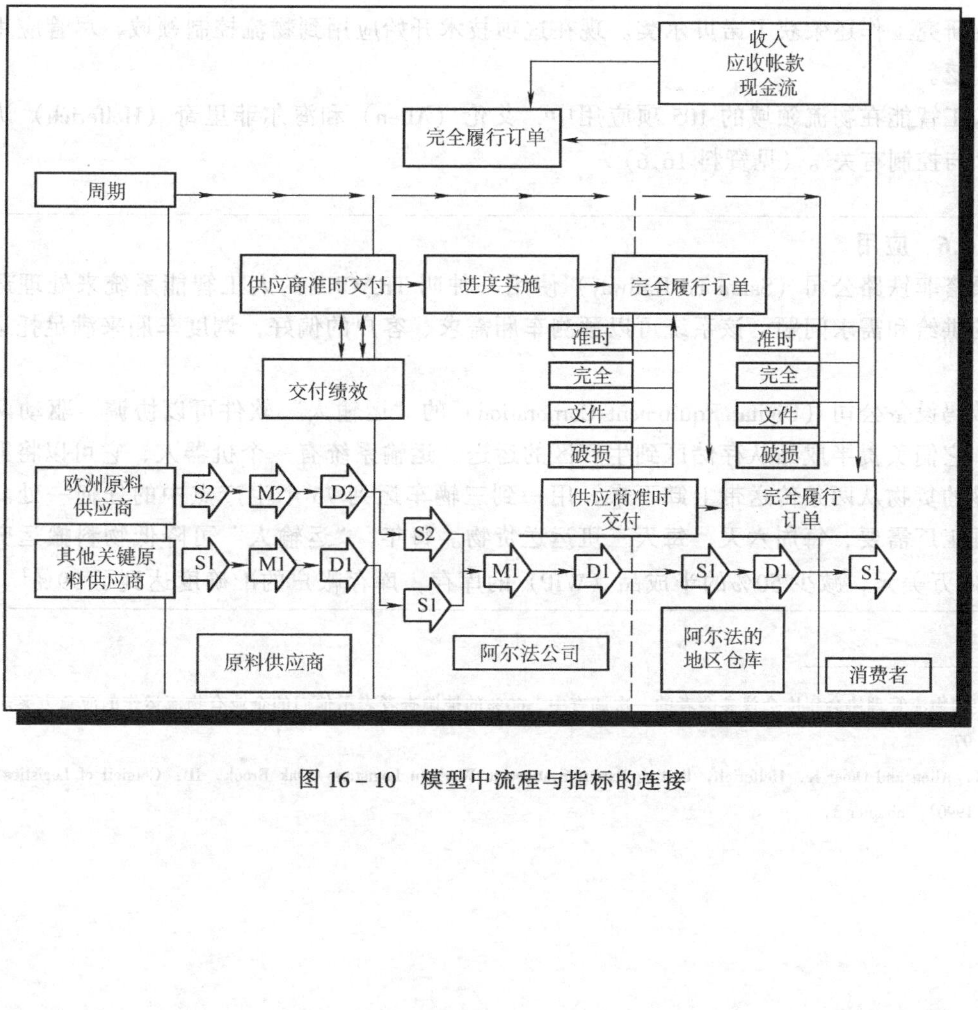

图 16-10　模型中流程与指标的连接

16.7 与人工智能有关的控制[1]

物流经理经常要根据定期报告判断物流业绩，审计收到的信息，并采取适当的修正措施。计算机技术的发展使得人们可以以计算机为基础进行规划和控制实践，现在该技术又向前迈进了一步，新兴的人工智能的概念（亦称为专家系统）已经开始在物流控制过程中使用。对人工智能的解释有许多种。这里，我们所用到的部分是：计算机识别绩效报告中的不利模式，并提出可能采取的修正措施方案建议。在某种意义上，人工智能计算机就好像管理者的顾问或助手。

16.7.1 模式识别（Pattern Recognition）

使绩效测量方法更趋完善的关键是模式识别。公司经常会聘请顾问来审计物流运作。这些顾问运用经验、概念、原则和理念来判断绩效（分析家和管理者也是如此）。随后要进行判断，选出那些可以减少实际或潜在失控情形的措施。在计算机化的管理信息系统或决策支持系统中利用这一过程，将会使物流控制达到高度专业的水平。

人工智能其实并非新生事物。这一领域内的大量研究工作可以追溯到20多年以前，该领域的研究工作还荣获了诺贝尔奖。现在这项技术开始应用到物流控制领域，尽管应用并不十分广泛。

人工智能在物流领域的105项应用中，艾伦（Allen）和海尔菲里奇（Helferich）认为只有5个与控制有关[2]。（见资料16.6）

资料16.6 应用

桑塔菲铁路公司（Santa Fe Railway）使用一种叫TRACKS的人工智能系统来处理运作中基本的供给和需求问题。该系统可以预测车厢需求、客户的偏好，调度车厢来满足托运人的需要。

数码设备公司（Digital Equipment Corporation）的“运输人”软件可以协调、驱动两个机器人，它们负责半成品从存储区到生产区的运送。运输系统有一个机器人，它可以将贴有条码标签的货物从两条传送带上卸下来，用一到三辆车运到75个生产点中的任何一处。机器人根据工厂需要，每周六天，每天三班运送货物。每年，“运输人”可降低物料搬运劳动力成本30万美元，减少50%的半成品（WIP）的库存，库存帐户的准确度达到了99%[3]。

---

[1] 在对美国物流管理协会年度会议参会者的一次调查中，60%的被调查者表示他们的企业有物流运作的应急方案。

[2] Ibid.，97

[3] Mary K. Allen and Omar K. Helferich, Putting Expert Systems to Work in Logistics（Oak Brook，IL：Council of Logistics Management，1990），chapter 3.

16.7.2 绩效模式（Performance Pattern）

使计算机识别绩效趋势或与绩效标准的偏离程度是用人工智能来控制物流的第一步。至于要比较哪些绩效信息，物流管理的基本观念是最好的指南。首先就要考察成本冲突严重的活动（运输与库存、客户服务水平和总分拨活动水平）。我们希望计算机能够像人做监控者时一样识别和解释不利的物流绩效模式。

运输和库存成本同时上升，而客户服务水平保持不变，就是不利物流绩效模式的一个例子。因为运输成本和库存成本通常呈相反方向变化或互相冲突，上述情形表明这两个重要的绩效要素没有按预期的方式变动，需要查明情况，进而采取可能的修正措施。

与之类似，也可以假定客户服务水平在下降，而总实物分拨成本在上升；或者某类产品订单履行率在下降，而库存周转率在上升。这些比较说明了人工智能系统应该突出的扰动模式。

16.7.3 行动计划

在对绩效模式进行识别之后，人工智能控制系统将决定适当的行动计划，通过行动将不利的绩效模式重新拉回到可接受的容错度内。这里假定可以命令计算机准确识别绩效模式，并能找到适当的修正措施。目前，经验丰富的观察家可以做到这一步，或许计算机也可以模拟这一过程。在短期内，计算机可以跟踪报告（如本章前面所提到的报告）产生的绩效信息。利用预定的绩效模式标准，计算机可以将实际绩效与标准相比较作出评估，并提出一系列可供参考的行动方案。

我们来看一下应如何操作。假设某物流经理确定库存周转率在过去的一些时期有所下降，并超出了可接受的容错度，下一步就是要找到可能导致库存水平上升的因素。计算机可能提出下列有关库存的问题：

- 销售有无突然的或季节性下降？
- 生产量或采购量是否比以前有所增长？
- 收到的内向货运量是否大于从前？
- 销售预测误差是否大幅度上升？
- 供应提前期是延长了还是变得更不确定了？
- 外向运输是否有延误？

回答某些问题时所需的数据可能不充分或者不可得。举例来讲，假设计算机查询相应数据库后发现第三问应回答“是”，其余问题的答案是“否”。一旦分离出失控情形，就可以提出适当的行动计划。例如，按照目前的成本关系，计算机可能提出要实现一定水平的平均库存周转率，内向运输量就要降至某一水平。管理者可能采纳这一建议或重新设定库存周转控制限度来反映成本 - 服务效益悖反的新关系。管理者也可能决定利用以不同计算机模型为基础的决策支持系统来评估不同的物流方案，而改变运输成本和库存周转率之间的关系。

其他的绩效因素也可用类似方法处理。计算机对成本 - 服务关系的智能型或“类似专家式”的解释就是人工智能。

16.8 小结

物流控制有助于保证物流计划开始实施后实现其目标，而物流计划正是围绕目标制定的。随着时间推移，物流环境的动态变化和不确定性可能导致实际绩效偏离计划绩效。为使绩效与期望目标一致，某种形式的管理控制是必须的。控制的方法通常有开环式、闭环式或两种方式的混合。实践中，所有这些方法都会用到。

物流管理者每天都会参与控制活动。他或她常常作为物流活动的监督人员，通过得到的各种审计结果和报告来比较与目标（如预算、利润水平和客户服务目标）之间的差距衡量物流活动水平。根据这些比较，管理人员决定采取正确步骤使物流活动重回到控制之下。在许多方面，控制只是短期或操作性决策。

随着人们对跨越企业界限的物流活动管理日益重视，传统管理体系已经滞后。供应链伙伴之间的信息共享不仅仅是信任的问题，而且可能是企业没有建立起多企业环境下运作的指标体系和报告结构。SCOR 模型是在整个供应链上使用标准化的结构来评价和改变物流活动的第一步尝试。

最后，我们已经可以使用人工智能的电脑程序和专家系统来帮助我们解释绩效模式，决定正确的行动计划。它们能够多快地被广泛运用，更多地取决于我们表述控制流程性质的能力，而不是依赖于计算机技术的状况。只要我们能将控制流程描述出来，它们也就可以被编程，纳入到信息库里。这也是我们要对物流管理所依据原则和观念有清晰认识的作用。希望这些已经通过这本教科书得到了传达。

问题

1. 控制在物流管理中起什么作用？
2. 某普通的卡车货运公司利用平均交货时间、交货时间变化量和灭失损坏投诉情况来控制交货绩效。为保持期望的交货绩效水平，请画出常见的开环 – 反馈控制模型草图。
3. 相对于开环式或闭环式系统，修正的控制系统有哪些好处？
4. 试述闭环式控制系统可以成功地控制哪些物流活动？
5. 您认为信函订单传递（慢）方式与电子订单传递（快）方式相比，对库存控制系统的绩效会有什么影响？
6. 审计在物流控制过程中有什么作用？哪一种审计对物流活动的控制有特殊价值？
7. 过多的报告和呈送错误的报告，可能使物流经理不胜其烦。选择一种典型的物流活动，如运输或库存控制，并对控制活动需要的报告类型和频率给出建议。
8. 假设你管理一个普通卡车运输的运营。在开始微调（如绩效标准更严、认识变动或类变化）之前，你该如何确定更详细一级的绩效标准（平均交货时间、可信度和灭失、损坏）的容错度？什么时候要做重大改变？
9. 某电器制造商在犹他州有一个大型地区仓库，存储、分拨运到西海岸市场的大型电器。如果你是负责分拨运作的物流经理，为确保灾害降临时仍然可保持良好的物流绩效，你将制定什么样的应急计划。

10. 假设你正在研制一种人工智能计算机系统，该系统可用来控制整体物流成本和物流服务。如果计算机发现下述模式，试指出计算机可能提出的问题：

 a. 库存持有成本和库存现货可得率在下降。

 b. 运输成本和库存持有成本在上升，而客户服务水平保持不变。

 c. 运输成本在上升，而库存持有成本和客户服务水平并没有改变。

11. 作为物流经理，你可能希望将你们公司的物流绩效与类似公司的绩效做比较。你会从哪里找到设定标杆的信息（Benchmarking Information）？在物流控制中，如何应用这些信息？

12. 概述一个对供应商和买方之间库存水平和采购产品交付进行管理的框架，并就需要共享的信息和需要设立的指标体系给出你的意见。

索　引

A

B

C

D

E

F

P

S

Z